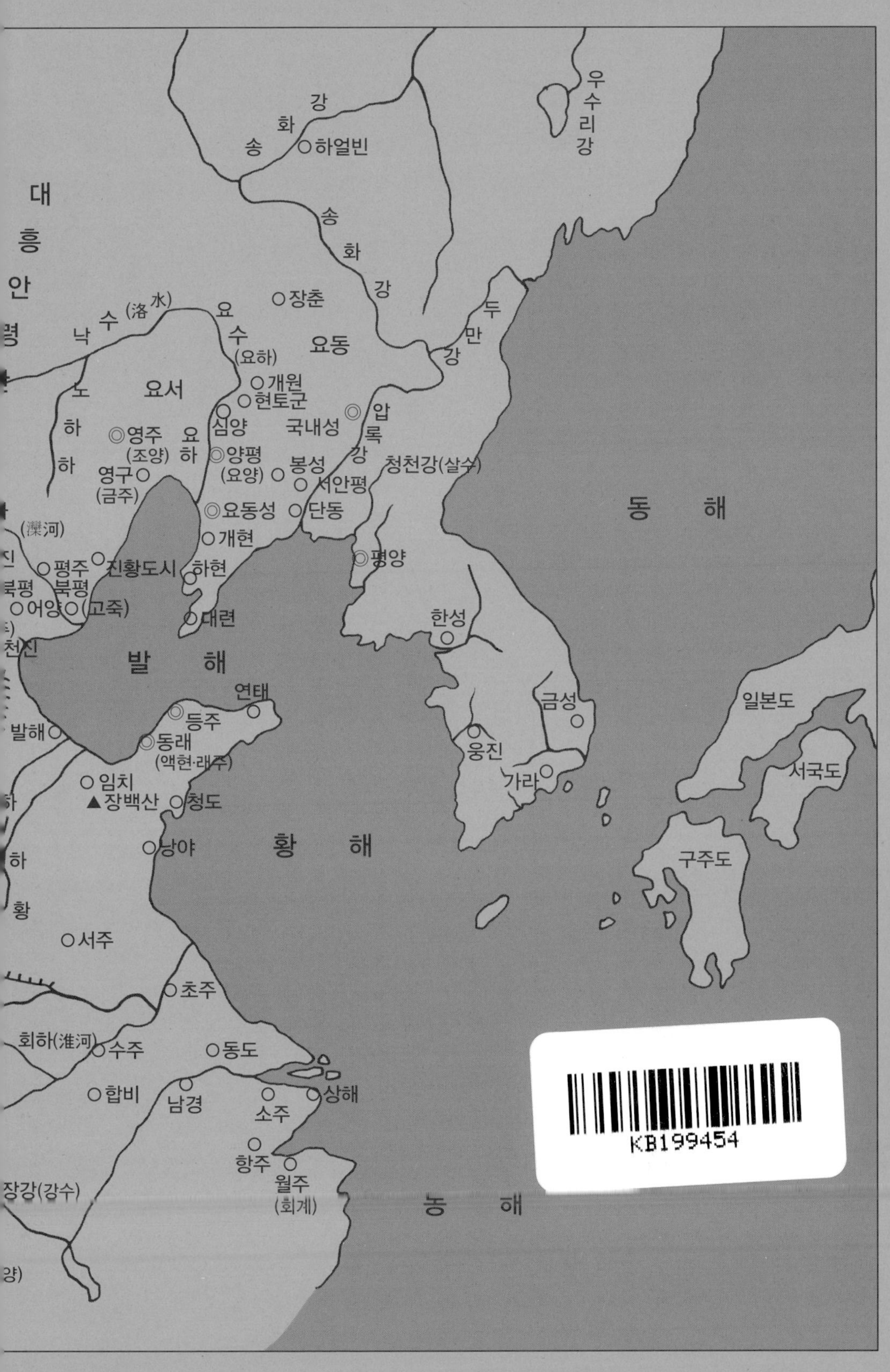

송화강
하얼빈
우수리강
대흥안령
송화강
장춘
낙수(洛水)
요수(요하)
요동
두만강
노하
요서
개원
현토군
압록강
심양
국내성
영주(조양)
요하
양평(요양)
봉성
청천강(살수)
영구(금주)
서안평
요동성
단동
동해
(灤河)
개현
평양
평주
진황도시
하현
북평
어양
(고죽)
대련
한성
천진
발해
연태
금성
일본도
등주
발해
동래(액현·래주)
웅진
서국도
임치
가라
장백산
청도
낭야
황해
구주도
서주
초주
회하(淮河)
수주
동도
합비
남경
소주
상해
항주
월주(회계)
장강(강수)
동해

조선상고사

조선상고사

단재 신채호 원저

박 기 봉 옮김

비봉출판사

序 文

— 신 단재(申丹齋)의 「조선상고사」 권두(卷頭)에 적음

민세(民世) 안 재 홍(安在鴻)

단재(丹齋) 신채호(申采浩)는 구한말(舊韓末)에 낳은 천재적 사학자(史學者)이자 열렬한 독립운동자이다. 그 천성(天性)의 준열(峻烈)함과 안식(眼識)의 예리함은 시속(時俗)의 무리들이 따를 수 없었던 바였고, 사상(思想)의 고매(高邁)함은 스스로 세속에서 한 걸음 벗어나던 바였고, 그의 「조선상고사」는 그의 유저(遺著)들 중에서 가장 이채(異彩)나는 것이다.

단재는 충북 청주(淸州) 출신이다.(청주는 고향이고, 충남 대덕군(大德) 산내면(山內面) 어남리(於南里)에서 1880년 2월 7일 태어났음—옮긴이).

그는 이미 약관(弱冠)의 나이에 사상혁명과 신도덕(新道德) 수립에 뜻을 세운(立志) 바 있었는데, 그때는 마침 청(淸)·노(露)·일(日) 세 제국이 서로 침략하던 시기를 만나 5천년 조국의 명맥이 날로 기울어가고 백성들의 우울함은 건잡을 수 없었던 때였으므로, 서울의 평단(評壇)에 나선 단재는 억누를 수 없는, 북받쳐 오르는 청열(淸熱)을 항상 한 자루 붓으로 사회에 드러냈고, 이로써 민족의 심장을 쳐서 움직였다.

그가 주필(主筆)로 있었던 황성일보(皇城日報)와 대한매일신보(大韓每日申報)는 아마 그가 청년시대의 마음의 집으로 삼고 살았던, 꺼지지 않는 꿈의 자취라고 할 것이다.

그는 국정(國政)의 득실(得失)을 통렬히 논파하였고, 당시 인물들의 장단(長短)을 포폄(褒貶)하였다. 더군다나 당시 사상의 오탁(汚濁)과 도의의 저하에 분개하여 그 병인(病因)이 국가의 사통(史統)이 바로잡히지 못함과 민족정기가 두드러지지 않음에 있음을 똑바로 보았다. 그리고 그 모든 원인이 선유(先儒)들의 사필(史筆)의 왜곡과, 가치의 전도(顚倒)와, 시비(是非)의 착오(錯誤)에 있음을 역설하였다. 이리하여 신(申) 단재는 엄연히 당시 국민사상 개혁의 선봉(先鋒)에 서게 되었다.

그는 계속되는 정론(政論) 외에도 「독사신론(讀史新論)」을 쓰고, 「을지문덕(乙支文德)」을 쓰고, 「동국거걸 최도통전(東國巨傑 崔都統傳)」을 쓰고, 「이순신전(李舜臣傳)」을 쓰고, 「이태리 건국 삼걸전(伊太利建國三傑傳)」도 쓰고, 때로는 전대(前代)의 한시(漢詩)나 읊조리는 인사들의 고루한 견해를 논박하였는데, 이 모든 것을 민족의식의 세련과 앙양(昂揚)에, 국풍(國風)의 진작과 선양에 그 목적을 두었다. 이를 위하여 그는 온몸으로써 그 흐름의 한가운데에 버티고 섰었다.

그러나 넘어가는 큰 집을 그 혼자 몸으로 지탱해낼 수는 없었다. 그는 무술년(戊戌年)의 변국(變局)에서 일제(日帝)의 끝없는 야망이 드디어 반만년의 조국을 통째로 삼키려는 것을 차마 지켜보고만 있을 수 없었다. 그는 맨몸으로 표연히 조국을 떠나면서 가느다란 지팡이 하나로 추풍(秋風)을 맞으며 압록강을 건넜다.

이로부터 그는 혹은 남북 만주로, 혹은 시베리아로 찾아다니느라 사시랑이(가늘고 약한 사람이나 물건)의 생애가 안주할 줄 몰랐다.

혹은 해삼위(海蔘威: 블라디보스톡)의 한국 교포와 함께 석판(石版)으로 신문사를 경영하기도 하고, 혹은 유랑하는 독립투사와 함께 신발 끈을 들춰 메고서 동구(洞溝)의 폐허 대고구려의 황성(皇城)에서 옛 왕릉의 비갈(碑碣)을 더듬기도 하였다. 그러나 빈곤은 항상 그림자처럼 그를 따라다녔고 세상사는 가시덤불처럼 거칠어만 갔으므로 아프고 한 많은 삶의 지속이었다.

그가 북경(北京)의 여관에서, 남경(南京)·상해(上海)의 골목에서, 모진 추위, 호된 더위 속에 그 맵고도 날카로운 비판의 눈을 부릅뜨면서 긴 한숨, 짧은 걱정, 높은 꾸지람, 나직한 군소리에 비바람 눈서리, 뜨고 지는 해와 달, 열 해 스무 해 거푸 거듭 지나는 동안 기미운동(己未運動)이 터지고, 임시정부(臨時政府)가 나타나고, 독립신문이 간행되어, 단재는 득의(得意)의 붓대를 고쳐 잡고 민중의 마음의 거문고를 켕기고, 퉁기고, 울리어 곁들이어, 높고 웅숭깊은 소리 천하에 들리게 하기를 또 수년이나 하였다.

원래 천성이 너그럽지 못하고, 가부(可否)가 분명한 단재였는지라 맡겨오는 붓(신문사의 주필 자리나 글 부탁)을 스스로 던져버리고는 다시 연경(燕京)의 누추한 골목과, 몽고의 두메와, 진(晋)과 송(宋)의 옛 나라를 돌아다니고 또 돌아다니느라 한갓 해외 망명의 슬픔만을 절절히 간직한 채 고향 그리는 정(越鳥巢南枝)은 일으킬 겨를조차 없었다.

그러다가 드디어 무정부주의(無政府主義) 결사(結社)에 간여하여 교활한 일본 경찰의 손에 붙들리어 여순 감옥에 10년이나 구금당하였다가, 마침내 수의(囚衣)도 벗지 못한 채 적국 수졸(守卒)의 싸늘한 눈길 속에서 다시는 못 돌아올 길을 떠났으니, 그날은 병자년(丙子年: 1936년) 2월 21일 오후, 유한(遺恨) 깊고 깊은 잊지 못할 날이다.

단재는 한 많은 일생을 57세로, 원수의 적국 일제(日帝)의 기염(氣焰)이 바야흐로 높아가던, 아니 실은 단말마(斷末魔)의 발악을 한창 벼르던 그때, 조국 재건은 먼 동(東)의 서광(曙光)일 뿐 차마 바라볼 수 없었던 그때에, 가장 쓸쓸하게, 그러나 조국 재건의 광채(光彩)가 두루 퍼져 비지는 가운데 기쁨으로 술렁댈 조국의 대중들을 그리워하면서, 이 생을 떠났다.

단재의 일념(一念)은, 첫째는 조국의 씩씩한 재건(再建)이었고, 둘째는, 그것이 미처 못 된다면, 조국의 민족사(民族史)를 똑바로 써서 시들지 않는 민족정기(民族正氣)가 두고두고 그 자유독립(自由獨立)을 꿰뚫는 날을 만들어서 기다리게 하자는 것이었다.

그는 바람에 불려 다니는 나그네의 몸이면서도, 참고서류를 구하기 지극히 어려운 상황에서도, 「조선사 연구초(朝鮮史硏究草)」를 쓰고, 「조선상고사(朝鮮上古史)」를 쓰고, 「조선상고문화사(朝鮮上古文化史)」를 썼고, 또 복고(腹稿: 시나 글이나 책의 내용을 머리 속에 구상해 놓은 것.)로는 「정인홍공 약전(鄭仁弘公略傳)」과 「육가라국고(六加羅國考)」 등을 구상해 놓았었다. 그러나 「조선사연구초」 외에는 혹은 그 원고가 도중에 분실되는 일도 있었고, 또는 머릿속에 다 외워둔 채 미처 붓을 들어 쓸 수 없는 사정이 있었으니, 아깝기 짝이 없다. 이제 유지(有志)들의 노력으로 「조선상고사(朝鮮上古史)」가 나오게 된 것은 공사(公私) 간에 참으로 다행한 일이다.

단재는 나보다 나이도 11세 앞섰고, 내가 서울에서 아직 중학을 다닐 때 단재는 이미 지도층의 명사(名士)였다. 나는 우연히 단재를 서울의 동숙하는 하숙집에서 만나 보았고, 다음 1913년 중국 계해혁명(癸亥革命) 때에 상해의 여관에서 다시 만났다.

나는 단재를 항상 존경하였다. 내가 조선일보(朝鮮日報)를 운영할 때 「조선상고사(朝鮮上古史)」(1931. 6. 10.~10. 14.까지 103회)와 「조선상고문화사(朝鮮上古文化史)」(1931. 10. 15.~12. 3, 1932. 5. 27.~31.까지 40회)를 그 학예란(學藝欄)에 매일 연재하였다.

후일 단재는 면회를 간 기자에게 "그것은 아직 미정고(未定稿)이니, 퇴고(推敲)를 가할 여지가 있다."고 하였다. 단재로서는 미흡하게 생각하였던 것이고, 간혹 가다가 그러한 점도 있겠으나, 조선 사단(史壇)과 학계(學界)의 하나의 귀중한 보배(重寶)임에는 틀림없다.

위와 같은 인연이 있어서 이에 감히 무사(蕪辭)를 지어 첫 머리(卷頭)에 적는 바이다.

단기 4281년(기원 1948년) 9월 15일

한성일보(漢城日報) 누상(樓上)에서

(*조선일보에 연재되었던 〈조선사〉를 〈조선상고사〉란 이름의 단행본으로 발간하면서 최초에 이 원고를 조선일보에 연재하도록 주선한 인연으로 민세(民世) 안재홍(安在鴻: 1891.12~ 1965. 3.)이 책의 서문을 썼다.)

(*안재홍(安在鴻). 평택에서 출생. 1914년 일본 조도전(早稻田)대학 정경과를 졸업한 후 1916년 상해로 망명, 신채호 등과 함께 활약하다가 후에 귀국하여 중앙고보(中央高普) 교감을 지내며 3·1운동 당시 시위를 지도하였다.

1923년 〈시대일보〉 창간과 경영에 참여하였고, 〈조선일보사〉 사장 겸 주필로 10년간 재직하며 국산품 장려운동을 벌였다. 신간회(新幹會) 총무로 활약하다 8개월 간 복역, 1936년 임시정부와의 내통이 발각되어 2년간 복역, 1942년 조선어학회 사건으로 다시 1년간 옥고를 치렀다.

안재홍은 신채호의 영향을 받아 조국의 암담한 현실에서 가장 중요한 것은 민족정기를 되찾는 것이라고 생각, 국사를 깊이 연구하였다. 특히 1930년대 후반부터 1940년대 초반까지 고대사(古代史) 연구에 몰두, 일제 관학자(官學者)들의 식민사관(植民史觀)을 극복하고자 애를 썼다.

또한 민주주의를 성취하여 민족을 구성하는 여러 사회계층 상호간의 대립반목을 해소하고 타민족에 대하여는 자주적인 입장을 견지해야 한다는 신민족주의론(新民族主義論)을 주창하였다. 1947년 미군정청 민정장관(民政長官)을 지냈고, 1950년 9월 6·25전쟁 때 납북되어 평양에서 사망하였다.)

〈옮긴이의 말〉 이 책은……

이 책은 20세기 조선의 최고 천재 사학자(史學者)이자 동시에 사상가이고, 혁명가이고, 문학가인 단재(丹齋) 신채호(申采浩) 선생의 대표적 저술인 〈조선상고사(朝鮮上古史)〉를 현대인이 읽을 수 있도록 고어체(古語體)를 현대말로 바꾸고, 한문(漢文)으로 되어 있는 인용문(引用文)들을 우리말로 옮긴 것이다.

이 책은 처음에 〈조선사(朝鮮史)〉란 이름으로 〈조선일보(朝鮮日報)〉에 연재되어(1931. 6. 10.~10. 14.까지 103회) 당시 독자들로부터 절대적인 환영을 받았던 것이다. 이를 1972년 〈단재 신채호선생 기념사업회〉에서 〈단재 신채호전집〉을 간행하면서 〈조선상고사(朝鮮上古史)〉란 이름으로 바꾸어 출판하고, 그 후 1977년에 다시 고(故) 천관우(千寬宇) 선생의 교열로 개정판을 내었다. 그해 10월에는 〈삼성문화문고〉 판으로도 출판하였는데, 본서는 이 개정판을 원본으로 삼아 옮기는 작업을 하였다.

이 책은 불과 약 70년 전에 우리나라 신문에 연재되었던 것이고, 그리고 너무나 유명한 저자와 책이어서 그 존재는 웬만한 식자들은 다 알고 있음에도 불구하고, 현재 이 책을 읽을 수 있는 독자는 극히 한정되어 있는 것이 현실이다. 따라서 일반인들은 저자와 책 이름만 알고 있을 뿐 이 책의 내용이 무엇인지, 왜 오늘날 우리 한국인들에게 절실히 필요한 책인지를 알지 못하고 있다.

이 책의 저자 단재 신채호 선생은 어떤 인물이었는지, 왜 그를 20세기 우리나라의 최고 천재라고 하는지, 왜 우리민족 최고의 민족사학자라고 하는지, 그가 빈궁(貧窮)과 병고(病苦)의 이중고(二重苦)를 무릅써 가면서 조선사 연구를 위해 자신의 온몸을 희생한 이유가 무엇인지 등에 대하여는 그와 한 시대를 같이 살면서 옆에서 지켜본 사람들의 경험담, 즉 안재홍(安在鴻) 선생의 이 책 권두언(卷頭言)과 이 책의 〈부록〉에 실려 있는 〈내가 만나본 신채호〉를 읽어보면 충분히 이해될 수 있을 것이므로, 옮긴이의 췌언(贅言)은 생략한다.

이 책을 현대어로 옮긴이도 30년 전에 이 책을 읽으려고 시도하다가 능력 밖이어서 포기한 적이 있다. 이 책을 읽고 완전히 이해하려면 〈자치통감(資治通鑑)〉이나 〈삼국지(三國志)〉 등 사서(史書)들을 원문(漢文)으로 읽을 수 있어야 하고, 우리말 고어체 문장에 익숙해야 한다. 결국 그 근처까지는 온 것 같지만, 옮긴이의 지난 30년간의 독서 경력은 어찌 보면 이 일을 하기 위한 준비과정이었는지도 모르겠다.

이 책은 현재 한·중 간에 중대한 이슈로 되어 있는 우리나라 고대사 문제의 〈해답집〉에 해당하는 것이므로, 따라서 현대어 번역본이 절실히 필요한 실정이다. 그러나 원저자 자신이 워낙 유명한 문장가인데다 타의 추종을 불허하는 천재 사학자이므로, 그의 문장에 글자 한 자를 첨삭(添削)하는 일조차 범인(凡人)들로서는 주저될 수밖에 없다. 그렇다고 본래의 문장을 그대로 살리기 위하여 그가 전심전력을 기울여 지어 놓은 본서 자체가 읽히지 않고 사장(死藏)되도록 내버려 둘 수는 없지 않은가? 만약 단재 신채호 선생께서 여태 살아계셨다면 아마 옮긴이의 작업을, 비록 잘못 전한 부분이 수없이 많다고 하더라도, 그 취지에는 동의하시고 크게 나무라지는 않으실 것으로 믿는다.

이 책의 원문은, 예를 들면, 다음과 같은 모습이다. "溫達이 安穩한 富貴를 버리고 戰爭에 나선 眞情이 어디에 있느냐. 〈朝鮮史略〉에 『國土未還 公能還 公旣未還 妾安能獨還 而慟而絕 高句麗人 遂並葬 公主於其地』라 하니, 〈朝鮮史略〉은 물론 時代의 距離上으로는 그 尊信할 價値가 〈三國史記〉만 못하나…" "「白」의 一字를 「白活」이라 써서 「발」로 읽으며, 「爲白齊」라 쓰면 「살」로 읽고, 「矣」의 一字를 「矣身」이라 쓰면 「의」로 읽으며, 「敎矣」라 쓰면 「대」로 읽어…."

따라서 이 책은 한자에는 익숙하더라도 한문 독해 수준이 일정 정도 되지 않는 독자들로서는 읽을 엄두조차 내기 어려우므로, 옮긴이는 한문은커녕 한자도 전혀 모르는 독자들까지 이 책을 읽을 수 있도록 최대한 쉬운 어휘를 사용하면서도 원저의 내용을 정확히 전달하기 위하여 애쓰고, 주를 달았다. 아무쪼록 이 책과 같은 저자의 〈조선상고문화사(朝鮮上古文化史)〉가 많은 사람들에게 읽혀져서 왜소해지고 뒤틀려진 우리의 식민사관을 벗어던지는 계기가 되기를 기대한다.

끝으로, 정확한 번역을 위하여 옮긴이가 참고한 책은 〈사기(史記)〉 〈자치통감〉 〈오월춘추(吳越春秋)〉 〈삼국지(三國志)〉 〈관자(管子)〉 〈한서(漢書)〉 〈후한서(後漢書)〉 〈수서(隋書)〉 〈구당서(舊唐書)〉 〈신당서(新唐書)〉 〈삼국사기〉 〈삼국유사〉 〈삼국사절요〉 〈이두집성(吏讀集成)〉 등이다. 옮긴이가 한문을 번역한 부문은 (→○○)의 형식으로 표시해 놓았다.

– 단기 4339년. 하늘이 열리던 날에 옮긴이 씀

< 차 례 >

제 3편 삼조선(三朝鮮)의 분립 시대

제 5편(一) 고구려의 전성시대

제 5편(二) 고구려의 중쇠(中衰)와 북부여의 멸망

제 8편 삼국 혈전(血戰)의 시작

제 9편 고구려의 대(對) 수(隋) 전쟁

제1편
총 론

– 후에 일어난 왕조가 앞 왕조를 미워하여 역사적으로 자랑할 만한 것은 무엇이든 파괴하고 불살라 없애 버리기를 위주로 하므로, 신라가 흥하자 고구려·백제 두 나라의 역사가 볼 것 없게 되었으며, 고려가 일어나자 신라의 역사가 볼 것 없게 되었으며, 이조가 일어나자 고려의 역사가 볼 것 없게 되어, 언제나 현재로써 과거를 계속하려 하지 않고 말살하려고만 하였다. 그리하여 역사에 쓰일 재료가 빈약하게 된 것이다. –

1. 역사(史)의 정의와 조선역사의 범위

역사(歷史)란 무엇인가. 인류사회의 「아(我: 나)」와 「비아(非我: 나 아닌 나의 상대)」의 투쟁이 시간적으로 발전하고 공간적으로 확대되는 심적(心的) 활동(活動)의 상태에 관한 기록이다. 세계사(世界史)란 세계의 인류가 그렇게 되어온 상태의 기록이며, 조선사(朝鮮史)란 조선민족이 그렇게 되어온 상태의 기록이다.

무엇을 「아(我)」라 하고 무엇을 「비아(非我)」라 하는가? 한마디로 쉽게 말하자면, 무릇 주관적(主觀的) 위치에 선 자를 「아(我)」라고 하고 그 외에는 모두 「비아(非我)」라 한다.

이를 테면 조선인은 조선을 「아(我)」라고 하고 영국·미국·프랑스·러시아 등을 「비아(非我)」라 하지만, 영국·미국·프랑스·러시아 등은 각기 자기 나라를 「아(我)」라 하고 조선을 「비아(非我)」라 한다. 무산계급(無產階級)은 무산계급을 「아(我)」라 하고 지주나 자본가 등을 「비아(非我)」라 하지만, 지주나 자본가 등은 각기 자기와 같은 계급을 「아(我)」라고 하고 무산계급을 「비아(非我)」라 한다.

뿐만 아니라 학문이나 기술, 직업이나 의견, 그 밖의 어떤 부문에서든 반드시 본위(本位)인 「아(我)」가 있으면 따라서 「아(我)」와 대치되는 「비아(非我)」가 있는 것이다. 「아(我)」 내부에도 「아(我)」와 「비아(非我)」가 있고, 「비아(非我)」안에도 또한 「아(我)」와 「비아(非我)」가 있다.

그리하여 「아(我)」에 대한 「비아(非我)」의 접촉이 빈번하고 심할수록 「비아(非我)」에 대한 「아(我)」의 투쟁도 더욱 맹렬하여 인류사회의 활동이 멈출 때가 없고 역사의 전도(前途)도 끝날 날이 없다. 그러므로 역사는 「아(我)」와 「비아(非我)」의 투쟁의 기록이다.

「아(我)」도, 「아(我)」와 상대되는 「비아(非我)」의 「아(我)」도, 역사적인 「아(我)」가 되려면 반드시 다음의 두 개 속성(屬性)을 가져야 한다.

1. 상속성(相續性): 시간적으로 생명이 끊어지지 않는 것을 말한다.
2. 보편성(普遍性): 공간적으로 영향이 파급되는 것을 말한다.

그러므로 인류를 제외한 다른 생물들의 경우에도 「아(我)」와 「비아(非我)」의 투쟁이 없지 않으나, 그러나 그 「아(我)」의 의식이 너무 미약하여 상속적(相續的)·보편적(普遍的)이 되지 못하므로, 결국 역사란 인류만이 만들어낼 수 있는 것이다.

사회를 떠나서 개인적인 「아(我)」와 「비아(非我)」의 투쟁도 없지 않으나, 그러나 그 「아(我)」의 범위가 너무 약소하고 또 상속적 · 보편적이 되지 못하므로, 인류로서도 사회적 행동인 경우에만 역사가 되는 것이다.

동일한 사건일 경우에도 두 가지 속성 — 상속성 · 보편성 — 의 강하고 약함(强弱)에 따라서 역사의 재료로 될 수 있는 분량이 크기도 하고 작기도 한데, 예를 들어 김석문(金錫文)은 3백 년 전에 지전설(地轉說)을 주창한 조선의 학자이지만, 그의 지전설에 「브루노(Giordano Bruno: 1548~1600. 이태리 사람으로 지원설을 주장하여 화형을 당했음—옮긴이)」의 지원설(地圓說)과 동등한 정도의 역사적 가치를 부여할 수 없는 이유는, 브루노의 지원설은 그 학설로 인하여 유럽 각국에서 탐험 열기가 한껏 달아올라 아메리카 신대륙을 발견하기에 이르렀지만, 김석문의 지전설은 그런 결과를 가져오지 못했기 때문이다.

(*金錫文(1658~1735): 조선 후기(英祖) 때의 성리학자. 통천 군수 역임. 역학(易學)에 대한 관심에서 출발, 천문지리학까지 공부하였으며, 청나라에 온 서양 신부의 책을 통해 지원설(地圓說) 및 프톨레미의 천동설(天動說)과 지구를 중심으로 달과 태양이 회전하여 우주를 형성한다는 이론을 알고 나서 한발 나아가 지구 자체도 남북극을 축으로 제자리에서 1년에 366회전한다는 지전설(地轉說)을 주창하였다. 저서로는 〈역학도해(易學圖解)〉가 있다.-옮긴이)

정여립(鄭汝立: 조선 선조 때 역모 사건을 주도하다가 체포되어 죽었음-옮긴이)은 4백 년 전에 군신강상설(君臣綱常說: 임금은 신하에 대하여 모든 가치판단의 기준이 된다는 동양 전래의 유교적 학설)을 타파하려고 했던 동양의 위인(偉人)이지만, 그를 〈민약론(民約論)〉을 쓴 「루소(J. J. Rousseau)」와 동등한 역사적 인물이라고 할 수 없는 이유는, 당시에 정여립의 주장에 다소 영향을 받은 인계(釼稧)나 양반살육계(兩班殺戮稧) 등 전광석화처럼 한때 반짝했던 움직임이 없지 않았으나, 그러나 「루소」의 〈민약론〉에 영향을 받아 그 후 거대한 파도처럼 장엄하게 전개된 프랑스 혁명에는 비할 수 없기 때문이다.

「비아(非我)」를 정복하여 「아(我)」를 드러내면 투쟁의 승리자가 되어 미래 역사에서 그 생명을 이어가고, 「아(我)」를 소멸시켜 「비아(非我)」에 공헌하는 자는 투쟁의 패망자(敗亡者)가 되어 역사에 그 흔적만 남기는데, 이는 고금(古今)의 역사에서 바뀔 수 없는 원칙이다.

승리자가 되려 하고 패배자가 되지 않으려 하는 것은 인류의 공통된 본성인데도, 매번 기대와는 달리 승리자가 아니라 패배자가 되는 것은 무슨 까닭인가?

무릇 선천적(先天的) 실질(實質)로 말하면 「아(我)」가 생긴 뒤에 「비아(非我)」가 생긴 것이지만, 후천적(後天的) 형식(形式)으로 말하면 「비아(非

我)」가 있은 뒤에 「아(我)」가 있게 되는 것이다.

말하자면, 조선민족 ― 즉, 「아(我)」― 이 출현한 뒤에야 조선민족과 상대되는 묘족(苗族)·한족(漢族) 등 ― 즉, 「비아(非我)」― 이 있게 되는 것이니, 이는 선천적인 것에 속한 것이다.

그러나 만일 묘족(苗族)·한족(漢族) 등 「비아(非我)」인 상대자가 없었다면 조선이란 국명(國名)을 세우거나 삼경(三京)을 만들거나 오군(五軍)을 두거나 하는 등 「아(我)」의 작용도 생기지 못하였을 것이니, 이는 후천적인 것에 속한 것이다.

정신의 확립으로 선천적인 것을 호위(護衛)하고, 환경에의 순응으로 후천적인 것을 유지(維持)하는데, 만약 두 가지 중 한 가지가 부족하면 패망하고 말기 때문에, 종교가 성하였던 유태 민족이나 무력을 구비하였던 돌궐이 몰락(沈淪)의 화(禍)를 면할 수 없었던 것은 후자가 부족하였기 때문이며, 공화제(共和制)를 채택하였던 남미와 학문이 흥성(興學)하였던 이집트가 쇠퇴의 우환에서 벗어날 수 없었던 것은 전자가 부족하였기 때문이다.

이제 조선사를 서술하려 하는바, 조선민족을 「아(我)」의 단위로 잡고,

(가) 「아(我)」의 태어나고 자라고 발달해온 상태를 서술의 제1 요건으로 하고, 그리하여

(一) 최초 문명은 어디에서 기원(起源)하였으며,

(二) 역대 강역(疆域)은 어떻게 늘어나고 줄어들었으며,

(三) 각 시대의 사상(思想)은 어떻게 변천해 왔으며,

(四) 민족의식(民族意識)은 어느 때에 가장 왕성하였고, 어느 때에 가장 쇠퇴하였으며,

(五) 여진(女眞)·선비(鮮卑)·몽고(蒙古)·흉노(匈奴) 등은 본래 「아(

我)」의 동족(同族)이었는데 어느 때에 분리되었으며, 분리된 뒤의 영향은 어떠하였으며,

(六) 「아(我)」의 현대의 지위와 부흥 여부의 문제가 성공할지 못할지 등을 나누어 서술하고,

(나) 「아(我)」와의 상대자인 사방 각 이웃민족과의 관계를 서술의 제2 요건으로 하고, 그리하여

(一) 「아(我)」에서 분리된 흉노(匈奴) · 선비(鮮卑) · 몽고(蒙古)와 「아(我)」의 문화의 강보(襁褓)에서 자라온 일본(日本)이, 「아(我)」의 한 부분이 되어 있었던 것이 현재는 그리 되어 있지 않은 사실과,

(二) 인도로부터는 간접적으로, 중국으로부터는 직접적으로 「아(我)」가 그 문화를 수입(輸入)하였는데, 어찌하여 그 수입하는 분량이 많아짐에 따라 민족의 활기(活氣)가 여위어가고 강토의 범위는 줄어들었는지,

(三) 오늘 이후는 서구의 문화와 북구의 사상(思想)이 세계사의 중심이 되고 있는데, 「아(我)」 조선은 그 문화사상의 노예가 되어 소멸하고 말 것인지, 아니면 그것을 잘 씹어 소화하여 새 문화를 건설할 것인지, 등을 나누어 서술함으로써 앞의 (가), (나) 두 가지로 본 역사의 기초를 삼고,

(다) 언어·문자 등 「아(我)」의 사상을 표시하는 연장은 예리한지 둔한지, 그리고 어떻게 변화해 왔는지,

(라) 종교가 오늘날에는 거의 가치 없는 폐물(廢物)이 되었지만, 고대에는 확실히 한 민족의 존망(存亡)과 성쇠(盛衰)의 관건이었는데, 「아(我)」의 신앙에 관한 추세는 어떠하였는지,

(마) 학술·기예 등 「아(我)」의 천재(天才)를 발휘한 부분은 어떠하였는지,

(바) 의식주(衣食住)의 정황과, 농상공(農商工)의 발달, 토지 분배, 화폐 제

도, 기타 경제 제도(經濟制度) 등은 어떠하였는지,

(사) 인민의 이동과 번식, 강토의 신축(伸縮)을 따라서 인구의 가감(加減)은 어떠하였는지,

(아) 정치제도(政治制度)의 변천은 어떠하였는지,

(자) 북벌진취(北伐進取)의 사상(思想)은 시대를 따라 어떻게 진퇴(進退)하였는지,

(차) 귀천(貴賤)과 빈부(貧富) 각 계급간의 압제와 대항, 그 성쇠(盛衰)와 소장(消長)의 대세는 어떠하였는지,

(카) 지방자치제(地方自治制)가 태고(太古)부터 발생했으면서 근세에 와서는 형식만 남고 정신은 사라져 없어진 원인은 무엇인지,

(타) 외세(外勢)의 침입으로부터 받은 거대한 손실과, 그 반면에 얻은 다소의 이익은 어떤 것인지,

(파) 흉노(匈奴)·여진(女眞) 등이 일단 「아(我)」와 분리된 뒤에는 다시 합해지지 못한 이유가 무엇인지,

(하) 옛날부터 문화에 있어서 「아(我)」의 창작이 적지 않았으나, 매번 고립적이고 단편적인 것으로 끝나버리고, 계속적인 것으로 되지 못한 이상한 이유는 무엇인지?

등을 힘써 참고하며 논의를 전개하여, 앞의 (다), (라) 이하 각종 문제로 본 역사의 요목(要目)을 삼으려 한다. 그리하여 일반 역사 독자들이 조선면목(面目)의 만분의 일이라도 알게 되기를 기대한다.

2. 역사의 삼대 원소(元素)와 조선 구사(舊史)의 결점

역사는 역사를 위하여 역사를 쓰는 것이고, 역사 이외에 무슨 다른 목적을 위하여 쓰는 것이 아니다. 자세히 말하자면, 사회의 유동상태(流動狀態)와 거기서 발생한 사실(事實)을 객관적으로 그대로 쓴 것이 역사이지, 저작자(著作者)의 목적에 따라 그 사실을 좌지우지하거나 덧보태거나 혹은 바꾸고 고치라는 것이 아니다.

화가가 사람의 얼굴을 그릴 때, 연개소문(淵蓋蘇文)을 그리려면 얼굴 모습이 크고 준수하게 생긴 연개소문을 그려야 하고, 강감찬(姜邯贊)을 그리려면 몸집이 작고 못생긴 강감찬을 그려야 한다. 만약 한 쪽을 드러내고 한 쪽을 억누르려는 마음으로 조금이라도 서로 바꾸면, 화가의 직분을 어길 뿐만 아니라 본인의 얼굴도 아닌 것으로 되어버린다.

이와 마찬가지로, 영국의 역사를 쓰면 영국사(英國史)가 되어야 하고, 러시아 역사를 쓰면 러시아사가 되어야 하며, 조선의 역사를 쓰면 조선사(朝鮮史)가 되어야 한다. 그럼에도 불구하고 지금까지 조선에 조선사라 할만한 조선사가 있었는가 하면, 그렇다고 대답하기가 어렵다.

안정복(安鼎福)이 〈동사강목(東史綱目)〉을 쓰다가 빈번한 내란(內亂)과 외구(外寇: 외부로부터 쳐들어온 도적)의 출몰이 동국(東國)의 고대 역사를 다 없애버리고 파괴하였다고 분하게 여기고 슬퍼서 탄식하였으나, 내가 보건대, 조선사는 내란이나 외구의 병화(兵火)에서보다도 조선사를 저작(著作)하던 그 사람들의 손에서 더 많이 없어지고 파괴되어 버린 것 같다.

어찌하여 그런가 하면, 서두(序頭)에서 한 말과 같이, 역사란 시간적으로 계속(繼續)되고 공간적으로 발전(發展)해 가는 사회활동 상태의 기록이기 때문에 때(時)·땅(地)·사람(人) 이 세 가지는 역사를 구성하는 삼대 원소(元素)가 된다.

한 예를 들자면, 신라가 신라로 되는 것은 박(朴)·석(昔)·김(金) 세 성(姓)과 돌산고허(突山高墟) 등 육부(六部)의 「사람(人)」으로써 뿐만 아니라, 또한 경상도라는 그 「땅(地)」과, 고구려·백제와 동시대인 그 「때(時)」로써 신라가 되는 것이니, 만일 그보다 더 올라가서 2천년 이전의 왕검(王儉)과 같은 연대이거나 더 내려와서 2천년 이후 오늘날의 우리와 같은 시국(時局)이라면, 비록 박혁거세(朴赫居世)의 성지(聖智)와 육부(六部) 사람들의 질박하고 곧은 성품에 계림 지역의 땅을 가지더라도, 당시에 되었던 신라와 꼭 같은 신라가 될 수 없으며, 또 신라의 위치가 구라파에 놓였거나 아프리카에 있었더라도 또한 다른 모습의 나라는 될 수 있었을지언정 신라는 되지 않았을 것이니, 이는 지극히 명백한 이치이거늘, 이전의 조선의 사가(史家)들은 언제나 그 쓰는바 역사를 자기가 목적하는 바를 위하여 희생시켰다.

그 결과 도깨비도 뜨지 못한다는 〈땅 뜨는 재주〉를 부리어, 졸본(卒本)을 떠다가 성천(成川) 혹은 영변(寧邊)에 갖다 놓고, 안시성(安市城)을 떠다가 용강(龍岡) 혹은 안주(安州)에 갖다 놓으며, 아사산(阿斯山)을 떠다가 황해도의 구월산(九月山)을 만들며, 가슬라(迦瑟羅)를 떠다가 강원도의 강릉군(江陵郡)을 만들었다. 이와 같이 신뢰할만한 지적(憑籍)이 없는 허다한 「땅(地)」의 역사를 써서, 더 크지도 말고 더 작지도 말라고 하는 식으로, 압록강 이내에 이상적 강역(疆域: 〈아방강역고(我邦疆域考)〉에서 말하기를, "不大不小, 克符帝心(→크지도 않고 작지도 않아 하느님의 마음에 들 수 있었다.)"이라고 하였다-원주)을 구획지어 확정하려고 하였다.

무극(無亟) 일연(一然) 등 불자(佛子)들이 지은 사책(史冊: 〈삼국유사〉)에는, 불법(佛法)이 한 자도 들어오지 않은 왕검(王儉) 시대부터 인도의 범어(梵

語)로 만든 지명과 인명이 가득 차 있고,

김부식(金富軾) 등 유가(儒家)들이 쓴 문자에는 공자·맹자의 학설인 인의(仁義)를 우습게 아는 삼국의 무사(武士)들의 입에서 경전(經典)의 말들이 일상 쓰는 말처럼 읊어지고 전해지며,

〈삼국사기(三國史記)〉 열전(列傳)에는 수백 년간 전 조선인의 마음을 지배하였던 영랑(永郎)·술랑(述郎)·안랑(安郎)·남랑(南郎) 등 네 대성(大聖)에 관한 이야기는 전혀 없고, 중국에 유학하고 돌아온 학생인 최치원(崔致遠)만 시시콜콜하게 서술하였다.

〈여사제강(麗史提綱)〉에는 원효(元曉)·의상(義湘) 등 여러 거철(巨哲)들의 불학(佛學)에 영향을 받은 고려 일대의 사상계가 어떠하였는지에 대해서는 볼 수 없고, 태조 왕건(王太祖)이 삼국을 통일하기 이전에 죽은 최응(崔凝)이 삼국통일 이후에 올렸다는 「간불소(諫佛疏)」만 적혀 있는바, 이와 같은 허다한 「때(時)」의 구속을 받지 않는 역사서를 지어 자기의 편벽한 신앙의 주관적 심리에 부합시키려고 하였다.

심한 경우에는 「사람(人)」에 관해서까지 거짓말을 하여 신라의 김왕(金王)을 인도의 "刹帝利種(찰제리종)"(→크샤트리아 인종: 〈삼국유사〉-원주)이라 하였고, 고구려의 추모왕(鄒牟王)을 "高辛氏 後(고신씨 후)"(→고신씨의 후예: 〈삼국사기〉—원주)라 하였으며, 게다가 조선 민족 전체를 "秦漢遺民(진한유민)"(→진과 한에서 건너온 사람들: 〈동국통감〉, 〈삼국사기〉 등— 원주) 혹은 "韓人之東來者(한인지동래자)"(→한인으로서 동쪽으로 온 자: 〈동사강목(東史綱目)〉— 원주)라 하기까지 하였다.

이조(李朝) 태종(太宗)에 이르러서는 더욱 이들 맹목파(盲目派)의 선봉(先鋒)이 되어 조선 사상의 근원이 되는 서운관(書雲觀)에 보관되어 있던 문서들을 공자(孔子)의 도(道)에 위배된다고 해서 불태워버렸다.

이두형(李斗馨: 이조 정조(正祖) 때의 인물?-원주)이 말하기를, "요즘 어느 행장(行狀)과 묘지명(墓誌銘)을 보든지 간에 그 글 속에 나오는 주인공은 반드시 용모는 단정하고 엄숙하며, 그 덕성(德性)은 충후(忠厚)하고, 그 학문은 정자(程子)와 주자(朱子)를 본받고, 문장은 한유(韓愈: 중국 당대(唐代)의 문장가—옮긴이)와 유종원(柳宗元: 중국 당대(唐代)의 문장가—옮긴이)을 숭상하여 거의 천편일률(千篇一律)이니, 이는 그 사람을 속일 뿐만 아니라 그 글도 가치가 없다."고 하였다.

이는 개인 전기(傳記)가 사실대로 기록되어 있지 않음에 대한 개탄일 뿐이지만, 이제 군왕을 높이고 백성을 천히 여기는 춘추(春秋)의 부월(斧鉞: '春秋의 斧鉞' 이란 춘추필법으로 기록한 역사라는 뜻이다.—옮긴이) 밑에서 자라난 후세 사람들이 그 마음에 익숙한 바로써 삼국의 풍속을 이야기하고, 문약(文弱)하고 치우치고 작음(偏小)을 스스로 편안해 하는 이조(李朝) 당대의 인사들이 자기들의 주관(主觀)대로 상고의 지리(地理)를 그림에 있어서, 조선(朝鮮: 단군-원주)이나 부여(扶餘)나 삼국(三國)이나 동북국(東北國: 발해)이나 고려나 이조(李朝) — 즉, 5천년 이래의 전 조선을 거의 하나의 도가니로 부어낸 것같이 똑같이 그려냈던 것이다.

그리하여 영토(地面)의 확장과 줄어듦을 따라서 민족의 활동이 왕성해지기도 하고 위축되기도 하였던 사실이나, 시대의 고금(古今)을 따라서 국민들의 사상이 변해온 자취를 도무지 찾을 수가 없게 되었다.

「크롬웰」은 화가가 자기의 초상화를 그릴 때 그의 왼쪽 눈 위에 있는 혹을 빼고 그리려고 하자 이를 허락하지 않으며 말하기를, "나를 그리려면 나의 본래 모습대로 그려라."고 하였다. 이 말은 화가가 그에게 잘 뵈려고 아첨하는 것만 야단친 것이 아니라 곧 자기의 진상(眞像)을 잃어버리게 될까봐 염려한 것이다. 그러나 조선사(朝鮮史)를 쓴 이전의 조선의 사가(史家)들은 언제나 조선의 혹을 빼어버리고 조선사를 쓰려고 하였다.

그러나 그들이 쓴 안경이 너무 볼록렌즈였기 때문에 조선의 눈이나 귀나 코나 머리 같은 것을 혹이라 하여 베어 버리고는 어디에선가 무수한 혹들을 가져와서 붙였다. 혹을 붙인 조선사도 이전에는 읽는 이가 너무 없다가, 세계가 크게 하나로 통하면서(大通) 외국인들이 왕왕 조선인을 만나서 조선사를 물으면, 어떤 이는 조선인보다 조선사를 더 많이 알고 있으므로, 창피를 당한 끝에 돌아와서 조선사를 읽는 이도 있다. 그러나 조선인이 읽는 조선사나 외국인이 아는 조선사는 모두 혹이 붙어있는 조선사이지 옳은 조선사가 아니었다.

이왕에 있는 기록들이 이와 같이 다 틀렸으면 무엇에 근거하여 바른 조선사를 쓰겠느냐. 사금(沙金)을 이는 자는 한 말(斗)의 모래를 일면 한 알의 금을 얻거나 혹 얻지 못하거나 하는바, 우리에게 있는 서적(文籍)에서 사료(史料)를 구하는 일은 이와 같이 어려운 일이다.

혹자는 조선사를 연구하려면 우선 조선과 만주 등지의 땅 속을 발굴하여 허다한 발견이 있어야 하고, 금석학(金石學), 고전학(古錢學), 지리학, 미술학, 계보학(系譜學) 등의 학자가 쏟아져 나와야 한다고 말하지만, 그것도 그러하지만 현재로서는 우선 급한 대로 존재하고 있는 사책(史冊)들을 가지고 그 득실(得失)을 평가하고 진위(眞僞)를 가려내어 조선사의 앞길을 개척하는 것이 급선무(急先務)가 아닐까 한다.

3. 구사(舊史)의 종류와 그 득실(得失)의 간략한 평가

조선의 역사에 관한 서류(書類)를 손꼽자면 우선 〈신지(神誌)〉부터 비롯하는데, 〈신지(神誌)〉는 권람(權擥)이 「응제시(應制詩)」에서 단군(檀君) 시대의 사관(史官)이라고 한 사람이다. 그러나 내가 보건대, 단군은 곧 「수두(蘇塗) 임금」이고, 신지(神誌)는 사람의 이름이 아니라 곧 「수두 임금」의 우두머리 신하(首佐)인 관직 이름 「신치(臣智)」이니(「蘇塗」와 「臣智」에 관한 상세한 설명은 사상사(思想史)에서 보임-원주), 역대의 「신치(臣智)」들이 매년 10월 「수두」 대제(大祭)에 우주의 창조와 조선의 건설과 산천지리의 명승(名勝)과 후인이 거울삼아 경계할 일을 들어 노래하였는데, 후세의 문사(文士)들이 그 노래를 혹 이두문(吏讀文)으로 이를 편집하고, 혹은 한자의 오언시(五言詩)로 이를 번역하여 적어서 왕궁에 비장(秘藏)하였으므로 〈신지비사(神誌秘詞)〉 혹 〈해동비록(海東秘錄)〉 등의 명칭이 있게 되었다.

그 적힌 바가 사실(事實)보다 잠언(箴言)이 많아서 옛 사람들이 왕왕 예언(預言)과 같은 종류로 보았으나, 이조 태종(太宗)이 유학을 중심으로 삼고 그 밖의 일체를 배척하여 이단(異端)으로 간주되는 문자들을 모두 불살라 버렸는데, 〈신지(神誌)〉도 그때 액운(厄運)을 면치 못하여 겨우 〈고려사(高麗史)〉 김위제전(金謂磾傳)에 적힌 "如秤錘極器, 秤幹扶疎樑, 錘者五德地, 極器百牙岡, 朝降七十國, 賴德護神精, 首尾均平位, 興邦保太平. 若廢三諭地, 王業有衰傾(여칭추극기, 칭간부소량, 추자오덕지, 극기백아강, 조항칠십국, 뢰덕호신정, 수미균평위, 흥방보태평, 약폐삼유지,왕업유쇠경)" (→마치 저울 몸(대), 저울 달림(錘), 저울 머리(판)와 같은데, 저울대는 「부소량(扶疎樑)」, 저울추는 「오덕지(五德地)」, 저울판은 「백아강(百牙岡)」에 해당한다. 찾아오고 항복해온 나라가 70개국이니, 그 덕에 의지하여 단군의 정신(精神)을 지켜나갔다. 우두머리와 말미가 같은 위치에서 균형을 이루니, 나라가 흥성하여 태평을 누렸다. 그러나 만약 이들 삼경(三京)중 하나라도 폐한다면 왕업은 쇠하여 기울어질 것이다.)이라고 한 10구절(句節)만 전해졌다. 만일 그 전부가 다 남아 있다면 우리의 고사(故事) 연구에 얼마나 큰 힘이 되겠는가.

북부여(北扶餘)는 왕검(王儉) 이후 그 자손들이 서로 그 간수해온 보물(寶藏)을 지켜서 태평함과, 많은 인구와, 부유함을 자랑하여(〈진서(晋書)〉 부여전에, 「其國殷富, 自先世以來未嘗破壞.」(→그 나라는 백성들의 수가 많고 부유하여 선대 이래 나라가 파괴된 적이 없었다.)라고 하였다.-원주) 볼만한 사료가 많았으나, 모용외(慕容廆)의 전란에 그 나라 이름과 함께 망실(亡失)하였다.

또한 고구려는 동명성제(東明聖帝), 대무신왕(大武神王)의 대(代)에 사관이 조선 상고부터 고구려 초엽까지의 정치상의 사실들을 기재한 〈유기(留記)〉 1백 권이 있었는데, 위(魏)나라 장수 관구검(毌丘儉)의 난리 때 빼앗겨 버렸다. 단군 왕검의 이름과 삼한(三韓), 부여의 간략한 역사(略史)가 〈위서(魏書)〉에 모두 적혀 있는 것은 위나라 사람들이 〈유기〉에서 주워간 것들을 근거로 기록해 두었기 때문이다.

그 뒤에 백제 중엽에 고흥(高興) 박사가 〈서기(書記)〉를 지었고, 고구려 말엽에 이문진(李文眞) 박사가 〈신집(新集)〉을 지었으며, 신라는 진흥대왕(眞興大王)의 전성시대에 거칠부(居柒夫)가 신라 고사(故事)를 저술하여 삼국이 다 한 세대의 전고(典古)를 비치하고 있었다. 그러나 오늘날에 이르러서는 그 한 마디 말이나 글자도 남아있는 것이 없으니 이는 천하만국에 없는 일인지라, 역사에 영혼이 있다면 처참해서 눈물을 뿌릴 것이다.

이상에서 말한 것은 모두 다 일종의 정치사이지만, 고구려와 백제가 멸망한 후에 신라는 무(武)를 중단하고 문(文)을 닦음으로써 상당한 역사서들이 저술되었는데, 무명씨(無名氏)의 〈선사(仙史)〉는 종교사로 볼 것이고, 위홍(魏弘)의 〈향가집(鄕歌集)〉은 문학사로 볼 것이며, 김대문(金大問)의 〈고승전(高僧傳)〉과 〈화랑세기(花郎世紀)〉는 학술사로 볼 것이니, 사학

(史學)이 어느 정도 발전하였다고 할 수도 있으나, 이것들도 모두 글자가 지워져버린 비석(沒字之碑: 책 이름만 남고 그 내용은 없어진 것—옮긴이)이 되어 버렸다.

고려에 와서는 작자의 성명을 알 수 없는 〈삼한고기(三韓古記)〉, 〈해동고기(海東古記)〉, 〈삼국사(三國史)〉 등과 김부식(金富軾)의 〈삼국사기〉와 일연(一然)의 〈삼국유사(三國遺事)〉가 있었으나, 지금까지 전하는 것은 〈삼국사기〉와 〈삼국유사〉뿐이다.

그 전해오거나 전해오지 않게 된 원인을 생각해보면, 김부식과 일연 두 사람의 저작이 다른 것에 비해 뛰어나서 이것들만 전해오는 것이 아니라, 대개 고려 초엽부터 평양에 도읍을 정하고 나아가 북부의 옛 영토를 회복하자고 주장하는 화랑의 무사들이 한 파(派)가 되고, 사대(事大)를 국시(國是)로 삼아 압록강 이남 한 구석에서 편안히 살자고 주장하는 유교도(儒敎徒)가 또 한 파가 되어, 두 파가 논리의 창(論鋒)을 갈아 수백 년 동안 서로 대치해 왔다.

그때 불자(佛子) 묘청(妙淸)이 화랑의 사상에다가 음양가(陰陽家)의 미신을 보태어 평양에서 거병하여 북벌(北伐)을 실행하려다가 유교도인 김부식에게 패망하고, 김부식이 이에 사대주의를 근본으로 하여 〈삼국사기〉를 지은 것이다.

그러므로 동·북 양 부여를 빼버려 조선 문화의 근원을 진흙 속에 묻어버리고, 발해(渤海)를 버려서 삼국 이래 결정된 문명을 짚더미에 내던져 버리고, 이두문과 한역(漢譯)을 구별할 줄 몰라서 한 사람이 여러 사람으로 되고, 한 곳의 지명이 여러 곳으로 된 것이 많으며, 국내 역사서와 외국 서적을 취사선택하는 데 흐려서 전후가 서로 모순되고 사건이 중복된 것들이 많아서 거의 역사적 가치가 없다고 할 것이었다.

그러나 불행히도 그 뒤 얼마 안 가서 고려가 몽고에 패하여 홀필렬(忽必烈: 원 나라 황제 쿠빌라이-원주)의 위풍(威風)이 전국을 뒤흔들게 되자 「황경(皇京)」·「제궁(帝宮)」 등의 명사가 철폐되고, 해동천자(海東天子)의 팔관악부(八關樂府)가 금지되고, 전해오던 문헌에 만일 독립자존(獨立自尊)에 관한 것이 있으면 일체 금지되고 기피되었다. 이러한 때에 허다한 역사 저술들 중에서 유일하게 사대사상을 고취한 김부식의 〈삼국사기〉와 그에 딸려 붙은 〈삼국유사〉만이 남아서 전해올 수 있게 된 것이다.

고려 당대의 사기(史記)를 말하면, 고려 말세에 군신(君臣)들은 고종(高宗) 이전 나라 힘이 강성하던 때의 기록들 때문에 자칫 몽고의 기피함과 미워함을 사게 될까봐 두려워서 깎아 버리거나 혹은 덧칠하여 고치고, 오직 비사(卑辭: 말을 낮추어 겸손하게 함)와 후폐(厚幣: 많은 예물)로써 북방 강국 등에게 복종하여 섬기던 사실들을 부연하거나 혹은 위조하여 민간에 전하여 퍼뜨렸는데, 이런 기록들이 곧 이조(李朝)의 정인지(鄭麟趾)가 찬술한 〈고려사(高麗史)〉의 기초 사료(藍本)가 되었다.

이조(李朝) 때 세종(世宗)이 사책(史册)에 비상히 유의하였으나, 다만 그 할아버지인 태조(太祖)와 아버지인 태종(太宗)이 호두(虎頭) 재상인 최영(崔瑩)의 북벌군 내에서 반란을 일으켜 사대(事大)의 기치를 들고 혁명의 기초를 세웠기 때문에, 자신이 권근(權近)·정인지 등에게 명하여 〈조선사략(朝鮮史略)〉 〈고려사〉 〈고려사 절요(節要)〉 등을 편찬할 때 몽고의 압박을 받던 고려 말엽 이전의 각종 실기(實記)에 근거하여 역사를 짓지 못하고, 몽고의 압박을 받은 이후 외국에게 아첨하던 문자(상대를 大國, 조선을 小國이라 적는 등의 역사 기록 방법을 말한다.—옮긴이)와 위조한 고사(故事)에 근거하여 역사를 지어 구차스럽게 그 사업을 끝마치고, 정작 전대의 실록(實

錄)은 세상에 전포(傳布)되는 것을 허락하지 않고 규장각 안에 비장(秘藏)해 두었다가 임진왜란의 병화(兵火)에 불타 없어져 버렸다.

그 뒤에 세조(世祖)가 단종(端宗)의 왕위를 찬탈하고 만주 침략의 꿈을 품고 강계(江界)에 군대를 주둔(屯兵)시켰으나, (一) 그것이 태조(太祖)의 존명건국(尊明建國: 나라를 세움에 있어 명나라를 존중함.—옮긴이)의 국시(國是)와 충돌하게 되자 여러 신하들의 간쟁(諫爭)이 끊어지지 않았으며, (二) 중국 대륙에 용맹하고 무예가 뛰어나고 음험하고 사나우며 명석한 황제 성조(成祖)가 있어서 조선에 대한 정찰이 엄밀하였으며, (三) 마침 명나라 사신 장녕(張寧)이 군대 주둔(屯兵)의 이유를 엄중히 힐책하였으므로, 세조는 그 무예를 숭상하고 공 세우기를 좋아하던 마음이 구름처럼 사라지고 조선의 문헌(文獻)들을 정리하는 것을 자신의 임무로 삼았다.

그리하여 불경(佛經)을 인쇄하고 유학(儒學)을 장려하는 한편 사료(史料)의 수집에도 전력하여 조선 역대 전쟁사인 〈동국병감(東國兵鑑)〉과 조선의 풍토사인 〈동국여지승람(東國輿地勝覽)〉을 편찬하고, 그 외에도 허다한 서적을 간행하였으니, 비록 다대(多大)한 공헌은 없으나 미소(微少)한 공적은 있다고 할 것이다.

선조(宣祖)·인조(仁祖) 이후에는 유교계에 철학·문학의 큰 인물들이 배출되고 역사계도 차차 진보하기 시작하였다. 허목(許穆)의 단군(檀君)·신라 등은 각 세기(世紀)가 너무 간략하기는 하나 가끔 독특한 견해가 있고, 유형원(柳馨遠)은 비록 역사에 관한 전문적인 저서는 없지만 역대 정치제도를 논술한 〈반계수록(磻溪隨錄)〉이 있는데, 이 또한 역사학계에 도움됨이 적지 않다.

한백겸(韓百謙)의 〈동국지리설(東國地理說)〉이 비록 수십 행(行)에 불과

한 간단한 논문이긴 하나 일반 사학계에 큰 광명을 열어, 그 후로 정약용(丁若鏞)의 〈강역고(疆域考)〉나, 한진서(韓鎭書)의 〈지리서(地理書)〉나, 안정복(安鼎福)의 〈동사강목〉에 부록으로 실려 있는 강역론(疆域論)이나, 그 외에 각가(各家)의 조선 역사 · 지리를 설명하는 자들은 모두 한(韓) 선생의 그 간단한 지리설을 부연 설명하였을 뿐이다.

나로서 보건대, 그 지리설 중에 삼한(三韓)과 조선을 나눈 것은 범엽(范曄: 〈후한서(後漢書)〉의 저자—옮긴이)이 전한 동이열전(東夷列傳)의 지리(地理)를 설명하기에는 충분하나, 이로써 조선 고대 3천년간의 지리를 단정하여 "東國, 自古, 漢江以南爲三韓, 漢江以北爲朝鮮(동국, 자고, 한강이남위삼한, 한강이북위조선)."(→동국은 예로부터 한강 이남은 삼한이 되고, 한강 이북은 조선이 되었다.)이라는 결론을 내린 것은 너무 맹목적(盲目的)이고 무단적(武斷的)이라 할 것이다.

이는 선생이 三神(삼신), 三京(삼경), 三韓(삼한), 三朝鮮(삼조선)이 서로 연결된 관계와 發朝鮮(발조선), 發肅愼(발숙신), 扶餘朝鮮(부여조선), 濊貊朝鮮(예맥조선), 辰國(진국), 震國(진국), 眞番朝鮮(진번조선), 辰韓(진한), 麻立干(마립간), 馬韓(마한), 慕韓(모한) 등이 모두 동음이역(同音異譯: 그 본래 음(音)은 같으나 서로 다른 한자로 번역됨—옮긴이)임을 몰랐기 때문에 이와 같은 큰 착오가 있게 된 것이지만, 그러나 동이열전(東夷列傳)에 나오는 삼한(三韓)의 위치는 선생으로부터 비로소 간단명료하게 분석되고 해석되어, 이때까지 역사 기록만 있고 역사 연구는 없었다고 할만한 조선의 사학계에서 선생이 처음으로 사학(史學)의 단서를 열었다고 할 수 있을 것이다.

안정복(安鼎福) 선생은 평생 동안 역사 한 분야만 연구해온 5백년 이래 유일한 사학(史學) 전문가라 할 수 있으나, 그러나 다만 초야의 가난한 선비로서 서적의 열람이 부족하여 〈삼국사기〉 같은 것도 그의 만년에야 겨우 다른 사람이 손으로 베낀 오자(誤字) 많은 것을 얻어 보았을 정도였다. 그래서 그가 저술한 〈동사강목(東史綱目)〉에서 궁예(宮裔)의 국호를 마진기(摩震紀)라고 쓰는 웃음거리를 남겼고, 중국 서적 중에서도 참고에 필요한 〈위략(魏略)〉이나 〈남제서(南齊書)〉 같은 것이 존재한다는 사실을 몰라서 고루한 말들이 적지 않다. 게다가 시대에 유행하는 공자의 〈춘추(春秋)〉, 주희(朱熹)의 〈강목(綱目)〉의 함정에 빠져서 기자본기(箕子本紀)에서는 단군과 부여를 그 부용국(附庸國: 속국)이라 하였으며, 신라가 망한 다음에 궁예와 왕건을 참주(僭主)라고 한 망발도 있고, 너무 황실 중심주의를 고수하여 정작 민족 자체의 활동을 무시한 것이 많았다. 그러나 연구의 정밀함은 선생 이상 갈 사람이 없으므로, 지지(地志)의 틀리고 잘못된 부분을 교정하고 사실의 모순을 변증(辯證)한 점에 있어서는 선생의 공이 가장 크다고 할 수 있을 것이다.

유혜풍(柳惠風)의 〈발해고(渤海考)〉는 대씨(大氏) 3백년 간의 문치(文治)와 무공(武功)의 사업을 수록하여 1천여 년 동안 사가(史家)들이 압록강 이북을 빼버린 결실(缺失)을 뒤늦게 보완하였다.

이종휘(李鍾徽)의 〈수산집(修山集)〉은 단군 이래 조선 고유의 독립적 문화를 노래하여 김부식 이후 사가들의 노예사상을 갈파(喝破)함으로써, 비록 특유한 발명(發明)과 채집(採集)은 없다고 하더라도, 다만 이 한 가지만으로도 또한 불후의 업적이 될 것이다.

한치윤(韓致奫)의 〈해동역사(海東繹史)〉는 오직 중국과 일본 등의 서적들 가운데 보인 본국 역사에 관한 문자를 수집하여 그대로 많은 권수의 책(巨帙)을 만들었을 뿐 아니라 〈삼국사기〉에 빠진 부여·발해·가락(駕洛)·숙신(肅愼) 등도 모두 각기 한 편(篇)씩 세기(世紀)가 있으며, 〈동국통감〉에 없는 저근(姐瑾)·사법명(沙法名)·혜자(慧慈)·왕인(王仁) 등도 각기 여러 줄(行)의 전기가 있으며, 궁중용어(宮語)·문자(文字)·풍속(風俗) 등의 부문이 있고, 게다가 그 조카 진서(鎭書) 씨의 〈속 지리(地理續)〉가 포함되어 있어서 후세인들의 고증(考證)의 수고를 덜어줄 뿐만 아니라 또한 사학에 뛰어난 두뇌가 있다고 할 것이다.

그러나 다만, (一)너무 자구(字句) 사이에서 조선에 관한 사실을 찾다가 민족 대세의 상호관계를 잃어버렸는바, 곧 부루(夫婁)와 하우(夏禹)의 국제적 교제 관계로 보아야 할 〈오월춘추(吳越春秋)〉의 주신(州愼)의 창수사자(蒼水使者)와, 2천년 간 흉노(匈奴)와 연(燕)과 삼조선(三朝鮮)과 혹 화친하고 혹 싸웠던 전후의 큰 일들을 다 빠뜨렸으며, (二)유교의 위력에 눌리어 고죽국(孤竹國)이 조선족에서 갈려 나간 분계(分系)임을 발견하지 못하는 동시에 백이(伯夷)·숙제(叔齊)의 성명을 빠뜨렸으며, (三)서적 선택에 있어서 정밀하지 못하였는바, 〈진서(晋書)〉 속석전(束晳傳)을 예로 들어 보면, "禹殺伯益, 太甲殺伊尹(우살백익, 태갑살이윤)"(→우(禹)가 백익(伯益)을 죽였고, 태갑(太甲)은 이윤(伊尹)을 죽였다.) 등을 기록한 〈죽서기년(竹書紀年)〉이 진본(眞本)이고 현존하는 〈죽서기년〉은 위서(僞書)임에도 불구하고 이제 그 위서를 아무런 논박 없이 그대로 기재하였으며, 사마상여(司馬相如)의 〈무릉서(茂陵書)〉는 당(唐)나라 사람이 위조한 것임에도 불구하고 그대로 믿고 사용하였으며, 이밖에 중국인이나 일본인들이 없는 사적(事蹟)을 만들어내어 우리나라를 속이고 욕보인 것들을 많이 그대로 수입한 것이 이 책의 결함이라 아니할 수 없다.

이조(李朝) 일대(一代)의 일들을 적은 역사로 말하면, 내가 일찍이 정종(正宗) 때에 기록된 〈수서(修書)〉라는 승두세자(蠅頭細字: 파리 머리만한 작은 글자.―옮긴이)로 쓰인 2백 권의 거질(巨帙)을 보았었다. 만일 관(官)에서 쓴

〈국조보감(國朝寶鑑)〉 〈조야첨재(朝野僉載)〉 등을 비롯하여 수많은 개인 저술의 사서(史書)까지 합친다면 수백 대의 수레에다 가득 싣고도 남을 분량이다.

나는 일찍이 고려 이전 역사에 대하여 쌓인 의문부터 해결하려고 하여, 이 태조(李太祖) 이후의 사실을 적은 역사로는 〈조야집요(朝野輯要)〉 〈연려실기술(燃藜室紀述)〉 등 몇몇 책들을 대강 훑어본 이외에는 자세히 읽어본 것이 없으므로 아직 그 장단(長短)과 득실(得失)을 말하지 못하거니와, 대개 십 중 칠팔이 사색당쟁사(四色黨爭史)임은 단언할 수 있으니, 아, 슬프다, 이조 이래 수백 년간의 조선인의 문화사업은 이것으로 그쳤도다.

이상에서 열거한 역사 서책들을 재론하자면, 대개가 정치사들이고 문화사에 상당하는 것은 몇 개 되지 못한다는 것이 그 첫째 유감이고,

정치사 중에서도 〈동국통감〉 〈동사강목〉 이외에는 고금을 두루 관통한 저작(著作)이 없고 모두 한 왕조가 흥하고 망하게 된 전말(顚末)로써 글의 시작과 끝을 삼았음이 그 두 번째 유감이며,

공자의 〈춘추〉를 역사의 극칙(極則: 절대적인 준칙—옮긴이)으로 알고 그 의례(義例)를 흉내 내어 존군억신(尊君抑臣: 군왕을 높이고 신하를 억누름—옮긴이)을 주장하다가 민족의 존재를 잊어버렸고, 숭화양이(崇華攘夷: 중국을 숭상하고 오랑캐를 물리침—옮긴이)를 주장하다가 끝에 가서는 자기 나라까지 배격하는 벽론(僻論: 편벽된 주장이나 논리)에 이르게 된 것이 그 세 번째 유감이며,

역사를 자기 국민들이 비추어 볼 거울로서 제공하려 하기보다는 외국인에게 아첨하고 잘 보이려고 한 뜻이 더 많아서(李修山 一派를 제외하고-원주) 자기 나라의 강토를 조금씩 잘라서 양보함으로써 끝에 가서는 건국

시대의 수도(首都)까지 모르게 하였음이 네 번째 유감이다.

우리의 사학계가 이와 같이 소경(盲)·귀머거리(聾)·절뚝발이(跛)·앉은뱅이(躄)의 각 병들을 모두 가져서 정당한 발달을 하지 못하게 된 것은 무슨 까닭인가? 너무 빈번한 내란과 외환(비교적 오랫동안 평안하였던 이조 한 대(代)는 제외하고-원주) 등 천연 재화(災禍)와 관계된 것은 그만두고라도, 인위적 장애(障碍)가 된 것들만 들어보더라도 다음과 같다.

(一) 신지(神誌) 이래 역사를 비장(秘藏)하던 버릇이 역사의 고질병이 되어, 이조에서도 중엽 이전에는 〈동국통감〉〈고려사〉 등 몇 종의 관(官)에서 발행한 사서(官行本) 이외에는 개인의 역사 저술이나 소장을 금지하였으므로, 이수광(李睟光)은 내각(內閣: 규장각-원주)에 들어가서야 비로소 고려 이전의 비사(秘史)를 많이 볼 수 있었고, 이언적(李彦迪)은 〈사벌국전(沙伐國傳)〉을 썼으나 친구에게 보이기를 꺼려하였다.

현 왕조의 득실(得失)을 기록하지 못하게 한 것은 다른 나라에서도 간혹 있는 일이지만, 지나간 고대 역사를 개인이 쓰지 못하게 하거나 개인이 보는 것까지 금지한 것은 우리나라에만 있었던 일이다. 그리하여 역사를 읽는 이가 없게 된 것이다.

(二) 송도(松都)를 지나다가 만월대(滿月臺)를 쳐다보라. 반쪽짜리 기와인들 남아있더냐, 초석 돌 하나가 남아있더냐. 넓은 밭에 이름만 만월대라 할 뿐 아니더냐. 아, 슬프다. 만월대는 이조(李朝)의 부항(父行: 아버지 항렬)으로 멀지 않은 고려조(高麗朝)의 궁궐인데, 무슨 병화(兵火)에 탔다는 전설도 없는데 어찌 이 같이 무정한 유허(遺墟)만 남았느냐. 이와 같은 예로서 부여에서 백제의 유물을 찾을 수 없고, 평양에서 고구려의 구형(舊型)을 볼 수 없는 실정이다.

이로부터 나오는 결론은, 후에 일어난 왕조가 앞 왕조를 미워하여 역사적으로 자랑할 만한 것은 무엇이든 파괴하고 불살라 없애 버리기를 위주로 하므로, 신라가 흥하자 고구려·백제 두 나라의 역사가 볼 것 없게 되었으며, 고려가 일어나자 신라의 역사가 볼 것 없게 되었으며, 이조가 일어나자 고려의 역사가 볼 것 없게 되어, 언제나 현재로써 과거를 계속하려 하지 않고 말살하려고만 하였다. 그리하여 역사에 쓰일 재료가 빈약하게 된 것이다.

(三) 현종(顯宗)이 "조총(鳥銃)의 길이가 얼마나 되느냐?" 고 묻자, 유혁연(柳赫然)이 두 손을 들어 "요만하다." 고 하면서 그것을 형용하였다. 기록하는 관리(注書)가 그 문답의 정형(情形)을 받아쓰지 못하여 붓방아만 찧고 있자 유혁연이 돌아보며, " '上問鳥銃之長於柳赫然. 然擧手尺餘, 以對曰如是' (→임금께서 유혁연(柳赫然)에게 조총의 길이를 묻자, 혁연이 두 손을 한 자 남짓 들고 대답하기를, 이와 같습니다. 라고 하였다.)라고 쓰지 못하느냐." 라고 힐책하였다.

숙종(肅宗)이 박태보(朴泰輔)를 국문하면서 "이리 저리 잔뜩 결박하고 몽우리 돌로 때려라." 고 하였는데, 주서(注書) 고사직(高司直)이 서슴없이 "必字形縛之, 無隅石擊之(필자형박지, 무우석격지)" (→한자 '必' 자 모양으로 묶고 모나지 않은 돌로 때려라.)라고 썼다. 그래서 크게 숙종의 칭찬을 받았다고 한다. 이것들은 궁정의 가화(佳話)로 전해오는 이야기들이지만, 반면에, 남의 글을 가지고 내 역사를 기술하기가 얼마나 힘든지를 볼 수 있는 예들이다.

국문(國文)이 태어나기도 늦게 태어났지만, 태어난 뒤에도 한문(漢文) 저술의 역사만 있는 것이 또한 기괴한 일이다. 이것은 역사를 기록하여 전할 기구(器具)가 적합하지 못했음이다.

(四) 회재(晦齋)나 퇴계(退溪)에게 원효(元曉)나 의상(義湘)의 학술사에서의 위치를 물으면 한 마디 대답도 하지 못할 것이며, 원효와 의상에게 소

도(蘇塗)나 나을(奈乙)의 신앙적 가치를 말하면 전혀 이해하지 못할 것이다. 이와 비례하여, 이조(李朝)의 인사들은 고려시대 생활의 취미를 모르고, 고려나 삼국의 인사들은 또 삼한 이전 생활의 취미를 모를 만큼 의식(衣食), 거처(居處), 신앙(信仰), 교육 등 일반사회의 형식과 정신이 모두 격변함으로써 오늘은 아메리카 사람이다가 내일은 러시아 사람이 되는 것과 같은 현격함이 있으니, 이는 역사 사상(思想)의 맥락이 단절되었기 때문이다. 어디에서 과거로 거슬러 올라가 연구할 동기가 생기겠는가.

위에서 말한 여러 원인으로 사학(史學)이 발달하지 못했던 것이다.

3백년 간 사색(四色) 당쟁이 국가에 거대한 해를 끼쳤다고 하나, 당론이 극렬할수록 각자 자기편은 옳고 상대편은 틀렸음(自是彼非)을 전파하기 위하여 자기편의 기술(記述)이 성행하였으며, 당(黨)의 시비(是非)가 언제나 국정(國政)과 관계되므로, 따라서 조정의 잘잘못(得失)을 논술하게 되어 부지중에 역사의 사사로운 저술 금지가 타파되었는데, 마침내 한백겸(韓伯謙), 안정복(安鼎福), 이종휘(李鍾徽), 한치윤(韓致奫) 등 사학계에 몇몇 인물들이 나오게 된 것도 다 이런 결과이다.

혹자는 "사색(四色) 당쟁 이후의 역사는 피차(彼此)의 기록이 서로 모순되어 그 시비(是非)를 분석할 수 없으므로 역사 연구에 가장 큰 난관이 된다."고 하나, 그러나 저들의 시비가 무엇이냐 하면, 모당(某黨)이 이조의 충신이니 역적이니, 모 선생이 주자학의 정통(正統)이니 위통(僞統)이니 하는 문제들뿐이니, 오늘날 우리의 눈으로 보면, 칼날을 휘둘러 군왕의 시체를 두 동강 낸 연개소문(淵蓋蘇文)을 쾌남이라 할 것이며, 자기 견해를 주장하여 명륜당(明倫堂) 기둥에 공자를 비난하는 글제를 붙인 윤백호(尹白湖)를 걸물이라 할 것이다. 그러므로 우리는 다만 냉정한 머리로써 회재(晦齋), 화담(徐花潭), 퇴계, 율곡(栗谷)의 학술상의 공헌이 많은지 적은지에 대해서나 알고자 하고 주자학의 정통인지 아닌지는 다만 농담거리로 여길 뿐이며, 노론(老論)·소론(少論)·남인(南人)·북인(北人)의 다툼이 정치상 미친 영향이 좋았는지 나빴는지에 대해서만 묻고자 하고 그들이 이조의 충복(忠僕)이었는지 아닌지는 잠꼬대 같은 소리로 치부하고 말 것이다.

심지어 개인행동의 결점을 지적하여 남의 명예를 더럽히고 혹은 애매한 사실로써 남을 모함에 빠뜨려 죽인 수많은 의심스런 사건들은, 반대로 당시 사회의 경쟁과 불화의 악습(惡習)이 백성들과 나라를 어떻게 해쳤는지를 보여주는 일종의 통탄스런 사료가 될 뿐이라, 만일 시어미의 역정과 며느리의 푸닥거리와 같은 종류의 일에 일일이 재판관을 불러와서 그 곡직(曲直)을 판결하려 한다면, 이는 〈스펜서〉의 말처럼 "이웃집 고양이가 새끼를 낳았다는 보고"와도 같아서, 도리어 이로써 사학계(史學界)의 다른 중대한 문제를 놓쳐버릴 염려가 있으니 내버려 두는 것이 옳다. 그리고 빨리 지리(地理) 관계나, 사상계의 변동이나, 국민 생활과 관련된 것이나, 민족의 성쇠소장(盛衰消長) 등 큰 문제에 관심을 기울여 잘못을 바로잡고 진실을 구하여 조선사학(朝鮮史學)의 표준(標準)을 세우는 것이 급무(急務) 중의 급무라 할 것이다.

4. 사료의 수집과 선택에 관한 참고

한 걸음 더 나아가 어디에서, 무엇으로, 어떻게 우리의 역사를 연구해야 하느냐 하면, 그 대답은 매우 곤란하지만, 나의 경험부터 말해보고자 한다.

지금부터 16년 전에 국치(國恥: 1906년의 을사보호조약)에 발분(發憤)하여 비로소 〈동국통감〉을 읽으면서 역사 평론체(史評體)에 가까운 〈독사신론(讀史新論)〉을 써서 〈대한매일신보〉 지상에 발표하였고, 이어서 수십 명의 학생들의 요청에 응하여 중국식 연의(演義)를 본받은 역사도 아니고 소설도 아닌 〈대동사천년사(大東四千年史)〉란 것을 쓰다가 사고 때문에 두 가지 일을 다 중단하고 말았었다.

그 논평이 독단적이었고 그 행동이 대담한 것이었음을 지금까지도 스스로 부끄럽게 생각하고 있지만, 그 이후 어느 정도 열심히 노력한 적도 없지 않으나, 그러나 진척된 것이 촌보(寸步)도 되지 못한 원인을 오늘의 국내 일반 독사계(讀史界)를 향하여 앙소(仰訴)하고자 한다.

(一) 옛 비석(古碑)의 참조에 대하여

일찍이 〈서곽잡록(西郭雜錄)〉(저자의 이름은 전해지지 않음—원저)을 보다가 "申砬聞, 先春嶺下, 有高句麗舊碑, 潛遣人, 渡豆滿江, 摸本而來, 所可辨識者, 不過三百餘字, 其曰皇帝, 高句麗王自稱也. 其曰相加, 高句麗大臣之稱也."(→신립(申砬)이 선춘령(先春嶺) 밑에 고구려의 옛 비석이 있다는 말을 듣고는 사람을 몰래 보내어 두만강을 건너가서 베껴 오도록 하였는데, 식별할 수 있는 것은 3백여 자에 불과하였다. 거기에서 황제(皇帝)라 한 것은 고구려왕이 스스로를 일컫는 말이며, 거기에서 상가(相加)라 한 것은 고구려의 대신을 일컫는 말이다.)라는 한 구절이 있음을 보고 크게 기뻐서, 만주 깊은 산속에 천고(千古) 고사(故事)의 빠진 부분을 보충해줄 만한 깨어진 비석들이 이것 하나뿐이 아닐 거라고 생각하고, 해외에 나오던 날부터 고구려와 발해의 옛 강역(疆域)을 답사하리라는 회포가 매우 깊었었다.

그러나 해삼위(海蔘威: 블라디보스토크)에서는 하바로프스크를 왕래하는 선객들로부터 그 해로(海路) 중에서 전설로 내려오는 석혁산악(錫赫山嶽)에 우뚝 선 윤관(尹瓘: 혹은 연개소문(淵蓋蘇文)-원주)의 기공비(紀功碑)를 보았다는 말을 들었고, 봉천성성(奉天省城)에서는 이통주(伊通州)를 유람하고 왔다는 사람들로부터 그곳 읍 동편 70리에 남아 있는 해부루(解夫婁)의 송덕비(頌德碑)를 보았다는 이야기를 간접적으로 들었고, 발해(渤海) 고도(古都)로부터 온 친구로부터 폭 30리나 되는 경박호(鏡泊湖: 故事에서는 홀한해(忽汗海)-원주)의 전면에 미국 나이아가라 폭포와 겨룰만한 만장비폭(萬丈飛瀑)이 있어 그것을 구경하였다는 말을 들었으며, 해룡현(海龍縣)으로 나오는 과객(過客)으로부터는, "죽어서 용이 되어 일본의 세 섬(島)을 함몰시키겠노라"고 한 문무대왕(文武大王)의 유묘(遺廟)를 바라보고 절을 하였다는…… 등의 이야기를 들었을 뿐이다. 나로서는 귀로 들은 경험만 있었고 내 눈으로 직접 볼 기회는 없었다.

한번은 친구 네댓 명과 동행하여 압록강상의 집안현(輯安縣), 곧 제 2환도성(丸都城)을 언뜻 돌아본 것이 나의 일생에서 기념할만한 장관(壯觀)이라 할 수 있으나, 그러나 여비가 모자라서 능묘(陵墓)가 모두 몇 개인지 헤아려 볼 여가도 없어서 다만 능으로 인정할 것이 수백 개이고 묘가 1만 개 내외라는 억단(臆斷)을 하였을 뿐이다.

촌 사람이 주은, 대나무 잎을 그려 넣은 쇠자(金尺)와, 그곳에 거주하는 일인(日人)이 탁본해서 파는 광개토비문(廣開土碑文)을 가격만 물어보았으며, 잔파(殘破)된(지상에 나와 있는 부분만-원주) 수백 개의 왕릉들 가운데 천행으로 남아있는 8층 석탑 사면 각형(四面角形)의 광개토왕릉과 그 오른쪽에 있는 제천단(祭天壇)을 붓으로 대강 모사하여 사진을 대신하고, 그 왕릉의 넓이와 높이를 발로 밟아 몸으로써 재어 보는 것으로 측척(測尺)을 대신하였을 뿐이다.(높이는 10장 가량이고, 하층의 주위는 80발이니, 다른 왕릉은 상층이 잔파하여 그 높이는 알 수 없으나 그 하층의 주위는 대개 광개토왕의 능과 동일하였다-원주).

왕릉의 상층에 올라가 돌기둥(石柱)이 섰던 자취와, 그 위를 덮었던 기와의 남은 파편과, 드문드문 서 있는 소나무와 측백나무를 보고 〈후한서(後漢書)〉에서 "高句麗…金銀財幣盡於厚葬, 積石爲封, 亦種松柏(고구려…금은재폐진어후장, 적석위봉, 역종송백)."(→고구려는…금은과 재물과 돈을 후장(厚葬)하는 데 다 썼다. 돌을 쌓아 봉분을 만들고 또 소나무와 측백나무를 심었다.)이라고 한 간단하기 짝이 없는 문구를 비로소 충분히 해석할 수 있게 되었고, "수백 원이 있으면 묘 한 개를 파 볼 수 있고, 수천 원 혹 수만 원만 있으면 능 한 개를 파 볼 수 있을 것이다. 그리하면 수천 년 전 고구려인들이 생활한 모습에 대한 살아있는 사진을 볼 수 있을 텐데…" 하는 꿈만 꾸었다.

아, 슬프다. 이와 같이 하늘이 감추어둔 비사(秘史)의 보고(寶庫)를 만나서 나의 소득은 무엇이었는가. 인재(人材)와 물력(物力)이 없으면 재료가 있어도 나의 소유가 아님을 알았다. 그러나 하루 동안 그 외부에 대한 조잡하고 얕은 관찰밖에 못하였지만, 그것만으로도 고구려의 종교, 예술, 경제력 등이 어떠하였는지가 눈앞에 훤히 되살아나서 "당지에 가서 집안현(輯安縣)을 한 번 본 것이 김부식이 고구려사를 만 번 읽는 것보다 낫다."는 단안을 내리게 되었다.

후에 항주(杭州)의 도서관에서 우리나라 금석학자 김정희(金正喜: 秋史)가 발견한 유적을 가져다가 중국인이 간행한 〈해동금석원(海東金石苑)〉을 보니, 신라 말 고려 초의 사조(思潮)와 풍속 연구에 참고가 될 것들이 많았으며, 한성(漢城)의 한 친구가 보내준 총독부 발행의 〈조선고적도보(朝鮮古蹟圖譜)〉도 그 조사한 동기의 여하나 주해(註解)에서 견강부회한 몇 부분을 제외하면, 또한 우리 고대사 연구에 도움될 것이 많았다. 이것이나 저것이나 다 우리 가난한 서생(書生)들의 손으로는 도저히 성취하지 못할 사료임을 자각하였다.

(二) 각 서적들의 상호 증명(互證)에 대하여

(甲) 일찍이 〈고려사〉 최영전(崔瑩傳)을 보았더니, 최영이 이르기를 "당(唐)이 30만 군사로 고구려를 침입하므로 고구려 승군(僧軍) 3만 명을 보내어 이를 대파하였다."고 하였다. 그러나 〈삼국사기〉 50권 중에 어느 곳의 기록에서도 이 사실은 보이지 않았다.

그러나 〈승군(僧軍)〉이 무엇인가 하면, 서긍(徐兢)의 〈고려도경(高麗圖經: 중국인인 저자가 사신으로 고구려에 와서 보고 들은 고구려의 풍속을 쓴 책-옮긴이)〉에서 말하기를, "재가화상(在家和尙)은 가사(袈裟)도 입지 않고, 계율(戒律)도 행하지 않고, 검은 명주(皂帛)로 허리를 동여매고 맨발(徒跣)로 걸으며, 처(妻)를 취하여 자식을 기르며, 기물(器物) 등을 등에 지거나 머리에 이고 운반하고, 길을 소제하고, 도랑을 파고, 성과 궁실을 수축(修築)하는 등 공사(公事)에 종사하며, 변경에 적이 쳐들어왔다는 경보가 있으면 스스로 뭉쳐서 싸우러 나가는데, 중간에 거란(契丹)도 이들에게 패하였다. 사실은 형(刑)을 살고 나온 죄수(役人)들인데, 그들이 수염과 머리카락을 깎았으므로 동이족(東夷族) 사람들이 화상(和尙: 중)이라 이름 한 것이다."라고 하였는데, 이로부터 승군의 면목을 대강 알 수 있다. 그러나 그 내력이 어디서 비롯되었는지에 대해서는 여전히 의문이 남는다.

이로부터 나아가 〈통전(通典)〉, 〈신당서(新唐書)〉 등 각 역사책에서 보면, 「조의(皂衣: 或曰 帛衣-원주) 선인(先人)」이란 관직명이 있고, 고구려사에서 명림답부(明臨答夫)를 「연나조의(掾那皂衣)」라 하였고, 〈후한서(後漢書)〉에서는 「조의선인(皂衣先人)」을 「예속선인(翳屬仙人)」이라 하였으니, 「先人(선인)」·「仙人(선인)」은 모두 다 국어(國語)의 「선인」인데 이를 한자로 음역(音譯)한 것이며, 「조의(皂衣)」 혹은 「백의(帛衣)」라 한 것은 〈도경(圖經)〉이 말한바 「조백(皂帛: 검은 명주)」으로 허리를 동여매었으므로 그런 이름을 붙인 것이니, 「仙人(선인)」은 신라 고사(故事)의 국선(國仙)과 같은 종교적 무사단(武士團)의 단장(團長)이며, 「승군(僧軍)」은 국선(國仙)의 수하에 속한 단병(團兵)이며, 승군을 「재가화상(在家和尙)」이라 한 것은 후세 사람들이 붙인 별명이니, 서긍이 외국의 사신으로 우리나라에 와서 이들을 보고 그 단체의 행동을 서술할 때 그 근원을 모르므로 "형을 살고 나온 죄수(刑餘之役人)"라고 멋대로 추측하여 이름을 붙인 것이다.

이로써 〈고려사〉를 통하여 〈삼국사기〉에 빠진 「승군」을 알게 되고, 〈고려도경〉을 통하여 〈고려사〉에서 자세하지 않은 「승군」의 성격을 알게 되며, 〈통전〉 〈신당서〉 〈후한서〉, 신라 고사(故事) 등을 통하여 「승군」과 「선인(先人)」과 「재가화상」이 동일한 단체의 당도(黨徒)임을 알게 된다. 다시 말하면, 〈당(唐)나라가 30만의 대군으로 침입하였으나 고구려의 종교적 무사단인 선인군(先人軍)에게 대패하였다.〉는 몇 십 자의 간략한 역사(略史)를 6, 7종 서적 수십 권을 섭렵한 결과 비로소 이끌어낼 수 있게 되는 것이다.

(乙) 당 태종이 고구려에 쳐들어왔다가 안시성(安市城)에서 화살에 맞아 눈을 다쳤다는 전설이 있어서 후세 사람들이 언제나 역사에 올리고, 이색(李穡)의 〈정관음(貞觀吟: 정관은 당 태종의 연호-원주)〉에도 "那知玄花(目), 落白羽(矢)(나지현화(목), 낙락백우(시))"(→ 흰 깃(화살)에 현화(눈)가 떨어질

줄 어찌 알았으랴.)라고 하여 그것이 실제로 있었던 일임을 증명하였으나, 그러나 김부식의 〈삼국사기〉와 중국인의 신·구 〈당서〉에는 보이지 않는데 그 이유가 무엇인가?

만일 사실의 진위(眞僞)를 불문하고 하나는 취하고 하나는 버리다가는 역사상의 위증죄(僞證罪)를 범할 것이다. 그러므로 다만 "당 태종의 눈 다친 사실을 중국의 사관이 국치(國恥)에 속하는 일이므로 감추기 위하여 〈당서〉에서 빼버린 것은 아닐까?" 하는 의문을 가지고 그 해답을 구해 보았다.

명나라 사람 진정(陳霆)의 〈양산묵담(兩山墨談)〉에 의하면, 송 태종이 거란(契丹)을 치다가 날아오는 화살에 다쳐서 돌아온 후 몇 년 만에 결국 그 화살에 맞은 상처가 덧나서 죽었으나 이를 〈송사(宋史)〉나 〈요사(遼史)〉에 기록하지 않았는데, 이 사건은 수백 년 후 진정(陳霆)의 고증에 의하여 발견되었다. 이로부터, 중국인들은 그 군주나 신하들이 외족(外族)과의 싸움에서 패하여 상하거나 죽거나 하면 이를 국치(國恥)라 하여 역사에 기록하지 않고 감추고 있다는 실증(實證)을 얻어서 나의 가설(假設)을 세웠다.

그러나 중국인들이 국치를 감추는 버릇이 있다고 해서 당 태종이 안시성에서 화살에 맞아 다쳤다는 것이 확실하다는 실증은 되지 못하므로 다시 신·구 〈당서〉를 자세히 읽어보니, 태종본기(太宗本紀)에 "당 태종이 정관 19년(기원 645) 9월에 안시성에서 회군(回軍)하였다" 고 하였고, 유박전(劉泊傳)에 "그해 12월에 태종의 병세가 위급하므로 유박(劉泊)이 심히 슬퍼하고 두려워하였다." 고 하였고, 본기(本紀)에서 정관 20년(기원 646)에 "황제의 병이 완전히 낫지 못하여 태자에게 정사(政事)를 위임하였다." 고 하였고, 정관 23년 5월에 "황제가 돌아갔다." 고 하였는데, 그 죽은 원인을 〈강목(綱目)〉에서는 "이질(痢疾)이 다시 심해졌기 때문" 이라고 하였고, 〈자치통감〉에서는 "요동에서부터 악성 종기를 앓았다."고 하였다.

대개 군왕(尊者)과 조상(親者)들이 욕 본 일을 감추어서 주(周) 천자가 정후(鄭侯)의 활에 맞아 다친 것과 노(魯) 은공(隱公)·소공(昭公) 등이 피살당하고 쫓겨난 것을 〈춘추〉에서 쓰지 않은 공자의 벽견(僻見: 편벽된 견해)이 중국 역사가들의 습성이 되어, 당 태종이 이미 빠진 눈을 유리조각으로 가리고 그의 임상(臨床) 보고서를 모두 딴 말로 바꾸었는데, 화살에 맞은 상처가 몸 안의 종기로 바뀌고, 안질(眼疾)이 항문(肛門)에 난 병으로 바뀌어, 전쟁의 부상으로 죽은 자가 이질이나 늑막염을 앓다가 죽은 것으로 기록하였다.

그러면 〈삼국사기〉에서는 왜 실제대로 적지 않았는가? 이는 신라가 고구려·백제 양국을 미워하여 그 명예로운 역사를 다 불살라 버렸기 때문에, 위병(魏兵)을 깨뜨린 사법명(沙法名)과 수군(隋軍)을 물리친 을지문덕은 모두 도리어 중국의 사서(史書) 때문에 그 성명(姓名)이나마 전할 수 있게 된 것이니(을지문덕이 〈삼국사기〉에 보이게 된 것은 김부식이 중국의 사서(史書)에서 인용하였기 때문이다. 그래서 그는 논평에서 "중국의 사서가 아니면 을지문덕을 알 수가 없다."고 하였다.－원주), 당 태종이 눈을 잃고 달아난 것은 고구려의 전사(戰史)에서 특기할만한 명예이므로, 신라인들이 그것을 빼버린 것 또한 당연히 있을 수 있는 일이다.

그러므로 우리가 당 태종의 눈 빠진 사실을 처음에는 전설과 〈색은집(穡隱集)〉에서 겨우 찾아낸 후 신·구 〈당서〉나 〈삼국사기〉에서 이것을 기록하지 않은 이유에 대한 의문을 갖게 되는데, 진정(陳霆)의 〈양산묵담(兩山墨談)〉에서 같은 종류의 사건을 발견하고, 공자의 〈춘추〉에서 그 전통의 악습(惡習)을 적발하고, 신·구 〈당서〉·〈자치통감〉·〈강목〉 등을 가지고 그 모호하고 은미(隱微)한 문구 속에서, (一)당 태종의 병록(病錄: 이질 등) 보고가 사실과 다름을 간파해 내고, (二)목은(牧隱)의 〈정관음(貞觀吟)〉(당 태종이 화살에 눈 맞은 사실을 소재로 지은 시-원주)이 믿을 만한 것임을 실증하였고, (三)신라인들이 고구려가 승리한 역사를 헐어 없앰으로써 당 태종이 전쟁에서 패하고 부상당한 사실이 〈삼국사기〉에서 빠지게 되었다고 단정하고, 이로부터 간단한 하나의 결론을 얻게 되니, 말하자면, 〈당 태종이 보장왕(寶藏王) 4년에 안시성에서 눈을 상하고 도망쳐 돌아가서 중국의 외과 치료가 불완전하여 거의 30개월을 고생하다가 보장왕 5년에 죽었다.〉라는 수십 자(字)이다.

이 수십 자(字)의 결론을 얻기 위해서도 5, 6종의 서적 수천 권을 반복하여 출입하여, 혹은 무의식중에서 얻으며, 혹은 고심한 끝에 찾아낸 결과이니, 그 노력과 고생이 또한 적지 않다.

승군(僧軍)의 내력을 모른다고 해서 해(害)로울 게 무엇 있으며, 당 태종이 부상당한 사실을 안다고 해서 이로울 게 무엇 있다고 이런 사실을 애써 탐색하는가, 하고 묻는 이가 있겠지만, 그러나 사학(史學)이란 것은 개별(個別) 사건들을 수집하고 잘못 전해진 것을 바로잡아 과거 인류의 행동을 살아 있듯이 그려내서 후세 사람들에게 물려주는 것일 뿐만 아니라, 승군(僧軍) 곧 선인군(先人軍)의 내력을 모르면 고구려가 당나라 군사 10만 명을 물리친 원동력(原動力)뿐 아니라 이에 앞서 명림답부(明臨答夫)의 혁명군의 중심이 무엇이었는지, 거란(契丹)을 깨뜨린 강감찬(姜邯贊) 군대의 주력이 무엇이었는지도 다 모르게 되며, 따라서 삼국시대부터 고려까지의 1천여 년간의 군제(軍制) 상 중요한 것이 무엇이었는지를 모르게 된다.

당 태종이 눈의 상처로 죽은 줄 모르면 안시성 전투가 빨리 매듭지어진 원인을 모르게 될 뿐 아니라, 신라와 당(唐)이 연맹을 맺게 된 원인과, 당 고종(高宗)의 군신(君臣)들이 일체의 희생을 돌아보지 않고 고구려와 흥망을 겨루게 된 이유와, 고구려와 백제가 서로 제휴하게 된 동기(動機)들을 모르게 된다.

그러나 위에서 든 것은 그 한두 가지 예일 따름이다. 이밖에도 이 같은 일들이 얼마인지 모를 정도이다. 그러므로 조선사의 황무지를 개척하자면 한두 사람의 몇 년간의 힘으로는 도저히 완결할 수 있는 것이 아님을 알 수 있다.

(三) 각종 명사(名詞)의 해석에 대하여

고대에 페니키아인들이 이집트의 상형문자(象形文字)를 가져다가 알파벳을 만든 것처럼, 우리나라가 한자(漢字)를 가져와서 이두문(吏讀文)을 처음 만들 때에는 그 한자의 음(音)을 취한 것도 있고 혹은 한자의 뜻(義)을 취한 것도 있다.

〈삼국사기〉에 나오는 인명(人名)을 보면, 「炤智 一名 毗處(소지 일명 비처)」라 한 것은, 「빛」의 뜻(義)은 「炤智(소지)」이고 그 음(音)은 「毗處(비처)」라는 것이다. 「素那 一名 金川(소나 일명 금천)」이라 한 것은, 「쇠내(=사금(沙金)이 생산되는 개천)」의 뜻(義)은 「金川(금천)」이고 그 음(音)은 「素那(소나)」라는 것이다. 「居柒夫 一名 荒宗(거칠부 일명 황종)」이라 한 것은, 「거칠우」의 뜻(義)은 「荒宗(황종)」이고 그 음(音)은 「居柒夫(거칠부)」라는 것이다. 「蓋蘇文 一名 蓋金(개소문 일명 개금)」은 「신」의 음(音)이 「蘇文(소문)」이고 그 뜻(義)은 「金(금)」이라는 것이다. 「異斯夫 一名 笞宗(이사부 일명 태종)」은 「잇우」의 음(音)은 「異斯夫(이사부)」이고 그 뜻(義)은 「荅宗(태종)」(〈훈몽자회(訓蒙字會)〉에 荅를 〈잇〉으로 훈(訓)하였음—원주)이라는 것이다.

지명(地名)을 보면, 「密城 一云 推火(밀성 일운 추화)」라 한 것은, 「밀무」의 음(音)은 「密城(밀성)」이고 그 뜻(義)은 「推火(추화)」라는 것이다. 「熊山 一云 功木達(웅산 일운 공목달)」이라 한 것은, 「곰대」의 뜻(義)은 「熊山(웅산)」이고 그 음(音)은 「功木達(공목달)」이라는 것이다. 「雞立嶺 一名 麻木嶺(계립령 일명 마목령)」은 「저름」의 음(音)은 「雞立(계립)」이고 그 뜻(義)은 「麻木(마목)」이라는 것이다. 「母城 一云 阿莫城(모성 일운 아막성)」이라 한 것은, 「어미」의 뜻(義)은 「母(모)」이고 그 음(音)은 「阿莫(아막)」이라는 것이다. 「黑壤 一云 今勿奴(흑양 일운 금물노)」라 한 것은, 「거물라」의 「거물」의 뜻(義)은 「黑(흑)」이고 그 음(音)은 「今勿(금물)」이라는 것이며, 「壤(양)」과 「奴(노)」는 다 「라」의 음(音)을 취한 것이다.

관직명(官職名)을 보면, 「角干(각간)」을 혹 「發翰(발한)」이라 한 것은 「불(=뿔)」의 뜻(義)은 「角(각)」이고 그 음(音)은 「發(발)」이며, 「干(간)」과 「翰(한)」은 다 「한」의 음(音)을 취한 것이니, 「불한」은 군왕(君王)을 칭한 것이다. 「耨薩(누살)」을 혹 「道使(도사)」라고도 하는 것은 「라」의 뜻(義)은 「道(도)」이고 그 음(音)은 「耨(누)」이며, 「살」의 뜻(義)은 「使(사)」이고 그 음(音)은 「薩(살)」이라는 것이니, 「라살」은 지방장관(地方長官)의 칭호이다. 「말한·불한·신한」은 삼신(三神)에 그 근원을 둔 것인데, 그 뜻은 「天一(천일) · 地一(지일) · 太一(태일)」이고 그 음(音)은 「馬韓(마한) · 卞韓(변한) · 辰韓(진한)」이라는 것이다. 「도가 · 개가 · 크가 · 소가 · 말가」는 다섯 대신(大臣)의 칭호인데, 「도 · 개 · 크 · 소 · 말」 등은 그 뜻(義)을 취하고

「가」는 음(音)을 취하여 「猪加(저가)·狗加(구가)·大加(대가)·牛加(우가)·馬加(마가)」가 된 것이다.

이와 같이 자잘하고 상세한 고증이 무슨 역사상의 큰 일이 되느냐? 그러나 이것은 잗다란 일인 듯하나 지지(地誌)의 잘못도 이로써 바로잡을 수 있으며, 사료의 의심스러운 것도 이로써 보완할 수 있으며, 고대의 문학부터 생활상태까지 연구하는 열쇠가 되는 것이다.

예를 들자면, 해모수(解慕漱)와 유화왕후(柳花王后)가 만난 압록강(鴨綠江)은 어디인가. 지금의 압록(鴨綠)이라 하면 당시 부여의 서울인 하얼빈(哈爾濱)과 너무 멀고, 다른 곳이라고 하면, 다른 곳에는 압록(鴨綠)이 없으므로 그 의문을 풀지 못하고 있었는데, 첫 번째 단계에서 광개토경호태왕(廣開土境好太王)의 비(碑)에서 압록강을 「阿利水(아리수)」라 한 것을 보고, 압록(鴨綠)의 이름이 「아리」 곧 「阿利」에서 나왔음을 깨달았다.

두 번째 단계에서, 〈요사(遼史)〉의 요(遼) 흥종(興宗)이 「鴨子河(압자하)」를 〈혼동강(混同江)〉으로 개명(改名)한 것을 보고, 「鴨子(압자)」가 곧 「아리」이므로 혼동강(混同江) — 즉, 송화강(松花江) — 이 고대의 북압록강(北鴨綠江)일 것이라는 가설을 세울 수 있었다.

세 번째 단계에서, 〈동사강목(東史綱目)〉 고이(考異)에서, 〈삼국유사〉의 「遼河 一名 鴨綠(요하 일명 압록)」과 주희(朱熹)의 「女眞起據鴨綠江(여진기거압록강)」(→ 여진족은 압록강을 근거로 하여 일어났다.)을 인용하여 「세 개의 압록(鴨綠)이 있다」고 한 것을 보고, 송화(松花)가 고대에는 압록이었다는 것을 알았고, 따라서 해모수(解慕漱) 부처(夫妻)가 만났던 압록은 곧 송화강(松花江)이라고 단정하였다.

마한전(馬韓傳)에 나오는 「卑離(비리)」를 청나라 건륭제(乾隆帝)의 〈만주원류고(滿洲源流考)〉 삼한정류(三韓訂謬)에서는 만주의 「貝勒(패륵: 음 〈패리〉-원주)」과 같이 관직명이라고 하였으나, 그러나 나의 주장은 다음과 같다.

삼한의 「卑離(비리)」는 〈삼국사기 지리지〉의 백제의 「夫里(부리)」로서, 「卑離(비리)」·「夫里(부리)」는 다 「불」의 음(音)을 취한 것이며, 그 뜻(義)은 「도회지(都會地: 都市)」이다. 마한의 「卑離(비리)」와 백제의 「夫里(부리)」를 참조하면, 마한의 「피비리(辟卑離)」는 백제의 「파부리(波夫里)」요, 「여래비리(如來卑離)」는 「이릉부리(爾陵夫里)」요, 「모로비리(牟盧卑離)」는 「모량부리(毛良夫里)」요, 「감해비리(監奚卑離)」는 「고막부리(古莫夫里)」요, 「초산도비리(楚山塗卑離)」는 「미동부리(未冬夫里)」요, 「고랍비리(古臘卑離)」는 「고막부리(古莫夫里)」이니, 비록 매번 이쪽은 음(音)을 취하고 저쪽은 뜻(義)을 취하여 서로 다른 번역이 있게 되었으나, 그것이 서로 같은 것임을 알 수 있다. 조선이 관중(管仲)과 싸우던 때에 산서성(山西省)이나 영평부(永平府)에 「卑耳(비이)」라는 계곡이 있었는데, 「卑耳(비이)」도 「卑離(비리)」 곧 「불」의 번역이다. 이로부터 조선 고대의 「불」이 산해관(山海關) 이서(以西)까지 걸쳐 있었음을 알 수 있다.

그러므로 자잘하고 상세한 고증(考證)이 역사상 큰 일은 아니지만 도리어 역사상의 큰 사실을 발견하는 도구가 되는 것이다. 만일 다시 한 걸음 더 나아가서 〈훈몽자회(訓蒙字會)〉·〈처용가(處容歌)〉·〈훈민정음(訓民正音)〉 등에서 고어(古語)를 연구하고 〈삼국유사〉에 쓰인 향가(鄕歌)에서 이두문(吏讀文)의 용법을 연구한다면, 역사상 수많은 발견이 있을 것이다.

필자는 일찍이 이에 유의(留意)한 적이 있었으나 해외에 나온 뒤부터 한 권의 책조차 사기가 심히 어려운 형편이어서, 10년을 두고 〈삼국유사〉를 좀 보았으면 하였으나 그 또한 얻을 수가 없었다.

(四) 위서(僞書)의 변별(辨別)과 선택에 대하여

우리나라는 고대에 진귀한 서적(珍書)들을 불살라 없앤 적(이조 태종의 분서(焚書) 같은 것-원저)은 있었으나 위서(僞書)를 조작한 일은 없었다. 근래에 와서 〈천부경(天符經)〉, 〈삼일신고(三一神誥)〉 등이 처음으로 출현하였는데, 아무도 그것을 변박(辯駁)한 일이 없었음에도 그것을 고서(古書)로 믿고 인정해주는 사람이 없게 된 것이다. 그러므로 우리나라 서적은 각씨(各氏)의 족보 중 그 조상의 일을 혹 위조한 것이 있는 것을 제외하고는 진위(眞僞)의 변별에 그리 신경쓸 것이 없다.

다음으로, 우리와 국토가 접해 있는 중국, 일본 양국은 옛날부터 교제가 빈번하였으므로 우리 역사에 참고가 될 서적이 적지 않다. 그러나 위서(僞書)가 많기로는 중국 같은 나라가 없을 것이다. 위서를 변별하지 못하면, 인증(引證)해서는 안 될 기록을 우리 역사에 인증하는 착오를 범하게 된다. 그러나 거짓(僞)에도 다음과 같이 그 정도가 있다.

그 첫째는 위서(僞書) 중에 기재된 거짓 사실(僞)이다.

예를 들면, 〈죽서기년(竹書紀年)〉의 진본(眞本)이 없어지고 위작(僞作)이 나왔다는 것은 앞에서 이미 진술하였지만, 옛 사가(史家)들이 늘 〈고기(古記)〉의 "檀君, 與堯竝立, 於戊辰(단군, 여요병립, 어무진)" (→단군은 요(堯)임금과 같이 무진(戊辰)년에 나라를 세웠다.)이라고 한 글에 근거하여, 단군의 연대를 알고자 하는 사람들은 항상 요임금의 연대와 비교하려고 하며, 요임금의 연대를 찾는 사람들은 〈속강목(續綱目)〉(김인산(金仁山) 저-원저)을 표준으로 참고하지만, 그러나 주(周)·소(召) 공화(共和: 주(周) 여왕(厲王) 때인 기원전 841년에 주공(周公)과 소공(召公)이 같이 주나라를 다스리던 때-원주) 이전의 연대는 중국 사가(史家)들의 큰 할아버지(大祖)라 할 사마천(司馬遷)도 알지 못하여 그 〈사기(史記)〉 연표에 쓰지 못하였거늘, 하물며 그보다 요원한 요(堯)의 연대이겠느냐. 그러므로 〈속강목(續綱目)〉의 연대는 다만 위서인 〈죽서기년〉에 근거하여 적은 연대임에도 불구하고, 이제 〈속강목〉에 근거하여 고대의 연대를 찾으려고 하는 것은 도리어 연대를 흐리게 만드는 것이다.

공안국(孔安國)의 〈상서전(尙書傳)〉에 나오는 "駒麗·扶餘·馯·貊(구려·부여·간·맥)"이란 구절을 인용하여 고구려와 삼한(三韓)이 주(周) 무왕(武王)과 교통하였다고 주장하는 사람도 있다. 그러나 〈사기(史記)〉 공자세가(孔子世家)에서 "安國, 爲今皇帝博士, 蚤卒(안국, 위금황제박사, 조졸)"(→공안국은 지금 황제(武帝) 때 박사가 되었으나 일찍 죽었다.)이라고 하였는데, "今皇帝(금황제)"는 무제(武帝)이다. 무제를 "今皇帝(금황제)"라 한 것은 무제가 죽어서 시호(諡號) 받는 것을 사마천이 보지 못하고 먼저 죽었기 때문이고, 공안국(安國)을 "蚤卒(=早卒: 조졸)"이라고 한 것은, 사마천이 살아 있을 때 공안국이 먼저 죽었기 때문에 이렇게 적은 것이다.

이 공안국은 사마천보다 먼저 죽었고, 사마천은 무제(武帝)보다 먼저 죽었음이 명백한데도 〈상서전〉에는 무제의 아들인 소제(昭帝) 시대에 창설한 금성군(金城郡)의 이름이 나오고 있으니, 공안국이 자신이 죽은 후에 창설된 지명을 예언할 만한 점쟁이라면 모르지만, 만일 그렇지 않다고 한다면 〈상서대전(尙書大傳)〉은 위서(僞書)임이 틀림없고, 거기에 기록된 "馯·貊·駒麗" 등이 거짓임도 자연히 명백한 것이다.

그 둘째는 진서(眞書) 중의 거짓 사실(僞)인데, 이것을 또 두 가지로 나눌 수 있다.

(甲)은 진서(眞書)인 그 책 자체 내에 있는 위증(僞證)으로서, 〈초학집(初學集)〉 〈유학집(有學集)〉 등은 전겸익(錢謙益)이 쓴 실재(實在)하는 글이지만, 그 책들 속에 나오는 우리나라에 관한 일은 대개 전겸익이 위조한 것들이고 실제로 있었던 것이 아닌 것이 많다는 것이 이런 부류에 속한다. 그러나 이에 대해서는 우리나라 역사에 그것을 반박할 확실한 증거들이 있거니와, 만일 우리나라 역사에 그것을 반박할 재료가 없어져 버리고 그가 쓴 역사에서 꾸며낸 거짓 사실(誣案)들만 유전되고 있다면, 다만 가설(假說)로써 부인하는 것만으로는 안 될 것이니, 어떻게 해야겠는가.

전에 장유(張維)가 〈사기(史記)〉의 "武王…乃封箕子於朝鮮(무왕…내봉기자어조선)"(→무왕이…이에 기자(箕子)를 조선에 봉하였다.)이란 글을 변별하여 바로잡으면서, 첫째, 상서(尙書)의 "我罔爲臣僕(아망위신복)"(→나는 신하가 되지 않겠다.)란 구절을 들어, 기자(箕子)가 이미 남의 신복(臣僕)이 되지 않기로 스스로 맹세하였으므로 무왕(武王)의 봉작(封爵)을 받을 리가 없다는 전제를 세우고, 둘째, 한서(漢書)의 "箕子避地于朝鮮(기자피지우조선)"(→기자가 (무왕을) 피하여 조선으로 갔다.)이란 구절을 들어, 반고(班固)는 〈사기〉를 쓴 사마천보다 충실하고 정밀한 역사가로서, 사마천의 사기에 나오는 기자봉작설(箕子封爵說)을 빼버렸으므로, 봉작(封爵)은 사실이 아니라고 단언을 내렸으니, 이것이 「인증(人證: 사람으로 증명함)」이다.

삼국 이후 고려 말엽 이전(몽고가 쳐들어오기 이전-원주)에 우리나라의 국력이 강성하여 중국에 대하여 무력으로 서로 대치하고 있을 때에도 중국에 보낸 국서(國書)에 비사(卑辭)가 많았다.

그러나 첫째, 다른 나라가 사신을 보내오면 반드시 "來朝(래조)"(→찾아와 인사를 하였다.)라고 썼던 것은 중국인들의 병리적 자존성(自尊性)이니, 이는 근세의 청조(淸朝)가 처음 서양과 통할 때에 영국, 러시아 등 여러 나라와 통상(通商)한 사실을 모두 "某國 稱臣奉貢(모국 칭신봉공)"(→모국(某國)이 신하라 칭하며 조공을 바쳤다.)이라고 쓴 것을 보아도 알 수 있으니, 그런 기록들을 함부로 믿을 수 없는 것이다.

둘째, 중국인들이 만든 〈열조시집(列朝詩集)〉 〈양조평양록(兩朝平壤錄)〉 등 시화(詩話) 가운데 조선 사람의 시를 가져다가 게재할 때에는 늘 대담하게 한 구(句) 한 련(聯)을 덧칠하거나 고쳤음을 볼 수 있는데, 우리의 역사를 전재할 때에도 자구(字句)를 고쳤음을 알 수 있다.

셋째, 몽고의 위력이 우리나라를 뒤흔들어 두려워 떨게 할 때에 우리의 악부(樂府)와 사책(史冊) 등을 가져가서 「황도(皇都)」·「제경(帝京)」·「해동천자(海東天子)」등의 자구(字句)를 모두 고친 사실이 〈고려사〉에 보이는데, 그 고친 기록을 개정하지 못한 〈삼국사〉·〈고려사〉 등도 중국과 관계된 문자는 실록(實錄)이 아님을 알 수 있으니, 이것은 「사증(事證: 사실로써 증명함)」이다.

몇 년 전에 나온 김택영(金澤榮)의 〈역사집략(歷史輯略)〉과 장지연(張志淵)의 〈대한강역고(大韓疆域考)〉에서, (일본의) 신공여주(神功女主) 18년에 신라를 정복한 일과 수인주(垂仁主) 2년에 임나부(任那府)를 설치한 일 등을 모두 〈일본서기(日本書紀)〉에서 따 와서는 자신의 박식함을 자랑하였으나, 그러나 신공(神功) 18년은 신라 나해니사금(奈解尼師今) 4년이고, 나해(奈解) 당년에는 신라 사람으로서 압록강을 구경한 이도 적었을 터인데, 이제 나해(奈解)가 아리나례(阿利那禮: 압록강-원주)를 가리키며 거듭 맹세하였다고 하니, 이게 무슨 말이며, 수인(垂仁)은 백제와 교통하기 이전 일본의 황제이므로 백제의 옷들도 수입되지 못하던 때인데, 수인(垂仁) 2년에 임나국(任那國) 사람들에게 붉은 비단 2백 필을 주었다는 말이 정말일 수 있을까?

뒤의 두 가지 의문에 대답하기 전에 그 두 가지 기사는 저절로 부정될 것이니, 이것은 「이증(理證: 이치로써 증명함)」이다.

이러한 방법으로 옛 사람들의 위증(僞證)을 드러내는 것이다. 사람(人)으로써, 사실(事)로써, 또 이치(理)로써 증명하여 부합되지 않으면 위록(僞錄: 거짓 기록)임을 알 수 있다.

(乙)은 후세 사람의 위증(僞證)으로서, 진서(眞書)인 그 책 자체에는 본래 위증이 없었는데, 후세 사람들이 문구(文句)를 증가하여 위증한 것이다. 이는 마치 당 태종이 고구려를 치려고 하여 그 〈사기〉〈한서〉〈후한서〉〈삼국지〉〈진서(晋書)〉〈남사(南史)〉〈북사(北史)〉 등에 나오는 조선에 관한 사실을 가져다가 자가(自家)에 유익하도록 꾸미면서, 안사고(顔師古) 등에게 시켜서 곡필(曲筆)을 잡고서 덧칠하여 고치고, 덧붙여 늘이고, 바꾸고, 멋대로 주석을 달아서 한사군(漢四郡)의 연혁(沿革)이 가짜(假)가 진짜(眞)처럼 되고, 역대 양국의 국서(國書)가 더욱 본문대로 유전된 것이 없게 되었다(이에 대한 증거는 본편 제 2장 지리연혁(地理沿革)에서 볼 수 있을 것이다-원주).

그 셋째는 위서(僞書) 중에 나오는 사실(眞)이다. 〈관자(管子)〉라는 책은 본래 관중(管仲)의 저작은 아니고 중국 육국시대(六國時代)의 저작으로서, 조선과 제(齊)의 전쟁에 대하여는 도리어 그 사실을 전하고 있으니, 비록 위서(僞書)이지만 진서(眞書) 이상의 가치를 가진 것이라 할 수 있다.

(五) 몽고(蒙)·만주(滿)·토욕혼(土) 여러 부족의 언어와 풍속의 연구에 대하여

김부식은 김춘추(金春秋)·최치원(崔致遠) 이래 모화주의(慕華主義)의 결정(結晶)이라 할 수 있으니, 그가 쓴 〈삼국사기〉에서 고주몽(高朱蒙)은 고신씨(高辛氏)의 후예라 하였고, 김수로(金首露)는 김천씨(金天氏)의 후예라 하였으며, 진한(辰韓)은 진(秦)나라 사람들이 동쪽으로 건너와서 세운 것이라 하였다.

그가 말(言)이나 피(血)나 뼈(骨)나 종교나 풍속 등 어느 한 가지도 같은 데가 없는 중국인들을 우리와 동종(同宗)으로 보아서, 말(馬) 살에 쇠(牛) 살을 묻힌 식의 어림없는 붓을 놀린 후로 그 편견(僻見)을 갈파한 이가 없었기 때문에 우리 부여(扶餘)의 종족 계통(族系)이 분명하지 못하게 되어, 드디어는 조선사의 위치가 어두운 구석에 놓여지게 된 지가 오래 되었다.

언젠가 필자가 〈사기(史記)〉의 흉노전(匈奴傳)을 보니, 세 성씨(姓氏)의 귀족(貴族) 있음이 신라와 같고, 좌·우 현왕(賢王) 있음이 고려나 백제와 같고, 5월의 제천(祭天) 있음이 마한(馬韓)과 같고, 날짜 간지에 戊(무)와 己(기)가 들어 있는 날을 길일(吉日)로 치는 것이 고려와 같고, 왕공(王公)을 「汗(한: han)」이라 하는 것이 삼국의 「干(간: gan)」과 같으며, 관직명 끝에 「치(鞮: 제. di. zhi)」라는 음(音)이 있음이 신지(臣智)의 「지(智: zhi)」와 한지(旱支)의 「支(지:zhi)」와 같으며, 后(후: 왕후)를 「閼氏(알씨)」라 하는 것이 곧 「아씨」의 한자 번역이 아닌가 하는 가설(假說)을 세우게 되었다.

그리고 가축이나 회계하는 곳을 「儋林(담림: danlin)」 혹은 「蹀林(접림: dielin)」이라 하는 것이 「살림」의 뜻이 아닌가 하는 의문이 났으며, 「休屠(휴도: xiutu 또는 xutu)」는 「蘇塗(소도)」와 음(音)이 같을 뿐만 아니라 나라 안에 「大休屠(대휴도)」를 둔 「休屠國(휴도국)」이 있고 각처에 또 「小休屠(소휴도)」가 있어, 더욱 삼한의 소도(蘇塗)와 틀림이 없는지라, 이에 조선과 흉노가 3천년 전에는 한 집안 내의 형제였을 것이라는 의문을 가지고 그 해결을 구해 보았다.

그 후에 청나라 건륭제(乾隆帝)가 흠정(欽定)한 〈만주원류고(滿洲源流考)〉와 요(遼)·금(金)·원(元) 〈삼사국어해(三史國語解)〉를 가지고 비교해 보니, 비록 그 중에 부여의 대신(大臣) 칭호인 「加(가)」를 음(音)으로 해석하여 조선말에 金「가」·李「가」라는 「가」와 동의(同義)라 하지 않고 뜻(義)으로 해석하여 주(註)를 달면서 「家(가)」를 잘못 쓴 것(誤)이라고 하였으며, 〈금사(金史)〉의 「勃極列(발극렬)」을, 음(音)을 취해서 만들어진 신라의 「弗矩內(불구내)」에 상당한 것이라고 하지 않고, 청조(淸朝)의 「貝勒(패륵: 패리)」과 같은 종류라고…… 한 것 등에 틀린 것이 없지 않으나, 「朱蒙(주몽)」의 만주어인 「주림물」은 곧 〈활을 잘 쏜다〉는 뜻이라 하였고, 「沃沮(옥저)」는 만주어의 「와지」 곧 〈삼림(森林)〉의 뜻이라 하였으며, 삼한의 관직명 끝의 자(字)인 「支(지)」는 곧 몽고어에서 마관(馬官)을 「말치」, 양관(羊官)을 「활치」라고 할 때의 「치」와 같은 종류라 하였으며, 삼한(三韓)의 「韓(한)」은 극한(可汗)의 「汗(한)」과 같이 왕(王)의 칭호이고 나라(國)의 칭호가 아니라고 한……다수의 고거(考據: 참고하여 근거로 삼음)할 거리를 얻었다.

또 그 후 동몽고(東蒙古)의 한 중(僧)을 만나서 동몽고 말의 동·서·남·북을 물으니, 「연나·준나·우진나·회차」라 하여, 그것이 〈고구려사〉의 "東部曰順那, 西部曰涓那, 南部曰灌那, 北部曰絕那"(→동부를 순나(順那), 서부를 연나(涓那), 남부를 관나(灌那), 북부를 절라(絕那)라 한다.)와 같음을 알았다.

또 그 후 일본인 조거용장(鳥居龍藏)이 조사 발표한 것으로서, 조선·만주·몽고·터키 네 민족들이 현재 사용하고 있는 말 중에 같이 쓰는 말들이 수십 종(지금 내가 기억하고 있는 것은 다만 귀자(貴子)를 〈아기〉라 하고, 건장

(乾醬)을 〈메주〉라 하는 한두 마디뿐이다-원주) 있다고 한 것을 보고, 제 1 단계로 조선·만주·몽고·터키 네 종류 언어는 동어계(同語系)라는 억단(臆斷)을 내리고, 다시 중국 〈이십사사(二十四史)〉의 선비(鮮卑)·흉노(匈奴)·몽고(蒙古) 등지에 관한 기록을 가져다가 그 종교와 풍속의 같고 다름을 참조하고, 서양사(西洋史)를 가지고 흉노의 유종(遺種)이 터키·헝가리 등지로 이주한 사실을 고열(考閱)하였다.

그리하여 제2 단계로 조선·만주·몽고·터키 네 민족은 같은 혈족(血族)이라는 억단을 내리게 된 것이다.

나의 이 억단이 맞는지 틀린지는 잠시 접어두고, 조선사를 연구하려면 조선의 고어(古語) 뿐만 아니라 만주어·몽고어 등의 말을 연구해야 한다. 이들 말에 대한 연구는 고대의 지명·관명의 의의(意義)를 깨닫는 데, 이주(移住)와 교통(交通)의 자취와, 공전(攻戰)과 침탈(侵奪)의 유허(遺墟)와, 풍속의 동이(同異) 및 그 차이, 문명과 야만의 정도 및 그것이 다르게 된 원인, 기타 수많은 사적(事蹟)을 탐구하는 데, 그리고 잘못된 역사 기록(誤錄)의 교정에도 유익하다.

이상의 다섯 가지는 재료의 수집과 선택 등 노고(勞苦)에 있어서 나 자신의 경험을 말한 것이다.

아, 슬프다. 조선과 중국, 일본 등 동양문헌에 대한 큰 도서관이 없으면 조선사를 연구하기 어려울 것이다. 일본의 학자들은 국내에 아직 충분히 만족할 만한 도서관은 없다고 해도 그러나 동양에서는 제일이고, 또 지금에 와서는 조선의 소유가 거의 모두 그곳에 저장되어 있으며, 또 서적의 구입 및 열람과 각종 사료의 수집이 우리처럼 떠돌아다니며 생활하고 있는 가난한 서생(書生)들보다는 훨씬 나을 것이고, 게다가 신사학(新史學)에 상당한 소양까지 있다고 자랑하면서도, 지금까지 동양학 분야에서 위대한 인물이 나오지 못한 것은 무슨 까닭인가.

저들 중에서 가장 명성이 자자한 자가 백조고길(白鳥庫吉)이라 하지만, 그가 저술한 신라사(新羅史)를 보면, 사료를 배열하고 정리하는 데 새로운 방식도 볼 수 없고 한두 가지의 새로운 발명(發明)도 없음은 무슨 까닭인가.

(2줄 빠져 있는데, 검열에서 삭제된 듯하다—초판의 주)좁아터진 천성(天性)이 조선을 무함(誣陷)하기에만 급급하여 공평(公平)을 결여하였기 때문인가? 조선 사람으로서 어찌 조선 사학이 일본인에 의하여 그 단초(端初)가 열리기를 바라겠는가마는, 조선의 보장(寶藏)들을 남김없이 다 가져가서 어둠 속에 썩히고 있음은 통탄스럽고 애석하지 않을 수 없다.

5. 역사서의 개조에 대한 소견(所見)

역사 재료에 대하여 그 사라진 것(亡)을 찾아서 기워 넣고(補), 빠진 것(缺)을 채우며(充), 사실이 아닌 것(僞)은 빼버리고(去), 거짓 기록을 판별하여 완비(完備)를 추구하는 방법의 대략을 이미 말하였거니와, 편찬하고 정리하는 절차에 이르러서도 옛날 역사서(舊史)의 투(套)를 고치지 않으면 안 될 것이다.

근래에 가끔 새로운 체제로 역사서를 저술하였다는 한두 가지 새로운 저서가 없지 않으나, 다만 〈신라사〉라 〈고려사〉라 하던 왕조별로 나누던 이전의 방식을 고쳐서 「상세(上世)」·「중세(中世)」·「근세대(近世代)」라 하고, 「권지일(卷之一)」·「권지이(卷之二)」라고 하던 〈통감(通鑑)〉의 편 분류(分編) 명칭을 고쳐서 「제1편」·「제2편」이라고 하며, 그 내용을 보면 「재기(才技)」·「이단(異端)」이라고 하던 것을 「예술(藝術)」·「학술(學

術)」이라고 하여 그 귀천(貴賤)의 위치만 바뀌었을 뿐이고, 「근왕(勤王)」·「한외(捍外)」라 하던 것을 「애국(愛國)」·「민족적 자각」이라 하여 그 신구(新舊)의 명사만 다를 뿐이니, 털어놓고 말하자면, 한장책(韓裝册)을 양장책(洋裝册)으로 고친 것에 불과하다. 이제 나의 어리석은 소견으로 개조할 방법의 대강(大綱)을 말해보고자 한다.

(一) 그 계통(系統)을 구해야 한다.

구사(舊史)에서는 甲大王(갑대왕)이 乙大王(을대왕)의 父(부)요, 丁大王(정대왕)이 丙大王(병대왕)의 弟(제)이니 하여, 왕실의 계통을 구하는 외에는 다른 곳에서 거의 계통을 구하지 않았으므로, 무슨 사건이든지 중천(中天)에서 거인(巨人)이 내려오고 평지에서 신산(神山)이 솟아오른 듯하여, 한 편(篇)의 신괴록(神怪錄)을 읽는 것 같았다.

역사는 인과관계(因果關係)를 찾으려는 것인데, 만일 이와 같은 인과(因果) 이외의 일이 있다면 역사는 공부하여 무엇하겠는가마는, 그러나 이는 역사를 쓴 사람의 부주의 때문이지 역사 본래의 실질이 그런 것은 아니다.

그러므로 구사(舊史)에서는 그 계통을 말하지 않았다 하더라도 우리가 이를 찾을 수 있으니, 〈삼국사기〉 신라사에 적힌 신라의 「국선(國仙)」은 진흥대왕(眞興大王) 때부터 문무대왕(文武大王) 때까지가 전성기로서, 사다함(斯多含) 같은 이는 겨우 15, 6세의 소년으로 그 제자의 수가 중국의 대성(大聖)인 공구(孔丘)와 겨룰 정도가 되었으며, 이밖에 현상(賢相), 양장(良將), 충신(忠臣), 용사(勇士)가 모두 이 가운데서 났다(〈삼국사기〉에서 인용한 김대문(金大問)의 설-원주)고 하였으나, 그 기간이 수십 년에 불과하여 소식(聲息)이 완전히 끊어져 국선(國仙) 이전의 그 조상(祖)도 볼 수 없고 국선

이후의 그 자손(孫)도 볼 수 없으며, 돌연히 왔다가 돌연히 가버린 국선이니, 이것이 이 신라의 신괴록(神怪錄)이 아니고 무엇이냐.

많은 고기(古記)에서 「왕검(王儉)」이 국선의 시조(始祖)됨을 찾고, 고구려사에서 「조의선인(皂衣先人)」 등이 국선과 하나임을 찾으며, 이로부터 국선의 내원(來源)을 알게 되고, 고려사에서 이지백(李知白)이 "화랑을 중흥시키자"고 한 논쟁과, 예종(睿宗)의 "사선(四仙)의 유적(遺跡)을 더욱 영예롭게 하라"고 한 조서(詔書)와, 의종(毅宗)의 "국선들이 관리로 등용될 길을 더욱 넓게 열어라"고 한 조서 등을 보면, 고려 때까지도 오히려 국선의 전통이 남아 있었음을 볼 수 있으니, 이것을 계통을 구하는 방법의 한 예로서 드는 바이다.

(二) 그 회통(會通)을 구해야 한다.

회통(會通)이란 전후(前後)로 피차(彼此) 간의 관계를 유취한다(類聚: 종류별로 모음)는 말이니, 구사(舊史)에서도 회통(會通)이란 명칭은 있었으나 오직 예지(禮志)·과목지(科目志) 등 — 이도 회통의 방법이 완미(完美)하지 못하지만 — 이외에는 이 명칭이 응용된 곳이 없다. 그러므로 구사(舊史)에서는 무슨 사건이든지 홀연히 모였다가 흩어지는 채색 구름(彩雲)과도 같고, 갑자기 불다가 그치는 회오리바람과도 같아서, 도저히 그 전모를 포착할 수가 없다.

〈고려사〉 묘청전(妙淸傳)을 보면, 묘청이 일개 서경(西京)의 승려로서 평양에 천도하여 금(金)나라를 치자고 주창하자, 일시에 군왕(君王) 이하 다수 신민(臣民)들의 동지를 얻어서 기세가 혁혁하다가, 마침내 평양에 터를 잡고 국호(國號)를 「대위(大爲)」라 하고, 원년(元年)을 「천개(天開)」라 하고, 인종(仁宗)에게 대위국(大爲國) 황제의 자리에 오르라고 협박장 비슷한 상소를 올렸다. 그러자 반대당의 수령인 유생(儒生) 김부식(金富軾)이 군사들을 거느리고 와서 그 죄를 묻자 묘청은 한 번 변변히 싸워보지도 못하고 부하에게 죽임을 당했기 때문에, 묘청을 미치광이라고 한 사평(史評)도 있지만, 당시에 묘청을 이와 같이 신앙한 자들이 많았던 것은 무슨 까닭이며, 묘청이 하루아침에 이와 같이 갑자기 패배하고 만 것은 무슨 까닭인가?

〈고려사〉의 세기(世紀)와 열전(列傳)을 참고해 보면, 태조 왕건(王建)이 거란(契丹: 遼)과 절교하고 북방의 고구려 옛 영토를 회복하려고 하다가 거사하지 못하고 죽었으므로, 그 후예인 제왕(帝王)으로서 광종(光宗)·숙종(肅宗) 같은 이들은 모두 그 유지(遺志)를 성취하려고 하였다. 그리고 신하들 가운데도 이지백(李知白)·곽원(郭元)·왕가도(王可道) 같은 이들이 열렬히 북벌을 주장하였으나 다 실행하지 못하였다. 그런데 예종(睿宗)과 윤관(尹瓘)이 군신(君臣)이 한마음이 되어 두만강 이북을 경영하기 위한 전쟁을 조금 벌였으나, 반대자가 너무 많아서 이미 획득하였던 토지인 아홉 성(城)까지 금(金)나라 태조(太祖)에게 다시 양보하고 돌려주고 말았다. 이는 당시의 무사(武士)들이 천고(千古)의 한(恨)으로 여기는 일이다.

그 뒤에 금(金) 태조가 요(遼)를 멸망시키고 중국 북방을 차지하여 황제라 칭하면서 천하를 호시탐탐 노렸는데, 금(金)은 원래 백두산 동북 지역의 여진(女眞) 부락으로서 우리에게 복역(服役)하던 노민(奴民: 〈고려도경(高麗圖經)〉에 "女眞奴事高麗(여진노사고려)"(→여진은 고려를 노예가 주인을 섬기듯이 섬겼다.)라고 하였고, 〈고려사〉에 실린 김경조(金景祖)의 국서(國書)에도 "女眞以高麗爲父母之邦(여진이고려위부모지방"(→여진은 고려를 부모의 나라로 여겼다.)이라 하였다.-원주)으로서, 하루아침에 강성하여 형제의 위치가 뒤바뀌었다. 이에 나라 사람들 중에서 조금이라도 혈기가 있는 자라면 국치(國恥)에 눈물을 줄줄 흘릴 일이었다.

묘청이 이 틈을 타서 고려 초엽부터 전해오는 "定都平壤, 三十六國來朝(정도평양, 삼십육국래조)"(→평양에 도읍을 정하면 36개 나라가 찾아와서 인사를 할 것이다.)라고 한 도참(圖讖)의 말을 인용하여 부르짖자, 사대주의(事大主義)자인 김부식 등 약간의 사람들 외에는 모두 묘청의 주장에 호응하여 대문호(大文豪)인 정지상(鄭知常), 무장(武將)인 최봉심(崔逢深), 문무를 겸비한 윤언이(尹彦頤: 윤관(尹瓘)의 아들-원주) 등이 일치하여 북벌론을 주창하였으므로, 묘청의 세력은 일시에 성대해졌다.

그러나 얼마 지나지 않아 묘청의 행동거지가 마치 미치광이처럼 바뀌어 평양에서 왕명(王命)도 없이 국호(國號)를 고치고 전 조정을 협박하니, 이에 정지상은 왕의 좌우에 있으면서 묘청의 행동을 반대하였고, 윤언이는 도리어 그 주의(主義)가 다른 김부식과 같이 묘청 토벌의 선봉에 나서게 되니, 이것이 묘청이 실패한 원인이다.

그러나 김부식은 출정하기 전에 정지상을 죽이고, 묘청을 토평(討平)한 후에는 또 윤언이까지 축출하여 북벌론자의 뿌리를 뽑아버렸다. 김부식은 성공하였으나 조선이 쇠약해진 터전은 이로부터 잡혔다고 할 수 있을 것이다.

이렇게 참고하여 보면, 묘청이 성공하고 실패한 원인과 그가 패한 뒤에 생긴 결과가 분명해지지 않는가? 이로써 회통(會通)을 구하는 한 가지 예를 들어보았을 뿐이다.

(三) 감정에 좌우되어서는 안 된다.

모년(某年: 연도를 잊어버렸으므로 뒤에 말하기로 한다.-원주)의 영국 해군성

보고서에, "세계 철갑선(鐵甲船)의 비조(鼻祖)는 1592년경 조선 해군대장 이순신(李舜臣)"이라고 한 기록이 영국사에 올랐는데, 일본인들은 모두 당시 일본의 배가 철갑(鐵甲)이고 이순신의 것은 철갑이 아니라고 하면서(일본인이 이 말을 하면서 든 각종 조선사의 그 책 이름들을 잊었고, 〈이조 오백년사(李朝五百年史)〉에도 이 말이 나와 있으나 그 저작자의 성명을 잊었으므로, 나중에 다른 글에서 밝히기로 한다.-원주) 그 보고서가 틀렸다고 반박하였다. 그리고 조선의 집필자들은 이를 과장하기 위하여 그 보고서를 그대로 인용함으로써 조선과 일본 중 어느 나라가 먼저 철갑선을 만들었는가 하는 것이 암암리에 논쟁거리가 되었다.

일본인의 말은 아무런 분명한 증거도 없는 거짓 주장인지라 반박할 가치조차 못 되거니와, 〈이충무공전서(李忠武公全書)〉에서 설명한 거북선(龜船)의 제도를 보면, 배를 목판(木板)으로 덮었지 철판으로 덮었던 것은 아닌 듯하므로, 이순신을 장갑선(裝甲船)의 비조(鼻祖)라고 할 수는 있어도 철갑선(鐵甲船)의 비조라고 할 수는 없을 것이다.

철갑선(鐵甲船)의 창제자(創製者)라고 하는 것이 장갑선(裝甲船)의 창제자라고 하는 것보다 더 명예로운 것이기는 하지만, 창제하지 않은 것을 창제하였다고 하면, 이것은 진화(進化)의 단계를 어지럽힐 뿐이다.

가령, 모호한 기록 중에서 부여(扶餘)의 어떤 학자가 물리학(物理學)을 발명하였다든지, 고려의 어떤 명장(名匠)이 증기선(蒸氣船)을 처음으로 만들었다는 문자가 발견되었다고 하더라도 우리가 그것을 신용할 수 없는 것은, 남들을 속일 수 없으므로 그럴 뿐만 아니라, 곧 스스로를 속여서도 안 되기 때문이다.

(四) 본색(本色)을 보존해야 한다.

〈대동운옥(大東韻玉)〉에는, 국선(國仙) 구산(瞿山)이 사냥을 나갔다가 짐승들 중에 알을 품고 있는 놈들이나 새끼 가진 놈들까지 마구 죽였는데, 저녁이 되어 주막에 들자 그 집 주인이 저녁 밥상에 자기 다리의 살을 베어 놓고 "공(公)은 어진 사람이 아니니 사람의 고기도 먹어 보라."고 하였다는 이야기가 나온다.

이는 대개 신라 당시에 술랑(述郞)·영랑(永郞) 등의 학설(學說)이 사회에 물들어 국선오계(國仙五戒)의 한 조(條)인 "殺傷有擇(살상유택)"(→살생을 함에 있어서는 가려서 해야 한다.)을 사람들마다 받들어 행하던 때이므로, 이를 위반하는 자는 사람의 고기도 먹을 것이라는 반감으로 시골 주점의 객주(客主)가 이처럼 참혹하게 무안을 준 것이니, 그것이 수십 자(字)에 지나지 않는 기록이지만, 신라 화랑사(花郞史)의 일부라 할 수 있는 것이다.

〈삼국사기〉 고구려본기 미천왕기(美川王紀)에서는 이렇게 말하였다.

> 봉상왕(烽上王)이 그 아우인 돌고(咄固)가 딴 마음을 품고 있다고 해서 죽이니, 돌고의 아들인 을불(乙弗: 미천왕의 이름-원주)이 겁이 나서 달아나 수실촌(水室村) 사람인 음모(陰牟: 당시 부호의 성명인 듯함-원주)의 집에서 품을 팔고 있었는데, 음모가 밤마다 집 옆에 있는 못에 기와나 돌을 던져서 그곳의 개구리들이 울지 못하도록 하고, 낮이면 나무를 하도록 시키고 잠시도 쉬지 못하게 하였다.
>
> 1년 만에 도망을 쳐서 동촌(東村) 사람 재모(再牟)와 같이 소금장수가 되어 압록강에 이르러 소금 짐을 강동 사수촌(思收村)의 인가(人家)에 부려 놓았더니, 한 노파가 외상으로 소금을 달라고 하므로 한 말쯤 주었다. 그 후에 또 달라고 하기에 거절하고 주지 않았더니, 그 노파가 앙심을 품고 가만히 짚신 한 켤레를 소금 짐 속에 묻어 놓았다가, 그들이 길을 떠난 후에 쫓아와서 도적이라고 압록재(鴨綠宰)에

> 게 고발하여, 짚신 한 켤레의 값으로 소금 한 짐을 다 빼앗고 곤장까지 친 후에 내보냈다.

이것도 불과 몇 줄 되지 않는 기록이지만, 또한 봉상왕(烽上王) 시대에 부호(富豪)들의 포학함과 서민과 수령들의 사악한 행위를 그린 약도(略圖)이니, 봉상왕 시대 풍속사(風俗史)의 한 점(斑)이라 할 것이다.

그러나 대부분의 역사서들은 「某王卽位(모왕즉위)」, 「某大臣卒(모대신졸)」 등의 연월이나 쓰고, 보기 싫은 「遣使某國(견사모국)」(→어느 나라에 사신을 보냈다.) 「某國來報(모국래보)」(→어느 나라에서 사신을 보내어 보고하였다.) 등의 사실을 적은 것들이고, 위의 두 예문(例文)과 같이 시대의 본색을 그린 문자는 보기 어렵다. 이는 유교도의 춘추필법과 외교주의(外交主義)가 편견을 드러내어 전래하는 고기(古記)의 문자를 마음대로 덧칠하거나 고쳐서 각 시대별로 그 시대에 해당하는 사상을 흐리게 한 까닭이다.

옛날 서양의 어떤 역사가가, 이웃집에서 갑(甲)과 을(乙) 두 사람이 논쟁하는 말을 분명하게 들었다. 그러나 그 이튿날 남들이 전하는 갑과 을의 시비(是非)가 자기가 들은 것과는 전부 달랐다. 이에 "옛날부터의 역사가 모두 갑과 을 두 사람의 시비(是非)와처럼 잘못 전한 것을 적은 것은 아닌가?" 하고는 자기가 쓴 역사서를 모두 불에 던져버렸다.

취재기자가 취재하고 편집자가 교정하고 그 다음에 또 오자(誤字)를 교정보는 신문잡지의 기사도 오히려 그 진상과 크게 다른 것이 허다할 뿐 아니라 갑의 신문에서 이렇다 하면 을의 신문에서는 저렇다 하여 믿을 수 없는 일이 많은데, 하물며 고대의 한두 사가(史家)가 자기의 호오(好惡)에 따라 아무 책임감 없이 지은 것을 어떻게 믿을 수 있겠는가.

그리고 이성계(李成桂)가 고려의 마지막 왕 우(禑)의 목을 베고 그 자리를 빼앗을 때, 후세인이 자기에게 「以臣弑君(이신시군)」(→신하가 자기 임금을 죽이다.)의 죄를 줄까 염려하여 백방으로 "우(禑)는 원래 왕씨(王氏)의 왕통(王統)을 잇지 못할 요승(妖僧) 신돈(辛旽)의 천첩 반야(般若)의 소생(所生)"이라고 하면서, "경효왕(敬孝王: 恭愍王)이 신돈의 집에서 어떻게 우(禑)를 데려왔다. 그의 생모 반야(般若)가 우(禑)의 친모를 궁인 한씨(韓氏)로 정하는 것을 보고는 원통하여 한 차례 호곡(號哭)하자, 궁궐 대문도 그 원통함을 알고 무너졌다."고 하여, 어떻게든 우(禑)가 신씨(辛氏)임을 교묘하게 증명하려고 하였다. 그러나 송도의 일부 유신(遺臣)들이 바위굴속에 숨어서까지 우(禑)가 무함당하였음을 절규하였으므로, 오늘날 역사를 읽는 사람들은, 비록 확증은 없으나, 우(禑)가 왕씨이지 신씨(辛氏: 신돈의 아들)가 아니라고 믿는 이들도 있다.

왕건(王建)이 궁예(弓裔)의 여러 장수들 중 하나로서 궁예의 은총을 받아 대병(大兵)을 맡게 되자, 드디어 궁예를 쫓아내어 객사(客死)케 하고, 또한 〈이신시군(以臣弑君)〉의 죄를 싫어하여, 전력을 기울여 궁예를 죽이지 않으면 안 될 죄를 만들어 냈다.

"궁예는 신라 헌안왕(憲安王)의 자식으로서, 왕이 그의 생일이 5월 5일임을 미워하여 내다 버렸더니, 궁예가 이를 원망하여 군사를 일으켜 신라를 쳐서 멸망시키려 하였는데, 어느 절에서 벽에 그려져 있는 헌안왕의 초상화까지 칼로 쳤다."고 하였다.

그리고는 더욱 확실한 증거를 만들어내기 위하여, 궁예가 난 뒤에 헌안왕이 엄히 명령을 내려 궁예를 죽이라고 하였는데, 한 궁녀가 누대 위에서 누대 아래로 궁예를 던지니, 아래에서 유모가 받다가 그만 잘못하여 손가락이 그의 한쪽 눈을 찔러 눈을 잃어버리고 말았다.

그 유모가 비밀히 그를 길러냈는데, 그가 10여 세가 되어 장난이 심하였다. 이에 그 유모가 울면서 말했다.

"왕이 너를 버리신 것을 내가 차마 그냥 두고 볼 수 없어서 몰래 길렀는데, 이제 네가 미친 듯이 멋대로 행동함이 이와 같으니, 만일 남이 알면 너와 나는 다 죽을 것이다."고 하니, 궁예가 듣고 울며 머리를 깎고 중이 되었다.

그 뒤에 신라의 정치가 문란함을 보고 군사만 모으면 큰 뜻을 성취할 수 있겠다고 생각하고는 신라의 장수 기훤(箕萱)에게 갔다가 뜻을 이루지 못하고, 다시 신라의 장수 양길(梁吉)에게 갔더니 그를 잘 대우해 주었다. 그리하여 그의 군사를 나누어 동쪽으로 나와서 한 지방을 경략(經略)하였다고 하였다.

그러나 가령 위에서 말한 것이 다 참말이라 한다면, 이는 궁예와 유모가 죽을 때까지 지켜야 할 비밀일 텐데, 그 비밀의 말을 듣고 전한 자가 누구이며, 가령 궁예가 왕이 되어 신라의 형법이 미치지 않는 곳에 있게 된 뒤에 스스로 발표한 말이라 한다면, 그 말한 날짜나 장소는 기록하지 않는다 하더라도, 그 말을 누구에게 하였는지 그 데리고 말한 사람을 어찌 기록하지 않았느냐.

오늘날의 관점에서 본다면, 부모를 부모라 하는 것은 나를 낳아준 은혜 때문인데, 만일 나를 살리려는 생각이 없고 나를 죽이려는 생각만 있는 부모라면 그가 무슨 부모이겠는가. 궁예가 비록 헌안왕의 아들이라 하더라도, 만약 사관(史官)의 말과 같다면, 그가 태어난 날 누대 위에서 죽으라고 던진 날부터 이미 부모(父)라는 명의(名義)가 끊어진 것이니, 궁예가 헌안왕의 몸에 직접 칼질을 하더라도 시부(弑父)의 죄가 될 수 없고, 신라의 왕릉과 도읍을 유린하더라도 조상들을 욕보인 죄를 논할 수 없을 터인데, 하물며 왕의 등신(等身: 초상화)을 칼로 치고 문란한 신라를 혁명하려고 한 것이 무슨 큰 죄가 되겠는가.

그렇지만 고대의 좁은 윤리관으로는 그 두 가지 일 — 헌안왕의 초상화를 칼로 친 일과 신라국에 대한 불공 — 만으로도 궁예는 죽고도 남을 죄가 있는 것이니, 죽어도 남을 죄가 있는 궁예를 죽이는데 안 될 게 무엇이랴.

이리하여 왕건은 살아서 고려의 통치권을 가지고, 죽어서 태조 문성(太祖文聖)의 시호를 받았더라도 추호도 부끄러울 게 없게 된 것이니, 이것이 고려 사관이 구태여 세달사(世達寺)의 일개 걸승(乞僧)이던 궁예를 가져다가 고귀한 신라 황궁의 왕자를 만든 이유일 것으로 생각한다.

제왕(帝王)이라 하고 역적(逆賊)이라고 하는 것은 성공과 실패(成敗)의 다른 이름(別名)일 뿐이며, 정론(正論)이라 하고 사론(邪論)이라고 하는 것은 진실의 많고 적음(多寡)의 차이(差異)일 뿐인데, 거기다가 보고 들은 것이 틀리고 잘못 전해지거나 집필자의 좋아함과 싫어함(好惡)까지 섞여 있지 않은가. 사실도 흘러가는 물결과 같이 한 번 가면 다시 돌아오지 못하나니, 이미 지나간 사실을 그리는 역사의 저자(著史者)도 치인(癡人)이거니와 그 그림을 가지고 앉아서 시비(是非)와 곡직(曲直)을 가리려는 역사가는 더욱 치인이 아닌가? 아니다. 아니다.

역사는 개인을 표준으로 하는 것이 아니라 사회를 표준으로 하는 것이다. 그러므로 우리가 우(禑)의 성이 왕(王)인가 신(辛)인가를 조사하고 비교하기보다는 다만 당시 중국에 대하여 전쟁을 선언하고 요동 옛 땅을 회복하려고 한 것이 성공할 수 있었을 일일까, 실패할 일이었을까, 성공하든 실패하든 간에, 그 결과가 이로운 것일까 해로운 것일까 하는 것부터 먼저 정한 후에, 이를 주장한 우(禑)와 반대한 이성계(李成桂)의 시비(是非)를 말하는 것이 옳을 것이다.

그리고 궁예의 성이 궁(弓)인가 김(金)인가를 변론하기보다, 신라 이래 존숭(尊崇)하던 불교를 개혁하여 조선에 새로운 불교를 성립시키려 한 것이 궁예 패망의 도화선이니, 만일 왕건이 아니었더라면 궁예의 그 계획이 성취되었을까? 성취되었다면 그 결과를 확인한 뒤에야 이를 계획하였던 궁예와 그에 적대한 왕건의 사(邪)와 정(正)을 말하는 것이 옳다고 생각한다.

개인이 사회를 만드느냐, 사회가 개인을 만드느냐. 이는 고대부터 역사학자들이 논쟁해 온 문제이다.

이조 전반기(前半期)의 사상계는 세종대왕(世宗大王)의 사상으로 지배되었고, 후반기의 사상계는 퇴계산인(退溪山人)의 사상으로 지배되었다. 그렇다면 이조 5백년간의 사회는 세종·퇴계산인이 만든 바 아닌가.

신라 하대(下代)부터 고려 중엽까지의 6백년 동안은 영랑(永郎)·원효(元曉)가 각기 사상계의 한 방면을 차지하여, 영랑의 사상이 성하는 때에는 원효의 사상이 물러가고, 원효의 사상이 성하는 때에는 영랑의 사상이 물러가서 일진일퇴(一進一退), 일왕일래(一往一來)로 번갈아가면서 사상계의 패왕(覇王)이 되었으니, 6백년 동안의 사회는 그 양가(兩家)가 만든 바 아닌가.

백제의 정치제도(政治制度)는 온조대왕(溫祚大王)이 마련하여 고이대왕(古爾大王)이 완성하였으며, 발해(渤海)의 정치제도는 고제(高帝)가 마련하여 선제(宣帝)가 완성하였으니, 만일 온조와 고이왕이 아니었다면 백제의 정치가 무슨 형식으로 되었을는지, 고제와 선제가 아니었다면 발해의 정치가 무슨 형식으로 되었을는지, 또한 모를 일이다. 삼경(三京)·오부(五部)

의 제도가 왕검(王儉)과 부루(夫婁)로부터 수천 년 동안 정치의 모형(模型)이 되었으니, 왕검과 부루가 아니었다면 조선의 국가사회가 어떻게 되었을는지 모를 것이니, 이로써 보면, 일개 위대한 인격자의 손 끝에서 사회라는 것이 만들어지는 것이고 사회의 자성(自性: 그 자체의 본성이나 성질)이란 것은 없는 게 아닌가?

그러나 다시 다른 한 면을 보자. 고려 말엽 불교의 부패가 극도에 달하여 원효종(元曉宗)은 이미 쇠미(衰微)해지고, 임제종(臨濟宗)에도 또한 뛰어난 인물이 없고 다만 십만 인의 반승회(飯僧會)와 백만 인의 팔관회(八關會)가 재물과 양식을 마구 소비하여 국민들이 골머리를 앓고 있었을 뿐이었다. 그리하여 사회는 벌써 불교 밖에서 새로운 생명을 찾기에 급급하였으므로, 안유(安裕)나 우탁(禹倬)이나 정몽주(鄭夢周)들이 유교(儒教)의 목탁(木鐸)을 들고 나와서 두드린 지가 오래 되었다. 그 밑에서 세종(世宗)이 나오고 퇴계(退溪)가 나왔던 것이니, 그러면 세종이 세종으로 되고, 퇴계가 퇴계로 된 것은 세종이나 퇴계 자신이 아니라 사회가 만든 것이라 하는 것이 옳지 않을까?

삼국 말엽 그 수백 년간 찬란하게 발달한 문학과 미술의 영향을 받아서 소도(蘇塗) 천군(天君)의 미신이나 율종(律宗) 소승(小乘)의 하품(下品) 불교로는 더 이상 영계(靈界)의 위안을 줄 수가 없어서 사회가 그 새로운 생명을 찾은 지가 또한 오래되었다. 그렇기 때문에 신라의 진흥대왕(眞興大王)이나 고구려의 연개소문(淵蓋蘇文)은 이런저런 여러 종교를 다 통일하려는 새로운 안(案)을 세우려고 한 일이 있었던 것이다.

그럴 때에 영랑(永郎)이 도령(徒領)의 노래를 불렀고, 원효(元曉)가 화엄(華嚴)의 자리를 펼쳤으며, 최치원(崔致遠)이 유교와 불교와 선교(仙教)를 약간씩 모아서 섞는 신통한 재주를 보이자, 이에 각계가 갈채하여 이들

세 사람을 맞이하였던 것이니, 그렇다면 영랑이나 원효·최치원이 모두 본인 스스로 그렇게 된 것이 아니고 사회가 그들을 만든 것이 아닌가?

이로부터 한 가지 의문이 생겨난다.

원효는 신라 그때에 났기 때문에 원효가 된 것이고, 퇴계는 이조 그때에 났기 때문에 퇴계가 된 것이니, 만일 그들이 희랍의 강단(講壇)에서 태어났더라면 플라톤이나 아리스토텔레스가 되지 않았을까? 프랑스나 독일의 현대에 태어났더라면 베르그송(Bergson)이나 오이켄(Euken)이 되지 않았을까? 나폴레옹의 뛰어난 재주와 위대한 전략으로도 도포 입고 〈대학(大學)〉을 읽던 도산서원(陶山書院) 부근에서 태어났더라면 물러나 송시열(宋時烈)이 되었거나 나아가 홍경래(洪景來)가 되었을 따름이지 않을까? 크고 작음의 분량(分量)에 차이가 있어서 그와 똑같이 되지는 않았을지라도, 그 면목(面目)이 아주 달라졌을 것임은 단언할 수 있다.

논조(論調)가 이곳까지 미쳤으나, 개인은 사회라는 풀무에서 만들어질 뿐이니, 그렇다면 개인의 자성(自性)은 어디에 있는가? 개인도 자성이 없고 사회도 자성이 없다면 역사의 원동력(原動力)은 어디에 있는가? 나는 이것을 보면서, 개인이나 사회의 자성은 없으나 환경과 시대를 따라서 자성(自性)이 성립(成立)한다고 생각한다.

조선이나 만주나 몽고·터키·헝가리나 핀란드가 3천년 이전에는 적확(的確)히 하나의 혈족(血族)이었다. 그러나 혹은 아시아에 그대로 머물러 살고, 혹은 구라파로 이주함으로써 그 사는 주(洲)가 동과 서로 달라졌으며, 혹은 반도로 혹은 대륙으로, 혹은 사막 혹은 비옥한 땅, 혹은 온대나 한대 등지로 분포(分布)함으로써 그 사는 땅의 멀고 가까움이 달라졌으며, 목축과 농업, 침략과 보수 등 생활과 습속이 해와 달을 지내면서 더욱 현격하게 달라져서 각자의 자성(自性)을 가지게 되었는바, 이것이 즉 환경에 따라서 성립한 민족성(民族性)이라 할 것이다.

같은 조선이라 하더라도 이조시대는 고려시대와 다르고, 고려시대는 또 동북국(東北國: 발해) 시대와 다르고, 동북국 시대는 삼국시대와 같지 않으며, 왕검(王儉)·부루(夫婁)시대와도 같지 아니하여, 멀게는 천년의 전후(前後)가 다르고, 가깝게는 백년 전후가 다르니, 지금 이후로는 문명의 진보가 더욱 빠른 속도로 이루어져서 10년 이전이 태고(太古: 鴻荒)가 되고, 1년 이전이 먼 옛날(遠古)로 될는지도 모르는바, 이것이 이른바 시대를 따라서 성립한 사회성(社會性)이다.

원효와 퇴계가 시대와 경우를 바꾸어 태어났더라면, 원효는 유자(儒者)가 되고 퇴계는 불자(佛者)가 되었을는지도 모르지만, 그러나 생기발랄한 원효더러 주자(朱子)의 규구(規矩: 규칙과 법도)만을 엄숙히 지키는 퇴계가 되라고 한다면 이는 불가능한 일이며, 충실하고 용졸(庸拙)한 퇴계더러 불가(佛家)의 별종(別宗)을 수립하는 원효가 되라고 한다면 이 또한 불가능한 일일 것이다. 왜냐 하면, 시대와 경우가 인물을 산출하는 원료로 된다는 점은 같으나, 인물이 시대와 환경을 이용하는 능력은 다르기 때문이다. 민족도 개인과 같이, 어느 때(某時) 어느 땅(某地)에서 갑(甲) 민족이 올린 성적이 이러이러 하였으니, 그때 그곳에 을(乙) 민족이 갔더라도 꼭 이만한 성적을 올렸을 것이라고 말한다면, 이는 너무 성급한 판단이다.

대개 개인이나 민족에게는 두 가지 속성(性)이 있으니, (一)은 항성(恒性: 시대와 환경이 변하더라도 변하지 않는 성질)이고, (二)는 변성(變性: 시대와 환경에 따라서 변하는 성질)이다. 항성(恒性)은 제1의 자성(自性)이고 변성(變

性)은 제2의 자성(自性)이다. 항성이 많고 변성이 적으면 환경에 순응하지 못하여 멸절(滅絶)할 것이며, 항성은 적고 변성이 많으면 항성이 더 우수한 자의 정복을 받아 열패(劣敗)할 것이다.

그러므로 항상 역사를 되돌아보면서 두 가지 자성(自性)의 많고 적음(多寡)을 조절하고 무겁고 가벼움(輕重)을 고르게 하여 그 생명을 천지(天地)와 같이 장구하게 할 수 있는지의 여부는 오직 민족적 반성(反省) 여하에 달려 있을 것이다.

이상에서 말한 것이 근거하여 개인과 사회의 관계에 대하여 두 가지 결론을 내릴 수 있으니, (一)사회가 이미 결정된 국면에서는 개인이 힘을 쓰기가 매우 곤란하고, (二)사회가 아직 결정되지 않은 국면에서는 개인이 힘을 쓰기가 아주 쉽다는 것이다.

정여립(鄭汝立)이 "충신(忠臣)은 두 임금(二君)을 섬기지 않으며, 열녀(烈女)는 두 지아비(二夫)를 바꾸지 않는다."고 한 유가(儒家)의 윤리관을 일필(一筆)로 말살하고, "인민에게 해가 되는 임금은 죽여도 되며, 의(義)를 행하지 않는 지아비는 버려도 된다."고 하면서, "하늘의 뜻(天意)과 사람들의 마음(人心)이 이미 주(周) 나라에서 떠나갔는데도 주나라를 존중해야 한다니, 이 무슨 말이며, 사람의 무리들과 땅이 벌써 조조(曹操)와 사마의(司馬懿)에게로 돌아갔는데도 구차하게 한쪽 구석을 차지하고 있는 유현덕(劉玄德)이 정통이라니, 이게 다 무슨 말이냐!"고 하면서 공구(孔丘)와 주자(朱子)의 역사 필법(筆法)을 반대하였다.

그의 제자 신극성(辛克成) 등은 "이는 참으로 앞의 성현들이 말한 적이 없는 말씀이다."고 하였고, 당시의 재상과 학자들도 그의 재기(才氣)와 학식에 기우는 자들이 많았으나, 세종대왕이 심어놓은 삼강오륜(三綱五倫)

의 사상이 벌써 터를 잡고 있었고, 퇴계 선생의 존군모성(尊君慕聖: 임금을 받들고 성현의 말씀을 흠모함)의 주의(主義)가 이미 집을 지어서 전 사회가 안정되고 정돈된 지 오래이니, 이처럼 어디서 갑자기 날아온 듯한 혁명적 학자를 어찌 용납할 수 있었겠는가. 그러므로 애매한 한 장의 고변장(告變狀)에 그의 머리가 잘려나가고 온 집안이 폐허가 되었으며, 평생의 저술들이 모두 불태워지고 말았던 것이니, 이는 곧 (一)사회가 이미 결정된 국면에서는 개인이 힘을 쓰기가 매우 곤란하다는 것의 한 사례이다.

최치원(崔致遠)이 중국 유학생으로 떠나갈 때 그의 아비가 "10년이 되어도 과거에 합격하지 못하면 나의 아들이 아니다."고 하면서 일개 한문 졸업생(漢文卒業生) 되기를 바랐을 뿐이었다. 그리고 최치원 자신도 돌아와서 "巫峽重峰之歲, 絲入中原, 銀河列宿三年, 錦還東國(무협중봉지처, 사입중원, 은하열숙삼년, 금환동국)"(→ 산천 험한 나라에서 넓은 중원(中原)으로 한 올 실처럼 들어가서 3년이 지난 후에 동국 신라로 금의환향(錦衣還鄕)하였다.)이라고 노래하여 그가 일개 한문 졸업생 된 것을 남에게 자랑하였다.

그는 모든 사상은 한(漢)이나 당(唐)에만 있는 줄 알았지 신라에 있는 줄은 몰랐으며, 학식은 유서(儒書)나 불전(佛典)을 관통하였으나 본국의 고기(古記) 한 편 본 적 없었다. 그의 주의는 조선을 가져다가 순전히 중국화 하려는 것뿐이었고, 그의 예술이란 기껏해야 대구(對句)를 지으면서 청천(靑天)으로 백일(白日)을 대(對)하고, 황화(黃花)로써 녹죽(綠竹)을 대(對)하는 식의 사륙문(四六文)에 능한 것뿐이었다.

당시 영랑(永郎)과 원효(元曉) 양파가 다 노후하여 사회의 중심이 되는 힘을 잃고 새로운 인물에 대한 수요가 마치 굶주린 자가 밥을 구하는 것과 같았으므로, 일개 한문 졸업생에게 대선생(大先生)이란 휘호(徽號)가 단번에 돌아갔으며, 이어서 천추혈식(千秋血食: 동국문묘(東國文廟)에 그 이름이 올라 오래도록 제사를 받고 존숭되었음을 말한다.-옮긴이)의 예(禮)까지 그에게 바쳐져서, 고려에 들어와서는 영랑과 원효의 양파 인사들과 마주 앉게 되었는바, "때를 잘 만나면 더벅머리 총각(豎子: 미숙한 사람)도 성공한다."고 한 것은 이를 두고 한 말이다. 이것은 (二)사회가 아직 결정되지 않은 국면에서는 개인이 힘을 쓰기가 아주 쉽다는 것의 한 사례이다.

이런 일이 어디 학계뿐이랴. 모든 사업이 다 그러하니, 기훤(箕萱)과 양길(梁吉)이 일시에 웅대하게 그 세력을 펼친 것은 신라 말의 정해지지 않은 국면에서 일어난 일이고, 이징옥(李澄玉)이나 홍경래(洪景來)가 뜻밖에 패망한 것은 이조의 이미 결정된 국면에서였기 때문이다.

임백호(林白湖)가 말하기를 "나도 중국의 육조(六朝)·오계(五季) 시대에 태어났더라면 돌림 천자(天子) 하나는 얻어 하였겠다."고 하였다. 임백호 같은 시인이게 육조·오계 시대의 유유(劉 裕)나 주전충(朱全忠) 등처럼 반란군(紅鬍賊)의 괴수(魁帥)가 될 능력이 있어서 돌림 천자나마 차지할 위력이 있었다고 할 수는 없으나, 그러나 중국의 천자가 되려면 한(漢)·당(唐)의 치세(治世)보다 육조·오계의 난세(亂世)가 더욱 쉬울 것이란 점은 자연스러운 이치일 것이다.

이미 결정된 사회의 인물은 늘 앞 사람의 필법을 배워서 이것을 부연하여 확장할 뿐이니, 인물 되기는 쉬우나 그 공이나 죄가 크지 못하다. 반면에 혁명성을 가진 인물(鄭汝立과 같은 사람-원주)은 매양 실패로 마칠 뿐 아니라 사회에서도 그를 원망하고 질투하여 그의 언론(言論)이나 행사(行事)의 종적까지 지워 없애기 때문에 후세에 끼치는 영향이 거의 제로(零度)가 되고, 오직 3백년이나 5백년 뒤에 그를 알아주는 사람(知音)이 하나둘 있어서 그 유음(遺音)을 감상할 뿐이다.

그리고 아직 결정되지 못한 사회의 인물은 반드시 창조적, 혁명적 남아(男兒)라야 될 것 같으나 어떤 때는 꼭 그렇지만도 않다. 작은 칼(小刀)로 세공(細工)하는 하품(下品)의 재주꾼(최치원과 같은 부류-원주)으로 외국인의 입술을 모방하여 말하고, 웃고, 노래하고, 우는(音笑歌哭) 모습이 그들과 꼭 닮아서 사람들을 감동시킬 만하면 슬그머니 인물(人物)로서의 지위를 얻기도 하지만, 결국은 인격적 자성(自性)의 표현은 없이 노예적 습성만 발휘되어 전 민족의 항성(恒性)을 매몰시키고 변성(變性)만 조장하는 나쁜 기계가 되고 만다. 이는 사회를 위하여 우려되는 바이므로, 인물이 되려는 뜻을 가진 자가 경계하고 조심해야 할 바라 할 것이다.

제2편
수두 시대

– 강한 적이 침입하면 각 「수두」 소속의 부락들이 연합하여 이를 방어하고, 가장 공이 많은 부락의 「수두」를 제 1위로 높여서 「신수두」라 불렀는데, 「신」은 최고(最高) 최상(最上)을 의미한 것이며, 기타 각 「수두」들은 그 아래에 부속(附屬)하였다. 삼한사(三韓史)에서 보이는 「소도(蘇塗)」는 「수두」를 음역(音譯)한 것이고, 「신소도(臣蘇塗)」는 「신수두」의 음역이다. 「진단구변국도(震壇九變局圖)」에 나오는 「진단(震壇)」의 「진(震)」은 「신」의 음역이고, 「단(壇)」은 「수두」의 의역(意譯)이며, 「단군(壇君)」은 곧 「수두 하느님」의 의역이다. –

제1장 조선 고대 총론

1. 조선민족의 구별

고대 아시아 동부의 종족(種族)은 (一)우랄 어족(語族), (二) 중국 어족 두 갈래로 나눌 수 있는데, 한족(漢族)·묘족(苗族)·요족(猺族) 등은 후자에 속하고, 조선족·흉노족(匈奴族) 등은 전자에 속한다.

조선족이 분화하여 조선·선비(鮮卑)·여진(女眞)·몽고(蒙古)·퉁구스 등의 종족(族)이 되고, 흉노족이 흩어져서 돌궐(突厥: 지금의 신강족(新疆族)-원주)·헝가리·터키·핀란드 등의 종족(族)이 되었는데, 지금의 몽고·만주·터키·조선 네 종족 사이에 왕왕 동일한 말과 물명(物名)이 있는 것은 몽고(大元_-원주) 제국 시대에 피차간에 관계가 많았으므로 영향을 받은 것도 있지만, 고사(古史)를 참고하면, 조선이나 흉노 사이에도 관명(官名)·지명(地名)·인명(人名)이 같은 것이 많은데, 이는 상고(上古)에 있어서 이들이 동일한 어족(語族)임을 증명하는 것이다.

2. 조선족의 동래(東來)

인류의 발원지(發源地)에 대하여는 (甲)파미르 고원(高原), (乙)몽고 사막

이란 두 가지 설(說)이 있으나 아직 그 시비(是非)가 확정되지 못하고 있다. 그러나 우리의 고어(古語)로써 참고하면, 왕의 성씨(王姓)를 '해(解)'라고 한 것은(예를 들면, 解慕漱(해모수)―옮긴이) 태양(太陽)에서 그 뜻을 취한 것이며, 왕호(王號)를 「불구래(弗矩內: 불구내)」라고 한 것은 태양의 빛(光輝: 불그스름함)에서 그 뜻을 취한 것이며, 천국(天國)을 「환(桓國: 환국)」이라 한 것은 광명(光明: 환함)에서 그 뜻을 취한 것이니, 대개 조선족이 최초에 서방 파미르 고원 혹은 몽고 등지에서 광명의 본원지(本源地)를 찾아서 동방(東方)으로 나와서 불함산(不咸山: 지금의 백두산―원주)을 바라보고 명월(明月)이 출입하는 곳 ― 곧 광명의 신(光明神)이 쉬고 잠자는 곳으로 알고 그 부근의 토지를 「조선」이라 불렀다. 「조선」도 고어(古語)의 광명(光明)이란 뜻으로, 후세에 와서 「조선」은 이두자(吏讀字)로 「朝鮮」이라 쓰게 되었다.

3. 조선족이 분포해 있었던 「아리라」

우리 고어(古語)에서는 〈오리(鴨)〉를 「아리」라 하고, 〈강(江)〉을 「라」라 하였는데, 압록강(鴨綠江)·대동강(大同江)·두만강(豆滿江)·한강(漢江)·낙동강(洛東江)과 길림성(吉林省)의 송화강(松花江), 봉천성(奉天省)의 요하(遼河), 영평부(永平府)의 난하(灤河) 등을 이두자로 쓴 옛 이름을 찾아보면 아례강(阿禮江)·아리수(阿利水)·욱리하(郁利河)·오열하(烏列河)·열수(列水)·무열하(武列河)·압자하(鴨子河)라 하였는데, 아례(阿禮)·아리(阿利)·오열(烏列: wulie)·무열(武列: wulie)의 「列(열: lie)」은 모두 「아리」의 음역(音譯)이며, 압자(鴨子: 고어(古語)에서 〈오리〉를 「아리」라 하였음―원주)는 「아리(=오리)」의 의역(意譯)이고, 강(江)·하(河)·수(水)는 모두 「라」의 의역(意譯)이다. 위의 각 큰 강들은 모두 조선족 선조들이 지은 이름들이고, 조선 고대의 문화는 거의 다 위의 큰 강의 강변에서 발생하였으므로, 〈삼국지(三國志)〉에도 "句麗作國, 依大水而居(구려작국, 의대수이거)" (→고구려는 나라를 세우면서 큰물가에 터를 잡고 살았다.)라고 했던 것이다.

「나라」는 고어에서 「라라」라 하였으니, 「라라」는 본래 「나루(津渡)」를 가리키던 명사로서 후에 와서 국가(國家)를 가리키는 명사로 된 것이다. 그리고 고대 지명의 끝에 붙은 那(나)·羅(라)·奴(노)·婁(루)·耨(누)·良(량)·浪(랑)·穰(양)·壤(양)·陽(양)·岡(강)·牙(아)·邪(야) 등은 모두 「라」의 음역(音譯)이고, 川(천)·原(원)·京(경울)·國(국) 등은 모두 다 「라」의 의역(意譯)이다. 이들 양자는 다 「라라」의 축역(縮譯: 줄여서 번역한 것)인바, 강(江)은 어렵(漁獵)의 밑천이 되고 배로써 오고 갈 수 있는 편리함을 제공하므로, 상고의 문명은 거의 대부분 강가에서 발원하였던 것이다.

4. 조선의 최초를 개척한 부여(扶餘)

원시 인민들이 강하(江河)의 어류(魚類)와 산과 들(山野)의 금수(禽獸)와 초목의 열매 같은 각종 천연산물로 식료(食料)를 삼다가, 인구가 번식함에 따라 그 식료의 부족을 느끼게 되었으며, 그 부족한 것의 보충을 위하여 목축업과 농업이 생겨났다.

농업은 대개 불(火)의 힘을 이용하여 초목을 태워서 전야(田野)를 개척한 뒤에 비로소 시작되기 때문에, 고어(古語)에서 야지(野地)를 「불(=벌)」이라 하였던 것이다. 불의 이용을 발견한 것은 단지 농업을 유발하였을 뿐만 아니라 불로써 굴속을 태워 맹수도 죽였고, 가죽을 부드럽게 하여 옷이나 신발도 만들었으며, 진흙을 구워 그릇을 만들고, 성벽을 쌓았고,

쇠를 달구어 기계를 만들었으며, 기타 인류의 생활에서 날마다 사용하는 온갖 편의를 제공함으로써 인간의 지혜를 계발시켜 주었다. 그래서 근세의 일반 사학자들은 고대의 불의 이용의 발견을 곧 근세의 증기(蒸氣)나 전기(電氣)의 발견과 같은 사회생활의 대혁명(大革命)을 일으킨 대발견(大發見)이라고 한다.

동서 고대의 인민들이 다 불의 발견을 기념하여 그리스의 화신(火神), 페르시아의 화교(火敎), 중국의 수인씨(燧人氏) 등의 전설이 있게 되었으며, 우리 조선에서는 더욱 불을 사랑하여 사람의 이름을 「불」이라 지은 경우도 많은데 「夫婁(부루)」, 「稟離(품리)」 등이 다 「불」의 음역(音譯)이다. 「불」이라 지은 지명도 적지 않은데 扶餘(부여)·夫里(부리)·不耐(불내)·不而(불이)·國內(국내)·弗(불)·伐(벌)·發(발) 등이 다 「불」의 음역이다.

〈고기(古記)〉, 〈고사기(古事記)〉 등을 참고하면, 조선 문화의 원시(原始) 「수두」의 발원(發源)은 거의 다 송화강변의 하얼빈(哈爾濱) 부근에서이며, 하얼빈은 그 옛 이름이 부여(扶餘)이다. 그러므로 송화강은 조선족이 최초에 그 뿌리를 내리고 정주(定住)를 시작한 「아리라」이고, 하얼빈은 조선족이 최초로 개척한 야지(野地) — 「불」이며, 그 이외의 모든 扶餘(부여)·夫里(부리)…등은 연대를 따라서 차례로 개척된 야지(野地) — 「불」이다.

제2장 대단군(大壇君) 왕검(王儉)의 건국

1. 조선 최초의 일반 신앙인 단군

앞에서 설명한 바와 같이, 조선족이 각 「아리라」에 분포하여 각 「불」을 개척하는 동시에 일대(一大) 공동(共同)의 신앙이 유행하였는데, 이른바 단군(檀君)이 그것이다.

원시 인민들은 우주의 현상을 과학적으로 해석할 지식이 없었으므로, 우주에 신(神)이 있다고 가상하고는 모든 것을 신의 조작(造作)으로 돌리어 신을 숭배하였다. 각기 자연 환경을 따라서 혹은 만물을 모두 다 신(神)으로 인식하여 이를 섬기기도 하고, 혹은 만물의 위에 하나의 신이 있다고 생각하여 이를 숭배하였는데, 이것이 이른바 종교(宗教)이다. 이와 같이 하여 원시시대 각 민족사회들이 각기 고유의 종교를 가지게 되었던 것이다.

조선족은 우주의 광명(제 1장 참조-원주)을 그 숭배의 대상으로 삼고 태백산(太白山: 백두산)의 수림(樹林)이 광명신(光明神)이 잠자고 쉬는 곳 (棲宿所)이라고 믿었다. 그 뒤에 인구가 번식하여 각지로 흩어져 분포하게 되자, 각기 자기 거주지 부근에 수림(樹林)을 길러서 태백산의 그것을 본떠 그 수림을 「수두」라고 불렀다.

「수두」는 신단(神壇)이란 뜻으로, 매년 5월과 10월에 「수두」에 나아가 제사를 지냈는데, 한 사람을 뽑아서 제주(祭主)를 삼아 「수두」의 중앙에 앉혀 놓고 「하느님」, 「천신(天神)」이라 부르면서 여러 사람들이 제사를 올렸다. 그리고 「수두」의 주위에 금(禁)줄을 매어놓아 잡인의 출입을 금하였고, 전쟁이나 혹 기타 큰 일이 있으면 비록 5월이나 10월의 제사 때가 아니더라도 소를 잡아 「수두」에 제사지내고, 소의 발굽으로써 그 앞에서 길흉을 점쳤다. 발굽이 벌어지면 흉하다고 생각하였고, 붙어 있으면 길하다고 여겼는데, 이것은 중국의 팔괘(八卦)의 음획(陰畫: --)·양획(陽畫: ―)의 기원(起源)이 되는 것이다.

강한 적이 침입하면 각 「수두」 소속의 부락들이 연합하여 이를 방어하고, 가장 공이 많은 부락의 「수두」를 제 1위로 높여서 「신수두」라 불렀는데, 「신」은 최고(最高), 최상(最上)을 의미한 것이며, 기타 각 「수두」들은 그 아래에 부속(附屬)하였다. 삼한사(三韓史)에서 보이는 「소도(蘇塗)」는 「수두」를 음역(音譯)한 것이고, 「신소도(臣蘇塗)」는 「신수두」의 음역이다. 「진단구변국도(震壇九變局圖)」에 나오는 「震壇(진단)」의 「震」은 「신」의 음역이고, 「壇」은 「수두」의 의역(意譯)이며, 「단군(壇君)」은 곧 「수두 하느님」의 의역이다.

「수두」는 곧 작은 단(小壇)이며 「신수두」는 큰 단(大壇)이니, 하나의 「수두」에 하나의 「단군(壇君)」이 있었으므로, 「수두」의 단군(壇君)은 소단군(小壇君)이고 「신수두」의 단군은 대단군(大壇君)이다.

2. 대단군(大壇君) 왕검(王儉)이 창작한 신설(神說)

〈고기(古記)〉에 이르기를, "환군제석(桓君帝釋)이 삼위(三危)·태백(太白:

둘 다 산 이름이다—원주)을 내려다보고 널리 인간세상에 이익을 끼칠만한 곳이라 하여 아들 환웅(桓雄)을 보내어 천부(天符)와 인(印) 3개를 가지고 가서 다스리게 하여, 무리 3천을 거느리고 태백산(太白山) 신단수(神壇樹) 아래에 내리어 신시(神市)라 칭하니, 이가 곧 환웅천왕(桓雄天王)이다. 그로 하여금 풍백(風伯)·우사(雨師)·운사(雲師)를 지휘하여 곡식(穀)·운명(命)·질병(病)·형벌(刑)·선행(善)·악행(惡) 등……인간 세상의 360여 가지 일들을 주관하게 하였다.

이때 곰 한 마리와 호랑이 한 마리가 있어 굴속에 살면서 사람 되기를 기도하였다. 이에 환웅이 쑥 한 다발과 마늘 스무 개를 주면서 '이것을 먹고 백일 동안 햇빛을 보지 않으면 사람의 모습을 얻을 것이다.' 고 하였는데, 호랑이는 그 금기(禁忌)를 지키지 못하였으나 곰은 스무하루 동안 그대로 지켜서 여자가 되었다. 그러나 결혼할 남자가 없으므로 늘 신단(神壇)을 향하여 회임(懷妊)하기를 원하였으므로, 환웅이 이에 잠시 남자의 몸으로 변하여 그와 결혼하여 단군왕검(壇君王儉)을 낳았다."고 하였다.

그러나 「제석(帝釋)」이니 「웅(雄)」이니 「천부(天符)」니 하는 따위가 거의 다 불전(佛典)에서 나온 명사(名詞)이며, 또한 삼국사(三國史)의 초반의 사회에서도 여성을 매우 존시(尊視)하였다는데 여기서는 남자는 신(神)의 화신(化身)이고 여자는 짐승의 화신이라고 하여 여성을 너무 비시(卑視)하였으니, 나는 이것이 순수한 조선 고유의 신화가 아니라 불교가 수입된 이후에 불교도의 손에 의해 점철(點綴)된 것이 적지 않다고 생각한다.

그러나 평양(平壤)의 옛 이름이 「왕검성(王儉城)」이고, 신라의 〈선사(仙史)〉에서도 "平壤者, 仙人王儉之宅(평양자, 선인왕검지택)"(→평양은 선인(仙人) 왕검이 도읍했던 곳이다.)라고 하였고, 〈위서(魏書)〉에서도 "乃往二千載, 有壇君王儉, 立國阿斯達, 國號朝鮮(내왕이천재, 유단군왕검, 입국아사달, 국호조선)"(→2천년 전에 단군왕검(壇君王儉)이 아사달에 나라를 세웠는데, 나라의 이름을 조선이라 하였다.)이라고 하였으니, 그렇다면 조선 고대에 단군왕검을 종교의 교주(敎主)로 존숭하여 왔음은 사실이고, 「왕검(王儉)」을 이두문의 독법으로 해독하면 「임금」이 될 것이다. 따라서 「임금」이라는 이름으로 불렸던 사람이 당시에 유행하는 「수두」의 미신을 이용하여 태백산의 수두에 출현하여 스스로 상제(上帝)의 화신(化身)이라 칭하고 조선을 건국하였기 때문에, 이를 기념하여 역대 제왕의 칭호를 「임금」이라 하였으며, 역대 경성(京城)의 명칭도 「임금」이라고 했던 것이다.

「선인왕검(仙人王儉)」이라 한 것은 삼국시대에 「수두」 교도(敎徒)의 일단을 「선배」라 부르고, 「선배」를 이두문자로 「仙人(선인)」 혹은 「先人(선인)」이라 적었던 것이며, 「仙史(선사)」는 곧 왕검이 종교를 세운 이래 역대 「선배」의 사적(事蹟)을 기록한 것이다. 후세에 불교와 유교가 서로 번갈아 성행하면서 「수두」의 교(敎)가 쇠퇴하고 「선사(仙史)」도 유실(遺失)되어 그 상세한 것은 알 수 없으나, 중국의 고서(古書) ― 굴원(屈原)의 〈초사(楚辭)〉, 사마천의 〈사기(史記)〉, 반고(班固)의 〈한서(漢書)〉의 이곳저곳에서 눈에 띄는 것으로 오히려 그 대개(大槪)를 알 수 있다.

〈사기(史記)〉의 봉선서(封禪書)에서 "三一神(삼일신)은 天一(천일)·地一(지일)·太一(태일)이니, 三一(삼일) 중에서 太一(태일)이 가장 존귀하다."고 하였으며, "五帝(오제: 동·서·남·북·중 다섯 방위의 신(神)-원주)는 太一(태일)을 보좌하는 자"라고 하였고, 〈사기〉의 진시황본기(秦始皇本紀)에서는 "天皇(천황)·地皇(지황)·泰皇(태황)의 삼황(三皇) 중에서 泰皇(태황)이 가장 존귀하다"고 하였으며, 〈초사〉에는 「東皇太一(동황태일)」이란 노래 이름(歌名)이 있고, 〈한서〉 예문지(藝文志)에는 〈태일잡자(泰一雜子)〉라는 책 이름이 나오는데, 「삼일신(三一神)」과 「삼황(三皇)」은 곧 〈고기〉에 기록되어 있는 「삼신(三神)」 「삼성(三聖)」 등과 같은 종류(類)이다.

「三一神(삼일신)」을 다시 우리 고어(古語)로 번역하면, 〈天一(천일)〉은 「말한」으로 상제(上帝)를 의미한 것이며, 〈地一(지일)〉은 「불한」으로 천사(天使)를 의미한 것이며, 〈太一(태일)〉은 「신한」으로서, 「신」은 최고 최상이란 말이므로, 「신한」은 곧 「天上天下, 獨一無二(천상천하, 독일무이)」(→천상과 천하에, 즉 우주에 단 하나뿐이다.)를 의미한 것이다. 「말한·불한·신한」을 이두문자로는 「馬韓(마한)·卞韓(변한)·辰韓(진한)」이라고 적었다.

「오제(五帝)」는 「돗가·개가·소가·말가·신가」 등 다섯 「가」로서 곧 다섯 방위의 신(五方神)을 가리킨 것이다. 순서대로 말하면, 「말한」이 「불한」을 낳고 「불한」이 「신한」을 낳았으나, 권력의 순위(權位)로 말하면 「신한」이 신의 세계(神界)와 인간의 세계(人界)의 대권을 다 잡고 「말한」과 「불한」보다 고귀하기 때문에, "三一(삼일) 중에서 太一(태일)이 가장 존귀하다"고 한 것이며, "五帝(오제: 곧 五가-원주)는 곧 太一(태일)을 보좌하는 자"라고 하였으나, 「신가」가 다섯 「가」의 수위(首位)임은 「신」의 말뜻(語義)으로 보아 명백하므로, 위에서 말한 삼신(三神)·오제(五帝)는 곧 왕검이 창작한 전설이다.

3. 신수두의 삼경(三京) 오부(五部) 제도

대단군 왕검이 삼신(三神)·오제(五帝)의 신설(神說)로써 우주의 조직을 설명하고, 그 신설(神說)에 의하여 인간 세상 일반의 제도를 정함에 있어서 「신한」과 「말한」·「불한」의 세 「한」을 세워서 대단군이 「신한」이 되니, 「신한」은 곧 대왕(大王)이고 「말한」과 「불한」은 곧 좌우의 양 부왕(副王)으로서 「신한」을 보좌하는 자이다.

「삼경(三京)」을 두어서 세 「한」이 나뉘어 주재(駐在)하였으며, 세 「한」의 밑에 「돗가·개가·소가·말가·신가」의 다섯 「가」를 두고, 전국을 동·남·서·북·중 「오부(五部)」로 나누어 다섯 「가」가 중앙의 다섯 국무대신(國務大臣)이 되는 동시에 오부(五部)를 나누어 다스리는 다섯 지방장관이 되고, 「신가」는 다섯 「가」의 우두머리(首位)가 되며, 전시에는 오부의 인민으로써 중·전·후·좌·우의 5개 군(軍)을 조직하여 「신가」가 중군대원수(中軍大元帥)가 되고, 기타 네 「가」가 전·후·좌·우의 네 원수(元帥)로 되어 출전하였다.

지금까지 유행하는 윷판이 곧 다섯 「가」의 출진도(出陣圖)인데, 그 그림은 다음과 같다.

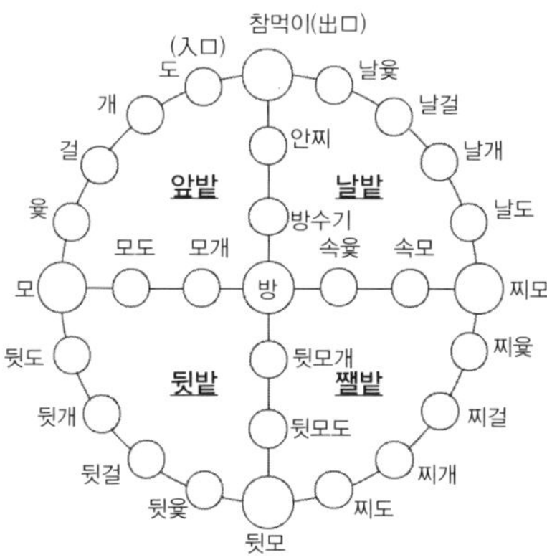

그림 중의 「刀(도)·介(개)·乞(걸)·兪(유)·毛(모)」는 곧 이두자로 쓴 다섯

「가」의 칭호이니, 「刀(도)」는 「돗가」이고, 「介(개)」는 「개가」이며, 「兪(유)」는 옛날 음(古音)이 「소」이므로 「소가」이고, 「毛(모)」는 「말가」이며, 「乞(걸)」은 「신가」이니, 乞로써 「신가」를 적은 것은 그 의의를 알 수 없으나, 부여 시대에 「견사(犬使)」란 관명(官名)이 있는데 대개 견사(犬使)는 「신가」의 다른 이름이므로, 「乞(걸)」은 곧 견사(犬使)의 「犬(견: 개)」을 의역(意譯)한 것이 아닌가 생각한다. 돗(猪)·개(犬)·소(牛)·말(馬) 등 축류(畜類)로써 다섯 방위의 신의 이름(神名)을 삼고 동시에 이로써 관직명을 삼은 것은, 이때 와서 수렵시대가 이미 지나가고 농목시대(農牧時代)가 되었다는 증적(證迹)이다.

제3장 수두의 홍포(弘布)와 문화의 발달

1. 부루(夫婁)의 서행(西行)

〈고기(古記)〉에서 이르기를, "단군왕검이 아들 부루(夫婁)를 보내어 도산(塗山)에서 하우(夏禹)를 만났다."고 하였고, 〈오월춘추(吳越春秋)〉에도 이와 비슷한 기록이 있다.

"당요(唐堯: 중국 고대의 성군으로 유명한 堯임금) 때에 9년 홍수가 져서 요(堯)가 하우(夏禹: 禹임금. 夏나라의 시조)에게 이를 다스리라고 명하였다. 그러나 우(禹)가 8년 동안이나 공을 이루지 못하여 매우 걱정하다가 남악(南嶽) 형산(衡山)에 이르러 백마(白馬)를 잡아 하늘에 제사를 지내며 성공을 빌었다. 그러자 꿈에 어떤 남자가 스스로 현이(玄夷)의 창수사자(蒼水使者)라 칭하면서 우(禹)에게 이르기를, '구산(九山) 동남쪽에 있는 도산(塗山)에 신서(神書)가 있으니, 세 달 동안 재계하고 이를 내어보라' 고 하므로, 우(禹)가 그 말에 따라 금간옥첩(金簡玉牒)의 신서(神書)를 얻어 오행(五行)의 물을 통하게 하는 원리를 알아서 홍수를 다스리어 성공하였다. 이에 주신(州愼)의 덕을 잊지 못하여 정전(井田)을 그리고 법률 및 도량형의 제도를 세웠다."

(*참고로 〈오월춘추〉 월왕무여외전(越王无余外傳)의 이 부분 원문을 소개한다.-옮긴이)

「禹傷父功不成, 循江泝河, 盡濟甄淮, 乃勞身焦思以行, 七年, 聞樂不聽, 過門不入, 冠挂不顧, 履遺不躡, 功未及成. 愁然沈思, 乃案黃帝中經歷一盖聖人所記, 曰:"在于九疑山東南天柱, 號曰宛委, 赤帝在闕. 其巖之巓, 承以文玉, 覆以磐石, 其書金簡, 靑玉爲字, 編以白銀, 皆瑑其文."
禹乃東巡, 登衡山, 血白馬以祭, 不幸所求. 禹乃登山, 仰天而嘯, 忽然而臥, 因夢見赤繡衣男子, 自稱:"玄夷蒼水使者, 聞帝使文命于斯, 故來候之. 非厥歲月, 將告以期, 無爲戲吟, 故倚歌覆釜之山." 東顧謂禹曰:"欲得我山神書者, 齋于黃帝巖岳之下, 三月庚子, 登山發石, 金簡之書存矣." 禹退又齋, 三月庚子, 登宛委山, 發金簡之書, 案金簡玉字, 得通水之理.……
三載考功, 五年政定. 周行天下, 歸還大越, 登茅山, 以朝四方群臣, 觀示中州諸侯. 防風後至, 斬以示衆, 示天下悉屬禹也. 乃大會計治國之道, 內美釜山州愼之功, 外演聖德以應天心, 遂更名茅山曰會稽之山.…… 恐群臣不從, 言曰:"……吾獲覆釜之書, 得以除天下之災, 令民歸于里閭, 其德彰彰若斯, 豈可忘乎?"……調權衡, 平斗斛, 造井示民, 以爲法度.」

여기서 「玄夷(현이)」는 조선 당시에 동·남·서·북·중 5부(部)를 다른 이름으로는 남(藍)·적(赤)·백(白)·현(玄)·황(黃)으로 불렀는데, 북부가 곧 현부(玄部)이다. 그런데 중국인들이 현부(玄部)를 가리켜 현이(玄夷)라 한 것이며, 「蒼水(창수)」는 곧 滄水(창수)이며, 「州愼(주신)」은 중국 춘추시대(春秋時代)의 문자에서는 항상 조선을 州愼(주신)·肅愼(숙신)·稷愼(직신) 혹은 息愼(식신)으로 번역하였는데, 州愼(주신)은 곧 조선을 가리킨 것이다.

〈고기(古記)〉의 「부루(夫婁)」는 〈오월춘추〉의 「蒼水使者(창수사자)」이니, 이때에 중국 일대에 홍수의 재앙이 있었음은 각종 고사(古史)가 다 같이 증명하고 있다. 그래서 대개 단군 왕검이 중국의 수재(水災)를 구제해 주기 위하여 아들 부루(夫婁)를 창수사자(蒼水使者)로 임명하여 도산(塗山)에 가서 하우(夏禹)를 보고 삼신오제교(三神五帝敎)의 한 부분인 오행(五行: 水·火·金·木·土-원주)의 설(說)을 전하고 치수(治水)의 방법을 가르쳐 주었기 때문에, 우(禹)가 왕이 되고 나서 부루의 덕을 잊지 못하여 삼신오제(三神五帝)의 교의(敎義)를 믿어 이를 중국 안에 전하여 퍼뜨린 것이다. 그리고 정전(井田)과 도량형(度量衡)과 법률 또한 중국의 창작이 아니고 조선의 것을 모방한 것이다.

그런데 왜 꿈에 "창수사자(蒼水使者)를 만났다"고 하였는가? 신성(神聖)을 장식하여 사실을 신화화(神話化)한 것으로, 이는 상고(上古)에는 흔히 있었던 일이다.

2. 기자(箕子)의 동래(東來)

하우(夏禹)는 홍수를 다스린 공으로 왕(王)이 되어 국호를 「하(夏)」라 하고 「수두」의 교(敎)를 행하였다. 그리고 도산(塗山)에서 받은 신서(神書)를 「홍범구주(洪範九疇)」라 하며 신봉하였다. 그 후 하(夏)가 수백 년 만에 망하고, 그 뒤를 상(商)이 이어서 또 수백 년간 지속하다가 망하였다. 그를 이어 주(周)가 흥하여서는 주 무왕(周武王)이 「홍범구주」를 배척하였으므로, 은(殷)의 왕족인 기자(箕子)가 「홍범구주」를 지어 무왕과 변론(辨論)하고는 조선으로 도망쳐 왔는데, 〈상서(尙書)〉의 홍범편(洪範篇)이 곧 이에 관한 내용이다.

홍범편 중에 "初一曰, 五行(오행), 次二曰, 敬用五事(경용오사), 次三曰, 農用八政(농용팔정), 次四曰, 協用五紀(협용오기), 次五曰, 建用皇極(건용황

극), 次六日, 乂用三德(예용삼덕), 次七日, 明用稽疑(명용계의), 次八日, 念用庶徵(념용서징), 次九日, 嚮用五福(향용오복), 威用六極(위용육극)"이라 하였다.

그리고 "一 五行(오행), 一日, 水(수), 二日, 火(화), 三日, 木(목), 四日, 金(금), 五日, 土(토)", "二 五事(오사), 一日, 貌(모), 二日, 言(언), 三日, 視(시), 四日, 聽(청), 五日, 思(사)", "三 八政(팔정), 一日, 食(식: 농업), 二日, 貨(화: 상공업), 三日, 祀(사: 제사 및 종교), 四日, 司空(사공: 건설), 五日, 司徒(사도: 민정), 六日, 司寇(사구: 사법), 七日, 賓(빈: 외교), 八日, 師(사: 국방)", "四 五紀(오기), 一日, 歲(세), 二日, 月(월), 三日, 日(일), 四日, 星辰(성신), 五日, 曆數(역수)", "五 皇極(황극), 皇建其有極(황건기유극)", "六 三德(삼덕), 一日, 正直(정직), 二日, 剛克(강극), 三日, 柔克(유극)", "七 稽疑(계의), 擇建立卜巫人(택건립복무인)", "八 庶徵(서징), 日, 雨(우), 日, 暘(양), 日, 燠(욱), 日, 寒(한), 日, 風(풍)", "九 五福(오복), 一日, 壽(수), 二日, 富(부), 三日, 康寧(강녕), 四日, 攸好德(수호덕), 五日, 考終命(고종명)" "六極(육극), 一日, 凶短折(흉단절), 二日, 疾(질), 三日, 憂(우), 四日, 貧(빈), 五日, 惡(악), 六日, 弱(약)"이라 하였는데, 이 구(句)들은 곧 도산(塗山) 신서(神書)의 본문이며, 홍범편의 나머지는 모두 기자(箕子)가 부연설명한 것이다.

"天乃錫禹洪範九疇(천내석우홍범구주)"(→이에 하늘이 우(禹)에게 홍범구주를 주었다.)라고 하였는데, 이 말은 곧 기자가 단군(壇君)을 가리켜 天(천)이라 하고, 단군이 전수(傳授)한 것을 天이 授(수: 주었다)하였다고 한 것으로, 이는 「수두」의 교의(敎義)에서는 단군을 天(천)의 대표로 보는 까닭이다.

기자가 조선으로 도망쳐온 것은 상(商)나라가 주(周)나라에 의해 망함과 동시에 상(商)의 국교인 「수두」교(敎)가 압박을 받게 되었으므로 고국(故

國)을 버리고 「수두」교(敎)의 조국으로 돌아온 것이다.

〈한서(漢書)〉에 거북이 문자(文字)를 등에 지고 낙수(洛水)에서 나오므로, 우(禹)가 홍범(洪範)을 널리 폈다고 하였으나, 〈주역(周易)〉 계사전(繫辭傳)에서 "河出圖, 洛出書, 聖人則之.(하출도, 낙출서, 성인칙지)"(→황하에서 그림(圖)이 나오고 낙수에서 글(書)이 나오자, 성인께서 그것을 본뜨셨다.) 라고 하여, 명백히 「河圖洛書(하도낙서)」가 둘 다 역(易)의 괘(卦)를 짓게 된 원인임을 적어 놓았는데도 불구하고, 이제 낙서(洛書)가 나왔으므로 그것을 바탕으로 홍범을 지었다고 주장하는 것이야말로 어찌 허황된 증명(妄證)이 아니겠는가.(위의 한 절(一節)은 청나라 유학자 모기령(毛奇齡)의 학설을 채용한 것이다.-원주)

〈오월춘추〉에 의하면, 「홍범오행(洪範五行)」이 조선으로부터 전해진 것이라 하였으므로 이는 믿을 수 있으며, 또 〈초사(楚辭)〉에 의하면 「동황태일(東皇太一)」 곧 단군왕검을 제사지내는 풍속이 호북(湖北), 절강(浙江) 등지에 많이 유행하였는데, 이곳은 대개 하우(夏禹)가 형산(衡山)에서 하늘에 제사지내고 도산(塗山)에서 부루(夫婁)로부터 신서(神書)를 받은 곳이므로, 「수두」교가 가장 유행한 지방이 되었던 것이다.

3. 흉노(匈奴)의 휴도(休屠)

「수두」교(敎)가 중국 각지에 널리 퍼져 있었다는 것은 앞에서 설명한 바와 같거니와, 〈사기(史記)〉 흉노전(匈奴傳)에 의하면, 흉노도 조선과 같이 5월에 하늘에 제사를 지내고, 구리(銅)로 천제(天帝) 모습의 사람을 만들어 그것을 「休屠(휴도: xutu, xiutu)」라고 이름 하였으니 이는 곧 「수두」의 음역(音譯)이다. 휴도(休屠)의 제사를 맡은 자를 「休屠王(휴도왕)」이라 하였는데 이 또한 단군(壇君)이란 뜻과 비슷하다. 그리고 휴도에서 세용(三龍)을 제사지냈는데, 용(龍)은 또 신(神)을 가리킨 것이므로 삼룡(三龍)은 곧 삼신(三神)이다. 따라서 흉노족도 「수두」교를 수입하였다는 것은 의심의 여지가 없는 사실이다.

고대의 종교와 정치는 구별이 없어서 종교상의 제사장(祭司長)이 곧 정치상의 원수(元首)이며, 종교가 전파되는 곳이 곧 정치상의 속지(屬地)이니, 대단군(大壇君) 이래 조선의 교화가 중국, 흉노 등의 각 민족에게 널리 전포(傳布)되었음을 근거로 정치상 강역(疆域)이 광대하였음을 알 수 있다.

4. 한자(漢字)의 수입(輸入)과 이두문(吏讀文)의 창작

조선 상고(上古)에 조선의 글이 있었다고 주장하는 사람도 있으나, 그러나 이는 아무런 증거가 없는 말이니, 최초에 한자(漢字)를 썼을 것은 사실이다.

한자가 어느 때에 수입되었는지는 알 수 없으나, 대개 토지가 중국과 붙어 있으므로 양 민족은 역사 기록(記錄)이 있기 이전부터 서로 왕래가 있었을 것이며, 한자의 수입도 역사 기록 이전의 일임이 명백하다. 왕검이 아들 부루(夫婁)를 보내어 도산(塗山)에서 우(禹)를 보고 금간옥첩(金簡玉牒)의 문자를 가르쳐 주었는바, 이 문자는 곧 한자일 것이니, 조선이 한자를 읽고 익힘이 이미 오래 되었음을 알 수 있다.

그 뒤에 한자의 음(音) 혹은 뜻(義)을 빌려서 「이두문(吏讀文)」을 만들었는데, 이두문은 곧 조선 고대의 국문(國文)이라 할 수 있다. 고대에는

「국서(國書)」 혹은 「향서(鄕書)」, 「가명(假名)」이라 불렀고 고려조 이후에 비로소 「이두문(吏讀文)」이라 불렀으나, 이제 통속(通俗)의 편의를 위하여 고대의 것까지 이두문이라 쓰기로 한다.

흔히 이두문을 신라의 설총(薛聰)이 지은 것이라고 하나, 그러나 설총 이전의 고비(古碑: 진흥왕 순수비와 같은 것—원주)에도 흔히 이두문으로 적은 시가(詩歌)가 있으므로, 설총 이전에 만들어진 것이라는 데에 의심의 여지가 없다.

그러면 어느 시대에 만들어진 것이냐?

「임금」을 「王儉(왕검)」으로 번역하여, 「王(왕)」은 그 자의(字義: 즉 임금)에서 소리의 초반(初半)을 취하여 「님」으로 읽고, 「儉(검)」은 그 자음(字音: 검)에서 소리의 전부(全部)를 취하여 「금」으로 읽었다. 그리고 「펴라」를 「樂浪(낙랑)」으로 번역하여, 「樂(락)」은 자의(字義: 편하다)에서 소리의 초반(初半)을 취하여 「펴」로 읽고, 「浪(랑)」은 그 자음(字音)에서 소리의 초반(初半)을 취하여 「라」로 읽은 것이 곧 이두문의 시초이니, 적어도 지금으로부터 3천여 년 전(기원전 10세기경—원주)에 이두문이 제작된 것 같다.

그림이 발전하여 문자(文字)가 되고, 상형자(象形字)가 발전하여 성음자(聲音字)가 되는 것은 인류문화사의 통칙(通則)이니, 상형자인 한자를 가져다가 성음자인 이두문을 만든 것은 마치 페니키아인들이 이집트 상형자의 편방(偏旁)을 따다가 「알파벳」을 만든 것과 같은 예로 볼만한 문자사(文字史) 상의 하나의 진보(進步)라 할 것이며, 후세의 거란문(契丹文)·여진문(女眞文)·일본문(日本文)이 모두 이두문을 모방한 것이므로, 인류문화에 기여한 공덕도 적지 않다고 하겠다.

그러나 다만 유감인 것은, (一)자음(子音)과 모음(母音)을 구별하지 못한 것이니, 예컨대 「가」는 자(子) 「ㄱ」·모(母) 「ㅏ」의 음철(音綴: 음을 모은 것)이며, 「라」는 자(子) 「ㄹ」·모(母) 「ㅏ」의 음철(音綴)인데도 이를 구별하지 않아서 한 음철이 한 자(字)가 되어, 「가」는 「加(가)」 혹은 「家(가)」로 쓰고, 「라」는 「良(량)」 혹은 「羅(라)」로 써서 음자(音字)의 수효가 너무 많다는 점이다.

(二)음표(音標)를 확정하지 못한 것이니, 예컨대 「白(백)」 한 자(字)를, 「白活(발괄: 〈하소연〉이란 뜻이다.-옮긴이)」이라 써서는 「발」로 읽고, 「爲白齊(하 제: 〈하올지어다〉라는 뜻의 존칭어-옮긴이)」라 쓰면 「살」로 읽는다. 「矣(의)」 한 자(字)를 「矣身(의몸: 〈이 몸, 저〉란 뜻의 자칭 대명사-옮긴이)」이라 쓰면 「의」로 읽고, 「敎矣(이사되: 〈말씀하시되〉란 뜻의 존칭어-옮긴이)」라 쓰면 「되」로 읽는다. 이처럼 그것을 읽는 법에 아무런 준칙이 없다는 점이다.

(三)상음하몽(上音下蒙: 앞의 음 일부가 다음의 것과 합쳐지는 현상)의 이치를 명확히 정해놓지 않은 것이니, 예컨대 「달이」를 「月伊(=달이)」로 쓰지 않고 「月利(=달리)」라 써서 「달이」로 읽고, 「바람이」를 「風伊(=바람이)」로 쓰지 않고 「風未(=바람미)」라 써서 「바람이」로 읽음으로써, 언어의 근간(根幹)과 지엽(枝葉)이 서로 뒤죽박죽이 되었다는 점이다.

그러므로 이두문으로 적은 시(詩)나 글(文)은 물론이고, 인명(人名)이나 지명이나 관직명 같은 것도 오직 같은 시대, 같은 지방의 사람들만이 그 관습에 의하여 서로 해독(解讀)할 수 있을 뿐이고, 다른 시대, 다른 지방 사람들은 입을 벌릴 수도 없다.

문자가 사회 진화에 유익하다는 것은 저쪽의 사실과 사상을 이쪽에 전달할 수 있기 때문인데, 이제 이와 같은 곤란함이 있어서 甲(갑)시대, 甲지방의 기록을 乙(을)시대, 乙지방에서 해독하지 못한다면 그것이 어찌 문화발전의 이기(利器)가 될 수 있겠는가.

고대인들이 이두문을 쓴 지 1천여 년 동안 이처럼 불만스러운 점들을 개정하지 못한 원인은 어디에 있을까?

당시에는 항상 적국(敵國)에 의한 외환(外患)에 시달렸기 때문에, 정치상 비밀을 지키기 위하여 일체의 문자를 적국인들이 이해하지 못하게 하기 위하여 이같이 불통일(不統一), 불확실(不確實)한 글을 쓴 것이고, 또한 삼조선(三朝鮮)이 붕괴하여 열국(列國)이 병립하게 되자 한 조선 내에도 상호 적국(敵國)이 많아서 하나의 명사(名詞)나 하나의 동사(動詞), 하나의 토씨를 더욱 다종다양하게 씀으로써 동부여 사람이 북부여의 이두문을 알지 못하고, 신라인이 고구려의 이두문을 알지 못하였던 것이다.

이두문을 이처럼 불통일(不統一), 불확실(不確實)한 방식으로 만들어 쓰게 된 것은, 당시 사람들의 학적(學的) 재지(才智)가 부족해서가 아니라, 주로 정치상의 장애로 말미암아 그렇게 된 것이다.

5. 신지(神誌)의 역사

옛 사서에서는 단군(壇君) 때에 신지(神誌)란 사람이 있어서 사관(史官)이 되었다고 하였으나, 사실은, 신지(神誌)는 곧 「신치」의 한역(漢譯)이다.

「신치」는 「신크치」의 약자(略字)이고, 「신크치」는 「신가」의 별칭(別稱)이며, 「신가」는 앞에서 설명한 다섯 「가」의 수석대신(首席大臣)이다. 「신치」 곧 「신가」가 언제나 「신수두」의 제삿날에 우주창조의 신화와 영웅, 용사 등의 이야기와 예언류의 경계담(警戒談)을 노래하여 그것이 후대에도 계속 따라 하는 예로 되었는데, 후세에 문사(文士)들이 그 노래를 모아서 한 권의 책으로 만들어 그의 관직명인 「신치」로써 책 이름을 삼은 것이니, 이른바 〈신지(神誌)〉가 곧 그것이다. 이제 〈신지(神誌)〉 본서가 멸절(滅絕)하여 그것의 가치 여하는 알 수 없으나, 그 책 이름이 이두문으로 지어진 것인 만큼 그 내용의 기사도 이두문으로 기록되어 있었을 것이다.

〈고려사〉 김위제전(金謂磾傳)에 〈신지(神誌)〉 비사(秘詞)의 일부, 즉 "如秤錘極器, 秤幹扶疎樑, 錘者五德地, 極器百牙岡, 朝降七十國, 賴德護神精, 首尾均平位, 興邦保太平. 若廢三諭地, 王業有衰傾(여칭추극기, 칭간부소량, 추자오덕지, 극기백아강, 조강칠십국, 뢰덕호신정, 수미균평위, 흥방보태평, 약폐삼유지, 왕업유쇠경)"(→마치 저울 몸(대), 저울 달림(錘), 저울 머리(판)와 같은데, 저울대는 「부소량(扶疎樑)」, 저울추는 「오덕지(五德地)」, 저울판은 「백아강(百牙岡)」에 해당한다. 찾아오고 항복해온 나라가 70개국이니, 그 덕에 의지하여 단군의 정신(精神)을 지켜나갔다. 우두머리와 말미가 같은 위치에서 균형을 이루니, 나라가 흥성하여 태평을 누렸다. 그러나 만약 이들 삼경(三京)중 하나라도 폐한다면 왕업은 쇠하여 기울어질 것이다.)이라는 10개 구(句)를 기재해 놓고, 「扶疎樑(부소량)」은 지금의 송도(松都)이고, 「五德地(오덕지)」는 지금의 한양(漢陽), 「百牙岡(백아강)」은 지금의 평양(平壤)이라고 증명하였다. 그러나 송도·한양·평양은 고려의 삼경(三京)이지 대단군(大壇君)의 삼경(三京)이 아니다.

대단군의 삼경(三京)은, 그 하나는 지금의 하얼빈(哈爾濱)이니, 고사(古史)에 부소갑(扶蘇岬) 혹은 비서갑(非西岬) 혹은 아사달(阿斯達)로 기록된 곳이며, 그 둘은 지금의 해성(海城)·개평(蓋平) 등지로서 고사에 오덕지(五德地) 혹은 오비지(五備旨) 혹은 안지홀(安地忽) 혹은 안시성(安市城)으로 기록된 곳이며, 그 셋은 지금의 평양(平壤)이니, 고사에 백아강(百牙岡) 혹은 낙랑(樂浪) 혹은 평원(平原) 혹은 평양(平穰)으로 기록되어 있는 곳이다.

이두문의 독법에 扶蘇(부소) · 非西(비서) · 阿斯(아사)는 「ᄋᆞ스」로 읽으며, 五德(오덕) · 五備(오비) · 安地(안지) · 安市(안시)는 「아리」로 읽으며, 百牙岡(백아강) · 樂浪(낙랑) · 平原(평원) · 平穰(평양)은 「펴라」로 읽는다.

그리고 앞의 비사(秘詞) 10구(句)는 이두문의 〈신지(神誌)〉를 한시(漢詩)로 번역한 것인데, 대개 삼국 말엽에 한학(漢學)이 흥성하여 한학자들이 이두문으로 기록되어 전해오던 시(詩)와 문(文)을 한문으로 번역하려고 시도하였는데(최치원(崔致遠)의 「향악잡영(鄉樂雜詠)」과 같은 종류-원주), 〈신지〉의 한역시도 이의 한 예이다.

그렇다면 무슨 이유로 비사(秘詞)라 하였는가? 고대에는 역사 종류를 성서(聖書)라 하여 왕궁에 비장(秘藏)하고 민간에 유행하는 것을 허락하지 않았기 때문이다.

〈신지〉와 신지비사(神誌秘詞)와 같은 것이 어찌하여 하나도 후세에 전해지지 못하였는가? 이는 고구려와 백제가 멸망할 때에 왕궁의 비장(秘藏)이 병화(兵火)에 불타고, 신라의 것이 겨우 전하여 고려조까지도 왕궁에 한 벌이 있었으며, 이조에 와서는 이를 서운관(書雲觀)에 깊이 감추어 두었는데, 이것마저 또한 임진왜란의 병화에 불타버렸기 때문이다.

6. 조선의 전성시대

기원전 10세기경부터 그 후 대략 5, 6백 년 동안은 곧 대단군(大壇君) 조선의 전성시대였다. 〈수문비고(修文備考)〉에 고죽국(孤竹國: 지금의 永平府-원주)은 조선 종족(朝鮮種)이라 하였는바, 백이(伯夷) · 숙제(叔齊) 형제는 고죽국의 왕자로서 왕위 계승권을 헌신짝처럼 내버리고 중국의 주(周: 지금의 섬서성(陝西省)-원주)에 유력(遊歷)하다가 주 무왕(周武王)을 대하여 격렬히 비전론(非戰論)을 주창하였으며, 고대 중국의 강(江; 長江-원주)·회(淮: 회하(淮河)-원주) 유역에 조선인이 많이 옮겨가 살면서 다수의 소왕국(小王國)을 건설하였는데, 서(徐)의 언왕(偃王)이 그 중에서 두각을 나타내어 인의(仁義)를 행하여 중국의 36개 나라들로부터 조공을 받았다.

이상은 조선의 본국과 정치적 관계가 없는 식민(殖民) 중 한두 호걸(豪傑)들의 행동이거니와, 기원전 5, 6세기경에 「불리지(弗離支)」란 자가 조선의 군사를 거느리고 지금의 직예(直隷: 북경시)·산서(山西)·산동(山東) 등의 성(省)을 정복하고 대현(代縣) 부근에 한 나라를 세워 자기의 이름으로 나라 이름을 삼아 「불리지국(弗離支國)」이라 하니, 〈주서(周書)〉의 「불령지(弗令支)」와 〈사기(史記)〉의 「리지(離支)」는 다 「불리지국」을 가리킨 것이다.(*〈관자(管子)〉 경중편(輕重篇)에서는 「불리지(弗離支)」를 「리지(離枝)」로 쓰고 있다-옮긴이)

불리지가 또 그가 정복한 지방을 그의 성 「불」 곧 「弗」의 음(音)으로써 지명을 지었는데, 요서(遼西)의 「肥如(비여)」나 산동(山東)의 「鳧繹(부역)」이나 산서(山西)의 「卑耳(비이)」(〈管子〉에 보임-원주)가 다 「불」의 번역이다. 상고에는 요동반도와 산동반도가 다 육지와 연결되어 있어서 발해(渤海)는 하나의 큰 호수였는데, 발해의 「渤」도 그 음(音)이 「불」이며, 또한 불리지가 줄어든 이름이다.

불리지가 산동을 정복한 뒤에 조선의 검은 원숭이(狖)·담비(貂)·여우(狐)·너구리(狸) 등의 털가죽, 모직물 담요 등의 직물들을 수출하여 발해를 중심으로 상업이 진흥하였다.

7. 조선의 쇠약(衰弱)

기원전 7세기 말에 조선이 고죽국(孤竹國)을 근거로 불리지국(弗離支國)과 합하여 연(燕)과 진(晋)을 치니, 연과 진이 제(齊)에 구원을 요청하였는데, 이때에는 제(齊) 환공(桓公)이 어진 재상(賢相) 관중(管仲)과 명장(名將) 성보(城父)를 얻어 중국의 패자(覇者)가 되어서 중국의 조(曹)·위(衛)·허(許) 노·(魯) 등 10여 국을 거느리고 연(燕)을 구하기 위하여 태항산(太行山)을 넘어가서 불리지국을 깨뜨리고, 연(燕)을 지나 고죽국을 쳐서 이겼다.

이에 조선은 군사를 물리고 불리지의 옛 땅을 다 잃어버렸는데, 중국인이 이 전쟁으로 말미암아 보전되었으므로, 공자(孔子)가 관중의 공을 칭찬하여 이르기를 "微管仲, 吾其被髮左衽.(미관중, 오기피발좌임)"(→관중이 아니었더라면 우리는 동이족들처럼 편발머리를 하고 옷깃을 왼쪽으로 여미게 되었을 것이다. *이것은 〈논어〉 헌문편(憲問篇)에 나오는 말이다.-옮긴이)이라 하였으니, 피발(被髮)은 조선의 편발(編髮)을 가리킨 것이고, 좌임(左衽)은 조선 사람들이 윗옷의 옷깃을 왼쪽으로 여미는 것을 가리킨 것이다.

〈관자(管子)〉란 책에는 이 전쟁의 결과를 대강 적어 놓았으나, (一)중국의 문자가 언제나 허황하고 과장이 많은데, 그 중에서도 특히 대외전쟁(對外戰爭)에 관한 경우 더욱 심하며, (二) 〈관자(管子)〉는 관중(管仲)이 지은 것이 아니라 중국 전국시대(戰國時代) 말엽에 어떤 사람이 쓴 것이므로, 자신이 목격한 이야기가 아니기 때문에 다만 그 대체(大體)만 말하였다.

그러나 이 전쟁에서 조선이 서북(西北)의 지방을 잃어버려 오랫동안 쇠약하게 되었던 것은 감추지 못할 사실이다.

(*〈관자(管子)〉에서 제(齊) 환공 때 관중(管仲)이 고죽국(孤竹國)을 쳐서 멸망시

킨 사실에 관한 것은 〈관자〉 중광편(中匡篇)에, "北伐山戎,……斬孤竹, 而九夷始聽.……故東夷……莫不賓服." 등처럼 그 결과만 간단히 거짓으로 기록해 놓고 있다.—옮긴이)

8. 단군 연대(年代)의 고증(考證)

이전의 역사서에서는 단군 왕검 1220년 후에 "箕子王朝鮮.(기자왕조선)"(→기자가 조선의 왕이 되었다.)이라고 기재해 놓았으나, 기자(箕子)는 그 자신이 왕이 된 것이 아니고, 기원전 323년경에 이르러서 그 자손이 비로소 「불朝鮮」의 왕이 되었으니, 이에 대해서는 제2편 제3장에서 이미 기술한 바 있으므로, 이제 사실(史實)에 따라서 기자조선(箕子朝鮮)을 삭제한다.

또 이전의 역사에서는, 단군이 처음 평양에 도읍하였다가 뒤에 구월산(九月山)으로 옮겼고, 그 자손에 이르러서는 기자(箕子)를 피하여 북부여(北扶餘)로 갔다고 하였으나, 이 또한 황당무계(荒唐無稽)한 망설(妄說)이다. 무릇 구월산으로 도읍을 옮겼다고 하는 것은 고구려사에서 〈위서(魏書)〉를 초록(抄錄)한 "壇君王儉, 立國阿斯達, 國號朝鮮.(단군왕검, 입국아사달, 국호조선)"(→단군왕검이 아사달(阿斯達)에 나라를 세우고 나라 이름을 조선이라 하였다.)이란 몇 구(句)의 말에 의거한 것인데, 「阿斯(아사)」는 그 음(音)이 「아홉(九)」에 가깝다고 하여, 「達(달)」은 그 음이 「달(月)」과 같다고 하여, 드디어 「구월山(九月山)」을 「아홉 달山」, 즉 「아사달(阿斯達)」이라 한 것이다.

그러나 구월산은 황해도 문화현(文化縣)에 있는 산인데, 문화현의 옛 이름은 「弓忽(궁홀)」이며, 弓忽(궁홀)은 이두문으로서 「궁골」로 읽어야 한다. 궁골에 있는 산이므로 「궁골山」이라 하였다. 이는 마치 「皆忽」(음(音)이 〈개홀〉이 아니라 〈개골〉이다-원주)에 있는 산이므로 「개골山(金剛山-원주)」이라고 하는 것과 같다. 그런데도 불구하고 「궁골山」을 구월山이라 와전(訛傳)하고, 다시 구월山을 아홉 달山으로 억해(臆解)하여, 구월山을 아사달山(阿斯達山)이라 망증(妄證)하니, 어찌 가소로운 일이 아니겠느냐.

「阿斯達(아사달)」은 이두문에서 「ᄋᆞ스대」로 읽었는데, 고어(古語)에 「松(송: 소나무)」을 「ᄋᆞ스」라 하고 산(山)을 「대」라고 하였다. 지금의 하얼빈(哈爾濱)에 있는 완달산(完達山)이 곧 아사달(阿斯達)이다. 이는 곧 북부여의 고지(故地)로서 단군왕검(王儉)의 상경(上京)이며, 지금의 개평현(蓋平縣) 동북의 안시(安市) 고허(古墟)인 「아리티」는 단군왕검의 중경(中京)이고, 지금의 평양(平壤) 곧 「펴라」는 단군왕검의 남경(南京)인데, 왕검 이래로 시의(時宜)에 따라 삼경(三京) 중 그 하나를 골라서 서울로 삼았으나, 그 본부는 어디까지나 북부여의 고지(故地)인 「ᄋᆞ스대」이다.

그런데도 이제 단군의 자손들이 기자(箕子)를 피하여 바로 북부여로 갔다고 하는 것이 어디 가당키나 한 말이겠느냐. 그러므로 이 설(說)을 채용하지 않는 것이다.

또 옛날의 사서에서는, 단군의 원년(元年) 무진(戊辰)을 당요(唐堯: 중국 고대의 堯 임금) 25년이라고 하였으나, 중국도 주소(周召: 주공(周公)과 소공(召公)) 공화(共和: 기원전 841년-원주) 이후에야 연대를 기록하였는데, 어찌 당요 25년이 기원 몇 년인지 알 수 있겠느냐. 그러므로 단군 원년을 특정하여 지적하지 않는 것이다.

〈고기(古記)〉에서 단군이 1천 48세, 1천9백8세까지 장수하였다는 등 여러 가지 설(說)이 있으나, 이는 신라 말엽에 「신수두」를 「진단(震壇)」으로, 「환국(桓國)」을 「환인(桓因)」으로 써서 조선의 고사(古史)를 장난삼아 불전(佛典)의 말로 바꾼 불교도들이 인도 고전(古典)에서 불조(佛祖) 석가모

니가 3만년, 3천년, 5백년 장수하였다는 것을 모방하여 만든 말인지라, 반박할 가치조차 없는 말이다.

이조(李朝) 초에 권근(權近)이 "傳世不知幾, 歷年曾過千.(전세부지기, 역년증과천)"(→전해온 세대 얼마인지 모르나, 지나온 햇수가 천년도 더 된다.)이라는 시를 지어 이를 번안(飜案)하였으나, 이는 단지 불가(佛家)의 황당무계한 말을 교정(校正)한 것일 뿐이라 한다면 그럴 수도 있겠지만, 그러나 이 또한 단군의 시말(始末)을 모르는 말이다.

"乃往二千載, 有壇君王儉, 立都阿斯達.(내왕이천재, 유단군왕검, 립도아사달)"(→2천년 전에 단군 왕검이 아사달에 도읍을 세웠다.)이라고 하였으므로, 고구려 건국 이전 2천년이 단군왕검의 원년(元年)이고, 삼국시대 중엽까지도 「신수두」를 신봉하여 단군이 거의 정치상 반(半) 주권을 가져서 그 시작에서 끝날 때까지가 2천 몇 백 년은 될 것이니, 어찌 1천년만으로 계산하겠는가.

그러나 삼조선(三朝鮮)이 분립한 뒤에 대왕(大王)과 대단군(大壇君)이 병립하여 정교분립(政敎分立)의 싹이 시작하였기 때문에, 본편(本編)은 여기에서 그치기로 한다.

제3편
삼조선(三朝鮮)의 분립 시대

– 삼한은 우리 역사상에 그 시비(是非)가 매우 많은 문제가 되었으나, 그러나 종래의 학자들은 다만 진수(陳壽)의 〈삼국지(三國志)〉 삼한전(三韓傳)의 삼한, 곧 남삼한(南三韓)에 근거하여 그 강역의 위치를 결정하려고 할 뿐이었고, (1)삼한의 명칭의 유래와, (2)삼한의 예제(禮制)의 변혁에 대해서는 알지 못하였다. 그리하여 비록 노력은 많이 들였으나 북방에 원래 있던 삼한은 발견하지 못했을 뿐 아니라, 곧 남삼한(南三韓)의 상호관계도 명백히 하지 못하였다. –

제1장 삼조선(三朝鮮) 총론

1. 삼조선(三朝鮮)이란 명칭의 유래

지금까지의 각 사서에서는 삼조선(三朝鮮) 분립 사실이 빠졌을 뿐만 아니라, 「삼조선(三朝鮮)」이란 명사(名詞)까지도 「단군(壇君)·기자(箕子)·위만(衛滿)」의 세 왕대(王代)라고 잘못 이해하였다. 삼조선(三朝鮮)은 「신·말·불」 세 「한」이 분립한 것으로, 「신한」은 대왕(大王)이고, 「말」과 「불」의 양 「한」은 부왕(副王)이니, 세 「한」이 삼경(三京)에 나뉘어 주재(駐在)하면서 조선을 통합하였음은 이미 제2편에서 설명하였거니와, 삼조선(三朝鮮)은 곧 세 「한」이 분립한 뒤에 서로 구별하기 위하여 「신한」이 통치하는 지역은 「신朝鮮」이라 하였고, 「말한」이 통치하는 지역은 「말朝鮮」이라 하였으며, 「불한」이 통치하는 지역은 「불朝鮮」이라 하였던 것이다.

「신·말·불」 세 「한」은 이두문으로 「辰(진)·馬(마)·卞(변)」 삼한(三韓)이라고 기록한 것이고, 「신·말·불」 세 조선(朝鮮)은 이두문으로 「眞(진)·莫(막)·番(번)」 조선(朝鮮)이라고 기록한 것이다.

동일한 「신·말·불」의 번역이 무슨 이유로 하나는 「辰(진)·馬(마)·卞(변)」이라 하고 다른 하나는 「眞(진)·莫(막)·番(번)」이라 하여 두 가지 번역이 서로 같지 않은가. 이는 남북이 사용하는 이두문자가 서로 달랐기 때문이거나, 혹은 중국인의 한자 음역(音譯)이 조선에서 사용하는 이두문자와 달랐기 때문이다.

조선에는 고전(古典)이 결여되어 있으므로 삼조선의 유래를 찾을 곳이 없으나 중국사에는 가끔 보인다. 〈사기(史記)〉 조선열전(朝鮮列傳)에 나오는 "眞番朝鮮(진번조선)"은 「신·불」 두 조선을 함께 들고 있는 것으로서, 주(註)에서 「番一作莫(번일작막)」(→番은 莫으로 쓰기도 한다.)이라고 하였는데, 「番(번)」을 「莫(막)」으로 대체하면 「眞莫朝鮮(진막조선)」이 된다. 眞莫朝鮮(진막조선)은 「신·말」 두 조선을 함께 든 것이다.

그러면 왜 「眞莫番朝鮮(진막번조선)」 혹은 「眞番莫朝鮮(진번막조선)」이라고 써서 「신·말·불」 세 조선을 나란히 같이 들지 않고, 혹은 「莫(막)」자를 빼고 「眞番朝鮮(진번조선)」이라 하거나 혹은 「番(번)」자를 빼고 「眞莫朝鮮(진막조선)」이라고 적었을까?

이것은 중국인들이 외국의 인명·지명 등 명사(名詞)를 쓸 때에는 항상 문장의 흐름을 평탄하고 순조롭게 하기 위하여 축자(縮字)를 쓰는 관례에 따라서 썼기 때문이다.

〈목천자전(穆天子傳: 목천자는 주(周) 목왕(穆王)을 말함－옮긴이)〉의 「䳄韓(격한)」은 「신한」을 가리킨 것이며, 〈관자(管子)〉의 「發朝鮮(발조선)」과 〈대대례(大戴禮)〉의 「發息愼(발식신)」은 「불朝鮮(불조선)」을 가리킨 것이다. 다만 「말朝鮮(말조선)」은 중국과 좀 멀리 떨어져 있으므로 〈사기〉 이외의 다른 책에서는 보이지 않고 있다.

2. 삼조선(三朝鮮)의 위치와 범위

그러면 「한(韓)」은 나라 이름이 아니라 왕(王)이란 뜻이니, 「삼한(三韓)」은 삼조선(三朝鮮)을 나누어 통치하였던 3대왕(大王)이며, 「삼조선(三朝

鮮)」은 삼한(三韓) 곧 세 왕이 나누어 통치하였던 3대 지방임은 물론이며, 따라서 그 세 도읍지의 위치와 강역의 범위도 말할 수 있을 것이다.

세 한(韓)의 도읍지는,

(1) 제1편에서 서술한 「ᄋᆞ스라」, 곧 지금의 하얼빈과,

(2) 「아리티」, 곧 지금의 개평현(蓋平縣) 동북의 안시(安市) 고허(古墟)와,

(3) 「펴라」, 곧 지금의 평양(平壤)이 그것이다.

삼조선(三朝鮮)이 분립하기 이전에는 「신한」이 전 조선을 통치하는 대왕(大王)이 되고 「말」·「불」 양 「한」은 그 부왕(副王)이었으므로, 「신한」이 「ᄋᆞ스라」에 주재할 때에는 「말」·「불」 양 「한」의 둘 중 하나는 「펴라」에, 다른 하나는 「아리티」에 머물러 있으면서 지키고, 「신한」이 「아리티」나 「펴라」에 주재할 때에는 「말」·「불」 양 「한」은 또 다른 두 서울(京)에 나뉘어 머물러 있으면서 지켰다.

그러나 삼조선(三朝鮮)이 분립한 뒤에는 세 「한」이 각기 삼경(三京)의 하나씩을 차지하고 조선을 삼분(三分)하여 통치하였다. 이때 세 「한」이 각기 가졌던 부분을 살펴보면,

〈만주원류고(滿洲源流考)〉에서 이르기를, "〈한서(漢書)〉 지리지(地理志)에, 요동의 번한현(番汗縣), 곧 지금의 개평(蓋平) 등지가 변한(卞韓)의 고도(故都)"라고 하였는바, 「番汗(번한)」과 「卞韓(변한)」은 동음(同音)이므로, 개평 동북의 「아리티」가 「불한」의 고도일 것이다.

〈삼국유사〉에서 "마한(馬韓)은 평양의 마읍산(馬邑山)으로 인하여 이름을 얻은 것"이라고 하였으나, 마한(馬韓)으로 인하여 마읍산(馬邑山)이 이름을 얻은 것이지 마읍산으로 인하여 마한이 이름을 얻은 것은 아니다. 그러나 마한이 평양에 도읍하였다가 후에 남으로 옮겨온 것은 사실이므로, 평양 곧 「펴라」가 「말한」의 고도일 것이다.

「신한」은 비록 상고(相考)할 수 있는 곳이 없으나, 「아리티」와 「펴라」의 양경(兩京)이 「말」·「불」 양 「한」에 의해 나뉘어 점거된바 되었으므로, 「신한」이 하얼빈(哈爾濱), 즉 「ᄋᆞ스라」에 도읍하였을 것이 틀림없다.

이로부터 강역(疆域)의 윤곽도 대강 그릴 수 있으니,

지금 봉천성(奉天省)의 서북(西北)과 동북(東北: 개원(開原) 이북 흥경(興京) 이동-원주), 즉 지금의 길림·흑룡 두 성(省)과 지금의 연해주(沿海州)의 남단은 「신朝鮮」의 소유였으며,

요동반도(개원 이남 흥경 이서-원주)는 「불朝鮮」의 소유였으며,

압록강 이남은 「말朝鮮」의 소유였다.

그러나 전쟁이 벌어지고 있는 세상에서 고정된 강역은 없으므로, 시세를 따라서 삼조선(三朝鮮)의 국토가 수축과 팽창을 거듭하였을 것이다.

3. 기록상 삼조선(三朝鮮)의 구별 조건

이제 역사를 읽는 독자들이 귀에 익지 않은 「신朝鮮」, 「불朝鮮」, 「말朝鮮」이란 소리만 들어도 벌써 대부분 깜짝 놀랄 터인데, 하물며 이전 역사에서 아무런 구별도 없이 쓴 「朝鮮(조선)」이란 명사를 가져다가 구별을 가하여, (一)甲에 쓰인 조선을 「신朝鮮」이라 하고, (二)乙에 쓰인 조선을 「불朝鮮」이라 하며, (三)丙에 쓰인 조선을 「말朝鮮」이라 하면, 믿을 자가 누구 있겠느냐.

그러나 〈삼국사기〉를 읽어보면, 고구려본기에 동북 양 부여(扶餘)를 구별하지 않고 다만 부여(扶餘)라고 썼으며, 신라 본기에 크고 작은 다섯 가야(加耶)를 구별하지 않고 다만 가야(加耶)라고 썼다. 만약 이전 역사서에

서 구별하지 않은 것이라고 여전히 구별하지 않는다면 남북 두 부여사(扶餘史)나 다섯 가야사(加耶史)의 본래 면목을 회복할 날이 없을 것 아닌가.

하물며 삼조선의 분립은 조선 상고사(上古史)에 있어서 유일한 큰 사건인데, 이를 구별하지 못하면 그 이전에 대단군 왕검이 조선을 건국한 사건에 관한 결론(結論)도 얻지 못할 것이며, 그 이후에 동북 부여·고구려·신라·백제 등의 문화적 발전의 서론(緖論)도 얻지 못할 것이니, 어찌 과거의 생각(習見)에 젖어 있는 자의 두뇌에 맞추기 위하여 삼조선의 사적(事蹟)을 구별하지 않을 수 있겠는가.

삼조선(三朝鮮)의 사적(史的) 재료는 오직 〈사기(史記)〉, 〈위략(魏略)〉, 〈삼국지〉 등뿐이지만, 저 중국 역사의 작자들에게는 유전되어 오는 저들 특유의 교만병(驕慢病)이 있어서, 첫째, 조선을 서술할 때에는 조선 자체를 위하여 조선을 계통적으로 서술하지 않고 오직 중국과 정치적으로 관계되는 조선만을 서술하였는데, 그것마저도 왕왕 피차의 성패(成敗)와 시비(是非)를 전도하였다.

둘째, 조선의 국명·지명 등을 적을 때에 흔히 조선인이 지은 본래의 명사(名詞)를 그대로 쓰지 않고 저들 임의로 다른 명사를 지어서 동부여(東扶餘)를 「불내예(不耐濊)」라 하고, 오열홀(烏列忽)을 「요동성(遼東城)」이라 한 것과 같은 종류의 필법이 많다.

셋째, 조선은 특수한 문화를 가지고 특수하게 발달해 왔음에도 불구하고, 문화 발달의 공을 언제나 기자(箕子)나 진(秦)의 유민(遺民)에게 돌리기 위하여 수많은 위증(僞證)들을 하고 있다.

그러므로 사마천(司馬遷)이 〈사기〉를 지을 때에는 연(燕)이 멸망한 지 그리 오래되지 않아서 연(燕)과 삼조선(三朝鮮)이 관계된 사실들에 대하여 참고할 재료가 적지 않았을 것이고, 또 한(漢) 무제(武帝)가 조선의 일부분이자 삼경(三京)의 하나인 「아리티」의 문화 고도(故都)를 점령하여 예부터 전해오는 전설과 기록이 적지 않았을 터인데도 불구하고, 〈사기〉의 조선전(朝鮮傳)은 조선의 문화적·정치적 사실을 하나도 쓰지 않고 오직 위만(衛滿)이 동으로 달려온 사실과 한군(漢軍)의 동침(東侵)에 관한 것만 썼을 뿐이니, 이는 조선전(朝鮮傳)이 아니라 위만(衛滿)의 소전(小傳)이며, 한(漢)의 동방침략의 약사(略史)이며, 〈위략〉, 〈삼국지〉 등의 책들은 관구검(毌丘儉)이 실어간 고구려의 서적을 재료로 삼았으나 또한 그 폐습(弊習)의 심리(心理)를 가지고 쓴 책들임에는 마찬가지이다.

(*위(魏)의 유주자사(幽州刺史) 관구검(毌丘儉)이 고구려에 쳐들어와서 고구려의 수도 환도성(丸都城)을 쳐서 함락시키고 고구려 인민들을 도륙하고 약탈한 것은 동천왕(東川王) 20년(기원 246)의 일이다. 이 일이 있고 난 다음 해(기원 247)에 평양성을 쌓고 도읍을 옮겼다. ―옮긴이)

그러면 무엇에 근거하여, 저들의 기록에 보이는 조선(朝鮮)들을 가지고 이것이 「신朝鮮」이니 「말朝鮮」이니 「불朝鮮」이니 하는 구별을 하는가?

〈사기〉 조선전에는, 위만이 차지한 「불朝鮮」만을 「조선」이라 쓰고, 「신朝鮮」은 「동호(東胡)」라 칭하여 흉노전에 넣었으니, 이제 〈사기〉 흉노전에서 〈신조선〉의 유사(遺事)를, 조선전에서 「불조선」의 유사를 주워오고, 〈위략〉이나 〈삼국지〉의 동이열전(東夷列傳)의 기록을 교정(校正)하여 이를 보충하고, 「말朝鮮」은 중국에서 멀리 떨어져 있어서 중국사의 붓끝에 오른 적은 적으나 마한(馬韓)·백제의 선대(先代)는 곧 「말조선」 말엽의 왕조이니, 이로써 「삼조선(三朝鮮)」이 나뉘어 갈라진 역사의 대강을 알 수 있을 것이다.

4. 삼조선(三朝鮮) 분립의 시작

대단군(大壇君)이 정한 제도에서는, 비록 세 「한」이 있어서 삼경(三京)에 나뉘어 주재(駐在)하였으나, 「신한」은 곧 대단군이니 제사장(祭司長) 겸 정치상의 원수(元首)가 되고, 「말」·「불」 두 「한」은 「신한」을 보좌하는 두 부왕(副王)에 불과하였다. 이런 모습으로 나라의 체제를 확립하였기 때문에 처음에는 삼조선(三朝鮮)이란 명칭이 없었다. 그러나 앞에서 이미 설명한 것처럼, 삼 「한」이 분립한 뒤에 삼조선(三朝鮮)이란 명사가 생겨났다.

그렇다면 삼 「한」은 어느 시대에 분립하였는가?

〈사기〉에 보이는 진(眞)·막(莫)·번(番) 세 조선은 "全燕時(전연시)", 곧 연(燕)의 전성시대라 하였는데, 연(燕)의 전성시대는 중국 전국(戰國) 시기의 초이며, "發朝鮮(발조선)"이 기록되어 있는 〈관자(管子)〉는 관중(管仲)이 지은 책이 아니라 전국(戰國) 시대의 위서(僞書)이며, "發肅愼(발숙신)"이 기록되어 있는 〈대대례(大戴禮)〉는, 비록 한인(漢人) 대승(戴勝)이 쓴 것이기는 하나, "發息愼(발식신)" 운운한 것은 제(齊)나라 사람 추연(鄒衍)이 전한 것이고, 추연은 전국시대의 인물이니, 「신·말·불」 세 조선의 명사가 이처럼 중국 전국시대의 사람들의 입에 오르내렸던 것으로 보아 삼조선의 분립은 곧 중국 전국시대의 일이며, 중국 전국시대는 기원전 4세기경이니, 그렇다면 기원전 4세기경에 「신·말·불」 삼조선이 분립한 것이다.

「신朝鮮」은 성(姓)이 해씨(解氏)이니, 대단군(大壇君) 왕검(王儉)의 자손이라 불리는 자이며,

「불朝鮮」은 성(姓)이 기씨(箕氏)이니, 기자(箕子)의 자손이라 불리는 자이며,

「말朝鮮」은 성(姓)이 한씨(韓氏)이니, 그 선대(先代)의 연원은 알 수 없으나, 왕부(王符)가 쓴 〈잠부론(潛夫論)〉에 "韓西亦姓韓, 爲衛滿所伐, 遷

居海中.(한서역성한, 위위만소벌, 천거해중)"(→한서(韓西) 역시 그 성은 한씨(韓氏)인데, 위만의 침벌을 받아서 바다 가운데(朝鮮)로 옮겨가 살았다.)이라고 하였는바, 「韓西(한서)」는 대개 「말조선」의 족속이니, 「말조선」은 성씨가 한씨(韓氏)인가 한다.

〈위략(魏略)〉에서, "(昔)箕子之後朝鮮侯見周衰, 燕自尊爲王, 欲東略地, 朝鮮侯亦自稱爲王, 欲興兵逆擊燕, 以尊周室, (其)大夫禮諫之, 乃止, 使禮西說燕以止之, 不攻."(→옛날 기자의 후손인 조선후(朝鮮侯)가, 주(周) 왕실이 쇠약해지자 연(燕)이 스스로를 높여서 왕이라 하면서 동쪽 땅을 침략하려고 하는 것을 보고, 조선후(朝鮮侯)도 스스로 왕(王)이라 칭하면서 군사를 일으켜 연(燕)을 맞아 침으로써 주 왕실을 높이려고 하였다. 이때 그 대부(大夫) 예(禮)가 간하므로 이에 군사 동원을 중지하고 대부 예(禮)를 서쪽의 연(燕)에 사신으로 보내어 침략을 중지하도록 설득하고, 공격하지 않았다.)이라 하였다.

〈위략(魏略)〉은 서양의 백인종인 대진(大秦: 로마)까지도 중국인의 자손이라고 적고 있는바, 중국식의 병적인 자존심리를 가장 잘 발휘한 글이므로, 그 글 전부를 맹신할 수는 없다.

그러나 「신한」·「말한」·「불한」을 당시 조선에서는 「辰韓(진한)·馬韓(마한)·卞韓(변한)」으로 음역(音譯)한 이외에, 「신한」은 혹은 의역(義譯)하여 「辰王(진왕)」, 「太王(태왕)」, 「大王(대왕)」이라고 하였는데(단, 辰王(진왕)의 辰(진)은 음역(音譯)-원주), 「신한」을 한자로 쓰면 「조선왕(朝鮮王)」이 될 것이다. 그리고 「말한」·「불한」은 의역(義譯)하여 「좌보(左輔)」·「우보(右輔)」라 하였는데, 이를 한자로 쓰면 「조선후(朝鮮侯)」가 될 것이다. 그리고 기자(箕子)는 이때에 「불한」의 지위에 있었던 자이므로 「조선후(朝鮮侯)」라 할 수도 있다.

「불한」「조선후(朝鮮侯)」인 기씨(箕氏)가 「신한」「조선왕(朝鮮王)」인 해씨(解氏)에게 반기를 들고 일어나 스스로 「신한(=王)」이라 칭함으로써 삼조선(三朝鮮)으로의 분립 국면을 개시하였던 것인데, 「불한」이 「신한(=王)」을 칭한 것은 연(燕)이 칭왕(稱王)한 뒤이며, 연(燕)의 칭왕은 〈사기〉 주(周) 신정왕(愼靚王) 46년, 즉 기원전 323년이므로, 「신·불·말」 세 조선의 분립은 기원전 4세기경이라는 확증이 성립한다.

대부(大夫) 예(禮)는 대개 「불한」의 참모 중의 모사(謀士)로서 「불한」에게 「신한」에 반기를 들고 스스로 「신한(=王)」을 칭하도록 권하고, 연(燕)과 결탁하여 동·서 두 신왕국(新王國)이 동맹을 맺도록 한 자가 곧 대부 예(禮)이니, 대부 예(禮)는 삼조선의 분립을 주동한 중심인물일 것이다.

삼조선의 분립 이전에는 「신한」이 하나였으나 삼조선이 분립된 이후에는 「신한」이 셋이 되었는데, 「신朝鮮」의 「신한」이 그 하나이고, 「말朝鮮」의 「신한」이 그 둘이며, 「불朝鮮」의 「신한」이 그 셋이니, 곧 삼대왕(三大王)이 있게 된 것이다.

제2장 삼조선(三朝鮮) 분립 후의 「신朝鮮」

1. 신朝鮮의 서침(西侵)과 연(燕)·조(趙)·진(秦)의 장성(長城)

삼조선이 분립한 후 얼마 지나지 않아서 「신朝鮮」의 왕 某甲(모갑)이 영무(英武)하여 마침내 「말」·「불」 양 조선을 다시 연합하여 지금의 동몽고 등지를 쳐서 선비(鮮卑)를 정복하고, 연(燕)을 쳐서 우북평(右北平: 지금의 永平府-원주)과 어양(漁陽: 지금의 북경 부근-원주)과 상곡(上谷: 지금의 산서성 대동부(大同府)-원주) 등지를 다 차지하여 불리지(弗離支)의 옛 땅을 회복하니, 연왕(燕王)이 크게 두려워하여 해마다 「신朝鮮」에 조공을 바치고 신하라 칭하며 태자(太子)를 인질로 보냈는데, 某甲(모갑)이 죽고 某乙(모을)이 왕이 되어서는, 연 태자가 돌아가 진왕(秦王)이 되고 장군 진개(秦開)를 왕자라고 속여서 인질로 보냈다.

某乙(모을)이 그 속임수를 깨닫지 못하고 진개(秦開)가 총명하고 지혜로운 것을 사랑하여 늘 자기 곁에 두었는데, 진개가 모든 군국(軍國)의 비밀들을 탐지하고 나서는 도망쳐 돌아갔다. 그리고는 연(燕)의 군사를 거느리고 와서 「신朝鮮」을 습격하여 「신」·「말」·「불」 삼국의 수병(守兵)을 돌파하고 서북의 변경, 곧 전자의 「신朝鮮」 왕 某甲(모갑)이 점령하였던 상곡·어양·우북평 등지를 탈취하고, 더욱 앞으로 나아가 「불朝鮮」의 변경을 습격하여, 요서(遼西: 지금의 노룡현(盧龍縣)-원주)와 요동(遼東: 지금의 요양(遼陽) 부근-원주)을 함락시켜서 상곡·어양·우북평·요서·요동 등 5개 군(郡)을 설치하고, 2천여 리의 장성(長城)을 쌓아서 조선을 막았다.

〈사기〉 조선열전의 "全燕時, 嘗略屬眞番朝鮮(전연시, 상략속진번조선)"(→연(燕)의 전성기에 일찍이 진(眞)·번(番) 조선을 침략하여 복속시켰다.)이란 기사와, 흉노열전의 "燕有賢將秦開, 爲質於胡, 胡甚信之, 歸而襲破東胡, 東胡却千餘里, 燕亦築長城, 自造陽 至襄平, 置上谷·漁陽·右北平·遼西·遼東郡"(→연(燕)의 현장(賢將) 진개(秦開)를 호(胡)에 인질로 보냈는데, 호왕(胡王)은 그를 매우 신임하였다. 그가 도망쳐 돌아간 후 동호(東胡)를 습격하여 파하자, 동호는 1천여 리나 뒤로 물러갔다. 연(燕) 또한 장성을 쌓아서, 조양(造陽)에서부터 양평(襄平)에 이르는 사이에 상곡·어양·우북평·요서·요동 등 다섯 개의 군(郡)을 설치하였다.)이란 기사와, 〈위략(魏略)〉의 "燕乃遣將秦開, 攻其西方, 取地二千餘里, 至滿潘汗"(→연(燕)은 이에 장군 진개(秦開)를 보내어 그 서쪽을 공격하게 하여 2천여 리의 땅을 탈취하여, 만반한(滿潘汗)에까지 이르렀다.)이란 기사들은 모두 이 일을 가리킨 것이다.

그러나 진개(秦開)가 인질로 갔던 조선은 「신조선」이지 「불조선」이 아니었으며, 만반한(滿潘汗)은 「불조선」이지 「신조선」이 아니었기 때문에, 〈사기〉에는 이를 흉노전과 조선전으로 나누어 적었던 것이다. 그러나 〈위략〉에는, 비록 조선전에 기재하였으나, 진개(秦開)가 인질이 되었던 사실은 기록하지 않았다.

「만반한(滿潘汗)」은 조선의 역사지리상 큰 문제인바, 이는 본편 제 3장에서 설명할 것이다

이때 중국 북방의 나라들 가운데 조선의 침략을 막기 위하여 장성(長

城)을 쌓은 나라가 연(燕) 하나뿐이 아니었다. 조(趙: 지금의 북경시 서쪽과 하남성 북단과 산서성-원주) 무령왕(武靈王)의 장성(지금의 산서성 북쪽-원주) 또한 조선과 조선의 속민(屬民)인 담림(澹林)·누번(樓煩) 등 때문에 쌓은 것이고, 진(秦: 지금의 섬서성(陝西省)-원주) 소왕(昭王)의 장성은 의거(義渠)를 멸망시킨 후 흉노를 막기 위하여 쌓은 것이다.

「의거(義渠)」는 본래 조선의 한 종족(朝鮮種)으로서 지금의 감숙성(甘肅省)으로 이주하여 성곽과 궁실을 건축하고 농업도 발달하여 상당한 문화가 있었던 나라이다. 「의거」가 그 병력으로 진(秦)을 압박하자, 절세의 미인이었던 진의 선태후(宣太后: 진시황의 고조모-원주)는 「의거」가 진을 멸망시킬까봐 두려워서, 「의거」의 왕을 유혹하여 그와 간통하여 두 아들까지 낳고, 마침내 「의거」의 왕을 진으로 끌어들여 쳐서 죽이고 그 두 아들까지 죽였다. 그리고는 「의거」를 습격하여 멸망시켰던 것이다.(*이상의 이야기는 〈사기〉 흉노열전과 〈한서〉 흉노전에 나오는 것으로, 〈한서〉는 〈사기〉의 것을 그대로 옮겨 적은 것이다.—옮긴이)

2. 창해역사(滄海力士)의 철추(鐵椎)와 진시황의 만리장성

「신朝鮮」이 연(燕)·조(趙)와 격전하는 동안에 진(秦)이 강성하여 마침내 한(韓)·위(魏)·조(趙)·연(燕)·제(齊)·초(楚) 등 중국의 열국들을 다 멸망시켰다.

한인(韓人) 장량(張良)이 망국의 한을 품고 조선에 들어와 구원을 청하였는데, 왕 某丙(모병)이 역사(力士) 여씨(黎氏)를 소개해 주어 진시황의 순행(巡幸)을 기회로 무게가 1백2십 근인 철추를 가지고 양무현(陽武縣) 박랑사(博浪沙)에서 그를 노리고 있다가 저격하였으나, 잘못하여 뒤따르는 차

(副車)만 부수고 성공하지 못하였다.

〈사기(史記)〉에서 장량이 창해군(滄海君)을 만나서 역사(力士)를 구해 달라고 부탁하였다고 하였는데, 혹자는 「창해(滄海)」는 강릉(江陵)이고, 「창해군(滄海君)」은 강릉의 군장(君長)이고, 역사 여씨(黎氏)는 강릉 출생이라고 하였으나, 그러나 「창해(滄海)」는 동부여의 별명이며, 동부여 양국은, (一)北曷思(북갈사: 지금의 훈춘-원주), (二)南曷思(남갈사: 지금의 함흥-원주)에 도읍하였던 것이므로, 창해는 위의 두 곳 중의 하나이고, 강릉 「창해」라는 것은 근거가 없는 이야기이다.

(*참고로, 장량(張良)의 진시황 암살 미수사건에 관한 중국 사서의 기록은 다음과 같다. ─ 옮긴이.

一.〈史記〉秦始皇本紀(29년): "始皇東游. 至陽武博狼沙中, 爲盜所驚, 求不得, 乃令天下大索十日."

二. 〈漢書〉張良列傳: "張良字子房, 其先韓人也.……韓破, 良家僮三百人, 弟死不葬, 悉以家財求客刺秦王, 爲韓報仇, 以五世相韓故. 良嘗學禮淮陽, 東見滄海君, 得力士, 爲鐵椎重百二十斤. 秦皇帝東游, 至博狼沙中, 良與客狙擊秦皇帝, 誤中副車. 秦皇帝大怒, 大索天下, 求賊急甚. 良乃更名姓, 亡匿下邳." 註 如淳日, 滄海君, 東夷君長也.)

얼마 후 진시황이 동북의 조선과 서북의 흉노의 침노를 걱정하여 옛 연(燕)·조(趙)·진(秦)의 장성을 연결하여 쌓았는데, 전 중국의 인민을 동원하여 성 쌓는 요역(徭役)에 종사시키고, 장군 몽념(蒙恬)으로 하여금 30만 명의 군사를 거느리고 장성 쌓는 일을 감독하도록 하여, 동양 역사상 유명한 만리장성(萬里長城)을 완성하였다. 그러나 기원전 210년에 진시황이 죽고 2세가 즉위하자, 그 다음해에 진승(陳勝)·항적(項籍)·유방(劉邦) 등 혁명 군웅(群雄)들이 봉기하여 진을 멸망시켰다.

이두산(李斗山)은 이 일을 평하여 말하기를, "진(秦)의 위력이 자고(自古)

이래로 그 짝이 없을 정도로 팽창하여 천하 만민들이 바야흐로 시황(始皇)을 천신(天神)으로 우러러보고 있을 때, 난데없는 벽력(霹靂) 같은 하나의 철추가 시황의 혼백(魂魄)을 빼앗고 6국 유민들의 적개심을 고취하였으므로, 시황의 시체가 땅속에 들어가기도 전에 이미 진 타도(亡秦)의 깃발들이 사방에 날렸으니, 이는 창해역사(滄海力士)의 공이 아닐 수 없다."고 하였다.

3. 흉노 모돈(冒頓)의 동침(東侵)과 신조선의 위축

중국의 항적(項籍)·유방(劉邦) 등에 의해 8년간 동란이 계속되는 사이에 「신朝鮮」의 왕 某丁(모정)이 서방으로 출병하여 상곡(上谷)·어양(漁陽) 등지를 회복하고 지금의 동몽고 일대의 선비(鮮卑)를 항복시켜 국위가 다시 떨쳤는데, 그 자손의 대(代)에 마침내 흉노 모돈(冒頓)의 난을 만나 국세가 드디어 쇠약해지고 말았다.

흉노는, 제 1편에서 서술한 바와 같이, 조선과 그 어계(語系)가 같고 조선과 같이 「수두」를 믿고 의지하여 조선의 속민이 되었던 종족인데, 지금의 몽고 등지에 흩어져서 목축과 어렵에 종사하였으며, 천성이 침략을 즐겨서 자주 중국 북부를 유린하였다. 「신朝鮮」에 대해서도 배반했다 붙었다 하기를 되풀이하였다.

그러다가 기원전 2백년 경에 두만(頭曼)이 흉노의 선우(單于: 흉노의 대추장(大酋長)을 일컫는 칭호-원주)가 되어 첫째 아들인 모돈(冒頓)을 미워하고 작은 아들을 사랑하였는데, 마침내 모돈이 그를 살해하고 선우(單于)가 되었다.(*모돈(冒頓)이 부친인 두만(頭曼)의 미움을 사서 월씨국(月氏國)에 인질로 가 있다가 도망쳐 나와 자기 부친을 살해하고 추장이 되는 과정에 대한 이야기와 다음에

나오는 이야기들은 〈사기〉 흉노열전에 자세히 나온다.—옮긴이)

이에 「신조선」의 왕이 모돈의 성질이 흉측하고 사납다는 것을 모르고, 그가 자기 아비를 죽이고 대신 선우(單于)가 되었다는 사실을 듣고는 그것을 약점으로 잡고 여러 가지 요구를 빈번히 하였다. 그러나 모돈은 짐짓 그의 환심을 사기 위하여, 「신조선」 왕이 천리마(千里馬)를 요구하자 자기 애마(愛馬)를 주었고, 「신조선」 왕이 미인(美人)을 요구하자 자기의 알씨(閼氏: 선우의 처첩(妻妾)을 일컫는 칭호. 우리말 〈아씨〉와 같은 어원이다.-원주)를 내어주었다. 「신조선」 왕은 더욱 모돈을 믿고는 사자를 보내어 양국 중간에 있는 1천여 리의 땅 「구탈(甌脫)」을 「신조선」의 소유로 달라고 하였다.

「구탈(甌脫)」은 당시 중립지대인 공지(空地)를 가리킨 것인데, 모돈이 이 요구를 받고는 크게 화를 내며 말하기를, "토지는 나라의 근본인데, 어찌 이것을 달라고 하느냐." 하고는, 드디어 그 사자를 죽이고 흉노의 전 기병을 총동원하여 「신조선」의 서방(지금의 동몽고-원주) 등지를 습격하여 그곳 거민(居民)들을 유린하고 다수의 선비족 사람들을 학살하였다.

이에 「신朝鮮」이 퇴각하여 장성(長城) 이외의 수천 리 땅을 버리고, 선비의 나머지 무리들은 선비산(鮮卑山: 지금의 내외 흥안령(興安嶺) 부근-원주)으로 도주하니, 이로부터 「신조선」이 쇠약해져서 오랫동안 이웃 종족들과 겨루지 못하였다.

엄복(嚴復: 清末의 학자-원주)이 이르기를 "흉노는 물과 풀을 따라 옮겨 다니는 야만족(蠻族)인데, 어찌 '토지는 나라의 근본' 이란 말을 하였겠는가. 이는 한갓 근거 없이 과장한 문필(文筆)일 따름이다." 라고 하였다. 그러나 〈사기〉, 〈한서〉 등을 참고하면, 흉노가 음산(陰山)의 험한 요해지를 빼앗긴 뒤에는 그 지방을 지나는 자는 반드시 통곡한다고 하였으며, 연지(臙脂)가 산출되는 언지산(焉支山)을 빼앗긴 뒤에는 비가(悲歌)를 지어 부르면서 서로 위로했다고 하였으니, 흉노의 토지 수요가 비록 문화민족의 그것과는 같지 않다고 하더라도 토지에 대한 관념이 아주 없다고 말하는 것은 잘못된 생각이다.

제3장 삼조선(三朝鮮) 분립 후의 「불朝鮮」

1. 「불朝鮮」의 서북 변경 피탈(被奪)

「불朝鮮」이 「신朝鮮」과 합작(合作)하다가 연(燕)에게 패한 사실에 대해서는 이미 앞에서 설명하였으므로, 여기서는 다만 그 잃은 토지가 얼마나 되는지만 말하고자 한다.

〈위략(魏略)〉에 "秦開攻其西方, 取地二千餘里, 至滿潘汗爲界.(진개공기서방, 취지이천여리, 지만반한위계)"(→진개(秦開)가 그 서쪽을 공격하여 2천여 리의 땅을 탈취하고, 만반한(滿潘汗)을 경계로 삼았다.)라고 하였는바, 이전의 학자들이 조선과 연(燕)의 그전까지의 국경을 지금의 산해관(山海關)으로 잡고, 진개(秦開)가 탈취한 2천여 리를 산해관 이동(以東)의 2천여 리로 잡고, 「만반한(滿潘汗)」을 대동강(大同江) 이남에서 찾으려 하였으나, 이는 크게 잘못된 억단(臆斷)이다.

〈사기〉나 〈위략〉을 참고해 보면, 진개가 탈취한 토지는 명백히 상곡(上谷)부터 요동(遼東)까지이므로, 「만반한(滿潘汗)」을 요동 바깥에서 찾는 것은 잘못이며, 〈한서〉 지리지(地理志)에 의하면 요동군현 내에 문(汶)·번한(番汗)이란 두 현(縣)이 있는바, 「만반한(滿潘汗)」은 곧 「문(汶)·번한(番汗)」이며, 「문(汶)」현(縣)은 비록 그 연혁이 전해지지 않으나 「번한(番汗)」은 지금의 개평(蓋平) 등지이므로, 문현(汶縣)도 개평현 부근일 수 있다. 따라서「만반한(滿潘汗)」은 지금의 해성(海城)·개평 등지의 부근이 될 것이다.

그런데도 이제「만반한(滿潘汗)」을 대동강 이남에서 구하려 하는 것은 무엇에 의거한 것인가? 대개「만반한(滿潘汗)」은 진개가 쳐들어 왔을 때의 지명이 아니고 후세 진(秦) 때 혹은 한(漢) 때의 명칭인 것을〈위략〉의 작자가 그 후에 생긴 이름을 가져다가 진개가 쳐들어왔을 때의 양국의 국경을 입증하려 했던 것이며,「번한(番汗)」은「불한」의 고도(故都) 부근이므로 그런 이름을 붙였을 것이다.

〈사기〉의「千餘里(천여리)」는「신朝鮮」이 잃은 토지만을 지적한 것이고〈위략〉의「二千餘里(이천여리)」는「신」·「불」두 조선이 잃은 토지를 함께 지적한 것으로서, 어양(漁陽)·상곡(上谷) 일대는「신朝鮮」이 잃은 토지이고, 요동·요서·우북평 일대는「불朝鮮」이 잃은 토지이다.

「만반한(滿潘汗)」은 한사군(漢四郡) 연혁의 문제와 매우 깊은 관계가 있기 때문에, 독자들은 본절(本節)을 단단히 기억해 두기 바란다.

2.「불朝鮮」의 진(秦)·한(漢)과의 관계

연왕(燕王) 희(喜)가 진시황에게 패하여 요동으로 천도하였는데,「불朝鮮」이 지난날 연(燕)에 대한 숙원(宿怨)을 잊지 못하여 진(秦)과 맹약을 맺고 연(燕)을 쳐서 멸망시켰는데, 얼마 후 진시황이 몽념(蒙恬)으로 하여금 장성을 쌓도록 하여 요동에까지 이르렀다. 이에「불朝鮮」이 새로 진(秦)과 국경을 정하면서 지금의 헌우락(軒芋濼) 이남의 연안(沿岸) 수백 리 땅을 양국의 중립 공지(空地)로 정하여 양국 인민들이 들어가 사는 것을 금하니, 〈사기〉에서 말한 바 "고진공지(故秦空地)"는 이것을 가리킨 것이다.

〈위략〉에 의하면, 이때에 「불朝鮮」 왕의 이름이 「부(否)」라고 하였으나, 그러나 〈위략〉과 마찬가지로 관구검(毌丘儉)이 실어간 고구려 문헌을 재료로 하여 쓴 〈삼국지(三國志)〉와 〈후한서(後漢書)〉의 동이열전(東夷列傳)에는 「부(否)」를 기록해 놓지 않았는데, 〈위략〉에서 「신朝鮮」 말엽의 왕, 곧 동부여왕인 「부루(夫婁)」를 「부(否)」로 와전(訛傳)한 것이 아닐까 하여, 여기에서는 채용하지 않는다.

기원전 2백여 년경에 기준(箕準)이 「불朝鮮」 왕이 되고 나서는, 진(秦)의 진승(陳勝)·항적(項籍)·유방(劉邦: 한 高祖-원주) 등이 반란을 일으켜 중국이 크게 어지러워지자, 상곡·어양·우북평 등지에서 살던 조선의 옛 유민들과 연(燕)·제(齊)·조(趙)의 중국인들로서 난리를 피하여 귀화하는 자가 많았다.

이에 기준(箕準)이 서방의 옛 중립공지(中立空地)에 들어와 사는 것을 허락하였는데, 한(漢) 고조 유방(劉邦)이 중국을 통일하자 기준이 다시 한과 약속을 정하여 옛 중립공지는 「불朝鮮」의 소유로 하고, 헌우락(軒芋濼)을 국경으로 삼았다. 〈사기〉 조선전에 "漢興…至浿水爲界(한흥…지패수위계)"(→한(漢)이 일어나자 … 패수(浿水)를 경계로 정했다.)와 〈위략〉에 "及漢以盧綰爲燕王, 朝鮮與燕, 界於氵臭水.(급한이로관위연왕, 조선여연, 계어취수)"(→한(漢)이 노관(盧綰)을 연왕(燕王)으로 삼자, 조선과 연(燕)은 취수(氵臭水)를 경계로 정하였다.)라고 한 것은 다 이것을 가리킨 것이니, 대개 「불朝鮮」과 연(燕)이 만반한(滿潘汗)으로 경계를 정하였다가, 이제 만반한 이북으로 물러난 것인즉, 두 책의 「浿水(패수)」는 모두 헌우락(軒芋濼)을 가리킨 것임이 명백하다.

이전 학자들이 흔히 대동강(大同江)을 「浿水(패수)」라고 고집한 것은 물론 큰 착오이거니와, 근래 일본인 백조고길(白鳥庫吉) 등이 압록강 하류를 「浿水(패수)」라고 하였는데, 이 또한 큰 망발(妄發)이다.

위의 「浿水(패수)」에 관한 논술은 앞 절(節)의 「滿潘汗(만반한)」과 다음 절의 「왕검성(王儉城)」과 대조하여 봐야 할 것이다.

3. 위만(衛滿)의 반란과 「불朝鮮」의 남천(南遷)

기원전 194년에 한(漢)의 연왕(燕王) 노관(盧綰)이 한(漢)에 반기를 들었다가 패하여 흉노로 도망가고, 노관과 같은 한 패(黨)인 위만(衛滿)이 「불朝鮮」으로 들어와서 귀화를 청하였다.

이에 「불朝鮮」의 왕 기준(箕準)이 위만(衛滿)을 신임하여 그를 박사관(博士官)에 임명하고 패수(浿水) 서쪽 변경(옛 중립공지-원주) 수백 리 땅을 주어 그곳에 이주해온 조선의 옛 유민들과 연(燕)·제(齊)·조(趙) 사람들을 다스리게 하였더니, 위만이 그들로써 군사를 만들고, 더욱 조선과 중국으로부터 망명한 죄인들을 불러 모아 결사대를 만들었다.

병력이 이미 성대하게 되자, "한(漢)의 군사가 열 개 방면으로 쳐들어오고 있다"는 거짓 보고를 기준 왕에게 올리고, 사자를 기준 왕에게 보내어, 들어가서 왕을 모시고 지키도록 해 달라고 청하여 허가를 얻었다.

이에 위만이 정예병을 거느리고 급히 달려와서 기준 왕의 도성, 곧 왕검성(王儉城)을 습격하니, 기준 왕이 그를 맞아 싸우다가 불리해지자 좌우 궁인들을 배에 싣고 잔병(殘兵)들을 거느리고 해로(海路)를 따라 마한(馬韓)의 왕도(王都)인 월지국(月支國)으로 들어가서 이를 습격하여 깨뜨리고 그곳의 왕이 되었다. 그러나 얼마 지나지 않아 마한의 여러 나라들이 같이 들고 일어나서 기준 왕을 쳐 죽였다.

「왕검성(王儉城)」은 대단군(大壇君) 제1세의 이름을 따서 이름지은 성으로, 대단군의 삼경(三京)은 지금의 하얼빈(哈爾濱)과, 지금의 평양과, 앞에서 말한 「불한」 고도(故都)-지금의 개평(蓋平) 동쪽의 세 곳이므로, 세 곳 모두 다 왕검성이란 이름을 가졌을 것이다.

따라서 위만이 도읍한 왕검성은 곧 개평 동북이니, 〈한서〉 지리지의 요동군(遼東郡) 험독현(險瀆縣: 〈한서〉의 주(註)에서 말하기를, "조선왕 위만(衛滿)이 도읍한 곳이다" 라고 하였다.-원주)이 그곳이다. 마한(馬韓)의 왕도는 지금의 익산(益山)이라고 하는 자들도 있으나, 이는 대개 와전(訛傳)이니, 이에 대하여는 다음 장(章)에서 논술하기로 한다.

제4장 삼조선 분립 후의「말朝鮮」

1.「말朝鮮」의 천도와 마한(馬韓)으로의 국호 변경

「말朝鮮」의 처음 수도가 평양이었다는 것은 이미 앞에서 말하였는바, 그 후(연대는 불명－원주)에 국호를「말한(馬韓)」으로 바꾸고 남방의 월지국(月支國)으로 천도(遷都)하였다가,「불조선」왕 기준(箕準)에게 망하였다. 무엇 때문에 천도하였는지 그 원인은 이전 역사서에 보인 곳이 없으나, 대개「신」·「불」양 조선이 흉노와 중국의 교대 침략을 받아 북방의 전운(戰雲)이 빈번하고 급하므로,「말조선」왕이 난리에 염증을 느껴서 드디어 남방의 멀리 떨어진 지방으로 천도하였을 것이다.

이와 동시에, 침략주의적 성격을 지녔던 역대 제왕(帝王)들의 칼끝에서 빛나던「朝鮮(조선)」이란 명사(名詞)는 외국인들이 시기하고 미워하는 바라 하여, 드디어「말朝鮮」이란 칭호를 버리고, 옛날에 왕호(王號)로 쓰던「말한」을 국호로 쓰면서 이를 이두자(吏讀字)로「馬韓(마한)」이라 쓰고, 새로 쓰는 왕호인「신한」은 이두자로「辰王(진왕)」이라 써서「馬韓國 辰王(마한국 진왕)」이라 칭하니, 동일한「한」이란 명사를 하나는 음(音)을 취하여「韓(한)」이라 하여 국호로 쓰고, 다른 하나는 뜻(義)을 취하여 왕호(王號)로 씀으로써 문자상 국호(國號)와 왕호(王號)의 혼동을 피하였던 것이다.

국호를 「馬韓(마한)」이라 쓰는 동시에 왕조(王朝)는 韓氏(한씨)가 세습하여 국민들이 한씨(韓氏) 왕(王)의 존재만 알고 있었기 때문에, 기준(箕準)이 그 왕위를 탈취한 후에 국민들의 불평을 무마하기 위하여 자신의 본래 성인 箕氏(기씨)를 버리고 韓氏(한씨)로 성을 바꾸었다.

〈삼국지(三國志)〉에 "準…走入海, 居韓地, 號韓王.(준…주입해, 거한지, 호한왕)"(→기준(箕準)이…달아나 바다로 가서 한(韓)의 땅에 들어가 살면서 한왕(韓王)이라 불렀다.)이라고 하였고, 〈위략(魏略)〉에 "準子及親, 留在國者, 冒姓韓氏(준자급친, 유재국자, 모성한씨)"(→기준(箕準)의 아들과 친척들로서 나라에 남아 있었던 자들은 성을 한씨(韓氏)로 바꾸어 쓰게 되었다.)라고 하였다.

옛 사서에서는 월지국(月支國)을 백제의 금마군(金馬郡: 지금의 익산(益山)-원주)이라고 하였으나, 이것은 속전(俗傳)하는 익산군(益山郡)의 마한(馬韓) 무강왕릉(武康王陵)으로 인하여 일어난 착오이다. 속전에서는, 무강왕(武康王)을 기준(箕準)의 시호(諡號)라 하고, 그 부근 미륵산(彌勒山)의 선화부인(善花夫人) 유적을 기준의 왕후인 선화(善花)의 유적이라고 하였다. 이로 인하여 마침내 기준이 남으로 도망하여 금마군(金馬郡)에 도읍하였다는 말이 생겨나게 된 것이다.

그러나 무강왕릉(武康王陵)은 일명 말통대왕릉(末通大王陵)인데, 말통(末通)은 백제 무왕(武王)의 어릴 때의 이름이고(武王의 이름은 「마동」이니, 〈삼국유사〉의 「서동(薯童)」은 그 의역(義譯)이고, 〈고려사〉 지리지의 「말통(末通)」은 그 음역(音譯)이다.-원주), 선화(善花)는 신라 진평대왕(眞平大王)의 공주로서 무왕의 왕후가 된 자이다.

백제를 흔히 마한(馬韓)이라고 하는 것은 역사에 그 예가 적지 않으므로, 이 따위 고적(故蹟)은 다만 익산(益山)이 백제의 고도(故都)였음을 증명하는 것에 족하고, 기준(箕準)의 고도(故都)임을 증명하는 데에는 부족하다.

뿐만 아니라, 마한 50여국 중에는 월지국(月支國)과 건마국(乾馬國)이 있었는데, 건마국은 곧 금마군(金馬郡) ― 지금의 익산(益山) ― 일 것이므로, 월지국(月支國) ― 마한의 고도(故都) ― 은 다른 나라(國)에서 찾아야 할 것이다. 그 정확한 지점은 알 수 없으나 마한과 백제(백제 건국은 기원 13년― 원주)의 국경이 웅천(熊川) ― 지금의 공주(公州) ― 이니, 월지국은 대개 그 부근일 것이다.

「말한」이 비록 국호(國號)로 되였으나, 그 5, 6백년 후에 오히려 이를 왕호(王號)로 쓴 이가 있다. 신라의 눌지(訥祗)·자비(慈悲)·소지(炤智)·지증(智證) 네 왕들은 다「麻立干(마립간)」이라 칭하였는데, 눌지마립간(訥祗麻立干) 주(註)에서 "麻立, 橛也(마립, 궐야)" (→ 마립(麻立)은 말뚝이다.)라고 하였다. 글자의 뜻이「말(뚝)」이라 하였은즉, 麻立(마립)의 「麻」는 그 소리 전체를 취하여「마」로 읽으며,「立」은 그 첫소리를 취하여「ㄹ」로 읽고, 「干」은 그 소리 전체를 취하여「한」으로 읽은 것임이 명백한즉, 「麻立干(마립간)」은 곧「말한」이며,「말한」을 왕호로 쓴 증거이다.

2. 낙랑(樂浪)과 남삼한(南三韓)의 대치

마한(馬韓)이 월지국(月支國)으로 천도한 뒤에 그 고도(故都) 평양에는 최씨(崔氏)가 일어나서 그 부근의 25개 국을 복속시켜 하나의 대국(大國)이 되니, 이전 사서(前史)에서 이른바「낙랑국(樂浪國)」이 그것이다. 낙랑이 이미 분리해 나감으로써 마한이 지금의 임진강(臨津江) 이북을 잃었으나 그래도 여전히 임진강 이남 70여개 국을 다스렸는데, 오래지 않아 북방에서 중국과 흉노의 난을 피하여 마한으로 들어오는 「신」·「불」 양 조선의 유민들이 날로 많았으므로, 마한이 지금의 낙동강(洛東江) 연안 오른편의 1백여 리의 땅을 「신朝鮮」 유민들에게 주어 자치계(自治稧: 고대에는 회(會)를 계(稧)라고 하였다.-원주)를 세워 이름을 「진한부(辰韓部)」라 하고, 낙동강 연안 오른편에 다소의 지방을 갈라서 「불朝鮮」의 유민들에게 주어 또 자치계를 세워 「변한부(卞韓部)」라 하였는데, 마한이 구태여 진(辰)·변(卞) 양한(兩韓)을 세운 것은 삼신(三神) 사상에 의거하여 삼한(三韓)의 수를 채운 것이다.

대단군 왕검의 삼「한」은「신한」이 중심 주권자가 되고, 「말」·「불」 양「한」은 좌우에서 보좌하는 대신, 즉 보상(輔相)이었는데, 이제 남(南)에서의 삼한은「말한」, 곧 마한이 가장 큰 나라, 곧 종주국(宗主國)이 되고, 「신한」, 곧 진한(辰韓)과「불한」, 곧 변한(卞韓)이 두 소국, 곧 소속국(所屬國)으로 된 것은, 그 이주민의 계통을 좇아서 이름을 지었기 때문이다.

그러나 삼「한」이 다 왕(王)을「신한」이라 칭함으로써(이를테면 마한(馬韓)의 왕은「말한」나라의「신한」이라 하고, 진한(辰韓)의 왕은「신한」나라의「신한」이라 하며, 변한(卞韓)의 왕은「불한」나라의「신한」이라 하였다.-원주), 「신한」이 셋이나 되니, 대개 전자(분립 이전-원주)는 왕검이 지은 명사를 그대로 쓴 것이며, 후자(「신한」이 셋-원주)는 삼조선 분립 이후에 세「신한」을 그대로 쓴 것이며, 진(辰)·변(卞) 양한의 양「신한」은 자립하지 못하고 대대로 마한의「신한」이 겸함으로써 그 이름만 있고 실(實)이 없었으니, 이는 남삼한(南三韓)에 와서 새로 만들어진 예이다.

삼한은 우리 역사상에 그 시비(是非)가 매우 많은 문제가 되었으나, 그러나 종래의 학자들은 다만 진수(陳壽)의 〈삼국지(三國志)〉 삼한전(三韓傳)의 삼한, 곧 남삼한(南三韓)에 근거하여 그 강역의 위치를 결정하려고 할 뿐이었고, (1)삼한의 명칭의 유래와, (2)삼한의 예제(禮制)의 변혁에 대해서는 알지 못하였다. 그리하여 비록 노력은 많이 들였으나 북방에 원래 있던 삼한은 발견하지 못했을 뿐 아니라, 곧 남삼한(南三韓)의 상호관계도 명백히 하지 못하였다.

3. 낙랑(樂浪) 25개국과 남삼한(南三韓) 70여국

낙랑(樂浪)의 여러 나라들 중에서 역사에 나타난 것이 25개국이니, 조선(朝鮮)·감한(詌邯)·패수(浿水)·함자(含資)·점선(黏蟬)·수성(遂成)·증지(增地)·대방(帶方)·사망(駟望)·해명(海冥)·열구(列口)·장잠(長岑)·둔유(屯有)·소명(昭明)·루방(鏤方)·제해(提奚)·혼미(渾彌)·탄렬(呑列)·동이(東暆)·불이(不而)·잠태(蠶台)·화려(華麗)·야두미(邪頭味)·전막(前莫)·부조(夫租) 등이 그것이다.

위의 「25국(二十五國)」을 〈한서(漢書)〉지리지(地理誌)에는 한(漢) 낙랑군의 「25현(二十五縣)」으로 기재해 놓았으나, 이는 한서의 본래 문자가 아니라, 당(唐) 태종(太宗)이 고구려로 쳐들어가고자 할 때에 그 신민(臣民)의 적개심을 고취하기 위하여 조선의 옛 땅이 거의 모두 본래 중국의 것이었음을 위증(僞證)하려고 전대(前代) 중국의 사책(史冊) 중에서 무릇 조선과 관계되는 문자(文字)를 가져다가 다수 고쳐 넣었는데, 드디어 조선 고대의 「낙랑 25국(樂浪二十五國)」을 「낙랑 25현(樂浪二十五현)」으로 고쳐서 위의 지리지(地理誌) 가운데 집어넣은 것이니, 이는 제 3편에서 다시 상론하기로 한다.

25개 나라들 중에 「조선(朝鮮)」과 「패수(浿水)」는 다 평양에 있는 나라인데, 「조선」은 곧 「말조선」의 고지(故地)이므로 조선(朝鮮)이라 칭하여 낙랑(樂浪)의 종주국(宗主국)이 된 나라이고, 「浿水」는 「펴라」로 읽을 것인바 24개 속국들 중의 하나이니, 조선국과 패수국의 관계는 비유하자면 전자는 평양감영(平壤監營: 현대의 평양시청-옮긴이)과 같고 후자는 평양윤(平壤尹: 현대의 평양시장-옮긴이)과 같은 것이며, 「소명(昭明)」은 지금의 춘천 소양강(昭陽江)이고, 「불이(不而)」는 그 뒤에 동부여(東扶餘)로 된 것으로 지금의 함흥(咸興)이니, 낙랑국의 전체가 지금의 평안·황해 양도를 위시하여 강원도·함경도의 각 일부분을 소유한 것이다.

「삼한(三韓)」의 여러 나라들 중 역사에 나타난 것이 70여개 국이니, 「마한(馬韓)」은, 원양(爰襄)·모수(牟水)·상외(桑外)·소석색(小石索)·대석색(大石索)·우휴모탁(優休牟涿)·신분활(臣濆活)·백제(伯濟)·속로불사(速盧不斯)·일화(日華)·고탄자(古誕者)·고리(古離)·노람(怒籃)·월지(月支)·자리모로(咨離牟盧)·소위건(素謂乾)·고원(古爰)·막로(莫盧)·비리(卑離)·점비리(占卑離)·신흔(臣釁)·지침(支侵)·구로(狗盧)·비미(卑彌)·감해비리(監奚卑離)·고포(古蒲)·치리국(致利鞠)·염로(冉路)·아림(兒林)·사로(駟盧)·내비리(內卑離)·감해(感奚)·벽비리(辟卑離)·구사오단(臼斯烏旦)·일리(一離)·불미(不彌)·지반(支半)·구소(狗素)·첩로(捷盧)·모로비리(牟盧卑離)·신소도(臣蘇塗)·고랍(古臘)·임소반(臨素半)·신운신(臣雲新)·여래비리(如來卑離)·초산도비리(楚山塗卑離)·일난(一難)·구해(狗奚)·불운(不雲)·불사분야(不斯濆邪)·원지(爰池)·건마(乾馬)·초리(楚離) 등 54개 국을 거느렸다.

「비리(卑離)」 제국은 〈삼국사기〉 백제본기의 「부여(扶餘)」와 백제지리지의 「부리(夫里)」로서, 「비리(卑離)」는 부여(扶餘: 지금의 부여-원주)이고, 감해비리(監奚卑離)는 고막부리(古莫夫里: 지금의 공주(公州)-원주)이며, 「벽비리(辟卑離)」는 파부리(波夫里: 지금의 동복(同福)-원주)이고, 「여래비리(如來卑離)」는 이릉부리(爾陵夫里: 지금의 능주(綾州)-원주)이며, 「신소도(臣蘇塗)」는 「신수두」, 곧 대신단(大神壇)이 있는 곳으로, 성대호(省大號: 일명 소태(蘇泰)-원주), 곧 지금의 태안(泰安)이며, 「지침(支侵)」은 지심(支潯: 지금의 진천(鎭川)-원주) 등지이고, 「건마(乾馬)」는 금마군(金馬郡), 곧 백제 무왕릉(武王陵)이 있는 곳이다. 이외에도 상고(相考)할만한 곳이 많으나 여기에서는 일단 생략하기로 한다.

「변한(卞韓)」은, 미리미동(彌離彌凍)·접도(接塗)·고자미동(古資彌凍)·고순시(古淳是)·반로(半路)·낙노(樂奴)·(군미(軍彌))·미오야마(彌烏邪馬)·감로(甘路)·구야(狗邪)·주조마(走漕馬)·안야(安邪)·독로(瀆盧) 등 12부의 통칭(統稱)이다.

「미동(彌凍)」은 「믿」으로 읽으며 수만(水灣)의 뜻이고, 「고자(古資)」는 「구지」로 읽으며 반도(半島)라는 뜻이다. 「야(邪)」는 「라」로 읽으며 강(江)이란 뜻이다. 위의 12부는 〈삼국사기〉 신라 지리지와 가락국지(駕洛國誌)에서 그 유지(遺址)를 찾아보면 「고자미동(古資彌凍)」은 고자군(古自郡), 곧 지금의 고성만(固城灣)이고, 「고순시(古淳是)」는 고령가야(古寧加耶), 곧 지금의 상주(尙州)와 함창(咸昌) 사이의 「공갈못」이다. 「공갈」은 「고령가야」의 촉음(促音)이다. 「반로(半路)」는 「벌」로 읽고 별(星)의 뜻이니 성산가야(星山加耶), 곧 지금의 성주(星州)이다. 「미오야마(彌烏邪馬)」는 「미오마야(彌烏馬邪)」로 써서 「밈라」로 읽으며 임나(任那: 지금의 고령(高靈)-원주)이며, 「구야(狗邪)」는 「가라」로 읽으며 큰 못(大池)이란 뜻으로 지금의 김해(金海)이다. 「안야(安邪)」는 「아라」로 읽는데 물 이름이니 지금의 함안(咸安)이다.

위의 6국은 곧 후에 가야 6국(제 3편 제 4장 제 2절 참고-원주)이 된 것들이다. 그리고 그 나머지는 자세하지 않으나 대개 그 부근이다.

「진한(辰韓)」은 기저(己柢)·불사(不斯)·근기(勤耆)·난미리미동(難彌離彌凍)·염해(冉奚)·군미(軍彌)·여담(如湛)·호로(戶路)·주선(州鮮)·마연(馬延)·사로(斯盧)·우중(優中) 등 12부의 통칭(統稱)이다.

위의 12부는 오직 사로(斯盧)가 신라(新羅)인 줄을 알 수 있고, 이외 각 부의 연혁은 알 수 없으니, 이는 신라 말에 한학자들이 그 명사를 모두 예전부터 내려오던 이두문자를 버리고 한자로 의역(義譯)하였기 때문인데, 그 상세한 것은 제3편 제4장에서 논하기로 한다.

마한은 본래 거의 압록 이동(以東) 전부를 소유하였다가, 따로 낙랑·진한·변한 삼국(三國)이 생겨서 지금의 조령(鳥嶺) 이남과 임진강 이북을 분점(分占)하였으나, 진(辰)·변(卞) 양한은 이름은 나라(國)였으나 실제로는 「신」·「불」 양 조선의 유민들의 자치부(自治部)였고, 마한에 대하여 조공(朝貢)과 세납(稅納)을 끊이지 않았으므로, 낙랑과 같은 적국(敵國)이 아니었다.

제5장 삼조선(三朝鮮) 붕괴의 원인과 결과

1. 삼신설(三神說)의 파탄

본편 제 2, 3, 4의 3개 장에서 설명한 바와 같이 「신」·「말」·「불」 삼조선이 이렇게 동시에 붕괴하게 된 것은 무슨 까닭인가?

(一) 삼한(三韓)은 원래 천일(天一)·지일(地一)·태일(太一)의 삼신설(三神說)에 의하여 인민들이, 「말한」은 천신(天神)의 대표, 「불한」은 지신(地神)의 대표, 「신한」은 하늘(天)보다 높고 땅(地)보다 큰 우주 유일신(唯一神)의 대표로서 신앙하여 왔었다. 그러다가 「말」·「불」 양한이 「신한」에 반기를 들고 각기 「신한」이라 자칭하여 삼대왕(三代王)이 병립하여 지력(智力)으로 지위를 획득하였다. 이렇게 되자 일반인들은, 계급은 자연적이고 고정적인 것이 아니라 힘만 있으면 파괴할 수도 있고 건설할 수도 있다는 것을 깨닫고 삼신설(三神說)에 대하여도 회의를 품기에 이르렀는데, 이것이 그 원인이다.

(二) 역대의 삼한이, 단지 삼신(三神)의 미신으로써만 인심을 유지한 것이 아니라 매번 외구(外寇)를 물리치고 국토를 확대하여 천하가 다 그 위령에 두려워 떨게 하더니, 이제 삼국(三國)의 「신한(=王)」들이 흉노와 중국의 거듭된 침략에 저항하지 못하여 국토가 많이 깎여나가게 되자, 이

에 일반인들은 제왕(帝王)도 사람(人)의 아들이지 하늘(天)의 아들이 아니므로 그의 성패와 흥망도 범인들과 같다는 것을 알게 되었다. 이에 삼「한」의 신엄(神嚴)을 부인하기에 이르게 되었는데, 이것이 그 붕괴의 가까운 원인이다.

이처럼 삼신설(三神說)의 기초 위에 세워진 삼「한」인즉, 삼신설의 파탄이 생긴 이후에야 어찌 붕괴되지 않을 수 있겠는가.

2. 열국(列國)의 분립

삼신설(三神說)에 파탄이 생기고 삼「한」에 대한 신앙이 추락되자, 이는 확실히 조선에 유사(有史) 이래의 일대 변국(變局)을 초래하였다. 그러므로 일부 인민들이 신인(神人)과 영웅(英雄)들의 허위를 깨닫고 왕왕 자치촌(自治村), 자치계(自治稧)와 같은 것을 설립하여 민중의 힘으로 민중의 일을 스스로 결정하기를 시험하였다.

이에 대한 기록에 보이는 증적(證迹)은 진한부(辰韓部), 변한부(卞韓部) 같은 것이 그 일종이고, 그 이외에도 사책(史册)에 누락된 그와 유사한 시도도 많았을 것이다. 그러나 미신을 타파하여 우주문제, 인생문제 등을 진정하게 해결한 학설이 없었으며, 사방 이웃들에는 조선보다 문화가 저급한 예(濊)·선비·흉노·왜(倭) 등 야만족들만 있어서 진화에 보조(輔助)해 줄 친구가 없었으며, 중국은 비록 구원(久遠)한 문화를 가졌으나 거의 군권(君權)을 옹호하는 사상(思想)과 학설(學說)뿐이었는지라, 그 문자(文字)의 수입이 도리어 민중의 진보를 방해하였기 때문에 민중의 지력(智力)은 유치하고 구세력의 뿌리는 깊고 두터웠다.

이에 제왕의 후예들은 조상 전래의 지위를 회복하려 하였고, 민간의 효웅(梟雄)들은 사회의 새로운 지위를 획득하려고 하였는데, 소국(小國)은 대국(大國) 되기를 희망하였고, 대국은 더욱 강토를 확장하려고 하면서 혹은 「신수두님」(大壇君-원주)이라 칭하고, 혹은 「신한」(辰韓-원주)이라 칭하고, 혹은 「말한」(麻立干-원주)이라 칭하고, 혹은 「불구래」(弗矩內-원주)라 칭하고, 혹은 하늘에서 내려왔다 운운하고, 혹은 해외에서 표류해 왔다 운운하고, 혹은 태양의 정기로 태어났다 운운하고, 혹은 알에서 나왔다고 운운하면서 전통적 미신 세력에 의거하여 민중을 유혹하거나 위협하자, 미약한 민중세력의 새싹이라고 할 수 있는 다소의 자치단체는 그 정복을 받아 스스로 소멸해버렸으며, 세력 쟁탈의 전란이 사방에서 일어나 열국쟁웅(列國爭雄) 시대를 형성하였다.

-〈한라산(漢拏山)〉은 몽고어로 〈저 멀리 구름 위로 우뚝 솟아있는 검푸른 산〉이란 뜻이다.-

옮긴이의 개인적인 경험담을 소개한다. 우리나라 고대사 전공자들에게 우리 고대사의 몇 가지 명칭 문제를 해결하는 데 참고가 되기를 바라는 마음에서이다.

옮긴이가 개인적으로 알고 지내는 몽고족 출신의 한 인사가 중국 심양의 요령민족출판사에서 〈몽고경전〉의 한역(漢譯) 편집을 맡고 있었다. 그는 개인적으로 고대 몽고어를 전공한 학자이다.

하루는 그의 집에 초대를 받아 갔는데, 그 자리에는 북경대학에서 현대 몽고어를 가르치는 교수 한 분도 동석하였다.

그날 저녁 식사 후에 우리는 술이 거나하게 취하여 돌아가면서 노래를 불렀는데, 북경대학의 몽고어과 교수가 부르는 몽고어 노래 가사에서 "할라"라는 단어가 자주 나왔다. 평소 제주도의 "한라산(漢拏山)"이 무슨 뜻인지 알 수 없어 궁금하게 여겨왔던 나는 노래가 끝난 후 노래 가사에 나오는 "한라"라는 말의 뜻이 무엇인지 물어보았다. 그의 대답인즉, "저 멀리 구름 위로 우뚝 솟아있는 검푸른 산"이라는 것이었다. 긴 설명이 필요 없었다. 제주도는 고려시대 때 몽고인들이 말을 기르던 곳이었던 것이다. 그때부터 우리는 노래 부르기를 그만두고 몽고어와 우리말의 음과 뜻이 같거나 비슷한 단어 찾기에 나섰다.

그러다가 나는 문득 우리 고대사의 명칭들 가운데 평소 그 뜻을 궁금하게 여겨 왔던 것과 같은 음의 몽고어가 있는지 알아보았다.

그 첫째가 신라 시조 박혁거세(朴赫居世)의 왕호인 「居西干(거서간)」이었다. 내가, "거서간", "쥐시간(居西干의 중국 발음)"을 반복해서 말하자, 나의 친구가 손짓을 하여 말을 중단시키고, 몽고 고대어에 그와 비슷한 음(音)의 단어를 생각해 내었다고 하였다. 기대에 부푼 내가 그 뜻을 묻자, 그가 말했다. "대여섯 명의 사람들이 둘러앉아서 그 중에서 한 사람을 대표로 뽑을 때, 그 대표로 뽑힌 사람을 쥐시간(居西干)이라고 하였다." 「居西干(거서간)」을 「귀인을 부르는 호칭」이라고 설명하고 있는 〈삼국사기〉의 주석보다 훨씬 명쾌하였다.

그 다음으로 알아낸 것은 「麻立干(마립간)」이었다. "마립간"과 "마리간(麻立干의 중국 발음)"을 되풀이하는 나에게 말을 멈추라고 하면서 그가 설명하였다. 몽고 고대어에 우리말 「마립간」과 비슷한 음을 가진 단어는 「강력한 힘을 가진 왕」, 「명실상부한 권력자로서의 왕」이란 뜻의 단어라고 하였다. 신라왕의 칭호가 「니사금(尼師今)」에서 「마립간(麻立干)」으로 바뀐 시기는 신라의 왕권이 확립된 시기와 일치하는바, 「마립간」을 「말뚝(橛)을 왕의 칭호로 사용했다」는 〈삼국사기〉 주석의 설명보다 훨씬 설득력이 있었다.

마지막으로 알아낸 것은 연개소문의 직위인 「莫離支(막리지)」였다. "막리지"와 "모리즈(莫離支의 중국 발음)"를 되풀이하는 나를 손짓해서 멈추고 그가 말해준 고대 몽고어는 「모글리지」라는 음의 단어로서, 왕 밑에서 실질적으로 모든 권력을 행사하는 수석 대신(大臣)으로서, 현대에서 그 예를 찾는다면, 「국무총리」와 비슷한 것이라고 하였다.

본서에서 저자가 말한 바 이두문자(吏讀文字)를 통한 해석과 함께 몽고 고대어를 통한 해석 두 가지 방법을 같이 이용한다면 우리 고대사와 관련된 인명, 관직명, 지명 등의 문제를 해결하는 데 큰 참고가 될 것이다. 우리 고대사 전공 학자들에게 옮긴이의 경험담을 소개하면서 우리 고대사의 한·몽 공동연구를 건의하는 바이다.)

제4편
열국 쟁웅(爭雄) 시대
(對 漢族 격전시대)

– 한사군(漢四郡)은 원래 땅 위에 세워진 것이 아니라 지상(紙上)에 그렸던 일종의 가정(假定), 곧 계획이었다. 말하자면 고구려를 멸망시키고 나서는 그곳에 진번군(眞番郡)을 만들 것이다, 북동부여, 곧 북옥저(北沃沮)를 멸망시키고 나서는 그곳에 현토군(玄菟郡)을 세울 것이다, 남동부여, 곧 남옥저(南沃沮)를 멸망시키게 되면 그곳에 임둔군(臨屯郡)을 만들 것이다, 낙랑국을 멸망시키게 되면 그곳에 낙랑군(樂浪郡)을 설치할 것이다, 라고 하는 가정에 근거한 계획일 뿐이었지, 실제로 세워졌던 것은 아니다. 한 무제가 그 가정(假定)을 실현시키기 위하여 위의 각지에 대하여 침략을 시작하였을 것이며, 낙랑과 양 동부여는 앞에서 설명한 것과 같이 고구려에 대한 숙원(宿怨)이 있으므로 한(漢)의 힘을 빌려 고구려를 배척하려고 하였을 것이며, 고구려는 전에 대주류왕(大朱留王)의 전승(戰勝)한 기세를 믿고 한(漢)과 결전하기에 이르렀던 것이다. –

제1장 열국(列國) 총론(總論)

1. 열국 연대(年代)의 정오(正誤)

삼조선(三朝鮮)이 붕괴하고 「신수두님」·「신한」·「말한」·「불구래」 등의 왕호(王號)를 참칭(僭稱)하는 자가 각지에서 군기(群起)하여 열국 분립의 국면을 만들었다는 것은 이미 앞에서 설명하였거니와, 열국사(列國史)를 말하려면 이전 사서(史書)에서 열국의 연대를 삭감하였으므로 이제 그 연대부터 말해야 할 것이다.

무슨 이유로 열국의 연대가 삭감되었다고 주장하는가?

먼저 고구려의 연대가 삭감된 것부터 말해보도록 한다.

일반 사가(史家)들은, 고구려가 신라 시조 혁거세(赫居世) 21년인 기원전 37년에 건국하여 신라 문무왕(文武王) 8년인 기원 668년에 망하였으므로 향국(享國) 연수가 합계 705년이라고 적어 왔다. 그러나 고구려가 망할 때에 "不及九百年(불급구백년)"(→9백년에 미치지 못한다.)이라고 한 비기(秘記)가 유행하였는데, 비기가 비록 요서(妖書)라 할지라도 그 시대에 그 비기가 인심을 동요시킨 도화선이 되었으므로, 이때(文武王 8년)에 고구려 연조(年祚)가 8백 몇 십 년 이상 되었다는 것은 명백하니, 본기(本紀)에서 말한바 705년이 의문시되는 것이 그 하나이며,

고구려본기로 보면, 광개토왕(廣開土王)은 시조 추모왕(鄒牟王)의 13세손

(世孫)이 될 뿐이지만, 광개토왕의 비문(碑文)에 나오는 "傳之十七世孫, 廣開土境平安好太王.(전지십칠세손, 광개토경평안호태왕)"(→17세손 광개토경평안호태왕에게 전하였다.)이라는 구절에 의하면, 광개토왕이 시조 추모왕의 13세손이 아니라 17세손이니, 이같이 세대를 빠뜨린 본기(本紀)이므로, 그 705년이라 운운하는 연조도 믿을 수 없다는 것이 그 둘이며,

본기로써 살펴보면 고구려의 건국이 위(衛) 우거(右渠)가 멸망한 지 72년만으로 되어 있지만, 〈북사(北史)〉 고려전(고구려전)에는 「막래(莫來)」가 서서 부여를 쳐서 대파하여 이를 통속(統屬)하였는데, 한 무제(漢武帝)가 조선을 멸망시키고 사군(四郡)을 세울 때에 고구려를 현(縣)이라 하였다고 기록되어 있다.

「막래(莫來)」는 〈해동역사(海東繹史)〉에서는 「모본(慕本)」의 오자(誤字)일 것이라고 하였으나, 막래(莫來)는 「무뢰」로 읽어야 할 것이니, 「우박(雹)」이란 뜻이고 「신(神)」이란 뜻이다. 따라서 대주류왕(大朱留王)의 이름 「무휼(無恤)」과 음(音)이 같을 뿐 아니라 본기(本紀)에도 동부여를 정복한 자가 곧 대주류왕(大朱留王)이므로, 막래(莫來)는 모본왕(慕本王)이 아니라 대주류왕일 것이며, 막래(莫來) 곧 대주류왕이 동부여를 정복한 뒤에 한 무제가 사군(四郡)을 세웠으므로, 고구려 건국이 사군(四郡)을 설치하기 약 1백 몇 십 년 전이 된다는 것은 의심의 여지가 없다는 것이 그 셋이다.

고구려 당대의 비기(秘記)와, 그 자손 제왕이 건립한 비문(碑文)의 내용이 먼저 증명하고 있고, 비록 외국인이 전해 듣고 쓴 기록이지만 〈북사(北史)〉가 또한 부증(副證)하고 있으니, 고구려 연대가 1백 수십 년 삭감되었음은 더욱 확실하다.

순암(順庵) 안정복(安鼎福) 선생은, 문무왕(文武王)이 고구려의 왕족인 안

승(安勝)을 봉하면서 한 말 중에 나오는 "年將八百年(연장팔백년)"이란 말을 인용하여, 고구려의 연조가 삭감되었음을 인식하였으나, 사실 "年將八百年(연장팔백년)"의 「八」은 「九」로 써야 옳을 것이니, 대개 먼저 고구려의 연대를 삭감한 뒤에 「九百」을 「八百」으로 고쳐서 고구려의 향국(享國)이 705년이란 위증(僞證)을 만든 것이다.

그렇다면 고구려의 연대는 왜 삭감되었을까?

고대에는 건국(建國)의 선후(先後)로 국가의 지위를 다투는 기풍(氣風: 추모(鄒牟)와 송양(松讓)의 수도 세운 선후를 다툰 것과 같은 종류–원주)이 있었으므로, 신라가 그 건국이 고구려와 백제보다 뒤진 것을 부끄럽게 생각하여, 두 나라를 멸망시킨 뒤에 기록상의 세대(世代)와 연조(年祚)를 삭감하여 모두 신라 건국 이후에 세워진 나라로 만든 것이다.

동부여·북부여 등의 나라들은 신라와 직접 은원(恩怨) 관계가 없는 선대(先代)의 나라이지만, 이미 고구려의 연대를 1백 몇 십 년이나 삭감하였으므로 사실 관계상 불가피하게 고구려·백제의 부조(父祖) 뻘인 동부여의 연대와 고구려·백제의 형제 뻘인 가라(加羅)·옥저(沃沮) 등 나라들의 연대까지도 삭감하였던 것이다.

그러므로 이제 이전의 사서(史書)에서 보인 고구려 건국 원년(元年)으로부터 1백 몇 십 년을 소급하여 기원전 190년경의 전후 수십 년 동안을 동·북 부여, 고구려가 분립한 시기로 잡고, 그 이하 모든 열국(列國)들도 같은 시기로 잡아서 열국사(列國史)를 서술하고자 한다.

2. 열국의 강역(疆域)

열국의 연대만 삭감되었을 뿐 아니라 그 강역(疆域)도 거의 삭감되어, 북방의 나라가 수천 리 옮겨져서 남방으로 온 것이 하나둘이 아니다.

그렇다면 강역(疆域)은 또 왜 삭감되었는가?

신라 경덕왕(景德王)이 북방의 주군(州郡)을 잃고 그 북방의 옛 지명과 고적(古蹟)을 남방으로 옮긴 것이 그 첫째 원인이고, 또 고구려가 쇠약하여 압록강 이북을 고토(古土)로 깨닫지 못하여 전대(前代)의 지리를 기록할 때에 북방의 나라를 또한 남방으로 옮긴 것이 많았음이 둘째 원인이다. 이리하여 조선의 지리(地理) 전고(典故)가 말할 수 없이 뒤바뀌었는바, 비록 근세에 와서 한구암(韓久庵)·안정복(安鼎福) 등 여러 선유(先儒)들의 수정을 거쳐서 다소 회복이 되었으나, 열국시대의 지리는 그 퇴축(退縮)됨이 여전하다. 이제 그 대략을 말해 보도록 한다.

(甲)은 「**부여(扶餘)**」이다. 「신朝鮮」이 최초에 세 개의 부여국으로 나누어졌는데, 그 (一)은 「**북부여(北扶餘)**」로서, 북부여는 아사달(阿斯達)에 도읍하였다. 〈삼국지(三國志)〉에 "玄菟之北千里(현토지북천리)"(→ 현토군의 북쪽으로 1천리)라고 하였으므로 지금의 하얼빈(哈爾濱)임이 분명한데도, 선유(先儒)들은 지금의 개원(開原)이라고 하였다.

(二)는 「**동부여(東扶餘)**」로서, 동부여는 갈사나(曷思那)에 도읍하였다. 대무신왕(大武神王)이 동부여를 칠 때에 「북벌(北伐)」한다고 하였으므로, 고구려의 동북, 즉 지금의 혼춘(琿春) 등지가 동부여임에도 불구하고, 선유(先儒)들은 지금의 강릉(江陵)이라고 하였다.

(三)은 「**남부여(南扶餘)**」로서, 대무신왕이 동부여(東扶餘)를 공격하여 파한 뒤에 동부여가 양분되어, 그 하나는 고(故) 갈사나(曷思那)에 그대로 머물러 있었으니 곧 「**동북부여(東北扶餘)**」이고, 또 하나는 남방으로 와서 신(新) 갈사나(曷思那)를 건설하였으니, 곧 「**남동부여(南東扶餘)**」이나. 선사는

얼마 후에 고구려에 투항하여 국호가 없어졌고, 후자는 문자왕(文咨王) 3년(기원 494년)에 비로소 고구려에 병합되었는데, 남동부여(南東扶餘)는 곧 함흥(咸興)이다. 그런데도 선유(先儒)들은 남동부여의 강역을 몰랐을 뿐 아니라 남동부여(南東扶餘)란 명칭도 몰랐다.

(乙)은 「**사군(四郡)**」이다. 위만(衛滿)이 동으로 건너온 패수(浿水)는 〈위략(魏略)〉의 만반한(滿潘汗)—〈한서(漢書)〉 지리지의 요동군의 문(汶)·번한(番汗)—지금의 해평(海平)·개평(蓋平) 등지이므로, 지금의 헌우락(軒芋濼)이 그곳이다.

한 무제(武帝)가 점령한 조선이 패수(浿水) 부근 위만(衛滿)의 옛 땅이므로, 그가 세운 사군(四郡)은 삼조선(三朝鮮)의 국명과 지명을 가져다가 요동군 내에 가설(假設)한 것이다. 그런데도 선유(先儒)들은 언제나 사군의 위치를 지금의 평안·강원·함경 등 각 도와 고구려의 도성(都城)인 지금의 환인(桓仁) 등지에서 찾았다.

(丙)은 「**낙랑국(樂浪國)**」이다. 낙랑국(樂浪國)은 한(漢)의 낙랑군(樂浪郡)과는 서로 다른 것으로서 지금의 평양(平壤)에 세워진 나라 이름인데도, 선유(先儒)들은 이를 혼동하였다.

이외에도 고구려·백제의 초대(初代)의 국도(國都)와 신라·가라(加羅)의 위치는 선유들이 수정한 것이 대략 틀림없으나, 주(州)·군(郡) 혹은 전쟁 지점의 위치는 거의 신라 경덕왕 이후 옮겨서 설치한 지명으로 인하여 그대로 따라서 착오를 일으키게 되었으므로, 가능한 한 이를 교정하여 열국사(列國史)를 서술하고자 한다.

제2장 열국의 분립

1. 동부여(東扶餘)의 분립

一. 해부루(解夫婁)의 동천(東遷)과 해모수(解慕漱)의 등장

북부여(北扶餘)와 양 동부여(東扶餘: 「東北부여」와 「南東부여」 — 옮긴이)와 고구려 네 나라는 「신朝鮮」의 판도 내에서 세워진 나라들이다. 그러나 「신朝鮮」이 멸망하여 부여왕조(扶餘王朝)가 되고, 부여가 다시 분열하여 위의 삼국(三國)이 되었는지, 아니면 부여는 곧 「신조선」의 별명이고 따로 부여란 왕조가 없이 「신조선」으로부터 위의 삼국이 되었는지, 이에 대해서는 고찰할 근거가 없다.

그러나 「신조선」이 흉노 모돈(冒頓)에게 패한 때가 기원전 200년경이고, 동·북 부여의 분립도 또한 기원전 2백년경이니, 후설(後說)이 혹시 사실에 가깝지 않을까 한다.

전사(前史)에서는 동·북 부여가 분립한 사실을 이렇게 기록하였다.

> 「부여왕 해부루(解夫婁)가 늙도록 아들이 없어서 이름난 산천(山川)을 찾아다니며 아들 낳기를 기도하였다. 곤연(鯤淵: 경박호(鏡泊湖)-원주)에 이르렀을 때 왕이 탄 말이 큰 돌을 보고 눈물을 흘리기에, 이를

괴이하게 여겨서 그 돌을 뒤집어 보니, 누런 황금색 개구리(金蛙) 모양의 아기가 있었다. 이를 보고 왕이 말했다. "이는 하늘이 주신 나의 아들이다."

그리고는 그를 데려와서 기르면서 이름을 금와(金蛙)라 부르고 태자(太子)로 삼았다.

그 뒤 얼마 후에 대신(相) 아란불(阿蘭弗)이 왕에게 고하기를, "최근에 천신(天神)이 저에게 내려와서 이르기를, '이 땅에는 장차 내 자손으로 하여금 나라를 세우도록 하고자 하니, 너희들은 피하여 동해가의 가섭원(迦葉原)으로 가거라. 그곳은 토질(土質)이 오곡(五穀) 농사에 적합하니라.' 고 하였나이다." 고 하면서 천도(遷都)하기를 청하였다.

부여왕이 그 청을 좇아 가섭원으로 천도하여 국호(國號)를 「동부여(東扶餘)」라 하고, 고도(故都)에는 천제(天帝)의 아들 해모수(解慕漱)가 오룡거(五龍車)를 타고 수행원 1백여 명은 흰 고니(白鵠)를 타고 웅심산(熊心山: 일명 아사산(阿斯山)이고, 또 일명은 녹산(鹿山)이니, 지금의 하얼빈(哈爾濱)의 완달산(完達山)이다.-원주)에 내려왔는데, 이때 머리 위에는 오색구름이 뜨고 구름 속에서는 음악소리가 들려왔다. 해모수가 10여일 만에 산 밑으로 내려와서 새 깃(鳥羽)을 꽂은 관을 쓰고 용의 광채(龍光)가 나는 칼을 차고 아침에는 정사(政事)를 보고 저녁에는 하늘로 올라가므로, 세상 사람들은 그를 천제(天帝)의 아들이라 불렀다.」

혹자는 이 기록이 너무 신화적(神話的)이어서 신뢰할 수 없다고 하나, 어느 나라든지 고대의 신화시대가 있어서, 후세 사가들이 그 신화 속에서 사실을 채취할 뿐이니, 이를테면 "말이 돌을 보고 눈물을 흘렸다." "천신(天)이 아란불(阿蘭弗)에게 내려왔다." "해모수(解慕漱)가 오룡거(五龍車)를 타고 하늘에서 내려왔다고 한 말들은 다 신화이지만, 해부루(解夫婁)가 다른 사람의 사생아(私生兒)인 금와(金蛙)를 주워서 길러 태자를 삼은 것은 사실이고, 해부루가 아란불의 신화에 의탁하여 천도(遷都)를 단행한 것도 사실이며, 해모수가 천제의 아들이라고 칭하며 고도(故都)를 습격하여 차지한 것도 사실이니, 총괄하면, 동·북 부여가 분립한 역사상 빼지 못할 큰 사실이다.

다만 우리가 유감으로 생각하는 것은, 이것이 북부여인이나 동부여인이 부여의 계통을 서술하기 위하여 기록한 것이 아니고 한갓 고구려인이 그 시조 추모왕(鄒牟王)의 출신(所自出)을 설명하기 위하여 기록한 것이므로, 겨우 해부루(解夫婁)·해모수(解慕漱), 즉 동·북 부여를 분립한 양 대왕의 약사(略史)를 말할 뿐이고, 그 이전의 부여 해부루의 출신에 대해서는 말하지 않은 것이 그 하나이며,

그리고 이마저도 고구려인이 기록한 본래의 글이 아니고 신라 말엽의 한학자인 불교승(佛教僧)이 고쳐서 쓴(改撰) 것이므로, 「신가」를 고구려 이두문대로 「相加(상가)」라 쓰지 않고 한문의 뜻대로 「相(상)」이라 썼으며, 「가시라」를 고구려 이두문대로 「曷思那(갈사나)」라 쓰지 않고 불경의 명사에 맞추어 「迦葉原(가섭원)」이라 써서 본래의 문자가 아니게 만든 것이 그 둘이다.

당시의 제왕(帝王)은 제왕인 동시에 제사장(祭司長)이었으며, 당시의 장상(將相)은 장상인 동시에 무사(巫師)였고 복사(卜師)였다. 그러므로 대개 해부루는 제사장 곧 대단군(大壇君)의 직위를 세습한 자이고, 아란불(阿蘭弗)은 강신술(降神術)을 가진 무사(巫師)와 미래를 예언하는 복사(卜師)의 직책을 겸한 상가(相加)였을 것이다.

대단군(大壇君)과 상가(相加)는 비록 지고(至高)한 지위를 가졌지만, 「신朝鮮」의 관습에는 내우외환(內憂外患)과 같은 것은 물론이고 천재시변(天

災地變)과 같은 것도 대단군에게 그 책임을 물었으며(〈삼국지(三國志)〉에서, "水旱不調, 五穀不登, 輒歸咎於王, 或言當易, 或言當殺."(→홍수나 한발 등 기후가 순조롭지 못하고 흉년이 드는 것도 문득 그 왕에게 책임을 물어 혹은 마땅히 왕을 바꾸어야 한다고 하기도 하고 혹은 죽여야 한다고 하기도 하였다.)-원주), 천시(天時)나 인사(人事)에 불행한 일이 있으면 대단군을 대단군으로 인정하지 않아서 폐출하여 쫓아내기에 이르는바, 이때는 흉노 모돈(冒頓)과의 전쟁에서 패한 지가 멀지 않은즉, 아마 그 패전의 치욕으로 인하여 인민들의 신앙이 약해지고 박해져서 대단군의 자리를 보전할 수 없게 되자 아란불과 공모하여 갈사나(曷思那), 즉 지금의 혼춘(琿春) 등지로 달아나 새로운 나라를 세운 것이다.

해모수(解慕漱)는 해부루(解夫婁)와 동족(同族)으로서 고주몽(高朱蒙)의 부친인데, 〈삼국유사〉 왕력편(王曆篇)에서 주몽(朱蒙)을 단군(壇君)의 아들이라고 하였으니, 그렇다면 해모수도 대단군(大壇君)의 칭호를 가졌음이 분명하다. 대단군은 곧 하늘(天)의 대표라 하였으므로, 대개 해모수는 해부루가 동쪽으로 옮겨간 것(東遷)을 기회로 하늘에서 하강한 대단군(大壇君)이라 자칭하면서 왕위를 도모하였던 것이다.

부여는 「불」, 곧 도성(都城) 혹은 도회(都會)를 칭한 것인데, 해부루가 「동부여(東扶餘)」라고 칭하자 해모수는 「북부여(北扶餘)」라고 칭했을 것이니, 북부여란 명칭이 사서(史書)에 빠지고 없으므로 최근 선유(先儒)들이 양자를 구별하기 위하여 비로소 해모수가 왕이 된 부여를 「북부여」라고 칭하게 된 것이다.

二. 남북갈사(南北曷思)·남북 옥저(南北沃沮) 양 동부여의 분립

해부루가 갈사나(曷思那: 지금의 혼춘(琿春)-원주)로 천도하여 동부여가 되었음은 앞에서 설명한 것과 같다.

그렇다면 「갈사나(曷思那)」란 무엇인가?

우리 고어(古語)에 삼림(森林)을 「갓」 혹은 「가시」라 하였으니, 고대에는 지금의 함경도와 길림(吉林) 동북부와 연해주(沿海州) 남단에 수목(樹木)이 울창하게 우거져서 수천 리 끝없는 숲의 바다를 이루었기 때문에 「가시라」라 칭하였으니, 「가시라」는 삼림국(森林國)이란 뜻이다.

「가시라」를 이두자로 曷思國(갈사국)·加瑟羅(가슬라)·가서라(迦西羅) ·河西良(하서량) 등으로 썼는데, 이는 〈삼국사기〉 고구려본기와 지리지에 보인 것이며, 또 혹은 「迦葉原記(가섭원기)」라 하였는데, 이는 대각국사(大覺國師)가 쓴 〈삼국사(三國史)〉에 보인 것이다.

중국사에서는 「가시라」를 沃沮(옥저)라고 썼는데, 〈만주원류고(滿洲源流考)〉에 의하면, 沃沮(옥저)는 「와지」의 음역(音譯)이고, 「와지」는 만주어로 삼림(森林)이란 뜻이다.

예(濊), 곧 읍루(挹屢)는 만주족의 선조(先祖)인데, 읍루는 당시 조선 열국 중에서 "言語獨異(언어독이)"(→언어가 홀로 같지 않다)라고 〈삼국지〉나 〈북사(北史)〉에 특기해 놓았다. 예족(濊族)은 우리의 「가시라」를 「와지」라고 불렀기 때문에, 중국인들이 예족의 말을 번역하여 「沃沮(옥저)」라고 했던 것이다.

두만강 이북을 「北曷思(북갈사)」라 부르고 이남을 「南曷思(남갈사)」라고 불렀는데, 「北曷思(북갈사)」는 곧 「北沃沮(북옥저)」이고 「남曷思(남갈사)」는 곧 「南沃沮(남옥저)」이며, 지금의 함경도는 남옥저에 상당한다.

고사(古史)에서 남·북 옥저를 다 토지가 비옥한 곳이라고 하였으나 지금의 함경도는 땅이 척박하니, 혹시 옛날과 지금 사이에 토지의 성실이 변했기 때문이 아닐까 생각된다.

양 「가시라」의 인민들은 순박하고 근검하여 농업과 어업에 종사하였고, 여자들이 더 아름다웠으므로, 부여나 고구려의 호민(豪民)들은 이들을 착취하여 어염(魚鹽)과 농산물을 천 리 멀리까지 져다가 바치게 하고 미녀(美女)들을 뽑아다가 비첩(婢妾)으로 삼았다고 한다.

해부루(解夫婁)가 북 「가시라」(지금의 훈춘(琿春)—원주)로 옮겨와서 동부여(東扶餘)가 되었는데, 아들 금와(金蛙), 손자 대소(帶素)로 이어졌다. 대소가 고구려 대주류왕(大朱留王)과 싸우다가 패하여 죽자, 그의 동생 모갑(某甲)과 사촌 동생 모을(某乙)이 서로 나라를 차지하려고 다투어, 결국 모을(某乙)은 구도(舊都)에 터전을 잡고 북갈사(北曷思) 혹 북동부여(北東扶餘)라 칭하고, 모갑(某甲)은 남갈사(南曷思) 혹은 남동부여(南東扶餘)라 칭하며 분립하였다. 그 상세한 것은 제 3장에서 서술할 것이지만, 지금까지의 학자들은, (一) 동부여(東扶餘)가 분열하여 북동·남동의 양 부여로 된 것을 모르고 한 개의 동부여(東扶餘)만 기록하였으며, (二) 옥저(沃沮)가 곧 갈사(曷思)임을 모르고 옥저 이외에서 갈사(曷思)를 찾았으며, (三) 북동·남동의 양 부여가 곧 남북의 양 갈사(曷思: 양 가슬나(加瑟那)—원주)이고, 남북의 양 갈사(曷思)가 곧 남북의 양 옥저(沃沮)임을 모르고, 부여·갈사·옥저 세 개 서로 다른 지방으로 나누었으며, (四) 강릉(江陵)을 「가시라」, 곧 가슬나(加瑟那)라 한 것은 신라 경덕왕(景德王)이 북방의 토지를 잃은 뒤에 옮겨서 설치한 고적(古蹟)인 줄 모르고, 드디어 가슬라(加瑟那)—곧 동부여의 고도(古都)라고 하였다.

그리하여 지리(地理)가 뒤헝클어지고 사실(事實)이 혼란해져서 「갈이」(목공소에서 나무를 갈아서 다양한 형태의 나무그릇을 만드는 기구, 갈이틀. 표준.—옮긴이)로 삼을 수 없게 되었으나, 이제 갈사(曷思)·가슬(加瑟)·가섭(迦葉)의 이두문 읽는 법을 알아서 이들이 동일한 「가시라」임을 알게 되었으며, 대소(帶素)의 동생 모갑(某甲)과 그의 사촌동생 모을(某乙)이 분거(分居)한 양 「가시라」의 위치를 찾아서, 양 「가시라」가 곧 남·북 옥저(沃沮)임을 알게 되었으며, 추모왕(鄒牟王)이 동부여에서 고구려로 올 때에 "南奔(남분)"(→남쪽으로 달아났다.)이라는 말을 쓴 것과, 주류왕(朱留王)이 고구려에서 동부여를 칠 때에 "北伐(북벌)"(→북쪽으로 쳐들어갔다.)이라는 말을 쓴 것에 근거하여, 북 「가시라」의 위치를 알게 되어서 위와 같이 정리한 것이다.

三. 북부여의 문화

북부여(北扶餘)의 역사는, 오직 해모수(解慕漱)가 도읍을 세운 사실 이외에는, 겨우 북부여의 별명인 「황룡국(黃龍國)」이 고구려 유류왕(儒留王) 본기(本紀)에 한 번 보이고 나서는, 다시 북부여에 대하여 우리 조선인의 붓으로 전한 말이 없다. 전한 것이 있다고 한다면 그것은 모두 중국사에서 초록한 것들이다.

북부여의 서울은 「ᄋᆞ스라」, 곧 부소량(扶疎樑)이니, 대단군 왕검의 삼경(三京), 즉 세 왕검성(三王儉城) 중의 하나이다. 지금의 러시아령 우수리(烏蘇里)는 곧 「ᄋᆞ스라」의 명칭이 전해진 것인데, 그 본지(本地)는 지금의 하얼빈(哈爾濱)이다.

이곳은 수천 리의 망망한 평원으로서 토지가 비옥하여 오곡이 잘 되었고, 종횡으로 굽이굽이 흐르는 송화강(松花江: 옛 이름은 「아리라」－원주)이 있어서 교통의 편리함을 제공해 주었다. 인민들은 부지런하고 검소하고 강건하고 용맹하며, 큰 구슬(大珠)과 적옥(赤玉)을 채굴하고, 채색비단과 수놓은 비단을 직조하고, 여우·너구리·검은 원숭이·수달의 모피를 외국에 수출하였다. 성곽과 궁실(宮室)을 건축하고 창고를 만들어 물건들을 가득가득 저장함으로써 고도(故都)의 문명을 자랑하였다. 또한 왕검의 태자 부루(夫婁)가 하우(夏禹)에게 가르쳐 주었다고 하는 금간옥첩(金簡玉牒)의 문자도 왕궁에 저장되어 있었으며, 「신지(神誌)」라 불리는 이두문의 역사류(史類)나 「풍월(風月)」이라 하는 이두문의 시가집(詩歌集)도 대개 이 나라에서 수집된 것이다.

해모수(解慕漱) 이후에 예(濊)와 선비(鮮卑)를 정복하여 일시 강국이 되었으나, 그 뒤에 예와 선비가 배반하여 고구려로 돌아감으로써 나라의 세력이 드디어 쇠약해져서 조선 열국의 패권을 잃어버리기에 이르렀다.

2. 고구려의 발흥(勃興)

一. 추모왕(鄒牟王)의 고구려 건국

고구려 시조 추모(鄒牟: 또는 주몽(朱蒙)이라 하기도 한다.-원주)는 태어나면서 타고난 용기와 힘, 활솜씨를 가지고 과부(寡婦) 소서노(召西努)의 재산에 의거하여 웅걸(雄傑)들을 불러들이고, 교묘히 왕검 이래의 신화(神話)를 이용하여 천란(天卵)에서 태어났다고 자칭하여 고구려를 건국하였다. 뿐만 아니라 안으로는 열국의 신앙(信仰)을 받아서 정신적으로 조선을 통일하고, 밖으로는 그 기행(奇行)과 이적(異蹟)의 이야기를 중국 각지에 전파하여 그곳 제왕(帝王)과 인민들이 그를 교주(敎主)로 숭배하기에 이르렀다. 이에 신라 문무왕(文武王)은 "立功南海, 積德北山(입공남해, 적덕북산)"(→남해 지방에서 공을 세우고, 북쪽 산악 지방에서 덕을 쌓았다)라는 찬사를 올렸으며, 중국의 2천년 이래의 유일한 공자 반대자였던 동한(東漢)의 학자 왕충(王充)은 그의 사적(事蹟)을 자기 책에 기재하기에 이르렀다.

〈삼국사기〉 고구려본기로써 보면, 기원전 58년이 그가 출생한 해이고, 기원전 37년이 그가 즉위한 해이지만, 이것은 삭감된 연대이기 때문에 근거로 삼기에 부족하다. 추모(鄒牟)는 해모수(解慕漱)의 아들이므로, 기원전 200년경 동북부여가 분립하던 때가 그가 출생한 때일 것이며, 그 때는 위만(衛滿)과 동시대일 것이다.

「처음에 「아리라」(송화강-원주) 부근의 어느 장자(長者)가 유화(柳花)·훤화(萱花)·위화(葦花) 세 딸을 두었는데, 셋 다 절세의 미인들이었지만 그 중에서도 유화가 더욱 아름다웠다.

북부여왕 해모수가 놀러 나갔다가 유화를 보고는 그만 사랑에 빠져 야합(野合)하여 아이를 배었다. 아이를 배었지만, 이때 왕실은 호족(豪族)과만 결혼하고 서민과는 결혼할 수 없었으므로, 해모수는 그 뒤에 유화를 돌아보지 않았다.

당시 서민은 서민과만 결혼하였는데 남자가 반드시 여자의 부모에게 찾아가서 폐백(幣帛)을 바치고 사위가 되게 해달라고 두 번 세 번 애걸하여 그 부모의 승낙을 얻어야만 결혼할 수 있었다. 그리고 결혼한 뒤에도 남자는 여자의 부모를 위하여 그 집에 들어가 머슴이 되어서 3년간 고역(苦役)을 다 하고 나서야 딴 살림을 차려 자유의 가정이 되었다.

사정이 이러하였으므로, 유화의 범행(犯行)이 발각되자 그 부모는 크게 노하여 유화를 잡아 우발수(優渤水)에 던져 죽이려고 하였다.

그러나 어떤 어부가 그를 건져서 동부여(東扶餘) 왕 해금와(解金蛙)에게 바쳤다. 금와왕(金蛙王)이 유화의 자색(姿色)을 사랑하여 후궁에 들여 첩을 삼았는데, 얼마 지나지 않아 아이를 낳으니 곧 해모수와 야합한 결과였다.

금와왕이 유화에게 따지고 물으니, 유화가 대답하기를 "햇빛(日影)에 감응하여 낳은 천신(天神)의 아들이고, 나는 아무런 죄도 범한 적이 없다."고 하였다.

금와왕이 믿지 않고 그 아이를 돼지에게 먹이려고 돼지우리에 집어넣었으나 돼지가 피하며 먹지 않았고, 말에 밟혀서 죽게 하려고 길에 던져놓았으나 말들이 피하며 밟지 않았으며, 산짐승의 밥이 되라고 깊은 산에 갖다 버렸으나 다 소용이 없었다. 마침내 유화에게 그를 거두어 기르는 것을 허락하였다.

그 아이가 성장함에 그 용기와 힘이 같은 또래에서 뛰어났고, 활솜씨가 기묘하기 짝이 없으므로 그 이름을 「추모(鄒牟)」라고 불렀다.」

〈위서(魏書)〉에서는 「추모(鄒牟)」를 「주몽(朱蒙)」이라 쓰고, 주몽(朱蒙)은 부여 말로 「활을 잘 쏘는 자(善射者)」라는 뜻이라고 하였다. 그리고 〈만주원류고(滿洲源流考)〉에는 지금의 만주어에 활을 잘 쏘는 자(善射者)를 「卓琳莽阿(탁림망아: 이를 만주어로는 〈주릴무얼〉이라 읽는다―원주)」라고 하는데, 주몽은 곧 「주릴무얼(卓琳莽阿)」이라고 하였다.

그러나 광개토왕(廣開土王)의 비문(碑文)에서는 주몽을 「추모(鄒牟)」라 하였고, 문무왕(文武王)의 조서(詔書)에서는 「중모(中牟)」라 하고 「주몽(朱蒙)」이라고 하지 않았다.

「주몽(朱蒙)」이라고 한 것은 중국사에서 전하는 것을 신라의 문사(文士)들이 그대로 따라 쓰다가 고구려본기에 올렸기 때문이다. 이두문자인 「鄒牟(추모)」, 「中牟(중모)」는 「줌」 혹은 「주무」로 읽어야 할 것인바, 이는 조선어이다. 한편 「朱蒙」은 「주물」로 읽어야 할 것인바, 이는 예어(濊語), 곧 만주족 선대(先代)의 말이다. 중국사에서 「朱蒙(주몽)」이라고 한 것은 예어(濊語)의 음(音)을 한자로 적은 것으로 〈만주원류고〉에서 말하고 있는 바가 그럴듯하다.

그러나 본서에서는 광개토대왕의 비문(碑文)을 따라서 「추모(鄒牟)」라 쓰기로 한다.

금와왕은 일곱 형제의 자식들을 두었는데, 장자(長子)는 대소(帶素)라 하였다. 대소가 추모(鄒牟)의 재주와 용기를 시기하여 왕에게 권하여 그를 죽이려 하였으나 매번 유화(柳花)의 주선으로 화(禍)를 면하였다.

추모가 19세가 되어 왕실 목장의 말들을 맡아 기르게 되었는데, 모두 다 살찌고 튼튼하게 기르면서 유독 한 마리 준마(駿馬)만을 골라 바늘을 혀 밑에 찔러 놓아 말이 먹지 못하게 하니, 그 말은 날로 비쩍 말라 갔다.

하루는 왕이 왕실 목장의 말들을 둘러보고 추모의 공을 칭찬하고는 그 비쩍 마른 말을 그에게 상으로 주었다. 추모가 말의 혀에서 바늘을 빼내고 다시 먹이를 주어 길러서 신수두의 10월 대제(大祭)에 타고 나아가 사냥에 참여하였다.

왕이 추모에게는 겨우 화살 한 개만을 주었으나, 말은 잘 달렸고 추모는 활을 잘 쏘았으므로, 추모가 쏘아서 잡은 것이 대소(帶素)의 일곱 형제들이 잡은 것을 전부 합한 것보다 몇 배나 되었다. 대소가 이에 그를 더욱 시기하여 살해하려는 음모가 더욱 심해졌다.

추모(鄒牟)가 이를 알아차리고는 예씨(禮氏)를 아내로 맞이하여 밖으로는 아내에게 빠져서 다른 마음은 가지고 있지 않은 것처럼 보이고, 속으로는 오이(烏伊)·마리(摩離)·협보(陜父) 등 세 사람과 공모하여, 비밀히 어머니 유화(柳花)에게 고별하고 처를 버리고 도망하여 「졸본부여(卒本扶餘)」에 이르니, 이때 추모의 나이 22세였다.

졸본부여에 이르니, 그곳의 부호 연타발(延陀勃)의 여식(女息)이자 미인인 소서노(召西努)가 부친의 재산을 상속하고, 해부루(解夫婁)의 서손(庶孫)인 우태(優台)의 처가 되어 비류(沸流)·온조(溫祚) 두 아들을 낳았으나, 우태가 죽어서 과부로 지내고 있었는데, 이때 그의 나이는 37세였다.

소서노가 추모(鄒牟)를 보고 서로 사랑하여 결혼하니, 추모가 이에 그 재산에 의지하여 명장 부분노(扶芬奴) 등을 불러들이고 민심을 거두어 모아 왕업의 기틀을 닦았다. 흘승골(紇升骨) 산 위에 도읍을 세워 국호(國號)를 「가우리」라 하고, 이두자로는 「高句麗(고구려)」라고 썼다. 「가우리」는 「중경(中京)」 혹은 「중국(中國: 중심인 나라)」이란 뜻이다.

졸본부여(卒本扶餘)의 왕 송양(松讓)과 활쏘기 솜씨를 비교하여 그를 꺾어 누르고, 이어서 부분노(扶芬奴)를 보내어 그 무기고(武庫)를 습격, 탈취하여 마침내 그 나라를 항복시키고, 부근의 예족(濊族)들을 몰아내어 거주민들의 해(害)를 제거하고, 오이(烏伊)·부분노 등을 보내어 태백산 동남의 행인국(荇人國: 그 지점은 불명-원주)을 멸하여 성읍(城邑)으로 삼고, 부위염(扶尉猒)을 보내어 동부여(東扶餘)를 쳐서 북 「가시라」의 일부분을 탈취하니(광개토왕 비문의 "東扶餘, 舊是鄒牟王屬民"(→동부여는 옛날 추모왕의 속국이었다)은 이를 가리킨 것인 듯함-원주), 이에 고구려의 기초가 세워졌다.

이전 사서(史書)에서는 흔히 「송양(松讓)」을 국호(國號)라고 하였으나, 〈이상국집(李相國集)〉 동명편(東明篇)에 인용한 〈구삼국사(舊三國史)〉를 가지고 고찰하면, 거기에서는 비류왕(沸流王) 송양(松讓)이라고 하였다. 비류(沸流)는 곧 부여(扶餘)로서 졸본부여(卒本扶餘)를 말하는 것이므로, 송양(松

讓)은 국명이 아니라 졸본부여의 왕의 이름이다.

그리고 또, 추모가 졸본부여왕의 왕녀를 아내로 맞이하였는데, 그 왕에게는 아들이 없었으므로, 왕이 돌아간 후에 추모가 그 왕위를 이어받았다고 하였으나, 졸본부여의 왕녀, 곧 송양(松讓)의 딸을 아내로 맞이한 것은 추모의 아들 유류(儒留)였고, 추모가 아내로 맞은 여자는 소서노(召西努)였지 졸본부여의 왕녀가 아니었다.

추모왕(鄒牟王)을 고구려본기에서는 「동명성왕(東明聖王)」이라 하였으나, 「東明(동명)」은 「한몽」으로 읽어야 할 것이니, 「한몽」은 「신수두」 대제(大祭)에서 높이 받들어 제사지내므로 「한몽」, 곧 「東明(동명)」의 호(號)를 올렸던 것이고, 「聖王(성왕)」의 聖(성)은 「주무」의 의역(義譯)이다.

二. 동부여와 고구려의 알력(軋轢)

추모왕(鄒牟王)이 죽은 후에 그 아들 유류왕(儒留王)이 그 왕위를 잇고, 유류왕이 죽은 뒤에 그 아들 대주류왕(大朱留王)이 왕위를 이으니, 유류(儒留)는 고구려본기의 유리명왕(琉璃明王) 유리(類利)이다. 「儒留(유류)」·「琉璃(유리)」·「類利(유리)」는 다 「누리」로 읽어야 할 것이니, 「세상(世)」이란 뜻이고 「밝음(明)」이란 뜻이다.

대주류왕(大朱留王)은 고구려본기에서 대무신왕(大武神王) 무휼(無恤)이라고 한 사람이니, 「武(무)」·「朱留(주류)」·「無恤(무휼)」은 다 「무뢰」로 읽어야 하고 「우박(雹)」이란 뜻이고 「신(神)」이란 뜻이다.

그런데 이제 「琉璃(유리)」와 「明(명)」은 시호(諡號)로 쓰고 「類利(유리)」는 왕의 이름으로 쓰고, 「武(무)」와 「神(신)」은 시호로 쓰고 「無恤(무휼)」은 왕의 이름으로 쓰는 것은 〈삼국사기〉 저자의 망단(妄斷)이다.

따라서 본서에서는 광개토왕의 비문(碑文)을 따라서 「琉璃(유리)」·「大

武神(대무신)」을 「儒留(유류)」·「大朱留(대주류)」로 쓴다.

유류왕(儒留王) 때에 동부여가 강성하여 금와왕(金蛙王)의 아들 대소(帶素)가 왕위를 이어받은 후 고구려에 대하여 신하로서의 예를 갖추라고 요구하고 아들을 인질로 보내라고 요구하자, 왕이 이를 따르려고 하다가 그만 두 태자를 희생하는 일이 일어났다.

첫째 태자는 「도절(都切)」이었다. 주류왕이 그를 동부여에 인질로 보내려고 하였으나 도절이 가지 않으므로, 왕이 격노하자 도절은 걱정과 울분으로 그만 병이 들어 죽었다.

둘째 태자는 「해명(解明)」이었다. 해명은 용력(勇力)이 초인(超人)이었는데, 그는 부왕(父王)이 동부여의 침략을 두려워하여 국내성(國內城: 지금의 집안현-원주)으로 천도하는 것을 보고는 이를 비겁하고 유약한 일이라 하여 따라가지 않았다. 북부여왕(北扶餘王: 본기에서 「황룡국왕(黃龍國王)」이라고 한 자이다.-원주)이 해명에게 강궁(强弓)을 주어 그 힘을 시험해 보려고 하자, 해명이 그 자리에서 그 강궁을 부러뜨려서 북부여 사람들의 힘없음을 조소하였다.

왕은 그 이야기를 듣고 해명이 장차 나라를 위태롭게 할 어리석은 인물(蠢物)이라 하여, 처음에는 북부여에 보내서 북부여왕의 손을 빌어 그를 죽이려고 하였으나, 북부여왕이 해명을 경애하여 후대하여 돌려보냈다. 이에 유류왕은 더욱 창피하고 분해서 해명에게 검을 주어 자살하라고 하였다.

두 태자의 죽음이 혹 궁중의 처첩들 간의 질투 때문인 점도 있었겠지만, 그것은 대개 동부여와의 외교상의 문제와 관계된 것이었으니, 이로부터 유류왕이 동부여를 얼마나 겁내고 있었는지를 미루어 알 수 있다.

동부여왕 대소(帶素)가 여러 차례 수만 명의 대병(大兵)을 일으켜 고구려를 치다가 다 성공하지 못하였으나, 고구려 역시 매우 지치고 피폐해진지라, 동부여왕 대소가 또 사자를 보내어 조공(朝貢)을 바치지 않음을 질책하자, 유류왕이 두려워서 애걸하는 말로 사자에게 답을 하려고 하였다.

이때 왕자 주류(朱留: 본기의 무휼(無恤)-원주)는 아직 어린나이였으나 죽은 형 해명(解明)의 기개가 있어서, 부왕이 동부여 사자에게 비굴하게 애걸하는 것은 옳지 못하다고 지적하고, 스스로 부왕의 명령인 것처럼 꾸며서 동부여의 사자를 보고, 금와(金蛙)가 추모왕(鄒牟王)을 천한 목장지기의 직책으로 대우하였고, 대소(帶素)가 추모왕을 해치려고 했던 일들을 일일이 세어가면서 그 죄를 묻고, 동부여의 왕과 신하들의 교만하고 거만함을 책망하고는 그 사자를 쫓아 보내고 말았다. 동부여의 대소왕이 이를 보고받고는 격노하여 또 대거 쳐들어왔다.

유류왕(儒留王)은 왕자 주류(朱留) 때문에 전쟁이 벌어지게 되었다고 하여 크게 화를 냈으나, 자기도 이미 늙은 데다 또다시 주류를 도절(都切)이나 해명(解明)처럼 죽일 수는 없으므로, 국내의 병마(兵馬)들을 모두 주류에게 주어 나가 싸우도록 하였다.

주류가 말하기를, "동부여는 군사의 수가 많고 고구려는 적으며, 동부여는 기마병이고 고구려는 보병이니, 소수의 보병이 다수의 기마병과 더불어 평원에서 싸우는 것은 불리하다."고 하고는, 이에 동부여의 군사들이 경유할 학반령(鶴盤嶺)의 계곡에 복병을 시켜 두었다가 동부여 군대가 지나갈 때에 돌격하도록 하였다. 계곡 속의 길이 험하여 말을 탄 군사들이 지나가기에 불편하므로 동부여 군사들이 모두 말을 버리고 산 위로 올라가자, 이때 주류가 군사를 풀어 그 전군을 섬멸하고 수많은 말들을 빼앗으니, 동부여의 정예부대가 이 전투에서 크게 낭하여 나시 고구려와 겨루지 못하였다.

이 전투를 끝내고 나니 유류왕은 크게 기뻐하며 주류를 태자에 책봉하고 겸하여 군사(兵馬) 대권을 맡겼다.

三. 대주류왕(大朱留王)의 동부여 정복

대주류왕(大朱留王: 〈삼국사기〉의 대무신왕(大武神王)-원주)이 학반령(鶴盤嶺)의 전투에서 동부여를 대파하고 유류왕(儒留王)의 뒤를 이어 왕위에 오른 지 4년에 5만 명의 북벌(北伐) 군사를 일으켜 동부여로 쳐들어갔다.

가는 도중에 창술(槍術)에 뛰어난 마로(麻盧)와 검술에 뛰어난 괴유(怪由)를 얻어 길잡이를 삼아 「가시라」의 남(南)에 이르러 진펄을 앞에 두고 진을 쳤다. 대소왕(帶素王)이 몸소 말을 타고 고구려 진으로 곧바로 쳐들어오다가 말의 발이 진흙에 빠지자 괴유가 그의 목을 쳐서 베었다.

대소왕은 죽었으나 동부여 군사들은 더욱 분발하여 앞 다투어 모여들어 대소왕의 원수를 갚으려고 대주류왕을 겹겹이 포위하였다. 이때 마로(麻盧)는 전사하고 괴유(怪由)는 부상을 당하였으며, 고구려 군에서는 수많은 사상자가 나왔다.

대주류왕은 여러 차례 치고 빠져나가려 하였으나 어찌하지 못하여 7일 동안이나 아무것도 먹지 못하는 처지가 되었는데, 마침 그때 짙은 안개가 일어 지척을 분간할 수 없게 되었다. 이에 대주류왕이 풀로 사람 모양(草人)을 만들어 진중에 세워놓고 남은 병사들을 이끌고 사잇길로 도망하여 이물림(利勿林)에 이르렀다. 모든 군사들이 다 굶주린 데다 지칠 대로 지쳐서 움직이지도 못하였으므로, 들짐승을 잡아먹고 간신히 귀국할 수 있었다.

이 전쟁에서 사실은 동부여가 승리하였으나, 다만 대소왕이 죽고 태자가 없었으므로, 대소왕의 여러 종형제(從兄弟)들이 왕위를 다투어 국내가 크게 어지러워졌다. 막내 동생 모갑(某甲)은 자기를 따르는 1백여 명을 데리고 남「가시라」, 곧 남옥저(南沃沮)로 나와서 사냥 나온 해두왕(海頭王)을 습격하여 죽이고 그 병사들을 불러 모아 남「가시라」 전부를 평정하였는데, 이것이「남동부여(南東扶餘)」이다.

그리고 종제(從弟) 모을(某乙)은 고향에서 자립하였는데, 이가「북동부여(北東扶餘)」이다. 그러나 오히려 여러 동생들이 각자 군사를 끼고 모을(某乙)을 치게 되자, 모을(某乙)은 병사 수만 명을 거느리고 고구려에 투항하였다. 그리하여 마침내 대주류왕이 북동부여 전체를 토평하였으나 그 국호는 오히려 존속시켰다.

역사에 보이는「갈사국(曷思國)」은 곧 남동부여이고,「동부여(東扶餘)」는 북동부여이며, 〈후한서〉, 〈삼국지〉 등의 옥저전(沃沮傳)에 보인「不耐濊(불내예)」는 북동부여이고, 예전(濊傳)에 보이는「不耐濊(불내예)」는 남동부여이다.

四. 대주류왕(大朱留王)의 낙랑 정복

최씨(崔氏)가 남낙랑(南樂浪)을 근거로 낙랑왕(樂浪王)이라 칭하였다는 것은 이미 제3편 제4장에서 설명하였거니와, 그 마지막 왕 최리(崔理)에 이르면, 이때는 곧 대주류왕(大朱留王)이 동부여를 정복하던 때와 같은 시기이다.

최리(崔理)가 고구려의 위협을 두려워하여 미인인 딸 하나를 두고 늘 이를 진기한 보화(奇貨)로 사용하여 고구려와 화친을 맺고자 하였다. 이전에 갈사국(曷思國: 남동부여-원주) 왕이 그 손녀 미인을 대주류왕의 후궁으로 바쳐서 아들을 낳았는데 얼굴이 기묘하고 풍신(風神)이 수려하여 이름을 호동(好童)이라고 하였었다.

호동이 외가에 가는 길에 낙랑국을 지날 때 최리(崔理)가 나들이하다가 호동을 만나보고는 놀라서 말하기를, "자네 얼굴을 보니 북국 신왕(神王)의 아들 호동이 아니야?"하고, 드디어 호동을 데려다가 자기 딸과 결혼을 시켰다.

그때 낙랑국의 무기고에는 북과 나팔(鼓角)이 있어서 그 소리가 멀리까지 들리므로, 외적이 쳐들어오면 매번 이것을 치거나 불어서 여러 속국의 군사들을 불렀는데, 호동이 그 아내 최씨를 꾀여 "고구려가 낙랑을 침입하는 때에 네가 그 북과 나팔들을 없애 버려라." 하고는 귀국하여 대주류왕을 설득하여 낙랑을 치도록 하였다.

고구려군이 쳐들어오는 것을 보고 최리(崔理)가 북과 나팔을 울리려고 무기고에 들어가 보니, 북과 나팔이 조각조각 부서져서 쓸 수 없게 되었다. 북과 나팔이 소리를 내지 않으니 무슨 수로 여러 속국에게 구원병을 요청할 수 있겠는가. 최리가 자기 딸의 소행임을 알고 그를 죽인 뒤에 항복하였다.

호동은 이렇게 하여 큰 공을 이루었으나, 왕후는 자기 아들들의 적자(嫡子) 지위를 빼앗기게 될까봐 두려워서, 이에 대주류왕에게 "호동이 나를 강간하려고 하였다."고 거짓 고소(誣訴)하여, 마침내 호동이 자살을 하기에 이르니, 한 쌍 미남미녀의 말로가 똑같은 비극이 되고 말았다.

〈삼국사기〉 고구려본기의 의하면, 대주류왕(大朱留王) 즉위 4년 여름 4월에 대소(帶素)의 동생이 갈사왕(曷思王: 남동 부여왕-원주)이 된 사실을 기록해 놓고, 즉위 15년 여름 4월에 호동(好童)이 최리(崔理)의 사위가 된 사실을 기록해 놓고, 같은 해 11월에 호동이 왕후의 참언(讒言)으로 자살한 사실을 기록해 놓았다.

갈사왕이 있은 뒤에야 대주류왕이 갈사왕의 손녀를 후궁으로 맞아들일 수 있으며, 또 그런 뒤에야 갈사왕 손녀의 소생인 호동이 있을 수 있은즉, 설사 대주류왕 4년, 곧 갈사왕 건국 원년 4월에 대주류왕이 갈사왕 손녀를 후궁으로 맞아 그달부터 태기가 있어 그 다음해 정월에 호동을 낳았다고 하더라도, 15년에 이르러서는 겨우 11살 어린아이에 불과하니, 11살 어린아이가 어찌 남의 서방이 되어 그 아내와 함께 나라를 멸망시킬 계획을 할 수 있겠는가. 그리고 11살 어린아이가 어찌 큰어머니인 왕후를 강간하려 했다는 거짓 고소(誣訴)로 부왕의 혐의를 받아 자살하기에 이르렀겠는가.

동부여는 원래 북갈사(北曷思)에 도읍하였으니, 소위 갈사왕(曷思王)은 분립하기 전의 동부여를 가리키는 것이 아닐까 하는 이도 있겠지만, 그러면 이는 대소왕(帶素王)의 때가 되는데, 대소왕이 그의 딸을 대주류왕에게 준다는 것은 절대로 있을 수 없는 일이다.

이것은 대개 신라 말에 고구려사의 연대를 삭감하고 사실들을 이곳저곳으로 옮겼기 때문에 이같이 모순 덩어리 기록이 있게 된 것이며, 대주류왕 20년에 또 "伐樂浪, 滅之(벌낙랑, 멸지)"(→ 낙랑을 쳐서 멸망시켰다.)라고 하였으니, 하나의 낙랑을 다시 멸할 수는 없는 것인즉, 호동이 결혼하고 자살한 것은 다 대주류왕 20년의 일이 아닐까 한다.

이상에서 서술한 북부여·북동부여·고구려 삼국은 모두 다 「신朝鮮」 옛 땅에서 일어난 일들이다.

3. 백제의 건국과 마한(馬韓)의 멸망

一. 백제 소서노(召西努) 여대왕(女大王)의 백제 건국

백제본기(百濟本紀)는 고구려본기보다 더 심하게 조작되었다. 백 몇 십 년의 삭감은 물론이고, 그 시조(始祖)와 시조의 출처(出處)까지 틀리게 만들었다.

그 시조는 소서노(召西努) 여대왕으로 하북위례성(河北慰禮城: 지금의 한양(漢陽)-원주)에 도읍하였다. 그가 죽은 후에 비류(沸流)·온조(溫祚) 두 아들이 분립하여, 그 하나는 미추홀(彌鄒忽: 지금의 인천-원주) 또 하나는 하남위례홀(河南慰禮忽)에 도읍하였으나, 그 후 비류는 망하고 온조가 왕이 되었다.

그런데도 본기에서는 소서노는 쑥 빼고 그 편(篇) 머리에다 비류·온조의 미추홀(彌鄒忽)과 하남위례홀(河南慰禮忽)이 갈라선 것을 기록해 놓고, 온조 13년에 하남위례홀에 도읍하였다고 기록해 놓았으니, 그러면 온조가 하남위례홀에서 하남위례홀로 천도(遷都)하였다는 것이 되는데, 이 어찌 웃을 일이 아니냐. 이것이 그 첫 번째 잘못이다.

비류(沸流)·온조(溫祚)의 아버지는 소서노의 전 남편, 곧 부여인 우태(優台)이므로 비류·온조의 성(姓)도 부여(扶餘)이며, 근개루왕(近蓋婁王)도 "백제가 부여에서 나왔음"을 스스로 증명하였다. 그런데도 본기에서는 비류·온조를 추모(鄒牟)의 아들이라고 하였는데, 이것이 그 둘째 잘못이다. 이제 이것을 고쳐서 백제의 건국사(建國史)를 설명하도록 한다.

소서노(召西努)가 우태(優台)의 처로서 비류(沸流)와 온조(溫祚) 두 아들을 낳고 과부가 되었다가 추모왕(鄒牟王)에게 개가(改嫁)하여 재산을 기울여 추모왕을 도와 고구려를 창건하였음은 이미 본장 제3절에서 서술하였다.

추모왕이 그 때문에 소서노를 정궁(正宮)으로 대접하고 비류·온조 두 아들을 친자식처럼 사랑하였는데, 유류(儒留: 후의 유리왕(琉璃王)-옮긴이)가 그 모친 예씨(禮氏)와 함께 동부여에서 돌아오자, 예씨가 원후(元后)가 되고 소서노는 소후(小后)가 되었으며, 유류(儒留)가 태자가 되고 비류·온조 두 사람의 신분은 덤받이 자식임이 드러났다.

그래서 비류·온조가 상의하여 말하기를, "고구려 건국의 공이 거의 우리 모친에게 있거늘, 이제 어머니는 왕후의 자리를 빼앗기고 우리 형제는 기댈 데 없는 자들이 되었으니, 대왕이 계실 때에도 이러하거늘 하물며 대왕께서 돌아가신 후에 유류(儒留)가 왕위를 이으면 우리는 어디에 서겠느냐. 차라리 대왕께서 살아계신 때에 미리 어머니를 모시고 딴 곳으로 가서 딴 살림을 차리는 것이 옳을 것이다." 하고는 이 뜻을 소서노에게 고하여, 추모왕에게 청하여 다수의 금은보화(金銀寶貨)를 나누어 가지고 비류·온조 두 아들과 오간(烏干)·마려(馬黎) 등 18명을 데리고 낙랑국(樂浪國)을 지나 마한(馬韓)으로 들어갔다.

마한에 들어가니, 이때의 마한왕(馬韓王)은 기준(箕準)의 자손이었다. 소서노가 마한왕에게 뇌물을 바치고 서북으로 백리 떨어진 땅 미추홀(彌鄒忽)과 하북위례홀(河北慰禮忽) 등지를 얻어 소서노가 왕(王)이라 칭하고 국호를 「백제(百濟)」라 하였다. 서북의 낙랑국 최씨(崔氏)가 바야흐로 압록강의 예족(濊族)과 합하여 침입하고 핍박함이 심하였는데, 소서노가 처음에는 낙랑국과는 친하게 지내고 예족만 쫓아내다가, 나중에 예족의 침입과 핍박함이 낙랑국의 지시와 사주에 의한 것임을 깨닫고는 낙랑국과 절교하고 성책을 쌓아 방어에 전력하였다.

백제본기(百濟本紀)에서는 「낙랑왕(樂浪王)」이라, 「낙랑태수(樂浪太守)」라 썼는데, 이는 몇 백 몇 십 년의 연대를 빼버린 뒤에 그 빼버린 연대를 가지고 중국의 연대와 대조한 결과 낙랑(樂浪)을 한군(漢郡)으로 간주하여 「낙랑태수(樂浪太守)」라고 쓴 것이다.

그리고 「예(濊)」라고 쓰지 않고 「말갈(靺鞨)」이라고 썼으니, 이는 신라 말엽에 「예(濊)」를 「말갈(靺鞨)」이라고 한 당(唐)나라 사람들의 문자를 많이 보고 드디어 고기(古記)의 예(濊)를 모두 「말갈(靺鞨)」이라 고친 것이다.

二. 소서노가 죽은 후 두 아들의 분국(分國)과 그 흥망

소서노(召西努)가 재위 13년 만에 죽으니, 소서노는 말하자면 조선 역사상 유일한 여제왕(女帝王) 창업자(創業者)일 뿐만 아니라 또한 고구려와 백제 두 나라를 건설한 자이다.

소서노가 죽은 뒤에 비류(沸流)·온조(溫祚) 두 사람이 상의하여 이르기를 "서북의 낙랑과 예(濊)가 날로 쳐들어와 괴롭히니, 모친 같은 성덕(聖德)이 없고서는 이 땅을 지킬 수 없으니 차라리 새 터를 찾아 옮겨가는 게 옳다." 하고, 이에 형제가 오간(烏干)·마려(馬黎) 등과 함께 부아악(負兒岳: 지금의 한양 북악(北岳)-원주)에 올라 도읍할 만한 자리를 살폈는데, 비류(沸流)는 미추홀(彌鄒忽)을 잡고, 온조(溫祚)는 하남위례홀(河南慰禮忽)을 잡아, 형제의 의견이 충돌되었다.

오간(烏干)·마려(馬黎) 등이 모두 비류에게 간하여 이르기를 "하남위례홀은, 북으로는 한강을 등지고 남으로는 옥택(沃澤: 비옥한 못)을 안고, 동으로는 높은 산(高岳)을 끼고 서로는 큰 바다(大海)에 둘러싸여 천험(天險)과 지리(地利)가 이만한 곳이 없거늘, 어찌 이곳을 버리고 다른 데로 가려 합니까." 하였으나, 비류가 듣지 않으므로, 어쩔 수 없이 형제가 토지와 인민을 두 쪽으로 갈라서 하나는 비류가 차지하여 미추홀로 가고, 다른 하나는 온조가 차지하여 하남위례홀로 가니, 이에 백제가 동·서 양 백제로 나뉘었다.

백제본기에 기록된 온조 13년까지는 사실 소서노의 연조(年祚)이고, 그 다음해 14년이 곧 온조 원년이니, 13년에 기록되어 있는 바 온조가 천도(遷都)하면서 내린 조서(詔書)는 비류와 충돌한 뒤에 온조가 차지한 부분의 인민(人民)들에게 내린 조서이며, 14년, 곧 온조 원년에 "分漢城民(분한성민)"(→한성의 인민들을 나누었다.)은 비류·온조 두 형제가 한성(漢城)의 인민을 갈라 가지고 각기 제 서울로 간 사실일 것이다.

미추홀(彌鄒忽)은 「메주골」이요, 위례성은 「오리골」(본래는 ᄋᆞ리골-원주)이니, 지금의 풍속에도 어느 동네든지 가끔 동편에 오리골이 있고 서편에 메주골이 있으니, 그 의의는 알 수 없으나, 그 유래가 오래된 것이다.

그런데 비류의 미추홀은 토지가 습하고 물이 짜서 백성이 살 수 없으므로 인민들이 많이 흩어져 달아났으나, 온조의 하남위례성은 수토(水土)가 적합하고 오곡이 잘 되어 인민이 편히 살 수 있었다. 그래서 비류가 창피하고 분해서 병이 나 죽고, 그 신민(臣民)들은 다 온조에게로 오니, 이에 동·서 양 백제가 다시 하나로 되었다.

三. 온조의 마한(馬韓) 습멸(襲滅)

백제가 마한의 봉토를 얻어 건국하였으므로 소서노 이래로 마한에 대하여 공손히 신하로서의 예를 다하여, 사냥을 하면 얻은 노루와 사슴을 마한에게 보내주고, 전쟁을 하면 얻은 포로들을 마한에 보내주었다. 그러나 소서노가 죽은 후에는 온조가 서북의 예(濊)와 낙랑(樂浪)의 침입을 방어하기 위해서라는 핑계를 대면서, 북으로는 패하(浿河: 지금의 대동강-

원주)로부터 남으로는 웅천(熊川: 지금의 공주-원주)에 이르기까지를 백제의 땅으로 획정(劃定)해 달라고 요구하여 마침내 그 허락을 얻고, 그 뒤에 웅천(熊川)에 가서 마한과 백제의 국경에 성책을 쌓았다.

마한왕이 사자를 보내어 꾸짖기를, "왕의 모자가 처음 남으로 내려왔을 때 발 디딜 땅도 없다가 내가 서북 백 리의 땅을 떼어주어 오늘이 있게 되었는데, 이제 국력이 좀 튼튼해졌다고 우리의 강토를 눌러 성책을 쌓으니, 이것이 어찌 의리상 허용될 수 있는 일이냐." 하였다.

온조가 거짓으로 부끄러운 빛을 보이고는 성책을 헐었으나, 좌우에 말하기를 "마한왕의 정치가 그 도(道)를 잃어 나라의 세력이 자꾸 쇠약해지고 있으니, 이럴 때 취하지 않으면 다른 사람에게 돌아갈 것이다." 고 하였다. 그리고 얼마 지나지 않아 온조가 사냥을 간다는 핑계를 대고는 마한을 습격하여 그 국도(國都)를 점령하고 그 50여 개 나라들을 다 쳐서 멸하였으며, 마한의 유민으로 의병(義兵)을 일으킨 주근(周勤)의 전 집안을 참살(斬殺)하였는데, 온조의 잔학함이 또한 심하였다.

기준(箕準)이 남으로 도망 와서 마한의 왕위를 차지하고 성(姓)을 한씨(韓氏)라 하여 자손에게 전하다가 이 때에 이르러 망하니, 〈삼국지〉에 "準後滅絶, 馬韓人復自立爲王.(준후멸절, 마한인부자립위왕)" (→기준(箕準)의 후예가 망하여 끊어지고, 마한인(馬韓人)이 다시 자립하여 왕이 되었다.)이라고 한 것은 이를 가리키는 것이다. 여기서 온조를 마한인(馬韓人)이라고 한 것은, 중국인들은 언제나 백제(百濟)를 마한이라 불렀기 때문이다.

온조는 고구려의 유류(儒留)·대주류(大朱留) 두 대왕과 동시대 사람이니, 온조대왕(溫祚大王) 이후에 낙랑의 침입과 노략질을 기록한 것이 없는 이유는, 이때는 이미 대주류왕이 낙랑을 멸했기 때문일 것이다.

제3장 한 무제(漢武帝)의 침입

1. 한나라 군대가 고구려에 패퇴한 사실(고구려의 9년 전쟁)

조선의 남북 열국(列國)이 갈라서던 판에 중국 한(漢) 무제(武帝)의 침입이 있었다. 이는 한갓 일시적인 정치상의 대 사건일 뿐만 아니라 곧 조선 민족의 문화의 부침(浮沈)에도 비상한 관계를 가진 대 사건이다.

고대 동아시아에 불완전한 문자이나마 이두문(吏讀文)을 쓰고 역사 기록과 정치제도를 가져서 문화를 가졌다고 할만한 민족은 중국 이외에는 오직 조선뿐이었는데, 당시 조선이 강성하여 매번 중국을 침략하거나 혹은 중국의 침략에 항거하였으며, 중국도 제(齊)·연(燕)·진(秦) 이래로 빈번히 조선에 대하여 방어 혹은 침입하였다는 것은 제2편에서 진술한 바와 같다.

그런데 진(秦)이 망하고 한(漢)이 흥하여서는 북방 흉노의 침략에 시달리다가 한 고조(高祖)가 모돈(冒頓)을 쳤으나 백등(白登: 산서성 대동부(大同府) 부근-원주)에서 대패하여, 해마다 폐백을 바치고 황녀(皇女)를 모돈의 첩으로 바치는 치욕적인 조약을 맺고, 그 뒤에 그대로 이행하여 고조의 증손(曾孫) 무제(武帝)에 이르렀다.

무제는 야심이 충만한 제왕인지라, 백년 태평세월이 지속된 나머지 국력이 부강해진 것을 믿고 흉노를 쳐서 선대의 수치를 씻으려 하는 동시에, 조선에 대하여도 명분 없는 군사를 일으켜서 민족적 혈전을 개시하였다.

그런데 한 무제가 침입한 「조선(朝鮮)」이 둘 있으니, 〈한서(漢書)〉 식화지(食貨志)(〈史記〉 평준서(平準書)와 같은 것이다.-원주)에, "武帝卽位數年, 彭吳穿濊貊朝鮮, 置滄海之郡, 則燕齊之間, 靡然騷動.(무제즉위수년, 팽오천예맥조선, 치창해지군, 즉연제지간, 미연소동)"(→무제(武帝)가 즉위한 지 수년 후에 팽오(彭吳)로 하여금 예맥조선을 쳐서 창해군(滄海郡)을 설치하려 하였으므로, 연(燕)과 제(齊) 사이의 지방은 큰 소동에 휩싸였다.)이라고 하였는데, 팽오(彭吳)가 담장에 구멍을 뚫듯이(穿) 쳐들어간 예맥조선(濊貊朝鮮)이 하나의 조선이고, 〈사기(史記)〉 조선열전(朝鮮列傳)에, "樓船將軍楊僕…左將軍荀彘…遂定朝鮮爲四郡(누선장군양복…좌장군순체…수정조선위사군)"(→ 누선장군 양복(楊僕)과…좌장군 순체(荀彘)가…마침내 조선을 평정하여 사군을 만들었다.)이라고 하였는바, 양복(楊僕)과 순체(荀彘)가 멸망시킨 조선이 또 하나의 조선이다.

후자의 조선은 곧 조선열전에 나오는 것이기 때문에 위씨(衛氏: 즉 衛滿) 조선인 줄을 누구나 다 알고 있는 바이지만, 전자의 조선은 〈한서(漢書)〉 식화지(食貨志)나 〈사기(史記)〉 평준서(平準書)에 이 같은 간단한 한 구절만 기재되어 있고 다른 전기(傳記)에서는 다시 보이지 않으므로, 지금까지 어떤 사가(史家)도 이것이 어떤 조선인지 말한 이가 없었다.

그러나 나는, 전자의 조선은 곧 동부여(東扶餘)를 가리킨 것으로, 한 무제가 위(衛) 우거(右渠)를 멸망시키기 전에 동부여를 군현(郡縣)으로 삼으려고 고구려와 9년 동안 혈전을 벌이다가 패하여 물러간 일이 있다고 주장하는 바이다.

그렇다면 무엇으로써 이를 증명할 수 있는가?

〈후한서(後漢書)〉 예전(濊傳)에서는 "漢武帝元朔元年, 濊君南閭等 叛右渠, 率二十八萬口, 詣遼東降漢, 而其地爲滄海郡.(한무제원삭원년, 예군남려등반우거, 솔이십팔만구, 예요동항한, 이기지위창해군)"(→ 한 무제 원삭(元朔) 원년에, 예군(濊君) 남려(南閭) 등이 우거(右渠)에 반기를 들고 28만 명을 거느리고 요동으로 찾아와서 한(漢)에 투항하였다. 그리고 그 땅을 창해군으로 만들었다.)이라고 하였으며,

〈한서(漢書)〉 본기(本紀)에서는 "元朔三年春, 罷滄海郡.(원삭삼년춘, 파창해군)"(→ 원삭 3년 봄에 창해군을 파하였다.)이라고 하였고,

〈사기(史記)〉 공손홍전(公孫弘傳)에서는 "弘數諫…願罷…滄海, 而專奉朔方…上乃許之(홍삭간…원파…창해, 이전봉삭방…상내허지)"(→ 공손홍이 여러 차례 간하여…창해군을 파하고 전적으로 북방 경영에만 전념하자고 하니…황제가 이를 허락하였다.)라고 하였다.

지금까지의 학자들은 위의 세 책과 앞에서 말한 〈한서(漢書)〉 식화지(食貨志)의 본문을 합하여, "예맥조선(濊貊朝鮮)은 예(濊)의 군장(君長)인 남려(南閭)의 나라(國), 곧 지금의 강릉(江陵)이니, 강릉이 당시 우거(右渠)의 속국으로서 한(漢)에 반항(反抗)하므로, 한이 팽오(彭吳)를 보내어 항복을 받고, 그 토지로써 창해군(滄海郡)을 삼았다가, 그 뒤에 그 땅의 경계가 너무 멀리 떨어져 있는데다 유지비용이 너무 많이 들므로, 그 전쟁을 그만둔 것이다."라고 단안하였다.

그러나 이 단안에서의 잘못은 다음과 같다.

(一) 중국사에서는 항상 동부여(東扶餘)를 예(濊)로 잘못 기록하였다는 것과, 남·북 양 동부여는 그 하나는 지금의 훈춘(琿春: 훈춘 인주)이고 또

하나는 지금의 함흥(咸興)이라는 것은 이미 본편 제2장 제2절과 3절에서 설명하였다. 그런데도 동부여를 지금의 강릉이라고 하는 것은, 신라가 그 동북 지방의 땅 1천여 리를 잃고 그 잃은 지방의 고적(古蹟)을 내지(內地)로 옮길 때에 동부여의 고적(古蹟)을 지금의 강릉으로 옮겼기 때문에 생긴 틀린 말이므로, 예군(濊君) 남려(南閭)는 함흥의 동부여왕(東扶餘王)이고 강릉의 군장(君長)이 아니다.

(二) 〈한서(漢書)〉 식화지(食貨志)의 본문은 명백히 "漢武帝卽位數年, 彭吳穿濊貊朝鮮.(한무제즉위수년, 팽오천예맥조선)"(→ 무제(武帝)가 즉위한 지 수년 후에 팽오(彭吳)로 하여금 예맥조선을 치게 하였다.)이라고 하였는데, 〈후한서〉에 기록된바 창해군을 처음 설치한 해는 무제 즉위 13년(기원전 128년)이니, 13년을 「수년(數年)」이라 할 수는 없다.

뿐만 아니라 〈한서(漢書)〉 주보언열전(主父偃列傳)의 원광 원년(元光元年: 기원전 134년) 엄안(嚴安)의 상소문(上疏文)에서, "今欲…略濊州, 建置城邑(금욕…략예주, 건치성읍)"(→ 지금 예주(濊州)를 침략하여…(그곳에)성읍(城邑)을 설치하고자 한다.)이라고 하였는바, 「略濊州(략예주)」는 곧 예맥조선을 침략하려는 계획을 가리킨 것이고, 「建置城邑(건치성읍)」은 창해군(滄海郡)을 설치하여 경영하고자 하였던 계획을 가리킨 것이다.

그리고 원광 원년(元光元年), 즉 원삭 원년(元朔元年: 기원전 128년)의 6년 전에 엄안(嚴安)이 예(濊)에 대한 침략과 창해군 설치를 반대하는 상소를 올렸은즉, 남려(南閭)가 항복한 것과 팽오(彭吳)가 쳐들어온 것은 벌써 원광 원년(元光元年: 기원전 134년)의 일이지, 그 6년 후인 원삭 원년(元朔元年: 기원전 128년)의 일이 아니다.

(三) 창해군을 처음 설치하려고 한 해인 원광(元光) 원년은 기원전 134

년이고, 창해군 설치 계획을 철폐한 해인 원삭(元朔) 3년은 기원전 126년이니, 그러면 한(漢)이 동부여를 침략하여 창해군을 만들기 위한 전쟁은 전후로 9년이나 걸렸던 것이다.

만약 동부여가 우거(右渠)의 속국이었다면, 우거가 군사를 끌고 와서 구원하지 않았을 수 없으며, 만일 와서 구원하였다고 한다면, 〈사기(史記)〉 조선왕만전(朝鮮王滿傳)에 우거의 한(漢)에 대한 관계, 즉 진번진국(眞番辰國)이 한(漢)과 왕래하지 못하도록 막은 사실과 한(漢)의 요동 동부도위(東部都尉)를 쳐서 죽인 사실 등과 같은 것들은 다 기록하면서, 어찌하여 이보다 더 중대한 9년 전쟁의 사실은 뺐겠는가.

앞에서 설명한바 개정한 연대에 의하면, 이때는 동부여가 고구려에 정복된 뒤였으며, 따라서 남려(南閭)는 위씨(衛氏)의 속국이 아니라 고구려의 속국이었다.

그렇다면 남려(南閭)는 고구려의 속국이면서 왜 고구려를 배반하고 한(漢)에 투항하였는가.

「남려(南閭)」는 대개 남동부여(南東扶餘), 즉 〈후한서〉와 〈삼국지〉의 예전(濊傳)에 기록된바 「不耐濊王(불내예왕)」이며, 고구려본기에 기록된바 자기 손녀를 대주류왕(大朱留王)에게 시집보낸 「曷思王(갈사왕)」이다. 그렇다면 남려는 대주류왕의 처조부(妻祖父)가 되고, 대주류왕은 남려의 손녀사위(孫婿)가 되며, 제3장에서 서술한 호동(好童)은 남려의 진외증손(眞外曾孫)이 되니, 말하자면 그 붙이(친척간의 촌수)가 매우 가까운 사이이다. 그러나 호동의 처의 부친, 즉 장인(丈人)인 낙랑왕 최리(崔理)도 쳐 죽이는 판에, 어찌 처조부와 진외증손을 알아보겠는가. 고구려의 동부여에 대한 압박이 심하였던 것도 가히 상상할 수 있다. 그런즉 남려가 옛날 부형(父

兄)의 원수이기 때문이든 아니면 현재 받고 있는 압박의 고통 때문이든 간에, 어찌 고구려에 대하여 보복할 생각이 없었겠는가.

이에 고구려에 대하여 동일한 원한을 가진 낙랑 각 소국(小國)들과 연합하여 우거(右渠)와 은밀히 손을 잡고 고구려를 배척하려고 하였으나, 우거는 사실 고구려보다 미약하여 고구려를 대항하지 못하므로, 남려가 이에 우거를 버리고 한(漢)과 통하려고 했던 것이다.

그러나 한과 통하려면 부득불 위씨(衛氏)의 나라(衛滿朝鮮)를 경유해야만 할 터인데, 우거는 동부여가 혹시 위씨국(衛氏國)의 비밀을 한(漢)에 누설할까봐 우려하여 국경 통과를 허락하지 않았기 때문에, 〈사기(史記)〉 조선왕만전(朝鮮王滿傳)에, "眞番旁衆國, 欲上書入見天子, 右渠又壅閼不通(진번방중국, 욕상서입견천자, 우거우옹알불통)"(→진번(眞番) 주변의 여러 나라들은 글을 올려 들어가 천자(天子)를 만나고자 하였으나, 우거(右渠)가 길을 막아 통할 수 없었다.)이라고 한 것이니, 「眞番旁衆國(진번방중국)」(→진번(眞番) 주변의 여러 나라들)은 곧 동남부여와 남낙랑(南樂浪) 등을 가리킨 것이다.

그러나 남려가 마침내 해로(海路)를 통하여 한(漢)으로 가서 사정을 호소하니, 야욕으로 가득 차 있던 한 무제(武帝)가 어찌 이 기회를 놓칠 수 있었겠는가.

드디어 동부여를 장래의 창해군(滄海郡)으로 미리 정해놓고, 팽오(彭吳)를 대장(大將)으로 삼아, 연(燕)·제(齊)(지금의 북경시와 산동-원주)의 병마(兵馬)와 양식 등을 총 징발하여 바다를 건너 고구려와 싸워 남동부여와 남낙랑(南樂浪) 열국(列國)을 구원하려 하였으나, 고구려의 대항이 의외로 강경하여 9년간이나 혈전을 계속하였는데, 한(漢)의 패전이 빈번하였으므로 이에 〈창해군(滄海郡) 혁파(革罷)〉라는 핑계를 내세워 병력을 거두고 전쟁을 종결시켰던 것이다.

이와 같이 9년간 양국 사이에 혈전이 있었다면, 사마천(司馬遷)은 왜 〈사기(史記)〉 조선열전(朝鮮列傳)에 이 사실을 기록해 놓지 않았을까?

이는 다름이 아니라 「爲中國諱恥(위중국휘치)」(→중국에게 수치스런 일은 감춘다.)가 공자의 〈춘추(春秋)〉 이래 중국 사가들이 떠받드는 유일한 원칙, 곧 종지(宗旨)가 되었을 뿐만 아니라, 〈삼국지〉 왕숙전(王肅傳)에 의하면, "사마천이 〈사기〉에 경제(景帝)와 무제(武帝)의 잘잘못을 있는 그대로 썼더니, 무제가 이를 보고 대노하므로, 효경본기(孝景本紀)와 금상본기(今上本紀: 즉 武帝本紀-원주) 두 편을 삭제하였으나, 이로 말미암아 그 뒤에 사마천은 불알을 까는 궁형(宮刑)에 처해졌다."고 하였다.

고구려에 대한 전쟁 패배는 한 무제처럼 무력을 숭상하는 자(尙武者)에게는 유일하게 치욕으로 여기는 일이므로 스스로 감추는 것이었는데, 만일 이 일을 있는 그대로 썼더라면 불알 까이는 궁형(宮刑)뿐 아니라 목이 달아나는 참형(斬刑)까지 당하였을 것이니, 그것을 뺀 것은 고의(故意)일 것이다. 그리고 〈사기〉 평준서(平準書)에서 그 사실을 언뜻 비추었으나 "彭吳, 賈滅朝鮮(팽오, 가멸조선)"이라 하여 조선을 멸망시킨 것처럼 쓴 것 또한 그 당시의 권력자가 싫어하는 바를 피하기 위해서였을 것이다.

그리고 〈한서(漢書)〉 식화지(食貨志)에서는 그 사실이 너무 진실과 동떨어진 것이라고 하여 「滅(멸)」 자를 「穿(천)」자로 고쳤으나, 그 전부를 사실대로 기록하지 못한 것은 사마천(司馬遷)과 마찬가지이다.

그렇다면 한 무제(武帝)와 싸운 자는 대주류왕(大朱留王), 곧 고구려본기의 대무신왕(大武神王)일 것이다. 그러나 본기에서는 연대를 삭감(削減)하였기 때문에 한 무제와 동시대인 대주류왕이 한(漢) 광무(光武)와 동시대인 것처럼 되고, 그리고 또 중국사의 낙랑에 관한 기록과 맞추려 하였기 때문에 대주류왕이 도리어 한(漢)에게 낙랑국을 빼앗겼다는 거짓 기록(誣錄)을 남기게 된 것이다.

2. 한 무제, 위씨(衛氏)를 쳐서 멸망시킴(위씨조선의 멸망)

한 무제가 9년 동안 장시간의 혈전에서 패하여 물러가서 이후 17년 동안 조선 열국을 엿보지 못하였으나, 그 마음이야 어찌 동방침략을 잊었겠는가.

이에 위씨(衛氏: 위만조선)는 비록 조선 열국의 하나이지만 그 왕조가 본래 중국의 종자(種子)이고 그 장상(將相)들도 흔히 한(漢)으로부터 망명 온 자들의 후예들이므로, 이들을 유인하여 조선 열국을 잠식하는 길잡이로 삼으려 하였다.

그런 중에 위씨(衛氏)에게서 길을 빌려 동부여를 구하고 고구려를 치는 편의를 얻고자 하여, 기원전 109년에 한 무제가 사자 섭하(涉何)를 보내어 먼저 "한(漢)과 동부여 사이를 왕래하는 사절(使節)이 위씨국(衛氏國: 위만조선)의 국경을 통과할 수 있도록 허가해 달라." 고 하면서 한(漢)의 국위(國威)로써 우거(右渠)를 위협하고, 한편으로는 많은 뇌물을 주면서 꾀였으나, 우거는 완강히 거절하고 듣지 않았다.

섭하가 이에 한 무제의 밀지(密旨)에 따라 귀국하는 길에 양국의 국경인 패수(浿水), 즉 지금의 헌우락(軒芋濼)에서 우거가 보낸 전송사자(餞送使者), 즉 우거의 부왕(副王)을 찔러 죽이고 급히 한(漢)으로 달아나서 한 무제에게 "조선국 대장을 죽였습니다." 하고 외치니, 한 무제는 사실 다른 흉계를 가지고 있었으므로, 그가 죽인 자가 누구인지 물어보지도 않고 그 공으로 섭하를 요동 동부도위(東部都尉)에 임명하였다.

섭하가 임지(任地)에 온 지 얼마 후, 우거가 이전의 일에 원한을 품고 군사를 일으켜 섭하를 습격하여 죽였다.

무제가 이 일을 구실로 좌장군(左將軍) 순체(荀彘)에게는 무장병 5만을 이끌고 요수(遼水)를 건너 패수(浿水)로 향하게 하고, 누선장군(樓船將軍) 양복(楊僕)에게는 해군 7천 명을 이끌고 발해(渤海)로 나아가 열수(洌水)로 들어가게 하여, 우거의 서울, 곧 왕검성(王儉城: 조선의 고대 세 왕검성 중의 하나-원주)을 좌우로 협격하도록 하였으나, 양복은 열수(洌水) 입구에 이르러 상륙하였으나 곧 대패하여 산속으로 도망쳐서 그곳에서 잔병(殘兵)을 거두어 스스로를 지키고 있었고, 순체(荀彘)는 패수(浿水)를 건너려 하였으나 위씨(衛氏)의 군사들이 막아 지켜서 여의치 못하였다.

이에 한 무제가 두 장수의 패전 소식을 듣고 사자 위산(衛山)을 보내어 황금을 풀어 여러 신하들에게 뇌물을 먹여서 그들 사이를 이간(離間)하였다.

위씨의 나라는 원래 조선과 중국의 떠돌이 도적들의 집단이었기 때문에, 그 신하들은 위씨에 대한 충성심보다 황금에 대한 욕심이 대단히 강하였으므로, 그의 신하들은 주전(主戰)과 주화(主和) 두 파로 갈라져서 서로 다투다가, 한(漢)이 비밀리에 많은 황금을 풀자 주화파(主和派)가 갑자기 많아졌다. 이들은 우거에게, 태자를 한(漢)의 진중에 보내어 한(漢)의 장수에게 사죄하고 군량과 말들을 바치겠다고 약속하라고 압력을 넣었다.

그러나 우거는 "태자가 호위병 1만 명을 데리고 패수를 건너가서 한

(漢)의 장수를 만나보게 하라."고 지시하였고, 한(漢)의 장수는 "태자가 1만 명의 군대로 패수를 건너오려면 무장을 갖추지 말고 오라."고 하여, 양편이 서로 버팀으로써 교섭이 깨어졌다.

그러나 그 황금의 뇌물이 효력을 발휘하여 우거의 재상(宰相) 노인(路人)·한음(韓陰)·삼(參)과 대장 왕겹(王唊)이 한(漢)과 친하게 지내면서 전쟁에 힘을 쓰지 않으므로, 한(漢)의 장수 순체가 패수를 건너와서 왕검성의 서북을 치고, 양복은 산 속에서 나와 왕검성의 동남을 쳤다.

한 무제가 교섭이 파열된 것을 이유로 위산(衛山)에게 죄를 가하여 참형에 처하고, 제남(濟南) 태수 공손수(公孫遂)를 전권을 지닌 사자로 보내어 두 장수를 감독하게 하는 동시에, 더욱 많은 황금을 가지고 가서 우거의 여러 신하들들 매수하도록 하였는데, 이때에 와서 순체와 양복은 서로 먼저 우거의 항복을 받아내려고 다투느라 사이가 나빠졌다.

이에 공손수가 순체의 편을 들어주어 양복을 불러와서 순체의 군중에 가두어 놓고는 순체로 하여금 양복의 군사들까지 합쳐서 지휘하여 싸우도록 하였다. 그리고는 돌아가서 한 무제에게 보고하니, 한 무제가 "황금만 낭비하고 위씨의 여러 신하들을 항복시키지 못하였다."고 크게 화를 내며 공손수의 목을 베었다.

얼마 후 한음(韓陰)·왕겹(王唊)·노인(路人) 등이 뇌물을 받은 일이 발각되어, 노인은 참형을 당하고 한음과 왕겹 두 사람은 도망을 가서 한(漢)의 진중에 투항하였다. 이듬해 여름에 삼(參)이 우거를 암살하고 성을 들어 항복하자, 우거의 대신 성기(成己)가 삼(參)을 토벌하려고 하였다. 그런데 이때 우거의 왕자 장(長)이 배반하여 삼(參)에게 붙어서는 노인(路人)의 아들 최(最)와 합하여 성기(成己)를 죽이고 성문을 열어줌으로써, 결국 위씨

(衛氏)는 망하고 말았다.

한 무제가 그 땅을 나누어 진번(眞番)·임둔(臨屯)·현토(玄菟)·낙랑(樂浪) 등 사군(四郡)을 만들었다.

이때의 사실은 오직 〈사기(史記)〉 조선열전에 근거할 뿐인데, 조선열전 중에 한(漢)이 황금과 비단을 뇌물로 써서 위씨의 여러 신하들을 매수한 일이 없는 것은 무슨 까닭인가?

이는 사마천이 무제본기(武帝本紀)를 쓰면서 잘잘못을 정직하게 썼다가 화를 입고 궁형(宮刑)을 당했기 때문에 동부여에 대한 한(漢)의 패전도 사실대로 기록할 수 없는 심리상태에 있었다. 그래서 있었던 사실을 그대로 정직하게 적을 수 없었던 것이다.

그러나 그 이면(裡面)에는 한(漢)이 전쟁에서 패하고 뇌물로 성공한 사실이 지상(紙上)에 뚜렷이 보이는데, 이를테면 "滿, 得以兵威財物侵, 降其旁小邑(만, 득이병위재물침, 항기방소읍)"(→ 위만은 군대의 위력과 재물을 사용하여 침략함으로써 그 주위의 소읍(小邑)들을 항복시켰다.)이라고 하여, 위만(衛滿)의 건국이 군대의 위력(兵威)과 재물(財物) 양자로써 성취되었음을 기록한 것은, 은연중에 한 무제(武帝)를 빗대어 말함으로써 위씨를 멸망시킬 때에 당당한 병력으로 하지 못하고 재물로써 적을 매수하는 비열한 수단을 썼음을 꼬집은 것이다.

그리고 "遣衛山, 因兵威往諭右渠.(견위산, 인병위왕유우거)"(→ 위산(衛山)을 보내어 군대의 위력(兵威)으로써 우거를 타이르도록 하였다.)라고 하여 「병위(兵威)」자 두 자만 쓰고 「재물(財物)」자 두 자는 뺐으나, 이때에 순체와 양복은 이미 싸움에서 패하고 증원군도 가지 않아서 군대의 위력(兵威)이 도리어 우거보다 약했던 때인데, 무슨 군대의 위력(兵威)이 있었나는 것인가.

이것은 곧 윗 문장의 「병위재물(兵威財物)」 네 자를 이어받아서, 위산(衛山)이 가져간 것은 군대의 위력(兵威)이 아니라 재물(財物)이란 뜻을 포함한 것이며, 위산(衛山)과 공손수(公孫遂)가 둘 다 아무런 이유 없이 참수당한 것을 기록해 놓은 것은 한 무제가 황금과 비단만 쓰고 성공하지 못한 것에 화를 냈음을 표시한 것이며, 위씨(衛氏)가 망한 후에 순체와 양복이 하나는 참수당하고 또 하나는 쫓겨나고, 관작에 봉해지는 상을 받은 자는 위씨에게 반기를 든 역신(叛臣) 노인(路人)의 아들 최(最)와 왕겹(王唊) 등 4명뿐이니, 이는 곧 위씨의 멸망이 병력에 있지 않고 한(漢)의 재물을 받고 나라를 팔아먹은 간신(奸臣)들에게 있었음을 드러낸 것이다.

3. 한사군(漢四郡)의 위치와 고구려의 대(對) 한(漢) 관계

위씨(衛氏: 위만조선)가 망하자 한(漢)이 그 땅을 나누어 진번(眞番)·임둔(臨屯)·현토(玄菟)·낙랑(樂浪) 등 사군(四郡)을 설치하였다고 하였는바, 사군(四郡)의 위치 문제는 삼한(三韓)의 연혁(沿革) 문제에 관한 논쟁 못지않은 조선사상 논쟁거리가 되어 왔다.

만반한(滿潘汗)·패수(浿水)·왕검성(王儉城) 등 위씨의 근거지가 지금의 해성(海城)·개평(蓋平) 등지일 뿐만 아니라(이에 대하여는 제2편 제2장에서 이미 상술하였음—원주), 당시에 지금의 개원(開原) 이북은 북부여국이었고, 지금의 흥경(興京) 이동은 고구려국이었으며, 지금의 압록강 이남은 낙랑국이었고, 지금의 함경도 내지 강원도는 동부여국이었으니, 위의 4개 나라 이외에서 한사군(漢四郡)을 찾아야 할 것인즉, 사군(四郡)의 위치는 지금의 요동반도 이내에서 구할 수 있을 뿐이다. 그러나 사군의 위치에 대하여 이설(異說)이 백출(百出)한 것은 대개 다음과 같은 여러 가지 이유 때문이다.

그 첫째는 지명(地名)의 같고 다름을 잘 구별하지 못했기 때문이다. 이를테면 패수(浿水)·낙랑(樂浪) 등은 다 「펴라」로 읽어야 할 것이니, 지금의 대동강은 당시의 「펴라」란 물이요, 지금의 평양(平壤)은 당시의 「펴라」란 서울이니, 물과 서울을 다 같이 「펴라」라고 이름붙인 것은 마치 지금의 청주(淸州) 「까치내」란 물 곁에 「까치내」란 촌(村)이 있음과 같이, 「펴라」란 물 위에 있는 서울이므로 또한 「펴라」라고 이름한 것인다.

패수(浿水)의 「浿(패)」는 「펴라」의 「펴」 음(音)을 취하고 패수(浿水)의 「水(수)」는 「펴라」의 「라」의 뜻(義)을 취한 것으로, 「펴라」로 읽은 것이다. 그리고 낙랑(樂浪)의 「樂(락)」은 「펴라」의 「펴」의 뜻(義)을 취하고 낙랑(樂浪)의 「浪(랑)」은 「펴라」의 「라」의 음(音)을 취한 것으로, 「펴라」로 읽은 것이다.

기타 낙랑·평양(平壤)·평양(平穰)·평나(平那)·백아강(百牙岡) 등도 다 「펴라」로 읽을 것이니, 그 해석은 여기에서 생략하거니와, 한 무제가 이미 위씨조선, 곧 「불조선」을 멸하여 요동군(遼東郡)을 만들고는 「신」·「말」 양 조선의 지명을 가져다가 위씨조선의 옛 지명을 대신하였는데, 지금의 해성(海城) 헌우락(軒芋濼)의 본명은 「알티」(安地 혹은 安市라 한 것-원주)이거늘, 이를 고쳐서 「패수(浿水)」라고 하였던 것이다.

〈사기(史記)〉의 작자 사마천(司馬遷)은 이 고친 지명에 의거하여 사군(四郡) 이전의 고사(故事)를 설명하였으므로, "漢興…至浿水爲界(한흥…지패수위계)"(→ 한(漢)이 흥하자…패수(浿水)를 경계로 삼았다.)와 "滿…東走出塞, 度浿水(만…동주출새, 도패수)"(→ 위만(衛滿)은…동으로 달아나 국경을 넘어 패수(浿水)를 건넜다.) 등의 말이 있게 된 것이다. 진번(眞番)은 원래 「신」·「불」 양 조선을 합쳐서 부른 것인데도, 한(漢)이 이를 취하여 고구려를 진번군(眞番郡)으로 가정(다음에서 상세히 설명함-원주)하였다.

〈사기〉의 "始全燕時, 嘗略屬眞番朝鮮(시전연시, 상략속진번조선)"(→ 처음 연(燕)의 전성기 때에 일찍이 진번조선(眞番朝鮮)을 침략하여 복속시켰다.) 이란 기사와 "滿…稍役屬眞番朝鮮(만…초역속진번조선)"(→ 위만(衛滿)은… 차차 진번조선(眞番朝鮮)과 싸워서 이를 복속시켰다.)이란 기사 등에 있는 「진번조선(眞番朝鮮)」은 모두 「신」·「불」 양 조선을 가리킨 것이다.

그러나 "眞番·臨屯, 皆來服屬(진번·임둔, 개래복속)"(→ 진번(眞番)과 임둔(臨屯)이 다 와서 복속하였다.)이란 기사와, "眞番旁衆小國, 欲上書見天子(진번방중소국, 욕상서견천자)"(→ 진번(眞番) 주변의 여러 소국들이 글을 올려 천자를 보고자 하였다.)라는 기사 등에 있는 眞番(진번)은 다 한 사군(四郡) 이후에 한 사군의 하나인 진번(眞番)을 가리킨 것으로서, 이 또한 후에 와서 고친 지명에 의거하여 옛 일을 설명한 것이니, 이는 마치 을지문덕(乙支文德) 이후에 살수(薩水)의 명칭이 청천강(淸川江)이 되었으므로 을지문덕 시대에는 청천강이 없었으나, 우리가 "을지문덕이 청천강에서 수나라 군사를 격파하였다."고 하는 것과 같은 것이다.

그런데도 지금까지의 학자들은 이것을 모르고 〈사기(史記)〉의 「패수(浿水)」와 「진번(眞番)」 등을 사군(四郡) 이전의 명칭으로 아는 동시에, 헌우락 패수(軒芋濼 浿水)·대동강 패수(大同江 浿水)의 양 「패수(浿水)」와, 두 나라의 이름(國名)인 진번(眞番: 즉 「眞韓」과 「番韓」—옮긴이)과 하나의 군 이름(郡名)인 진번(眞番) 두 가지 서로 다른 「진번(眞番)」을 혼동해서 사용하는 것과 같은 것이다.

그 둘째는 기록의 진위(眞僞)를 잘 변별(辨別)하지 못한 까닭이다.

예를 들면, 〈한서(漢書)〉의 무제본기 원봉(元封) 3년의 진번·임둔 주(註)에서 "臣瓚曰, 茂陵書, 眞番郡治霅縣, 去長安七千六百四十里 … 臨屯郡治東暆縣, 去長安六千一百三十里…"(→신하 찬(瓚)이 말하기를, 무릉서(茂陵書)에 의하면, 진번군의 치소(治所: 군청 소재지)인 삽현(霅縣)은 장안에서 7,640리 떨어져 있고… 임둔군의 치소인 동이현(東暆縣)은 장안에서 6,130리 떨어져 있다.…)라 하였고, 〈무릉서(茂陵書)〉는 무릉인 사마상여(司馬相如)가 쓴 책이라고 하였다.

그러나 〈사기(史記)〉의 사마상여전(司馬相如傳)에서는 "相如旣卒五歲, 天子始祭后土(상여기졸오세, 천자시제후토)"(→상여가 죽고 나서 5년 후에 천자가 처음으로 후토(后土)에 제사지냈다.)라고 하였고, 〈사기집해(史記集解)〉에서는 "元鼎四年…始立后土(원정사년…시립후토)"(→원정(元鼎) 4년에…비로소 후토(后土)를 세웠다.)라고 하였다. 원정(元鼎) 4년은 기원전 113년이고, 사마상여가 죽은 것은 그 5년 전인 원수(元狩) 6년(기원전 117년)이므로, 사마상여는 진번·임둔 군을 설치한 해인 원봉(元封) 3년(기원전 108년)에는 이미 죽은 지 10년이나 되는 자이니, 10년 전에 이미 죽은 사마상여가 어찌 10년 후에 세워질 진번군과 임둔군의 위치를 말할 수 있다는 것인가.

그렇다면 무릉서(茂陵書)는 위서(僞書)인 동시에, 그 책에서 말하는 「진번(眞番)」「임둔(臨屯)」 운운은 위증임이 틀림없다.

뿐만 아니라 〈한서(漢書)〉 지리지에는 요동군 군현지(郡縣志) 이외에 따로 현토(玄菟)와 낙랑(樂浪) 두 군지(郡志)가 있으므로 역사를 읽는 독자들로 하여금 요동반도 이외에 현토·낙랑 두 군(郡)이 존재한 것처럼 인식하도록 하고 있다.

그러나 〈위략(魏略)〉의 「만반한(滿潘汗)」이 곧 〈한서〉 지리지(地理志) 요동군지(遼東郡志)에서 말하는 문(汶)·번한(番汗)이라는 것과, 〈사기〉에서 말한 「패수(浿水)」는 곧 요동군 번한현(番汗縣)의 패수(沛水)라는 것은 이미 확실한 증거가 있는 것이니, 지리지(地理志)의 현토·낙랑 양 군(郡) 운운은 후세 사람의 위증임이 틀림이 없거늘, 지금까지의 학자들은 이와 같은 위작(僞作)의 문건(公案)들이 있다는 것을 모르고, 언제나 위의 〈한서〉 본기의 진번·임둔의 주(註)나 〈한서〉 지리지의 낙랑·현토 양 군지(郡志)를 금석(金石)에 새겨져서 고치거나 바꾸기가 불가능한 진서(眞書)인 것처럼 잘못 인식해 왔다.

이러한 까닭으로 인하여 사군(四郡)의 위치에 관하여 참고할 근거가 비록 분분하게 이야기되어 왔으나 그 어느 하나도 정곡(正鵠)을 얻은 이가 없었던 것이다.

한사군(漢四郡)은 원래 땅 위에 세워진 것이 아니라 지상(紙上)에 그렸던 일종의 가정(假定), 곧 계획이었다. 말하자면 고구려를 멸망시키고 나서는 그곳에 진번군(眞番郡)을 만들 것이다, 북동부여, 곧 북옥저(北沃沮)를 멸망시키고 나서는 그곳에 현토군(玄菟郡)을 세울 것이다, 남동부여, 곧 남옥저(南沃沮)를 멸망시키게 되면 그곳에 임둔군(臨屯郡)을 만들 것이다, 낙랑국을 멸망시키게 되면 그곳에 낙랑군(樂浪郡)을 설치할 것이다, 라고 하는 가정에 근거한 계획일 뿐이었지, 실제로 세워졌던 것은 아니다.

한 무제가 그 가정(假定)을 실현시키기 위하여 위의 각지에 대하여 침략을 시작하였을 것이며, 낙랑과 양 동부여는 앞에서 설명한 것과 같이 고구려에 대한 숙원(宿怨)이 있으므로 한(漢)의 힘을 빌려 고구려를 배척하려고 하였을 것이며, 고구려는 전에 대주류왕(大朱留王)의 전승(戰勝)한 기세를 믿고 한(漢)과 결전하기에 이르렀던 것이다.

그 전쟁은 대개 기원전 108년경, 곧 위씨(衛氏)가 멸망한 해에 시작하여 기원전 82년에 이르러 끝났는데, 한(漢)이 패하여 사군(四郡) 설치의 희망이 영원히 끊어졌기 때문에 진번·임둔 두 군은 그 명칭을 폐지하고, 현토·낙랑 두 군은 요동군 내에 임시로 설치하기에 이르게 되었던 것이다.

〈한서(漢書)〉 본기에는 진번군을 철폐하였다고 하였을 뿐이고 임둔군을 철폐하였다는 말은 없으나, 〈후한서(後漢書)〉 예전(濊傳)에, "昭帝罷眞番·臨屯, 以并樂浪·玄菟(소제파진번·임둔, 이병낙랑·현토)"(→소제(昭帝)가 진번·임둔을 없애고 낙랑·현토로 합쳤다.)라고 한 것을 보면, 임둔군도 진번군과 동시에 폐지하였던 것이다.

〈후한서〉 예전에는 "현토를 구려(句驪: 한(漢)의 고구려현(高句驪縣)을 가리킨 것-원주)로 옮겼다."고 하였으며, 〈삼국지〉 옥저전(沃沮傳)에는 "처음에 옥저로써 현토군을 삼았다가 후에 고구려(高句驪) 서북으로 옮겼다."고 하였으나, 옥저전(沃沮傳)의 불내예왕(不耐濊王)은 북동부여와 남동부여의 왕을 가리킨 것이고, 예전(濊傳)의 불내예왕(不耐濊王)은 낙랑을 가리킨 것이다.

따라서 양 동부여와 낙랑국은 둘 다 당시에 독립왕국이었으니, 그러면 현토군이 옥저, 곧 북동부여에서 요동으로 이사한 것이 아니라, 다만 북동부여를 현토군으로 만들려던 기도(企圖)가 실패하였으므로, 비로소 요동, 곧 지금의 봉천성성(奉天省城)에 현토군을 임시로 설치하였던 것이다. 그 위치는 확실히 말할 수 없으나, 대개 지금의 해성(海城) 등지였던 것 같다.

왜 진번·임둔을 철폐하는 동시에 현토·낙랑 두 군을 임시로 설치하였는가?

이는 다름이 아니라 앞에서 설명한 낙랑국과 남동부여국이 고구려에 대하여 가지고 있는 원한이 심하여, 한(漢)이 전쟁에서 패하여 물러난 뒤에도 양국이 오히려 사자를 보내어 은밀히 내통하고, 상민(商民)들이 왕래하며 물자를 서로 교역하므로, 한(漢)이 요동에 현토·낙랑 두 군을 임시로 설치하여 양국에 대한 교섭을 맡게 하고, 혹 고구려와 전쟁을 하는 경우에는 두 나라를 이용하기 위해서였는데, 이것은 한(漢)의 두 나라와의 관계이다. 그러나 고구려는 매번 두 나라가 한(漢)과 통하는 증거와 흔적을 발각하면 반드시 그 죄를 묻는 군사를 일으켰는데, 이것은 고구려와 두 나라와의 관계이다. 수백 년 동안 이 두 나라 때문에 고구려의 한(漢)에 대한 진취(進取)가 크게 방해를 받았던 것이다.

본서에서 양 낙랑(樂浪)을 구별하기 위하여, 낙랑국(樂浪國)은 「남낙랑(南樂浪)」이라 쓰고, 한(漢)이 요동(遼東)에 설치한 낙랑군(樂浪郡)은 「북낙랑(北樂浪)」이라 쓰는데, 〈삼국사기〉 고구려본기에 보이는 낙랑왕(樂浪王)과 신라본기에 보이는 낙랑국(樂浪國)은 다 이 「남낙랑(南樂浪)」을 가리킨 것이다.

그런데도 지금까지의 학자들은 언제나 요동에 있는 북낙랑(北樂浪)은 모르고, 남낙랑(즉, 낙랑국)을 낙랑군(樂浪郡)이라 주장하는 동시에, 〈삼국사기〉의 낙랑국(樂浪國)·낙랑왕(樂浪王)은 곧 한군(漢郡) 태수(太守)의 세력이 동방에 위력을 떨치고 그 세력이 한 나라의 왕과 같으므로 「國(국)」 혹은 「王(왕)」이라 불렀다고 단정하였으나, 고구려와 접경인 요동 태수를 「요동국왕(遼東國王)」이라고 부른 일은 없으며, 현토 태수를 「현토국왕(玄菟國王)」이라고 부른 일도 없었으니, 어찌 홀로 낙랑태수만은 「낙랑국왕(樂浪國王)」이라 불렀겠는가. 이것은 억설(臆說)임이 분명하다.

근일 일본인이 낙랑 고분(古墳)에서 간혹 한대(漢代)의 연호(年號)가 새겨진 기물과 그릇(器皿)을 발견하고, 지금의 대동강 남안을 위씨(衛氏)의 고도(故都), 곧 후에 와서 낙랑군(樂浪郡)의 치소(治所: 군청 소재지)라고 주장하나, 이따위 기물이나 그릇들은 혹시 남낙랑(南樂浪: 樂浪國)이 한(漢)과 교통할 때에 수입한 기물 또는 그릇이거나, 그렇지 않으면 고구려가 한(漢)과의 전쟁에서 이겨서 노획한 것들일 것이다. 이런 것으로써 지금의 대동강 연안이 낙랑군(樂浪郡)의 치소(治所)였다고 단언할 수는 없는 것이다.

제4장 계립령(鷄立嶺) 이남의 두 신국(新國)

1. 계립령(鷄立嶺) 이남의 별천지(別天地)

계립령(鷄立嶺)은 지금의 조령(鳥嶺: 일명 새재)이니, 지금의 문경읍(聞慶邑) 북산(北山)을 계립령이라고 한다. 그러나 고대에는 조령(鳥嶺)의 이름은 「저릅재」였다. 「저릅」은 「삼(麻)」의 고어(古語)이니, 「저릅」을 이두자의 음(音)으로 「鷄立(계립)」이라 쓰고 뜻(義)으로 「麻木(마목)」이라 쓰는 것이다. 그러므로 조령(鳥嶺)이 곧 계립(鷄立)이다.

계립령 이남은 지금의 경상북도 전체를 일컫는 것이니, 계립령 일대로 지금의 충청북도를 막고, 태백산(太白山: 경북 봉화(奉化)의 태백산(太白山)-원주)으로 지금의 강원도를 막으며, 지리산(智異山)으로 지금의 충청남도와 전라남도를 막고, 동과 남으로는 바다가 둘러싸여서 따로 한 판(一局)을 이루고 있었으므로, 조선 열국 당시에 네 부여(고구려를 혹은 졸본부여(卒本扶餘)라고 불렀다-원주)가 분립하고 있었다.

고구려가 동부여를 정복한다, 또 낙랑을 정복한다, 위씨(衛氏)가 한(漢)에게 망하여 그 땅이 사군(四郡)으로 되었다, 백제가 마한을 멸하였다……하는 소란이 있었지만, 조령 이남은 그런 바깥세상의 소식과는 동떨어져서 진한(辰韓)·변진(弁辰)의 자치부(自治部) 수십 개 나라(國)들이 그 비옥한 토지를 이용하여 벼(稻)·보리(麥)·기장(黍)·조(粟) 등 농업과 양잠과 직조에 힘써서 곡류(穀類)와 포백류(布帛類)를 생산하고, 철(鐵)을 캐서 북방 여러 나라에 공급하였고, 변진(弁辰)은 음악을 좋아하여 변한슬(弁韓瑟: 불한고-원주)이란 것을 창작하여 문화가 매우 발달하였으나, 일찍이 북방의 유민(遺民)으로서 마한(馬韓)의 봉지(封地)를 받았기 때문에 마한의 통제를 받고, 마한이 망한 뒤에는 백제의 통제를 받았다.

그러나 그 통제는, 소극적으로는 (一)「신수두」의 건설과, (二)「신한」 칭호의 사용이 허용되지 않았으며, 적극적으로는 (一) 매년 찾아가서 인사할 것(朝謁)과, (二) 토산물을 조공(朝貢)으로 바치기를 거르지 않고 수행하는 것뿐이었는데, 미래에 진한(辰韓) 자치부는 신라국(新羅國)이 되고, 변진(弁辰) 자치부는 6가라(加羅) 연맹국이 되어, 차례로 백제에 반항하기에 이르렀다.

2. 가라 6국(國)의 건설

지금의 경상남도 등지에 변진(弁辰)의 12자치부(自治部)가 설립되었다는 것은 제3편 제4장 제4절에서 이미 서술하였다.

위의 각 자치부를 대개「가라」라 칭하는데,「가라」는 큰 못 또는 큰 늪(大沼)이란 뜻(義)이다. 각부가 각각 그 제방을 쌓아 냇물을 막아 큰 못을 만들고 그 부근에 자치부를 세워 그 부락명을「가라」라 칭하였다.

「가라」를 이두문자로 加羅(가라)·駕洛(가락)·加耶(가야)·狗邪(구야)·伽倻(가야) 등으로 썼는데, 耶(야)·邪(야)·倻(야) 등은 옛 음(古音)으로는 다「라」로 읽었다.

그리고「가라」를 혹은「官國(관국)」이라고도 썼는데,「官(관)」은 그 음

(音)의 초성(ㄱ)과 중성(ㅏ)을 떼어서 「가」로 읽고, 「國(국=라)」은 그 뜻(義)의 초성(ㄹ)과 중성(ㅏ)을 떼어서 「라」로 읽은 것이다. (*옛날에는 나라(國)를 「라」라고 하였다. —옮긴이)

기원 42년경에 각 「가라」의 자치부원(自治部員) — 我刀干(아도간)·汝刀干(여도간)·彼刀干(피도간)·五刀干(오도간)·留水干(유수간)·留天干(유천간)·神天干(신천간)·神鬼干(신귀간)·五天干(오천간) 등이 지금의 김해읍(金海邑) 구지봉(龜旨峰) 위에 모여서 대계(大稧: 稧는 당시 자치회의 이름—원주)를 열고, 김수로(金首露) 여섯 형제를 추천해 여섯 「가라」의 군장(君長)으로 삼았다.

김수로는 「제일(第一) 가라」, 곧 김해의 주인이 되어 「신가라」라 칭하였다. 「신」은 「大(대: 크다)」의 뜻이고 「首(수: 머리)」의 뜻이므로, 「신가라」는 이전 사서(前史)에 보이는 「金官國(금관국)」이라 쓴 것이 적절한 한문 번역어일 것이다. 그런데도 이를 「駕洛(가락)」 혹은 「狗邪(구야)」라고 썼는데, 이들 둘은 다 「가라」의 이두문자이므로, 이로써 여섯 「가라」를 총칭(總稱)하는 것은 무방하지만, 다만 전적으로 「신가라」만을 전칭(專稱)하는 것으로 쓰는 것은 옳지 않다.

제2는 「밈라가라」이다, 지금의 고령(高靈) 앞을 흐르는 내를 막아 「가라」를 만들고 이두문자로 「彌摩那(미마나)」 혹은 「任那(임나)」로 쓴 것으로서, 여섯 「가라」 중에 그 후예들이 가장 강대하였기 때문에 이전 사서에서 「大加羅(대가라)」 혹은 「大加耶(대가야)」라고 기록한 것이다.

제3은 「안라가라」이다. 지금의 함안(咸安) 앞을 흐르는 내를 막아 「가라」를 만들고 이두문자로 「安羅(안라)」, 「阿尼羅(아니라)」 혹은 「阿尼良(아니량)」으로 쓴 것으로서, 「阿尼良(아니량)」이 후세에 와전(訛傳)되어 「阿尸羅(아시라)」가 되고, 「阿尸羅(아시라)」가 또 와전되어 「阿羅(아라)」가 되었다.

제4는 「고링가라」로서, 지금의 함창(咸昌)이다. 또한 그 앞을 흐르는 내를 막아 「가라」를 만들고 이두문자로 적은 것인데, 「고링가라」가 와전되어 「공갈」이 되었는데, 지금의 「공갈못」이 그 유허(遺墟)이다. 여섯 「가라」 중에 오직 이것 하나가 전해 오면서 그 물속에 있는 연꽃과 연잎이 오히려 수천 년 전의 풍광(風光)을 말해주는 듯하였는데, 이조(李朝) 광무(光武) 연간에 총신(寵臣) 이채연(李采淵)이 논을 만들려고 그 제방을 터버려 아주 폐허가 되게 하였다.

제5는 「별뫼가라」이다. 「별뫼가라」는 「별뫼」라는 산중에 쌓은 「가라」로서, 지금의 성주(星州)이며, 이두문자로 「星山加羅(성산가라)」 혹은 「碧珍加羅(벽진가라)」라고 쓴 것이다.

제6은 「구지가라」이니, 지금의 고성(固城) 중도(中島)가 그곳으로, 또한 내를 막아 「가라」를 만들고 이두자로 「고자가라(古資加羅)」라 쓴 것이다. 여섯 「가라」 중에 제일 작은 나라이므로 또한 「小加耶(소가야)」라 칭하였다.

여섯 「가라」가 처음에는 형제들의 연맹국(聯盟國)이었으나, 그 뒤에 연대가 내려갈수록 서로 사이의 촌수가 멀어져서 각자의 독립국이 되어 각자 행동을 취하였는데, 〈삼국사기〉에 이미 6가라본기(六加羅本紀)를 빼버리고 오직 신라본기(新羅本紀)와 열전(列傳)에 신라와 관계된 가라의 일들만 기록해 놓은 중에, 「신가라」를 금관국(金官國)이라고 쓴 것 이외에는, 기타 다섯 「가라」는 거의 구별 없이 모두 「加耶(가야)」라고 써서 그 가야가 어떤 「가라」를 가리킨 것인지 모르게 된 것이 많다. 그러므로 이제 본서에서는 가능한 한 이를 구별하여 쓰고, 여섯 「가라」의 연대(年代)도 사갈을 당한 듯하므로, 신라의 앞에 적는 것이다.

3. 신라(新羅)의 건국

지금까지의 학자들은 모두 다 신라사(新羅史)가 고구려와 백제 두 나라의 역사보다 비교적 완전하다고 하였으나, 이는 아주 모르는 말이다. 고구려사와 백제사는 삭감(削減)이 많지만, 신라사는 위찬(僞撰: 거짓 편찬)이 많아서 사료(史料)로 삼기에 적합한 것이 매우 적으니, 이제 신라 건국사(建國史)를 이야기하면서 이에 대하여 간략히 설명하도록 한다.

신라의 제도(制度)는 6부3성(六部三姓)으로 조직되었는데, 신라본기에 의하면, 6부는 처음에 알천양산(閼川楊山)·돌산고허(突山高墟)·무산대수(茂山大樹)·자산진지(觜山珍支)·금산가리(金山加利)·명활산고야(明活山高耶)의 여섯 촌(村)이었다.

신라가 건국된 후 제3세인 유리왕(儒理王) 9년(기원 32년)에 6촌의 이름을 고치고 성(姓)을 주었는데, 알천양산(閼川楊山)은 양부(梁部)라 하여 李(이)씨 성(姓)을, 돌산고허(突山高墟)는 사량부(沙梁部)라 하여 최(崔)씨 성을, 무산대수(茂山大樹)는 점량부(漸梁部)라 하여 손(孫)씨 성을, 자산진지(觜山珍支)는 본피부(本彼部)라 하여 정(鄭)씨 성을, 금산가리(金山加利)는 한지부(漢祇部)라 하여 배(裵)씨 성을, 명활산고야(明活山高耶)는 습비부(習比部)라 하여 설(薛)씨 성을 주었다고 하며, 三姓(삼성)은 박(朴)·석(昔)·김(金) 삼가(三家)이다.

처음에 고허(高墟) 촌장 소벌공(蘇伐公)이 양산(楊山) 아래의 라정(蘿井) 곁에 말이 꿇어앉아 우는 것을 바라보고 달려가 본즉, 말은 간 곳이 없고 큰 알(大卵)이 있으므로 이를 쪼개었더니 갓난아이가 나왔다. 그를 거두어 길러 성(姓)을 朴(박)이라 하였는데, 그 나온 큰 알이 「박」만 하므로

「박」의 음(音)을 취하여 성으로 삼았으며, 이름을 「혁거세(赫居世)」라 하였다고 한다. 赫居世(혁거세)는 그 읽는 법과 의미가 다 전해지지 못하였다.

혁거세가 나이 열셋(13)에 이미 영명(英明)하고 숙성(夙成)하였으므로, 사람들이 그를 받들어 「居西干(거서간)」을 삼으니, 거서간(居西干)은 당시의 말에 귀인(貴人)의 칭호(稱號)라고 하였다. 이 때는 신라 건국 원년(기원전 57년)으로, 이 이가 박씨(朴氏)의 시조이다.(* 「居西干(거서간)」은 몽고 고대어에서 대여섯 명의 소수 사람들이 둘러앉아서 대표를 뽑을 때, 그 뽑힌 대표자를 가리킨다고 한다—옮긴이)

신라의 동쪽에 왜국(倭國)이 있고, 왜국의 동북 1천리에 다파나국(多婆那國)이 있는데, 다파나국왕이 여국왕의 딸을 취하여 아이를 밴 지 7년만에 큰 알(大卵)을 낳으므로, 왕이 상서롭지 못한 일이라 하여 내어버리라 하였다. 그 여자가 차마 그럴 수 없어서 천으로 싸서 금궤에 넣어 바다에 띄웠더니, 그 금궤가 금관국(金官國)의 해변에 이르렀으나, 금관국 사람들은 그것을 괴이하게 여기고 건져 올리지 않았다. 그 금궤가 계속 바다에 떠서 흘러가 진한(辰韓)의 아진포(阿珍浦) 입구에 이르니, 이때는 박혁거세 39년(기원전 19년)이었다.

이때 바닷가에 살던 한 노파가 그것을 건져 올려 보니 한 갓난아이가 그 속에 있었다. 그를 거두어 길러, 그가 금궤 속에서 탈출하였으므로 이름을 「脫解(탈해)」라 하고, 금궤가 떠오던 당시에 까치(鵲鳥)가 따라오며 울었으므로, 한자 「鵲(작)」자의 변(邊)을 떼어 성(姓)을 삼아 「昔(석)」이라 하니, 이 이가 昔氏(석씨)의 시조라고 하였다.

석탈해(昔脫解) 9년(기원 65년)에, 금성(金城. 신라의 서울. 즉 慶州—원주) 서쪽의 시림(始林)에 닭이 우는 소리가 나서 대보(大輔) 호공(瓠公)을 보내어 가보게 하였더니, 금색의 작은 궤가 나무 가지에 걸려 있고, 그 밑에서 흰 닭(白鷄)이 울고 있었다. 그 금궤를 열어보니 또한 작은 아기가 들어 있으므로, 그를 거두어 길러 이름을 「閼智(알지)」라 하고, 금궤에서 나왔으므로 성(姓)을 「金(김)」이라고 하였는데, 이 이가 金氏(김씨)의 시조라고 하였다.

「궤(櫝)에서 나왔다」, 「알에서 깠다」고 하는 등의 신화는 고대인이 그 시조(始祖)의 출생을 신비화한 신화(神話)이지만, 다만 6부 3성의 사적(事蹟)이 고대사(古代史)의 원본(原本)이 아니고 후세인이 덧붙이고 깎아낸 부분이 많음이 애석하니, 이제 이것을 분석해 보면 다음과 같다.

이를테면, 첫째, 조선 고사의 모든 인명·지명이 처음에는 우리말로 짓고 이두자로 썼으나, 후에 한문화(漢文化)가 성행하면서 한자로 개작(改作)하였는데, 전자는 「메주골」을 「彌鄒忽(미추홀)」 혹은 「買肖忽(매초홀)」이라 쓴 것과 같은 것들이고, 후자는 그것을 「仁川(인천)」이라고 개명(改名)한 것과 같은 것이다. 그런데 이제 알천양산(閼川楊山) · 돌산고허(突山高墟)……등 한자로 쓴 6촌(村)의 명칭이 6부(部)의 본래 이름이고, 양부(梁部)·사량부(沙梁部)……등 이두자로 지은 6부(部) 명칭이 6촌(村)의 나중의 이름이라고 한다면, 이 말이 어찌 선후(先後)의 순서를 거꾸로 한 것이 아니겠는가, 하는 의문이 있다.

둘째, 신라가 불경(佛經)을 수입하기 이전에는 모든 명사(名詞)를 다만 이두문자의 음(音)과 뜻(義)을 맞추어 적었을 뿐인데, 불학(佛學)이 성행한 뒤에 다소의 괴이한 승려들이 비슷하기만 하면 불경의 숙어(熟語)를 맞추어 다른 이두문자로 개작(改作)하였다.

예를 들면 「炤智(소지)」왕을 혹 「毗處(비처)」왕이라고도 칭하는데, 炤智(소지)나 毗處(비처)는 둘 다 「비치」로 읽는다. 그러나 「毗處(비처)」는 원래부터 쓰던 이두자이지만 「炤智(소지)」는 불경에 맞추어 개작한 이두자이다.

「儒理(유리)」왕을 혹 「世利智(세리지)」왕이라고도 칭하는데, 儒理(유리)나 世利(세리)는 다 「누리」로 읽는다. 그러나 「儒理(유리)」는 원래부터 쓰던 이두문자이지만 「世利(세리)」는 불경에 맞추어 개작한 이두문자이다.

「脫解(탈해)」왕도 그 주(註)에서 일명 「吐解(토해)」라고 하였는데, 脫解(탈해)나 吐解(토해)는 다 「타해」 혹은 「토해」로 읽어야 할 것이다. 그 말의 뜻은 무엇인지 모르나, 당시의 속어(俗語)로 지은 명사임은 명백하다. 「吐解(토해)」는 원래부터 쓰던 이두문자이고 「脫解(탈해)」는 개작한 이두문자이다. 불경에 「脫解(탈해)」란 말이 있으므로 「吐解(토해)」의 뜻(意)을 취하여 「脫解(탈해)」로 개작한 것이지만, 원래 吐解(토해)는 당시 속어의 음(音)을 취한 것일 뿐이고 탈출한다(脫出)거나 혹은 풀려난다(解出)는 뜻은 없었다. 그런데 금궤(櫃)에서 탈출하였기 때문에 이름을 탈해(脫解)라고 하였다는 것은 당시 괴승(怪僧)들이 멋대로 갖다 붙인 해석이라고 단언할 수 있다.

셋째, 세 성(姓)의 시조(始祖)가 다 큰 알에서 나왔다면, 그 큰 알들은 다 「박」만 하였을 것이다. 그런데도 왜 세 성(姓)의 시조들은 동일한 「朴」씨가 되지 않고 박씨 시조 이외의 다른 두 시조는 「昔」·「金」씨가 되었는가?

昔(석)·金(김) 두 성이 다 금궤에서 나왔다면, 왜 동일한 金씨가 되지 않고 하나는 昔씨가 되고 또 하나는 金씨가 되었는가?

석탈해의 금궤를 따라오면서 까치(鵲)가 울었기 때문에 한자 「鵲(작: 까치)」 자의 변(邊)을 떼어내어 「昔」씨가 되었다고 한다면, 김알지(金閼智)가 태어날 때에는 닭(鷄)이 울었으므로 한자 「鷄(계: 닭)」 자의 변을 떼어내어 「奚(해)」씨가 되어야 할 텐데, 왜 양자에 대하여 각기 다른 예를 적용하여 전자는 金씨가 되지 않고 昔씨가 되었고, 후자는 奚(해)씨가 되지 않고 金씨가 되었는가. 신화(神話)라 하더라도 이처럼 난잡하여 조리가 없을 뿐 아니라, 게다가 한자(漢字)의 파자(破字) 놀음의 수작거리가 섞여서 이두문 시대의 실례와는 많이 다르다.

넷째, 처음 건국할 당시의 신라는 경주(慶州) 한 구석에 터전을 잡고 열국 중에서 가장 작은 나라였다. 그런데도 "변한(卞韓)이 나라를 들어 항복해 왔다." "동옥저(東沃沮)가 좋은 말(良馬) 2백 필을 가져와 바쳤다."고 하는 것은 당시의 사정으로 보아 거의 가당치 않은 말일 뿐만 아니라, "북명인(北溟人)이 밭을 갈다가 예왕(濊王)의 도장을 주워서 바쳤다."고 한 것은 더욱 황당한 말인 듯하다.

그 이유는, 북명(北溟)은 북 「가시라」, 곧 북동부여의 별명(지금의 혼춘(琿春)-원주)이고, 고구려 대주류왕(大朱留王)의 호위장사(侍衛將士)인 괴유(怪由)의 장지(葬地)인데, 이제 혼춘(琿春)의 농부가 밭에서 왕의 도장을 주워 수천 리를 걸어와서 경주 한 구석의 작은 나라인 신라왕에게 바쳤다고 하는 것이 어찌 실화(實話)일 수 있겠느냐. 이는 신라 경덕왕(景德王)이 동부여, 곧 북명(北溟)의 고적(古蹟)을 지금의 강릉으로 옮긴 뒤에 조작해낸 근거 없는 황당한 이야기이니, 다른 것들도 거의 믿을만한 가치가 없는 것들이다.

신라가 열국 중에서 학문이나 예술 등이 가장 늦게 발달하여 역사의 편찬이 겨우 그 건국 6백년 후에 시작하여 억지로 북방 여러 나라들의 신화를 모방하여 선대사(先代史)를 꾸몄는데, 그나마도 궁예(弓裔)·견훤(甄萱) 등의 병화(兵火)에 불타버리고, 고구려조 문사(文士)들이 이곳저곳에 남겨놓은 검불들을 주워 모아 만든 것이므로, 신라본기에 있는 기록의 진위(眞僞)를 가려내는 일은 고구려·백제 두 나라의 역사와 매한가지임에도 불구하고, 사가(史家)들은 흔히 신라사는 비교적 완전히 갖추어진 것인 줄 알고 그대로 믿어 왔던 것이다.

나의 연구에 의하면, 신라는 진한(辰韓) 6부(部) 전체를 부르는 명칭이 아니라 6부 중의 하나인 사량부(沙梁部)이다. 그리고 「新羅(신라)」나 「沙梁(사량)」은 둘 다 「새라」로 읽어야 할 것이다. 「새라」는 냇물(川)의 이름인데, 「새라」라는 냇가 위에 있으므로 「새라」라 칭한 것이다. 「沙梁(사량)」은 「沙喙(사훼)」(진흥왕 비문(碑文)에 보임－원주)라고도 썼는데, 沙喙(사훼)는 「새불(=새의 부리)」로 읽어야 할 것이며, 이 또한 「새라(=냇가)」 위에 있는 「불(=벌)」, 곧 들(原野)이기 때문에 그렇게 부른 것이다.

신라본기에 신라의 처음 이름을 「徐羅伐(서라벌)」이라 하였는데, 「徐羅伐(서라벌)」은 「새라불」로 읽어야 할 것이며, 이는 「새라의 불(=벌. 들판)」이란 뜻이다.

신라의 시조 박혁거세는 고허촌장(高墟村長)인 소벌공(蘇伐公)의 양아들(養兒)인데, 「고허촌」은 곧 사량부(沙梁部)이므로, 소벌공의 「소벌(蘇伐)」 또한 사훼(沙喙)와 같이 「새불」로 읽어야 할 것인바, 이것은 본래 지명이다. 그리고 「공(公)」은 존칭으로서, 「새불」 자치회의 회장이므로 「새불」공(公)이라고 칭한 것이다. 말하자면 소벌공(蘇伐公)은 곧 고허촌장이란 뜻이므로, 소벌공을 마치 인명처럼 쓴 것은 사가(史家)들의 잘못이다.

「새라」 부장(部長)의 양자(養子)인 박혁거세가 6부 전체의 왕이 되었으므로 국호를 「새라」라 하고, 이를 이두문자로 「斯盧(사로)」, 「新羅(신라)」 「徐羅(서라)」 등으로 쓴 것이며, 朴(박)씨뿐 아니라 昔(석)·金(김) 양씨도 다 사량부의 귀한 성씨이니, 세 성(三姓)을 특히 높여 떠받든 것은 또한 삼신설(三神說)을 따르면서 그것을 모방한 것이다.

신라본기에 석탈해왕 9년(기원 65년)에 비로소 김씨의 시조인 어린 아기 김알지(金閼智)를 주웠다고 하였으나, 파사왕(婆娑王) 원년(기원 80년)에 왕후 사성부인(史省夫人) 김씨는 허루(許婁) 갈문왕(葛文王_: 죽은 후 왕으로 추존한 왕을 신라에서는 〈갈문왕(葛文王)〉이라 하였다.-원주)의 딸이라 하였은즉, 그 나이를 따져보면 허루(許婁)는 거의 김알지의 아버지뻘 되는 김씨일 것이니, 이로 미루어보면, 朴·昔·金세 성이 당초부터 사량부 내에서 서로 통혼(通婚)하는 거족(巨族)이다가, 같이 모여 의논한 결과 6부 전체를 세 성이 서로 돌아가며 왕을 하는 나라로 만들었는데, 이에 진한(辰韓) 자치의 형국이 변하여 세습 제왕(帝王)의 나라로 되기에 이른 것이다.

제5편(一)

고구려의 전성시대

– 고구려의 강성함은 「선배」 제도의 창설로 시작되었는데, 창설한 연대는 옛 사서에 전하지 않으나 조의(皂衣: 아래에서 상세히 설명한다–원주)의 이름이 태조본기(太祖本紀)에 처음으로 나타나므로, 그 창설은 태조대왕과 차대왕의 때일 것이다.

「선배」는 이두문자로 「先人(선인)」 「仙人(선인)」이라 썼는데, 「先」과 「仙」은 「선배」의 「선」의 음(音)을 취한 것이며, 「人」은 「선배」의 「배」의 뜻(義)을 취한 것이니, 「선배」는 원래 「신수두」 교도(敎徒)의 보통 명칭이었다. 태조 때에 와서 매년 3월과 10월 「신수두」 대제(大祭)에 모든 군중들을 모아놓고 혹 칼춤도 추고, 혹 활도 쏘고, 혹 깨금질(한 발은 들고 한 발로만 뛰어가는 것. 앙감질)도 하고, 혹 택견도 하고, 혹 강의 얼음을 깨고 물속에 들어가 물싸움도 하고, 혹 가무(歌舞)를 연주하여 그 실력을 보고, 혹 대규모 사냥시합을 하여 그 쏘아 잡은 것의 많고 적음(多寡)도 보는 등 여러 가지 내기에서 승리하는 자를 「선배」라 불렀다. –

제1장 기원 1세기 초 고구려의 국력 발전과 그 원인

1. 대주류왕(大朱留王) 이후의 고구려

기원 1세기 이후부터 기원 3, 4세기까지에 한강 이남, 곧 남부의 조선 열국들은 아직 새로 세워진 초창기(草創期)였고, 압록강 이남, 곧 중부의 조선 열국들은 이때 다 쇠약하고 미미해졌으며, 압록강 이북, 곧 북부의 조선 열국들도 거의 다 이미 국력이 기울어지고 패망하여, 가라(加羅)나 신라나 백제나 남(南)낙랑이나 동부여 양국들은 모두 다 특기할 만한 것들이 적었다.

이런 중에 오직 고구려와 북부여가 가장 큰 나라로서 열국들 중에 그 세력을 떨쳤으나, 그러나 대주류왕(大朱留王: 大武神王) 이후의 연대가 삭감됨에 따라서 사실(事實)도 모두 탈루(脫漏)되어 그 사적(史蹟)을 논할 수가 없게 되었다.

이제 중국사에 의거하여 고구려가 중국과 선비(鮮卑)에 대하여 정치적으로 관계를 가졌던 한두 사항을 적을 뿐이다.

2. 고구려의 대(對) 중국 관계

—왕망(王莽)의 흥망과 고구려의 발흥—

고구려가 동(東)부여와 남(南)낙랑의 관계로 인하여 늘 한(漢)과 다투었는데, 기원 1세기경에 한(漢)의 외족(外族)에 왕망(王莽)이란 괴걸(怪傑)이 나서,

(一) 고대 사회주의인 정전법(井田法)을 실행하고,

(二) 한문화(漢文化)로 세계를 통일함으로써, 일종의 공산주의적 국가를 건설하려고 시도하였던, 중국 본국뿐만 아니라 조선 열국까지도 다소 관계되는, 사건이 발생하였다.

지금의 중화민국이 수립되기 이전의 수천 년 동안 중국에서는 왕조(王朝) 교체와 군웅(群雄)의 쟁탈(爭奪)이 수도 없이 있었지만, 실제로는 乙의 세력으로 甲의 세력을 대체하면서 민중에게는 일시적으로 "省徭役 薄賦斂(생요역 박부렴)"(→요역(徭役)을 줄이고 세금 부과를 가볍게 함)이란 여섯 글자의 혜택을 베푸는 정치로써 잠시 편히 살 수 있게 해주다가, 얼마 지나지 않아서 또다시 옛 제도를 회복함으로써, 결국 폭력으로써 폭력을 대체하는(以暴易暴) 악극(惡劇)이 되풀이될 뿐이었다. 따라서 이러한 것은 의식 없는 내란(內亂)이라고 부를 수는 있을지언정 혁명(革命)이란 이름을 붙일 수는 없는 성격의 것이었다.

그러나 왕망(王莽)에 이르러서는, 실제로 토지를 고루 분배하여 빈부(貧富)의 계급(階級)을 없애려는 의견을 대담하게 실행하려고 하였으니, 이 사건은 동양 고대의 유일한 혁명(革命)으로 볼 수밖에 없다.

이제 정전설(井田說)이 생겨난 경과와 왕망이 흥하고 망한 역사를 간략하게 살펴보도록 한다.

정전설(井田說)은 중국의 춘추(春秋) 말 전국(戰國) 초(기원전 5세기경-원주)

에 당시의 사회문제를 해결하기 위하여 생겨난 것인데, 당시에는 열국(列國)들이 나란히 대치하고 있는 중에 나라마다 귀족들이 권력을 독점하여 극도로 호사(豪奢)한 생활을 하고 있었으며, 전쟁이 끊일 날이 없어서 부세(賦稅)는 날로 높아갔으며, 부자들이 가난한 자들의 토지를 겸병(兼倂)하여 인민들의 생활은 말할 수 없이 곤궁하였기 때문에, 유약(有若)·맹가(孟軻) 등 일부 학자들이 이를 구제하려고 토지평균설(土地平均說), 곧 정전설을 주창하기에 이르렀다.

그들의 말에 의하면, 중국의 하(夏)·상(商)·주(周) 삼대(三代)가 다 정전제를 시행하였는데, 이 제도는, 9백 묘(畝)의 전지(田地)를 한자 井(정) 자 모양으로 나누어 여덟 가구에 각 1백 묘씩 나누어주어 경작하게 하고, 가운데 있는 나머지 1백 묘는 공전(公田)이라고 하여 여덟 가구가 공동으로 경작하여 그 수확물을 공용(公用)에 쓰며, 또 각자에게 분배된 사전(私田) 1백 묘에서 나는 수확의 10분지 1을 세금으로 바치게 하는 제도인데, 이것을 십일세(十一稅)라고 하였다.

그런데 선대(先代)의 성왕(聖王)은 다시 나오지 않고 중국이 분열하여 전국(戰國) 시대가 되자, 모든 제후왕(諸侯王)들은 그 인민들로부터 더 많은 부세를 거두어들이기 위하여 정전제도를 철폐하는 동시에 정전제도에 관한 문서들까지 없애버렸다고 한다.

어느 민족이든 원시공산제(原始共産制) 단계의 사회가 있었음은 오늘날의 사회학자들이 공인하는 바인데, 중국도 물론 태고에는 균전제도(均田制度)가 있었을 것이다. 그러나 저들(유약(有若)과 맹자(孟子) 등—원주)이 주창한 정전제는 당시 조선의 균전제(均田制)를 목격하거나 혹은 전해 듣고 이를 모방하려고 한 것이고, 저들이 자백한 바와 같이, 중국 자체의 옛 문헌에 근거해서 말한 것은 아니다.

다만, 조선의 균전제는 여덟 가구가 한 전지(田地)를 공동으로 경작하는 「八家同田(8가동전)」이 아니라, 네 가구가 한 전지를 공동으로 경작하는 「四家同田(4가동전)」 방식이었다. 이것은 지금의 평양이나 경주에 남아 있는 한자 「器(기)」자 모양의 옛 전지(田地)에 의해 충분히 증명된다. 그리고 그 세제(稅制)는 10분지 1을 취하는 「十一稅(십일세)」가 아니라 20분지 1을 취하는 「二十一稅(이십일세)」였다. 〈맹자〉에 기록되어 있는바 "貉二十而取一(맥이십이취일)"(→맥국에서는 20분지 1을 세금으로 거둔다.)이라 한 것이 이를 명백히 지적하고 있다.

저들이 「四家同田(4가동전)」제를 「八家同田(8가동전)」제로 고치고, 2십분지 1 세제를 1십분지 1 세제로 고쳐서 조선과 달리하고는, 자존적 근성이 깊은 저들이 이를 조선에서 가져왔다는 사실을 숨기고, 중국 선대 성왕(聖王)의 유제(遺制)라고 거짓 칭탁(僞託)하는 동시에, 조선을 이맥(夷貉)이라 부르고, 조선의 정전제는 이맥의 제도라고 배척하여, 〈춘추(春秋)〉의 공양전(公羊傳)·곡량전(穀梁傳)이나 〈맹자〉에서 동일하게 "少乎什一者, 大貉小貉也(소호십일자, 대맥소맥야)"(→(세금이) 10분지 1보다 적은 것은 대맥(大貉)과 소맥(小貉)의 제도이다.)라고 하였으며, "貉五穀不生, 惟黍生之… 無百官有司之養, 故二十取一而足."(→ 맥국에서는 오곡이 자라지 않고 단지 기장만 자란다.…백관(百官)이나 담당 관리를 부양할 일이 없으므로 20분지 1만 받아도 충분하다.)이라고 하였다.

그러나 〈후한서〉 부여 · 옥저전 등에서 "土地平敞… 肥美… 宜五穀."(→땅이 평평하고 넓게 틔었으며… 토질이 비옥하여… 오곡의 생산에 적합하다.)이라고 하였고, 〈위략(魏略)〉의 부여·고구려전 등에서는 "其官有

相加對盧沛者(기관유상가대로패자)"(→그 관직으로는 상가(相加)·대로(對盧)·패자(沛者) 등이 있었다.)라고 하였은즉, 맹자·공양씨·곡량씨 등이 운운한 것은 근거도 없고 논리에 부합하지도 않는 조선 배척론(排朝鮮論)임을 볼 수 있다.

조엽(趙曄)의 〈오월춘추(吳越春秋)〉에는 "하우(夏禹)의 공전(公田)이 조선(朝鮮: 本文은 「주신(州愼)」-원주)의 것을 모방한 것"이라고 하였으니, 이는 공정한 자백이다.

저들이 정전설(井田說)을 아무리 큰 소리로 주창한다고 하더라도, 그것은 본래 민중을 움직여서 부귀 계급을 타파하려던 운동이 아니었고 오직 군주나 귀족을 설득하여 그들의 기득(旣得)의 부귀(富貴)를 버리고 그 소유를 민중에게 골고루 나누어 주려고 하였던 것이므로, 민간에서는 아무런 반응이 없었고, 군주나 귀족들은 바야흐로 권리의 쟁탈에 급급하여 정전설에 귀를 기울이는 자가 없었다.

진시황(秦始皇)이 중국을 통일하여 열국을 멸하고 전 중국의 재산과 부(富)를 독점하여 아방궁(阿房宮)을 짓고 만리장성(萬里長城)을 쌓다가 2세(世)에 망하고, 8년간의 대란(大亂)을 지나 한(漢)이 흥하자, 옛날 열국들에 남아 있던 귀족과 토호(土豪)들이 많이 멸망하여 부귀계급이 훨씬 감소하였고, 인구도 전란 중에 많이 소모되어 경작지 부족의 염려가 없었으므로, 이전부터 내려왔던 사회 문제가 얼마 동안 조용해졌다.

그러나 2백년의 태평세월이 지나자 인구는 비상히 번식하였고 거농(巨農)과 대상(大商)이 생겨나서, 부자는 여러 군(郡)의 토지를 가진 이가 있는가 하면 송곳 하나 꽂을 땅조차 없는 빈민들이 있어서, 사회문제가 다시 학자나 정치가들 사이에서 치열한 논쟁거리로 되었다.

그리하여 혹은 「한전제(限田制)」를 제기하여 인민의 농토 소유를 일정한 면적 이내로 제한하자고 하며, 혹은 〈주례(周禮)〉란 책을 써서 이것을 중국 고대에 정전제를 시행한 주공(周公)이란 성인이 쓴 책이라고 거짓 칭탁(僞託)하여, 당시의 제도를 반대하였던 것이다.

그런데 이때 한(漢)의 황실(皇室)은 그 힘이 쇠약해져서 외척(外戚) 왕씨(王氏)가 대대로 대사마(大司馬) · 대장군(大將軍)의 직위를 차지하고 정권(政權)과 병권(兵權)을 전단하였다.

왕망(王莽)이 대사마 · 대장군이 되어서는 황제인 평제(平帝)와 그 뒤를 이은 두 살짜리 황태자 영(嬰)을 독살하고 스스로 황제가 되어 국호를 「신(新)」으로 바꾸었다.

왕망은 앞에서 말한 것처럼, (一)정전제(井田制)의 실행과, (二)한문화(漢文化)의 세계통일이란 양대 이상(理想)을 가진 자였으므로, 〈주례(周禮)〉를 모방하여 전 중국의 토지를 한자 정(井) 자 모양으로 구획 짓는 사업에 착수하고, 또 사자를 이웃 나라에 보내어 수많은 재물로 그 군장(君長)들을 매수하여 그 나라의 인명과 지명들을 모두 중국식으로 고치게 하고, 한문(漢文)을 전파하여 배우도록 유인하였다.

이에 앞서 흉노는 남·북 두 부(部)로 나뉘어 있었는데, 북흉노는 지금의 몽고 북부에 터를 잡고 한(漢)과 대항하였으나, 남흉노는 몽고 남부에 근거를 두고 한(漢)에 신하로 복종하였다.

이때에 왕망의 사자가 남흉노의 선우(單于: 추장) 낭아지사(囊牙知斯)를 꾀어서 말하기를, 두 자(字) 이상으로 된 이름은 중국 문법에 위반되니 「囊牙知斯(낭아지사)」란 이름을 「知(지)」로 바꾸고, 흉노(匈奴)라는 「匈(흉)」 자가 불순(不順)하니 「降奴(항노)」로 바꾸고, 「單于(선우)」라 할 때의 「單(선·단)」 자에는 의미가 없으니 「服于中國(복우중국: 중국에 복종한다)」

이란 뜻으로 「服于(복우)」라고 바꾸라고 하였다.

낭아지사(囊牙知斯)가 처음에는 응하려 하지 않았으나, 왕망의 재물을 탐내어, 이에 한(漢)이 준 「흉노선우 낭아지사(匈奴單于 囊牙知斯)」란 새인(璽印)을 버리고 왕망(王莽)이 새로 준 「항노복우 지(降奴服于 知)」란 인장(印章)을 받았다.

그러나 왕망이 또 생각하기를, 남흉노의 관할하는 무리의 수가 너무 많으니 혹시 이것이 나중에 우환거리가 되지 않을까 하여, 그 무리를 나누어 12부(部)로 만들고 열둘의 복우(服于)를 세우라고 하였다. 이에 낭아지사가 대노(大怒)하여 드디어 왕망과 항전(抗戰)하기에 이르렀다.

왕망이 여러 장수를 보내어 흉노를 치면서 요동에 조서를 내려 고구려현(高句驪縣)의 군사를 동원하였다.

「고구려현(高句驪縣)」이란 무엇인가. 한 무제가 고구려국(高句麗國)을 고구려현(高句驪縣)으로 만들려 하다가 전쟁에 패하여 물러가서는 소수(小水: 지금의 태자하(太子河)-원주) 부근에 하나의 현(縣)을 만들어 놓고 조선 열국의 망명자와 포로 등을 그곳에 살게 하여 「고구려현(高句驪縣)」이라 칭하면서 현토군에 소속시킨 것이다.(*〈麗(려)〉는 원래 〈가우리〉의 〈리〉 음을 적은 것인데 한(漢)에서 이를 〈驪〉로 바꾸었다. 〈驪(려)〉는 검은 말. 검다 등의 뜻으로, 고구려를 멸시하는 뜻에서 한자를 바꿔 쓴 것이다.-옮긴이)

그곳 현(縣)에 사는 사람들이 먼 길에 출정 나가기를 원하지 않았으므로 강제로 징발하였는데, 그곳 현 사람들이 국경 밖으로 나가서는 전쟁터로 나가지 않고 모두 도적이 되어서 약탈을 하였기 때문에, 왕망의 요서 대윤(遼西大尹) 전담(田譚)이 추격하다가 죽었다. 이에 왕망이 대장군 엄우(嚴尤)를 보냈는데, 그는 고구려현의 현후(縣侯: 현령) 추(騶)를 유인하여 목을 베어 그 머리를 장안(長安)으로 보내고 대첩(大捷)하였다고 보고하였다. 이에 왕망은 크게 기뻐하면서 조서(詔書)를 내려 여러 장수들을 격려하고, 동시에 고구려현을 「하구려현(下句驪縣)」이라고 바꾸었다. 그리고 승세를 타서 조선 열국과 흉노 각 부(部)를 쳐서 중국식의 제도를 도입하여 설치하도록 재촉하였다.

이에 조선 열국들, 곧 북부여·고구려 등 나라들이 대(對) 왕망 공수동맹(攻守同盟)을 체결하여 왕망의 변경을 자주 침입하자, 이에 왕망이 대(對) 조선, 대(對) 흉노 전쟁을 위하여 세금 징수를 증가시키고 인부들을 징발하자 전 중국이 소란해졌다. 그래서 부자들만 왕망을 반대하였을 뿐 아니라 빈민들도 무리지어 일어나 왕망을 토벌하였으므로, 왕망은 마침내 패망하고 광무제(光武帝)가 한(漢)을 중흥시켰다.

〈삼국사기〉에는 왕망의 침입을 유류왕(儒留王) 31년의 일로 기록하고, 「후 추(侯 騶)」를 「고구려장(高句麗將) 연비(延丕)」라고 하였다. 그러나 이는 〈삼국사기〉의 작자가, (一) 고구려 고기(古記)에 연대 삭감 사실이 있음을 모르고 고기(古記)의 연대를 〈한서(漢書)〉의 연대와 대조하였고, (二) 〈한서〉의 고구려(高句驪)는 고구려국(高句麗國)과는 아무런 관계가 없는 한(漢) 현토군의 고구려현(高句驪縣)인 줄 모르고 이를 고구려국(高句麗國)으로 잘못 알고 한서의 본문을 그대로 초록(抄錄)하는 동시에, 다만 유류왕이 왕망의 장사(壯士)의 손에 죽어 그 머리가 한(漢)의 도성인 장안(長安)까지 갔다고 하는 것은, 저들 사대노(事大奴)의 안중에도 너무 엄청난 거짓말인 듯하므로, 「고구려후 추(高句驪侯 騶)」 5자(字)를 「아장연비(我將延丕: 고구려 장수 연비)」 4자로 고친 것이다.

(*김부식(金富軾)이 비록 흐리터분한 오작(誤作)은 많으나 턱없는 위작(僞作)은

못하는 자이니, 연비(延丕)는 혹 고기(古記)의 작자가 위조한 인물인 것 같기도 하다. 그러나 유류왕(儒留王)은 명백히 왕망보다 1백여 년 이전의 인물이며, 〈한서〉에서 운운한 고구려는 명백히 고구려 국(國)이 아니니, 설령 참으로 연비라는 사람이 있었다 하더라도 유류왕 시대의 고구려인은 아니다.-원주)

왕망은 중국의 유사(有史) 이래 첫 번째로 의식 있는 혁명을 실행하려고 했던 자이지만, 그러나 이웃 나라들을 너무 무시하여 남의 언어·문자·종교·정치·풍속·생활상태 등의 모든 역사적 배경이 어떠한지는 전혀 고려하지 않고 한문화(漢文化)로써 지배하려다가 그 반감을 불러일으켜 많고 적은 민족적 전쟁이 일어나게 하여, 결과적으로 내부개혁(內部改革)의 진행까지 흔들리고 저지당하게 함으로써 그 패망의 첫째 원인이 되었다.

「신수두」의 교(敎)가 비록 태고의 미신(迷信)이지만, 전래되어 온 연대가 오래 되었고, 유행한 지역이 광대하여 한(漢)의 유교(儒敎)로는 이를 대적할 무기(武器)가 되지 못하였다. 그리고 이두문(吏讀文)은 비록 한자의 음(音)과 뜻(義)을 빌려와서 만든 것이기는 하지만 조선의 인명·지명 등 명사(名詞: 고대에는 모두 우리말로 지었던 名詞.-원주)뿐만 아니라 노래든, 시(詩)든, 적바림(뒤에 들춰 보려고 간단히 글로 적어 두는 것. 또는 그 기록. 적록(摘錄). 메모-옮긴이)이든, 기타 그 무엇이든 간에, 이때 조선인에게는 한자보다도 사용하기에 더 편리하였다. 그러므로 한자로 이두문자를 대신할 가망이 없었으니, 왕망의 한문화적(漢文化的) 동침(東侵)은 한갓 망상(妄想)에 불과한 것이었다.

더구나 「흉노(匈奴)」의 본래 이름은 「훈」인데도 구태여 「훈」을 「匈奴」로 썼던 자는 한인(漢人)이며, 「고구려」의 본명은 「가우리」이고 「高句麗」는 그 이두자임에도 불구하고 구태여 「고구려」를 「句驪(구려)」 혹은 「高句驪」라고 쓰는 자도 한인이니, 한인의 하는 짓이 이미 괘씸한데,

하물며 게다가 본명과는 얼토당토 않는 문자를 가져다가 「降奴(항노)」라, 「下句驪(하구려)」라 함에랴. 왕망이 패망(敗亡)한 것은 또한 당연한 일이었다.

3. 선비(鮮卑) 대(對) 고구려의 관계

고구려와 한(漢)이 충돌하는 중간에 서서 고구려를 도우면 고구려가 이기고, 한(漢)을 도우면 한이 이겨 양국의 승패를 좌우하는 자가 있었으니, 곧 선비(鮮卑)라 칭하는 종족(種族)이 그것이다.

선비가 조선의 서북, 곧 지금의 몽고 등지에 분포하였다가 흉노의 선우(單于) 모돈(冒頓)에게 패하여 그 본거지를 잃고 내·외 흥안령(興安嶺) 부근으로 이주하였다는 것은 이미 제2편 제3장에서 설명하였다. 그 뒤에 선비가 양분되어 하나는 계속하여 「선비(鮮卑)」라 칭하고, 다른 하나는 「오환(烏桓)」이라 칭하였다.

이 양자는 언어나 풍속이 거의 동일한데, 짐승의 고기를 먹으며 짐승의 가죽을 옷으로 해 입고 목축과 수렵(狩獵)으로 생활하는 종족으로서, 각기 부락을 나누어 사는데, 전 부족을 통솔하는 대인(大人)이 있고 각 부락마다 부대인(副大人)이 있어, 그 부족들은 다 그 대인이나 부대인의 이름 자(名字)로 성(姓)을 삼고, 싸우기를 좋아하므로 젊은이를 존대하고 늙은이를 천대하며, 문자(文字)가 없으므로 무슨 일이 있으면 목각(木刻)을 신표(信標)로 하여 부락민들을 불러 모으고, 일체의 쟁송(爭訟)은 대인에게 가져가서 판결을 받는데, 지는 자는 소나 양으로 배상(賠償)하였다.

조선이 모돈(冒頓)에게 패한 뒤에 선비와 오환이 다 조선에 복속하지 않고 도리어 조선 열국을 침략하므로, 고구려 초에 유류왕(儒留王)이 이를 걱정하여, 부분노(扶芬奴)의 계책을 좇아서 군사를 두 패로 나누어 그 한 패는 왕이 직접 거느리고 가서 선비국의 전면을 치고, 또 한 패는 부분노가 거느리고 몰래 샛길로 가서 선비국의 후면으로 들어갔다. 왕이 먼저 교전하다가 거짓 패하여 달아나니, 선비가 그 소굴을 버리고 다투어 추격해 왔다. 이때를 이용하여 부분노가 소굴을 몰래 습격하여 점령한 후 왕의 군사들과 함께 앞뒤로 공격하여 드디어 선비를 항복시켜 속국으로 삼았다.

오환(烏桓)은 한 무제(武帝)가 위(衛) 우거(右渠)를 멸한 뒤에 이들을 유인하여 우북평(右北平)·어양(漁陽)·상곡(上谷)·안문(雁門)·대군(代郡)—지금의 북경시와 산서성의 중국 서북 일대에 거주케 하여 흉노를 정찰하는 임무를 맡게 하였다. 그 후 소제(昭帝) 때에 오환의 무리들이 나날이 그 수가 불어나므로, 당시 한의 집정자(執政者) 곽광(霍光)이 후일의 걱정거리가 될까봐, 이에 오환의 선대(先代)가 흉노의 선우 모돈(冒頓)과 싸우다가 패하여 죽은 참사(慘史: 비참한 역사)를 들춰내어 오환을 선동하여 모돈의 무덤을 파내어 조상의 원수를 갚게 하였다.

이에 흉노의 호연제 선우(壺衍鞮單于)가 대노하여 정예 기병 2만으로써 오환을 치자, 오환은 한(漢)에 원병(援兵)을 청하였다.

한(漢)이 3만의 군사를 동원하여 구조(救助)한다고 칭하고는 멀리 떨어져서 관망만 하다가, 흉노가 물러갈 때를 틈타서 오환을 습격하여 무수히 많은 오환의 군사들을 학살하였다. 이 일로 인하여 오환은 아주 쇠약해져서 다시는 한(漢)에 대항하지 못하였다.

왕망(王莽)의 때에 이르러서는, 오환으로 하여금 흉노를 치라고 하면서 한편 그의 처자들을 각 주군(州郡)에 볼모로 잡아놓았다. 그리고 오환을 구박하여 흉노를 전멸시키기 전에는 돌아오지 못하게 하자, 오환인들은 원망하고 분해하여 한(漢)을 배반하여 도망가는 자가 많았다. 이에 왕망이 그 볼모로 잡았던 처자들을 살육하였는데, 그 참혹함이 또한 매우 심하였다.

왕망이 망하고 중국이 크게 어지러워지자, 고구려 모본왕(慕本王)이 이를 기회로 요동을 회복하여, 양평성(襄平城)의 이름을 고구려의 옛 이름으로 고쳐서 「오열홀(烏列忽)」이라 부르고, 선비와 오환을 규합하여 자주 중국을 쳤다. 한(漢)의 광무제(光武帝)는 한(漢)을 중흥한 뒤에 요동군을 지금의 난주(灤州)로 옮기고, 고구려를 막기 위하여 장군 채동(蔡彤)을 요동태수(遼東太守)에 임명하였다.

(*중국에서 발행된 〈후한서〉 책에는 채동(蔡彤)이 아니라 제융(祭肜)으로 되어 있다. 그러나 어느 것이 맞든 간에 역사적 사실관계를 이해하는 데는 큰 문제가 되지 않으므로, 여기서는 계속 채동(蔡彤)으로 쓴다. –옮긴이)

그러나 채동은 전쟁에서 자주 불리하게 되자 이에 황금과 비단으로 선비족 추장 편하(偏何)에게 뇌물을 먹이어 오환족 추장 흠지분(歆志賁)을 살해하게 하였다. 이에 모본왕이 다시 선비와 오환을 타일러서 다시 공동행동을 취하였으므로, 한(漢)은 계책이 궁해져서 해마다 2억7천만 전(錢)을 고구려·선비·오환 세 나라에 공납(貢納)하기로 조약을 맺고 휴전하였다.

모본왕이 한(漢)을 이기고 나서는 매우 교만하고 거만해져서, 앉을 때에는 사람을 안석(案席: 앉을 때 몸을 기대는 방석)으로 삼으며, 누울 때에는 사람을 베개 삼고, 꼼짝하면 그 사람을 참살하여, 그렇게 죽은 사람이 무수하였다. 왕을 곁에서 모시는 신하(侍臣) 두로(杜魯)가 왕의 베개가 되어 그 고통을 이기지 못하여 한 친구를 향하여 울면서 그 사정을 하소연하자, 그 친구가 말했다.

"우리를 살게 해주므로 임금을 섬기는 것이다. 우리를 죽이는 임금이야 임금이 아니라 도리어 우리의 원수가 아니냐. 원수는 죽여도 된다."

이에 두로가 칼을 품었다가 왕을 찔러 죽였다. 모본왕이 시해(弑害)당한 뒤에 여러 신하들이 모본왕의 태자가 불초(不肖)하다고 하여 태자에서 폐하고, 종실(宗室)에서 궁(宮)이란 이름의 한 어린아이를 맞아 왕의 자리에 앉히니, 이가 곧 태조대왕(太祖大王)이다.

(*〈삼국사기〉는 모본왕의 포학한 행동을 이렇게 기록하고 있다.

"王日增暴虐, 居常坐人, 臥則枕人. 人或動搖, 殺無赦. 臣有諫自, 彎弓射之."(→왕은 날이 갈수록 포학해져서, 앉을 때는 언제나 사람을 깔고 앉았고, 누울 때에는 사람을 베고 누웠다. 그 사람이 혹시 움직이면 용서해주지 않고 죽였다. 신하 중에 잘못을 간하는 자가 있으면 활을 당겨 그를 쏘아 죽였다.—옮긴이)

고구려본기는 대주류왕(大朱留王: 大武神王) 이후에는 확실히 연대가 삭감되었기 때문에, 모본왕(慕本王) 본기부터 비로소 근거로 삼을 재료가 될 것이다. 모본왕을 대주류왕의 아들(子)이라고 한 것은 그 연대를 삭감한 흔적을 은폐하려는 거짓 기록(誣錄)이니, 모본왕은 대개 대주류왕의 3세나 혹 4세가 되는 것이 맞을 것이며, 모본왕 때에 요동을 회복하였다는 기록이 없다.

태조대왕(太祖大王) 3년에 요서(遼西)에 성 10개를 쌓았으니, 요동은 그 전에 이미 1차 회복하였던 것이 명백하다. 그리고 〈후한서〉 동이열전에 "고구려와 선비가 우북평·어양·상곡·태원 등지를 침략하다가 채동(蔡彤: 또는 제융(祭肜))이 은신(恩信)으로써 부르므로 다시 항복하였다."(句驪

寇右北平·漁陽·上谷·太原, 而遼東太守祭肜以恩信招之, 皆復款塞.—옮긴이)고 하였으나, 해마다 2억7천만 전(錢)의 돈을 준 것으로 채동전(蔡肜傳)에 기록되어 있으므로, 이것은 해마다 바친 공물, 즉 세공(歲貢)이지 은신(恩信: 상호간의 은혜와 신의를 보증하기 위해서 주는 물건이란 뜻)이 아니다.

제2장 태조(太祖)·차(次) 양 대왕의 문치(文治)

1. 태조(太祖)·차(次) 양 대왕의 세계(世系)의 오류

왕조의 세계(世系)가 틀렸는지 아닌지를 안다고 해서 사가(史家)가 아는 체 할 것은 아니지만, 고대사는 연대(年代)의 사실이 언제나 왕조의 족보(譜牒)에 딸리어 전하기 때문에 그 틀린지의 여부를 가리게 되는 것이다.

이제 첫 번째로 태조(太祖)의 세계(世系)를 살펴보도록 하자.

이전 사서(〈삼국사기〉)에서는 태조(太祖)는 유류왕(儒留王: 즉 琉璃王)의 아들인 고추가(古鄒加) 재사(再思)의 아들이고, 또한 대주류왕(大朱留王: 大武神王)의 조카(侄)라고 하였다. 그러나 유류왕(儒留王)은 이미 앞에서 말한 바와 같이 연대 삭감 내에 포함된 제왕이고 광개토경호태왕(廣開土境好太王)의 16세 조상(世祖)이므로, 모본왕(慕本王)에게는 3세조(世祖)가 될 것이고 태조에게는 4세조가 될 것이니, 따라서 유류왕(儒留王)이 태조의 부친인 재사(再思)의 부친이라고 한 것은 착오로 인한 기록(誤錄)이거나 아니면 거짓 기록(誣錄)이다.

재사(再思)는 그 작위 명(爵名)이 고추가(古鄒加)인데, 고추가는 곧 「고주가」를 이두문자로 기록한 것이다. 「고주」는 오래된 뿌리(古根)란 뜻이며(지금 풍속에도 「古根」을 「고주박」이라고 한다.-원주), 「가」는 신(神)의 씨란 뜻으로, 당시 5부대신(五部大臣)의 칭호(稱呼)가 된 것이다. 「고주가」는 당시 종친대신(宗親大臣)의 작위 명으로(지금 풍속에도 먼 동족을 「고죽지 먼동그럭이」라고 한다.-원주), 재사(再思)가 「고주가」의 작위를 가졌으므로 종친대신임은 명백하다.

〈후한서〉나 〈삼국지〉에서는 "연나(涓那)는 본래는 (나라의 주인이었으나, 지금은) 왕이 될 권리를 잃었다. 그러나 적통대인(適統大人)으로서 고추가(古鄒加)라 칭하고 종묘(宗廟)를 세울 수 있다."(涓奴部本國主, 今雖不爲王, 適統大人, 得稱古鄒加, 亦得立宗廟.—옮긴이)라고 하였다. 그러나 연나(涓那)는 서부(西部)의 이름이고, 계나(桂那)는 중부(中部)의 이름이니, 고구려의 정치제도에 중부가 주(主)가 되고 4부(部)가 이에 복속하였는데, 어느 나라 어느 때에도 중부를 놔두고 서부인 연나(涓那)에서 왕이 났을 리가 없다. 그러므로 태조는 연나(涓那)의 주장(主長)인 고추가(古鄒加) 재사(再思)의 아들로서의 자격으로 왕이 되고, 모본(慕本)의 태자는 계나(桂那)를 차지하였던 「신한」의 아들로서 물러나서 연나의 고추가(古鄒加)가 되었음을 가리킨 것일 것이다.

〈삼국사기〉 고구려본기에서는 태조 이후에 다시 대주류왕(大朱留王)의 후예로서 왕위를 이어받은 이가 없는데, 광개토경호태왕(廣開土境好太王)의 비문(碑文)에서는 대주류왕이 그 직계 조상(直祖)이라고 기록되어 있으므로, 태조의 부친인 재사(再思)는 대주류왕의 조카(侄)가 아니라 3세손(世孫)이 되는 것이다.

이제 또 차대왕(次大王)의 세계를 설명해 보도록 하자.

〈삼국사기〉에서는 차대왕을 재사(再思)의 아들이며 태조(太祖)의 동모제(同母弟: 동복동생. 한 어머니에게서 난 아우—옮긴이)라고 하였으나. 태조 당시에 차대왕은 이미 왕자라 칭하였으니, 차대왕이 태조의 동생(弟)이라면 어찌하여 왕의 동생(王弟子)이라고 하지 않고 왕자(王子)라고 하였는가?

당시 왕의 아들(子)은 아니지만 전왕(前王)의 아들(子)이므로 또한 왕자(王子)라 칭하였다고 한다면, 재사(再思)가 왕의 아버지(父)이지 왕은 아니니, 왕의 아버지(王父)의 아들도 왕자라고 칭한 예가 있는가?

태조가 즉위할 때 나이가 겨우 7세였고, 생모인 태후(太后)가 섭정하였으니, 이때에 재사(再思)가 생존했다고 하더라도 만사(萬事)를 감당해 내는 것이 부인이나 어린아이만도 못할 만큼 노쇠하였기 때문에 7세 난 아들에게 왕위를 물려주고 아내가 섭정하기에 이르렀다는 것이 되는데, 그렇다면 그 뒤에는 어찌하여 다시 강장(强壯)하여 차대왕(次大王)과 신대왕(新大王)과 인고(仁固) 삼형제를 낳기에 이르렀는가?

재사(再思)가 정치 문제에는 권태를 느꼈으나 아들을 낳을 만한 생식력(生殖力)은 왕성했다고 가정하더라도, 차대왕은 즉위할 때에 나이가 76세였으니 그가 태어난 해는 태조 19년이 되고, 신대왕(新大王)은 즉위할 때에 나이가 77세이므로 그가 태어난 해는 태조 37년이 된다. 태조 원년에 이미 늙었던 재사(再思)가 19년 만에 다시 차대왕을 낳고, 그 뒤 20년 만에 또 신대왕(新大王)을 낳았다는 것이 어찌 사리에 맞는 말이겠느냐.

대개 차대왕·신대왕·인고(仁固) 3인은 태조의 서자(庶子)들이고, 차대왕에게 죽은 막근(莫勤)과 막덕(莫德) 두 사람은 태조의 적자(嫡子)들이므로, 신대왕과 인고(仁固)가 비록 차대왕(次大王: 왕자시대의 차대왕-원주)의 권력 전단(專斷)을 미워하였으나 초록동색(草綠同色: 다 같은 서자 출신이라는 처지-옮긴이)이기 때문에 그의 반역 음모를 고발하지 않았던 것이며, 차대왕도 즉위한 뒤에 적자인 막근(莫勤) 형제는 살해했으나 신대왕과 인고는 그대로 둔 것이니, 〈후한서〉에 차대왕을 태조의 아들(子)로 기록한 것이 실록(實錄)이고, 고구려본기에 차대왕을 태조의 동생(弟)이라고 한 것은 틀린 기록(誤錄)이거나 혹은 거짓 기록(誣錄)이다.

고구려본기에서 태조(太祖)의 어릴 때의 자(字)는 「어수(於漱)」라 하고 이름(名)은 「궁(宮)」이라 하였으나, 「於漱」는 이두문에서는 「마스」로 읽어야 할 것이고 그 뜻은 「궁(宮)」이므로, 전자나 후자나 다 태조의 이름이다. 따라서 「於漱」는 어릴 때의 자(字)이고 「궁(宮)」은 이름이라고 나눠서는 안 된다.

차대왕(次大王)의 이름은 「수성(遂成)」인데, 遂成(수성)은 「수성」으로 읽어야 할 것이니, 더러운 그릇을 깨끗이 닦는 「짚 몽둥이(=짚수세미)」를 가리키는 말이다.

태조(太祖)를 옛 사서에서는 시호(諡號)라 하였으나, 고구려는 시종 시법(諡法)을 쓰지 않았으니, 생시에 그 공업(功業)을 예찬하여 「태조(太祖)」 혹은 「국조(國祖)」라고 쓴 존호(尊號: 높여 부르는 호칭)이다.

2. 태조(太祖)대왕과 차대왕(次大王) 시대의 「선배」 제도

고구려의 강성함은 「선배」 제도의 창설로 시작되었는데, 창설한 연대는 옛 사서에 전하지 않으나 조의(皂衣: 아래에서 상세히 설명한다-원주)의 이름이 태조본기(太祖本紀)에 처음으로 나타나므로, 그 창설은 태조대왕과 차대왕의 때일 것이다.

「선배」는 이두문자로 「先人(선인)」 「仙人(선인)」이라 썼는데, 「先」과

「仙」은 「선배」의 「선」의 음(音)을 취한 것이며, 「人」은 「선배」의 「배」의 뜻(義)을 취한 것이니, 「선배」는 원래 「신수두」 교도(敎徒)의 보통 명칭이었다. 태조 때에 와서 매년 3월과 10월 「신수두」 대제(大祭)에 모든 군중들을 모아놓고 혹 칼춤도 추고, 혹 활도 쏘고, 혹 깨금질(한 발은 들고 한 발로만 뛰어가는 것. 앙감질)도 하고, 혹 택견도 하고, 혹 강의 얼음을 깨고 물속에 들어가 물싸움도 하고, 혹 가무(歌舞)를 연주하여 그 실력을 보고, 혹 대규모 사냥시합을 하여 그 쏘아 잡은 것의 많고 적음(多寡)도 보는 등 여러 가지 내기에서 승리하는 자를 「선배」라 불렀다.

일단 「선배」가 되고 나면 국가에서 녹(祿)을 주어 처자를 먹여 살려주어 가정의 대소사(大小事)에 신경 쓰지 않아도 되게 하고, 「선배」가 된 자는 각각 대오(隊伍)를 나누어 한 집에서 자고, 한 자리에서 먹고, 앉으면 옛일(故事)을 이야기하거나 학문이나 기예를 배우거나 하고, 나가서는 산수(山水)를 탐험하거나, 성곽을 쌓거나, 도로를 닦거나, 군중을 위하여 강습(講習)하거나 하여, 자신의 한 몸을 사회와 국가에 바쳐 어떤 어려움과 고생도 사양하지 않는다.

그 중에서 성품이나 행동, 학문과 기술이 가장 뛰어난 자를 뽑아 스승으로 섬기고, 일반 「선배」들은 머리를 깎고 검은 천을 허리에 두르고, 그 스승은 검은 천으로 옷을 만들어 입었다. 그 스승 중에 제일 우두머리(上首)는 「신크마리」─「두대형(頭大兄)」 혹은 「태대형(太大兄)」이라 부르고, 그 다음은 「마리」─「대형(大兄)」이라 부르며, 가장 아래는 「소형(小兄)」(이 말은 그 근거를 찾지 못했음─원주)이라 불렀다.

전쟁이 일어나면 「신크마리」가 그 「선배」들을 전부 모아 스스로 일단(一團)을 조직하여 전쟁터로 달려 나갔다. 싸움에서 이기지 못하면 전사(戰死)할 것을 작정하여, 죽어 돌아오는 자는 인민들이 이를 전쟁에서 이기고 돌아오는 자와 같이 영광의 행운을 누리는 자들로 대하였고, 패하여 물러난 자들을 보고는 그들에게 침을 뱉었다. 그리하여 전쟁터에서 가장 용감한 것은 선배들이었다.

당시 고구려는 각종 지위를 거의 골품(骨品: 태어날 때의 사회적 신분과 계급)으로 얻게 되어 있었던 사회였으므로 신분이 미천한 자는 고위직에 오를 수 없었으나, 오직 선배의 단체는 신분의 구분도 없었고, 따라서 귀천(貴賤)의 구별 없이 학문과 기술로써만 개인의 지위를 정하였기 때문에, 인물이 그 중에서 가장 많이 나왔다.

지금 함경북도의 재가화상(在家和尙)이 곧 고구려 「선배」의 유종(遺種)이니, 〈고려도경(高麗圖經)〉에 "재가화상(在家和尙)은 중(僧)이 아니라 형(刑)을 살고 나온 자(刑餘之人), 곧 전과자(前科者)들로서, 중과 같이 머리를 깎았으므로 화상(和尙)이라고 부른다."고 하였다. 그러나 화상(和尙)을 "재가화상(在家和尙)이 아니다."라고 한 것은 실제에 부합하는 말이지만, 그러나 "형(刑)을 살고 나온 자"라고 한 것은 서긍(徐兢: 〈고려도경〉의 작자. 중국 송(宋)나라 사람-원주)이 다만 중국 한대(漢代)에 죄인을 머리를 깎아 노(奴: 노예)라고 불렀던 기록이 있기 때문에 그것을 보고 드디어 재가화상을 형을 살고 나온 자, 곧 전과자라고 억단(臆斷)하였던 것이다.

대개 고구려가 망한 뒤에 「선배」의 유당(遺黨)들이 오히려 그 유풍(遺風)을 보전하여 촌락에 숨어서 그 의무를 밟아 왔으나, 「선배」의 명칭은 유교도(儒敎徒)에게 빼앗기고, 그 단발한 머리 모양 때문에 재가화상(在家和尙: 집에서 생활하는 중)이란 잘못된 명칭(假名稱)을 얻게 된 것이며, 그 후 예들이 빈곤하여 학문을 하지 못하여 조상의 옛 일을 날로 잊어버려 자가(自家)의 내력을 스스로 증명하지 못한 것이다.(유교에서 「선배」 명칭을 가

져와서 「선비」라 하였다.— 옮긴이)

송도(松都)의 「수박(手拍)」이 곧 「선배」 경기의 일부분이니, 수박(手拍)은 중국에 들어가서는 「권법(拳法)」이 되었으며, 일본에 건너가서는 「유도(柔道)」가 되었다. 그러나 조선에서는 이조(李朝) 때 무풍(武風)을 천시한 이래로 그 자취가 거의 전멸되었다.

3. 태조대왕과 차대왕 시대의 제도

고구려가 추모왕(鄒牟王) 때에는 많은 소국(小國)들이 벌려 있을 뿐만 아니라 모든 규정이나 제도들이 처음 만들어진 때여서 국가의 체제를 갖추지 못하였다. 그러나 태조 때에 와서는 차대왕(次大王)이 왕자로서 집정(執政)하여 각종 제도를 제정하였다. 그러나 그 제도는 대개 왕검조선이나 3부여의 것을 참작하여 대동소이(大同小異)하게 만든 것이며, 이후에 각 대(代)마다 다소의 변경이 있었으나, 대개 차대왕이 정한 범위에서 벗어나지 않은 것이다.

「신·말·불」 삼한(三韓)의 제도를 모방하여 정부에 재상(宰相) 셋을 두었으니, 이른바 「신가」, 「팔치」, 「발치」이다.

「신가」는 태대신(太大臣)이란 뜻으로, 이두문자로는 「相加(상가)」라 썼다. 「신가」의 별명은 「마리」인데, 「마리」는 「머리(頭)」란 뜻이고, 이두문자로는 「對盧(대로)」(「對」는 옛 뜻이 「마주」이다—원주)라고 썼다. 「신가」나 「마리」를 한문(漢文)으로는 「國相(국상)」 혹은 「大輔(대보)」라고 번역하였다.

「팔치」는 「팔(肱)」이란 뜻이고 이두문자로는 「沛者(패자)」라고 썼다. 「발치」는 「다리(股)」란 뜻이고 이두문자로는 「評者(평자)」라고 썼다.

「팔치」·「발치」를 한문으로는 「左輔(좌보)」·「右輔(우보)」라고 번역하였다.

이 셋을 한문(漢文)으로 직역한다면 「頭臣(두신)」「肱臣(굉신)」「股臣(고신)」이라 할 수 있으나, 문자의 멋을 내기 위하여 「대보(大輔)·좌보(左輔)·우보(右輔)」라고 하였던 것이다.

〈삼한고기(三韓古記)〉〈해동고기(海東古記)〉〈고구려고기(高句麗古記)〉등의 책에서는 혹은 이두문자를 좇아서 「對盧(대로)·沛者(패자)·評者(평자)」라고 하고, 혹은 한문을 좇아서 「大輔(대보)·左輔(좌보)·右輔(우보)」라고 하였다. 그런데 김부식(金富軾)이 〈삼국사기〉를 쓸 때에 이두문과 그것을 한문으로 번역한 것의 같고 다름을 구별하지 못하고 철없는 붓으로 마구 빼고, 마구 넣고, 마구 섞고, 마구 갈라놓았으므로 "左輔(좌보)·右輔(우보)를 國相(국상)으로 바꾸었다." "沛者(패자) 아무를 左輔(좌보)로 삼았다." 고 하는 등의 우스운 이야기가 그의 〈삼국사기〉 중에 가끔 있게 되었다.

전국을 동·서·남·북·중 5부(部)로 나누어 동부는 「순라」, 남부는 「불라」, 서부는 「연라」, 북부는 「줄라」, 중부는 「가우라」라 하였는데, 「순나(順那)·관나(灌那)·연나(椽那)·절나(絕那)·계안나(桂安那)」는 곧 「순라·불라·연라·줄라·가우라」의 이두문자이다. 관나(灌那)의 「灌(관)」은 그 뜻(義)을 취하여 「불」(「灌」의 옛날 읽는 법은 「부을 관」 관이었다.-원주)로 읽어야 할 것이며, 그 별명인 비류나(沸流那)의 「沸流(비류)」는 그 음(音)을 취하여 「불」로 읽어야 할 것이니, 중국사에 보이는 「灌那(관나)」는 곧 고구려의 이두문자를 직접 수입한 것이다. 그런데도 〈삼국사기〉에서는 「灌(관)」을 「貫(관)」으로 바꾸어 그 뜻(意義)을 잃었다. 기타의 「순(順)·연(椽)·절(絕)·계(桂)」 4부(部)는 모두 음(音)을 취하여 쓴 이두문자이다.

중부(中部)는 곧 「신가」의 관할이고, 동·남·서·북 4부(部)는 중부(中部)

에 속하였다. 각 부에는 「라살」이란 칭호의 대관(大官) 한 명을 두었는데, 이를 이두문자로는 「耨薩(누살)」이라 쓰고 한문으로는 「道使(도사)」라고 썼다. 道使는 「라살」 곧 누살(耨薩)이다. 道使의 「道」는 「라」의 의역(義譯)이고 「使」는 「살」의 음역(音譯)이다. 그런데도 〈신당서(新唐書)〉(동이열전(東夷列傳)에서는 "큰 성에는 누살(傉薩)을 두었으니 당의 도독(都督)과 같고, 나머지 성에는 도사(道使)를 두었으니 이는 당의 자사(刺史)와 같다."(이것은 〈구당서〉에 기재된 내용이고, 〈신당서〉에는 〈處閭近支(처려근지)〉를 〈道使〉라고도 불렀다는 말이 덧붙여져 있다.: "大城置 傉薩一, 比都督; 餘城置處閭近支, 亦號道使, 比刺史." ― 옮긴이)라고 하였으나, 이는 억단이다.

「신가」는 정권뿐만 아니라 내외(內外) 병마(兵馬)를 전적으로 장악하여 그 권력과 지위(權位)가 매우 높고 무거워 대왕(大王)과 견줄만하였다. 그러나 대왕은 세습으로 부동(不動)의 높은 지위에 있었지만, 「신가」는 매 3년마다 대왕과 4부(部) 「라살」과 기타 중요 관원들이 대회의(大會議)를 열어 적당한 인물을 골라서 선임하였다. 3년이 되면 바꾸되 공적이 있는 자는 연임(連任)이 허용되었다. 「라살」은 대개 세습이지만 가끔 왕과 「신가」의 명령으로 파면되는 경우도 있었다.

5부(部) 내에서 각기 또 5부(部)로 나누었으며, 각 부(部)마다 또 세 명의 상(相)과 다섯 명의 경(卿)을 두고, 이들의 관명(官名) 위에 그 부(部)의 이름을 덧붙여 구별하였다.

이를테면 동부(東部: 순라)에 속한 「순라」는 「순라의 순라」이며, 동부에 속한 「불라」는 「순라의 불라」이며, 기타도 이와 같았고, 동부(東部: 순라)의 「신가」는 「순라의 신가」라 칭하며, (남부(南部: 불라)의 「신가」는) 「불라의 신가」라 칭하고, 기타도 이와 같았다.

이밖에 「일치」라는 것은 도부(圖簿: 문서와 장부 등)와 사령(辭令: 왕명의 하달이나 외교문서 작성 등)을 주관하는 관직인데, 이를 이두문자로 「乙支(을지)」 혹은 「優台(우태)」라고 쓰고 한문으로는 「主簿(주부)」라고 번역하였다. 그리고 「살치」라는 것은 대왕의 시종(侍從)을 말하는데 이두문자로는 「使者(사자)」라고 썼다. 기타 중외대부(中畏大夫)·과절(過節)·불과절(不過節) 등의 관직명은 그 음(音)과 뜻(義), 그리고 그 관장하는 바 일이 무엇인지 알 수 없다.

〈삼국지〉 〈후한서〉 〈양서(梁書)〉 〈후주서(後周書)〉 〈당서(唐書)〉 등의 사서(史書)에서는 12급(級)의 관명(官名)을 기재해 놓았으나 모두 조선말을 모르는 중국의 사가(史家)들이 그 전해들은 것을 한자로 번역한 것이다. 그러므로 〈삼국지〉에서는 주부(主簿) 외에 또 우태(優台)를 기재해 놓았는데, 이것은 주부(主簿)가 곧 우태(優台)의 의역(義譯)임을 몰랐기 때문이다.

〈신당서(新唐書)〉에서, 누사(耨奢) 외에 또 누살(耨薩)을 기재해 놓은 것은 누사(耨奢)가 곧 누살(耨薩)의 와전(訛傳)이란 것을 몰랐기 때문이다.

〈통전(通典)〉에서, 고추가(古鄒加)를 빈객(賓客)을 맡은 자라고 한 것은 당시 고구려의 종친대신(宗親大臣)인 고추가가 외교관이 된 것을 보고, 드디어 고추가가 곧 외교관이라고 오인(誤認)한 것이며, 〈구당서〉에서 "조의두대형(皂衣頭大兄)이 3년마다 교체되었다."고 한 것은 「선배」의 수석(首席)을 대신(大臣)의 수석으로 오인한 것이다.

제3장 태조(太祖)·차(次) 양 대왕의 한족(漢族) 축출과 옛 강토 회복

1. 한(漢)의 국력과 동침(東侵)의 배경

모본왕(慕本王)이 한때 요동(遼東)을 회복하였다는 것은 이미 제 1장에서 말하였지만, 모본왕이 시해(弑害)당한 뒤에 태조(太祖)가 7세의 어린 나이에 즉위하자 국내의 인심이 위기가 닥칠까봐 의심하므로 요서(遼西) 지방에 10개의 성(城)을 쌓았으나, 이때에 한(漢)의 부강함이 절정에 달하여 중국 유사(有史) 이래 최고라 할 수 있게 되었다.

명장(名將) 반초(班超)가 서역도호(西域都護)가 되어 지금의 서아시아의 차사(車師)·선선(鄯善) 등의 나라들을 멸망시키고, 지중해(地中海)에 임하여 대진(大秦: 지금의 이태리-원주)과 신식(信息)과 통하여, 백색 피부의 키 큰 인종과 양피지(羊皮紙)에 가로로 쓴 문자(蟹行文字)에 관한 이야기를 〈후한서〉에 기록해 놓았다.

두헌(竇憲)이 5천여 리의 원정군(遠征軍)을 일으켜 지금의 외몽고 등지로 나아가 북흉노(北匈奴)를 대파하여, 북흉노가 흑해(黑海) 부근으로 들어가서 동(東)고트족(族)을 압박함으로써 서양사상 민족대이동(民族大移動)의 시기를 이루었고, 이로부터 2백여 년 후 흉노 대왕 「아틸라(Attila the Hun; 405~453)」가 유럽 전체를 교란시키는 원인이 되었다.

한(漢)이 이만한 국력을 가진 때였으니, 어찌 요동을 고구려의 옛 땅이라고 해서 영구히 양보해 주겠는가. 어찌 고구려나 선비(鮮卑)에게 2억 7천만 전(錢)의 치욕적인 세폐(歲幣)를 영구히 해마다 바치고 말겠는가. 이에 세폐를 정지하고, 경기(耿夔)를 보내어 군사를 거느리고 요하(遼河)를 건너가서 6개 현(縣)을 다시 빼앗게 하고, 그리고 경기를 요동태수(遼東太守)에 임명하여 동침(東侵)할 기회를 노렸다.

2. 왕자 수성(遂成)의 요동 회복

〈후한서〉에는 당시 한(漢)을 침략한 중심인물을 오인(誤認)하였으나, 사실 태조는 당시 고구려에 군림한 제왕(帝王)일 뿐이었고, 전쟁에 대하여는 거의 차대왕(次大王), 즉 왕자 수성(遂成)이 맡아서 처리하였다.

전쟁이 처음에는 한(漢)이 주동자가 되어 요동을 침탈하는 동시에 고구려로 쳐들어 왔으며, 고구려는 피동적(被動的)으로 이에 반항(反抗)하는 입장에 놓여 있었다.

그러나 그 다음에는 고구려가 주동자가 되어 요동을 회복하는 동시에 나아가 한의 변경을 잠식하고, 한(漢)은 피동적으로 이에 반항(反抗)하는 입장에 놓이게 되었다. 이 요동 회복의 전쟁은 기원 105년에 시작하여 121년에 끝났으니, 시작부터 끝날 때까지 모두 17년간 지속된 것이다.

이 전쟁의 첫해(기원 105년)는 왕자 수성(遂成)의 나이가 34세이던 해이다. 고구려가 비록 토지의 넓기와 인구의 많기가 한(漢)에 미치지 못하였으나, 다만 고구려는 큰 산과 깊은 계곡이 많은 나라이므로 지키기에 편리하여 소수의 병력으로도 한(漢)의 대군(大軍)을 방어하기에 넉넉하였다.

한(漢)은 평원과 광야(廣野)의 나라이므로 쳐들어가기가 용이하여, 고구려가 비록 일거에 한을 깨뜨리기는 어려워도, 자주 틈을 타서 그 변경을 교란시킴으로써 저들을 피폐하게 만든 후에 이를 격멸시킨다는 전략 하에, 수성(遂成)은 드디어 장기간에 걸친 침입과 교란을 대(對) 한(漢) 전쟁의 전략으로 정한 다음, 정예병으로 요동에 들어가 신창(新昌)·후성(候城) 등 6개 현을 쳐서 수비병들을 격파하고 재물을 약탈하였다. 그런 다음 예(濊)와 선비(鮮卑)를 끌어들여 해마다 한의 우북평·어양·상곡 등지를 침략하자, 17년 동안 한(漢)의 인력과 가축, 재력의 소모는 비상하게 컸다.

기원 121년 정월, 한의 안제(安帝)는 고구려의 침입과 압박을 우려하여 유주자사 풍환(馮煥), 현토 군수 요광(姚光), 요동태수 채풍(蔡諷)에게, 유주 소속의 병력으로 고구려를 치라고 명령하였다. 이에 수성(遂成)이 태조의 명을 받아 「신치」 총사령이 되어 2천 명의 병력으로 험한 지형을 이용하여 풍환 등의 침공을 막고, 3천명으로써 샛길로 나가서 요동 현토의 각 군을 불태워 풍환 등의 후방 지원을 차단함으로써 드디어 풍환 등을 대파하였다.

같은 해 4월에 수성이 다시 선비의 병력 8천 명으로써 요동의 요대현(遼隊縣)을 쳤는데, 고구려의 정예병을 신창(新昌)에 잠입시켰다가 요동 태수 채풍의 구원병을 습격하여 채풍(蔡諷)과 그 이하 장수와 군관 1백여 명을 참살하고, 무수한 사졸들을 살상 혹은 사로잡아 드디어 요동군을 점령하였다.

그리고 같은 해 12월에 또 백제와 예(濊)의 기병 1만을 동원하여 현토·낙랑 양 군(郡)을 점령하였다. 이로써 위(衛) 우거(右渠)가 한(漢)에 잃었던 옛 땅, 곧 조선의 옛 오열홀(烏列忽) 전부를 완전히 회복하였다. 한(漢)은 다년간의 전쟁으로 국력이 피폐해졌는데, 또 이같이 대패하자 다시 싸울 힘이 없어서, 드디어 요동을 떼어 주고 해마다 바치던 세폐(歲幣)를 다시 회복하겠다는 조건으로 고구려에 화의를 애걸하고 포로로 잡혀 있던 사람들을 속환(贖還)해 갔는데, 포로 한 명당 어른은 비단 40필이었고, 어린아이는 20필이었다.

요동과 낙랑 등의 회복이 태조본기(太祖本紀)나 〈후한서〉에는 보이지 아니하였으나, 당(唐) 가탐전(賈耽傳)에 "遼東樂浪, 陷於漢建安之際(요동낙랑, 함어한건안지제)"(→한(漢) 건안 때에 요동 낙랑이 함락되었다.)라고 한 말을 기재해 놓았는바, 가탐은 당대(唐代)의 유일한 이족(夷族)들에 관한 역사의 연구자이므로, 그 말이 반드시 출처가 있을 것이지만, 다만 「건안(建安)」은 기원 196년, 즉 한 헌제(獻帝)의 원년이니, 고구려가 중간에 쇠약해진 때이므로, 건안(建安)은 곧 건광(建光)의 착오이며, 「건광(建光)」은 곧 기원 121년 한 안제(安帝)의 연호이고, 왕자 수성(遂成)이 채풍(蔡諷)을 참살하고 한의 군사를 파하던 때이니, 이때에 고구려가 요동군내에 가설한 현토·낙랑군 등을 회복하였음은 의심할 바 없는 사실이다.

고구려가 이미 요동을 차지하자 지금의 개평현(蓋平縣) 동북 70리에 환도성(丸都城)을 쌓아 서방 경영의 본영(本營)으로 삼고, 국내성(國內城)과 졸본성(卒本城)과 함께 부르기를 삼경(三京)이라고 하였다.

환도성의 위치에 대하여는 후세인들의 쟁론이 분분한데, 혹자는 환인현(桓仁縣) 부근(지금의 혼강(渾江) 상류의 안고성(安古城)-원주)이라 하고, 혹자는 집안현(輯安縣) 홍석정자산상(紅石頂子山上)이라고 하였다. 그러나 전자는 산상왕(山上王)이 옮겨서 세운 「제2 환도」이고, 후자는 동천왕(東川王)이 옮겨서 세운 「제3 환도」이다. 이에 대하여는 제 5편에서 설명할 것이지만, 태조의 환도는 「제1 환도」로 이때에 처음으로 쌓기 시작하였다.

〈삼국사기〉 지리지에서 "安市城, 或云丸都城(안시성, 혹운환도성)"(→안시성을 혹은 환도성이라고도 한다.)이라고 하였으며, "安市城, 舊安守忽(안시성 구안수홀)"(→안시성은 옛날의 안수홀이다.)이라고 하였다. 「丸(환)」은 우리말에 「알」이라 하니, 「丸都(환도)」나 「安市(안시)」나 「安守(안수)」는 다 「아리」로 읽어야 할 것이다. 따라서 같은 한 지방, 곧 지금의 개평(蓋平) 동북 70리의 고허(故墟)가 「환도」임이 명백하다. 그런데도 후인들은 전후 세 환도(丸都)를 구별하지 못하고 늘 환도를 한 곳에서만 찾았으므로, 아무리 환도의 고증에 노력하였다고 하더라도 환도의 위치는 여전히 애매하였던 것이다.

제4장 차대왕(次大王)의 왕위 찬탈

1. 태조(太祖)의 가정불화(家庭不和)

왕자 수성(遂成)이 이미 요동을 회복하고 한(漢)의 세폐(歲幣)를 받게 되자 태조는 그의 공을 포상하여 「신가」에 임명하여 군국대사(軍國大事)를 총 책임지게 하였다. 그리하여 권력과 위세가 그의 한 몸에 집중되고 그의 성망(聲望)이 천하에 떨치게 되었다.

만약 수성이 이 성망을 이용하여 나아가 요서(遼西)를 쳤더라면 삼조선(三朝鮮)의 서북 옛 강토를 전부 회복하기가 용이하였겠지만, 그러나 가정에 대한 그의 불평과 불만이 공명(功名)에 대한 열정을 감소시켜, 이에 요동을 회복한 다음날 한(漢)의 강화 요구를 받아들이고(앞의 장(章)에서 설명하였음-원주) 귀국하였다.

그의 가정불화(家庭不和)란 무엇인가?

수성은 태조(太祖)의 서자(庶子)였고, 막근(莫勤)·막덕(莫德) 형제가 태조의 적자(嫡子)임은 이미 앞에서 설명하였는데, 막근은 고구려 왕실의 가법(家法)에 의하여 왕위를 계승할 권리가 있었고, 수성은 그 혁혁한 무공(武功)에 의하여 또한 태자가 되기를 희망하였다.

그래서 수성은 요동 전쟁을 마치고 급히 서둘러 돌아와 더 이상 원정할 생각을 끊고, 밖으로는 정사(政事)에 힘쓰면서 현신(賢臣) 목도루(穆度婁)·고복장(高福章)을 끌어들여 「팔치(沛者)」와 「발치(評者)」로 임명하여 인망(人望)을 거두고, 안으로는 사당(私黨)을 길러 태자의 지위를 얻기를 도모하니, 「불라」(沸流那) 「일치」 미유(彌儒)와 「환라」(桓那) 「일치」 어지류(菸支留)와, 「불라」 조의(皂衣: 당지의 「선배」 영수(領首)—원주)가 수성의 뜻을 알고 이에 아첨하며 붙어서 태자의 지위를 얻으려고 밀모(密謀)하였다.

그런데 태조는, 수성을 태자로 삼으려 하니 가법(家法)에 걸리고, 막근을 태자로 삼으려 하니 수성이 마음에 걸려서, 오랫동안 태자를 세우지 못하였다. 수성이 정치를 도맡아 한 지 10여 년이 지나도록 태자의 지위를 얻지 못하자 원망하는 기색이 이따금 얼굴에 나타났으며, 모의(謀議)의 흔적이 때때로 밖으로 드러났다.

한편, 막근은 태자의 자리를 빼앗길 뿐만 아니라 자칫하면 수성에게 죽임을 당하게 될지도 모른다고 두려워하였으나, 병권(兵權)도 없고 또 위망(威望)도 수성에게 미치지 못하였으므로, 그 대항할 방책이라고는 오직 태조의 마음을 돌리는 데 있음을 깨달았다.

이때 고구려 「신수두」의 신단(神壇)의 무사(巫師)는, 비록 부여와 같이 정치권력을 갖지는 못하였으나, 복술(卜術)로써 남의 길흉화복을 예언한다고 소문이 나서 일반인들은 그를 믿고 귀천의 계급을 불문하고 일체의 의문이나 어려운 문제를 그에게 가져가서 그 결정을 구하는 때였기 때문에, 막근은 무사에게 뇌물을 주고 도움을 청하였다.

마침 기원 142년에 환도성에 지진이 나고, 또 태조의 꿈에 표범이 범의 꼬리를 물어 끊는 것을 보았기 때문에, 태조는 마음속으로 불안을 느끼고 무사에게 꿈을 풀이해 달라고 청하였다.

무사는 이를 수성을 참소할 좋은 기회라고 생각하고 "범은 막근의 부친(즉, 태조)이고, 표범은 범의 작은 씨(=서자)이며, 범의 꼬리는 범의 뒤이니, 아마도 대왕의 작은 씨가 대왕의 뒤(=후예, 적자)를 끊으려 하는 일이 있어서 꿈이 그러한가 합니다."고 하면서 슬그머니 서자 수성이 적자 막근을 해치려 한다는 뜻을 말하였다.

그러나 태조가 수성을 사랑하는 마음이 있는데 어찌 갑자기 무사의 말에 기울어질 수 있겠는가. 다시 「불치」 고복장(高福章)을 불러 물으니, 고복장은 수성과 한 패는 아니었지만 아직 수성의 음모를 모르고 있었으므로, "선(善)을 행하면 모든 복이 내리고, 불선(不善)을 행하면 온갖 화가 이른다고 하니, 대왕께서 나라를 집같이 걱정하시고 백성을 아들같이 사랑하신다면, 비록 재이(災異)와 악몽(惡夢)이 있을지라도 무슨 화가 되겠습니까."라고 하여, 무사의 말을 반대하여 태조의 마음을 위안하였다.

2. 수성의 음모와 태조의 선위(禪位)

수성이 40년 동안이나 정권을 장악하여 위복(威福: 위력으로 억압하기도 하고 복록을 베풀어 사람을 달래기도 하는 것)을 전단(專斷)하면서 항상 막근(莫勤)을 살해하여 왕위 상속의 권리를 빼앗으려 하였으나, 다만 부친인 태조가 이미 연로하므로, 그 돌아가실 때를 기다려 일을 실행하려고 하였다.

한편 태조는 수성과 막근 사이의 감정을 조화시켜 자기가 백 살이 지난 후에도 아무런 변란이 없도록 한 뒤에 태자를 봉하려고 하였는데, 그 바람에 긴 세월이 경과되었다.

기원 146년은 태조가 재위한 지 94년이며, 나이가 만 1백세가 되는 경사스런 해(慶年)였는데, 이때 아들 수성의 나이도 이미 76세나 되었다. 수성이 백세 노인인 태조가 여전히 건강한 것을 보고 혹시 자기가 태조보다도 먼저 죽어 왕위가 막근의 차지가 되지 않을까 걱정하였다.

수성이 이해 7월에 왜산(倭山: 연혁 미상–원주)에서 사냥을 하다가 석양을 바라보고 탄식하였더니, 가까이 있던 자들이 그 뜻을 알고는 모두 힘을 다하여 왕자의 뒤를 따라 행동할 것을 맹서하였다.

그러나 그 중의 한 사람이 홀로 말하기를, "대왕께서 성명(聖明)하시어 인민들이 다 사랑하여 떠받들고 있는데, 왕자가 좌우의 소인들을 데리고 성명한 대왕을 폐하려 하는 것은, 마치 한 올의 실로써 만근의 무게를 끌려고 하는 것과 같을 뿐입니다. 만일 왕자께서 생각을 고쳐서 효도로써 대왕을 섬긴다면 대왕께서는 반드시 왕자의 선(善)함을 알아 왕위를 물려주실 마음을 갖게 될 것이지만, 만일 그렇지 않으면 큰 화가 있을 것입니다."라고 하면서 반대하였다.

수성이 이를 듣기 싫어하니, 좌우의 사람들이 수성을 위하여 그를 살해하고, 음모를 더욱 급히 진행시켰다. 고복장(高福章)이 그것을 눈치 채고 태조에게 들어가 보고하고 태자를 주살(誅殺)하기를 청하였다.

태조가 이에 사람의 신하로써 누릴 수 있는 어떤 부귀(富貴)로도 수성의 마음을 달랠 수 없음을 깨달았으나, 그렇다고 차마 죽일 수도 없어서, 고복장의 청을 거절하고 수성에게 왕위를 선위(禪位)하고 별궁으로 물러나니, 드디어 수성(遂成)이 즉위하여 차대왕(次大王)이라 불렀다.

고구려본기 태조 80년에 "左輔沛者穆度婁, 知遂成有異志, 稱疾不仕.(좌보패자목도루, 지수성유이지, 칭질불사)"(→ 좌보(左輔) 패자(沛者) 목도루

(穆度婁)는 수성이 다른 마음을 품고 있음을 알고 병을 핑계대고 벼슬을 하지 않았다.)라고 기록하였고, 또 차대왕(次大王) 2년에 "左輔穆度婁, 稱疾退老(좌보목도루, 칭질퇴로)"(→좌보 목도루는 병을 핑계대고 은퇴하였다.)라고 기록해 놓았는데, 이미 15년 전에 "稱疾不仕(칭질불사)"(→ 병을 핑계로 벼슬을 하지 않았다.)하였던 목도루가 어찌 15년 후인 차대왕 2년에 또 "稱疾退老(稱疾退老)"(→병을 핑계대고 은퇴하였다.)할 수 있단 말인가. 김부식이 〈삼국사기〉를 지을 때에 각종 고기(古記)로부터 아무런 선택도 하지 않고 이것저것 마구 취하기가 이처럼 심하였다.

게다가 「左輔(좌보)」나 「沛者(패자)」나 다 「팔치」의 번역이거늘(하나는 한문 번역, 하나는 이두문 표기 — 옮긴이) 「左輔沛者(좌보패자)」라는 겹말 명사(名詞)를 문자에 올렸으니, 이야말로 우스운 일이 아닐 수 없다.

또 태조본기에는, 94년 8월 "王遣將, 襲遼東西安平縣, 殺帶方令, 掠得樂浪太守妻子.(왕견장, 습요동서안평현, 살대방령, 략득낙랑태수처자)"(→왕은 장수를 파견하여 요동의 서안평현(西安平縣)을 습격하게 하여 대방 수령을 죽이고, 낙랑을 침략하여 태수의 처자를 사로잡았다.)라고 하였는데, 이 기사는 〈후한서〉의 "高句麗王伯固…質桓之間, 復犯遼東西安平, 殺帶方令, 掠得樂浪太守妻子.(고구려왕백고…질환지간, 부범요동서안평, 살대방령, 략득낙랑태수처자.)"(→ 고구려왕 백고(伯固)가…질제(質帝)와 환제(桓帝) 연간에 요동의 서안평현을 침범하여 대방 수령을 죽이고, 낙랑을 침략하여 태수의 처자를 사로잡았다.)라는 본문을 초록한 것이다.

「質桓之間(질환지간)」은 질제(質帝)와 환제(桓帝) 연간을 가리킨 것인데, 질제와 환제 연간은 태조 94년이므로 김부식이 이것을 이곳 본문에 끼워 넣은 것이며, 「伯固(백고)」는 신대왕(新大王)의 이름이고, 이때는 신대왕 20년이므로, 김부식이 「高句麗王 伯固(고구려왕 백고)」라는 6자를

「遣將(견장: 장수를 파견하여)」으로 고친 것이다.

그러나 이때 태조의 가정에는 차대왕(次大王)과 막근 사이의 투쟁 때문에 바깥일에 신경을 쓸 여지가 없을 때였으므로, 〈후한서〉의 「質桓之間(질환지간)」은 「桓靈之間(환령지간)」(환제(桓帝)와 영제(靈帝) 연간-원주), 곧 신대왕(新大王) 때로 개정해야 옳을 것이다. 그런데도 김부식은 이를 태조 94년의 일로 끼워 넣은 것이 이미 함부로 쓴 것임에도 불구하고, 여기다가 친절하게도 달(月)까지 박아서 「8월(八月)」이라고 하였다. 이것은 무엇에 근거한 것인가?

김부식이 〈삼국사기〉를 쓰면서 나라 안팎의 기록들을 뽑아서 가져올 때에, 모호한 곳이 있으면 아무 근거 없이 연월(年月)을 자기 맘대로 정하고 자구(字句)도 가감한 것이 많다.

제5장 차대왕의 피살과 명림답부의 전권(專權)

1. 차대왕의 20년 전제(專制)

차대왕이 태조의 선위(禪位)를 받아 20년 동안 고구려에 군림하여 전제(專制)를 실행하다가, 연나조의(椽那皂衣) 명림답부(明臨答夫)에게 시해(弑害) 당하였다.

그러나 차대왕 본기가 너무 간략하고 빠진 곳이 많아 그가 어느 정도로 전제정치(專制政治)를 하였는지, 그리고 시해를 당하게 된 원인이 무엇인지 알기 어렵다. 이에 〈삼국사기〉의 차대왕 본기 전문을 여기에 번역하여 실은 다음 한 번 논의해 보고자 한다.

「차대왕(次大王)의 이름은 수성(遂成)이니, 태조대왕의 동복아우(同母弟)이다(이미 앞에서 설명한 바와 같이, 여기서 「同母弟(동모제)」 세 자는 「庶子(서자)」로 고쳐야 한다.-원주). 성격이 용감하고 체격이 건장하여 위엄이 있었으나, 인자한 마음이 적었다. 태조대왕이 물려준 왕위를 이어받아 왕위에 오르니, 이때 그의 나이는 76세였다.

2년 봄 2월, 관나부(貫那部) 패자(沛者) 미유(彌儒)를 우보(右輔)로 임명하였다.

3월, 우보(右輔) 고복장(高福章)을 죽였다. 고복장이 죽을 때 탄식하여 말했다.

"슬프고 원통하다! 나는 당시 선대(先代) 임금의 근신(近臣)이었는데 어찌 반역을 도모하는 자를 보고 말하지 않을 수 있는가. 선군(先君)께서 나의 말을 듣지 않아서 이렇게 된 것이 한(恨)스럽다. 이제 임금이 처음 왕위에 올랐으니, 마땅히 정치와 교화를 새롭게 하여 백성들에게 보여주어야 할 것이거늘, 이제 불의(不義)로써 한 사람의 충신을 죽이려 하니, 내가 이 무도한 때에 사느니 차라리 빨리 죽는 것이 낫다."

그리고는 곧 형장으로 나가니, 원근(遠近)의 사람들이 이 말을 듣고 분개하고 애석해 하지 않는 이가 없었다.

가을 7월, 좌보(左輔) 목도루(穆度婁)가 병을 핑계대고 은퇴하므로, 환나(桓那: 「연나(椽那)」로 고쳐야 한다-원주) 우태(優台) 어지류(菸支留)를 좌보(左輔)로 삼고, 작위를 올려 대주부(大主簿)로 삼았다.

겨울 10월, 비류나(沸流那) 조의(皂衣) 양신(陽神)을 중외대부(中畏大夫)로 삼고, 작위를 올려주어 우태(優台)로 삼았다. 이들은 모두 왕의 옛 친구들이었다.

11월, 지진이 있었다.

3년 여름 4월, 왕이 사람을 시켜서 태조대왕의 맏아들 막근(莫勤)을 죽이니, 그의 아우 막덕(莫德)이 화가 자기에게도 미칠까 겁을 내어 목을 매어 자살하였다.

가을 7월, 왕이 평유원(平儒原)에서 사냥을 하다가 흰 여우(白狐)가 따라오며 울기에 쏘았으나 맞지 않았다. 왕이 무사(巫師)에게 물으니, 무사가 말했다. "여우는 요사스런 짐승이니 상서로운 것이 아닌데 더욱이나 백색의 여우이니 더욱 괴변입니다. 그러나 천제(天帝)께서 자세히 말해줄 수 없기 때문에 요괴(妖怪)를 보여줌으로써 인군(人君)으로 하여금 두려운 마음을 갖고 조심하고 반성하여 스스로 새로워지도록 하기 위한 것입니다. 그러므로 임금께서 만약 덕을 닦으신다면 화(禍)를 복(福)으로 바꿀 수 있습니다."

그러자 왕이 말했다. "흉하면 흉하고 길하면 길한 것이지, 이제 이미 요사스런 것이라 해놓고 또다시 복이 된다고 하니, 이 어찌 나를 속이는 말이 아니냐?" 하고는 드디어 무사를 죽여 버렸다.

4년 여름 4월, 그믐날 정묘(丁卯)에 일식(日食)이 있었다.

5월, 오성(五星: 오행(五行)인 水, 火, 金, 木, 土와 배합되는 다섯 개의 별인 수성(水星: 辰星), 화성(火星: 熒惑星), 금성(金星: 太白星), 목성(木星: 歲星), 토성(土星: 鎭星) — 옮긴이)이 동방에 모였다. 천기를 보는 관원(日官)이 왕이 노여워할까 겁을 내어 거짓말하기를 "이는 임금의 덕이며 나라의 복입니다"고 하니, 왕이 크게 기뻐하였다.

겨울 12월, 얼음이 얼지 않았다.

8년 여름 6월, 서리(霜)가 쌓였다.

겨울 12월, 천둥이 치고 지진이 있었다. 그믐날 밤에 객성(客星)이 달을 범하였다.

13년 봄 2월, 혜성(彗星)이 북두칠성 자리에 나타났다.

여름 5월, 그믐날 갑술(甲戌)에 일식이 있었다.

20년 봄 정월, 일식이 있었다.

3월, 태조가 별궁에서 궂기니(〈궂기다〉: 훙(薨)하다. 상사(喪事)가 나다, 죽다는 뜻임 — 옮긴이), 이때 나이가 119세였다.

겨울 10월, 연나조의(椽那皂衣) 명림답부(明臨答夫)가 백성들이 참을 수 없게 된 상황을 이유로 왕을 죽이고 그 호(號)를 차대왕(次大王)이라 하였다.」

이상이 차대왕본기(次大王本紀)의 전부이다.

맨 마지막 절(節)에 "명림답부(明臨答夫)가 백성들이 참을 수 없게 된 상황을 이유로 왕을 죽이고"라고 하였으나, 그 앞부분의 기사를 소급하여 살펴보면, 차대왕이 인민들로 하여금 도저히 참을 수 없게 만든 정사(政事)가 하나도 없다.

고복장(高福章)은 차대왕의 음모를 고발하였던 자이므로 죽인 것이고, 목도루(穆度婁)는 차대왕과 막근(莫勤)의 중간에서 애매한 태도를 취했던 자이므로 내쫓은 것이며, 무사(巫師)는 태조의 꿈을 야릇하게 풀이하여 차대왕을 해치려 하였던 자이므로 죽인 것이고, 막근 형제는 차대왕과 경쟁하던 원수이므로 죽인 것이니, 이것이 비록 참혹하고 잔인한 행동이라 하더라도 그것은 어디까지나 개인적인 원수를 보복한 것이고 인민에게는 이해관계가 없는 일이다.

뿐만 아니라 이것은 모두 차대왕 2년 내지 3년 사이의 일이므로, 이로부터 18년이 지난 후인 차대왕 20년에 명림답부(明臨答夫)가 반란을 일으켜 왕을 죽인 유일한 구실이 될 수는 없다. 그 이외의 기사는 일식·지진·성변(星變: 별의 비정상적인 운행) 등뿐이니, 이와 같은 천문지리의 변화는 차대왕의 정치적 선악과는 관계가 없는 일이므로, 이것으로써 인민들로 하여금 참을 수 없게 하였다는 증거로 삼을 수는 없다.

그렇다면 차대왕이 패망하고 명림답부의 반란이 성공한 원인은 어디에 있는가?

차대왕이 패한 뒤에 좌보 어지류(菸支留)가 여러 대신들로부터 차대왕의 아우인 백고(伯固) 신대왕(新大王)을 왕위에 앉히도록 하자는 권유를 받았는바, 어지류는 처음부터 차대왕을 도와서 왕위 찬탈을 계획하였던 죄인의 우두머리이고, 여러 대신들이란 대개 차대왕의 왕위 찬탈 음모에 동참하였던 미유(彌儒)·양신(陽神) 등일 것이니, 이로써 미루어 보면, 차대왕의 패망은 곧 사당(私黨)의 반란으로 인한 것일 것이다.

차대왕 즉위 이전 10여 년 동안 차대왕을 위하여 위험을 무릅쓰고 왕위 찬탈을 계획하였던 사당(私黨)들이 도리어 차대왕과 20년 동안 부귀를 누리다가 하루아침에 왕을 배반하고 떨어져 나간 것은 무엇 때문인가.

그 원인은 찾기 어렵지 않다. 고구려는 원래 1인 전제(專制)의 나라가 아니라 여러 큰 가문의 종족(閥族)들이 같이 다스리는, 말하자면 벌족공치(閥族共治)의 나라였다. 따라서 국가의 기밀 대사(機密大事)는 왕이 전결하지 못하고 왕과 5부(部)의 대관(大官)들이 대회의의 결정을 거쳐서 행하며, 형벌이나 사형 같은 것도 회의의 결정을 통하여 시행해 왔다.

차대왕은 부왕(父王)을 연금하고 당시 일반인들의 신앙의 중심에 있는 무사(巫師)를 죽이는 자로서, 비록 어지류(菸支留) 등의 도움을 받아 왕위에 오르기는 하였으나, 왕위에 오른 뒤에는 이 무리들을 안중에 두지 않고 군권(君權)만이 유일(唯一)하다고 주장하여 매사를 전단(專斷)하여 혼자 시행하였다. 이에 연나(椽那)의 「선배」영수(領首)인 명림답부가 그 본부의 「선배」로서 밖에서 반기를 들고, 어지류 등이 안에서 호응하여, 태조의 죽음을 기회로 차대왕을 습격하여 죽이고 벌족공치(閥族共治)의 나라를 회복하였던 것이다.

어떤 사람은 명림답부를 조선 역사상 첫 번째로 혁명을 일으킨 혁명가(革命家)라고 하나, 혁명은 반드시 역사상 진화(進化)의 의의(意義)를 가진 변동(變動)을 일컫는 것이니, 벌족공치의 낡은 제도를 회복한 반란이 어찌 혁명이 될 수 있다는 것인가. 명림답부는 한때 정권을 빼앗은 효웅(梟雄: 사납고 용맹한 영웅)이라고 할 수는 있어도 혁명가라고 할 수는 없을 것이다.

2. 명림답부의 전권(專權)과 외정(外政)

명림답부가 이에 차대왕을 죽이고, 차대왕 당년에 해(害)를 피하여 산속에 숨어 있던 백고(伯固)를 세워 신대왕(新大王)이라 부르고, 전국에 사면령을 내려서 차대왕의 태자 추안(鄒安)까지 사면하여 양국군(讓國君)에 봉하고, 차대왕이 제정한 준엄한 형법(刑法)들을 폐지하니, 나라 사람들이 크게 기뻐하고 승복하였다.

이에 명림답부는 「신가」가 되어 군국(軍國) 대소사(大小事)를 모두 통할하고, 「팔치」와 「발치」를 겸임하며, 예(濊)·량(梁) 등 여러 맥족(貊族)의 부장(部長)들을 아울러 다스리니, 그 위력과 권세가 태조 때의 왕자 수성(遂成)보다 더하였다.

고구려 (신대왕)본기에서는 "명림답부가 국상(國相)으로서 패자(沛者)를 겸하였다"고 하고, 또 "좌·우보(左·右輔)를 국상(國相)으로 바꾼 것은 이때에 시작되었다."라고 하였다. 이 말은 국상(國相)이 곧 「신가」임을 모르고, 패자(沛者)가 「팔치」 곧 좌보(左輔)인줄 모르고 건방지게 내린 주석이다.

태조 때에 한(漢)이 요동을 지금의 난주(灤州)로 옮겨 설치하였다는 것은 이미 앞에서 설명하였거니와, 기원 169년에 한(漢)이 요동을 회복하려고 하여 경림(耿臨)을 현토태수에 임명하여 대거 침입해 들어왔다. 이에 답부(答夫)가 여러 신하들과 신대왕(新大王)의 어전에서 회의를 열어 싸우는 것과 수비하는 것의 이해득실을 의논하였는데, 모두들 나가서 싸울 것을 주장하였으나, 답부가 "우리는 군사 수가 적으나 지리가 험하다는 이점이 있고, 한(漢)은 군사 수는 많으나 군량 운반에 어려움이 있으니,

우리가 먼저 지킴으로써 한(漢)의 병력을 지치게 한 후에 나가서 싸운다면 백전백승할 수 있다."고 하여, 먼저는 지키고 후에 싸우는 것(先守後戰)으로 방책을 정하고, 각 주(州)와 군(郡)에 명령을 내려 인민과 양식과 가축류를 거두어 성 안이나 산성(山城)으로 들여놓게 하여 굳게 지켰다.

한(漢)의 군사들이 침입한 지 여러 달이 지났으나, 약탈을 하려고 해도 얻을 것이 없었고, 싸우려 하였으나 고구려가 대응하지 않았으므로, 마침내 군량이 다 떨어져 굶주리고 지쳐서 군사를 퇴각하였다. 이에 답부가 좌원(坐原)까지 추격해 가서 침으로써 한병(漢兵)은 하나도 돌아가지 못하였다.

답부가 이에 한(漢)의 침입군을 격파하고 강토를 개척하려 하면서, 먼저 선비(鮮卑)의 이름난 왕 단석괴(檀石槐)를 끌어들여 한의 유주(幽州)·병주(並州)(지금의 북경·산서 두 성(省)—원주)를 쳐서 소란하게 만들고, 그 뒤를 이어 고구려의 병력으로 한(漢)을 치려고 하였으나 그만 병이 들어 죽으니, 이때 그의 나이 113세였다. 신대왕이 직접 그의 빈소로 가서 통곡하고 왕을 장사지내는 예로써 장사지냈다.

〈삼국사기〉 고구려본기에 신대왕 4년(기원 168년)에 "한(漢)의 현토태수 경림(耿臨)이 쳐들어와서 우리 군사 수백 명을 죽이자, 왕이 항복하여 현토에 붙기를 청하였다."(漢玄菟太守耿臨來侵, 殺我軍數百人, 王自降乞屬玄菟. — 옮긴이)고 하였고, 신대왕 5년(기원 169년)에는 "왕이 대가(大加) 우거(優居)와 주부(主簿) 연인(然人) 등을 보내어…요동(玄菟) 태수 공손도(公孫度)를 도와 부산(富山)의 적을 토벌하였다."(王遣大加優居主簿然人等, 將兵助玄菟太守公孫度, 討富山賊.— 옮긴이)고 하였으며, 8년(기원 172년)에는 "한(漢)이 대병으로 우리를 향해 오자…답부(荅夫)가 수천의 기마병을 거느리고 추격하여 좌원(坐原)에서 교전하였다. 한(漢)의 군사는 대패하여 한 필의 말도 돌아가지 못하였다."(漢以大兵嚮我…荅夫帥數千騎馬追之, 戰於坐原. 漢軍大敗, 匹馬不反.— 옮긴이)라고 하였는데, 앞의 두 조(條)는 〈후한서〉와 〈삼국지〉에서, 뒤의 한 조(條)는 고기(古記)에서 초록한 것이다.

그러나 〈조선사략(朝鮮史略)〉에는 신대왕 5년에 "한(漢)의 현토태수 경림이 대병으로 쳐들어오자,…답부(荅夫)가 좌원(坐原)에서 대파하여…"라고 하였는바, 그 연도가 〈후한서〉에서 "靈帝建寧二年 玄菟太守耿臨…伯固降(영제건녕이년 현토태수경림…백고항.)"(→영제 건녕 2년에 현토태수 경림이…백고(伯固: 신대왕)가 항복하였다.)이라고 한 것과 부합하므로, 경림의 침입군이 명림답부에게 패하였음이 명백한데도, 김부식이 이를 두 번의 사실로 잘못 나누어, 하나는 신대왕 4년, 또 하나는 신대왕 8년에 기재하였던 것이다.

그리고 공손도(公孫度)는, 〈삼국지〉에 의하면, 한(漢) 헌제(獻帝) 영평(永平) 원년에 비로소 요동태수가 되었는데, 영평 원년은 기원 190년으로 신대왕 5년(기원 169년)으로부터는 20년도 더 후이다. 신대왕이 20년 후에 요동태수가 될 공손도를 도울 수 없음이 또한 명백하거늘, 시비를 가리지 못하는 김부식이 그대로 신대왕 본기 중에 잘못 전재(轉載)한 것이다.

그러나 〈후한서〉와 〈삼국지〉는 패주한 경림(耿臨)을 대승한 것으로 기록해 놓았고 , 연대도 닿지 않는 공손도를 신대왕의 종주국(宗主國)으로 기록하였으니, 이런 것에서 중국사에 무필(誣筆: 거짓 기록)이 많음을 볼 수 있다. 그리고 〈동국통감〉에는 현토태수 경림이 침입해 왔다가 명림답부에게 패배한 것을 신대왕 8년으로 적어놓았는데, 이 또한 〈조선사략〉과는 다르다.

대개 이조(李朝) 초엽에는 〈삼한고기〉 〈해동고기〉 등 여러 가지 책들이 있어서 〈삼국사기〉 이외에도 참고할 만한 서적이 더러 있었는데, 고기(古記)들 간에도 그 기록이 서로 같기도 하고 다르기도 한 것이 있었기 때문이다.

제6장 을파소(乙巴素)의 업적

1. 왕후의 정치 간여와 좌가려(左可慮)의 난(亂)

기원 179년에 신대왕(新大王)이 죽고 고국천왕(故國川王)이 즉위하였다. 왕후 우씨(于氏: 연나(椽那) 우소(于素)의 딸-원주)는 절세의 자색(姿色)으로 왕의 총애를 받아 왕후의 친척인 어비류(於卑留)는 「팔치」가 되고, 좌가려(左可慮)는 「발치」가 되어 정권을 마음대로 휘둘렀는데, 그 자제들은 권세를 믿고 교만하고 포학하여 남의 처녀를 빼앗아 비첩(卑妾)을 삼고 남의 아들과 조카들을 잡아서 노복(奴僕)을 만들었으며, 남의 좋은 전답이나 좋은 가옥을 빼앗아 자신들의 소유로 만들었으므로, 나라 안 사람들로 그들을 비방하는 자들이 많았다. 왕이 이를 살펴서 알고 그들에게 죄를 가하려 하자, 좌가려 등이 연나부(椽那部)를 근거로 반란을 일으켰다.

왕이 기내(畿內: 왕이 직접 관할하는 수도 인근의 직할지 — 옮긴이)의 병마(兵馬)를 모집하여 이를 진압하고, 그리고 왕후 친족의 정치 간여를 징계하였다. 그리고 4부(部) 대신들에게 조서를 내려 이르기를, "근자에 벼슬은 정실에 의하여 주어지고, 직위는 덕행에 의하여 승진되지 않음으로써 그 해독이 백성들에게 미치고 왕실을 동요시켰다. 이것은 다 내가 정사(政事)에 밝지 못했기 때문이니, 너희 4부는 각기 자기 밑에 있는 어진 인재(賢良)들을 천거하라!" 고 하였다. 4부가 협의하여 동부(東部)의 안류(晏留)를 천거하였다.

2. 을파소(乙巴素)의 등용

고국천왕이 안류(晏留)에게 국정을 맡기려 하자, 안류가 자기의 재능이 대임(大任)을 감당할 수 없다고 하면서 서압록곡(西鴨綠谷)의 처사(處士) 을파소(乙巴素)를 추천하였다.

을파소는 유류왕(儒留王: 琉璃王)의 대신(大臣)이었던 을소(乙素)의 후손으로 고금의 치란(治亂)에 통달하였으며, 민간의 이로움과 폐단 등을 잘 알았으며, 학식이 넉넉하였으나, 세속에 아는 자가 없으므로 초야에 묻혀 지내면서 밭을 갈아 생활하고 벼슬에는 뜻이 없었다.

고국천왕이 말을 겸손하게 낮추고 후한 예물로써 그를 맞아 스승의 예로써 대하고 중외대부(中畏大夫)를 삼아 「일치」의 작위를 주고 가르침을 청하였다.

을파소는 그에게 주어진 관작으로는 자기의 포부를 펼 수 없다고 생각하여 사양하면서, 다른 어질고 유능한 사람을 다시 구하여 높은 지위를 주어서 대업(大業)을 성취하라고 청하였다. 왕이 그의 뜻을 알고 을파소를 「신가」로 임명하여 모든 관리들보다 높은 지위에서 국정을 처리하게 하였다.

여러 신하들이, 을파소가 한갓 초야에 있던 한미(寒微)한 처사(處士)로서 하루아침에 높은 지위에 있게 된 것을 시샘하여 비난이 자자하였다. 이에 왕이 조서를 내려 이르기를 "만일 「신가」의 명령을 거역하는 자가 있으면 그 친족까지 멸할 것이다." 고 하면서 더욱 을파소를 신임하였다.

이에 을파소가 자신을 알아주는 임금을 만난 것에 감격하여 지성으로 국정에 임하였는데, 상벌(賞罰)을 신중히 하고 정령(政令)을 밝게 하여 국내가 크게 잘 다스려져서 고구려 9백년간의 제일 현명한 재상(賢相)이라 불리었다.

〈삼국사기〉 고구려본기에, "故國川王(或云國襄), 諱男武(或云伊夷謨), 新大王伯固之第二子. 伯固薨, 國人以長子拔奇不肖, 共立伊夷謨爲王. 漢獻帝建安初, 拔奇怨爲兄而不得立, 與消奴加各將下戶三萬餘口, 詣公孫康降, 還住沸流水上."(→ 고국천왕(혹은 국양(國襄)이라고도 한다—원주)의 이름은 남무(男武: 혹은 이이모(伊夷謨)라고도 한다.—원주)이니, 신대왕 백고(伯固)의 둘째 아들이다. 백고가 긎기자(죽자) 나라 사람들이 맏아들 발기(拔奇)가 못난 자라고 하여 다 같이 이이모(伊夷謨)를 추대하여 왕으로 삼았다. 한(漢) 헌제(獻帝) 건안(建安) 초기에 발기가 형으로서 왕의 자리에 오르지 못한 것을 원망하고 소노가(消奴加)와 함께 각각 휘하의 3만여 명을 이끌고 공손강(公孫康: 요동태수)에게로 가서 항복하고 비류수(沸流水) 가로 돌아와 살았다.)이라고 하였으나, 이것은 김부식이 〈삼국지〉 고구려전의 본문을 초록한 것이다.

(*〈삼국지(三國志)〉 고구려전의 이 부분 원문은 다음과 같다: "伯固死, 有二子, 長子拔奇, 小子伊夷謨. 拔奇不肖, 國人便共立伊夷謨爲王. 自伯固時, 數寇遼東, 又受亡胡五百餘家. 建安中, 公孫康出軍擊之, 破其國, 焚燒邑落. 拔奇怨爲兄而不得立, 與涓奴加各將下戶三萬餘口詣康降, 還住沸流水." – 옮긴이)

여기서 말하는 〈발기(拔奇)〉는 상산왕 본기(上山王本紀) 가운데서 말하는 〈발기(發岐)〉이며, 〈이이모(伊夷謨)〉는 곧 상산왕 연우(延優)이다. 〈삼국지〉 작자가 발기(發岐)·연우(延優) 두 사람을 신대왕(新大王)의 아들로 잘못 전한 것임에도 불구하고 김부식이 경솔하게 그것을 믿고 고국천왕 남무(男

武)가 곧 이이모(伊夷謨)라 하였으며, 남무(男武)는 곧 발기(拔奇)의 아우라 하였으니, 이것이 그 첫째 잘못이다.

〈삼국지〉 공손도전(公孫度傳)에 의하면, 공손강(公孫康)의 부친 공손도가 한 헌제(獻帝) 초평(初平) 원년에 요동태수가 되어 건안 9년에 죽고 공손강이 그 지위를 이어받았는바, 한 헌제 초평 원년은 고국천왕 12년경이므로, 고국천왕 즉위 초에는 공손강은 고사하고 그의 부친 공손도조차 아직 요동태수를 꿈도 꾸지 못했던 때이다. 그런데도 김부식이 이를 고국천왕 즉위 원년의 기사로 적었으니, 이것이 둘째 잘못이다.

앞에서 설명한 바 있는 신대왕 5년에 "助…公孫度, 討富山賊(조…공손도, 토부산적.)"(→공손도를 도와 부산의 적을 토벌하였다.)이라고 한 문장과 합쳐서 보면, 김부식은 공손도가 어느 시대의 인물인지조차 알지 못했던 듯하니, 이 또한 기이한 일이다.

제5편(二)
고구려의 중쇠(中衰)와 북부여의 멸망

– 북부여(北扶餘)는, 제 3편에서 서술한 바와 같이, 조선 열국의 문화의 원천이었던 나라이다. 그러나 신라·고구려 이래로 압록강 이북을 잃고는 드디어 북부여를 조선 역외(域外)의 나라라고 하여 그 역사를 거두어 기록해 놓지 않았으므로 해모수왕(解慕漱王) 이후의 그 치란(治亂)과 성쇠(盛衰)를 알 수 없게 되었는데, 다행히 중국의 사가(史家)들이 그들과 정치적으로 관계된 사실들을 몇 마디 기록해 놓았으므로, 그 개략(槪略)을 말할 수 있다. –

제1장 고구려의 대(對) 중국과의 전쟁에서의 패배

1. 발기(發岐)의 반란과 제1 환도 — 현 개평(蓋平)의 잔파

기원 197년에 고국천왕이 궂기고(죽고) 그를 이을 후손이 없었다.

이에 왕후 우씨(于氏)가 좌가려(左可慮)의 난(亂) 이후로 정치에 입을 벌리지 못하고 답답하게 궁중에 처박혀 있다가, 왕이 궂기자 정치무대에 다시 등장할 열망으로 애통해 하기보다는 오히려 기뻐하면서 국왕의 상사(喪事)를 감추고 발표하지 않은 채, 그날 밤 미복(微服)차림으로 비밀리에 왕의 첫째 아우인 발기(發岐)의 집으로 찾아가서 발기를 보고, "대왕은 대를 이을 아들이 없으니 그대가 후계자가 될 자가 아니냐."고 하면서 그를 꾀이는 말을 하였다.

그러나 발기는 순나부(順那部)의 고추가(古鄒加)로서 환도성간(丸都城干: 환도성의 성장)을 겸하여 요동 전체 지역을 관리하고 있었으므로 그 위세와 권력이 혁혁하였을 뿐만 아니라, 만약 고국천왕이 돌아간다면 당당하게 왕위를 이어받을 권리가 자기에게 있었기 때문에, 우씨(于氏)의 말을 새겨듣지 않고 엄정한 어조로 우씨를 질책하여, "왕위(王位)는 천명(天命)이니 부인이 물을 바가 아니며, 부인의 야행(夜行)은 예(禮)가 아니므로 왕후로서는 해서는 안 될 일이다."고 하였다.

이에 우씨가 크게 부끄럽고 또 분하여 그 길로 곧 왕의 둘째 아우인 연우(延優)를 찾아가서, 왕이 굿긴 사실과 발기를 찾아갔다가 핀잔을 들은 경위를 낱낱이 하소하니, 연우가 크게 기뻐하며 우씨를 맞아들여 밤에 주연(酒宴)을 베풀었다. 연우가 손수 칼을 잡고 고기를 베다가 손가락을 다치자 우씨가 치마끈을 끊어 싸매 주었다. 야연을 마친 후 함께 손목을 잡고 입궁하여 그날 밤 동숙(同宿)하였다.

다음날 고국천왕의 죽음을 발표하는 동시에, 왕의 유언(遺詔)을 조작하여 연우를 왕의 후계로 삼고, 당일 왕위에 즉위하였다.

발기(發岐)가 연우가 왕이 되었다는 말을 듣고는 크게 화를 내며 격문(檄文)을 띄워서 연우가 우씨(于氏)와 밀통하여 차례를 건너뛰어 왕위를 참칭(僭稱)한 죄를 폭로하고, 순나(順那)의 병력을 동원하여 왕궁을 포위하여 공격하였다.

그러나 서로 격전을 벌인 지 3일이 지났으나 나라 안 사람들로 발기를 돕는 자가 없었으므로 패하여, 순나 소속의 3만 명을 거느리고 요동 전 땅을 들어(*〈삼국사기〉에서는, 이곳에서 "처자들을 데리고"라고만 하였음.—옮긴이) 한(漢)의 요동태수 공손도(公孫度)에게 투항하여 구원을 청하였다.

공손도는 한말(漢末)의 효웅(梟雄)이니, 기원 190년에 한(漢)이 장차 어지러워질 조짐을 보고는 요동태수가 되어 요동에서 왕이 되기를 꿈꾸었다. 그러나 이때 요동의 모든 땅은 차대왕(次大王)이 점령한 뒤였으므로 고구려의 소유였고, 한(漢)의 요동은 지금의 난주(灤州)로 옮겨서 토지가 매우 협소하였다. 그래서 공손도는 항상 고구려의 요동을 엿보아 왔는데, 이때 마침 싸우지도 않고 발기의 항복을 받게 되자 크게 기뻐하면서 드디어 정예병 3만을 동원하여 발기의 투항한 군사들을 선봉으로 삼아 고구려로 침입하여, 차대왕의 북벌군의 본영이던 환도성-「제1의 환도」에 들어가 성읍과 부락들을 소탕하고, 비류강으로 향하여 졸본성(卒本

城)을 공격하였다.

연우왕(延優王)이 자기 동생 계수(罽須)를 「신치」 전군총사령(全軍總司令)으로 삼아 항전하여 한나라 군사들을 대파하고 좌원(坐原)까지 추격하니, 발기가 다급해져서 계수를 돌아보며, "계수야, 네가 차마 너의 장형(長兄)을 죽이려느냐. 불의(不義)한 연우를 위하여 너의 장형을 죽이려느냐." 고 하였다.

계수가 대답하여 말하기를, "연우가 비록 불의하다고 하나, 너는 외국에 항복하여 외국의 군사들을 끌어들여 조상과 부모의 강토를 유린하였으니, 연우보다도 네가 더 불의하지 않으냐." 라고 하니, 발기가 크게 부끄러워하며 후회하고 배천(裵川: 곧 비류강(沸流江) ―원주)에 이르러 자살하였다.

발기가 일시의 분을 참지 못하여 나라를 팔아먹는 죄를 지었으나, 계수의 한 마디에 양심이 회복되어 자살하기에 이르렀다. 그러나 그가 팔아버린 오열홀(烏列忽), 곧 요동은 회복하지 못하여 공손도의 소유가 되었다. 이리하여 공손도는 드디어 요동왕(遼東王)이라 자칭하고, 전 요동의 땅을 나누어 요동·요중(遼中)·요서(遼西) 세 요(三遼)를 만들고, 바다를 건너 동래(東萊)의 여러 군(郡: 지금의 연태(烟台) 등지-원주)들을 점령하여 일시에 강력한 위세를 자랑하였다.

이에 연우왕은 지금의 환인현(桓仁縣) 혼강(渾江) 상류(지금의 안고성(安古城) ―원주)로 환도성을 옮겨 쌓고 그곳으로 도읍을 옮기니, 이것이 곧 「제2의 환도」이다.

2. 동천왕의 제1 환도성 회복과 오(吳)·위(魏)와의 외교

연우왕이 형수 우씨(于氏)의 손에 의해 왕위를 얻고 우씨로써 왕후를 삼았는데, 얼마 후에 우씨가 늙었음을 싫어하여 주통촌(酒桶村)에서 아름다운 처녀 후녀(后女: 이름(名)임-원주)를 몰래 취하여 소후(小后)로 삼아 동천왕(東川王)을 낳았다.

기원 227년에 연우왕이 죽고 동천왕이 왕위를 이어 즉위하니, 이때에 중국은 4대 세력으로 나뉘어 있었다.

(一)은 「위(魏)」의 조씨(曹氏: 조조)이니, 업(鄴: 지금의 북경시 업현(鄴縣)-원주)에 도읍하여 지금의 장강(長江) 이북을 소유하였고,

(二)는 「오(吳)」의 손씨(孫氏: 손권)이니, 건업(建業: 지금의 강소성 남경(南京)-원주)에 도읍하여 장강 이남을 소유하였고,

(三)은 「촉(蜀)」의 유씨(劉氏: 유비)이니, 성도(成都: 지금의 사천성 성도-원주)에 도읍하여 지금의 사천성(泗川省)을 소유하였고,

(四)는 「요동(遼東)」의 공손씨(公孫氏: 요동태수)이니, 양평(襄平: 지금의 요양(遼陽)-원주)에 도읍하여 지금의 난주(灤州) 이동과 요동반도를 소유하였다. 그러므로 고구려는 공손씨와는 적국 사이였고, 촉(蜀)과는 너무 멀리 떨어져서 서로 통할 수 없었거니와, 위(魏)·오(吳) 두 나라와도 왕래가 없었다.

기원 233년에 공손연(公孫淵: 공손도(公孫度)의 손자 —원주)이 간사한 계책을 써서 위(魏)·오(吳) 두 나라 사이에서 이익을 취하고자 하여, 오(吳) 황제 손권(孫權)에게 사신을 보내어 표문(表文)을 올리고 스스로 신(臣)이라 칭하며 위(魏)를 같이 공격하자고 청하였다. 손권이 크게 기뻐하여 사신 허미(許彌)등으로 하여금 수천 명의 병사들을 이끌고 공손연에게 가도록 하였다.

공손연은 허미를 위(魏)와 통하는 미끼로 삼으려고 하여, 먼저 허미의

신변보호 장사(壯士)인 진단(秦旦) 등 60여 명을 잡아 현토군(玄菟郡: 지금의 봉천성-원주)에 가두어 놓고 장차 죽이려고 하였다.

진단 등이 성을 넘어 도망하여 고구려로 들어가서 거짓말로 속여서 말하기를, "오(吳)의 황제인 손권(孫權)이 고구려 대왕에게 올리는 공물(貢物)이 적지 않으며, 또 고구려와 맹약을 맺고 공손연을 쳐서 그 토지를 서로 나누어 갖자는 내용을 기록한 문서도 가져왔는데, 불행히도 바다에서 배가 큰 바람을 만나 해로에서 방향을 잃었습니다. 천신만고 끝에 요동의 해안에 도착하였으나, 그만 공손연의 관리들의 수색과 탐색에 걸려서 공물과 문서들은 다 빼앗기고, 일행은 다 체포되어 감옥에 갇혔습니다. 그 후 다행히 틈을 얻어 호구(虎口)를 벗어나 여기에 이르게 되었습니다."라고 하였다.

동천왕이 크게 기뻐하며 진단 등을 불러 만나보고, 그리고 조의(皂衣) 25명에게 해로로 진단 등 일행을 호송해 주도록 하였는데, 초피(貂皮) 1천 장과 산박쥐의 껍질 10패(貝)를 손권에게 선물로 주면서 고구려의 육군과 오(吳)의 수군으로 함께 공손연을 쳐 없애기로 하는 조약을 체결하였다.

그로부터 3년 후에 손권(孫權)이 사굉(謝宏)·진굉(陳宏) 등을 사신으로 보내며 많은 의복과 진귀한 보물들을 공납(貢納)하자, 동천왕이 또 「일치」(주부(主簿) 一원주) 작자(笮咨)·대고(帶固) 등을 보내어 약간의 예물로 답례를 하였다.

작자(笮咨)가 오(吳)에 이르러, (一)오(吳)의 수군은 취약하여 해로로 공손연을 습격할 수 없는데도 오(吳)는 다만 헛소리로 자랑하여 고구려로부터 후한 선물을 받으려고 하며, (二)손권이 고구려의 사신을 대할 때에는 비록 공손하지만, 그 내용을 자기 국내에 선포할 때에는 "동이(東夷)를 정복하여 그 사자가 들어와 조공을 바쳤다."고 하여, 사실이 아닌 말로써 자기 신민들을 속이고 있음을 발견하고는, 돌아와서 왕에게 보고하였다.

동천왕이 그 보고를 듣고 크게 화를 내어 위(魏)의 황제 조예(曹叡)에게 밀사를 보내어, 고구려와 위(魏)가 대 오(對吳)·대 요동(對遼東) 공수동맹(攻守同盟)을 체결하여, 고구려가 요동을 치는 경우에는 위(魏)가 육군으로써 고구려를 돕고, 위(魏)가 오(吳)를 치는 경우에는 고구려가 예(濊)의 수군으로써 위(魏)를 도와주며, 두 적국을 멸한 뒤에는 요동은 고구려가 차지하고 오(吳)는 위(魏)가 차지하기로 서로 약속하였다.

그 다음해에 오(吳)의 사자 호위(胡衛)가 고구려에 오자 그의 머리를 베어 위(魏)에 보냈는데, 이로부터 고(高)·위(魏) 양국의 교제가 매우 빈번해졌다.

3. 공손연(公孫淵)의 멸망과 고(高)·위(魏) 양국의 충돌

기원 237년에 동천왕이 「신가」 명림어수(明臨於漱)와 「일치」 작자(笮咨)·대고(帶固) 등으로 하여금 수만 명의 군사를 거느리고 양수(梁水)로 나아가 공손연을 치게 하였는데, 이때 위(魏)에서도 유주자사 관구검(毌丘儉)에게 수만 명의 군사를 이끌고 요수(遼水)로 나가 싸우게 하였다. 공손연은 곽흔(郭昕)·유포(柳浦) 등을 보내어 고구려를 막고, 비연(卑衍)·양조(楊祚) 등을 보내어 위(魏)를 막았다.

그러나 얼마 지나지 않아 위(魏)의 군사들은 패하여 돌아가고, 공손연은 이에 연왕(燕王)이라 칭하며 천자(天子)의 위세를 과시하면서 전력을 다하여 고구려의 침입을 막았다.

다음해에 위(魏)가 태위(太尉) 사마의(司馬懿)를 보내어 10만의 군사로써 공손연을 치게 하였다. 사마의는 먼저 관구검으로 하여금 요수(遼遂)를 쳐서 공손연의 수군 장수 비연·양조 등과 서로 대치하게 해놓고, 사마의 자신은 군사를 이끌고 몰래 북으로 진군하여, 드디어 공손연의 서울인 양평(襄平)을 포위하였다.

공손연의 정예병들이 전부 고구려 방어를 위하여 양수(梁水)로 나가서 진을 치고 있었으므로 양평은 텅 비어 있었다. 서울의 포위 소식을 듣고 비연 등이 돌아가서 구하려다가 대패하였고, 공손연은 성 안에서 포위된 지 30여일에 굶주림을 견디지 못해 여러 겹의 포위망을 뚫고 나가 부딪혀 싸워보려다가 그만 붙잡혀서 참수를 당하였다. 공손씨는 요동을 차지한 지 3세(世) 50년 만에 망하였다.

대개 위(魏)가 이렇게 공손씨를 용이하게 멸망시킬 수 있었던 것은 고구려가 공손연의 후방을 견제하였기 때문인데도, 이와 관련하여서는 겨우 〈삼국지〉 동이열전에 "太尉司馬宣王, 率衆, 討公孫淵, 宮遣主簿大加, 將數千人助軍(태위사마선왕, 솔중, 토공손연, 궁견주부대가, 장수천인조군.)"(→태위(太尉) 사마선왕이 군사를 끌고 가서 공손연을 치자, 궁(宮: 산상왕(山上王) 연우(延優)의 이름.)이 주부(主簿) 대가(大加)를 파견하여 수천 명의 군사로써 위군(魏軍)을 돕도록 하였다.)이란 기사 하나가 기록되어 있을 뿐, 이밖에 위(魏) 명제본기(明帝本紀)나 공손도전(公孫度傳) 등에서는 한 자(字)도 언급하지 않았다.

이는 중국 사가(史家)들의 고유한 「詳內略外(상내략외)」(→중국의 사실은 상세하게, 외국의 사실은 간략하게 기술함)의 필법을 지킨 것이지만, 〈삼국사기〉 고구려본기에는 "魏太傅司馬宣王, 率衆, 討公孫淵, 王遣主簿大加, 將兵千人助軍(위태부사마선왕, 솔중, 토공손연, 왕견주부대가, 장병천인조군.)"(→위 태부(太傅) 사마선왕이 군사를 끌고 가서 공손연을 치자, 왕은 주부대가를 파견하여 군사 1천 명으로써 위군(魏軍)을 돕도록 하였다.)이라고 하였다. 「사마의(司馬懿)」를 「사마선왕(司馬宣王)」이라고 한 것을 보면, 〈삼국사기〉가 〈삼국지〉 동이열전의 본문을 그대로 초록하였음이 명백한데, 「數千人(수천인)」을 바꾸어 「千人(천인)」이라고 한 것은 무슨 이유인가?

이상으로 저들과 우리의 역사적 사실에 관한 기록의 시말(始末)을 참작하여 위와 같이 정리한 것이다.

위(魏)가 이미 공손연을 죽이고 요동의 전부를 항복시키고 나서는 고구려와 맺은 맹약을 어기고 한 조각의 땅도 고구려에 돌려주지 않았다. 이에 동천왕이 화가 나서 자주 군사를 일으켜 위(魏)를 토벌하여 서안평(西安平)을 함락시켰다.

「서안평」은, 〈삼국사기〉에서, 「今鴨綠江入海口(금압록강입해구)」(→지금의 압록강물이 바다로 들어가는 입구)라고 하였으나, 이는 〈한서〉 지리지에 근거한 것이고, 공손연이 한창 흥성하였을 때에 고구려와 오(吳)·위(魏)의 교통은 언제나 서안평으로부터 시작하여 해로(海路)로 이루어졌으므로, 이때의 서안평은 대개 양수(梁水) 부근이었을 것이다. 고대의 지명은 언제나 천이(遷移: 옮겨지고 바뀜)가 잦았다.

4. 관구검의 침입과 제2의 환도(지금의 안고성) 함락

기원 245년경에 위(魏)가 동천왕이 자주 침입해 오는 것을 걱정하여, 유주자사 관구검(毌丘儉)을 보내어 수만 군사로써 쳐들어왔으나, 왕이 그들을 비류수(沸流水)에서 맞아 싸워 대파하여 3천여 명을 목 베어 죽이고, 양맥곡(梁貊谷)까지 추격하여 또 3천여 명을 쳐 죽였다. 이에 왕이 말하기를 "위(魏)의 수많은 군사가 우리의 적은 수의 군사만도 못하다."고 하였다.

그리고는 여러 장수들에게 후방에 남아서 싸움 구경이나 하라고 하고는, 왕이 몸소 철기(鐵騎) 5천을 거느리고 진격하였다. 관구검 등이 고구려군의 숫자가 적은 것을 보고 죽음을 각오하고 혈전하여 자꾸 전진해 오자 왕의 군사들이 퇴각을 하니, 후방에서 싸움 구경을 하던 군사들이 놀라 무너져서 드디어 참패하였으며, 사상자가 1만8천 명이나 나왔다.

이에 왕이 1천여 기(騎)의 군사를 거느리고 압록강으로 달아나니, 관구검이 드디어 환도성(丸都城)에 들어가서 궁실과 민가들을 모조리 다 불태워버리고, 역대의 문헌과 전적들을 다 실어 위(魏)나라로 보내고, 장군 왕기(王頎)로 하여금 계속 왕을 추격하게 하였다.

동천왕이 죽령(竹嶺)에 이르렀을 때에는 여러 장수들이 다 달아나 흩어지고 오직 동부(東部) 밀우(密友)가 그를 곁에서 모시고 있었다. 적의 추격병이 가까이 다가오고 있어서 형세가 매우 위급하게 되자, 밀우가 결사대를 뽑아서 적들과 싸우고, 왕은 그 틈을 타서 도망하여 산속으로 들어가서 흩어진 군졸들을 거두어 모았다.

왕은 험한 지형을 의지하여 지키면서 군중에 명령을 내리기를, "밀우를 살려오는 자에게는 큰 상을 내릴 것이다."고 하니, 남부(南部) 유옥구(劉屋句)가 왕의 명령에 응하여 싸움터로 내려가서 밀우가 기진하여 땅에 엎드려 있는 것을 발견하여 등에 업고 돌아왔다. 왕이 자기 다리의 살을 베어 밀우에게 먹이자, 그가 한참 후에 깨어났다.

왕이 이에 밀우 등과 함께 남갈사(南曷思)로 달아났다. 그러나 적들의 추격은 여전히 그치지 않았으므로, 북부(北部) 유유(紐由)가 말했다. "이같이 국가의 흥망이 달린 판국에 모험을 하지 않고는 위기 상황에서 벗어날 수 없습니다."

이에 음식물을 갖추어 위군(魏軍)의 진중으로 들어가서 거짓 항복 문서를 바치며 말하기를, "우리 임금께서 큰 나라에 죄를 지어, 바닷가에 이르러 다시 더 갈 곳도 없으므로, 이에 항복하기를 청하면서 먼저 많지 않은 토산물로 큰 나라의 군사들을 먹이도록 하였습니다."라고 하니, 위(魏) 장수가 접견(接見)하였다. 그때 유유가 식기 속에 감추어 놓았던 칼을 빼서 위 장수를 찔러 죽였다. 이에 왕이 장사(壯士)들에게 명하여 위군(魏軍)을 치게 하니, 위군이 무너져서 어지러워지고 다시 진(陣)을 이루지 못하고 요동의 낙랑으로 패주(敗走)하였다.

위의 전투에 관한 기사는 김부식이 〈삼국지〉와 〈고기(古記)〉를 섞어 취하여 고구려본기에 넣었으므로 위아래의 기사가 서로 모순되는 것이 많다.

이를테면, (一) "관구검이 군사 1만 명으로써…고구려를 침입하였다."(毌丘儉, 將萬人…來侵.—옮긴이)고 하고, "왕이 보병과 기병 2만 명으로 맞아 싸웠다."(王將步騎二萬人, 逆戰.—옮긴이)고 하였으므로, 고구려의 군사 수가 위나라 군사 수의 두 배나 되는데, 그 아래에서는 동천왕의 말을 기록하여 이르기를, "위(魏)의 수많은 군사가 우리의 적은 수의 군사만도 못하다."(魏之大兵, 反不如我之小兵.—옮긴이)고 하였다는데, 이것은 무슨 말인가.

(二)비류수(沸流水)에서 위병(魏兵) 3천여 명을 죽이고 양맥곡(梁貊谷)에서 또 3천여 명을 죽였으므로, 1만 명의 위나라 군사들은 이미 6천여 명의 전사자를 내었으므로 더 이상 군(軍)을 편성할 수조차 없었을 터인데도, 그 아래에서 "왕이 철기 5천으로 추격하다가…대패하였다."(乃領鐵騎五千, 進而擊之…我軍大潰.—옮긴이)고 하였는데, 이것은 무슨 말인가.

〈삼국지〉 관구검전에 전쟁의 결과를 기록하여 이르기를, "論功行賞, 侯者百餘人(논공행상, 후자백여인)"(→논공행상을 할 때 후(侯)로 봉해진 자가 백여 명이나 되었다.)라고 하였은즉, 이로써 출병한 군사의 수와 전투의 규모를 미루어 알 수 있으니, 어찌 구구하게 1만 명의 군사만 출병하였겠는가. 다만 저들의 사서에서는 「詳內略外(상내략외)」의 예를 좇아서 그 기재가 이에 그쳤을 뿐이다.

고구려본기에서는 위의 전투를 동천왕 20년(기원 245년)이라 하였으니, 동천왕 20년은 위(魏)의 폐제 방(廢帝 芳) 정시(正始) 8년이고, 〈삼국지〉 관구검전에서 "正始中…出玄菟, 討句驪…六年 復征之."(→ 정시(正始) 중에…현토를 출발하여 고구려를 치고…6년에 다시 고구려를 쳤다.)라고 하였으므로 〈해동역사(海東繹史)〉에서 정시 5년·6년의 2회 전쟁으로 나누어 기록하였는데, 정시 5년·6년은 동천왕 18년·19년이다. 그러나 〈삼국지〉 본기에서는 정시 7년에 "幽州刺史毌丘儉, 討高句驪(유주자사관구검, 토고구려)"(→유주자사 관구검(毌丘儉)이 고구려를 쳤다.)라고 하여, 고구려 본기와 서로 부합한다. 어떤 것을 따라야 하겠는가.

최근 기원 1905년에 청(淸)의 집안현지사(輯安縣知事) 모씨(某氏)가 판석령(板石嶺)의 고개 위에서 발견한 관구검의 기공비(紀功碑) 파편에 "六年五月(육년 오월)"이란 글이 그 둘째 줄에 있었는데, 만일 이것이 진적(眞蹟: 실제의 유물)이라면 정시 6년(동천왕 19년)이 그 전쟁의 시작 연도이고, 다시 싸웠다(再戰)란 기록은 틀린 것이다.

그러나 청조(淸朝) 인사들이 고물(古物) 위조의 버릇이 퍽 많아서 중국 현대의 고비(古碑)·고와(古瓦) 탁본들은 거의가 안본(贋本: 모조품)이라고 하니, 이 비의 파편은 아직 고고학자의 감정을 요한다 할 것이며, 설사 이것이 진적(眞蹟)이라 하더라도 이는 불내성(不耐城)의 비명(碑銘)이고 환도성(丸都城)의 비명은 아니다. 왜냐하면, 집안현의 환도성은 「제3 환도성(第三 丸都城)」이며, 제3 환도성은 동천왕 때에는 아직 건축도 되지 않았기 때문이다. 이에 대하여는 본편 제2장 제7절에서 자세히 기술할 것이다.

5. 제2 환도성의 파괴 후 평양(平壤)으로의 천도

「제2 환도」가 철저히 파괴되자 이에 동천왕의 서북정벌(西北征伐)이란 웅심(雄心)이 차가운 재로 변하여 지금의 대동강 위의 평양(平壤)으로 천도하니, 이것이 고구려의 남천(南遷)의 시작이다.

평양 천도 이후에 대세가 변한 것이 두 가지이다.

(一)남낙랑 소속 소국(小國)들이 비록 고구려에 복속하였으나 대주류왕(大朱留王)이 최씨(崔氏)를 멸망시킨 구원(舊怨)을 생각하여 항복하여 붙음(降附)과 배반하여 떨어져 나감(離叛)을 반복하다가, 평양이 고구려의 수도가 되어 제왕의 거처와 군대의 본영(本營)이 모두 이곳에 있게 되자, 소국들은 기가 눌리어 점차 완전히 꺾여 복종하게 되었다는 것이다.

(二)평양 천도 이전에는 고구려가 늘 서북으로 발전하여 흉노·중국 등과 충돌이 잦았으나, 평양 천도 이후에는 백제·신라·가라(加羅) 등과 접촉하게 되어, 북방보다는 남방에 대한 충돌이 많았다.

다시 말하면, 고구려가 서북의 국가로 되지 않고 동남의 국가로 된 것은 곧 평양으로의 천도가 그 원인이다. 그러나 평양 천도는 「제2 환도」가 파괴된 데 그 원인이 있으니, 그러므로 「제2 환도」의 파괴는 조선 고대사에 있어서 비상히 큰 사건이라 할 것이다.

제2장 고구려 대(對) 선비(鮮卑) 전쟁

1. 선비 모용씨(慕容氏)의 강성

선비(鮮卑)는 늘 고구려에 복속하여, 비록 영웅적인 면모와 용맹함을 갖춘 추장 단석괴(檀石槐)가 있을 때에도, 명림답부(明臨答夫)의 절제(節制)를 받아 왔다. 그러나 고구려가 발기(發岐)의 난을 겪으면서 요동을 잃어버리고 나라의 힘이 이미 쇠약해지자, 선비는 드디어 고구려를 배반하고 떨어져 나가서 한(漢)에 붙었다.

한말(漢末)에 원소(袁紹)와 조조(曹操)가 서로 대치할 때에 선비와 오환(烏桓)은 다 원소에게 붙었는데, 원소가 망하자 기원 207년에 조조가 7월의 장마 때를 이용하여 노룡새(盧龍塞) 5백 리를 몰래 나가서 선비와 오환이 전혀 무방비 상태로 있을 때 그 소굴을 격파함으로써 오환은 드디어 쇠망하였다.

그러나 선비는 그 뒤에 가비능(軻比能)이란 자가 나와서 다시 강성해져서 자주 한(漢)의 유주(幽州)와 병주(并州)를 침략하였다. 이에 한(漢)의 유주자사 왕웅(王雄)이 자객을 보내어 가비능을 암살하니, 선비는 다시 쇠약해졌다.

기원 250년경에 선비는 우문씨(宇文氏)·모용씨(慕容氏)·단씨(段氏)·탁발씨(拓跋氏)의 4부(部)로 나뉘어 서로 자웅을 다투었는데, 모용씨 중에 모용외(慕容廆)란 자가 용맹하고 교활하여 부족이 가장 강성하였으며, 창려(昌黎) 태극성(太棘城: 지금의 동몽고(東蒙古) 땅 특묵우익(特默右翼) 부근–원주)을 근거지로 하여 사면으로 쳐들어가서 약탈하였다.

이때에 중국의 위(魏)·오(吳)·촉(蜀) 삼국이 다 멸망하고 진(晋) 사마씨(司馬氏)가 중국을 통일하였으나 자주 모용외(慕容廆)에게 패하여 요서(遼西) 일대가 소란하지 않은 날이 없었다.

사가(史家)들은 흔히 모용씨가 근거지로 하고 있었던 창려(昌黎)를 지금의 난주(灤州) 부근이라고 하나, 〈진서(晋書)〉 무제본기(武帝本紀)에 "모용외가 창려(昌黎)를 침략하였다."라고 한 것을 보면, 위의 창려(昌黎; 지금의 난주–원주)는, 진(晋)의 창려(昌黎)가 아닌 것이 명백하고, 나중에 모용외의 아들 모용황(慕容皝)이 도읍한 용성(龍城)과 멀지 않은 땅일 것이다.

2. 북부여의 파괴와 의려왕(依慮王)의 자살

북부여(北扶餘)는, 제 3편에서 서술한 바와 같이, 조선 열국의 문화의 원천이었던 나라이다. 그러나 신라·고구려 이래로 압록강 이북을 잃고는 드디어 북부여를 조선 역외(域外)의 나라라고 하여 그 역사를 거두어 기록해 놓지 않았으므로 해모수왕(解慕漱王) 이후의 그 치란(治亂)과 성쇠(盛衰)를 알 수 없게 되었는데, 다행히 중국의 사가(史家)들이 그들과 정치적으로 관계된 사실들을 몇 마디 기록해 놓았으므로, 그 개략(槪略)을 말할 수 있다.

후한(後漢)의 안제(安帝) 영초(永初) 5년, 기원 112년에 "부여왕(失名–원주)이 보병과 기병 7, 8천 명을 거느리고 한(漢)의 낙랑을 침입하여 관리와 백성들을 죽이고 약탈하였다."라고 하였으니, 이것이 곧 역사에 나타난 북부여의 대외 용병(用兵)의 시작일 것이다.

연광(延光) 원년, 기원 121년에 "부여왕이 아들 위구태(尉仇台)를 보내어 한(漢)의 군사와 힘을 합쳐 고구려·마한(百濟)·예(濊)·읍루(挹婁) 등을 격파하였다."라고 하였으나, 그 다음해에 한(漢)이 고구려의 차대왕(次大王)에게 강화를 애걸하고 그 배상(賠償)으로 비단을 바친 것을 보면, 북부여와 한(漢)이 고구려를 격파하였다는 것은 거짓 기록일 것이다.

기원 136년에 위구태(尉仇台)가 왕이 되어 2만의 기병으로써 한(漢)의 현토군을 습격하고, 그 뒤에 공손도(公孫度)가 요동왕(遼東王)이 되어서는 부여의 강함을 두려워하여 종실 여자를 부여왕의 처로 바치고 고구려와 선비에 대한 공수동맹(攻守同盟)을 체결하였으니, 위구태왕은 마치 고구려의 차대왕처럼 가장 무력을 숭상하는 군주였으며, 또 그의 재위 기간은 해모수 이후 북부여의 유일한 전성시대였을 것이다.

위구태왕의 뒤에 간위거왕(簡位居王)에 이르러서는, 적자(嫡子)가 없어서 서자(庶子) 마여(麻余)가 즉위하니, 오가(五加) 중에서 우가(牛加: 이름은 失傳-원주)가 배반할 마음을 품었다.

그러나 우가(牛加)의 형의 아들은 왕실에 충성하고 국사에 부지런하고 나라 사람들에게 재물을 잘 베풀어주어 인심이 그에게 돌아갔는데, 우가(牛加)의 부자(父子)가 배반하자 위거(位居)가 이들을 잡아 죽이고 그 가산을 모두 몰수하였다.

위거(位居)는 마여왕(麻余王)이 죽자 마여의 아들 의려(依慮: 겨우 6살 난 어린아이였음-원주)를 세워서 보좌하였는데, 위거(位居)가 죽고 의려가 선지 41년 만에 국방이 소홀해졌다. 이러한 사정이 드디어 선비 모용외에게 탐지되자, 모용외는 선비의 무리들을 몰아 북부여의 서울 아사달(阿斯達)을 침입하기에 이르렀다.

모용외가 쳐들어오자 의려왕은 수비가 허약하여 방어하지 못할 줄 알고 칼을 빼어 자살하면서 나라 망하게 한 죄를 나라 사람들에게 사죄하고, 유서로써 태자 의라(依羅)에게 왕위를 전하면서 나라 회복에 힘쓰라고 권하였다.

의려왕이 국방에 힘쓰지 못하여 나라를 위망(危亡)에 빠지게 한 죄는 없지 않으나, 그러나 항복하느니 차라리 죽으리라는 의기(義氣)를 가져서 조선 사상 제 1차 순국(殉國)의 왕이 되어 피로써 후세 사람에게 기념(紀念)을 남겼으니, 어찌 성하지맹(城下之盟: 왕이 성 아래에서 적에게 항복하고 신하 노릇하기를 맹세하는 것 —옮긴이)을 맺으면서도 구차한 생명을 보전하려는 저 용렬한 왕들에 비할 바이겠느냐.

의려왕이 이미 자살하자 의라(依羅)가 서갈사나(西曷思那)의 삼림 속으로 달아나 결사대를 모집하여 선비 군사들을 쳐서 물리치고 지형이 험한 곳을 지켜서 새 나라를 세웠다.

아사달(阿斯達)은 왕검 이후 수천 년 동안 문화의 고도(古都)로서 역대의 진기한 보물뿐만 아니라 문헌(文獻)들이 많아서 신지(神誌)의 역사며, 이두자로 적은 풍월(風月: 詩歌)이며, 왕검의 태자 부루(夫婁)가 하우(夏禹)를 가르쳤다는 금간옥첩(金簡玉牒)에 쓴 문자 등이 있었는데, 모두 선비의 야만 병사들에 의해 불살라지고 말았다.

3. 고구려의 예란(濊亂) 토평(討平)과 명장 달가(達賈)의 참사

선비가 북부여를 침입하기 6년 전인 280년에 고구려에는 예(濊: 〈본기〉의 「숙신(肅愼)」-원주)의 반란이 있었다. 예(濊)는 원래 수렵시대의 야만족으로서 처음에는 북부여에 복속하였는데, 북부여가 조세를 너무 과중하게 징수하므로 배반하여 고구려에 붙었다가, 고구려가 요동을 잃고 나라의 세력이 쇠약해지자 드디어 반란을 일으켜 국경을 침입하여 사상(死傷)한 인민과 빼앗아간 가축의 수가 헤아릴 수 없이 많았다.

이에 서천왕(西川王)이 크게 걱정하여 장수의 재목(材木)을 구하였는데, 이때 여러 신하들이 왕의 동생 달가(達賈)를 추천하였다. 달가가 기계(奇計)로써 예(濊)의 소굴을 습격하여 그 추장 6, 7백 명을 포로로 잡아 와서 부여의 남쪽에 있는 오천(烏川)으로 옮기고, 그들의 부락을 항복시켰다. 이에 서천왕이 달가를 안국군(安國君)에 봉하였다.

서천왕이 죽고 그의 아들 봉상왕(烽上王)이 즉위하였는데, 그는 천성이 의심과 시기심이 많아서, 달가가 항렬(行列)로는 자기 숙부(叔父)이고 그 위명(威名)은 전국에 떨치므로 죄를 얽어 사형에 처하니, 나라 안 사람들이 모두 눈물을 흘리며 말하기를, "안국군이 아니었으면 우리들은 이미 오래 전에 예(濊)·맥(貊)의 난리에 죽었을 것이다."라고 하였다.

4. 모용외(慕容廆)의 패퇴와 봉상왕(烽上王)의 교만과 포학

모용외(慕容廆)는 일세의 효웅(梟雄)인지라, 진(晋)의 정치가 부패하여 중국이 장차 크게 어지러워질 것으로 보고 전 중국을 집어삼킬 야심을 가졌으나, 만일 동으로 고구려를 꺾어놓지 못하면 뒤를 돌아다보아야 할 걱정이 적지 않을 줄 그 또한 잘 알고 있었다.

그래서 북부여를 잔파(殘破)한 뒤에 그 승세를 타고 곧 고구려를 침입하려고 하였으나, 다만 안국군(安國君: 達賈)의 위명(威名)을 꺼려서 주저하고 있었는데, 달가가 죽었다는 말을 듣고는 크게 기뻐하여 기원 292년에 경병(輕兵)으로 고구려의 신성(新城)을 침범하였다.

이때 봉상왕(烽上王)이 신성으로 순행(巡幸)을 왔다가, 모용외가 이 사실을 탐지하여 그를 포위하여 매우 위급한 처지에 놓이게 되자 신성의 성주(新城宰) 북부소형(北部小兄) 고노자(高奴子)가 기병 5백으로 모용외의 병사들을 돌격하여 그들을 대파하고 왕을 구하였다. 왕은 크게 기뻐하여 고노자의 작위를 높여 북부 대형(北部大兄)으로 삼았다.

3년 후에 모용외가 또 침입하여 졸본(卒本)으로 들어가 서천왕(西川王)의 묘를 파는 것을 구원병이 달려와서 격퇴하였는데, 왕이 모용외가 자주 쳐들어오는 것을 걱정하니, 「신가」 창조리(倉助利)가 말하기를 "북부 대형(北部大兄) 신성 성주 고노자(高奴子)는 지략과 용맹을 겸비한 장수입니다. 대왕께서는 고노자를 두고서 어찌 선비를 걱정하십니까." 하고, 드디어 왕에게 권하여 고노자로 신성태수(新城太守)를 삼았다. 고노자가 백성들을 사랑하고 병사들을 훈련하여 여러 차례 모용외의 침입군을 격파하니, 마침내 국경이 안정되었다.

이리하여 모용외의 병사들이 더 이상 쳐들어오지 못하자 봉상왕이 이에 교만해지고 안일에 빠져 수년 간의 흉년과 가뭄으로 인민들이 굶주리고 지쳐 있음에도 불구하고 나라 안의 인부들을 징발하여 궁실을 건축하니, 사람들이 더욱 흩어지고 달아나서 인구가 줄어들었다.

기원 3백년에 이르러서는, 왕은 여러 신하들의 간쟁(諫爭)을 다 거절하고, 나라 안의 남녀로서 15세 이상 된 자는 전부 징발하여 궁실건축에 부역(赴役)하게 하였다.

이에 「신가」 창조리(倉助利)가 위험을 무릅쓰고 간하여 말하였다. "천재(天災)가 잦아서 수확을 하지 못하여 나라 안의 인민들이, 장정들은 구걸하기 위해 서방으로 흩어지고, 노약자들은 도랑이나 산골짜기에 빠져 죽고 있는데도 대왕께서는 이를 돌아보지 않고 굶주린 인민들을 몰아다가 토목공사의 일을 시키니, 이는 임금으로서 할 일이 아닐 뿐만 아니라, 하물며 북방에는 모용씨의 강적이 있어 날마다 우리의 틈을 엿보고 있으니, 대왕은 깊이 생각하소서,

임금이 백성을 아끼지 않으면 이는 인(仁)이 아니며, 신하가 임금을 간(諫)하지 않으면 이는 충(忠)이 아니니, 신(臣)이 이미 「신가」의 자리에 있으므로 말할 바를 숨길 수 없어서 이에 아뢰나이다."

왕이 대답하여 말하였다. "임금은 백성들이 쳐다보는 바라, 임금의 궁실이 장려하지 않으면 백성들이 무엇을 쳐다보겠는가. 「신가」는 백성을 위하여 명예(名譽)를 구하지 말라. 「신가」가 만일 백성을 위하여 죽으려는 생각이 없다면, 더 이상 말을 하지 말라."

이에 창조리(倉助利)는 봉상왕이 고치지 않을 줄 깨닫고 동지들과 밀모(密謀)하여 왕을 폐하려 하였다.

5. 봉상왕의 폐출과 미천왕(美川王)의 즉위

봉상왕이 처음에 그 숙부 달가(達賈)를 죽이고, 또 그 아우 돌고(咄固)를 의심하여 사형에 처하였더니, 돌고의 아들 을불(乙弗)이 화(禍)가 자신에게 미칠 줄 알고 달아났다. 그 후에 봉상왕이 누차 을불을 찾아 죽이려 하였으나 찾지 못하였다.

을불이 도망한 뒤에 성명(姓名)을 바꾸고 몸을 팔아 수실촌(水室村) 사

람 음모(陰牟)의 집에서 머슴살이를 하였는데, 음모가 일을 매우 고되게 시켜서, 낮에는 나무를 하게 하고, 밤에는 그 집 문 앞에 있는 늪에 밤새 돌팔매질을 시켜서 개구리 울음소리가 나지 못하게 하여 그 집 식구들이 잠을 편히 잘 수 있도록 하게 하니, 을불이 견디다 못하여 일년 만에 도망가서 동촌(東村) 사람 재모(再牟)와 함께 소금 장사를 하였다.

소금을 사서는 배편으로 압록강으로 들여와 소금 짐을 강동(江東) 사수촌(思收村)의 인가(人家)에 부려놓았더니, 그 집 노파가 공짜로 소금을 달라고 하므로 한 말 가량이나 주었다. 그러나 그 노파가 마음에 차지 않아 하면서 더 달라고 보채는 것을 주지 않았더니, 노파가 도리어 꽁한 마음을 먹고 음해(陰害)하려 하여, 소금 짐 속에다 가만히 신 한 켤레를 묻어 놓고, 을불이 떠나온 뒤에 쫓아와서는 소금을 뒤져 신을 찾아내고 을불 등 두 사람을 절도로 몰아 압록 성주(鴨綠宰)에게 고소하였다. 압록 성주는 을불에게 태형(笞刑)을 치고 소금은 빼앗아 노파에게 주라고 판결하였다.

을불이 이에 소금장수는 할 수 없게 되었으므로 다 집어치우고, 머슴살이 할 곳도 얻지 못하여, 이 마을 저 마을로 떠돌아다니며 걸식하며 날을 보냈더니, 옷은 나불나불 다 떨어지고, 얼굴은 보기에도 무섭게 여위어서, 어느 누구도 그가 혹시 왕년의 왕손(王孫)일지도 모른다는 의문조차 갖지 못하였다.

이때에 「신가」 창조리(倉助利) 등이 봉상왕(烽上王)을 폐하려 하면서, 임금 될 재목으로나 차례로나 모두 을불이 합당하다고 생각하여, 북부(北部) 「살이」 조불(祖弗)과 동부(東部) 「살이」 소우(蕭友) 등으로 하여금 을불을 찾아내도록 하였는데, 비류수(沸流水)에 이르러 드디어 을불을 만났다. 소우가 을불의 어릴 때 얼굴모습을 기억하고 있었으므로 그에게 절을 하며 가만히 그 뜻을 전하여 말하였다. "지금의 왕이 무도하므로, 「신가」 이하 여러 대신들이 협의하여 지금의 왕을 폐하려고 그동안 왕손을 찾았습니다." (*〈삼국사기〉에는, 이때 을불이 의심하여 말하기를 "나는 평민이지 왕손이 아니오. 청컨대 다른 데 가서 알아보시오."라고 하였다는 기사가 더 있다.—옮긴이)

그리고 조불도 말하였다. "지금의 왕은 인심을 잃어 나라가 위태로우므로, 여러 신하들이 '왕손은 품행이 단정하시고 성격이 인자하시어 조상의 대업을 이을 만하다' 고 하여, 왕손이 돌아오기를 바라는 마음들이 간절하니, 왕손은 의심하지 말기를 바랍니다." 하고 받들어 모시고 돌아와서, 창조리의 동지 조맥남(鳥陌南)의 집에 숨겨 두었다.

가을 9월에 창조리가 봉상왕이 후산(侯山)에서 사냥을 하는데 따라 갔다가, 갓에다 갈대 잎을 따서 꽂고는 큰 소리로 외쳐 말하기를, "나를 따르려 하는 자는 나처럼 갈대 잎을 갓에 꽂으라!" 고 하니, 많은 사람들이 다 창조리의 뜻을 알아차리고는 갈대 잎을 따서 갓에 꽂았다.

창조리가 이때 많은 사람들과 함께 봉상왕을 폐하여 별실에 가두니, 왕이 죽음을 면하지 못할 줄 깨닫고 그 아들 형제와 함께 목을 매어 자살하였다. 을불이 왕위에 오르니, 역사에서 미천왕(美川王)이라 칭하는 이가 곧 이 사람이다.

6. 미천왕(美川王)의 요동(遼東) 전승과 선비(鮮卑) 몰아냄

기원 197년, 곧 발기(發岐)의 반란 이후부터 기원 370년경, 곧 고국원왕(故國原王) 말년까지는 곧 고구려의 중쇠시대(中衰時代)이지만, 그러나 미천왕(美川王)의 한 대(代)는 이 중쇠시대 중에서 가장 특성(特盛)한 시대이다.

저자가 일찍이 환인현(桓仁縣)에 머물러 있을 때, 그곳의 문사(文士)인 왕자평(王子平: 본래 만주인이다-원주)이 나에게 이야기해 주었다.

"고구려 고대에 「우글로」란 대왕이 있어서, 그가 한미(寒微)하던 시절에 불우하여 사방으로 떠돌아다니며 걸식(乞食)을 하였는데, 그때에 가죽으로 신을 만들어 신었으므로 지금도 만주에서는 가죽신을 「우글로」(「우글로」는 만주 노동자의 신발이다.—원주)라고 하는데, 이것은 그 대왕의 이름을 따라 지은 것이다.

그 대왕이 그렇게 걸식을 하고 다닐 정도로 빈궁하고 곤고(困苦)하였지만, 그는 항상 요동을 차지할 꿈을 가져서, 요동 각지를 다니며 걸식을 하면서도 산천의 험하고 평탄함과 도로의 멀고 가까움을 알기 위하여 풀씨를 가지고 다니면서 이것을 길가에 뿌려 그가 지나온 길을 기억하였다. 그리하여 지금도 요동 각지의 길가에는 「우글로」라는 풀이 많다."

「우글로」가 「을불(乙弗)」과 음(音)이 같고, 또 고구려 제왕 중에 초년에 걸식을 한 이는 을불뿐이니, 「우글로」는 아마도 미천왕(美川王) 을불(乙弗)이 한미하던 시절에 만든 것일 것이다.

미천왕은 기원 300년부터 331년까지 무릇 31년 동안 재위에 있었던 제왕으로, 그 31년간의 역사는 곧 선비 모용씨(慕容氏)와 혈전한 역사이다. 이제 간단하고 엉성한 고구려본기와, 허황하고 과장이 심한 〈진서(晋書)〉를 합하여, 그 진실에 가까운 사실들을 뽑아 미천왕의 역사를 서술해 보면 대략 다음과 같을 뿐이다.

(가) 현토(玄菟) 회복— 왕자 수성(遂成: 차대왕)이 회복한 요동이 연우왕(延優王) 때에 또 한(漢)의 소유가 되었다는 것은 이미 앞에서 설명하였거니와, 미천왕이 즉위해서는 그 제2년에 곧 현토성을 파하여 8천여 명을

사로잡아 평양으로 옮기고, 16년에 마침내 현토성을 점령하였다.

(나) 낙랑(樂浪) 회복— 낙랑 역시 한 무제의 4군(郡)의 하나로서 대대로 그 자리 옮김(遷徙)이 빈번하였지만, 대개 이는 요동 땅에 가설(假設)한 것이고 평양의 낙랑(國)과는 거리가 멀리 떨어져 있었다. 동천왕(東川王) 본기에 의하면, 위(魏)의 군사들이 달아나서 낙랑으로 물러날 때에 동천왕은 평양으로 도읍을 옮겼으며, 동천왕이 평양으로 천도(遷都)한 이후에도 위(魏)·진(晋)의 낙랑태수는 여전히 존재하였다. 따라서, 만일 중국의 낙랑이 곧 조선의 평양(平壤: 남낙랑(南樂浪)-원주)이라고 한다면, 이는 평양이 고구려의 왕도(王都)인 동시에 또 중국 낙랑군의 치소(治所: 군청 소재지)가 되는 것이니, 천하에 어찌 이같이 모순(矛盾)되고 당착(撞着)되는 역사적 사실이 있을 수 있단 말인가.

미천왕이 낙랑을 점령한 것은 그의 재위 14년 , 곧 기원 314년의 일이다. 진(晋)나라 사람 장통(張統)이 낙랑·대방(帶方) 두 군(郡: 대방(帶方) 역시 요동에 가설한 군(郡)으로 장단(長湍) 혹은 봉산(鳳山)의 「대방국(帶方國)」이 아니다. —원주)을 근거지로 하고 있었으므로 왕이 이를 공격하여 쳐부순 것인데, 장통이 항거할 힘이 없어서 모용외(慕容廆)의 부장(部將)인 낙랑왕 모용준(慕容遵)에게 구원을 애걸하였다.

그러나 모용준이 달려가서 구원하려다가 고구려군에게 패하고는 장통을 꾀어서 민간인 1천여 가구를 몰아가지고 모용외에게 투항하도록 하였다. 이에 모용외는 유성(柳城: 지금의 금주(錦州) 등지-원주)에 또 낙랑군을 가설(假設)하여 장통을 태수(太守)로 삼았으며, 요동의 낙랑은 고구려의 소유로 되었다.

(다) 요동 전첩(戰捷)— 요동군의 치소(治所)는 양평(襄平: 지금의 요양(遼陽)—원주)이다. 〈진서(晋書)〉에 따르면 "미천왕이 요동을 공격하다가 자주 패하여 물러나고는 도리어 동맹 맺기를 구걸하였다"고 하였으나, 〈양서(梁書)〉에서는 "乙弗, 頻寇遼東, 廆不能制(을불, 빈구요동, 외불능제.)"(→을불(乙弗)이 빈번하게 요동으로 쳐들어갔는데, 모용외(慕容廆)는 이를 막을 수가 없었다.)라고 하여, 모용외가 늘 미천왕에게 패하였던 것으로 기록하였다. 이처럼 두 사서의 내용이 서로 모순된다.

그러나 〈진서(晋書)〉는 당 태종(太宗)이 지은 것이다. 당 태종은 요동(遼東)을 어떻게 해서든지 중국의 소유라고 거짓 증명함으로써 자국의 신민(臣民)들에게 고구려 소유의 요동에 대한 전쟁열(戰爭熱)을 불러일으키려고 하였다. 그리하여 전대(前代)의 사서(史書)인 〈사기〉〈한서〉〈후한서〉〈삼국지〉 등의 책에 기록되어 있는 조선열국(朝鮮列國), 그 중에서도 특히 고구려와 관련된 문자(文字)들을 많이 뜯어고쳤다. 그런데도 유독 자신이 직접 쓴 〈진서〉만은 사실대로 썼겠는가?

그러므로 〈양서〉에 기록된 내용이 더욱 진실하며, 현토와 낙랑이 이미 차례차례 정복되었으므로 겨우 몇 개 현(縣)만 남은 요동도 고구려에게 귀속되었을 것이다. 그러나 아직은 충분한 증거가 없으므로 이만 쓰도록 한다.

(라) 극성(棘城) 전쟁— 기원 320년에 미천왕이 선비의 우문씨(宇文氏)와 단씨(段氏)와 진(晋)의 평주자사(平州刺史) 최비(崔毖)와 연합하여 모용외의 서울 극성(棘城)을 쳤더니, 모용외가 네 나라 사이를 이간하였으므로, 미천왕과 단씨는 군사를 이끌고 돌아오고 우문씨와 최비가 남아서 모용외와 싸우다가 대패하여, 최비는 고구려에 투항하고, 고구려 장수 여노(如孥)가 하성(河城)에서 버티고 싸우다가 모용외의 장수 장통(張統)에게 패

하였다고 하니, 이는 〈진서〉에서 전한 내용이다.

7. 제3 환도—지금의 집안현 홍석정자산(紅石頂子山)의 함락

기원 331년에 미천왕이 죽고 고국원왕(故國原王) 소(釗)가 왕위를 이어받아 즉위하였는데, 3년 후에 모용외(慕容廆)도 죽고 그 세자(世子) 황(皝)이 그 자리를 이어받았다.

고국원왕은 그 야심은 미천왕보다 더 컸으나 그 재략(才略)이 미치지 못하였다. 그러나 모용황(慕容皝)은 그 야심과 재략이 그 아비 모용외보다 뛰어난 효웅(梟雄)이었을 뿐만 아니라, 그의 서형(庶兄) 모용한(慕容翰)과 그의 두 아들 모용준(慕容儁)·모용각(慕容恪) 등이 다 절세의 기재(奇才)들이었다.

고국원왕은 서울 평양이 서북 경영에 불편하다고 하여 지금의 집안현(輯安縣) 홍석정자산(紅石頂子山) 위에 새로 환도성(丸都城)을 쌓아 도읍을 옮기니, 이것이 「제3 환도(第三丸都)」이다. 태조 때에 왕자 수성(遂成)이 쌓은 「제1 환도」는 아직 적국의 땅으로 되어 있고, 동천왕이 쌓은 「제2 환도」도 너무 적국에 바짝 붙어 있으므로, 나아가 싸우기에도 편하고 물러나 지키기에도 용이한 지방을 가려서 서울로 삼으려고 「제3 환도성(第三丸都城)」을 쌓았던 것이다.

모용황은, 고국원왕이 환도성으로 천도하였다는 말을 듣고, 고구려가 장차 북벌(北伐)을 하려는 것인 줄 알고 먼저 고구려에 침입하여 타격을 주려고 하는 동시에, 밖으로는 고구려를 피하여 멀리 도망가는 모습을 가장하여 고구려가 방비에 소홀하도록 만들려고 극성(棘城) — 모용외 이래 저들의 고도(古都) — 을 버리고 그곳에서 서북으로 더 나아가 용성(龍城)으로 천도하였다.

그리고는 여러 신하들을 모아놓고 물었다.

"고구려와 우문씨(宇文氏) 두 나라 중 어느 것을 먼저 치는 것이 옳겠느냐."

모용한(慕容翰)이 대답하였다.

"우문(宇文)은 비록 강성하나 사실은 지키려는(保守) 뜻을 가졌을 뿐이지만, 고구려는 그렇지 않습니다. 우리가 만일 우문을 친다면 고구려가 우리의 뒤를 습격할 염려가 없지 않으므로 먼저 고구려를 치는 것이 옳습니다.

고구려를 치려면 두 개의 길이 있는데, 그 하나는 북치(北置)로부터 환도성에 이르는 북쪽 길이고, 또 하나는 남협(南陜)과 목저(木底)로부터 환도성으로 향하는 남쪽 길인데, 북쪽 길은 평탄하고 넓으며, 남쪽 길은 험하고 좁아서, 고구려가 남쪽 길보다는 북쪽 길을 엄히 지킬 것입니다. 그러므로 우리가 먼저 일부 병사들로 북쪽 길로 쳐들어간다고 소문을 내고는 가만히 많은 병사들로 남쪽 길로 습격한다면, 환도를 파하기가 어렵지 않습니다."

모용황은 모용한의 계책을 채택하였다.

고국원왕이 모용황의 병사들이 북쪽 길로 쳐들어온다는 소식을 듣고, 그의 계책을 모른 채, 동생 무(武)를 보내어 5만의 병사로써 북쪽 길을 지키게 하였다. 무(武)의 군사들은 기다리고 있다가 모용황의 병사들과 싸워 그 장군 왕부(王富)의 목을 베고 그의 전체 군사 1만 5천을 전멸시켰다. 그러나 왕은 소수의 병사들로 남쪽 길을 방어하고 있었기 때문에 모용황의 내병을 만나자 대패하여 왕이 단기(單騎)로 도망하니, 환도성은 드디어 적병에게 함락되었다. 그리고 왕태후 주씨(周氏)와 왕후 모씨(某氏)는 적병에게 사로잡혔다.

모용황이 이미 환도성을 손에 넣고 또다시 왕을 추격하려 하였는데, 그때 모용황의 장군 한수(韓壽)가 말했다.

"고구려왕이 비록 패하였으나 각 성(城)의 구원병이 다 모여들면 충분히 대군(大軍)의 적이 될 것입니다. 그리고 또 고구려 국내에 있는 산들은 대부분 험하므로 추격하는 것은 위험하니, 왕을 위하여 계책을 생각하건대, 고구려왕의 부친의 묘를 파서 해골을 가져오고, 그 모후(母后)와 처(妻: 왕후)를 잡아간다면, 그가 자기 돌아가신 부친과 생모, 처를 찾기 위하여 어쩔 수 없이 굴복할 것입니다. 그런 후에 은혜와 신의(恩信)로 어루만져 주어 그가 움직이지 못하게 한다면, 장래 우리의 중원(中原) 경영에 아무런 장애가 없을 것입니다."

이에 모용황이 그의 말을 따라 나라 창고(國庫)에 들어가서 역대의 문헌들을 불사르고, 모든 진기한 보물과 재물들을 약탈하고, 성곽과 궁궐과 민가를 모두 헐어버리고, 미천왕의 능(陵)을 파서 그 시체와 왕태후 주씨(周氏)와 왕후를 싣고 돌아갔다.

고국원왕은, 비록 적병들은 돌아갔으나 죽은 부친과 생모가 적국에 잡혀 갔으므로 그들을 찾아오기 위하여, 공손한 언사(卑辭)와 후한 예절(厚禮)로써 모용씨와 사귀며, 부득이 중국 대륙에 대한 계획을 포기하기에 이르렀다. 이로 인하여 수십 년 동안 고구려는 약국이 되었다.

환도성의 세 차례 이전은 고구려의 전반기 성쇠(盛衰)의 역사를 충분히 설명하는 것이다. 태조 때에 왕자 수성(遂成: 차대왕-원주)이 요동을 점령하고 제1차 환도성을 지금의 개평(蓋平) 부근에 처음으로 쌓았던 때가 그 가장 강성했던 시대이고, 발기(發岐)가 배반하여 요동을 들어 공손씨(公孫氏)에게 항복함으로써 산상왕(山上王)이 제2차 환도성을 지금의 환인현(桓仁縣) 부근에 옮겨 쌓았다가 그것까지 위(魏) 장수 관구검(毌丘儉)에게 파괴된 때가 그 쇠락한 시기이며, 미천왕(美川王)이 선비를 몰아내고 낙랑·현토·요동 등의 군(郡)을 거의 차례대로 회복하여 중흥의 실적을 올리다가 중도에 죽고, 고국원왕(故國原王)이 뒤를 이어 제3차 환도성을 지금의 집안현 부근에 옮겨 쌓았다가 또 모용황(慕容皝)에게 파괴당하니, 이것이 가장 쇠락한 시대이다.

〈삼국사기〉에서는 비록 이러한 관계를 상세히 기술하지 못하였으나, 본기의 지리(地理)를 자세히 살펴보면 그 대개(大概)를 얻을 수 있다. 〈삼국지〉에도 "伊夷謨, 更作新國(이이모, 경작신국)"(→ 이이모(伊夷謨: 고국천왕의 이름)가 다시 새 나라를 만들었다.)이라고 하였는데, 이는 곧 제2 환도의 신축을 가리킨 것이다.

이상에서 기록한 것은 〈조선사략(朝鮮史略)〉과 〈삼국사기〉에 기록되어 있는 것을 초록한 것이지만, 이미 간략히 설명한 바와 같이, 〈진서(晋書)〉는 당 태종이 고구려를 깎아내리기 위하여 수많은 사실이 아닌 기사(記事)들을 위조한 것이 많은 책이다. 그러므로 위의 기사도 의심스러운 것이 없지 않다.

예를 들면, 모용황(慕容皝)이 미천왕의 묘를 파내어 갔다고 하였으나, 그러나 미천왕 때에 고구려의 서울은 평양이었고, 미천왕이 죽은 후 12년 만에 고국원왕(故國原王)이 환도(丸都)로 도읍을 옮겼다. 고구려 역대의 왕릉은 모두 다 당시의 왕도 부근에 있었으므로, 미천왕이 죽은 후에 반드시 평양에 묻혔을 것이고 환도에 묻히지는 않았을 것이니, 환도로 쳐들어온 모용황이 어찌 평양에 묻힌 미천왕릉을 파내어 갈 수 있었겠는가.

그러므로 미천왕릉을 파내어 갔다고 운운한 것은 충분히 의심스러운 일인 동시에, 그 이하에 적혀 있는 바 왕태후와 왕후가 사로잡혀 갔다고 운운한 것도 믿기 어렵다. 다만 이후에 고구려가 30년 동안, 곧 모용씨가 멸망하기 이전에는, 다시 중국 대륙을 도모할 생각을 하지 못한 것을 보면, 모용씨에게 대패하여 불리한 조약을 맺었던 사실이 있었다는 것은 명백하다.

제6편
고구려·백제 양국의 충돌

– 그 뒤에 고구려가 북방 선비(鮮卑)와의 전쟁이 있을 때마다 백제는 그 맹약을 깨고 왜병(倭兵)을 불러들여 고구려가 새로 점령한 땅을 침입하고, 또 신라가 고구려와 한편이 되는 것을 미워하여 왜병으로써 신라를 쳤다. 그러나 태왕의 용병이 신속하여, 북으로 선비(鮮卑)를 치는 틈에 늘 백제의 기선(機先)을 제압하여 왜를 습격하여 깨뜨리고 신라를 구원하였으며, 임나가라(任那加羅: 지금의 고령(高靈) –원주)에서 왜병을 대파하였다. 그래서 신라 나물왕(奈勿王)은 몸소 광개태왕에게 찾아가서 인사하고 사례하기까지에 이르렀다. –

제1장 고구려·백제 양국 관계의 유래

1. 남낙랑·동부여의 존망(存亡)과 고구려·백제 양국의 관계

고추모(高鄒牟: 고주몽)와 소서노(召西努) 부부가 갈라져서 고구려·백제, 곧 남·북 양 왕국(王國)을 건설한 이후에, 고구려는 북방 열국을 잠식하여 북방의 유일한 강국이 되었으며, 이와 동시에 백제는 온조왕(溫祚王)이 마한(馬韓) 50여 국을 통일하고 진(辰)·변(弁) 양한(兩韓), 곧 신라·가라(加羅)를 정복하여 또한 남방의 유일한 강국이 되었다. 이에 대하여는 이는 이미 제4편과 제5편에서 간략히 설명하였다.

두 강국이 이와 같이 남북으로 대치하고 있으면서도 수백 년간 피차간에 한 차례의 접촉도 없었던 이유는, 남낙랑(南樂浪)과 동부여(東扶餘)가 양국의 중간에서 장벽이 되어 주었기 때문이다. 이제 양국간의 접촉 사실을 말하려 하는바, 먼저 남낙랑과 동부여의 존망(存亡) 관계부터 이야기할 수밖에 없다.

남낙랑(南樂浪)과 동부여(東扶餘) 열국이 고구려 대주류왕(大朱留王: 大武神王)의 정복을 받은 뒤에 고구려에 대하여 원한을 품고 늘 중국의 지원을 빌어 이를 보복하려고 하였으나, 여의치 못하였다.

태조대왕 때에 왕자 수성(遂成: 次대왕)이 한(漢)과 싸워 이겨 요동과 북낙랑을 회복하자, 남낙랑과 동부여가 고구려의 위력에 두려워 복종하며 준동(蠢動)하지 못하였음은 물론이고, 백제 또한 고구려에게 신하로서 복종하며 그 요구에 응하여 기병(騎兵)을 내어 고구려의 서정(西征)에 참가하였다. 이에 대하여는 제4편과 제5편에서 이미 설명하였다.

백제사(百濟史) 역시 중간에 연대(年代)의 삭감이 있어서, 고구려 태조의 때가 백제의 어느 왕 어느 대(代)에 상당하는지는 아직 발견할 수 없고, 백제 초고왕(肖古王) 이후에야 그 연대를 겨우 믿을 수 있다.

초고왕 32년은 곧 고구려 산상왕(山上王) 원년(기원 197년)이니, 고구려가 발기(發岐)의 난으로 인하여 요동과 북낙랑을 한인(漢人) 공손씨(公孫氏: 제5편 제1장 참조-원주)에게 빼앗기자, 남낙랑과 동부여는 고구려를 배반하여 자립하였다. 그리고 남낙랑의 남부에 위치한 대방(帶方: 지금의 장단(長湍) 내지 봉산(鳳山) 등지-원주)에서는 호족(豪族) 장씨(張氏)가 또 남낙랑을 배반하고 「대방국(帶方國)」을 세웠다. 백제도 이를 기회로 고구려와 관계를 끊고 자립하였으며, 초고왕(肖古王)의 아들 구수(仇首)는 예(濊)가 쳐들어오는 것을 물리쳐서 국세가 더욱 강성해졌다.

백제의 고이왕(古爾王)은 초고왕(肖古王)의 동복아우(同母弟)로서, 기원 234년에 구수(仇首)가 죽자, 구수의 태자(太子: 고이왕의 종손(從孫)인 사반(沙伴)-원주)의 나이가 어린 것을 기회로 그 왕위를 빼앗았다.

이때 고구려는 관구검(毌丘儉)에게 패하고 나서 낙랑국(國)을 습격하여 남낙랑국의 구도(舊都)인 평양을 빼앗아 평양으로 도읍을 옮기고, 남낙랑국은 풍천원(楓川原: 지금의 평강(平康)과 철원(鐵原) 사이-원주)으로 옮겼는데, 고이왕은 남낙랑국의 변경을 침략하여 그 백성들을 약탈하였다. 이때 낙랑태수 유무(劉茂)와 대방태수 궁준(弓遵)이 남낙랑과 한편이 되어 동부여를 쳐서 이기고 회군하였다.

고이왕은 아직 나라를 세운 지 얼마 되지 않는 백제로서 위(魏)를 대적하여 싸울 수 없음을 알고, 그가 약탈해온 백성들을 돌려주고 화의를 청하였다. 그러나 유무(劉茂) 등이 듣지 않고 신라 북부의 여덟 개 나라를 다 남낙랑에게 떼어 붙이려 하였다. 이에 왕이 화를 내며 진충(眞忠)으로 하여금 대방의 기리영(崎離營: 지금의 어디인지 알 수 없음—원주)을 거쳐 가서 왕 준(遵)의 목을 베고 위(魏)의 군사들을 물리치니, 대방왕 장씨(張氏)가 이에 백제의 위력을 두려워하여 그 딸 보과(寶菓)를 고이왕의 태자 책계(責稽)에게 시집보내어 백제와 대(對) 북방 공수동맹(攻守同盟)을 맺었다.

그리고 기원 285년에 책계왕(責稽王)이 장인과 사위(舅甥, 翁婿) 간의 정(情)과 동맹국 간의 의리를 생각하여 대방을 구원하니, 이것이 백제와 고구려가 충돌하게 된 시초이다.

그 뒤에 고구려는 선비 모용씨의 발흥으로 인하여 서북 방어에 급급하여 남쪽을 돌아볼 겨를이 없었으나, 남낙랑과 동부여는 백제가 강해지는 것을 시기하여 기원 298년에 두 나라가 진(晋)의 원병(援兵)과 함께 쳐들어갔는데, 책계왕이 나가 싸우다가 날아오는 화살에 맞아 죽었다. 책계왕의 아들 분서왕(汾西王)이 즉위하였으나 7년 만에 남낙랑의 자객에게 암살당하였고, 그 뒤를 이어 비류왕(比流王)이 즉위하였다.

(*〈삼국사기〉에 비류왕은 구수왕(仇首王)의 둘째 아들이라고 하였으나, 이는 틀린 것임이 확실하다. 구수왕이 재위 21만에 죽고, 그 뒤를 이어 개루왕(蓋婁王)의 둘째아들인 고이왕(古爾王)이 53년간 재위하고, 다시 그 후에 고이왕의 아들 책계왕(責稽王)이 13년간 재위하고, 그리고 다시 책계왕의 아들 분서왕(汾西王)이 7년간 재위하였다면, 비류왕은 자기 부왕, 즉 구수왕(仇首王)이 죽은 후 73년 만에 왕위에 즉위한 것이 되는데, 부왕이 죽을 당시 설령 7살 난 어린아이였을지라도 이때에 와서는 이미 80살이 넘은 노인이 되어 있었을 것이다. 그런 후에 그가 또 41년간 왕위에 있었다면, 그가 죽을 때에

는 120세 가량이 되었을 것이고, 이는 세계 역사상 최고령의 왕이었다는 것이 된다. 그런데도 그가 죽을 때 몇 세였다는 기록조차 없다는 것은 납득하기 어렵다.—옮긴이)

〔미천왕(美川王)〕이 북으로 요동과 북낙랑을 격파하고 선비를 쳐서 물리칠 뿐 아니라 또 남방 경영에도 진력하여 남낙랑과 대방을 멸망시키고, 얼마 후에는 또 백제와도 결전을 하게 되었으나, 그때 미천왕이 죽어서 이 문제는 유야무야 되어버렸다.

미천왕의 아들 고국원왕이 즉위하여 선비에게 패하였음은 이미 전편(前篇)에서 말하였는데, 고국원왕이 이에 북방 경영을 포기하고 남진주의(南進主義)를 취하여 자주 백제를 침벌하다가 마침내 백제의 근구수왕(近仇首王)을 만나 패배하였다. 이로써 드디어 남북 혈전의 형국이 이루어졌는데, 이에 대하여는 다음 장(章)에서 기술하려고 한다.

제2장 근구수왕(近仇首王)의 영무(英武)와 고구려의 퇴축(退縮) (附: 백제의 해외 정벌)

1. 백제의 「대방(帶方)」 병탄(倂呑)과 반걸양(半乞壤) 전쟁

백제의 근초고왕(近肖古王)이, 처음에는 왕후 진씨(眞氏)를 총애하고 왕후에게 푹 빠져 왕후의 친척인 진정(眞淨)을 신임하여 그를 조정의 좌평(佐平)으로 삼았는데, 진정이 세도를 믿고 발호하여 여러 신하들을 억압하고 백성들의 재물을 침탈하여 20여 년 동안 국정을 어지럽게 하였다.

이때 태자 근구수(近仇首)가 영명하여 마침내 진정(眞淨)을 파하고, 폐정(弊政)을 개혁하고, 대방(帶方)의 장씨(張氏)를 항복시켜 그 땅을 군(郡)·현(縣)으로 만들고, 육군의 군 편제를 개량하고, 해군을 처음으로 설치하여 바다를 건너 중국을 침략할 야심을 가졌다.

이때 고구려의 고국원왕이 환도성(丸都城)을 버리고 평양으로 천도하여 선비(鮮卑)에게 실패한 치욕을 남방에서 보상받으려 하여 자주 백제를 침입하여 압박하였으며, 기원 369년에는 기병과 보병 합하여 2만의 군사를 황(黃)·청(靑)·적(赤)·백(白)·흑(黑) 다섯 가지 색깔의 기(旗)로 나누어 거느리고 반걸양(半乞壤: 지금의 벽란도(碧瀾渡)—원주)까지 이르렀다.

근구수가 나가서 싸울 때, 전에 백제의 국영 목장의 목자(牧者)였다가 잘못하여 국마(國馬)의 말굽을 다치고는 죄를 얻게 될까봐 겁을 내어 고구려로 달아났던 사기(斯紀)가 고구려의 군인이 되어서 이 싸움에 참전하였는데, 그가 은밀히 빠져나와 근구수를 찾아와 만나보고 고(告)해 바치기를, "저들의 군사 수가 비록 많으나 거의 다 남의 눈을 속이려고 숫자만 채워 넣은 의병(疑兵)들일 뿐이고, 오직 적기병(赤騎兵)만이 용맹하니, 그들만 깨치면 그 나머지는 스스로 무너져 흩어질 것입니다."라고 하였다.

근구수가 그 말을 좇아 용감한 정예병들을 뽑아 적기병을 습격하여 깨뜨리고 나서, 고구려병을 전부 쳐서 뿔뿔이 달아나게 하여 수곡성(水谷城: 지금의 신계(新溪)-원주) 서북까지 진격하였다. 그리고 그곳에다 돌을 쌓아 기념탑을 만들고 패하(浿河: 대동강 상류. 지금의 곡산(谷山), 상원(祥原) 등지-원주) 이남을 거두어 전부 백제 땅으로 만들었다.

2. 고국원왕의 전사와 백제의 재령(載寧) 천도

반걸양(半乞壤) 전쟁 후 3년에 고구려의 고국원왕이 그 빼앗긴 땅을 회복하려고 정예병 2만으로 패하(浿河)를 건넜는데, 백제의 근초고왕(近肖古王)이 근구수(近仇首)를 보내어 미리 강 남안(南岸)에 복병하였다가 불의에 맞아 쳐서 고국원왕을 사살하고 패하를 건너 함락시키니, 고구려가 이에 다시 국내성(國內城: 지금의 집안현-원주)으로 도읍을 옮기고, 고국원왕의 아들 소주류왕(小朱留王: 〈삼국사기〉 고구려본기의 소수림왕(小獸林王)-원주)을 세워 백제를 방어하였다.

근초고왕이 이에 상한수(上漢水: 지금의 재령강(載寧江)-원주)에 이르러 황색 기(黃旗)를 세워 열병식을 대대적으로 거행하고 서울을 상한성(上漢城:

지금의 재령(載寧)-원주)으로 옮겨 더욱 북방으로 진출하기를 꾀하였다.

〈삼국사기〉 고구려 지리지에는 고국원왕(故國原王)이 평양으로 도읍을 옮긴 사실을 기록하고, 소주류왕(小朱留王)이 국내성(國內城)으로 다시 돌아온 것은 기록하지 않았기 때문에, 역대의 사가들은 모두 고국원왕 이후에는 고구려가 늘 평양 등지에 도읍하고 있었던 줄 알고 있으나, 그러나 고구려가 국내성을 고국천(故國川)·고국양(故國壤)·고국원(故國原)이라고 불렀는바, 고국원왕의 시체를 환도(還都)할 때 같이 국내성(國內城)으로 가져와서 매장하였으므로 고국원왕(故國原王)이라 칭한 것이니, 이것이 이때 고구려가 국내성으로 환도하였다는 「첫 번째 증거」이다.

광개토경평안호태왕(廣開土境平安好太王)의 비문에 의하면, 평안호태왕(平安好太王)은 국내성에서 나서 자라고, 죽은 후에는 국내성 부근에 매장되었음이 명백한데, 이것이 평안호태왕의 전대(前代)에 국내성으로 환도하였다는 「두 번째 증거」이다.

따라서 국내성으로의 환도는 곧 백제의 침입과 압박을 피하기 위해서였던 것이다.

또 〈삼국사기〉 백제본기에는 "근초고왕이 고구려 평양을 빼앗고 물러나 한성(漢城)에 도읍하였다."(王…侵高句麗, 攻平壤城. …王引軍退, 移都漢山. —옮긴이)고 하였고, 지리지(地理志)에서는 한성(漢城)을 곧 남평양(南平壤)이라고 하였으며, 이밖에도 〈삼국사기〉에는 한성을 고구려 남평양으로 친 데가 몇 군데나 되지만, 그러나 지금의 한성은 오직 장수왕(長壽王)이 한 차례 함락시킨 것 이외에는, 그 전에 몇 년 몇 월에 고구려 땅이 되었다는 기록이 전무하다.

따라서 북평양(北平壤)은 북낙랑, 곧 요동의 개평(蓋平)·해성(海城) 등지이며, 남평양(南平壤)은 곧 지금의 평양이니, 근초고왕(近肖古王) 부자가 공격하여 빼앗은 평양은 지금의 한성(漢城)이 아니라 지금의 평양이라는 「첫 번째 증거」이다.

그리고 지리지에 의하면, 중반군(重盤郡: 지금의 재령-원주)의 다른 이름은 한성(漢城)인데, 백제가 이미 평양을 쳐서 깨뜨리고 북쪽으로 나아가 지금의 재령(載寧: 즉 漢城)에 도읍하였다는 것이 사리에 부합될 뿐 아니라, 만일 근초고왕(近肖古)이 공격하여 빼앗은 평양이 지금의 한성이라면, 왜 "고구려의 평양을 빼앗아 도읍하였다."라고 기록하거나 "고구려의 한성(漢城)을 빼앗아 도읍하였다."라고 기록하지 않고, 구태여 평양과 한성을 갈라서 "고구려의 평양(平壤)을 빼앗고 물러나 한성(漢城)에 도읍하였다."라고 기록하였겠는가. 이것이 근초고왕이 빼앗은 평양은 한성이 아니라 지금의 평양이라는 「두 번째 증거」이다.

〈삼국사기〉 백제본기에 의하면, 근초고왕이 물러나 도읍한 한성(漢城) 부근에 한수(漢水)·청목령(青木嶺) 등의 지명이 있으므로, 혹자는 위의 한수(漢水)를 지금의 한강(漢江)이라고 하고 청목령을 지금의 송악(松嶽)이라고 하나, 대개 고대에는 도성을 옮기면 그 부근의 지명도 따라 옮겼다. 따라서 위의 한수(漢水)·청목령(青木嶺) 등의 지명은 다 근초고왕이 천도할 때에 따라서 옮긴 지명이지 지금의 한강과 지금의 송악이 아니다.

백제에는 원래 세 개의 한강(漢江)이 있었다. 지금의 한성(서울) 가까이 있는 한강이 그 하나이고, 앞에서 말한 재령(載寧) 한성(漢城)의 월당강(月唐江), 곧 한강(漢江)이 그 둘이며, 후에 문주왕(文周王)이 천도한 직산 위례성(慰禮城: 漢城 가까이 있는 양성(陽城)-원주)의 「한내」(강 이름-원주)가 그 셋인데, 본서에서는 그 구별의 편의를 위하여 제1 한강은 중한수(中漢水)·중

한성(中漢城), 제2 한강은 상한수(上漢水)·상한성(上漢城), 제3 한강은 하한수(下漢水)·하한성(下漢城)이라고 한다.

3. 근구수왕(近仇首王) 즉위 후의 해외경영

근구수(近仇首)가 기원 375년에 즉위하여 재위 10년 동안 고구려에 대하여는 단 한 차례 평양을 공격한 적이 있었을 뿐이지만, 바다를 건너가서 중국 대륙을 경영하여 선비(鮮卑) 모용씨(慕容氏)의 연(燕)과 부씨(苻氏)의 진(秦)을 정벌, 지금의 요서(遼西)·산동(山東)·강소(江蘇)·절강(浙江) 등지를 경략하여 광대한 토지를 장만하였다.

이런 이야기가 비록 백제본기에는 기재되어 있지 않으나, 〈양서(梁書)〉와 〈송서(宋書)〉에서 "百濟, 略有遼西晋平郡(백제, 략유요서진평군)"(→백제는 요서의 진평군을 쳐서 차지하였다.)이라고 한 기사와, 〈자치통감(資治通鑑)〉의 "扶餘, 初據鹿山, 爲百濟殘破, 西徙近燕(부여, 초거록산, 위백제잔파, 서사근연)"(→부여는 처음에는 녹산(鹿山)에 터를 잡고 있었으나 백제에게 깨져서 서쪽으로 옮겨 연(燕) 가까운 곳으로 갔다.)이라고 한 기사가 이를 증명한다.

대개 근구수(近仇首)는 근초고왕의 태자로서 군국대권(軍國大權)을 대신 행사하여 침입해 오는 고구려를 격퇴하고, 나아가 지금의 대동강 이남을 병탄하였다. 그리고는 해군(海軍)을 확장하여 바다를 건너 중국 대륙을 침입하여 모용씨(慕容氏)를 쳐서 요서와 북경을 빼앗아 요서(遼西)·진평(晋平) 두 개 군(郡)을 설치하고, 녹산(鹿山: 지금의 하얼빈(哈爾濱)-원주)까지 쳐들어가서 부여의 서울을 점령하여, 북부여가 지금의 개원(開原)으로 천도하기에 이르렀다.

모용씨가 망한 뒤 지금의 섬서성(陝西省)에서는 진왕(秦王) 부견(苻堅: 이 또한 선비족이다-원주)이 강성하므로 근구수가 또 진(秦)과 싸웠는데, 지금의 산동(山東) 등지를 자주 정벌하여 이들이 도망하게 하였다. 그리고 남으로는 지금의 강소(江蘇)·절강(浙江) 등지를 차지하고 있던 진(晋)을 쳐서 또한 다소의 주(州)와 군(郡)을 빼앗았으므로, 여러 사서(史書)의 기록이 대략 이와 같이 된 것이다.

그렇다면 〈진서(晋書)〉나 〈위서(魏書)〉나 〈남제서(南齊書)〉에서는 왜 이런 사실을 기재해 놓지 않았는가?

중국의 사관(史官)들은 언제나 중국에게 치욕(國恥)스런 일은 숨기는 괴벽이 있어서, 중국에 들어가 주인이 된 모용씨의 연(燕)이나, 부씨(苻氏)의 진(秦)이나 탁발씨(拓跋氏)의 위(魏)나 근세의 요(遼)·금(金)·원(元)·청(淸) 같은 것은 저들이 자가(自家)의 역대 제왕으로 인정하므로 그 공업(功業)을 그대로 기재하였지만, 그 외에는 거의 이를 삭제하였다.

뿐만 아니라, 당 태종이 백제와 고구려를 침입할 때에 그 장수와 사졸들을 고무하기 위하여 고구려와 백제가 중국을 침입한 기록은 없애버리고 양국 토지의 절반이 본래 중국의 소유였다고 위증하였는데, 〈진서〉는 당 태종 자신의 저작이므로 물론 백제 근구수왕의 대 중국 전공(戰功)을 뺐을 것이고, 〈위서(魏書)〉나 〈남제서(南齊書)〉 같은 것은 당 태종 이전의 책이므로 또한 근구수의 중국 정벌(西征) 이야기를 뺐을 것이며, 오직 〈양서〉나 〈송서〉의 "百濟略有遼西(백제약유요서)"(→백제는 요서를 쳐서 차지하였다.)의 구절은 그 기록이 너무 간단하고 사실이 너무 소략(疎略)하므로 당 태종이 우연히 주의하지 못하여 그 문자가 그대로 남아서 전해지게 되었을 것이다.

그러면 백제본기에서는 왜 이런 사실을 뺐는가?

그것은 신라가 백제를 증오하였으므로 이를 뺐을 것이며, 또는 후세에 사대주의가 성행하여, 무릇 조선이 중국을 친 사실은 겨우 중국사에 이미 기록되어 있는 것들만을 초록하고 그 나머지는 다 빼버렸기 때문이다.

근구수(近仇首)의 무공(武功)에 관한 기록만 이처럼 삭제되었을 뿐 아니라, 그 문화(文化)에 관한 것도 많이 삭제되었으니, 이를테면 근구수가 10여년은 태자(太子)로, 10년은 대왕(大王)으로 백제의 정권을 잡았는데, 본기에 근구수의 문화적 사업에 대한 기록이라고는 겨우 박사 고흥(高興)을 얻어 백제의 역사서인 〈서기(書記)〉를 지은 것 한 가지밖에 없다.

그러나 나는 일본사(日本史)의 성덕태자(聖德太子)의 사적(史蹟)은 거의 다 근구수(近仇首)의 것을 훔쳐다가 만든 것이라고 생각한다. 近仇首(근구수)의 「近」은 그 음(音)이 「건」으로, 백제 때에는 「聖」을 「건」이라 하였다. 근초고(近肖古)·근구수(近仇首)·근개루(近蓋婁)의 「近」은 다 「聖」이란 뜻이었고, 近仇首(근구수)의 「仇首」는 그 음이 「구수」인바, 「구수」는 마구(馬廏)라는 뜻이다.

일본 성덕태자(聖德太子)의 「聖德」이란 칭호는 「近仇首」의 「近」을 가져간 것이며, 성덕태자가 마구간 옆에서 탄생하였으므로 그 이름을 「廏戶(구호)」라고 지었다고 하였는바, 이것은 近仇首의 「仇首」를 본뜬 것이다.

이로써 미루어 보면, 성덕태자가 헌법(憲法) 17조(條)를 제정하였다고 한 것과 불법(佛法)을 수입하였다고 한 것도 다 일본인이 근구수(近仇首)의 공업(功業)을 흠모하여 본떠다가 저 성덕태자전(聖德太子傳) 가운데다 넣은 것이 명백하다.

〈삼국사기〉로써 보면, 백제 침류왕(枕流王) 원년 9월에 "호승(胡僧: 인도 중) 마라난타(摩羅難陀)가 진(晋)으로부터 왔다."고 하였다. 사가(史家)들은 이를 근거로 백제 불교의 시작을 침류왕 원년으로 잡고 있으나, 〈삼국사기〉에서는 언제나 전왕(前王)의 말년을 신왕(新王)의 원년으로 삼고, 그리하여 전왕 말년의 일을 신왕 원년의 일로 잘못 기록한 것이 허다하다. 이에 대하여는 따로 변론할 것이지만, 따라서 마라난타가 백제에 들어온 해는 근구수왕(近仇首王) 말년, 즉 기원 383년이고, 침류왕 원년, 즉 기원 384년이 아니다.

제3장 광개태왕(廣開太王)의 북진정책과 선비 정복

1. 광개태왕의 북토(北討) 남정(南征)의 시작

기원 384년에 백제의 근구수왕(近仇首王)이 곶기고 장자(長子) 침류왕(枕流王)이 왕위를 이어받은 지 2년 만에 또 곶기므로, 차자(次子) 진사왕(辰斯王)이 즉위하였다. 진사왕은 어릴 때부터 총명하고 용감하고 무예가 뛰어나기로 유명하였으나, 그러나 천성이 호탕하여 근구수왕이 성취한 강국의 권력을 빙자하여 인민을 혹사하였다.

그는 청목령(青木嶺: 지금의 송도(松都)-원주)으로부터 팔곤성(八坤城: 지금의 곡산(谷山) 등지-원주)까지 성책(城柵)을 쌓고, 다시 서쪽으로 꺾어 서해(西海)까지 이르는 1천여 리의 장성(長城)을 쌓아서 고구려의 침입을 막으려 하고, 서울에는 백제 건국 이래 첫 번째라 할만한 극히 장려한 궁실(宮室)을 짓고, 큰 못을 파서 각종 어류(魚類)를 기르고, 못 안에는 인공 산을 만들어 기금(奇禽: 기이한 새 종류)과 이초(異草: 보기 드문 풀)를 길러서 온갖 오락(娛樂)을 다 즐겼다. 이로써 인민들로부터 원한을 샀고, 해외의 영토는 다 적국에게 빼앗기어 나라의 형세가 갑자기 쇠약해졌다.

고구려의 고국양왕(故國壤王)은 곧 백제의 진사왕(辰斯王)과 동시대 인물인데, 고국양왕이 조왕(祖王: 조부 왕)이 피살당한 원수와 강토가 삭감당한 치욕을 갚기 위하여 늘 백제를 벼르고 있었다.

이때에 선비 모용씨는 진(秦)에게 망하고, 진왕 부견(苻堅)이 강성하여 90만의 병력으로 동진(東晋)을 치다가 도리어 대패하였으므로, 고국양왕이 이를 기회로 요동·낙랑(北樂浪)·현토 등의 군(郡)을 다 회복하였다. 그 후 모용씨 중에 모용수(慕容垂)란 자가 다시 궐기하여, 지금의 직예성(直隸省: 북경시)을 의거하여 천왕(天王)의 지위에 올라서는 나라 이름을 다시 「燕(연)」이라 하고, 세력을 회복하여 자주 병력을 내보내어 고구려와 요동을 다투었다. 또 몽고(蒙古) 등지에서는 과려족(顆麗族: 본기의 「契丹족(거란족)」-원주)이 강성하여 고구려의 신성(新城) 등지를 침략하였다.

이런 사정이 있었기 때문에 고국양왕은 즉위 후에 모용수와 싸워 요동을 회복하고, 과려족을 격퇴하여 북쪽 국경을 지키기에 급급하였으므로, 남방을 돌아볼 겨를이 없었다.

그러나 고국양왕(故國壤王) 말년에 이르러 태자 담덕(談德), 곧 후의 광개토경평안호태왕(廣開土境平安好太王)이 영무(英武)하여 병마(兵馬)를 맡아 언제나 신속한 전략으로 백제군을 습격하여 깨뜨려서 석현(石峴) 등 10여 성을 회복하였다.

진사왕(辰斯王)은 여러 차례 크게 패하여 드디어 한강 남쪽의 위례성(慰禮城: 지금의 광주(廣州) 남한(南漢) —원주)으로 천도하였다. 그 후에도 담덕의 용병을 무서워하여 나가서 싸우지 못하였으므로, 중한수(中漢水: 지금의 한강 이북 —원주)의 주(州)와 군(郡)들이 거의 다 고구려의 소유가 되었다. 그리고 관미성(關彌城: 지금의 강화(江華) —원주)은 옛부터 천험(天險)으로 이름난 곳이었는데, 이 또한 담덕의 해군에게 함락되었다.

〈삼국사기〉에는 위의 전쟁을 기재해 놓았으나 광개토경평안호태왕(廣

開土境平安好太王)의 비문에는 이런 말이 없는데, 그것은 무슨 까닭인가?

〈삼국사기〉는 원래 고기(古記)에 의거한 것인데, 고기가 지금은 전하지 않고 있으나 여러 사서에서 인용한 고기의 문자를 보면, 고기는 편년사(編年史)가 아니고 기전체(紀傳體)이므로, 연대의 조사가 매우 곤란하다. 그런데도 김부식은 착실히 조사하지도 않고 아무렇게나 모든 사실들을 각 왕의 연대에 배분하였기 때문에, 아라가라(阿羅加羅)의 멸망은 신라 법흥왕(法興王) 원년의 일인데도 진흥왕(眞興王) 37년의 일이라 하였고, 석현(石峴) 등 여러 성의 회복과 과려족(顆麗族)의 격퇴는 고국양왕 말년 광개토경평안호태왕이 태자 담덕(談德)으로 있을 때의 일인데도, 이를 태자 담덕이 왕이 된 뒤의 일로 잘못 기록하였던 것이다. 그러므로 이런 것을 잘 분별하고 나서 〈삼국사기〉를 읽어야 할 것이다.

2. 광개태왕(廣開太王)의 과려족(顆麗族) 원정

태자 담덕이 고국양왕의 뒤를 이어 태왕(太王)의 자리에 올라, 과려족(顆麗族)이 자주 변경의 우환거리가 되므로, 즉위 후 5년(기원 396년)에 원정군(遠征軍)을 일으켜 파부산(叵富山)과 부산(負山)을 지나 염수(鹽水)에 이르러 그 6~7백 개의 부락을 파하고 소와 말, 양떼들을 노획하여 돌아왔다.

〈수문비사(修文備史)〉에 의하면, 「파부산(叵富山)」은 지금의 음산산맥(陰山山脈)의 와룡(臥龍)이라 하였고, 「부산(負山)」은 지금의 감숙성(甘肅省) 서북의 아랍선산(阿拉善山)이라고 하였다. 「염수(鹽水)」는, 몽고지지(蒙古地誌)에 의하면, 그곳에는 염분을 먹은 호수나 하수(河水)가 수없이 많으며, 아랍선산 밑에 길란태(吉蘭泰)라는 염수(鹽水)가 있는데 못 가장자리에는 늘

두 자(尺) 이상 내지 여섯 자 이상의 소금덩어리가 응결된다고 하였다. 이로써 미루어 보면, 대개 태왕의 족적(足跡)이 지금의 감숙성 서북까지 미쳤음을 알 수 있는데, 이는 고구려사상 유일한 원정이 될 것이다.

위의 원정은 〈삼국사기〉 고구려본기에는 빠져 있고 광개토경평안호태왕의 비문에만 기재되어 있는데, 「과려(顆麗)」를 혹시 본기에 쓰여 있는 거란(契丹)이 아닌가 의심하기도 하지만, 사실 거란은 선비(鮮卑)의 후예로서 태왕 시대의 선비는 모용씨(慕容氏)·우문씨(宇文氏) 등이고 거란이란 명칭은 없었으므로, 본기의 거란은 곧 후세 사가들이 과려를 거란으로 함부로 고친 것이다.

그렇다면, 과려가 거란이 아니면 어떤 종족인가? 〈위서(魏書)〉나 〈북사(北史)〉에 의하면, 흉노의 후예인 「蠕蠕(연연)」이란 종족이 지금의 몽고 등지에 분포하여 일시 강성하였는데, 과려(顆麗)나 연연(蠕蠕: ruanruan)은 그 자음이 「라라」인즉, 과려는 곧 흉노의 후예이다.

3. 광개태왕, 왜구(倭寇)를 몰아냄(附: 백제의 천도)

「倭(왜)」는 일본의 본래 이름인데, 지금 일본인들은 왜(倭)와 일본(日本)을 갈라서, 「倭」는 북해도의 아이누족(族)이고 「日本」은 대화족(大和族)이라고 한다. 그러나 일본 음(音)에 「和(ワ)」와 「倭(ワ)」가 동일하므로, 倭(왜)는 곧 일본(日本)인 것이 명백하다.

그런데도 저들은 근세에 와서, 조선사나 중국사에 기록된 「倭」가 너무나 문화가 없는 흉포한 야만족임을 부끄럽게 여겨서, 드디어 「和」란 명사를 만들어 쓰고 있으나 이는 본래 「倭」와 같은 것이다.

백제 건국 이후까지도 倭(왜)가 어리석고 몽매하여 일본 세 섬 안에서 고기잡이(漁獵)로 생활할 뿐이고 아무런 문화가 없었는데, 백제 고이왕(古爾王)이 이들을 가르치고 이끌어주어 실을 자아 천을 짜고 농사짓는 기술과 기타 여러 가지 기예(技藝)를 가르쳐주고, 박사 왕인(王仁)을 보내어 〈논어(論語)〉와 〈천자문(千字文)〉을 가르쳐주고, 「백제 가명(假名)」 곧 백제의 이두문자를 본떠서 「일본 가나(假名)」란 것을 만들어 주었으니, 지금의 소위 일본문자(日本文字)란 것이다.

왜가 이와 같이 백제의 교화를 받아 백제의 속국이 되었으나, 저들의 천성이 침략하기를 즐겨서 도리어 백제를 침략하였으며, 진사왕(辰斯王) 말년에는 더욱 창궐하였다.

그러나 백제가 고구려에 석현(石峴) 등 10여 주(州)·군(郡)을 빼앗긴 것을 통분하게 여겨, 기원 391년(廣開太王 원년)에 진사왕이 진무(眞武)로 하여금 고구려의 새 점령지를 습격하고, 한편으로 왜와 친하게 교류하여 함께 대 고구려 동맹을 체결하였다.

그 후 태왕 5년(기원 395년)에, 과려(顆麗) 원정길에서 회군하여 수군으로써 백제의 바닷가와 강가의 일팔성(壹八城)·구모로성(臼模盧城)·고모야라성(古模耶羅城)·관미성(關彌城: 강화) 등을 함락하고, 육군으로써 미추성(彌鄒城)·야리성(也利城)·소가성(掃加城)·대산한성(大山韓城) 등을 함락하였다. 그리고 태왕이 몸소 갑주를 두르고 아리수(阿利水: 지금의 월당강(月唐江) ―원주)를 건너 백제의 군사 8천여 명을 죽이니, 백제 아신왕(阿莘王)이 궁지에 몰려 왕의 아우 한 사람과 대신 10명을 인질(人質)로 바치고, 남녀 1천 명, 가는 베(細布) 1천 필을 바치고 종이 주인 섬기듯이 하겠다는 「노객(奴客)」의 맹약 문서(盟書)를 쓰고는, 고구려를 피하여 사산(蛇山: 지금의 직산(稷山)- 원주)으로 천도하여 「신위례성(新慰禮城)」이라 칭하였다.

그 뒤에 고구려가 북방 선비(鮮卑)와의 전쟁이 있을 때마다 백제는 그 맹약을 깨고 왜병(倭兵)을 불러들여 고구려가 새로 점령한 땅을 침입하고, 또 신라가 고구려와 한편이 되는 것을 미워하여 왜병으로써 신라를 쳤다. 그러나 태왕의 용병이 신속하여, 북으로 선비(鮮卑)를 치는 틈에 늘 백제의 기선(機先)을 제압하여 왜를 습격하여 깨뜨리고 신라를 구원하였으며, 임나가라(任那加羅: 지금의 고령(高靈) —원주)에서 왜병을 대파하였다. 그래서 신라 나물왕(奈勿王)은 몸소 광개태왕에게 찾아가서 인사하고 사례하기까지에 이르렀다.

기원 407년 지금의 대동강 수전(水戰)에서 가장 기이한 공(功)을 세웠는데, 왜병 수만 명을 전멸시키고 갑주(甲冑) 1만여 벌과 무수한 군수물자와 무기를 얻었다. 왜가 이로부터 항복하고 다시는 바다를 건너오지 못하여 남방이 오랫동안 평온하였다.

4. 광개태왕의 「환도(丸都)」 천도와 선비 정복

태왕은 야심이 충만하고 무략(武略)이 뛰어난 인물이었지만, 실제로는 동족(同族)에 대한 사랑이 많았다. 그래서 백제를 공벌(攻伐)한 것은 백제가 왜(倭)와 결탁하는 것이 미워서 그랬던 것이지 그 땅을 빼앗기 위해서 그랬던 것은 아니다.

태왕의 유일한 목적은 북방의 강성한 선비를 정벌하여 지금의 봉천(奉天), 직예(直隸: 북경시) 등지를 소유하려는 것이었으므로, 남방의 전쟁은 언제나 소극적 의미를 가진 것이었고, 북방의 전쟁이 비로소 적극적 의미를 가진 것이었다.

그래서 태왕이 제5의 도성인 안시성(安市城: 지금의 개평(蓋平) 부근—원주)

으로 천도하고 선비 모용씨와 10여년 전쟁을 계속하였는데, 매번 저들의 허(虛)를 타서 불의에 나가 선비의 병사들을 쳐서 대파함으로써 마침내 요동으로부터 요서(遼西: 지금의 영평부(永平府)—원주)까지 차지하였다.

그러자 상승(常勝)의 명장(名將)으로 이름 높았던 연왕(燕王) 모용수(慕容垂)도 패퇴하고, 그 뒤를 이은 연왕 성(盛), 연왕 희(熙) 등 중국사상 일대의 효웅(梟雄)들이 다 꺾이어 어쩔 수 없이 수천 리의 토지를 고구려에게 떼어줌으로써, 광개토경평안호태왕(廣開土境平安好太王)이 그 존호(尊號)와 같이 토지를 넓히게 되었던 것이다.

〈진서(晉書)〉에는 겨우 "태왕이 연(燕)의 평주(平州) 숙군성(宿軍城)을 치자 평주자사 모용귀(慕容歸)가 도주하였다."란 기사만 적어 놓았을 뿐, 그 외에는 도리어 연(燕)이 언제나 이긴 것처럼 적었는데, 이는 무슨 까닭인가?

〈춘추(春秋)〉에는 북적(北狄)이 위(衛)를 멸망시킨 것을 기록하지 않았는바, 이처럼 대외 전쟁에서 패한 것을 감추는 것은 중국사관의 상례(常例)이거니와, 무릇 당시에 모용씨의 연(燕)이 멸망하고 탁발씨(拓跋氏)의 위(魏)가 강성해진 것도 태왕이 연(燕)을 친 것과 직접 관계가 있고, 동진(東晋)의 유유(劉裕)가 궐기하여 선비족·강족(羌族)들과 싸워 이기고 송(宋) 고조(高祖)가 황제가 될 터전을 닦은 것도 태왕이 연을 친 것과 간접적으로 관계가 있는 것이다. 그런데도 저들이 그 완고하고 편벽된 상례를 지켜 사실을 사실대로 쓰지 아니하였으므로, 기원 5세기 초의 중국의 대세가 변화한 원인이 감춰졌던 것이다.

광개토경평안호태왕(廣開土境平安好太王)의 비문은, 당 태종이 직접 쓴 〈진서(晉書)〉와는 달리, 곧 태왕의 후손 제왕(帝王)이 설립한 것인데, 그 중에 선비 정벌에 대한 문구(文句)가 기재되지 않았음은 무슨 까닭인가?

내가 일찍이 태왕의 비를 구경하기 위하여 집안현에 이르러, 여관에서 영자평(英子平)이란 만주 사람을 만났는데, 그와의 필담 끝에 비(碑)에 대한 이야기가 나왔다.

"비(碑)가 오랫동안 풀 더미 속에 묻혀 있다가 최근에 영희(榮禧: 이 또한 만주인이다-원주)가 이를 발견하였는데, 그 비문 중에 고구려가 토지를 쳐서 빼앗은 사실을 기록한 자구(字句)는 모두 칼이나 도끼로 쪼아내어 인식할만한 자구가 없어진 것이 많고, 그 뒤에 일본인이 이를 차지하여 영업적으로 이 비문을 탁본해서 팔았는데, 흔히 자구가 깎여나간 곳을 석회로 발라서 도리어 인식할 수 없는 자구가 생겨나서, 진짜 사실은 삭제되고 위조한 사실이 덧붙여진 듯한 감(感)도 없지 않다."

그렇다면 현재 이 비문에 정작 태왕의 선비 정복의 대 전공(戰功)이 없는 것은 그것이 삭제되었기 때문일 것이다.

여하간 태왕이 평주(平州)를 함락시키고 그 뒤에 선비가 쇠퇴한 틈을 타서 자꾸 나아가 땅을 빼앗았더라면 태왕이 개척한 토지는 그 존호(尊號) 이상으로 넓어졌을 것이다. 그러나 이미 말한 바와 같이 태왕은 동족(同族)을 사랑하였기 때문에, 연(燕)의 신하 풍발(馮跋)이 연왕 희(熙)를 죽이고는 고구려 선왕(先王)의 서손(庶孫)으로 연(燕)에서 벼슬하던 고운(高雲)을 세워 천왕(天王)이라 칭하고 이를 태왕에게 보고하자, 태왕이 이르기를 "이는 우리와 동족(同族)이니 더불어 싸울 수 없다."고 하면서 사자를 보내어 그의 즉위를 축하하였다. 그리고 촌수를 따져보고 동족 간의 의(誼)를 설명해 주고 전쟁을 그치니, 이로써 태왕의 북진정책은 종언(終焉)을 고하였다.

태왕이 기원 375년(백제 근구수왕(近仇首王)이 즉위한 해-원주)에 나서, 기원 391년에 즉위하여, 413년에 곶기니(죽으니), 이때 그의 나이 39세였다.

광개토경평안호태왕(廣開土境平安好太王)의 비는 지금의 봉천성(奉天省) 집안현 북쪽 2리쯤에 있는데, 그 길이가 약 21자(6.3m)나 되며, 기원 ○○○년에 만주 사람 영희(榮禧)가 발견하여(榮禧가 처음 탁본을 입수한 것은 기원 1903년이다.-원주) 탁본을 떠보니 빠진 자(缺字)가 많았다. 그 뒤에 일본인이 그 비를 차지하여 탁본을 떠서 인쇄하여 판매하였는데, 그 빠진 자(缺字)를 혹은 석회를 바른 후 첨작(添作: 덧붙여 씀)한 곳이 있으므로, 학자들은 그 본래 모습(眞)을 잃어버린 것을 유감으로 생각한다.

〈광개토대왕릉비〉

중국 길림성(吉林省) 집안현(集安縣) 통구(通溝)에 있는 고구려 제19대 광개토대왕의 능비(陵碑)이다.

「국강상 광개토경평안호태왕(國岡上 廣開土境平安好太王)」이라는 광개토왕의 시호(諡號)를 줄여서 「호태왕비」라고도 한다. 비는 불규칙한 직4각형의 기둥 모양으로 된 4면 비석으로, 남에서 동쪽으로 약간 치우쳐져 세워져 있다. 1982년에는 중국 당국에 의해 대형 비각이 세워져 지금에 이른다.

414년 광개토대왕의 아들 장수왕(長壽王)이 세운 것으로, 한국에서 가장 큰 비석이다.

높이는 6.39m로 윗면과 아랫면은 약간 넓고 중간부분이 약간 좁다. 아랫부분의 너비는 제 1면이 1.48m, 제 2면이 1.35m, 제 3면이 2m, 제 4면이 1.46m이다. 문자의 크기와 간격을 고르게 하기 위하여 비면에 가로·세로의 선을 긋고 문자를 새겼다. 제 1면 11행, 제 2면 10행, 제 3면 14행, 제 4면 9행이고, 각 행이 41자(제1면만 39자)로 총 1,802자인 이 비문은 상고사(上古史), 특히 삼국의 정세와 일본과의 관계를 알려 주는 금석문이다.

비문은 그 내용에 의해 대체로 세부분으로 나누어진다.

첫째는 고구려의 건국 신화와 추모왕(鄒牟王)·유류왕(儒留王)·대주류왕(大朱留王) 등의 세계(世系)와 광개토왕의 행장(行狀)을 쓴 부분이다.

둘째는 광개토왕 때 이루어진 정복활동을 연도에 따라 적고 그 성과를 적은 부분이다.

셋째는 광개토왕 생시의 명령에 근거하여 능을 관리하는 수묘인연호(守墓人烟戶)의 수와 차출 방식, 수묘인의 매매금지에 대한 규정을 적은 부분이다.

이 중 가장 중요한 것은 둘째 부분으로, 지금까지의 연구에서는 특히 신묘년(辛卯年) 기사가 논쟁의 중심이 되었다. 여기에는 모두 8개의 정복기사가 적혀 있는데, 연도에 따라 간단히 내용을 소개하면 다음과 같다.

영락(永樂) 5년(395)조는 비려(稗麗) 정벌에 관한 것이다. 그해에 왕은 친히 군사를 이끌고 염수(鹽水)까지 가서 그 부락 600~700영(營)을 깨뜨리고 헤아리기 힘들 정도의 우마군양(牛馬群羊)을 노획하여 북풍(北豊)

등지를 거쳐 돌아왔다.

영락 6년(396)조는 백제정벌에 관한 것이다. 왕은 직접 수군을 이끌고 백제를 쳐서 58성(城)과 700촌을 깨뜨리고, "영원히 노객(奴客)이 되겠다."는 아신왕(阿辛王)의 항복을 받아낸 뒤 왕제(王弟)와 대신(大臣) 10인을 비롯한 포로 1천 명을 얻어 돌아왔다.

영락 8년(398)에 왕은 소규모 군사를 보내어 식신(息愼)과 토욕(土谷)을 관(觀)하고 부근의 가태라욕(加太羅谷) 등에서 남녀 3백 명을 얻었고, 이후 이 지역으로 하여금 조공하게 하였다.

영락 10년(400)조는 문자의 탈락이 심하여 이설(異說)이 많으나, 신라를 구원하기 위해 보기(步騎) 5만을 파견하여 임나가라(任那加羅)까지 가서 왜를 토멸한 것이 주내용이다.

여기서도 영락 10년 작전의 배경을 설명하는 부분이 있다. 즉, 영락 9년에 백제가 이전의 맹세를 어기고 왜와 화통하여 왕이 평양에 내려왔을 때 신라 사신이 구원을 요청하여 밀계(密計)를 약속했다. 따라서 영락 10년의 작전은 그 밀계에 따른 것이었고, 신라왕은 이를 계기로 직접 고구려에 조공하였다.

영락 14년(404)조는 백제군을 따라 대방계(帶方界)에 침입한 왜를 궤멸시킨 기사이다. 고구려의 왕당(王幢 : 친위군)이 길을 끊고 사방에서 추격하여 무수한 적을 참살하여 궤멸시켰다.

영락 17년(407)조는 문자의 탈락이 심하여 구체적인 실상을 알기 힘들다. 고구려군은 적군을 섬멸하여 개갑(鎧甲) 1만여 개와 헤아릴 수 없을 정도의 군수품을 얻었고, 돌아오는 길에도 많은 성을 격파했다.

영락 20년(410)조는 동부여(東夫餘) 정벌기사이다. 비문에 따르면, 동부여는 이전에 추모왕(鄒牟王)의 속민(屬民)이었는데 조공을 끊어버리고 반항한 것에 대하여 왕이 직접 토벌하자 곧 투항하고 말았다. 왕은 이를 가상히 여겨 은택(恩澤)을 베풀었다고 한다.

훈적(勳績)을 적은 끝부분에서 비문은 왕이 공격하여 깨뜨린 성이 64개, 촌이 1,400개였다고 적고 있다.

수묘인(守墓人) 관계 기사는 비문의 후반부에 기록되어 있는데, 수묘인들의 출신지, 각 지역별 호수 배당, 수묘인의 매매금지 조항 등의 내용이다. 비문에 따르면 광개토왕은 구민(舊民)이 약해질까 우려하여 직접 약탈해온 신래한예(新來韓濊)로 하여금 수묘하도록 명령했다.

이에 따라 장수왕은 구민(舊民) 110가(家), 한예(韓濊) 220가를 차출하여 국연(國烟) 30, 간연(看烟) 300으로 모두 330가의 수묘가를 책정해 능을 관리하도록 하였다.

그리고 선왕(先王) 이래 묘 위에 비를 세우지 않아 수묘인연호의 관리에 차질을 빚었는데, 이제 묘비를 세우고 수묘연호를 새겨 착오가 없게 함과 아울러 수묘인의 매매를 금지시키고 위반자를 처벌하게 하였다. 이 부분은 고구려 수묘제의 실상과 함께 수묘인의 신분적 성격 등 사회사 연구에 중요하다.

--原文--

惟昔始祖鄒牟王之創基也, 出自北夫餘, 天帝之子, 母河伯女郎. 剖卵降世, 生[而]有聖□□□□□. □命駕, 巡幸南下, 路由夫餘奄利大水. 王臨津言曰, 我是皇天之子, 母河伯女郎, 鄒牟王, 爲我連, 浮龜. 應聲卽爲連, 浮龜. 然後造渡, 於沸流谷, 忽本西, 城山上而建都焉. 不樂世位, 因遣黃龍來下迎王. 王於忽本東, [履]龍頁昇天. 顧命世子儒留王, 以道興治, 大朱留王紹承基業. **[遝]至十七世孫國** 上廣開土境平安好太王二九登祚, 號爲永樂大王. 恩澤[洽]于皇天, 武威[振]被四海. 掃除□□, 庶寧其業. 國富民殷, 五穀豊熟. 昊天不弔, 有九, 宴駕棄國, 以甲寅年九月廿九日乙酉遷就山陵. 於是立碑, 銘記勳績, 以示後世焉. 其詞曰. 永樂五年歲在乙未, 王以稗麗不□□[人], 躬率往討. 過富山[負]山, 至鹽水上, 破其三部洛六七百營, 牛馬群羊, 不可稱數. 於是旋駕, 因過襄平道, 東來□城, 力城, 北豊, 五備□, 遊觀土境, 田獵而還.

百殘新羅, 舊是屬民, 由來朝貢. **而倭以辛卯年來, 渡□破百殘□□[新]羅以爲臣民.**

以六年丙申, 王躬率□軍, 討伐殘國. 古利城, □利城, 雜珍城,奧利城, 勾牟城, 古[模]耶羅城, [頁]□□□□城, □而耶羅[城], □城, 於[利]城, □□城, 豆奴城, 沸□□利城, 彌鄒城, 也利城, 太山韓城, 掃加城, 敦拔城, □□□城, 婁賣城, 散[那]城, [那]旦城, 細城, 牟婁城, 于婁城, 蘇灰城, 燕婁城, 析支利城, 巖門□城, 林城, □□□□□□□[利]城, 就鄒城, □拔城, 古牟婁城, 閏奴城, 貫奴城, 穰城, [曾]□[城], □□盧城, 仇天城, □□□□, □其國城. 殘不服義, 敢出百戰, 王威赫怒, 渡阿利水, 遣刺迫城. □□][歸穴]□便[圍]城, 而殘主困逼, 獻出男女生口一千人, 細布千匹, 王自誓, 從今以後, 永爲奴客. 太王恩赦□迷之愆, 錄其後順之誠. 於是得五十八城村七百,將殘主弟幷大臣十人, 旋師還都.

九年己亥, 百殘違誓與倭和通, 王巡下平穰. 而新羅遣使白王云, 倭人滿其國境, 潰破城池, 以奴客爲民, 歸王請命. 太王[恩慈], 矜其忠[誠], □遣使還告以□計.
十年庚子, 敎遣步騎五萬, 往救新羅. 從男居城, 至新羅城, 倭滿其中. 官軍方至, 倭賊退.□□背急追至任那加羅從拔城, 城卽歸服. 安羅人戍兵□新[羅]城□城, 倭[寇大]潰.城□]□□盡□□□安羅人戍兵[新]□□□□[其]□□□□□□□言□□□□□□□□□□□□□□□□□□□□□□□辭□□□□□□□□□□□□□□潰□□□□安羅人戍兵. 昔新羅寐錦未有身來[論事], □[國 上廣]開土境好太王□□□□寐[錦]□□[僕]勾]□□□□朝貢.

十四年甲辰, 而倭不軌, 侵入帶方界. □□□□□石城□連船□□□, [王躬]率□□, [從]平穰□□□鋒相遇. 王幢要截 刺, 倭寇潰敗. 斬煞無數.
十七年丁未, 敎遣步騎五萬, □□□□□□□□□師□□合戰, 斬煞蕩盡. 所獲鎧鉀一萬餘領, 軍資器械不可稱數. 還破沙溝城, 婁城, □[住]城, □城, □□□□□□城.

廿年庚戌,東夫餘舊是鄒牟王屬民，中叛不貢．王躬率往討．軍到餘城，而餘□國駭□□□□□□□□□□王恩普覆．於是旋還．又其慕化隨官來者，味仇婁鴨盧，卑斯麻鴨盧，社婁鴨盧，肅斯舍[鴨盧]，□□□鴨盧．凡所攻破城六十四，村一千四百．

守墓人烟戶．賣句余民國烟二看烟三，東海賈國烟三看烟五，敦城民四家盡爲看烟，于城一家爲看烟，碑利城二家爲國烟，平穰城民國烟一看烟十，連二家爲看烟，俳婁人國烟一看烟 三，梁谷二家爲看烟，梁城二家爲看烟，安夫連廿二家爲看烟，[改]谷三家爲看烟，新城三家爲看烟，南蘇城一家爲國烟．新來韓穢，沙水城國烟一看烟一，牟婁城二家爲看烟，豆比鴨岑韓五家爲看烟，勾牟客頭二家爲看烟，求底韓一家爲看烟，舍城韓穢國烟三看烟廿一，古[模]耶羅城一家爲看烟，[炅]古城國烟一看烟三，客賢韓一家爲看烟，阿旦城，雜珍城合十家爲看烟，巴奴城韓九家爲看烟，臼模盧城四家爲看烟，各模盧城二家爲看烟，牟水城三家爲看烟，幹 利城國烟一看烟三，彌[鄒]城國烟一看烟，七也利城三家爲看烟，豆奴城國烟一看烟二，奧利城國烟一看烟八，須鄒城國烟二看烟五，百殘南居韓國烟一看烟五，太山韓城六家爲看烟，農賣城國烟一看烟七，閏奴城國烟二看烟廿二，古牟婁]城國烟二看烟八，城國烟一看烟八，味城六家爲看烟，就咨城五家爲看烟，穰城廿四家爲看烟，散那城一家爲國烟，那旦城一家爲看烟，勾牟城一家爲看烟，於利城八家爲看烟，比利城三家爲看烟，細城三家爲看烟.國 上廣開土境好太王，存時敎言，祖王先王，但敎取遠近舊民，守墓掃，吾慮舊民轉當羸劣．若吾萬年之後，安守墓者，但取吾躬巡所略來韓穢，令備掃．言敎如此，是以如敎令，取韓穢二百廿家．慮其不知法則，復取舊民一百十家．合新舊守墓戶，國烟 看烟三百，都合三百 家.自上祖先王以來，墓上不安石碑，致使守墓人烟戶差錯．唯國 上廣開土境好太王，盡爲祖先王，墓上立碑，銘其烟戶，不令差錯．又制，守墓人，自今以後，不得更相轉賣，雖有富足之者，亦不得擅買，其有違令，賣者刑之，買人制令守墓之.」

(→ 백제(百殘)와 신라는 옛적부터 고구려의 속민으로서 조공을 해왔다. 그런데 왜가 신묘년(辛卯年: 기원 391)에 건너왔으므로, 바다를 건너가 백제를 치고 신라를 신민으로 삼았다.

영락 6년(396) 병신년에 왕이 친히 군을 이끌고 백제국을 토벌하였다. 그리하여 고구려군이 영팔성(寧八城), 구모로성(臼模盧城) 등을 공격하여 취하고 그 수도를 공격하였다. 백제가 의(義)에 복종치 않고 감히 나와 싸우니 왕이 크게 노하여 아리수를 건너 정병(精兵)을 보내어 그 수도에 육박하였다. (백제군이 퇴각하므로) 곧 그 성을 포위하였다. 이에 백제왕(百殘主)이 궁지에 몰려 남녀 1천 명과 세포 천 필을 바치면서 왕에게 항복하고, 이제부터 영구히 고구려왕의 노객(奴客)이 되겠다고 맹세하였다. 태왕은 (백제왕이 저지른) 앞의 잘못을 은혜로서 용서하고 뒤에 순종해 온 그 정성을 기특히 여겼다. 이에 58성(城) 700촌(村)을 획득하고 백제왕의 아우와 대신 10인을 데리고 수도로 개선하였다.

영락 8년(398) 무술년에 한 부대의 군사를 파견하여 숙신(肅愼), 토욕(土谷)을 관찰 순시하였으며, 그 때에 (이 지역에 살던 저항적인) 막나성(莫羅城) 가태라욕(加太羅谷)의 남녀 3백여 명을 잡아왔다. 이 이후로 (숙신은 고구려 조정에) 조공을 하고 (그 내부의 일을) 보고하며 (고구려의) 명을 받았다.

영락 9년(399) 기해년에 백제가 맹서를 어기고 왜와 화통하였다. (이에) 왕이 평양으로 행차하여 내려갔다. 그때 신라왕이 사신을 보내어 아뢰기를 "왜인이 그 국경에 가득 차 성지(城池)를 부수고 노객(奴客)으로 하여금 왜의 민(民)으로 삼으려 하니 이에 왕께 귀의하여 구원을 요청합니다."라고 하였다. 태왕이 은혜롭고 자애로워 신라왕의 충성을 갸륵히 여겨, 신라 사신을 보내면서 (고구려측의) 계책을 (알려주어) 돌아가서 고하게 하였다.

10년(400) 경자년에 왕이 보병과 기병 도합 5만 명을 보내어 신라를 구원하게 하였다. (고구려군이) 남거성(男居城)을 거쳐 신라성(新羅城)에 이르니, 그 곳에 왜군이 가득하였다. 관군이 막 도착하니 왜적이 퇴각하였다. (고구려군이) 그 뒤를 급히 추격하여 임나가야(任那加羅)의 종발

성(從拔城)에 이르니 성이 곧 항복하였다. '안라인 수병(安羅人 戍兵) 신라성 성(新羅城 城)' 이라 하다 이에 왜구가 크게 무너졌다. 옛적에는 신라 왕(寐錦)이 몸소 고구려에 와서 보고를 하며 청명(聽命)을 한 일이 없었는데, 국강상(國岡上) 광개토경호태왕대에 이르러 (이번의 원정으로 신라를 도와 왜구를 격퇴하니) 신라왕이 (스스로 와서) 조공하였다.

14년(404) 갑진년에 왜가 법도를 지키지 않고 대방지역에 침입하였다. 석성(石城)(을 공격하고), 연선(連船) (이에 왕이 군대를 끌고) 평양(으로 나아가) 서로 맞부딪치게 되었다. 왕의 군대가 적의 길을 끊고 막아 좌우로 공격하니, 왜구가 궤멸하였다. (왜구를) 참살한 것이 무수히 많았다.

17년(407) 정미년에 왕의 명령으로 보병과 기병 도합 5만 명을 파견하여 합전하여 모조리 살상하여 분쇄하였다. 노획한 (적병의) 갑옷이 1만여 벌이며, 그밖에 군수물자는 그 수를 헤아릴 수 없이 많았다. 또 사구성(沙溝城), 누성(婁城) 주성(住城) □성(城) □□성(城)을 파하였다.

20년(410) 경술년에 동부여는 옛적에 추모왕(鄒牟王)의 속민이었는데, 중간에 배반하여 (고구려에) 조공을 하지 않게 되었다. 왕이 친히 군대를 끌고 가서 토벌하였다. 고구려군이 여성(餘城)에 도달하자, 동부여의 온 나라가 놀라 두려워하여 (투항하였다). 왕의 은덕이 동부여의 모든 곳에 두루 미치게 되었다. 이에 개선을 하였다. 이 때에 왕의 교화를 사모하여 개선군을 따라 함께 온 자는 미구루압로(味仇婁鴨盧), 비사마압로(卑斯麻鴨盧), 사루압로(社婁鴨盧), 숙사사압로(肅斯舍鴨盧), □□□압로(鴨盧)였다. 무릇 공파한 성(城)이 64, 촌(村)이 1천4백이었다.(이하 생략)

<http://mtcha.com.ne.kr/korea-term/goguryo/term9-goanggaitodaoang.htm>에서 전재하였음. -옮긴이

제4장 장수태왕(長壽太王)의 남진정책과 백제의 천도

1. 장수태왕의 역대 정책의 변경

기원 413년에 장수태왕이 광개태왕의 뒤를 이어 즉위하여 491년에 죽으니, 재위 기간이 79년이다. 이 79년 동안은 조선 정치사상 가장 큰 변화를 일으킨 시간이다. 무슨 변화인가.

곧 고구려의 역대 제왕들이 혹은 북진주의(北進主義)를 쓰고, 혹은 남북병진주의(南北并進主義)를 썼으나, 종래부터 유일하게 북수남진주의(北守南進主義)를 쓴 것은 장수태왕으로부터 비롯되었는데, 이로 인하여 드디어 남방 삼국(三國)의 대 고구려 공수동맹(攻守同盟)을 불러 일으켰다.

무릇 남방의 백제는 이미 강성하고, 신라와 가라(加羅)도 차차 강성하여 전날과는 비교할 바가 아니었으므로 고구려의 정치가로서는 부득불 남방을 돌아보지 않을 수가 없었지만, 광개태왕은 다만 외족의 여러 나라 — 중국·선비·과려(顆麗) 등을 정복하여 동족 각국은 자연히 그 깃발 아래 무릎을 꿇도록 하였다.

그러나 장수태왕은 이 정책을 위험한 것으로 여겨, 먼저 동족의 여러 나라들을 통일한 뒤에 외족과 싸워야 한다고 생각하여, 드디어 광개태왕의 정책을 변경하여 평양으로 천도하고 북수남진정책을 쓰기에 이르렀다.

이때 연(燕)의 신하 풍발(馮跋)이 연왕 희(熙)를 죽이고, 고구려의 지손(支孫)인 고운(高雲)을 세워 황제를 삼아 광개태왕의 문죄(問罪)를 면하였으나, 오래지 않아 풍발이 고운을 죽이고 자립하여 스스로 천왕(天王)이라 하였다. 그의 2세인 풍홍(馮弘)에 이르러서는, 선비의 별부(別部)인 탁발씨(拓跋氏)가 지금의 산서성(山西省) 등지에서 건국하여 날로 강대해져서 황하 이북을 거의 소유하고 군대를 내보내어 연(燕)을 치니, 풍홍의 국토가 날로 깎여나가고 줄어들어 견디기가 극히 어려웠다. 이에 자주 사자를 고구려에 보내어 구원을 애걸하였다.

장수태왕은 북수남진이 그가 이미 정해놓은 정책이었기 때문에 위(魏)와 틈이 벌어질 일을 하려고 하지 않았다. 그러나 연(燕)이 모용희(慕容熙) 이래로 백성들의 힘을 빼앗아 궁실과 원유(苑囿: 궁궐 정원)가 비상히 장대할 뿐만 아니라, 궁중에 진귀한 보물과 미인들을 모아놓은 것이 수도 없이 많아서 음탕(淫蕩)과 호사(豪奢)가 열국들 중에서 으뜸이었다.

비상할 정도로 이기심(利己心)이 강했던 장수왕이 이것을 탐내어 연(燕)의 사자를 속여 말하기를, "고구려가 남방 백제의 난이 그치지 않아서 아직 대병을 내보낼 수 없으니, 만약 연왕(燕王)이 기꺼이 고구려에 와서 머물겠다면 마땅히 장사들을 보내어 영접할 것이고, 후일에 시기를 보아서 구원하겠다."라고 하니, 연왕 풍홍이 이 제안을 받아들였다.

기원 426년에 위(魏)가 기병 1만과 보병 수만을 동원하여 연(燕)의 서울 화룡(和龍: 지금의 업(鄴)—원주)을 침입하였다. 이에 장수왕은 「말치」(左輔 —원주) 맹광(孟光)을 보내어 수만의 군사를 거느리고 연왕 홍(弘)을 맞이하게 하였다. 이때 위(魏)의 군사들이 이미 연의 서울에 당도하여 서문으로 입성하자, 맹광이 이에 빨리 동문으로 들어가서 위(魏)에 항복한 연(燕)의 상서령(尙書令) 곽생(郭生)의 병사들과 싸워 곽생을 사살하고, 연의 무기고에 들어가서 날카로운 병기들을 취하여 위(魏)의 군사들을 격파하고, 궁전에 불을 지르고, 미인들과 진기한 보물들을 거두어 가지고 돌아왔다.

위왕(魏王)이 미인과 진기한 보물들을 빼앗긴 것은 한탄하지 않고 다만 연왕 홍(弘)이 고구려에 머물러 있음을 싫어하여 그를 넘겨달라고 요청하였으나, 태왕은 이를 거절하였다.

그러나 한편으로는 위(魏)의 환심을 잃지 않으려고 자주 위(魏)에 사자를 보내어 왕래하고, 또 남중국의 송(宋)과도 친하게 사귀어 위(魏)를 견제하였다.

2. 위기승(圍碁僧)의 음모와 백제의 피폐

장수태왕이 이미 외교 수단으로 중국의 위(魏)와 송(宋)을 견제하고는 백제를 파멸시키기에 전력을 기울였다. 그러나 장수태왕은 부친 광개태왕과 같은 전략가가 아니고 흉측하고 악독한 음모가(陰謀家)였기 때문에 적국에 대하여 칼로, 활로 그 정면을 공격하지 않고 먼저 간교한 술책과 독한 계책으로 그 심복들을 부식(腐蝕)시킨 뒤에 손을 쓰는 자였다. 그러므로 그가 평양에 천도한 뒤에 비밀히 조서(詔書)를 내려서 백제의 내정(內政)을 문란케 할 기이한 책략을 가진 책사(策士)를 구하니, 그 조서에 응하여 불교승 도림(道琳)이 나왔다.

당시 백제의 근개루왕(近蓋婁王)은 바둑의 명수였는데, 도림도 바둑의 명수였다. 도림이 태왕에게 은밀히 고하여 거짓으로 죄를 지어 도망하는 자의 행장(行裝)을 하고 백제로 들어가서 근개루왕을 만나서 바둑 동무가 되었다. 그리하여 아침저녁으로 근개루왕을 모시고 바둑을 두었는데, 근개루왕이 말하기를, 자기의 바둑 적수는 천하에 오직 도림 한 사람뿐이라고 하면서 그를 한없이 친애하였다.

도림이 수년 동안 근개루왕의 곁에 있으면서 왕의 성격과 행동을 골고루 훑어보고는 이에 말을 하였다.

"신(臣)이 일개 망명한 죄인으로서 태왕의 총애를 받아 의식(衣食)과 거처(居處)를 이같이 호사스럽게 하니, 이 은혜를 갚고자 하여도 갚을 땅이 없습니다. 그래서 이제 신의 어리석은 생각을 다하여 한 마디 대왕께 드립니다.

대왕의 나라는 안으로는 산악을 끼고 밖으로는 강과 바다로 둘러싸여 있어 적병이 비록 1백만이 쳐들어오더라도 어찌하지 못할 천험(天險)입니다. 대왕께서 이 같은 천험에 의하여 숭고한 지위와 부유(富有)한 산업을 가지고 사방의 눈과 귀를 번쩍 띄게 할만한 기세를 짓는다면, 사방의 열국들이 바야흐로 대왕을 최고로 받들어 섬길 것입니다.

그런데도 이제 성곽을 높이 쌓지 못하고, 궁실을 크게 짓지 못하며, 선왕의 해골을 작은 뫼(山)에 파묻으며, 인민들의 가옥은 매년 장마에 강물로 떠내려가서, 외국인이 보기에 창피한 일이 많으니, 누가 대왕의 나라를 우러러 쳐다보고 높이 받들려 하겠습니까. 신은 대왕을 위하여 이렇게 하지 마시기를 청하나이다."

근개루왕이 그 말을 듣고 아주 기뻐하면서, 전국의 남녀를 총동원하여 벽돌을 구워 둘레 수십 리나 되는 왕성을 높이 쌓고, 성 안에는 하늘에 닿을 듯한 궁실을 짓고, 욱리하(郁里河: 지금의 양성(陽城)의 한래-원주) 가에서 큰 돌을 가져다가 큰 석관(石棺)을 만들어 부왕의 해골을 넣고 광대한 왕릉을 만들어 그 속에 묻고, 사성(蛇城)의 동에서 숭산(崇山)의 북까지

욱리하의 제방을 쌓아 어떠한 장마에도 물 걱정이 없도록 하였다.

이와 같은 토목공사를 마치자 국고(國庫)는 완전히 바닥나고, 군수물자도 결핍되고, 백성들의 힘도 다 떨어지고, 도적들이 도처에서 벌 떼처럼 일어나서 나라 형세의 위태로움이 마치 계란을 높이 쌓아놓은 것 같았다. 도림이 이에 자기의 계책이 성공한 줄 알고 도망하여 고구려로 돌아와 장수태왕에게 그 사실을 아뢰었다.

3. 고구려 군사의 침입과 근개루왕의 순국(殉國)

장수태왕이 도림(道琳)의 보고를 받고 크게 기뻐하여 「말치」(관직명. 좌보(左輔) —원주) 제우(齊于)와 백제에서 항복해온 장수(降將) 재증걸루(再曾桀婁)·고이만년(古二萬年) 등을 보내어 3만 병을 거느리고 가서 백제의 신위례성(新慰禮城: 지금의 직산 부근—원주)을 치게 하였다. 근개루왕이 고구려군사의 이름을 듣고, 이에 도림의 간교한 술책에 속은 줄 알고 태자 문주(文周)를 불러 말하였다.

"내가 어리석어 간사한 자의 말을 신용하여 나라 일이 이 꼴이 되었으니, 비록 급한 위난(危難)이 있은들 누가 나를 위하여 힘쓰려 하겠느냐. 고구려병이 이르면 나는 국가를 위하여 희생하여 속죄하겠지만, 만약 너마저 나를 따라서 부자가 같이 죽는다면 무슨 도움이 되겠느냐. 너는 빨리 남방으로 달아나서 의병(義兵)을 모으고 외국에 구원을 청하여 조상의 왕업을 잇도록 하라."

그리고 울면서 태자 문주를 보내었다.

제우(齊于) 등이 북성(北城)을 쳐서 7일 만에 함락시키고, 군사를 옮겨

남성(南城)을 치자, 성 안 사람들이 전부 놀라고 동요하여 싸울 뜻이 없었다. 이에 근개루왕이 몸소 나가서 싸우다가 고구려병에게 붙잡히자, 걸루(桀婁)·만년(萬年) 등이 처음에는 전날의 군신(君臣) 간의 의(義)를 차려 말에서 내려 두 번 절을 하더니, 갑자기 왕의 얼굴에 세 번이나 침을 뱉으며 큰 소리로 욕을 하고, 왕을 결박하여 아차성(阿且城: 지금의 광진(廣津) 아차산(峨嵯山) 一원주)에 이르러 항복을 받으려 하였으나 듣지 않으므로 드디어 칼로 목을 베니, 이로써 신위례성(지금의 직산(稷山)-원주) 이북은 모두 고구려의 소유로 되었다.

아신왕(阿莘王)이 광개태왕을 피하여 신위례성에 천도하였다는 것은 이미 앞 장(章)에서 설명하였지만, 정다산(丁茶山: 丁若鏞)이 직산(稷山)을 "문주(文周)가 남천(南遷)한 후 잠시 도읍하였던 곳"이라고 한 것은 잘못 판단한 것이다. 「사성(蛇城)」은 직산(稷山)의 옛 이름이며 「숭산(崇山)」은 아산(牙山)의 옛 이름이니, 본 장(章)을 참고하면 직산 위례성은 문주 이전, 곧 아신왕(阿莘王)이 천도한 곳임이 더욱 명백하다.

제7편

남방 제국의 대(對) 고구려 공수동맹

– 조선 역대 이래로 바다를 건너 영토를 둔 자는 오직 백제의 근구수왕(近仇首王)과 동성대왕(東城大王) 양대(兩代) 뿐이다.

동성대왕 때는 근구수왕 때보다 더욱 광대하였기 때문에 〈구당서(舊唐書)〉 백제전에서 백제의 지리를 기록하여 이르기를, "西渡海至越州, 北渡海至高麗, 南渡海至倭(서도해지월주, 북도해지고려, 남도해지왜)"(→서로는 바다를 건너 월주(越州)에 이르고, 북으로는 바다를 건너 고구려에 이르고, 남으로는 바다를 건너 왜(倭)에 이르렀다.)라고 하였는데, 「월주(越州)」는 지금의 회계(會稽)이니, 회계 부근이 모두 백제의 소유였다.

〈문헌비고(文獻備考)〉에서 "월왕(越王) 구천(句踐)의 고도(古都)를 둘러싼 수천 리가 다 백제의 땅"이라고 한 것은 이를 가리킨 것이다. –

제1장 4국 연합군의 합전(合戰)과 고구려의 퇴각

1. 신라(新羅)·백제(百濟) 양국의 관계와 비밀동맹의 성립

장수태왕의 남진정책이 비록 일시 백제를 잔파(殘破)하였으나, 마침내 남방 삼국, 곧 신라·가라·백제의 연맹을 만든 원인이 되어 역사상 초유의 대 변화 국면(變局)을 이루었다. 이 연맹의 주력이 신라에 있었으므로 이제 그 경과를 서술하려 하는데, 먼저 신라 대 백제·고구려의 그때까지의 관계부터 간략하게 서술하고자 한다.

신라는 본래 그 지방이 고구려와는 멀리 떨어져 있고 백제와 접근하여 있었으므로, 고구려보다 백제와의 관계가 더욱 복잡하였다.

그러나 〈삼국사기〉에 기록되어 있는 신라·백제 관계에 관한 기록은 믿을 만한 것이 적은데, 그 한두 가지의 예를 들어보면 다음과 같다.

이를테면 첫째, 신라가 탈해니사금(脫解尼師今) 이후 언제나 백제와 피차 2백 명의 소수 병졸로 연혁도 전해지지 않는 와산(蛙山)·봉산(烽山) 등지를 빼앗기 위해 거의 해마다 싸웠다고 하나, 신라는 당초 경주 한 구석의 작은 나라였으나 백제는 온조(溫祚) 당년에 벌써 마한(馬韓) 50여 나라를 소유하였으니, 어찌 신라와 똑같이 해마다 2백 명의 병졸을 싸움터에 내보냈겠는가.

둘째, 양국이 간혹 화해하고 사이좋게 지낸 일이 있으나 늘 백제가 먼저 신라를 향하여 화의를 구걸하였다고 하였는데, 백제가 신라보다 몇 갑절 되던 대국(大國)으로서 어찌 늘 먼저 굴복하였겠는가. 백제와 신라 사이에 가라(加羅) 여섯 나라와 사벌(沙伐)·감문(甘文) 등 완충국(緩衝國)이 있었는데, 어찌 백제가 가라(加羅) 등 나라들과는 한 차례의 충돌도 없고 도리어 신라만을 침벌하였겠는가.

대개 신라가 백제를 원망함이 심하므로 그 망한 뒤에 그와 관계된 사적(事蹟)을 많이 개찬(改竄) 혹은 위조하였으니, 중국의 〈삼국지〉, 〈남사(南史)〉, 〈북사(北史)〉 등에 보인 말을 보면, 신라가 처음에 백제의 절제(節制)를 받았다고 하였는데, 이것이 도리어 믿을 수 있는 기록일 것이다.

그리고 근구수왕(近仇首王) 이후에 백제가 고구려와 혈전하는 동안에(신라는) 비로소 자립하여 백제와 대항하였다. 그 후 오래지 않아 고구려의 광개태왕이 나서 국위(國威)가 크게 떨쳐 백제 아신왕(阿莘王)이 왜병(倭兵)을 불러와서 북으로 고구려를 막고 남으로 신라를 치자, 신라의 나물니사금(奈勿尼師今)이 고구려의 원병을 얻어 왜를 물리치고 몸소 광개태왕을 찾아가서 인사를 하고 왕족(王族) 실성(實聖)을 볼모로 삼게 하였다. 나물니사금이 죽자 나물의 아들 눌지(訥祗)가 나이 어리므로 실성이 귀국하여 왕위를 잇고 눌지(訥祗)·복호(卜好) 형제를 고구려에 볼모로 보냈다.

그 후 실성(實聖)이 고구려의 귀인(貴人)과 결탁하여 눌지를 죽이려 하였으나, 고구려 사람이 듣지 않고 눌지를 돌려보내어 실성을 죽이고 즉위하였다.

눌지니사금(訥祗尼師今)이 이처럼 고구려 덕택에 왕위를 얻었으나, 고구려가 백제를 병탄하면 신라도 홀로 견디지 못할 줄 알았기 때문에, 박제

상(朴堤上)을 보내어 신라의 고구려에 대한 성의와 신의(誠信)가 일개 인질(人質)의 유무(有無)에 달려 있지 않다는 말로써 고구려의 임금과 신하들을 꾀어서 눌지의 사랑하는 아우 복호(卜好)를 돌려오고, 비밀히 백제와 서로 통하여 고구려를 막으려고 하였다. 백제 또한 왜는 멀고 신라는 가까우므로 왜와는 관계를 끊고 신라와 사귀어 고구려를 막기로 결정하여, 신라·백제 양국의 동맹이 이에 성립되었다.

〈삼국사기〉에 눌지니사금 39년(기원 455년)에 "고구려가 백제를 치자 니사금이 군사들을 보내어 구하였다."라고 하였으니, 이는 곧 위에서 말한 양국 동맹의 결과이다. 이밖에도 고구려 대 동맹 양국의 침략전과 방어전이 잦았을 것이니, 이것이 기록에 보이지 않는 것은 사서(史書)의 글이 빠지고 없기 때문이다.

2. 신라·백제·임나(任那)·아라(阿羅) 4국의 대 고구려동맹

장수태왕이 신위례성을 쳐서 근개루왕(近蓋婁王)의 태자 문주(文周)가 신라에 가서 급난(急難)을 고하자, 신라는 동맹의 의리로서뿐만 아니라 그 자위상(自衛上) 부득이 출병하게 되었다.

그래서 자비마립간(慈悲麻立干)이 1만의 병사를 보내어 달려가 구원하게 하였으나, 근개루왕은 이미 죽고 신위례성은 벌써 잔파(殘破)되었기 때문에, 문주왕이 이에 구도(舊都)를 회복하지 못하고 물러나와 웅진에 도읍하니, 「웅진(熊津)」은 광개태왕의 비문에서 「고모나라(古模那羅)」라고 한 것으로, 양자를 다 「곰나루」로 읽어야 할 것이다. 전자는 뜻(義)으로 쓴 이두문자이고 후자는 음(音)으로 쓴 이두문자이니, 지금의 공주(公州)가 당시의 「곰나루」이다.

이때 지금 한강 이남에 신라·백제 이외에 가라(加羅) 등 여섯 나라가 있어서 지금의 경상남도를 분할 점거하고 있었음은 제 3편에서 이미 설명하였지만, 최초에는 「신가라」가 종주국이었고 그밖에 임나(任那)·아라(阿羅)·고자(古自)·고령(古寧)·벽진(碧珍) 등 다섯 가라(加羅)가 있었다. 그러나 후에 와서 「신가라」와 기타 세 가라는 미약해져서 정치문제에서 발언권을 잃고 오직 임나·아라 두 가라만이 강성하여 신라와 대치하였다. 광개태왕이 왜를 칠 때에도 이들 두 가라만이 상당한 병력을 내어 신라와 함께 고구려를 도와서 왜와 싸웠다.

그러나 이때에 이르러 고구려가 신위례성을 깨뜨려서 백제가 웅진으로 천도하자 양 가라국이 다 놀라서 스스로를 보호하기를 꾀하였다. 이와 동시에 신라·백제도 두 나라의 힘만으로 고구려를 막는 데는 부족함을 느끼고, 드디어 양 가라에게 동맹에 가입할 것을 종용하였다. 이에 신라·백제 양국의 대 고구려 공수동맹이 신라·백제·임나·아라 4국의 대 고구려 공수동맹으로 변하였다.

장수태왕이, 신라가 전번의 고구려의 큰 은혜, 즉 광개태왕이 신라를 위하여 왜를 정벌한 일을 잊고 백제와 연합함을 크게 분하게 여겨, 기원 481년에 대병을 일으켜 신라의 동북 지방을 침입하니, 신라의 소지마립간(炤知麻立干)이 몸소 비열홀(比列忽: 지금의 안변(安邊) ―원주)에 이르러 방어하다가 대패하였다. 이어서 고구려병이 승세를 타고 남진하여 고명(孤鳴: 지금의 회양(淮陽)―원주) 등 7개 성을 함락하자, 백제의 동성대왕(東城大王: 다음 장 참고 ―원주)은 양 가라국과 연합하여 길을 나누어 달려가서 신라를 구원하고 고구려병을 깨뜨려 그 잃은 땅을 회복하였다.

3. 40년 계속된 4국 동맹

4국 동맹 때문에 장수태왕의 남진(南進)의 철편(鐵鞭: 쇠 채찍)이 꺾이고 백제와 신라가 다 자국을 보전할 수 있게 되었는데, 그러므로 이 4국 동맹을 당시 조선 정치사상의 일대 사건이라 아니할 수 없는 것이다.

백제 동성대왕(東城大王)이 해외를 경략(다음 장 참고-원주)하여 백제가 고구려 이상의 강국임을 자랑할 때까지도 이 동맹은 여전히 계속되었다. 그 때문에 기원 494년에 신라가 살수(薩水: 지금의 대동강 상류 —원주) 부근에서 고구려와 싸우다가 견아성(犬牙城)에서 포위되어 백제에 구원을 요청하자, 백제의 동성대왕은 병사 3천 명을 보내어 고구려를 격퇴하고 그 포위를 풀어 주었으며, 그 다음해에 고구려가 백제의 반걸양(半乞壤)을 치자, 이번에는 신라 소지마립간(炤知麻立干)이 또한 구원병을 보내어 고구려 군사를 격퇴하였다. 이로부터 위의 동맹이 대개 40여년 지속되었음을 분명히 알 수 있다. 이 동맹이 해체된 뒤에야 신라가 가라 침벌을 시작하였다.

제2장 백제의 위(魏) 침입 격퇴와 해외식민지 획득

1. 동성대왕 이후 다시 강성해진 백제

백제는 신위례성이 깨지고 외우(外憂)가 한창 심한 중에 또 내란(內亂)이 빈번하였다. 문주왕(文周王)이 곰나루(熊津-원주)로 천도한 뒤 4년(연표에는 3년 —원주) 만에 반란을 일으킨 신하 해구(解仇)에게 죽고, 장자 임근왕(壬斤王: 〈백제본기〉에는 「三斤」이라 하였으나, 그 다른 이름이 「壬乞(임걸)」인 것으로 보면 삼근의 「三」은 「壬」의 잘못임이 분명하다. —원주)이 13살 나이의 어린 아이로 즉위하였다. 그는 그 다음해에 좌평(佐平) 진남(眞男), 덕솔(德率) 진로(眞老) 등과 밀모(密謀)하여 반신(叛臣) 해구를 죽여버린 영명한 임금이었으나, 3년 만에 15살의 젊은 나이로 죽었다.

그해(기원 479년)에 동성대왕(東城大王)이 즉위하였으니, 대왕의 이름은 「마모대(摩牟大)」이다. 이전 사서에서 「마모(摩牟)」라 쓴 것은 뒤의 한 자를 생략한 것이고, 「모대(牟大)」라 쓴 것은 앞의 한 자를 생략한 것이다. 대왕의 즉위 당시의 연령이 얼마였는지는 사서에 기록되어 있지 않으나, 그는 임근왕(壬斤王)의 사촌동생(從弟)이므로 14, 5세에 불과하였을 것이다.

대왕이 14, 5세의 소년으로 이 같은 난국(難局)을 당하였지만, 천품(天

稟)이 숙성하였고, 백발백중의 활솜씨가 있어서 고구려와 위(魏)를 물리쳐서 국난(國難)을 평정하였을 뿐만 아니라, 바다를 건너 중국의 지금의 산동(山東)·절강(浙江) 등지를 점령하였으며, 일본을 쳐서 속국으로 만들었고, 기타 전공(戰功)이 허다하였다. 그런데도 〈삼국사기〉에는 다만 당시 천재(天災)인 한두 차례의 홍수와 가뭄, 그리고 대왕이 사냥한 일만 기록해 놓았을 뿐 그 나머지는 전부 빼버렸는데, 이는 아마도 신라 말엽의 문사(文士)들이 삭제한 것일 것이다. 이제 다음에서 그 간략한 역사를 서술하도록 한다.

2. 장수태왕의 음모와 위병(魏兵)의 침입

이때 중국이 황하(黃河) 남북으로 갈려서 위(魏)·제(齊) 양국으로 분립해 있었다. 위(魏)는 곧 모용씨(慕容氏)의 연(燕)을 대신하여 흥한 선비족의 탁발씨(拓跋氏)로서, 위(魏)의 세력이 비상히 창궐하여 당시 유일한 강국이 되었다.

그런데 장수태왕이 남방 4국의 동맹으로 인하여 백제를 병탄하지 못하자, 다시 또 그 손도 대지 않고 사람을 죽이는 신랄한 수완을 발휘하여 제3국으로 하여금 먼저 백제를 쳐 없애게 하고 자기는 그 뒤에서 이익을 거두려고 하였다.

그래서 해마다 황금과 명주(明珠) 10되(升)를 위주(魏主)에게 갖다 주다가 3년 만에 사자 예실불(芮悉弗)을 빈손으로 위(魏)에 보내니, 위제(魏帝)가 그 까닭을 물었다. 이에 예실불이 대답하였다.

"사비(泗沘) 부여(扶餘)에는 황금산이 있고, 섭라(涉羅: 지금의 제주-원주)에는 명주연(明珠淵: 명주 못)이 있는데 그곳에서 두 가지 보물이 무한정

산출됩니다. 그래서 전날에는 그것들을 캐서 폐하에게 바쳤던 것입니다. 그런데 이제 사비 부여는 백제의 서울이 되었고, 섭라도 백제에게 정복당한 바 되어 황금산과 명주연이 둘 다 저들의 손에 들어가서 더 이상 우리 고구려 사람들도 두 가지 보물을 구경할 수 없게 되었습니다. 그러니 어찌 남에게 줄 것이 있겠습니까."

위(魏)의 군신(君臣)들이 그의 말을 곧이듣고 백제를 쳐서 황금산과 명주연의 명주를 캘 야욕이 치밀어 올라 이에 동침(東侵)의 군사를 일으켰다.

〈삼국사기〉에는 〈위서(魏書)〉를 초록하여 예실불(芮悉弗)의 일을 장수태왕의 아들 문자왕(文咨王) 시대의 일로 기록해 놓았으나, 남양예씨(南陽芮氏)의 족보에 의하면, 예실불을 그 시조(始祖)라 하고, 예실불이 위(魏)에 사자로 갔었던 일을 앞에서 말한 바와 같이 기록해 놓았다.

대개 위(魏)가 북으로는 고구려, 남으로는 제(齊), 곧 그 육지가 서로 붙어 있는 나라를 놔두고 멀리 바다를 건너가 백제와 싸웠다는 것은, 해운(海運)이 불편한 고대에 있어서 땅을 빼앗으려는 자가 할 일이 아니므로, 예실불의 말에 속아서 황금과 명주를 얻으려고 그리하였던 것은 사실인 듯하다.

그러나 위(魏)의 백제 침입은 장수태왕 때의 일이지 문자왕 때의 일이 아니므로 〈삼국사기〉의 연대가 틀린 듯하여, 이제 〈삼국사기〉를 버리고 〈예씨족보(芮氏族譜)〉를 취하는 것이다.

3. 위병(魏兵)의 두 차례 침입과 두 번의 패배

중국 대륙의 나라로서 조선에 침입한 나라들은 허다하지만, 그 동원한 군사의 수가 약 10만 명에 달한 것은 탁발씨(拓跋氏)의 위(魏)가 처음이었고, 이 같은 대적을 격퇴한 것은 백제의 동성대왕이 처음이었다.

〈위서(魏書)〉에는 위(魏)의 국치(國恥)를 감추기 위하여 이를 기록해 놓지 않았고, 〈삼국사기〉는 백제의 공로와 업적(功業)을 시기하여 그 사적을 삭제한 신라의 사필(史筆)을 그대로 이어받았으므로 이를 기록해 놓지 못하였고, 오직 〈남제서(南齊書)〉에 그 대개가 기록되었었으나, 그것도 당 태종이 찢어버려서 그 대부분은 빠져 없어지고, 겨우 동성대왕이 남제(南齊)에 보낸 국서(國書)가 남아 있어서 그 사실의 단편을 알 수 있을 뿐이다.

그렇다고 그 국서가 완전한 것일까? 일찍이 연암(燕巖) 박지원(朴趾源) 선생이 말하기를, "중국인들은 남의 시문(詩文: 조선인의 시문-원주)을 고치는 데 담대(膽大)하여, 중국을「殊方(수방: 다른 나라)」혹은「遠邦(원방: 먼 나라)」이라고 쓴 자구(字句)의 경우에는 저들이 채집할 때에는 반드시「皇都(황도: 황제의 도읍지)」혹은「大邦(대방: 큰 나라)」등으로 고친다."고 하였다. 평범한 음풍농월(吟風弄月)의 시(詩)나 문(文)도 그러하였는데 하물며 정치상 문제와 관련된 국서(國書)이겠는가.

우리가 그 국서로 인하여, 첫째, 기원 490년에 위(魏)가 두 차례나 보병과 기병 수십만을 내어 백제를 침입하였다는 것과,

둘째, 동성대왕이 첫 번째 싸움에서는 영삭장군(寧朔將軍) 면중왕(面中王) 저근(姐瑾)·건위장군(建威將軍) 팔중후(八中侯) 부여고(扶餘古)·건위장군 부여력(扶餘歷)·광무장군(廣武將軍) 부여고(扶餘固)를 보내어 백제국의 군사로써 위병(魏兵)을 맞아 싸워 이를 대파하였다는 것과,

셋째, 동성대왕이 두 번째 전투에서는 정로장군(征虜將軍) 매라왕(邁羅王) 사법명(沙法名)·안국장군(安國將軍) 벽중왕(辟中王) 찬수류(贊首流)·무위

장군(武威將軍) 불중후(弗中侯) 해례곤(解禮昆)·광위장군(廣威將軍) 면중후(面中侯) 목간나(木干那)를 보내어 또 위병을 격파하여 수만 명의 목을 베었다는 것과,

넷째, 동성대왕이 이 두 차례의 대전에서 대승리를 얻고, 국서(國書)와 우격(羽檄: 우서(羽書). 아주 급한 뜻을 표시하기 위하여 새의 깃을 꽂은 격문 —옮긴이)을 내외 각국에 보내어 이를 과시하였다는 것과,

다섯째, 동성대왕이 여러 대(代) 이래 쇠약하여 패배만 하던 백제에 태어나서 나라의 형세가 위태로운 때를 당하여, 위의 두 차례 대전의 승리에 힘입어 국운(國運)을 만회하고 마침내 해외 경략의 터를 닦았다는 것과,

여섯째, 당시 출전한 대장들은 저근(姐瑾)·사법명(沙法名)·부여고(扶餘古)·부여력(扶餘歷)·부여고(扶餘固)·찬수류(贊首流)·해례곤(解禮昆)·목간나(木干那) 등이었다는 것을 알 수 있을 뿐이다.

그러나 전선(戰線)의 길이가 어느 정도였는지, 전쟁이 얼마나 오래 지속되었는지, 두 번째 싸움은 육전(陸戰)이었지만, 첫 번째 싸움은 육전이었는지 해전(海戰)이었는지 등에 대하여는 다 알 수 없다.

무슨 이유로 전후 두 차례 전쟁의 대장이 각각 네 명이었는가? 이는 백제왕도 부여나 고구려처럼 중·전·후·좌·우의 오군(五軍) 편제를 써서, 동성대왕 자신은 중군대원수(中軍大元帥)가 되고, 네 명은 각기 한 군(軍)의 원수가 되었기 때문이다.

무슨 이유로 저근(姐瑾)이나 사법명(沙法名) 등은 동성대왕의 신하들인데 또한 왕(王)이라 하였는가? 이 역시 조선의 옛 제도로서, 「大王(대왕)」은 「신한」의 번역으로, 곧 한 나라에 군림한 천자(天子)의 호칭이고, 「王(왕)」은 「한」의 번역으로, 곧 대왕(大王)을 보좌하는 小王(소왕)들의

칭호이기 때문이다.

4. 동성대왕의 해외 경략과 중도에 궂김

조선 역대 이래로 바다를 건너 영토를 둔 자는 오직 백제의 근구수왕(近仇首王)과 동성대왕(東城大王) 양대(兩代) 뿐이다.

동성대왕 때는 근구수왕 때보다 더욱 광대하였기 때문에 〈구당서(舊唐書)〉 백제전에서 백제의 지리를 기록하여 이르기를, "西渡海至越州, 北渡海至高麗, 南渡海至倭(서도해지월주, 북도해지고려, 남도해지왜)"(→서로는 바다를 건너 월주(越州)에 이르고, 북으로는 바다를 건너 고구려에 이르고, 남으로는 바다를 건너 왜(倭)에 이르렀다.)라고 하였는데, 「월주(越州)」는 지금의 회계(會稽)이니, 회계 부근이 모두 백제의 소유였다.

〈문헌비고(文獻備考)〉에서 "월왕(越王) 구천(句踐)의 고도(古都)를 둘러싼 수천 리가 다 백제의 땅"이라고 한 것은 이를 가리킨 것이다. 「고려(高麗)」는 당나라 사람들이 고구려를 부른 이름으로, 고구려의 국경인 요수(遼水) 이서(以西), 곧 지금의 봉천(奉天) 서부가 다 백제의 소유였다. 〈만주원류고(滿洲源流考)〉에 "금주(錦州)·의주(義州)·애혼(愛琿) 등지가 다 백제"라고 한 것은 이를 가리킨 것이다. 「왜(倭)」는 지금의 일본으로, 위에서 인용한 〈구당서〉의 상기 구절에 의하면, 당시 일본 전국이 백제의 속국이 되었던 것은 의심의 여지가 없다.

그렇다면 백제는 위의 식민지를 어느 때에 잃었는가? 성왕(聖王)의 초년에 고구려에게 패하고 말년에 신라에게 패하여 나라의 형세가 일시 쇠약해졌는데, 이때에 이르러서는 해외 식민지가 거의 다 몰락하였을 것이다.

동성대왕이 이 같이 전공(戰功)을 이루었으나, 홍수와 한발(旱魃)의 재해가 심한 때인 것을 돌아보지 않고 높고 장려한 임류각(臨流閣)을 짓고 그 앞에 원림(園林)을 만들어 못을 파서 진기한 새(珍禽)들과 기이한 물고기(奇魚)들을 기르며 사냥을 즐겨 자주 나들이를 하였다.

기원 501년 11월에 사비(泗沘) 부여(扶餘)의 마포촌(馬浦村)에 사냥을 하러 나갔다가 대설(大雪)을 만나서 그곳에 머물렀는데, 그때 왕을 원망하는 위사(衛士)인 좌평 가림성주(加林城主) 백가(苩加)가 보낸 자객이 찌른 칼에 죽음을 당하였으니 이때가 재위 23년, 당시 그의 연령은 30세에 불과하였다.

제8편
삼국 혈전(血戰)의 시작

– 김부식(金富軾)의 때에는 화랑의 명칭도 아주 끊어지지 않고 화랑에 관한 문헌도 많이 남아 있었을 때인데도 불구하고, 그가 쓴 소위 〈삼국사기〉에 화랑 제도를 설치한 연대를 흐리게 하고, 그 원류(源流)를 제대로 구별하지 못하였음은 무슨 까닭인가.

대개 김부식은 유교도(儒敎徒)의 영수(領袖)로서 화랑파인 윤언이(尹彦頤)를 쫓아내고 화랑의 역사를 말살한 자였으니, 그의 심보대로 한다면 〈삼국사기〉 중에 화랑이란 명사를 한 자(字)도 남겨두지 않았겠지만, 다만 그는 중국을 숭배하는 자인지라, 우리의 이야기가 무엇이든 중국의 서적에 나와 있으면 이를 〈삼국사기〉에서 빼지 못하였던 것이다. 그러므로 그가 아무리 화랑을 시기하고 미워했다고 하더라도, 다만 중국의 〈대중유사(大中遺事)〉 〈신라국기(新羅國記)〉와 같은 글 속에 화랑이란 말이 게재되어 있으므로, 동 〈삼국사기〉에서도 화랑을 빼어버리지 못하였던 것이다. –

제1장 신라의 발흥(勃興)

1. 진흥대왕의 화랑(花郎) 설치

화랑(花郎)은 한때 신라 발흥(勃興)의 원인이 되었을 뿐만 아니라, 후세에 한문화(漢文化)가 발호하여 사대주의파(事大主義派)의 사상과 언론이 사회의 인심·풍속·학술을 지배하여 온 조선을 들어 중국화 하려는 판에 이에 반항하고 배척하여 조선이 조선으로 되게 하여 온 것도 화랑이다.

고려 중엽 이후로는 더 이상 화랑에 대하여 전해오는 이야기가 인멸(湮滅)하여 비록 직접적으로 그 감화를 받은 사람은 없지만, 그래도 간접적으로 화랑의 유풍(遺風)과 여운(餘韻)을 받아 가까스로 조선이 조선으로 되게 해 온 것도 화랑이다. 그러므로 화랑의 역사를 모르고 조선의 역사를 말하려 하는 것은 골수를 빼버리고 그 사람의 정신을 찾는 것과 마찬가지로 어리석은 방책이다.

그러나 화랑파(花郎派)가 스스로 서술한 문헌인 〈선사(仙史)〉, 〈화랑세기(花郎世紀)〉, 〈선랑고사(仙郎故事)〉… 등은 다 없어져 버려서, 화랑의 사적(事蹟)을 알려면 오직 화랑에 대하여는 문외한인 (一) 유교도 김부식의 〈삼국사기〉와, (二) 불교도 무극(無亟: 一然)이 지은 〈삼국유사〉 두 책 가운데서 과화숙식(過火熟食: 스치는 불에 음식을 익힌다는 뜻으로, 〈번갯불에 콩 구워 먹듯이〉란 뜻)으로 적은 수십 행(行)의 기록에 의존해야 할 뿐인데, 그 수십 행의 기록이나마 정말이고 확실한 것이냐 하면 그렇지도 못하다.

이제 〈삼국사기〉에 보이는 화랑 제도가 만들어진 실록(實錄)을 이야기하고자 한다. 그 전문(全文)을 아래에서 소개하기로 하는바, 우선 〈삼국사기〉 진흥대왕 본기(37년)의 본문부터 보면 다음과 같다.

「三十七年春, 始奉源花. 初君臣病無以知人, 欲使類聚群遊, 以觀其行義, 然後擧而用之. 遂簡美女二人, 一曰南毛, 一曰俊貞. 聚徒三百餘人, 二女爭娟相妬. 俊貞引南毛於私第, 强勸酒至醉, 曳而投河水以殺之. 俊貞伏誅, 徒人失和罷散.
其後, 更取美貌男子, 粧飾之, 名花郞以奉之. 徒衆雲集, 或相磨以道義, 或相悅以歌樂, 遊娛山水, 無遠不至. 因此知其人邪正, 擇其善者, 薦之於朝.
故金大問〈花郞世紀〉曰: "賢佐忠臣, 從此而秀, 良將勇卒, 由是而生." 崔致遠〈鸞郞碑序〉曰: "國有玄妙之道, 曰風流. 設敎之源, 備詳仙史, 實乃包含三敎, 接化群生. 且如入則孝於家, 出則忠於國, 魯司寇(孔子)之旨也. 處無爲之事, 行不言之敎, 周柱史(老子)之宗也. 諸惡莫作, 諸善奉行, 竺乾太子(釋迦)之化也." 唐令孤澄〈新羅國記〉曰: "擇貴人子弟之美者, 傅粉粧飾之, 名曰花郞, 國人皆尊事之也."」

(→(진흥왕) 37년 봄에 처음으로 원화(源花)를 받들었다. 처음에 임금과 신하들이 인재를 알아낼 방법 없음을 걱정하여, 같은 부류들끼리 모아서 여럿이 함께 놀도록 하고 그들의 행동거지를 살펴본 후에 (그 중에 우수한 자를) 들어 쓰려고 하였다.

그래서 마침내 예쁜 여자 둘을 골라는데, 그 이름이 하나는 남모(南毛)라 하였고, 또 하나는 준정(俊貞)이라 하였다. 그리고 그를 따르는 무리

3백 명을 모았는데, 두 여자가 미모를 다투어 서로 질투하다가, 준정이 남모를 자기 집으로 유인하여 억지로 술을 먹여 취하게 한 후 그를 끌고 가서 강물에 던져서 죽여 버렸다. 그 일로 준정은 사형을 당하였으며, 그 무리들은 서로 화목하지 못하여 해산하고 말았다.

그 후에 다시 얼굴이 예쁘게 생긴 남자를 택하여 곱게 단장시키고 그 이름을 화랑이라 하여 이를 받들었다. 그러자 따르는 무리들이 구름처럼 모여들어, 혹은 도의(道義)로써 서로 연마하고, 혹은 노래와 음악으로 서로 즐기며, 산수를 찾아다니며 놀고 즐겼는데, 아무리 먼 곳이라도 그들이 찾아가지 않는 곳이 없었다. 이로 인하여 그 사람이 올바른 사람인지 아닌지를 알 수 있게 되어, 그 중에서 선량한 자를 골라서 조정에 추천하였다.

그래서 김대문(金大問)이 쓴 〈화랑세기(花郎世紀)〉란 책에서는 말하기를, "현명한 재상(賢相)과 충성스런 신하(忠臣)들이 이로부터 그 두각을 나타냈고, 우수한 장수(良將)와 용감한 병졸(勇卒)들이 이로부터 나왔다."고 하였다.

최치원(崔致遠)은 그의 〈난랑비서(鸞郎碑序)〉라는 글에서 "우리나라에는 현묘(玄妙)한 도(道)가 있으니, 풍류(風流)라 하는 것이 그것이다. 이 교(敎)가 세워진 내력은 선사(仙史)에 자세히 밝혀져 있는데, 그 실제 내용인즉 세 가지 교(儒·佛·仙)를 포함하고 있으며, 인간을 교화하는 것이다. 예컨대 집에 들어가서는 부모에게 효도하고, 나가서는 나라에 충성을 해야 한다는 것은 노(魯)나라의 사구(司寇), 즉 공자(孔子)의 가르침이며, 무위지사(無爲之事: 자연에 순응하고 인위적으로 일을 만들어 하지 않음)에 따르면서 자연의 말없는 가르침을 실천하라는 것은 주(周)나라의 주사(柱史), 즉 노자(老子)의 근본 사상(宗旨)이고, 어떤 악행도 하지 말고 선행은 무엇이든 다 받들어 행하라는 것은 축건국(竺乾國: 인도)의 태자(太子), 즉 석가모니의 가르침이다."

당나라 사람 영고징(令孤澄)이 쓴 〈신라국기(新羅國記)〉란 책에서는 말하기를 "귀인(貴人)의 자제 중에서 잘 생긴 자를 택하여 분을 발라 화장을 하여 이름을 화랑(花郎)이라 부르고, 나라 사람들이 모두 그를 떠받들어 섬겼다."고 하였다.)

위의 글 끝에 김대문과 최치원의 말을 인용하여 화랑을 매우 찬미한 듯하나, 자세히 생각해 보면 착오와 허황한 오류들이 매우 많다. 사다함전(斯多含傳)에 의하면, 화랑 사다함(斯多含)이 가라 정벌에 참여한 것은 진흥대왕 23년이므로, 진흥대왕 37년 이전에 이미 화랑이 있었음이 명백한데도 37년에 화랑이 처음으로 시작하였다고 하는 것은 무슨 말인가.

〈삼국유사〉에 의하면 「원화(源花)」는 여자 교사(教師)이니, 원화를 폐한 뒤에 남자 교사를 두어 「국선(國仙)」 혹은 「화랑(花郎)」이라 불렀던 것인데, 이제 원화를 화랑이라 하는 것은 무슨 말인가.

대개 김부식(金富軾)의 때에는 화랑의 명칭도 아주 끊어지지 않고 화랑에 관한 문헌도 많이 남아 있었을 때인데도 불구하고, 그가 쓴 소위 〈삼국사기〉에 화랑 제도를 설치한 연대를 흐리게 하고, 그 원류(源流)를 제대로 구별하지 못하였음은 무슨 까닭인가.

대개 김부식은 유교도(儒教徒)의 영수(領袖)로서 화랑파인 윤언이(尹彦頤)를 쫓아내고(제 1편 참고-원주) 화랑의 역사를 말살한 자였으니, 그의 심보대로 한다면 〈삼국사기〉 중에 화랑이란 명사를 한 자(字)도 남겨두지 않았겠지만, 다만 그는 중국을 숭배하는 자인지라, 우리의 이야기가 무엇이든 중국의 서적에 나와 있으면 이를 〈삼국사기〉에서 빼지 못하였던 것이다. 그러므로 그가 아무리 화랑을 시기하고 미워했다고 하더라도, 다만 중국의 〈대중유사(大中遺事)〉 〈신라국기(新羅國記)〉와 같은 글 속에 화랑이란 말이 게재되어 있으므로, 동 〈삼국사기〉에서도 화랑을 빼어버리지 못하였던 것이다.

그가 문장 끝에 인용한 〈신라국기〉가 겨우 "擇貴人子弟(택귀인자제)" 이하 합계 24자에 불과하나, 도종의(陶宗儀)의 〈설부(說郛)〉에서 인용하고 있는 〈신라국기〉에는 "新羅君臣 病無以知人…擧而用之(신라군신 병무이지인…거이용지)"(→신라의 임금과 신하들이 인재를 알아낼 방법 없음을 걱정하여… 그를 들어 썼다.) 등의 말이 있으므로, 이로써 미루어 보면, 그 이하 사실과 김대문·최치원의 논평까지도 대개 〈신라국기〉의 것을 초록한 것이 아닐까 한다. 그는 이와 같이 중국인이 쓴 〈신라국기〉에 기재되어 있는 화랑 제도 설치의 사적(事蹟)만을 인용하고, 본국에 남아 전해져 오고 있던 자료들은 모두 말살해 버렸던 것이다.

그 다음으로, 〈삼국유사〉에 기록되어 있는 화랑의 실록은 다음과 같다.

「眞興王…卽位…多尙神仙. 擇人家娘子美艶者, 捧爲原花. 要聚徒選士, 敎之以孝悌忠信, 亦理國之大要也. 乃取南毛娘·姣貞娘兩花, 聚徒三四百人. 姣貞娘嫉妬毛娘, 多置酒飮毛娘, 至醉, 潛舁去北川中, 擧石埋殺之. 其徒罔知去處, 悲泣而散. 有人知其謀者, 作歌誘街巷小童, 唱於街, 其徒聞之, 尋得其尸於北川中, 乃殺姣貞娘. 於是王下令廢原花. 累年, 王又念欲興邦國, 須先風月道, 更下令選良家男子有德行者, 改爲花郞, 始奉薛原郞爲國仙. 此花郞國仙之始.」

(→ 진흥왕이… 즉위하여… 신선(神仙)을 많이 숭상하였다. 민간의 여염집 처녀로서 아름답고 예쁜 여자를 골라 받들어 원화(原花)로 삼고, 무리를 모으고 인물을 뽑아서 그들에게 부모에게 효도하고, 형제간에 우애하고, 나라에 충성하고, 친구간에 신의를 지켜야 하는 도리를 가르치니, 이것은 또한 나라를 다스림에 있어 큰 요령이 되는 것이었다.

이에 남모낭(南毛娘)·교정낭(姣貞娘) 두 원화(原花)를 뽑고 그들을 따르는 무리 3, 4백 명을 모았다. 교정낭이 남모낭을 질투하여, 술자리를 베풀어 남모낭에게 술을 많이 먹여 취하게 한 후 남몰래 끌어다가 북쪽 개천에 버리고 돌로 묻어 죽였다. 그를 따르던 무리들은 그가 간 곳을 몰라서 슬피 울면서 헤어졌다.

이 사실의 내막을 아는 자가 있어 노래를 지어서 동리 아이들로 하여금 거리에서 부르도록 하였다. 그의 무리들이 이 노래를 듣고 그의 시체를 북쪽 개천에서 찾아냈다. 그리고는 교정낭을 죽였다. 이에 대왕은 명령을 내려 원화 제도를 폐지하였다.

몇 년이 지난 후 왕은 또 나라를 흥하게 하기 위해서는 반드시 풍월도(風月道: 즉, 花郎道)를 먼저 진작해야겠다고 생각하였다. 그래서 다시 명령을 내려 양가(良家) 출신 남자로서 덕행(德行)이 있는 자를 선정하여 그 이름을 고쳐서 화랑(花郎)이라고 하였다.

처음에는 설원랑(薛原郎)을 받들어 국선(國仙)을 삼았는데, 이것이 화랑과 국선의 시초이다.)

위의 기록은 〈삼국사기〉에 비하여 좀 상세하기는 하나, 또한 속담에서 이른 바처럼, 아닌 밤중에 홍두깨같이 나온 소리가 적지 않다. 이를테면, 진흥대왕이 신선(神仙)을 숭상하여 원화(源花)·화랑(花郎)을 받들었다고 하였는데, 원화와 화랑이 (도교에서의) 도사(道士)나 황관(黃冠: 도교의 도사)과 같은 종류라는 말인가?

〈삼국유사〉의 작자는 불교도이기 때문에 〈삼국사기〉의 작자인 유교도와 같이 배타적인 마음씨를 가지지 않았을 테지만, 그 기록의 모호함은 매 한가지이다.

국선(國仙)과 화랑(花郎)은 진흥대왕이 고구려의 「선배」제도를 모방해온 것이다. 「선배」를 이두문자로 「先人(선인)」 혹은 「仙人(선인)」이라고 썼다는 것에 대하여는 이미 제 3편에서 설명한 바 있지만, 「신수두」 단전(壇前)에서의 경기대회에서 「선배」를 뽑아서 학문에 힘쓰게 하고, 수박(手搏)·격검(擊劍)·사예(射藝)·기마(騎馬)·턱견이(=택견)·깨금질·씨름 등 각종 기예(技藝)를 익히게 하고, 멀고 가까운 산과 물을 찾아 탐험을 하고, 시가(詩歌)와 음악을 익히고, 공동으로 한 곳에서 숙식(宿食)을 같이 하며, 평소에는 환난(患難)의 구제, 성곽이나 도로 등의 수축 (修築)을 자임(自任)하고, 난시(亂時)에는 전장에 나아가 죽는 것을 영광으로 알아, 공익(公益)을 위하여 자기 한 몸을 희생하는 것이 「선배」 들이었다.

화랑(花郞)도 이와 같은데, 이들을 「國仙(국선)」이라 한 것은 고구려의 「仙人(선인)」과 구별하기 위하여 앞에 「國(국)」 자를 더 넣어 지은 이름이다. 이들을 「花郞(화랑)」이라 한 것은, 고구려의 「선배」가 검은 천의 옷(皂帛)을 입었으므로 「皂衣(조의)」라 불렀듯이, 신라의 「선배」는 꽃으로 장식(花粧)을 시켰으므로 「花郞(화랑)」이라 부른 것으로, 이 또한 조의(皂衣)와 구별하기 위한 이름이다.

「源花(원화)」는 마치 유럽 중고(中古) 시대에 예수교 무사단(武士團)의 여교사(女敎師)처럼 남자의 정성(情性)을 조화시키기 위하여 둔 여자 교사이다.

〈소재만필(昭齋謾筆)〉에서 말하기를, "화랑의 설(說)에, 사람이 전쟁에서 죽으면 죽은 뒤에 천당에서 첫째 자리를 차지하고, 노인으로 죽으면 죽은 뒤의 혼(魂)도 노인이 되고, 소년으로 죽으면 죽은 뒤의 혼도 소년이 된다."고 하여 화랑들이 소년으로 전쟁에 나가서 죽는 것을 즐기었다고 하였다. 따라서 國仙(국선)의 「仙(선)」 자(字)로 인하여 장생불사(長生不死)

를 추구하는 중국의 선도(仙道)와 같은 것으로 안다면, 이는 큰 잘못이다.

최치원의 "處無爲之事, 行不言之教, 周柱史之宗也(처무위지사, 행불언지교, 주주사지종야.)"(→ 무위지사(無爲之事)에 따르면서 자연의 말없는 가르침을 실천한다는 것은 주(周)의 주사(柱史), 즉 노자(老子)의 근본 사상(宗旨)이다.)라고 한 것은 다만 국선(國仙)의 교(教)가 유(儒)·불(佛)·노(老) 삼교(三教)의 특장(特長)을 두루 갖추고 있음을 찬미한 말이니, 국선(國仙)은 투쟁 가운데 생활하므로 「無爲(무위)」나 「不言(불언)」과는 그 사이가 서로 천리 만리 떨어진 교(教)이다.

앞에서 말한바 〈삼국사기〉의 "國有玄妙之道, 日風流(국유현묘지도, 왈풍류)"(→ 나라에 현묘한 도(道)가 있으니, 풍류라 한다.)와 〈삼국유사〉의 "得烏…隷名於風流黃卷(득오…예명어풍류황권)"(→ 득오가…화랑의 명단(風流黃卷)에 이름을 달아 놓고.)라는 말로써 보면 국선(國仙)의 교(教)를 「風流(풍류)」라고 하였음을 알 수 있다.

그리고 앞에서 설명한 〈삼국유사〉의 "欲興邦國, 須先風月道(욕흥방국, 수선풍월도)"(→ 나라를 흥하게 하기 위해서는 반드시 풍월도(風月道)를 앞세워야 한다.)와 〈삼국사기〉 검군전(儉君傳)의 "僕…修行於風月之庭(복…수행어풍월지정)"(→ 나는…풍월(風月)의 수련장에서 수행하였다.)으로써 보면, 국선(國仙)의 도(道)를 「風月(풍월)」이라 하였음을 알 수 있다.

「風流(풍류)」는 중국 문자의 〈놀고 즐기는 풍류(遊戱風流)〉의 뜻이 아니라 우리말의 「풍류」, 곧 음악(音樂)을 가리킨 것이며, 「風月(풍월)」도 중국 문자의 〈음풍영월(吟風詠月)〉의 뜻이 아니라 우리말의 「풍월」, 곧 시가(詩歌)를 가리킨 것이다.

대개 화랑의 도(道)는 다른 학문과 기술에도 힘을 썼지만 가장 힘을 기울인 것은 음악과 시가(詩歌)로서, 이를 통하여 인간 세계를 교화(敎化)하려고 하였다. 〈삼국사기〉 악지(樂志)에 보인 진흥대왕이 지은 「도령가(徒領歌)」와 설원랑(薛原郎)이 지은 「사내기물악(思內奇物樂)」은 물론 화랑과 관련된 방면의 작품(作品)이며, 〈삼국유사〉에 이른바 "羅人尙鄕歌者, 尙矣.… 故往往能感動天地鬼神者, 非一."(→신라 사람들이 향가를 숭상한 지 오래 되었다.… 이 때문에 때로는 천지와 귀신을 감동시킨 일이 한 번만이 아니다.)이라고 한 「향가(鄕歌)」 또한 거의 화랑의 무리가 쓴 것이다.

최치원의 「향악잡영(鄕樂雜詠)」으로 보면, 이 시가와 음악으로 연극도 많이 하였는데, 부여 사람이나 삼한 사람들은 노래 부르기를 좋아하여 밤낮으로 가무(歌舞)가 끊어지지 않았다는 것은 〈삼국지(三國志)〉 등에도 분명히 기재되어 있는 사실이다. 신라가 그런 습속(習俗)을 바탕으로 인민들을 가르치고 이끌(敎導) 방법을 세워, 시가(詩歌)·음악·연극 등을 행하여 인심을 고무(鼓舞)함으로써 그때까지 소국(小國)이었던 나라가 마침내 문화상, 정치상으로 고구려 및 백제와 대항할 수 있게 되었던 것이다.

화랑의 원류(源流)를 기록해 놓은 〈선사(仙史)〉 〈선랑고사(仙郎故事)〉 〈화랑세기(花郎世紀)〉 등이 다 전해져 오고 있지 않으나, 〈선사(仙史)〉는 곧 신라 이전, 단군 이래 고구려·백제까지의 유명한 「선배」들에 관해 기록한 것으로서 고구려본기의 "平壤者, 仙人王儉之宅(평양자, 선인왕검지택)"(→평양은 선인(仙人) 왕검의 도읍지이다.)이 곧 〈선사(仙史)〉 본문의 한 구절일 것이다.

〈선랑고사(仙郎故事)〉 〈화랑세기(花郎世紀)〉 등은 곧 신라 이래의 「선배」들에 관한 기록이니, 〈삼국사기〉 열전(列傳)에 간혹 그것을 초록해놓은 것도 있으나, 이는 모두 방어 전쟁에서 공을 세운 화랑의 졸도(卒徒)들에 관한 것뿐이고, 3백여 명의 화랑(花郞), 곧 낭도(郞徒)의 스승들에 관하여는 하나도 적어 놓지 않았는데, 여기에도 김부식이 화랑을 말살하려고 했던 심리가 표현되고 있다.

2. 여섯 가라(加羅)의 멸망

김수로(金首露)의 여섯 형제가 「신加羅」(지금의 金海 —원주)·「밈라加羅」(지금의 고령 —원주)·「안라加羅」(지금의 咸安 —원주)·「구지加羅」(지금의 固城 —원주)·「별뫼加羅」(지금의 星州 —원주)·「고링加羅」(지금의 咸昌 —원주)에 나뉘어 왕이 되었다는 것과, 「임라」·「안라」 양 가라(加羅)가 4국 동맹에 참가하여 백제를 도와 고구려의 침공을 막았다는 것은 이미 제 4편과 제 7편에서 서술하였다.

그 후 신라의 지증(智證)·법흥(法興)·진흥(眞興) 세 대왕(大王)이 서로 이어서 여섯 가라를 잠식하여, 진흥왕 때에 이르러서는 여섯 나라가 다 신라의 소유가 되어 지금의 경상(慶尙) 좌우도(左右道)가 완전히 통일되었다. 이제 여섯 가라의 흥망의 역사를 간략하게 서술한다.

「신加羅」는 〈삼국사기〉 신라본기에서 「금관국(金官國)」이라 쓴 것으로, 시조 김수로(金首露) 때에는 신라보다도 강성하여, 신라의 파사니사금(婆娑尼師今)이 그 인근의 작은 나라인 음즙벌(音汁伐: 지금의 경주 북쪽 경계 내-원주)과 실직(悉直: 지금의 삼척-원주)의 영토 분쟁(爭訟)을 판결하지 못하고 김수로왕의 중재를 요청하자, 수로왕이 한 마디로 결정하니, 세 나라가 다 기꺼이 복종하였다. 그 결과로 파사왕(婆娑王)이 수로왕을 초청하여 감사의 연회를 베풀었다.

이때 신라 여섯 부장(部長)의 한 사람인 한지부(漢祇部)의 부장(部長) 보제(保齊)가 직위가 낮은 자를 김수로왕 접대 담당자(對賓)로 삼았으므로 수로왕의 노여움을 촉발하였다. 수로왕은 수행원 탐하리(耽下里)에게 명하여 보제(保齊)가 자기에게 무례를 범했다고 해서 죽이게 하였다. 그럼에도 불구하고 파사왕은 감히 김수로왕에게 신라 6부장의 한 사람을 죽인 죄를 묻지 못하고 단지 탐하리에게만 죄를 주려고 하였으며, 그러다가 탐하리가 음즙벌국(音汁伐國)으로 달아나자 그를 숨겨준 음즙벌국을 쳐서 멸망시켰을 뿐이었다.

그러나 수로왕 이후에는 나라의 형세가 날로 미약해져서 「임라加羅」들의 침입과 모욕을 당하다가 신라 법흥대왕 19년(기원 532년)에 그 제 10세(世) 왕인 구해(仇亥)가 나라 곳간의 재물과 처자를 가지고 신라에 투항해 버렸다.

「안라加羅」는 그 연대와 사실이 거의 빠지고 없으나, 이미 앞에서 설명한 것처럼, 고구려의 광개태왕이 남정(南征)할 때에 신라와 함께 고구려 편에 붙어 백제에 대항하였으며, 백제의 문주왕(文周王)이 구원을 애걸하였을 때에는 또 신라의 4국동맹에 참가하여 고구려를 막았다. 비록 소국이었지만, 당시 정치 문제에서 빠지지 않았던 나라이다.

이전 사서에 「안라가라」가 멸망한 연도를 기록해 놓았으나, 〈삼국사기〉 신라본기 지증왕(智證王) 15년에 "소경(小京)을 아시촌(阿尸村)에 두었다."라고 하였다. 「안라」의 이두문자가 「阿尸郎(아시랑)」이므로, 지증왕 15년 이전에 「안라가라」가 이미 멸망한 것을 알 수 있다.

〈삼국사기〉 지리지(地理志)에는 "법흥왕이 많은 병력으로 아시량국(阿尸良國)을 멸하였다."라고 하였는데, 선왕(先王)의 죽은 해를 신왕(新王)의 원년(元年)으로 잘못 기록한 것은 〈삼국사기〉에 여러 번 보인 일이므로,

지증왕 15년, 곧 지증왕이 죽은 해는 곧 법흥대왕의 원년일 것이니, 「안라가라」는 법흥왕 원년에 망한 것이 아니냐?

그러나 〈삼국사기〉 열전(列傳)에 의하면, 지증왕 때에 김이사부(金異斯夫)가 강변의 군관(軍官)이 되어, 말 떼를 국경에 모아 놓고 날마다 병사들로 하여금 타고 달리게 하자, 가야 사람들이 그것을 보는 데 익숙해져서 예사로 알고 방어하지 않았다. 이에 이사부(異斯夫)가 습격하여 이를 멸망시켰다고 하였는데, 위의 가야는 곧 「안라가라」를 가리킨 것이다. 따라서 「안라가라」는 대개 지증왕 말년에 이사부(異斯夫)의 손에 망하였으며, 법흥왕 원년에 그 서울이 신라의 소경(小京)이 된 것이니, 지리지에서 운운한 것은 잘못이다.

「밈라加羅」는 여섯 가라 중에서 건국 이후 신라와 가장 악전고투하였던 소강국(小强國)이다. 처음에는 신라와 싸울 때마다 거의 이기다가, 신라의 나해니사금(奈解尼師今) 14년(기원 209년)에 밈라에 소속된 포상(浦上)의 여덟 개의 나라(대개 지금의 남해(南海) 사천(泗川) 등지 —원주)들이 배반하여 연맹군(聯盟軍)을 일으켜 「밈라」로 쳐들어가서 크게 승리하고 6천 명을 포로로 사로잡아 갔으므로, 「밈라」 왕이 그 왕자를 신라에 볼모로 잡히고 구원병을 청하였다.

이에 신라 태자 석우노(昔于老)가 6부(部)의 정예병을 거느리고 달려가서 구원하여 여덟 개 나라의 장수와 군사들을 쳐 죽이고 붙잡혀 갔던 포로 6천 명을 빼앗아서 「밈라」에 돌려주었다. 그 뒤로부터 나라의 힘이 허약해져서 신라에 대항하지 못하였다.

그러나 중간에 신라와 합하여 고구려의 광개태왕을 돕고, 4국 연맹에도 참가하여 백제노 구원하였다. 그 후 신라의 지증·법흥 양 대왕이 「안라가라」 등을 멸망시키자, 그 제 6세(世) 가실왕(嘉實王)이 두려움을 느끼고 신라의 귀골(貴骨) 비조부(比助夫)와 결혼하여 스스로를 보전하고자 하였다. 그러나 마침내 신라의 습격을 당하여 망하고 말았다.

그 뒤에 가실왕이 왕족과 인민들로서 신라에 불복(不服)하는 자들을 거느리고 미을성(未乙省), 곧 지금의 충주(忠州)로 달아나 백제에 의뢰하여 신라를 막고 미을성을 도읍으로 정하였다. 그리고 기원 554년에 백제 성왕(聖王)이 구양(狗壤: 음(音)이 〈글래〉이다.-원주), 곧 지금의 백마강 상류에서 신라를 습격할 때에 「밈라」의 병사들도 따라갔다가, 새로 설치한 주(州)의 군주(軍主) 김무력(金武力: 「신가라」의 항복한 왕 구해(仇亥)의 아들-원주)의 복병을 만나 양국의 연합군이 전부 몰살당하였다. 이에 대하여는 제9편에서 상세히 설명할 것인데, 기원 564년에 신라의 병부령(兵部令) 김이사부(金異斯夫)와 화랑 사다함(斯多含)이 쳐들어 와서 옮겨와 있던 「밈라가라」까지 망하였다.

이전 사서(史書)에서는 모두 대가야(大加耶), 곧 「밈라가라」가 지금의 고령(高靈)에서 나라를 세웠다가 고령에서 망한 것으로 기록해 놓았는데, 이제 여기서는 무엇에 근거하여 「밈라」가 지금의 충주에 터를 잡았다고 하는가.

〈삼국사기〉 열전(列傳)에 "强首, 中原京沙梁人也(강수, 중원경사량인야.)"(→강수는 중원경(中原京) 사량 사람이다.)라고 하였고, 또 강수(强首)가 스스로 한 말을 기록하여 이르기를 "臣本任那加良人(신본임나가량인.)"(→신(臣)은 본래 임나가량(任那加良) 사람입니다.)이라고 하였으니, 중원경(中原京)은 곧 지금의 충주(忠州)이며, 임나가량(任那加良)은 곧 「밈라가라」이니, 이것이 「밈라가라」가 충주로 도읍을 옮겼다는 첫 번째 증거이다.

〈삼국사기〉 악지(樂志)에 "省熱縣人 于勒(성열현인 우륵)"(→성열현 사람 우륵)이라 하였는데, 우륵(于勒)은 「밈라가라」의 악공(樂工)이고, 성열현(省熱縣), 곧 지금의 청풍(清風)은 당시 미을성(未乙省) 곧 지금의 충주에 속하였던 땅이니, 이것이 「밈라가라」가 충주에 천도(遷都)하였다는 두 번째 증거이다.

〈삼국사기〉 신라본기 진흥왕 15년(기원 554년)에 "百濟…與加良來攻管山城(백제…여가량래공관산성)"(→백제가…가량과 함께 와서 관산성을 공격하였다.)이라고 기록하여 놓았는바, 가량(加良)은 또한 「밈라가라」를 가리킨 것이며, 관산성(管山城)은 백제의 고시산(古尸山: 지금의 沃川 狗壤(글래) 부근 —원주)이니, 이때의 「밈라가라」가 백제와 연합하여 옥천(沃川)을 친 것은 장차 영동(永同)을 지나 추풍령(秋風嶺)을 넘어 고령(高靈)의 옛 서울을 찾아가려고 했던 것인데, 그만 싸움에 패하여 망한 것이다. 이것이 「밈라가라」가 충주에 천도하였다는 세 번째 증거이다.

「밈라가라」가 비록 멸망하였으나, 강수(强首)의 문학과 우륵(于勒)의 음악으로 그 이름을 전하여, 여섯 가라국들 중에서는 가장 뛰어난 업적을 남긴 나라라고 할 수 있다.

「구지」·「벌뫼」·「고링」 세 가라는 〈삼국사기〉 지리지에 다만 "신라에게 멸망당했다."라고만 쓰고 그것이 어느 때인지는 말하지 않았으나, 「구지」는 「밈라가라」와 가까이 있었으므로 그 운명이 「밈라가라」와 같았을 것이다.

여섯 가라가 이미 멸망하자, 신라는 계립령(鷄立嶺: 즉 조령(鳥嶺) —원주) 이남을 전부 통일하여 백제와 고구려에 대한 혈전이 시작되었다.

제2장 조령과 죽령 이북의 10개 군 쟁탈 문제

— 고구려(高)·백제(百)·신라(新) 삼국간의 백년 전쟁과 중국 수(隋)·당(唐) 침입의 앞잡이가 된 문제 —

1. 무령왕(武寧王)의 북진(北進)과 궁지에 몰린 고구려

백제의 동성대왕(東城大王)이 비록 반란을 일으킨 신하(叛臣) 백가(苩加)에게 암살당했으나, 그 아들 무령왕(武寧王)이 또한 영무(英武)하여 곧 백가의 난을 평정하고, 그해에 고구려의 방비가 허술한 틈을 타서 달솔(達率) 부여우영(扶餘優永)을 보내어 정예병 5천으로 고구려의 수곡성(水谷城: 지금의 신계(新溪) —원주)을 습격하여 깨뜨리고, 그리고 수년 뒤에는 장령(長嶺: 지금의 서흥(瑞興) 철령(鐵嶺) —원주)을 차지하여 성책(城柵)을 세워 예(濊)의 침입을 방비하니, 이에 백제의 서북 지경이 지금의 대동강(大同江)까지 미쳐서 근구수대왕(近仇首大王) 시대의 옛 모습을 회복하였다.

기원 505년에 고구려의 문자왕(文咨王)이 그 치욕을 씻으려고 대병(大兵)을 거느리고 침입하여 가불성(加弗城: 지금의 어디인지 미상—원주)에 이르렀다. 이에 무령왕이 정예병 3천으로 출전하니, 고구려 사람들이 백제의 군사 수가 적음을 보고 방비조차 하지 않았으므로, 왕이 기계(奇計)를 내어 이를 급습하여 대파하니, 이 후 10여 년 동안 고구려가 다시는 남쪽을 침범하지 못하였다.

왕이 그 틈을 타서 내외(內外)의 떠돌아다니며 놀고먹는 자들(도망병, 유랑자, 거지 등)을 몰아서 농사일을 시키고, 제방을 쌓아 논을 만들어 나라의 곳간을 더욱 충실하게 만들고, 서로는 중국과, 서남으로는 인도, 대식(大食: 대식국. 사라센) 등의 나라들과 통상을 하여 문화도 상당히 발달하니, 대왕의 재위 기간 24년은 백제의 황금시대라고 부를 수도 있을 것이다.

2. 안장왕(安藏王)의 연애(戀愛) 전쟁과 백제의 패퇴

고구려 안장왕(安藏王)은 문자왕(文咨王)의 태자인데, 그가 태자가 되었을 때에 일찍이 상인(商人) 행장을 하고 개백(皆伯: 지금의 고양(高陽) 행주(幸州)-원주)으로 놀러 나갔다.

당시 그 지방의 장자(長子)인 한씨(韓氏)의 딸 주(珠)는 절세의 미인이었다. 안장왕이 백제 정찰관의 눈을 피하기 위하여 한씨의 집으로 도망가서 숨어 있다가 주(珠)를 보고는 놀라고 기뻐하여, 드디어 몰래 서로 정을 통하고 부부가 되기로 약속을 맺었다. 그 후 은밀히 주(珠)에게, "나는 고구려대왕의 태자이니, 귀국하면 대군(大軍)을 거느리고 와서 이 땅을 취하고 그대를 맞아갈 것이다"라고 말하고는, 도망하여 귀국하였다.

도망쳐서 돌아온 후에 부왕인 문자왕이 죽고 안장왕이 왕위를 이어받아 자주 장사(將士)들을 보내어 백제를 쳤으나 늘 패전하였다. 왕이 직접 출전하여 싸워도 보았으나 그래도 성공하지 못하였다.

그런데 당지의 백제 태수(太守)가 한씨의 딸 주(珠)가 미인이라는 소문을 듣고는 그 부모에게 청하여 그녀와 결혼하려고 하였으나, 한주(珠)는 죽기를 결심하고 거절하였다. 그러나 부모의 강박과 태수의 진노(震怒)가 보통이 아니었다. 이에 한주(珠)가 어쩔 수 없이 "제가 이미 정(情)을 준 남자가 있습니다. 그가 멀리 나가서 돌아오지 못하였으나, 그 남자의 생사(生死) 여부나 알아본 뒤에 결혼 여부를 말하겠습니다."고 하였더니, 태수가 더욱 크게 화를 내면서, "그 남자가 누구냐. 어째서 솔직하게 말하지 못하느냐. 그는 틀림없이 고구려의 간첩이므로 네가 말을 못하는 게 아니냐. 적국의 간첩과 통하였으니, 너는 죽어도 죄가 남을 것이다."고 하였다.

그리고는 그를 옥에 가두어 사형시키겠다고 위협하고, 다른 한편으로는 또 온갖 감언(甘言)으로 꾀이었다. 주가 옥중에서 노래하여 말하기를 "죽어죽어 일백 번 다시 죽어, 백골(白骨)이 진토(塵土) 되고 넋이야 있든 없든, 임 향한 일편단심(一片丹心) 가실 줄이 있으랴." 하니, 듣는 자마다 다 눈물을 흘렸으나, 태수는 이 노래를 듣고 더욱 주의 뜻을 돌릴 수 없음을 알고 죽이기로 결정하였다.

안장왕이 한주(韓珠)가 갇혀 있다는 것을 은밀히 탐지하여 알고 나서는 더할 수 없이 속이 탔으나 그를 구할 방법이 없었다. 그래서 여러 장수들에게 조서(詔書)를 내려 명하였다. "만일 개백현(皆伯縣)을 회복하여 한주(韓珠)를 구해내는 자가 있으면 천금(千金)의 상금과 만호후(萬戶侯)의 관작(官爵)을 상으로 줄 것이다."

그러나 그 현상(懸賞)에 응모하는 자가 하나도 없었다.

안장왕에게는 안학(安鶴)이라는 이름의 친여동생이 있었는데, 그 또한 절세의 미인이었다. 그는 늘 장군 을밀(乙密)에게 시집을 가려고 했으며, 을밀 또한 안학을 사랑하여 그를 아내로 맞이하려 하였으나, 왕은 을밀의 문벌(門閥)이 낮고 한미(寒微)하다고 해서 허락하지 않았다. 그래서 을밀은 병을 핑계대고 벼슬을 버리고 집에서 쉬고 있었다.

이때에 이르러 왕의 조서를 듣고 왕을 찾아가 만나 뵙고 말했다.

"천금의 상금과 만호후의 관작은 다 신의 원하는 바가 아닙니다. 신의 소원은 안학(安鶴)과 결혼하는 것뿐이올시다. 신이 안학을 사랑함이 대왕께서 한주(韓珠)를 사랑하심과 마찬가지이니, 대왕께서 만일 신의 소원대로 안학과의 결혼을 허락해 주신다면, 신 또한 대왕의 소원대로 한주를 찾아 올리겠나이다."

왕이 여동생 안학(安鶴)을 아끼는 마음보다 한주(韓珠)를 사랑하는 마음이 더욱 강하여, 마침내 하늘을 가리켜 맹세하고 을밀의 청을 허락하였다.

을밀(乙密)이 해군 5천을 거느리고 해로(海路)로 떠나면서 왕에게 고하여 말하기를, "신이 먼저 백제를 쳐서 개백현을 회복하고 한주(韓珠)를 살리겠사오니, 대왕께서는 대병을 거느리시고 천천히 육로로 쫓아오시면 수십 일이 안 되어 한주를 만나시게 될 것입니다." 하고, 비밀히 결사대 20명을 뽑아 미복(微服)에 무기를 감추어 가지고 미리 앞서서 개백현에 들어가게 하였으나, 백제의 태수는 이를 깨닫지 못하였다.

태수는 생일에 관리와 친구들을 모아 크게 잔치를 열고, 여전히 한주가 마음을 돌리기를 바라고 사람을 보내어, "오늘은 나의 생일이다. 오늘 너를 죽이기로 결정하였으나, 만약 네가 마음을 돌린다면 곧 너를 살려줄 것이니, 그러면 오늘이 너의 생일이라고 할 수도 있지 않느냐."고 꾀여 말하였다.

그러자 한주가 대답하여 말했다. "태수가 주(珠)의 뜻을 빼앗지 않는다면 오늘이 태수의 생일이 되겠지만, 그렇지 않으면 태수의 생일(生日)이 곧 주(珠)의 죽는 날이 될 것이며, 주(珠)의 생일이면 곧 태수의 죽는 날이 될 것입니다."

태수가 그 말을 듣고 크게 노하여 빨리 사형을 집행하라고 명령을 내리자, 을밀의 부하 장사들이 춤추는 손님(舞客)으로 가장하고 연회석으로 들어가, 칼을 빼어 많은 빈객(賓客)들을 살상하고, 고구려 병 10만 명이 이미 입성(入城)하였다고 외치니, 성안이 온통 소란해졌다.

을밀이 이에 군사들을 몰고 성을 넘어 들어가 감옥을 부수고 한주를 해방시키고 성 안의 모든 창고(府庫)들을 봉해 놓고 안장왕이 오기를 기다리면서 한강 일대의 각 성읍(城邑)을 쳐서 항복시키니, 백제가 크게 놀라서 소동(騷動)하였다.

이에 안장왕이 아무런 장애 없이 백제의 여러 군(列郡)을 지나 개백현에 이르러 한주(韓珠)를 취하고 안학을 을밀에게 시집보냈다.

이상은 〈해상잡록(海上雜錄)〉에 보인 것이다. 〈삼국사기〉 본기에는 비록 안장왕이 개백현(皆伯縣: 지금의 행주(幸州)-원주)을 점령하였다는 말이 없으나, 〈삼국사기〉 지리지(四)의 주(註)에는 "王逢縣, 一云皆伯, 漢氏美女迎安藏王之地(왕봉현, 일운개백, 한씨미녀영안장왕지지)"(→왕봉현(王逢縣)은 일명 개백현이라고도 한다. 한씨 미녀가 안장왕을 맞이하였던 곳이다.)라고 하였고, 달을성현(達乙省縣) 주(註)에는 "漢氏美女, 於高山頭, 點烽火, 迎安藏王之處, 故後名高烽(한씨미녀, 어고산두, 점봉화, 영안장왕지처, 고후명고봉)"(→한씨 미녀(漢氏美女)가 높은 산머리에서 봉화를 피워 안장왕을 맞이하였던 곳이다. 그래서 후에 고봉(高烽)이라고 이름 지었다.)이라고 하였는바, 漢氏(한씨)는 곧 〈잡록〉의 韓氏(한씨)일 것이며, 한씨미녀(漢氏美女)는 곧 한주(韓珠)일 것이다.

달을성(達乙省)은 지금의 고양(高陽)이니, 곧 을밀(乙密)이 개백현(皆伯縣)을 점령하고 대왕으로 하여금 한주를 맞이하게 했던 곳일 것이다. 여기서 「皆伯(개백)」은 「가맛(=가맏·가맞)」으로 읽어야 하는바, 「가」는 고구려에서 왕(王)이나 귀인(貴人)을 부르는 명사이며 「맛(=맏·맞)」은 만나본다는 뜻이다.(*따라서 皆伯(개백)은 "왕을 만난 곳"이란 뜻임. 一옮긴이)

「皆」는 그 음(音)이 「개」이므로 그 음의 상중성(上中聲)을 빌어 「가맛」의 「가」로 쓴 것인데, 그 아래 부분에서 "王岐縣, 一云, 皆次丁(왕기현, 일운개차정)"이라고 한 것에서 더욱 「皆」가 「王」의 뜻임을 증명하고 있다. 「伯(백)」은 그 뜻이 「맛(=맏·맞)」이므로, 그 뜻의 전체 소리(全聲)를 빌어 「가맛」의 「맛(=맏·맞)」으로 쓴 것이다.

그러므로 「皆伯(개백)」은 이두문자로 쓴 「가맛」이요, 「王逢(왕봉)」은 한자로 쓴 「가맛」이다. 따라서 「가맛」은 곧 한주(韓珠)가 안장왕(安藏王)을 만나 본 뒤에 생긴 이름이다. 그런데도 사가(史家)들이 그 본래 이름을 잊고 또 이두문자 읽는 법을 모르므로, 드디어 「皆伯(개백)」을 안장왕 이전의 명칭인 줄 알고 쓴 것이다.

백제본기 성왕(聖王: 무령왕의 아들) 7년(고구려 안장왕 11년: 기원 529년)에 "고구려가…북쪽 변경 혈성(穴城)을 함락시켰다"고 하였는데, 「穴城(혈성)」은 혈구(穴口), 즉 지금의 강화(江華)이니, 이것은 곧 을밀(乙密)이 행주(幸州)를 함락시킴과 동시에 점령하였던 것으로 생각된다.

「단심가(丹心歌)」는 지금까지 포은(圃隱) 정몽주(鄭夢周)가 지은 것으로 알려져 왔으나, 앞에서 기술한 바로 보면, 대개 옛 사람(古人)이 지은 것, 곧 한주(韓珠)가 지은 것을 포은 정몽주가 불러서 이조(李朝) 태종(太宗)의 시조에 답한 것이고 정몽주의 자작(自作)은 아닌 것으로 생각된다.

3. 이사부(異斯夫)·거칠부(居柒夫) 등의 집권과 신라(新羅)·백제(百濟) 양국의 연맹

고구려와 백제가 한창 혈전을 하고 있는 동안에 신라에 두 정치가가 나왔으니, 그 하나는 김이사부(金異斯夫)이고, 또 하나는 김거칠부(金居柒夫)이다.

〈삼국사기〉 열전(列傳)에서 "異斯夫 或云 苔宗(이사부 혹운 태종)"이라 하고, "居柒夫 或云 荒宗(거칠부 혹운 황종)"이라고 하였다. 〈훈몽자회(訓蒙字會)〉에서 「苔(태)」를 해석하기를 「잇」이라고 하였으므로 「異(이)」·「斯(사)」는 음(音)으로, 「苔」는 뜻(義)으로 「잇」을 쓴 것이다. 「荒(황)」은 지금에도 「거칠 황」으로 읽으니, 「居柒(거칠)」은 음으로, 「荒」은 뜻으로 「거칠」을 쓴 것이다. 「夫(부)」는 〈칠서언해(七書諺解)〉에 매번 「士大夫(사대부)」를 「사대우」로 읽고 해석하였으므로, 그 옛 음이 「우」이며, 「宗(종)」은 그 뜻이 「마루」이니, 그러면 이두문자의 읽는 법으로 「異斯夫(이사부)」나 「苔宗(태종)」은 「잇우」로, 「居柒夫(거칠부)」나 「荒宗(황종)」은 「거칠우」로 읽어야 할 것이다.

이사부(異斯夫)는 기지(機智)가 뛰어나서 어떤 일에나 거침이 없는 자였다. 어릴 때에 가슬라(迦瑟羅) 군주(軍主)가 되었는데, 우산국(于山國: 지금의 울릉도-원주)이 배반하자 모두들 군사를 동원하여 치자고 하였다. 이에 이사부가 이르기를, "우산국은 작은 섬이지만 그 습속(習俗)이 어리석고 사나워서 힘으로 굴복시키려면 수많은 군사들을 데리고 가서 싸워야 할 것이다. 그러므로 계책으로써 하는 것만 못하다." 하고는, 이에 나무로 사자를 만들어 배에 싣고 가서 우산국 부근에 정박하고는 그들에게 고하여 이르기를, "너희들이 만약 항복하지 않으면 이 짐승을 풀어놓아 너희들을 밟아 죽이게 할 것이다."라고 하니, 우산국 사람들이 겁을 내고 항복하였다.

그 뒤에 「안라」·「밈라」 등 가라를 정복하고, 지증(智證)·법흥(法興) 양 왕조를 걸쳐서 섬기고 진흥대왕 원년(기원 540년)을 맞이하였는데, 이때 진흥왕은 7살의 어린아이였으므로 태후가 섭정을 하고 이사부는 병부령(兵部令)이 되어서 내외 군사 관계 일을 총괄하고 모든 내정과 외교를 다 맡아서 다스렸다.

거칠부(居柒夫)의 조부 김잉숙(金仍宿)은 「쇠뿔한(角干)」(신라 재상의 칭호.-원주)이었고, 부친 김물력(金勿力)은 「아손」이니, 왕족으로서 대대로 장수와 재상을 배출한 가문이었다. 그리하여 거칠부도 어릴 때부터 큰 뜻을 품었다.

그는 고구려를 정찰하기 위하여 머리를 깎고 중이 되어 고구려에 들어가 각 지방을 두루 정탐하고, 법사(法師) 혜량(惠亮)의 강당(講堂)에 참석하여 그의 강의를 들었다. 그런데 혜량 또한 교할(巧黠)한 중이었기 때문에 거칠부를 달리 보고는 "사미(沙彌: 새로 중이 된 자를 부르는 말-원주)는 어디서 왔는가?" 하고 물었다.

이에 거칠부가 "저는 신라 사람으로서, 법사의 이름을 듣고 불법을 배우려고 왔습니다."고 하니, 혜량이 이르기를, "노승(老僧)이 불민(不敏)한데도 그대를 알아보는데, 고구려 국내에 그대를 알아볼 사람이 어찌 또 없겠는가. 마땅히 빨리 돌아가라."고 하였다. 그러면서, 또 후일에 거칠부의 소개로 신라에 투항할 수 있기를 바랐다.

거칠부가 돌아와서 「한아손」(大官의 관직명-원주)이 되어 이사부와 함께 국정에 참여하여 먼저 백제와 연합하여 고구려를 격파하고, 또 시기를 보아서 백제를 습격하여 강토 늘리기를 꾀하였다.

이때에 백제 성왕(聖王)이 한강 일대를 고구려에게 잃고 신라와 동맹을 맺으려 하였는데, 무릇 신라가 동맹을 맺었던 여섯 가라를 병탄(倂呑)하였으므로 성왕이 동맹을 마음속으로부터 달갑게 여겼던 것은 아니지만, 당시에 가라가 이미 망하여 동맹을 맺을만한 제3국이 없었다. 그리하여 하는 수 없이 사자를 신라에 보내어 동맹을 제안하니 이사부가 흔쾌히 이를 승낙하여, 신라·백제의 대 고구려 공수동맹이 성립되었다.

4. 신라의 10개 군(郡) 습취(襲取)와 신라·백제 동맹의 파열

기원 548년에 고구려 양원왕(陽原王)이 예(濊)의 군사들을 거느리고 백제의 한북(漢北)의 독산성(獨山城)을 쳤으므로, 신라의 진흥왕이 동맹의 약속 때문에 드디어 장군 주진(朱珍)을 보내어 정예병 2천으로 구원하러 달려가서 고구려 군을 격퇴하게 하였다.

이때 한강 이북은 안장왕(安藏王)의 연애전(戀愛戰)으로 인하여 모두 고구려의 소유가 되었으니, 위의 한북(漢北)은 어느 땅인가? 이는 대개 지금의 양성(陽城) 「한래」(漢字로 번역하면 이 또한 「漢江」이다.-원주)의 북(北)을 가리킨 것이며, 독산성(獨山城)은 지금의 수원·진위(振威) 사이의 독산고성(禿山古城)인 듯하다.

양원왕(陽原王)이 이 소식을 접하고 다시 대병(大兵)을 들어 더욱 깊숙이 침입하여 다음해에 지금의 충청도 동북 일대로 들어와서, 고구려는 도살성(道薩城: 지금의 청안(淸安)-원주)에 진을 치고, 백제는 금현성(金峴城: 지금의 진천(鎭川)-원주)에 진을 치고 1년 동안이나 서로 혈전을 벌였으나 승부가 나지 않았는데, 신라는 비록 백제와 동맹국이었으나 군사를 쉬어 놓고 움직이지 않았다.

그 다음해인 기원 551년에 돌궐족(突厥族)이 지금의 몽고로부터 동으로 침입해 와서 고구려의 신성(新城)과 백암성(白岩城)을 공격하므로, 양원왕이 군사를 나누어 장군 고흘(高紇)을 보내어 돌궐족을 격퇴하는 동안, 백제의 달솔(達率) 부여달기(扶餘達己)가 정예병 1만으로 평양을 습격하여 점령하니, 양원왕은 달아나서 장안성(長安城)을 새로 쌓고 그곳으로 천도하였다.

장안성은 혹자는 지금의 평양이라고 하나, 만일 평양이라면, 이는 양원왕이 평양에서 평양으로 달아났다는 것이 되는데, 이것이 어찌 말이 되는가. 장안성은 대개 지금의 봉황성(鳳凰城)이고 당시의 신평양(新平壤)이니, "安東都護府(今 遼陽) 南至平壤八百里"(→안동도호부에서 남쪽으로 평양에서 8백리 떨어진 곳)라고 한 것이 그것이다.

〈삼국사기〉 고구려본기 평원왕(平原王) 28년에 "장안성(長安城)으로 도읍을 옮겼다."고 하였는바, 양원왕은 일시 파천(播遷)하였다가 곧 평양으로 환도(還都)하고, 평원왕에 이르러 다시 장안성 — 신평양(新平壤)으로 도읍을 옮긴 것이다.

신라가 만일 그 동맹의 의리를 다하여 백제와 협력하여 고구려를 쳤다면 혹시 고구려를 멸망시켰을는지도 모를 일이다. 그러나 신라가 가까운 백제를 먼 고구려보다 더 미워하는 터였으며, 또한 백제를 위하여 고구려를 멸한다면 그 결과 백제가 강성하여 신라로서는 대적하기 어렵게 된다는 것을 잘 알고 있는 터였다.

그래서 진흥왕이 은밀히 백제의 뒤를 습격하여 그 새로 얻은 땅들을 탈취하기로 내정(內定)하고 병부령 이사부로 하여금 지금의 충청도 동북으로 출병하게 하고, 「한아손」 거칠부로 하여금 구진(仇珍)·비태(比台)·탐지(耽知)·비서(非西)·노부(奴夫)·서력부(西力夫)·비차부(比次夫)·미진부(未珍夫) 등 여덟 명의 장군을 거느리고 죽령(竹嶺) 이북으로 출병하니, 백제는 이를 동맹국의 출병이라 하여 매우 환영하였다.

그러나 국가의 투쟁에 무슨 신의(信義)가 있겠는가. 이사부가 백제와 힘을 합하여 도살성(道薩城)을 탈환하고는 곧 백제 군대를 갑자기 습격하여 금현성(金峴城)을 함락시키고, 거칠부는 군사를 나누어 죽령 이외의 백제의 각 진영을 습격하여 깨뜨리고, 백제가 점령한 "죽령 이외, 고현(高峴) 이내의 10개 군(郡)"을 탈취하니, 이에 백제는 닭 쫓던 개가 하늘 쳐다보는 꼴이라 하기보다도, 독안에 든 쥐요 함정에 빠진 범 꼴이 되었다. 그래서 10개 군을 빼앗겼을 뿐 아니라 평양으로 쳐들어갔던 수만의 대병(大兵)들도 진퇴유곡(進退維谷)으로 패망하였다.

위의 전황은 신라가 그 동맹을 배신한 행위를 감추기 위하여 백제의 평양 공격과 함락을 본기(本紀)에서 빼버렸으며, 거칠부가 누구와 싸워서 10개 군을 습격하여 취하게 되었는지를 쓰지 않았다. 그러나 "百濟人先攻破平壤(백제인선공파평양)" 7자(字)를 우연히 남겨두어 이것이 거칠부전(居柒夫傳)에 개재되어, 이를 후세에 분명히 알게 해주었다.

청안(淸安)의 옛 이름은 「道薩(도살)」 혹은 「道西(도서)」이니, 양자가 다 「돌시울」로 읽어야 할 것이다. 그리고 진천(鎭川)의 옛 이름은 「黑壤(흑양)」 「金壤(금양)」 「金峴(금현)」 「金勿內(금물내)」 혹은 「萬弩(만노)」이니,

우리 고어에 「千(천)」을 「지물」이라 하고 「萬(만)」을 「거물」이라 하였는 바, 진천은 「거물내」이므로, 黑壤(흑양)의 「黑」과 만노(萬弩)의 「萬」은 다 「거물」의 뜻(義)을 쓴 것이고, 「今勿(금물)」「金勿(금물)」은 「거물」의 소리(音)를 쓴 것이며, 「壤(양)」「內(내)」「弩(노)」는 다 「래」의 소리(音)를 쓴 것이다. 「金壤(금양)」「金峴(금현)」의 「金」은 金勿(금물)을 줄인 것이며, 「峴(현)」은 金勿內(금물내)의 산성(山城)을 가리킨 것이다.

〈삼국사기〉 지리지에 지금의 경기도는 물론이고 지금의 충주·괴산(槐山) 등지까지도 고구려의 강역에 소속시켰으므로, 근세의 정다산(丁茶山: 丁若鏞)·한진서(韓鎭書) 등 여러 선생들이 다 말하기를 "고구려가 지금의 한강 이남은 한 발자국도 밟아본 적이 없었다."고 하면서 〈삼국사기〉의 오류를 공격하였으나, 이 도살성(道薩城)의 점령 사실로써 보면, 고구려가 한강을 건너지 못하였다는 말은 잠꼬대 같은 소리이다. 그러나 이는 고구려의 일시적 점령이고 장시간은 곧 황해도까지도 늘 백제의 땅이었으니, 충북 각지를 고구려의 주군(州郡)으로 만든 〈삼국사기〉가 틀리지 않은 것은 아니다.

"竹嶺以外, 高縣以內 十郡.(죽령이외, 고현이내 십군)"은 어느 곳의 땅을 말하는가. 「죽령(竹嶺)」은 지금의 죽령이고, 「고현(高峴)」은 지금의 지평(砥平) 용문산(龍門山)의 명치(鳴峙)인 것이 맞으며, 「10개 군(十郡)」은 지금의 제천(堤川)·원주(原州)·횡성(橫城)·홍천(洪川)·지평(砥平)·가평(加平)·춘천(春川)·낭천(狼川) 등지임이 맞는데, 후에 와서 신라 아홉 개의 주(九州)의 하나인 우수주(牛首州) 관내의 군현(郡縣)이 그것이다.

5. 백제 성왕(聖王)의 전사(戰死)와 신라의 개척지 확대

신라가 이미 10개 군(郡)을 취하고는 고구려와 강화(講和)하고, 어제의 동맹국이던 백제를 적국으로 삼아 그 동북을 침탈하여 지금의 이천(利川)·광주(廣州)·한양(漢陽) 등지를 취하여 새 주(州)를 두었다.

백제가 패전하여 고립하였으나 그 분함을 이기지 못하여 「밈라 가라」의 유민(遺民)을 불러들여 국원성(國原城: 지금의 충주-원주)을 떼어 주어 다시 왕국을 세우게 하고, 기원 554년에 「밈라」와 군사를 합하여 어진성(於珍城: 지금의 진산(珍山)-원주)을 쳐서 신라병을 깨뜨리고 남녀 3만 9천 명과 말 8천 필을 노략하고, 나아가 고시산(古尸山: 지금의 옥천(沃川)-원주)을 쳤다. 그러자 신라의 신설된 주(州)의 군주(軍主) 김무력(金武力)과 삼면산군(三年山郡: 지금의 보은(報恩)-원주)의 고우도(高于都)가 대병을 거느리고 달려와서 구원하였다.

이에 다시 성왕(聖王)이 정예병 5천을 뽑아 신라의 대본영(大本營)을 야습(夜襲)하려고 구천(狗川: 음(音)이 〈글래〉이니, 옥천(沃川)의 이름이 이로부터 생겼다. 지금의 백마강 상류.-원주)에 이르렀을 때 신라의 복병을 만나 전쟁에 패하여 곶기니, 신라 군사들이 승세를 타고 백제의 좌평(佐平: 大臣) 4명과 사졸 2만 9천 명을 죽이거나 사로잡으니, 백제 전국이 크게 놀라 소동하였다.

신라가 이 뒤에 더욱 백제를 공격하여 남으로는 비사벌(比斯伐: 지금의 전주(全州)-원주)을 쳐서 빼앗아 완산주(完山州)를 두고, 북으로는 국원성(國原城)을 쳐서 「제2 밈라」를 멸망시키고 그 땅을 소경(小京)으로 만들었다.

진흥대왕이 이와 같이 백제를 격파하여 지금의 양주(楊州)·충주(忠州)·전주(全州) 등, 곧 지금의 경기·충청·전라 등 도내의 요지를 얻고, 곧 이어 고구려를 쳐서 동북으로 지금의 함경도 등지와 지금의 길림(吉林) 동북을 소유하니, 이에 신라 토지의 확대됨이 건국 이래 제일이었다.

〈삼국사기〉 진흥왕본기는 연월(年月)의 전도(顚倒)와 사실의 탈락(脫落)이 하나 둘이 아니다. 화랑을 설치한 연도가 틀렸다는 것은 이미 본편 제1장에서 설명하였지만, 14년 가을 7월에 "取百濟東北鄙 爲新州(취백제동북비 위신주)"(→ 백제의 동북 변경 땅을 취하여 새로운 주(州)로 삼았다.)라고 하였고, 겨울 10월에 "娶百濟王女 爲小妃(취백제왕녀 위소비)"(→ 백제의 왕녀를 취하여 후비(後妃)로 삼았다.)라고 하였는데, 아무리 교전(交戰)이 무상한 때였지만, 어찌 4개월 전의 전쟁에서 그 토지를 빼앗고 빼앗겼는데, 4개월 후에는 결혼을 하여 옹서국(翁婿國: 장인과 사위 사이의 나라)이 되었겠는가.

하물며 이는 10개 군(郡)을 빼앗긴 후 불과 3년이니, 3년 전에 백제가 신라와 사이좋게 지내다가 그렇게 속았는데, 3년 후에 또 자기 딸을 주어 그 왕을 사위로 삼았겠는가.

그리고 진흥왕 12년에 "王巡守次狼城, 聞于勒及其弟子尼文, 知音樂, 特喚之"(→ 왕이 순행하다가 낭성(狼城: 지금의 忠州 彈琴臺 부근 -원주)에서 묵었다. 우륵과 그의 제자 니문(尼文)이 음악에 정통하다는 말을 듣고 특별히 그들을 불렀다.)라고 하였는데, 악지(樂志)에서 우륵(于勒)은 성열현(省熱縣: 지금의 청주(淸州) -원주) 사람으로 "그 나라가 장차 어지러워질 것을 알고 악기를 가지고 신라에 귀순하니, 진흥왕이 그를 국원(國原)에 안착시켰다."라고 하였다.

대개 우륵은 본래 「제1 밈라가라」(지금의 고령(高靈)-원주) 사람으로, 「제2 밈라」에 들어와 지금의 청주(淸州)에서 산수(山水)를 즐기며 그곳에 거주하다가 「제2 밈라」가 흥왕하지 못할 줄 알고 신라에 귀순하였다. 진흥왕이 「제2 밈라」를 평정한 후에 그를 국원(國原: 지금의 충주-원주)에 안착시키고, 그 후에 순행 차 그곳에 들러 우륵을 불러 가야금을 타게 하여

들은 것이니, 지금의 충주 탄금대(彈琴臺)가 그 유지(遺趾)이다. 국원성(國原城)이 신라의 소유로 된 것은 진흥왕 16년이므로, 진흥왕이 우륵의 가야금을 들은 것도 16년 뒤일 것이니, 어찌 12년에 낭성(狼城)으로 순행(巡幸)을 나간 차에 우륵의 가야금을 들었다고 하였는가?

한양의 삼각산 북봉(北峰)에 진흥대왕 순수비(巡狩碑)가 있는데, 이것은 대왕이 백제를 쳐서 성공한 유적(遺蹟)이며, 함흥(咸興) 초방원(草坊院)에도 진흥대왕의 순수비가 있는데, 이것은 대왕이 고구려를 쳐서 성공한 유적이다. 진흥왕 본기에 이와 같은 큰 사건들이 다 탈락되지 않았는가.

〈만주원류고(滿洲源流考)〉와 〈길림유력기(吉林遊歷記)〉에 의하면, 길림은 본래 신라의 땅이고, 신라의 계림(鷄林)으로 인하여 그 이름을 얻은 것이라고 하였다. 이것은 모두 진흥대왕이 고구려를 쳐서 강토를 개척하여 지금의 길림 동북까지 차지하였던 한 가지 증거이다.

〈박연암집(朴燕巖集)〉에서는 중국 복건성(福建省)의 천주(泉州)·장주(漳州)가 일찍이 신라의 땅이 되었다고 하였는데, 무슨 책에 근거한 말인지 알지 못하여 여기에서는 인용하지 못하지만, 진흥대왕이 혹시 해외까지 경략하여 이런 유적(遺蹟)을 남긴 곳이 있는 것은 아닐까 한다.

6. 고구려의 대 신라 침략과 바보 온달(溫達)의 전사(戰死)

평양이 백제에 함락되던 때에, 신라의 요청에 응하여 고구려와 신라는 서로 사이좋게 지냈다. 그러나 그 후 진흥대왕이 고구려의 동쪽 변경을 습격하여 남가슬라(南迦瑟羅)로부터 길림(吉林)의 동북까지 습격하여 차지하였기 때문에, 고구려는 부득이 신라와 싸워서 비열홀(比列忽: 지금의 안변

(安邊) 이북-원주)을 회복하였다. 그러나 그 나머지 땅, 즉 장수태왕이 점령하였고 안장왕(安藏王) 이후에 다시 점령하였던 계립령(鷄立嶺: 지금의 조령(鳥嶺)-원주) 이서와 죽령(竹嶺) 이서의 여러 군(列郡)들은 끝내 되찾지 못하였다.

신라가 당시 용병(用兵)의 최고 요새(要塞)인 북한산(北漢山)을 소유한 뒤로, 영원히 이 땅을 차지하자는 뜻으로 「장한성가(長漢城歌)」를 지어서 노래하게 되자 고구려인들의 가슴이 아프지 않을 수 없었다. 그래서 거의 해마다 군사를 출동하여 신라를 쳤으나 끝내 성공하지 못하였고, 평원왕(平原王: 559~590)의 사랑하던 사위 온달(溫達)이 전사하고 마는 참극이 연출되었다.

당시 시인과 문사(文士)들은 이 일을 이야기하고, 노래하였으며, 이두문으로 기록하여 사회에 퍼뜨려 전함으로써 일반 고구려인들의 적개심을 더욱 굳세게 하여, 고구려가 멸망할 때까지 신라와는 평화가 영원히 끊어지고 말았다.

이제 전사(前史)에 기록되어 있는 온달의 이야기를 아래와 같이 풀어서 서술하고자 한다.

—온달(溫達: 구음(舊音)은 「온대」이니 「백산(百山)」이란 뜻이다-원주)은 얼굴은 울툭불툭하고 성(姓)도 없는 거지였다. 거지였지만 마음은 시원시원하였다. 집에는 눈 먼 노모(老母)가 있었으므로 늘 밥을 빌어다가 봉양(奉養)하고, 나머지 시간에는 하는 일 없이 거리를 오락가락 하였다. 가난하고 천한 자를 업신여기는 것은 어느 사회든 마찬가지였으므로, 바보도 아닌 온달을 사람들은 누구나 「바보온달」이라 불렀다.

고구려의 평원왕(平原王)에게는 딸이 하나 있었는데, 어릴 때부터 울기를 잘하므로, 평원왕이 사랑하는 마음에서 실없는 말로 달래며 말하기를 "오냐 오냐, 울지 마라. 울기를 잘하면 내가 너를 귀한 집안의 며느리로 주지 않고 바보온달에게 시집보낼 것이다."고 하였다.

공주가 울 때마다 이 말을 하였는데, 그가 성장하여 시집 갈 나이가 되자 상부(上部)의 고씨(高氏)와 혼담이 오가자 공주가 반대하여 말했다. "아버지께서는 늘 저더러 바보온달에게 시집보낸다고 말씀하시지 않았습니까. 만약 이제 와서 다른 사람에게 시집보낸다면 그 말이 거짓말이 되지 않겠습니까. 저는 죽더라도 바보온달에게 가서 죽겠습니다."

평원왕이 대노(大怒)하여 말했다. "네가 만승천자(萬乘天子)의 딸이 아니냐. 만승천자의 딸이 거지의 계집이 된단 말이냐?"

그러나 공주는 듣지 않고 말했다. "필부(匹夫)도 거짓말을 해서는 안 되는데, 만승천자로서 어찌 거짓말을 할 수 있습니까. 저는 만승천자의 딸이므로 만승천자가 한 말이 거짓말이 되지 않게 하기 위하여 온달에게 시집가려고 합니다."

평원왕이 어쩔 수 없어, "너는 내 딸이 아니니 내 눈 앞에서 사라지고 보이지 말라!" 하고는 쫓아내었다.

공주가 궁궐을 나올 때에 다른 것은 아무 것도 가지고 나오지 않고 다만 금팔찌 수십 개를 팔에 차고 나와 사람들에게 물어물어 벽도 다 무너지고 네 기둥만 우뚝 선 온달의 집을 찾아 들어갔다.

들어가 본즉, 온달은 어디 가고 없고 노모만 있었다. 그래서 그 앞에 절을 하고 온달이 간 곳을 물으니, 노모가 눈은 멀었지만 코가 있어 그 귀여운 여인의 향내는 맡았으며, 귀가 있어 그 아리따운 미인의 목소리는 들을 수 있었으므로 이상하게 여기고, 그 비단같이 보드랍고 고운 손을 만지며 "어디서 오신 귀한 집 처녀인지는 모르겠으나, 어찌하여 빌어먹고 헐벗은 내 아들을 찾는가. 내 아들은 굶다 굶다 못해서 느티나무 껍질이나 벗겨다가 먹으려고 산으로 가서 지금까지 오지 않았습니다."고 하였다.

공주가 온달을 찾아 산 밑으로 가서 느티나무 껍질을 벗겨서 지고 오는 사람을 만나, 그가 곧 온달인 줄 알고 그 이름을 물은 뒤에, 자기가 찾아온 이유, 즉 결혼하고 싶다는 뜻을 말하였다.

온달이 생각하기를, '사람으로서야 어찌 부귀한 집안의 아름다운 여자로서 가난하고 천한 거지 서방을 구할 리가 있겠는가.' 하고는 소리를 질러 말하기를, "너는 사람을 호리는 여우나 도깨비지 사람은 아닐 것이다. 해가 져 어두우니 네가 나에게 덤비는 것인가 보다." 하고는 뒤도 돌아보지 않고 달려 돌아와 사립문을 딱 닫아 매고 들어가서 나오지 않았다.

공주가 그 문 밖에서 한 데 잠을 자고 그 이튿날 또다시 들어가 간청하니, 온달은 대답할 바를 몰라서 머뭇거리기만 하고 있자, 노모가 말했다. "내 집처럼 가난한 집이 없고, 내 아들보다 더 천한 사람이 없는데, 그대가 한 나라의 귀인(貴人)으로서 어찌 가난한 집에서 서방을 섬기려 하느냐."

공주가 대답하였다. "종잇장도 마주 든다고 하는데, 마음만 맞으면 가난하고 천한 것이 무슨 관계가 있겠습니까."

그리고는 드디어 금팔찌(金釧)를 팔아 집이며 논이며 밭이며 종(奴)이며 소(牛)며 기타 모든 것들을 사니, 빌어먹던 온달이 하루아침에 부자가 되었다.

그러나 공주는 온달을 한갓 부자로 만들려고 했던 것이 아니므로,

온달에게 말 타고 활쏘기(騎射)를 가르치기 위하여 말을 사오라고 하였다.

이때는 전국(戰國) 시대였기 때문에, 고구려에서도 마정(馬政)을 매우 중시하여, 대궐 목장의 말을 국마(國馬)라 하여 잘 먹이고 잘 기르고 화려하고 아름다운 굴레를 씌웠으나, 다만 대왕(大王)이 말을 타다가 떨어져 다치거나 하면 목자(牧者)와 말 모는 자(御者)에게 죄를 주므로, 목자와 말을 모는 자들은 언제나 날래고 건장한 준마(駿馬)가 있으면 이를 굶기고 때리어 병마(病馬)로 만들어 버리는 일이 많았다.

공주가 비록 깊은 궁궐 속에 있던 처녀였지만 이런 폐단은 잘 알고 있었기 때문에, 온달에게 "말을 살 때에는 시중에서 파는 말을 사지 마시고 버리는 국마(國馬)를 사오시오." 하여, 공주가 몸소 먹이고 다듬어서 말이 날로 살이 쪄서 건장해졌다. 온달의 말 타고 활 쏘는 솜씨도 날로 진보하여 이름난 스승과 선배들도 모두 그를 이기지 못하였다.

3월 3일 신수두 대제(大祭)의 경기대회에 온달도 참가하여, 기마(騎馬) 경기에서 우등하였고, 사냥 대회에서 그가 잡은 꿩과 사슴이 가장 많았다. 평원왕이 불러서 그 이름을 물어보아 그가 온달인 줄 알고 크게 놀라고 감탄하였으나, 그래도 공주에 대한 분노가 아주 풀리지 않아서, 아직 그를 사위로 인정하지 않았다.

그 뒤에 주(周: 우문씨(宇文氏)-원주) 무제(武帝)가 중국 북방을 통일하여 무위(武威)를 빛내고 고구려의 강함을 시기하여 요동(遼東)으로 쳐들어 왔으므로 이들을 배산(拜山)의 들에서 맞아 싸울 때, 어떤 한 사람이 홀로 용감하게 싸우는데 그의 칼솜씨가 능란하고 활 쏘는 법도 신묘(神妙)하여 수백 명의 주(周)나라 병사들을 죽이는 것을 보고 평원왕이 측근에 있는 신하에게 누구인지 알아보게 하였더니, 곧 온달이었다. 왕이 탄식하여 이르기를 "이는 참으로 나의 사위로다." 하고 이에 온달을 불러서 그에게 대형(大兄)이란 관작을 내려주고 극진히 총애하였다.

그 후 영양왕(嬰陽王: 590~618)이 즉위하자, 온달이 아뢰어 말하였다. "계립령(鷄立嶺)과 죽령(竹嶺) 이서(以西)의 토지는 본래 우리 고구려의 소유였는데 신라에 빼앗기어 그 땅의 인민들이 늘 이를 원통해 하면서 부모의 나라를 잊지 못하고 있습니다. 대왕께서는 신(臣)을 불초(不肖)하다 마시고 군사를 주신다면 한 번 걸음에 그 땅을 회복하겠나이다."

영양왕이 허락하여 장차 출발하려 할 때 ,온달이 군중에서 맹세하여 말하기를 "신라가 한수(漢水) 이북의 우리 땅을 빼앗았으니, 이번 걸음에 만일 이를 되찾아 오지 못하면 돌아오지 않을 것이다." 하고 아차성(阿且城: 지금의 서울 부근의 광진(廣津) 위의 아차산(峨嵯山)-원주) 아래에 이르러 신라병과 맞붙어 싸우다가 날아오는 화살에 맞아 죽었다.

시신을 가지고 돌아와서 장사지내려 하니 영구(靈柩)가 땅에 꽉 붙어 떨어지지 않으므로, 공주가 친히 와서 울며 말하기를 "국토를 못 찾고서야 님이 어찌 돌아가랴. 님이 아니 돌아가시는데 이 첩이 어찌 홀로 돌아가랴." 하고는 졸도하여 그 후 다시 깨어나지 않았다. 고구려인들이 이에 공주와 온달을 그 땅에 나란히 같이 묻었다.

영구(靈柩)가 땅에 붙어 떨어지지 않을 리가 있겠는가. 당시에 상(喪)을 치르는 사람들이 온달의 영구를 가지고 돌아가려 할 때 온달의 애국(愛國) 충렬(忠烈)에 감동하여, 또 그 전날 온달이 "계립령과 죽령 이서의 땅을 되찾아오지 못하면 나도 돌아오지 않을 것이다."고 하던 말을 생각하고 차마 영구를 들지 못하는 광경을 가지고, 드디어 영구가 땅에서 떨어지지 않았다고 말한 것이다.

〈삼국사기〉 온달전의 말단에는 "公主來撫棺曰, 死生決矣, 嗚呼歸矣, 遂擧而窆(공주래무관왈, 사생결의, 오호귀의, 수거이폄)"(→공주가 와서 관을 쓰다듬으면서 말하기를, "삶과 죽음이 이미 결판났으니, 오호, 이제 그만 돌아가소서."라고 하자, 마침내 관이 들려서 장사지냈다.)라고 하였으나, 그러나 만일 공주가 이와 같이 삶과 죽음의 길이 다르다는 말만 하고 울었다면, 공주는 국토에 대한 열정만 없을 뿐 아니라 남편에 대한 사랑도 너무 담박(淡薄)하였다고 할 것이며, 온달의 영구가 이 말에 움직였다고 한다면, 온달이 국토의 회복을 위하여 죽은 것이 아니라 상사병(相思病)에 걸려서 죽은 것이니, 공주가 평일에 전마(戰馬)를 사서 온달을 가르치던 본래의 뜻이 무엇이며, 온달이 안온한 부귀를 버리고 전쟁에 나선 진정(眞情)이 어디 있는가.

〈조선사략(朝鮮史略)〉에서는 "國土未還, 公能還. 公旣未還, 妾安能獨還. 一慟而絕, 高句麗人, 遂並葬公主於其地."(→ 국토를 되찾아오지 못했는데 당신께서 돌아가실 수 있겠습니까. 당신께서 돌아가시지 않는데 첩이 어찌 혼자 돌아갈 수 있겠습니까 하면서 한 차례 통곡하고는 기절하였다. 고구려 사람들은 마침내 공주를 그 땅에 같이 장사지냈다.)라고 하였는데, 〈조선사략〉은 〈삼국사기〉보다 후에 나온 것이므로, 시대적으로 멀리 떨어졌다는 점에서는 〈삼국사기〉보다 믿을 수 있는 가치가 못하지만, 이 일단의 문구(文句)는 군국시대(軍國時代)의 사상(思想)을 그린 것이므로 본서에서는 이를 택한 것이다.

정다산(丁茶山)·한진서(韓鎭書) 등 여러 선생께서 온달의 "漢水 以北(한수 이북)…"이란 말에 근거하여 고구려가 한수(漢水) 이남을 차지해본 때가 없었다고 증명하였으나, 그러면 온달의 "계립령 이서(鷄立嶺 以西)가 우리 땅"이라고 한 말은 어떻게 해석할 것인가. 고구려가 장수태왕 몇 해와 안장왕 이후의 몇 해에 한수 이남을 점령하였던 것은 명백하니, 온달이 말한바 「한수(漢水)」이는 지금의 한수(漢水)가 아니라 지금의 양성(陽城)의 「한래」이다.

수년 전에 일본인 금서룡(今西龍)이 북경대학에서 조선사를 강연할 때에, 온달전(溫達傳)은 역사로 볼 가치가 없다고 하였다. 이는 참으로 글도 읽을 줄 모르는 자의 말이다.

온달의 죽음으로 인하여 고구려·신라 강화(講和)의 길이 끊어지고 백제가 고구려와 동맹하여 삼국 흥망의 형국을 이룬 것이니, 온달전은 삼국시대의 사실들 가운데서도 손꼽힐만한 중요한 역사적 기록이다. 그러나 김부식의 가감(加減)과 첨삭(添削)을 거치면서 그 가치가 어느 정도 줄어들었음은 훌륭한 역사 독자(讀史者)들이라면 일반적으로 이해할 수 있을 것이다.

제3장 동서전쟁(同婿戰爭)

1. 백제 왕손 서동(薯童)과 신라 공주 선화(善花)의 결혼

기원 6세기 후반에 백제 위덕왕(威德王)의 증손자 서동(薯童)은 준수하게 생긴 도련님으로 삼국 중에서 가장 이름이 났고, 신라 진평왕(眞平王)의 둘째 따님은 어여쁜 아가씨로 삼국 중에서 가장 이름이 났는데, 진평왕은 아들은 없고 딸만 몇을 낳았는데, 그 중에서 둘째 따님 선화(善花)가 그같이 예뻤으므로, 선화를 가장 사랑하였다. 그리하여 "신라의 왕 된 것이 나의 자랑이 아니라, 선화의 아비 된 것이 나의 자랑이노라" 고 하면서 늘 선화를 위하여 사윗감을 얻으려 하였는데, 그는 서동의 이름을 들을 때마다 마음속으로 그를 둘째 딸 선화의 남편감으로 그렸다. 위덕왕 또한 그 증손자를 위하여 증손부(曾孫婦)감을 얻으려 하였는데, 그 또한 선화의 이름을 들을 때마다 그를 서동의 아내로 그렸다.

가족제도의 시대에 한 가족의 어른으로서, 양편의 혼사를 결정하는 주혼자(主婚者)로서, 더군다나 각기 한 나라의 대왕(大王)으로서, 이렇게 생각하고 있었다면 그 결혼은 성사되기 쉬웠을 것이다. 그러나 그 결혼이 쉽지만은 않았을 뿐 아니라 절대로 성사될 수 없는 사정이 있었다. 설사 누군가가 그 결혼을 제안했다고 하더라도 진평왕이나 위덕왕이나 반드시 대노(大怒)하여 그 제안자를 역적으로 몰아 처벌할 만한 그런 사정이 있었다.

그것이 무슨 사정이냐 하면, 신라는 누대(累代) 이래로 박(朴)·석(昔)·김(金) 세 성(姓)이 서로 결혼하여 아들 사위 중 연장자로 왕위를 물려주었기 때문에, 다른 성의 딸을 혹 세 성의 집으로 데려올 수는 있으나, 세 성의 딸은 다른 성에게로 시집을 가지 못하는 터였다.(*다른 성의 남자를 사위로 얻게 되면 왕위가 다른 성(姓)에게 전해질 수 있기 때문이다. —옮긴이) 그래서 소지왕(昭知王)이 백제의 동성대왕(東城大王)에게 딸을 주었다고 하고, 법흥왕이 「밈라 가라」의 가실왕(嘉實王)에게 누이를 주었다고 하였지만, 사실은 친딸이나 친누이가 아니라 6부(部) 귀골(貴骨)의 딸이고 누이였던 것이다.

그러므로 김씨인 진평왕의 딸 선화의 미래 남편은 박씨가 아니면 석씨, 그도 아니면 동성인 김씨가 될 뿐이니, 어찌 신라인도 아닌 백제의 부여씨(扶餘氏)인 서동(薯童)의 아내가 될 수 있겠는가. 이는 선화 쪽의 사정이다.

백제는 신라처럼 결혼에 있어서 성(姓)에 관해서는 엄혹한 제한이 없었으나, 위덕왕의 아비인 성왕(聖王)을 죽인 자가 누군가 하면 그가 곧 진평왕의 아비인 진흥대왕(眞興大王)이고, 진흥대왕은 곧 성왕(聖王)의 사위였다. 증손부 며느리를 어디서 데려오지 못하여 아비 죽인 원수놈의 손녀를 데려오겠는가. 특히 장인을 죽인 고약한 사위놈의 손녀를 데려오는데 대하여는 심리적 거부감이 대단히 컸다. 이 때문에 서동의 미래 아내는 백제의 목씨(木氏)·국씨(國氏) 등 8대성(八大姓)의 여자이거나 그렇지 않으면 혹 민간의 여자가 될지언정, 전대의 원수인 진흥대왕의 자손이 될 수는 없었다. 이것은 서동 쪽의 사정이다.

백제나 신라의 여러 신하들이 거의 피차 전쟁에서 서로 죽이던 자의 자손들이므로 모두들 그 결혼을 반대할 것이니, 이것도 양편이 결혼할 수 없는 또 다른 사정이다.

사정이 이러한데도 불구하고, 서동은 커갈수록 백제 왕가에서 태어나지 않고 신라의 민간의 자제로나 태어났더라면 선화의 얼굴이라도 한 번 쳐다볼 수 있을 텐데, 그리고 선화에게 나의 얼굴이라도 한 번 보여줄 수 있을 텐데, 하는 생각이 머리 속에 가득하여 마침내 백제 왕궁을 탈출하여 신라의 동경(東京: 지금의 경주-원주)으로 찾아갔다.

가서는 머리를 깎고 어느 대사(大師)의 제자가 되었다. 이때에 신라에서는 불교를 존숭하여 왕이나 왕의 가족들이 궁중에 중을 청하여 재(齋)도 올리고, 높은 지위의 사람들을 거의 전부 모아놓고 대화상(大和尙)의 설법(說法)도 듣는 때였는지라, 그래서 서동이 법연(法筵)을 기회로 오래 그리던 선화와 만날 길을 얻어 서로 만나서 두 눈이 마주치자, 선화는 "백제의 서동이 아무리 사랑스러운 사내라지만 아마 저 스님만은 못할 것이다. 내가 오늘부터는 서동 생각을 버리고 저 스님을 사모할 것이다." 하였고, 한편 서동은 "내가 네 남편이 되지 못한다면 죽어버릴 것이다. 너도 내 아내가 되지 않으려거든 죽어버려라." 하고 두 마음이 서로 맺혔다.

그래서 서동이 선화의 시녀에게 뇌물을 주어 밤을 타서 선화의 궁에 들어가 사통(私通)할 수 있었다. 이제 선화는 서동이 아니면 다른 사내에게는 절대로 시집을 가지 않겠다고 결심하였고, 서동도 선화가 아니면 결코 다른 여자의 남편이 되지 않겠다고 하는 겹겹의 맹세가 있었다. 그러나 주위 사정이 허락하지 않는대야 어찌하랴. 서동과 선화가 상의한 결과 "차라리 우리의 이 일을 세상에 광고하여, 세상에서 허용하면 결혼을 하려니와, 그렇지 못하면 함께 죽으리라." 하고 작정하였다.

그리하여 서동이 가끔 엿(飴)과 밤(栗)과 기타 과일들을 많이 사 가지고 길거리로 돌아다니며 아이들을 꾀어 "선화 아가씨는 염통이 반쪽이라네. 본래는 왼(온)통이었지만 반쪽은 떼어서 서동에게 주고 반쪽은 남기어 자기가 가졌으나, 상사병에 앓고 있다네. 서동아 어서 오소서, 어서 오소서. 염통을 도로 주시어 선화 공주님을 살리소서." 하여, 하루아침에 그 노래가 신라 동경의 곳곳에 퍼져서 모르는 자가 없게 되었다.

그리고 선화는 그 부왕 진평왕에게 자백하고, 서동은 귀국하여 그 증조부인 위덕왕에게 사실대로 고하여, 만일 다른 사람에게 결혼을 하라고 요구하면 죽기로 거절하니, 위덕왕이나 진평왕이나 다 처음에는 조부모나 부모가 모르는 남녀 사통은 가정의 큰 변고(變故)라 하여 곧 사형이라도 내릴 듯이 하다가, 그래도 사랑하는 딸, 사랑하는 손자를 어찌하랴. 진평왕은 박(朴)·석(昔)·김(金) 세 성(姓) 간에 결혼하던 관습을 타파하고, 위덕왕은 돌아가신 부친의 원수를 잊고, 마침내 서동과 선화의 결혼을 허락하여 양국 왕실이 다시 새 사돈이 되었다.

2. 결혼 후 약 10년간의 양국 동맹

양국(兩國)이 결혼한 뒤에는 서로 화해하고 매우 친밀하게 지냈다. 〈삼국사기〉에는 그렇다는 말이 없으나, 이는 신라가 후에 고타소낭(古陀炤娘)의 참사(慘死: 다음 장 참고-원주)로 인하여 백제를 통한(痛恨)함이 심하여서, 그리고 백제를 멸망시키고 나서는 그러한 기록들을 모두 불태워버려 신라 왕가의 여자로서 백제에 출가한 자취를 없애버렸기 때문이다.

그러나 〈삼국유사〉에 의하면 "서동이 선화공주가 아름답다는 말을 듣고 머리를 깎고 신라의 서울에 와서 노래를 지어 아이들을 꾀어 부르게 하였다."고 하였으며, 〈여지승람(輿地勝覽)〉에서는 "무강왕(武康王)이 진평왕의 딸 선화공주(善花公主)를 아내로 맞아 용화산(龍華山)에 미륵사(彌勒寺)를 지으니, 진평왕이 온갖 기술자들을 보내어 도와주었다"고 하였고, 〈고려사〉 지리지에서는 "후조선(後朝鮮) 무강왕(武康王) 기준(箕準)의 비(妃)의 능을 세상 사람들은 말통대왕릉(末通大王陵)이라고 한다."고 하고, 그 주(註)에서 "혹은 백제 무왕(武王)의 어릴 때 이름이 서동(薯童)이라고 한다."고 하였다. 그러나 서동이 백제의 왕위를 물려받은 지 42년 만에 돌아가서 그 시호(諡號)를 무왕(武王)이라 하였으니, 무강왕(武康王)은 후조선의 기준(箕準)이 아니라 곧 무왕(武王)을 잘못 쓴 것이다.

그리고 「薯童(서동)」과 「末通(말통)」은 이두문자의 독법(讀法)으로 읽으면, 薯童(서동)의 「薯(서: 마)」는 뜻(義)을 취하고 「童(동: 아이)」은 음(音)을 취하여 「마동」으로 읽어야 할 것이며, 「末通(말통)」은 두 자가 다 음으로 「마동」으로 읽어야 할 것이므로, 말통대왕릉(末通大王陵)은 곧 무왕(武王) 서동과 선화공주를 합장한 왕릉이다.

그런데 말통대왕(末通大王)이 왕이 된 뒤에는 곧 백제와 신라는 서로 혈전하는 사이가 되었으므로, 신라가 혈전하는 적국에게 온갖 기술자들을 보내어 사찰 건축을 도왔을 리가 만무하니, 미륵사의 건축은 대개 서동이 왕손으로 있으면서 원당(願堂)으로 지은 것일 것이다.

그 원당을 짓기 전에는 신라·백제 양 사돈국이 피차 화해하여 고구려에 대하여 공수동맹국이 되었기 때문에, 진평왕 원년(기원 579년)에서부터 24년(기원 602년)까지는 곧 백제 위덕왕 26년부터(위덕왕 45년까지를 지나) 혜왕(惠王) 2년, 법왕(法王) 2년을 지나 무왕 2년까지인데, 이 기간 동안에는 신라와 백제 사이에는 한 차례의 전쟁도 없었고, 또 양국이 앞서거니

뒤서거니 하여 수(隋)에 사신을 보내어 고구려를 치라고 요청하여, 수 문제(文帝)와 수 양제(煬帝) 양대의 침입(제 9편)을 초래하였던 것이다.

3. 동서(同壻)전쟁: 김용춘의 총애 다툼과 무왕의 항전

백제가 위덕왕 말년이나 혜왕(惠王)·법왕(法王)의 연간, 곧 서동(薯童)이 왕 증손(曾孫)으로 있었던 때에나 왕손(王孫)이 되었던 때에나 왕 태자(太子)가 되었던 때에는 늘 신라와 사이가 괜찮았다가, 무왕 3년, 곧 서동이 왕이 된 뒤 3년에는 도리어 신라와 전쟁이 개시되어, 백제는 신라의 아모산성(阿母山城: 지금의 운봉(雲峰)-원주)을 치고, 신라는 소타(小陀)·외석(畏石)·천산(泉山)·옹잠(甕岑: 지금의 덕유산(德裕山) 위-원주)에 성책을 쌓아 백제를 막고, 백제는 좌평(佐平) 해수(解讐)로 하여금 네 성(城)을 진공(進攻)하여 신라 장군 건품(乾品)·무은(武殷)과 격전을 하여, 이 뒤부터는 지금의 충청북도의 충주·괴산·연풍(延豊)·보은 등지와 지금의 지리산(智異山) 좌우의 무주(茂州)·용담(龍潭)·금산(金山)·지례(知禮) 등지와 지금의 덕유산 동쪽의 함양(咸陽)·운봉(雲峰)·안의(安義) 등지에다 무수한 생명과 재산을 버리고, 쇠가 쇠를 먹고 화살이 화살을 먹는 참극을 연출하기에 이르렀다.

진평왕은 무왕의 사랑하는 처(선화공주)의 부친이니, 속담에 "아내에게 엎어지면 처가의 밭 말뚝 보고도 절을 한다"고 하였거늘, 무왕이 어찌하여 자기가 왕이 되어서 정치권력을 잡는 날에 도리어 그 유일한 애처(愛妻)의 부친, 즉 장인의 왕국을 밭의 말뚝만치도 보지 아니하여, 날마다 병력으로써 유린하려고 하였던가?

신라의 왕위는 박(朴)·석(昔)·김(金) 삼성(三姓) 간에 서로 전한다는 것은 그 시조 박혁거세 때부터 분명히 정해져 있었던 성문(成文)의 헌법(憲法)이 아니라, 처음에는 박(朴)·석(昔)·김(金) 삼성이 서로 혼인하여 박(朴)·석(昔) 두 성의 아들과 사위만 왕이 될 권리를 가졌다가, 신라 건국 3백년 후에 와서 김씨인 미추니사금(味鄒尼師今)이 석씨인 점해니사금(沾解尼師今)의 사위가 되었다가 왕위를 이어받음으로써, 이때부터 왕위가 박·석 두 성이 아니라 박·석·김 삼성 사이에 전해지는 형국이 되었다.

그렇다면 6백년이 지난 후인 이때에 와서 부여씨(扶餘氏: 즉 서동)가 삼성에 추가하여 네 성 간에 왕위를 전하는 형국이 된다고 해서 안 될 것이 무엇인가. 이것은 말하자면 무왕이 신라의 왕위를 물려받을 권리가 있다고 할 것의 첫 번째 조건이다.

그리고 신라는 원래 아들과 사위들 중에서 연장자가 전 왕의 왕통을 계승하였는데, 하물며 진평왕은 딸만 있고 아들이 없었으며, 비록 맏딸 선덕(善德)이 있었으나 그는 출가하여 여승(女僧)이 되어 정치에는 관계하지 않았으므로, 선화는 비록 둘째 딸이지만 선화의 남편 무왕은 그 맏사위이므로, 무왕이 신라의 왕위를 이어받을 권리가 있다고 할 것의 두 번째 조건이다.

이 두 가지 조건으로 무왕은 신라의 왕이 될 희망을 가졌을 것이며, 진평왕도 또한 왕위를 무왕에게 전할 의도를 가졌을 것이다. 만일 그렇게 되었으면 박·석·김·부여(扶餘) 네 성 간에 왕위를 전하는 형국이 되어 신라와 백제가 합하여 한 나라가 되어, 양국 인민들이 생각 없이 벌이는 혈전을 피할 수 있었을 것이다.

백제는 부여씨(扶餘氏) 이하에 진(眞)·국(國)·해(解)·연(燕)·목(木)·백(苩)·협(劦) 등 여덟 개의 큰 가문(八大家)이 있었으나, 사실은 부여씨가 정권을 전적으로 장악하고 있었으므로 고구려의 벌족공화(閥族共和)와 달랐고, 신라는 원래 박·석·김 삼성공화(三姓共和)의 나라였으나, 이때 와서는 김씨 일가가 왕위 상속권을 거의 독점하다시피 된 때이니, 양가의 제왕만 마음이 맞으면 양국의 결혼을 통한 연합이 용이하였을 것이다. 그러나 천하의 일이 어디 마음처럼 순조롭게만 진행되겠는가. 두 나라의 여러 신하들은 거의 다 이를 반대하였겠지만, 그 중에서도 가장 강하게 반대의 의견을 품었던 자는 김용춘(金龍春)이었을 것이다.

그렇다면 김용춘은 누구인가. 곧 진평왕의 셋째 딸 문명(文明)의 남편이니, 선화가 백제에 시집을 가 멀리 떨어져 있으므로 진평왕의 사랑은 자연히 문명에게로 옮겨졌고, 따라서 첫째 사위 ― 선화의 남편인 서동(薯童)보다도, 둘째 사위 ― 문명의 남편인 용춘(龍春)을 더 사랑하게 되었을 것이다.

신라의 왕위가 서동에게 가지 않으면 반드시 자기에게 돌아오게끔 되어 있었으므로, 그는 반대 의견을 가지고 그것을 막기 위하여 저지공작을 하였을 것이고, 그것이 성공하여 진평왕이 드디어 서동에게 왕위를 물려줄 생각을 취소하고 그 출가한 여승인 장녀 덕만(德曼) ― 곧 후의 선덕대왕(善德大王)을 불러다가 왕태녀(王太女)로 삼고 용춘을 중용하여, 장래 명목상의 왕위는 선덕에게 있을지라도 실권은 용춘에게 있도록 하였을 것이다. 용춘에게 왕위를 계승할 명의(名義)를 주지 않고 그것을 덕만(德曼)에게 준 것은 물론 서동의 감정을 누그러뜨리려는 생각이었을 것이다.

그러나 서동도 총명한 인물이니 어찌 이런 수단에 속아 넘어가겠는가. 그러므로 그는 백제 왕에 즉위한 후 곧 용춘을 죽이려고 군사를 일으켜 신라를 치니, 용춘이 처음에는 뒤에 숨어서 진평왕의 참모 역할만 하다가, 끝에 가서는 내성사신(內省私臣)으로서 대장군을 겸하여 실지 전선에 나아가 피차의 악전고투가 거의 해마다 계속되었다. 이것이 이른바 동서전쟁(同婿戰爭)이다.

4. 동서전쟁의 희생자

양 개인의 비열한 이기주의(利己主義)의 충돌에 불과하지만 명분(名分)은 국가나 민족의 흥망에 관한 것으로 내세움으로써 피차 그 국내의 인심을 고취하고, 명분과 작록(爵祿)으로써 죽기를 각오한 장사(壯士)들을 매수하였으므로, 한편에서는 비애(悲哀)에 우는 인민들이 있음에도 불구하고, 한편에서는 공명(功名)에 춤을 추는 장사들이 적지 않게 나왔던 것이다.

그러므로 〈여지승람(輿地勝覽)〉의 영평(永平: 지금의 합천(陜川)-원주)의 「부자 못(父子淵)」 고적(故蹟)에 의하면, 신라가 전쟁이 지루하게 오래 지속되자 민가의 장정 남자들은 매번 전쟁에 나가면 기한이 훨씬 지나도 돌아오지 않았다. 어느 노부(老父)가 여러 해 만에야 그 아들이 전장에서 돌아온다는 기별을 듣고 마중을 나갔다가, 이 못 위의 바위 위에서 부자가 서로 만나 얼싸안고 울며불며 오래도록 그리던 자애(慈愛)의 정을 나누고, 생활의 곤란함을 하소연하다가, 바위 밑으로 떨어져서 이 못에 수장(水葬)되었기 때문에 「부자 못(父子淵)」이라고 이름을 붙였다고 한다.

〈삼국사기〉 설씨녀전(薛氏女傳)에 의하면, 설씨(薛氏)의 딸은 집안이 가난하고 단출하였으나 얼굴은 예쁘고 고왔으며, 그 행동거지 또한 단정하여 보는 사람들마다 다 흠모하고 탐을 내었으나 감히 범접하지 못했다. 진평왕 때에 그 노부가 먼 곳에 방수(防守)하러 가게 되었으므로 설씨의 딸이 걱정이 되어 이웃집 소년 가실(嘉實)에게 고하니, 가실이 대신 가겠다고 청하였다. 설씨가 이 말을 듣고 매우 기뻐하여 가실과 그 딸을 결혼시키려고 하였다. 그러나 설씨 딸이 가실에게, "전장에 가면 3년 기한이 지나야 돌아올 터이니, 돌아와서 결혼하자."고 하고는 후일을 기약하는 표신(標信)으로 거울을 반으로 쪼개어 가실과 둘이 나누어 가졌다. 그러자 가실은 자기 소유의 말을 설씨 딸에게 주었다.

가실이 방수하는 곳에 가서는 3년의 두 배인 6년이 넘어도 돌아오지 않는지라, 설씨가 그 딸의 사정을 답답해하면서 다른 사람에게 시집을 가라고 하였으나, 그 딸이 듣지 않으니, 설씨가 강제로 시집을 보내려고 하였다.

설씨의 딸이 도망을 가려고 가실이 준 말을 타려고 하는데, 마침 그때 가실이 달려서 돌아왔다. 그가 입은 의복은 남루하고 얼굴은 바짝 여위어서 알아볼 수 없게 되어 있었다. 가실이 곧 깨어진 거울을 던지니 설씨 딸이 주워서 두 조각을 합하여 보고는, 둘은 흐느껴 울었다. 그 후에 날을 받아 결혼을 하였다.

이상 두 가지 기사는 비록 당시 전국시대의 정황(情況)의 일만 분지 일에 불과하지만, 그래도 그 시대 인민들이 당하고 있었던 슬픔과 고통의 모습을 보여주고 있다.

그러나 무사(武士) 사회는 이와는 완전히 달랐는데, 아래에서 이를 간략히 소개하기로 한다.

(가) 귀산(貴山)은 파진간(波珍干) 무은(武殷)의 아들로서 사량부(沙梁部: 6부의 하나 —원주) 사람이다. 소년 추항(箒項)과 친한 벗으로 사귀었는데, 함께 원광법사(圓光法師)에게 나아가 가르침을 청하였다. 법사가 이르기를

"불교에는 십계(十戒)가 있으나 너희들은 남의 신하로 있는 처지이므로 받들어 실행하지 못할 것이다. 그러나 화랑에게 오계(五戒)가 있어서 이르기를, 임금을 충(忠)으로 섬기며, 부모를 효(孝)로써 섬기며, 벗은 신(信)으로 사귀며, 전쟁에서는 용(勇)으로 나아가며, 생물을 살상함에는 가림(擇)이 있어야 한다고 하였다. 그러니 너희들은 이를 잘 받들어 실천하도록 하라."고 하였다.……

진평대왕 건복(建福) 19년(기원 602년)에 백제가 쳐들어 와서 아모산성(阿母山城: 지금의 운봉(雲峰) ―원주)을 포위하여 공격하므로, 왕이 파진간(波珍干: 관직명 ―원주) 건품(乾品)·무은(武殷) 등을 보내어 방어하게 하였는데, 귀산과 추항도 종군하였다. 그런데 백제가 거짓 패하여 천산(泉山: 지금의 함양(咸陽)–원주)으로 퇴각하여 복병으로써 신라의 추격병을 격파하고, 쇠갈구리로 무은(武殷)을 끌어당겨 사로잡으려 하였다.

이에 귀산이 큰 소리로 외치기를 "우리 스승이 나에게 가르치시기를 싸움에서는 용감하라고 하였다. 내가 어찌 감히 물러날 수 있겠느냐."하고는 추항과 함께 창을 들어 힘껏 싸워 적 수십 명을 죽이고 부친 무은(武殷)을 구하고…… 칼에 맞은 상처가 온 몸에 가득하여 도중(道中)에서 죽었다.

(나) 찬덕(讚德)은 모량부(牟梁部: 이 또한 六部의 하나이다. ―원주) 사람인데, 용기와 지혜와 영명한 절개가 있었으며, 진평왕 27년에는 가잠성주(椵岑城主)가 되었다. 그 다음해 10월에 백제의 침입을 만나 백일도 넘게 포위되어 있었다.

왕이 상주(上州)·하주(下州)·신주(新州)의 병사 합계 5만을 동원하여 가서 구원케 하였으나 싸움에서 패하여 돌아갔다. 이에 찬덕이 통분하여 사졸(士卒)들에게 말했다. "세 주(州)의 병사들과 장수들이 적의 강함을 보고 나아가지 못하고, 성(城)이 위태로운 것을 보고도 구원하지 못하니, 이는 의(義)가 없음이다. 의가 없이 사는 것은 의가 있게 죽는 것만 못하다." 하고는 이에 양식이 다 떨어진 것도 돌아보지 않고 죽은 시체의 살을 먹으며 오줌을 마시면서 있는 힘을 다하여 싸우다가, 다음해에 인력(人力)이 완전히 다 떨어지자 머리로 괴수(槐樹)를 들이받아 골이 깨어져 죽었다. 가잠성(椵岑城)은 지금의 괴산(槐山)인데, 괴산은 혹 찬덕이 머리로 괴수(槐樹)를 들이받은 것으로 인하여 지어진 지명(地名)일 것이다.

(다) 해론(奚論)은 찬덕(讚德)의 아들인데, 진평왕 건복(建福) 3년에 금산(金山) 당주(幢主: 幢은 군대의 편제임 ―옮긴이)로서 한산주(漢山州) 도독(都督) 변품(邊品)과 함께 가잠성을 회복하려고 할 때, 교전(交戰)이 시작되자마자 해론이 말하기를 "이곳은 나의 부친께서 죽은 곳이다." 하고는 단병(短兵)으로 달려 나아가 여러 사람들을 죽이고 자신도 죽으니…… 시인들이 긴 노래(長歌)를 지어 그의 죽음을 조상(弔喪)하였다.

(라) 눌최(訥催)는 사량부(沙梁部) 사람이다. 진평왕 건복 41년에 백제의 대군이 침입하여 속함(速含)·앵잠(櫻岑)·기잠(岐岑)·봉잠(烽岑)·기현(旗懸)·용책(冗柵) 등 여섯 성을 공격하였다. 이에 왕이 상주(上州)·하주(下州)·귀당(貴幢)·법당(法幢)·서당(誓幢)의 다섯 군(軍)에 명령을 내려 달려가서 구원하게 하였다.

다섯 군(軍)의 장수들이 백제의 진영이 당당한 것을 보고 감히 나아가지 못하였는데, 그때 한 장수가 건의하여 말하기를, "대왕께서 다섯 군(軍)을 우리 여러 장수들에게 맡기셨으니 국가의 존망이 이 싸움에 달려 있다. 이길 수 있으면 진격하고 어려우면 물러나라고 한 것이 병법(兵法)의 격언(格言)인데, 지금 적의 세력이 강성한데 만일 나아갔다가 패배한다면 그때 가서는 후회해도 소용없다."고 하자, 여러 장수들도 다 그렇게 생각하였으나, 막상 돌아가려고 하니 너무 면목이 없으므로 노진성(奴珍城)을 쌓고는 돌아갔다.

이에 백제가 더욱 급히 공격하여 속함(速含)·기잠(岐岑)·용책(冗柵) 등 세 성을 함락시켰다.

그때 눌최가 기현(旗懸)·앵잠(櫻岑)·봉잠(烽岑) 등 세 성을 고수하다가 다섯 군의 장수들이 물러나서 돌아갔다는 말을 듣고 분개하여 사졸들에게 말하였다. "따뜻한 봄이 되면 모든 초목들이 다 번화(繁華)하지만 추운 겨울이 되면 송백(松柏)만이 홀로 푸른 법이다. 이제 구원병은 돌아가고 없고 세 성은 외롭고 위태로우니, 지금이야말로 지사(志士)와 의부(義夫)가 절개를 세울 날이다. 너희들은 어떻게 하겠느냐."

사졸들이 다 눈물을 뿌리고 같이 죽기를 맹세하였다. 성이 함락되어 군사들 중에 살아남은 자가 몇 사람 되지 않았으나, 오히려 힘껏 싸우다가 죽었다.

이상 네 편의 이야기는 곧 신라의 파진간(波珍干)이나 다섯 군의 대장들이 출동한 동서전쟁(同婿戰爭)에 관한 충신의사(忠臣義士)들의 간략한 역사이다. 백제와의 큰 전투였으므로 역사에 특별히 기록해둔 것인데, 이 밖에도 소소한 전투는 거의 없을 날이 없었을 것이다.

백제사는 대개 결망(缺亡)하여 알 수 없으나, 백제가 신라보다 더 강하고 사나운 호전국(好戰國)이었으므로, 그 희생된 충신의사들의 수도 신라보다 많았을 것이다. 그러나 양 동서(同婿) — 곧 두 개인의 이기주의(利己主義)를 성취하기 위하여 다수의 인민들을 죽이는 전쟁에서 희생된 충신무사(忠臣武士)들이므로, 이 시대의 충신 의사들 또한 무가치(無價値)한 충신 의사들이라 할 것이다.

제9편
고구려의 대(對) 수(隋) 전쟁

– 그러나 기원 590년경에 이르러 주(周) 우문씨(宇文氏)의 황제 자리를 빼앗은 수(隋) 문제(文帝) 양견(楊堅)이 진(陳: 중국 강남 六朝 중 한 나라–원주)을 병탄하고 전 중국을 통일함으로써 강대한 제국(帝國)이 된 후 중국 이외의 나라들을 무시하자, 북방의 돌궐(突厥)이나 남방의 토욕혼(吐谷渾)은 모두 다 쇠약하여 중국에 대하여 신하로서의 예(禮)를 취할 따름이었다.
그러나 오직 동방의 고구려라는 제국(帝國)이 이때 가장 강성하여 중국과 대항하니, 어찌 저 오만하며 스스로 가장 존귀한 줄 아는 중국의 제왕(帝王)이 참고 있을 수 있겠는가(*수나라의 황가(皇家)와 장상(將相)들이 거의 다 선비족이었으나 중국에 동화된 지 이미 오래되었다.–원주). 이것이 수나라 군대가 쳐들어오게 된 첫 번째 원인이 되었다. –

제1장 임유관(臨渝觀) 전쟁

1. 고(高)·수(隋) 전쟁의 원인

세력과 세력이 만나게 되면 서로 충돌하게 되는 것은 공리(公理)이고 정리(定理)이다.

고대 동아시아에서는 비록 수많은 종족(種族)들이 서로 대립하고 있었으나 다 무지하고 미개한 유목(遊牧)의 야만족(蠻族)들이었다. 이들은 혹시 한때 정치상 큰 세력을 가지더라도 문화(文化)가 없으므로 마치 뿌리 없는 나무처럼 그 붕괴되는 날에는 다시 계속할 터전까지 사라졌다.

일정한 지역에 뿌리를 내린 토착민족으로서 장구한 역사와 상당히 발달한 문화를 가진 나라는 중국(中國)과 조선(朝鮮)이 있었을 뿐이다. 중국과 조선은 고대 동아시아의 양대 세력이었으므로 이들이 만나는데 어찌 충돌이 없을 수 있겠는가. 충돌이 없었던 때는 반드시 피차 모두 내부의 분열과 불안으로 각자 그 내부 통일에 바쁜 때였다.

상고(上古) 때는 말할 것도 없고, 고구려 건국 이래로 조선은 아직 봉건상태(封建狀態)에 있으면서 여러 나라들이 서로 침벌(侵伐)하였으므로 외국을 정벌할 힘이 없었다. 그러나 중국은 한(漢)이 전국을 통일하여 외국을 정벌할 힘이 넉넉하였으므로, 이때 한(漢)의 고구려에 대한 침략이 가장 빈번하였다.

태조(太祖)·차(次) 양 대왕 때에는, 고구려가 비록 조선을 통일하지는 못하였으나 국력이 매우 강성하여 조선 안에서는 대등한 세력이 없었다. 그리하여 한(漢)을 쳐서 요동(遼東) 지역을 점령하는 동시에 직예(直隸: 지금의 북경시), 산서(山西) 등지까지로 그 침략의 범위를 넓혀갔다.

그러나 얼마 후 왕위 쟁탈의 난이 거듭 일어나자 마침내 발기(發岐)가 공손도(公孫度)에게 요동 지역을 떼어 바치고 항복함으로써 고구려는 땅도 가장 기름지고 사람도 가장 많이 모여 살던 땅을 잃어버리게 되어 그 후 약국(弱國)이 되어 버렸다.

그런 약국의 지위를 면하려고 고구려가 조조(曹操) 자손의 나라인 위(魏)나 모용씨(慕容氏)의 나라인 연(燕), 즉 중국 북방의 나라들에 도전하는 동안, 백제와 신라가 남방에서 궐기하여 고구려와 대등한 세력을 갖게 되었다.

고국양(故國壤)·소수림(小獸林)·광개토(光開土) 세 태왕(太王)이 일어나 요동을 치고 또 서북으로 거란(契丹)을 정복하고 열하(熱河) 등지를 점령하였으며, 그 후 장수태왕(長壽太王)이 70년 동안 백성들을 편히 쉬게 하면서 힘을 기르자 인구가 번식하고 국력이 팽창하여 중국과 맞붙어 싸워볼 만하게 되었다. 그러나 남방의 4개 나라가 대 고구려 공수동맹(攻守同盟)을 맺고 고구려의 후방을 견제하므로, 장수태왕 이래로 드디어 북진주의(北進主義)를 버리고 남방 통일에 전력하였다.

만약 이때 중국 대륙이 통일되어 있었다면 고구려에 대한 침략이 빈번하였겠지만, 중국도 남북으로 갈라져서 산해관(山海關) 이동 지역을 엿볼 겨를이 없었으므로, 위(魏) 탁발씨(拓跋氏)의 백제 침입과 주(周) 우문씨(宇文氏)의 고구려 침입(*온달(溫達)이 격퇴하였다.-원주)과 같은 일시적인 침입은 있었으나 피차간 흥망을 다투는 계속적인 혈전(血戰)은 없었다.

그러나 기원 590년경에 이르러 주(周) 우문씨(宇文氏)의 황제 자리를 빼앗은 수(隋) 문제(文帝) 양견(楊堅)이 진(陳: 중국 강남 六朝 중 한 나라–원주)을 병탄하고 전 중국을 통일함으로써 강대한 제국(帝國)이 된 후 중국 이외의 나라들을 무시하자, 북방의 돌궐(突厥)이나 남방의 토욕혼(吐谷渾)은 모두 다 쇠약하여 중국에 대하여 신하로서의 예(禮)를 취할 따름이었다.

그러나 오직 동방의 고구려라는 제국(帝國)이 이때 가장 강성하여 중국과 대항하니, 어찌 저 오만하며 스스로 가장 존귀한 줄 아는 중국의 제왕(帝王)이 참고 있을 수 있겠는가(*수나라의 황가(皇家)와 장상(將相)들이 거의 다 선비족이었으나 중국에 동화된 지 이미 오래되었다.–원주). 이것이 수나라 군대가 쳐들어오게 된 첫 번째 원인이 되었다.

신라와 백제는 수십 년간 피차 서로 풀지 못할 원수 사이가 되었지만, 갑자기 장인과 사위(翁婿) 사이의 나라로 바뀌어 피차 사이좋게 지내고, 양국이 다 고구려를 미워하여 양국이 매번 사신(使臣)을 수(隋)에 보내어 고구려 치기를 청하였으며, 또 가끔 고구려 국정의 허실(虛實)을 알려주어 수나라 군신(君臣)들의 야심을 조장하였는데, 이것이 수나라 군대가 쳐들어오게 된 두 번째 원인이 되었다.

후에 신라가 당(唐)에게 망하지 않고 그 구차한 반독립(半獨立)이나마 유지해 올 수 있었던 것은 다년간에 걸친 고구려의 끈질긴 저항과, 연개소문(淵蓋蘇文)의 맹렬한 진공(進攻)이 있었기 때문이니, 만일 고구려가 당(唐)이 아니라 수(隋)에게 망하였더라면 백제나 신라는 다 수(隋)의 군(郡)·현(縣)으로 되고 말았을 것이다. 그러므로 우리가 옛 역사를 읽을 때 신라

·백제가 수(隋)에 구원을 요청한 사실을 보고 책을 덮고 한숨을 짓게 되는 것이다.

2. 수 문제의 모욕적인 언사의 국서(國書)와 강이식(姜以式)의 북벌 주장

기원 597년은 곧 고구려 영양대왕(嬰陽大王) 8년이자 수(隋) 문제(文帝)가 진(陳)을 병탄하여 중국을 통일한 지 17년이 되는 해이다.

수(隋)는 이 즈음 자주 풍년이 들어 양곡이 충분히 저축되고 군비도 충분히 준비되자 고구려에 대하여 자웅(雌雄)을 겨뤄보려고 도리에 어긋나고 거만하기 짝이 없는 거짓말투성이의 모욕적인 언사의 국서(國書)를 보내왔다. 그 내용은 대개 이러하였다.

"짐(朕)이 천명(天命)을 받아 천하를 사랑으로 기름에 있어 왕에게 바닷가 한 귀퉁이를 다스리도록 위임한 것은 교화(敎化)를 선양하여 모든 나라 백성들로 하여금 각자의 천성(天性)을 완수케 함이니라.
왕이 매번 사절을 보내어 해마다 조공(朝貢)을 하니(*무릇 다른 나라에 사신을 보내는 것을 '조공(朝貢)' 이라고 쓰는 것은 중국에서는 춘추(春秋) 이래의 상례(常例)이다. 그러나 이 말은 사서(史書)에서만 그렇게 썼을 뿐이고 대등한 나라에 보내는 국서(國書)에서는 쓰지 못하는 것인데, 이제 고구려의 화를 돋우어 한번 싸워보려는 것이므로 일부러 이 말을 쓴 것이다.-원주), 비록 변방의 나라(藩附)라고 할 수 있기는 하겠지만, 그 성의는 미진(未盡)하다.
왕은 이미 짐의 신하이므로 짐의 덕(德)을 닮아야 할 터인데도 불구하고 왕은 말갈(靺鞨) 사람들을 억압하고 거란(契丹) 사람들을 가두어서 신하나 첩으로 삼고, 짐에게 조공을 바치러 오는 자들을 방해하는 등

착한 자들이 의(義)를 흠모하는 것을 분하다고 생각하니, 어찌 이같이 주위에 해독(害毒) 끼침이 심한가?

짐의 황실 관부(太府)에는 공인(工人)들이 적지 아니하니, 만약 왕이 이들을 쓰고자 한다면 주청만 하면 얼마든지 보내줄 터인데(*그 부강(富强)함을 과장한 말이다-원주) 왕은 지난해에 은밀히 재화를 운반하고, 백성들을 동원하고, 노수(弩手)들을 은밀히 감추어두고, 병기를 수리하였는데, 이것은 무엇을 하기 위함이냐?……

고구려는 비록 토지도 협소하고 인구도 적은 나라이지만, 이제 왕을 쫓아낸다면 반드시 다른 관리를 뽑아서 보내야 할 것이다. 그러나 왕이 만약 마음을 씻고 행동을 고친다면 곧 짐의 좋은 신하가 되는 것이니, 굳이 다른 관리를 뽑아 보낼 필요가 어디 있겠느냐…… .

왕은 생각해 보라. 요수(遼水)가 넓다고 한들 (진(陳)을 멸망시키기 위해 건너갔던-옮긴이) 장강(長江)과 비교하면 어떠하며, 고구려의 군사가 많다고 한들 (수(隋)가 멸망시킨) 진(陳)과 비교하면 어떠한가. 짐이 만일 길러주고 보호해 주려고 하는 대신에 왕의 죄를 책망하고자 한다면 장수 하나를 보내는 것으로 충분하니, 수많은 병사를 내보낼 필요가 어디 있겠느냐? 그러나 우선 은근히 타이름으로써 왕 자신이 새로워지기를 바라노라."

고 하였다.

〈삼국사기〉에서는 이 글을 고구려 평원왕(平原王) 32년에 수 문제가 평원왕에게 보낸 것으로 기록하고 있으나, 〈수서(隋書)〉에는 수 문제 개황(開皇) 17년에 평원왕에게 보낸 것으로 기재되어 있다. 그러나 평원왕 32년은 수 문제 개황 17년이 아니므로 〈삼국사기〉에서는 연도에 착오가 생겼고, 개황 17년은 평원왕이 죽은 지 7년 뒤이므로 〈수서〉에서는 그 왕대(王代)에 착오가 생겼다.

이웃 나라 제왕들의 서거(逝去)를 매번 그 상(喪)이 보고된 해를 기준으로 기록하고, 따라서 그 사실이 발생한 연도가 옮겨지고 바뀌는 것은 중국에서는 〈춘추(春秋)〉 이래의 습관이기 때문에, 〈수서〉에 이와 같은 잘못된 기록이 있게 된 것이다.

그리하여 〈삼국사기〉에서는 평원왕·영양왕 두 본기(本紀)의 연도 표시는 고기(古記)를 좇고, 중국과 고구려가 같이 관련된 사실은 전적으로 〈수서〉를 베껴 적었는데, 〈수서〉에서 이 글을 평원왕에게 보낸 글이라고 하였기 때문에 〈삼국사기〉에서는 마침내 이 글을 평원왕 32년으로 옮겨 기재함으로써 연도에 착오가 생긴 동시에, 사실과 관련된 인물들에 관한 기록까지 잘못 적게 된 것이다.

영양대왕(嬰陽大王)이 이 모욕적인 국서를 받아보고 나서 대노하여 여러 신하들을 모아 놓고 회답할 문서를 보내려고 하였는데, 이때 강이식(姜以式) 장군이 아뢰기를, "이와 같이 오만 무례한 글은 붓으로 회답할 것이 아니라 칼로 회답해야 할 것입니다." 하고 개전(開戰)할 것을 주장하였다.

왕이 기꺼이 그 주장을 따르면서 강이식을 병마원수(兵馬元帥: 육군대장)로 삼고, 그에게 정예병 5만 명을 거느리고 임유관(臨渝關)을 향해 떠나가게 하고, 먼저 예(濊: 〈수서〉에서는 말갈-원주)의 병사 1만 명으로써 요서(遼西)를 침범(侵犯)하여 수나라 군사를 유인하게 하고, 거란병(契丹兵) 수천 명으로써 바다를 건너가 지금의 산동(山東)을 치게 하니, 이로써 양국의 제1회 전쟁이 개시되었다.

〈삼국사기〉에는 '강이식(姜以式)' 이란 이름 세 자가 전혀 보이지 않는데 이는 〈삼국사기〉가 〈수서〉만을 베꼈기 때문이고, 〈대동운해(大東韻海)〉에는 강이식을 살수(薩水) 전쟁의 병마도원수(兵馬都元帥)라 하였고, 〈서곽잡록(西郭雜錄)〉에는 강이식을 임유관 전쟁의 병마원수(兵馬元帥)라 하여 두 책의 기록이 서로 다르다.

그러나 살수 전쟁에서는 영양대왕의 동생 건무(高建武)가 해안을 맡았고 을지문덕이 육지를 맡았으니. 어찌 병마도원수 강이식이 있을 수 있겠는가. 그러므로 〈서곽잡록〉을 따르는 것이다.

3. 임유관(臨渝關) 전쟁

그 다음해에 고구려 군사가 요서(遼西)로 침입하여 수나라의 요서 총관 위충(韋冲)과 맞붙어 싸우다가 거짓 패하여 임유관으로 나오니, 수 문제가 한왕(漢王) 양량(楊諒)을 행군대총관(行軍大總管)으로 삼아 30만 대군을 거느리고 임유관으로 나가게 하고, 주라후(周羅候)를 수군총관(水軍總管)으로 삼아 바다로 나가게 하였다.

주라후가 비록 겉으로는 평양으로 간다고 공언하였지만 사실은 군량선을 이끌고 요동의 바다로 들어와서 양량의 대군에게 군량을 대어주려고 했다.

이에 강이식은 해군으로 하여금 곧 바다로 나가서 적을 맞아 쳐서 군량 운반선을 깨뜨리게 한 다음, 군사들에게 명령을 내려 성루를 단단히 지키고 나가서 싸우지는 않았다.

수(隋)의 군사들은 양식이 떨어진데다 또 6월에 장마까지 만나서 기아와 전염병으로 수많은 군사들이 죽어갔으므로 더 이상 싸울 수 없게 되어 군사를 퇴각시켰다. 강이식이 물러가는 저들을 유수(渝水)에서 추격하여 수(隋)의 전군을 거의 섬멸하고 무수한 군수 물자와 무기와 전쟁기구들을 얻어 개선하였다.

〈수서〉에는 "양량(楊諒)의 군대는 장마 중에 전염병을 만나고, 주라후(周羅候)의 군대는 풍랑을 만나서 수나라 군사들이 퇴각할 때 죽은 자가 열 명 중 아홉 명이나 되었다"고 하여, 마치 천연(天然)의 불가항력 때문에 패배한 것이지 고구려에게 패배한 것이 아닌 것처럼 기록하고 있으나, 이는 어디까지나 중국의 체면을 위하여 치욕(恥辱)을 감추는 저 소위 춘추필법(春秋筆法)에 따른 것이다. 임유관 전쟁은 물론이고 다음 장(章)의 살수(薩水) 전쟁의 기록에도 이와 같은 춘추필법이 적용된 것이 많다.

하여간 임유관 전쟁 이후 수 문제(文帝)는 고구려를 두려워하여 다시는 출병하지 못하고 피차 휴전 약속을 맺고 상품교역을 재개함으로써 양국은 10여 년 동안 싸우는 일 없이 지냈다.

제2장 살수(薩水) 전쟁

1. 고(高)·수(隋) 제2차 전쟁의 원인과 동기

고구려가 장수태왕(長壽太王) 이래로 남진정책(南進政策)을 취하여 서북의 중국과는 친교(親交)하고 남방의 신라와 백제에 대하여는 전쟁을 하였다. 그러다가 수(隋)가 중국의 남북을 통일하자 고구려는 이에 두려움을 느끼고 "우리도 어서 신라와 백제를 쳐 없애고 조선을 통일해야겠다"는 생각으로 자주 남정군(南征軍)을 일으켰다.

신라와 백제는 동서전쟁(同婿戰爭)으로 인하여 피차 화합할 여지가 없어진 처지에서 서로 매년 창칼로 싸웠는데, 거기다가 또 북방 고구려의 침략이 있어서 국력이 피폐해져 견딜 수 없었으므로, 양국은 각각 수(隋)에 사자를 보내어 고구려를 치도록 권하였다.

그러나 수(隋)가 임유관 전쟁에서 패배를 경험하였기에 고구려를 가볍게 대적하지 못할 줄 알고 이를 거절하였는데, 수 문제(文帝)가 죽고 수 양제(煬帝)가 즉위한 후에는 해마다 풍년이 들어 전국이 풍성하고 각지의 창고에는 미곡(米穀)들이 가득 차서 넘쳤다.

양제는 순유(巡遊)를 좋아하여 지금의 직예성(直隷省: 북경시) 통주(通州)에서부터 황하를 횡단하여 지금의 절강성(浙江省) 항주(杭州)까지 3천 리에

운하(運河)를 파서 용주(龍舟)를 타고 이리저리 돌아다니며 놀고, 토욕혼(吐谷渾: 지금의 西藏-원주)·서돌궐(西突厥: 지금의 몽고.-원주)·돌궐(突厥: 지금의 몽고 동부-원주) 등 나라들의 조공을 받으면서 하늘 아래에는 오직 수(隋)만이 유일한 강대제국(强大帝國)이라고 자랑하고자 하는데, 이에 동방에 고구려가 있어서 조선의 서북— 지금의 황해·평안·함경 3도와 지금의 봉천(奉天)·길림(吉林)·흑룡강(黑龍江) 3성(省) —을 전부 차지하여, 토지는 비록 수보다 협소하나 인구가 많고 사졸(士卒)들이 용감하여 수와 겨루려 하였으니, 일찍이 병마도원수(兵馬都元帥)로서 강남의 진(陳)을 토평(討平)하여 무공을 스스로 자랑하고 허영심과 야심에 가득 찬 수 양제가 어찌 잠시인들 고구려를 잊을 수 있었겠는가. 그것이 폭발하지 않고 있었던 것은 다만 시기를 기다리고 있었기 때문이다.

기원 607년(양제 즉위 후 3년), 양제가 수백 기의 기마병을 거느리고 유림(楡林: 지금의 산서성(山西省) 영하(寧夏)-원주)에 이르러 돌궐의 극한(可汗: 추장) 계민(啓民)의 장막으로 찾아갔다. 이때 돌궐은 비록 수(隋)에 대하여 스스로 신하(臣下)라 칭하고 있었으나, 다른 한편으로 고구려의 강성함을 두려워하여 자주 고구려에도 사자를 보내어 조공을 바치는, 말하자면 동시에 두 나라의 속국(屬國) 노릇을 하고 있었다.

마침 그때 고구려가 돌궐에 답빙사자(答聘使者: 먼저 사자를 보내온 나라에 그 답례로 보내는 사자-옮긴이)를 보냈는데, 양제가 이를 알고 계민을 협박하여 고구려 사자를 불러오게 해서 만나보았다.

그때 양제의 총신(寵臣) 배구(裴矩)가 양제를 부추겨 말했다.

"고구려의 땅은 본래 거의 다 한사군(漢四郡)의 땅이었는데, 중국이 이를 차지하지 못하고 있는 것은 수치스런 일입니다. 선제(文帝)께서 일찍이 이를 쳐서 없애려 하였으나, 양량(楊諒)이 재주가 없어서 성공하지 못했습니다. 폐하께서 어찌 이 일을 쉽게 잊을 수 있겠나이까."

이 말을 들은 양제가 고구려 사자에게 "만일 고구려왕이 찾아와서 인사를 하지 않으면 마땅히 쳐들어갈 것이다."라고 야유하였다.

그 말을 들은 사자가 무슨 말로 대답하였는지, 그리고 그 사자가 귀국한 뒤 고구려 조정에서의 논의가 어떠하였는지는 사서에 기록이 없어서 알 수 없지만, 배구(裴矩)가 〈동번풍속기(東藩風俗記)〉란 책 30권을 저술하여 양제에게 올린 가운데, 평양이 몹시 아름답다는 점과 개골산(皆骨山: 금강산-원주)의 신령스럽고 빼어남을 그림으로 그리고 말로 설명하여 놀러 다니기 좋아하는 양제에게 동쪽으로 쳐들어갈 욕심을 더욱 부채질함으로써 이름없는 수많은 병사들을 끌고 와서 동양 고대 역사상 일찍이 있어보지 못한 큰 싸움을 벌이기에 이르렀다.

2. 수 양제(煬帝)의 침입과 그 전략

기원 611년 6월, 수 양제는 고구려를 치겠다는 조서(詔書)를 내려서 전국의 군사들을 다음해 정월 이내로 탁군(涿郡: 지금의 북경시 탁현-원주)으로 모이도록 하고, 유주총관(幽州總管) 원홍사(元弘嗣)를 파견하여 동래(東萊: 지금의 산동성 액현(掖縣) 연대(烟臺)-원주)의 바다 어귀에서 전선 3백 척을 만들게 하고, 4월에는 강남(長江 以南)·회남(淮河 以南)의 수군 1만 명, 노수(弩手) 3만 명과 영남(嶺南)의 배찬수(排鑽手: 작은 창을 쓰는 군사-옮긴이) 3만 명을 징발하여 수군을 증가시키고, 5월에는 하남(河南: 황하 이남) ·회남에 명령을 내려 전차 5만 대를 만들어 군복과 무기와 군막을 싣게 하고, 7월에는 강남·회남의 장정들과 배들을 징발하여 여양창(黎陽倉: 지금의 하남성 준현(浚縣) 서남-옮긴이)·낙구창(洛口倉: 지금의 하남성 공현(鞏縣) 동남에 있었던 창고. 낙수(洛水)가 이곳 鞏縣에 이르러서 황하로 들어가기 때문에 낙구(洛口)라 한다.-옮긴이) 등의 군량을 탁군으로 운반하게 하였다.

이리하여 강과 바다에는 배들이 언제나 1천여 리 늘어서 있었고, 육지에는 각지로부터 물자를 운송하는 인부들이 항상 수십만 명 이어져 있어서, 그들의 떠드는 소리가 밤낮으로 그치지 않았다.

다음해 정월에 양제가 탁군에 이르러서 전군을 지휘 통제하였는데, 좌군(左軍)과 우군(右軍)을 각각 12군(軍)으로 나누고, 각 군(軍)에는 대장, 아장(亞將: 副將)을 각각 1인씩 두고, 기병(騎兵)은 전부 40대(隊)로, 1대는 100명으로 이루어지고, 10대가 1단(團)이 되어 전부 4단(團)으로 나누었으며, 보병(步兵)은 80대(隊)였는데 20대가 1단(團)이 되어 또한 4단으로 나누었다. 치중병(輜重兵: 수레로 무거운 짐을 나르는 병사-옮긴이)과 산병(散兵: 어느 특정 부대에 소속되지 않은 예비병-옮긴이)도 또한 각각 4단으로 나누어 보병 사이에 끼우고, 개갑(鎧甲)과 기치(旗幟)는 각 단마다 그 색깔을 달리하였고, 진격과 퇴각, 멈춤과 행군이 정연하였다. 전체 군대의 규모는 무려 24군(軍)이나 되었다.

하루에 1군(軍)씩 40리마다 한 진영(營)을 이루어 출발하였는데, 40일 만에야 전부 다 출발하였다. 앞선 군의 꼬리 부분과 그 다음 군의 머리 부분이 서로 이어졌고, 북소리와 호각 소리가 산하(山河)를 울렸고, 기치가 960리에 뻗쳤다.

마지막으로 황제가 직접 통솔하는 어영군(御營軍)이 출발하였는데 그 뻗친 길이가 80리나 되었다.

전투병이 합계 113만 3천8백 명이었는데, 이를 부르기를 2백만 군사라 하였으며, 군량과 군수물자 운송병도 4백만 명이나 되었다. 중국 유사(有史) 이래 일찍이 있어본 적이 없는 대병력의 동원이었다.

〈수서(隋書)〉에는 양제의 출군(出軍) 명령을 기록하여 이르기를, "좌군(左軍) 12군은 누방(鏤方)·장잠(長岑)·명해(溟海)·개마(蓋馬)·건안(建安)·남소(南蘇)·요동(遼東)·현토(玄菟)·부여(扶餘)·조선(朝鮮)·옥저(沃沮)·낙랑(樂浪) 등의 방면으로 진군하고,

우군(右軍) 12군은 점선(粘蟬)·함자(含資)·혼미(渾彌)·임둔(臨屯)·후성(候城)·제해(提奚)·답돈(蹋頓)·숙신(肅愼)·갈석(碣石)·동이(東暆)·대방(帶方)·양평(襄平) 등의 방면으로 진군하여 평양에서 총집결토록 하라."고 하였다.

'명해(溟海)'는 지금의 강화(江華)이고, '옥저(沃沮)'는 함경도와 혼춘(琿春: 지금의 훈춘) 등지이고, '임둔(臨屯)'과 '동이(東暆)'는 지금의 강원도이니, 평양에 총 집결하는 수(隋)나라 군대가 어찌 혼춘이나 함북이나 평양 이남의 땅으로 나갔겠는가.

〈자치통감〉에는 여러 군대가 나아간 실제 상황을 기록하여 이르기를, "좌익위(左翊衛) 대장군 우문술(宇文述)은 부여 방면으로 나가고, 우익위 대장군 우중문(于仲文)은 낙랑 방면으로 나가고, 좌효위(左驍衛) 대장군 형원항(荊元恒)은 요동 방면으로 나가고, 우익위 장군 설세웅(薛世雄)은 옥저 방면으로 나가고, 좌둔위 장군 신세웅(辛世雄)은 현토 방면으로 나가고, 우어위(右禦衛) 장군 장근(張瑾)은 양평 방면으로 나가고, 우무후(右武候) 장군 조효재(趙孝才)는 갈석 방면으로 나가고, 좌무위(左武衛) 장군 최홍승(崔弘升)은 수성(遂城) 방면으로 나가고, 우어위(右禦衛) 호분랑장(虎賁郎將) 위문승(衛文昇)은 군사를 거느리고 증지(增地) 방면으로 나가서, 모든 군사들이 압록강 서안에 집합하라."고 하였다.

그러나 「낙랑」과 「현토」는 한(漢) 이래 요동에 가설한 북낙랑(北樂浪)과 현토(玄菟)도 있었으므로 압록강 서안이라고 할 수도 있겠지만, 「옥저」가 어찌 압록강 서안이 될 수 있겠는가. 그러므로 〈자치통감〉에 기록

된 지명들은 거의 모두 임시로 가정한 이름들이지 결코 고구려의 본 지명(地名)이 아니다. 이로써 그 행군의 노선은 자세히 말할 수 없다.

이제 그 전쟁의 광경에 의하여 보면, 양제의 작전계획은 대략 다음과 같았다.

우선 24군(軍)을 수륙(水陸) 양 방면으로 나누고, 육군을 또다시 양 부(部)로 나누어, 그 한 부는 어영군(御營軍)과 그 외의 10여 군(軍)으로 이루어진 군대로서 양제 자신이 대장이 되어 직접 지휘하여 요수를 건너 요동의 각 성(城)을 치기로 하고, 또 한 부는 좌익위대장군 우문술(宇文述) 등이 거느리는 9개 군(軍)으로 이루어진 군대로서 우익위대장군 우중문(于仲文)이 참모, 우문술이 사령관이 되어 요수를 건너 고구려 서울 평양으로 쳐들어가기로 한다.

그리고 수군(水軍)이 또 수만 명인데, 좌익위대장군 수군총관(水軍總管) 래호아(來護兒)와 부총관 주법상(周法尙)이 군량을 실은 배들을 거느리고 해로를 따라 대동강(大同江)으로 들어가서 우문술과 합하여 평양을 공격하기로 한다.……

이는 대개 태조대왕(太祖大王) 때에 왕자 수성(遂成: 次大王)이 한(漢)나라 군사의 양도(糧道)를 끊고 이를 격파한 뒤로부터, 고구려에서 매번 북방의 침입을 방어할 때마다 그 전래(傳來)의 계책을 써서 반드시 승리하였으며, 북방의 침입자들도 이것을 가장 경계하였다.

그래서 이때 수 양제의 육군은 행군하는 동안 먹을 양식만 가지고 목적지인 요동성 및 평양성에 도착한 뒤에는 수군에 의해 배로 운반된 군량을 먹으면서 두 성을 포위 공격하는 시구전을 펴서 고구려를 항복시키려 했던 것이다.

3. 고구려의 방어와 그 작전계획

후세에 살수(薩水) 싸움을 말하는 자들은 거의 대부분 그것이 을지문덕 한 사람의 계획으로 치러진 것으로 알고 또 을지문덕이 겨우 수천 명의 병졸로 수(隋)의 수백만 대군을 격파한 줄로 알고 있는데, 이것은 사실과 부합되지 않는 말이다.

고구려가 망할 때에도 그 상비병(常備兵)이 30만 명이나 되었으니, 영양대왕(嬰陽大王)의 전성기에는 30만 명도 더 되었을 것이다.

그리고 또 광개태왕(廣開太王)의 비문에 "王躬率水軍(왕궁솔수군)"(→ 왕이 친히 수군을 거느리고)이란 말이 나오는 것으로 보거나, 수 양제의 고구려에 대한 선전포고 조서에 "高麗兼契丹之黨, 虔劉海戍(고려겸거란지당, 처유해수)"(→ 고구려가 거란의 무리와 함께 바닷가를 지키던 우리(중국의) 수비병을 죽였다.)는 말이 나오는 것으로 보더라도, 하여간 고구려에 수군(水軍)이 존재하였음을 알 수 있으니, 수군도 대략 수만 명에 가까웠을 것이다.

총 30여만 명 중에서 남방의 백제와 신라를 경계하는 데 몇 만 명이 필요했을 것이고, 이를 제외한 나머지도 20만 명은 되었을 것이므로, 이 20수만 명이 수(隋)에 대항하여 싸울 전사(戰士)가 되었을 것이다.

물론 수륙 대원수는 영양대왕이었고, 수군 원수(元帥)는 왕의 동생 고건무(高建武)였으며, 육군 원수는 을지문덕(乙支文德)이었는데, 수(隋)가 수륙 양 방면으로 침입해 오므로 고구려의 작전계획 역시 수륙 양 방면의 방어를 함께 중시하는 가운데 「先守後戰(선수후전)」(→우선은 지키고 나중에 싸운다.)으로 작전계획의 중심을 삼아서, 육상의 전사들은 백성들에게 명하여 모두들 먹을 양식을 거두어 가지고 성내로 들어와서 머물러 있게 하였으며, 수군들도 각자 요새항(要塞港)의 안전지대로 물러나서 지킴으로써 싸움을 피하다가 수나라 군대의 양식이 다 떨어지기를 기다려 그 후에 공격하려고 하였다.

4. 고구려군의 패강(浿江) 승전

을지문덕이 수나라 군사들을 아군(我軍) 지역으로 깊숙이 유인하기 위하여 요하 서북의 군사들을 거두어 요하를 지키니, 그해 3월에 수나라 군사들이 요하에 이르러 강 서편 언덕을 따라 상하 수백 리에 걸쳐 진을 치고 마치 벌 떼같이 우글우글하였으며, 각 군단의 군장(軍裝)과 군기(軍旗)는 햇빛에 울긋불긋 비치었다.

수나라 군사들 중에서 제일의 용장(勇將)인 선봉 맥철장(麥鐵杖)이 부교(浮橋)를 매어 강 동쪽 언덕에 대려고 하자, 을지문덕이 여러 장수들로 하여금 맞이하여 치게 하였다. 그리하여 맥철장 등 장수 수십 명과 병졸 1만여 명을 베어 죽이고 부교를 끊어버리니, 수나라 군사들 중에서 잠수 잘 하는 자들과 헤엄 잘 치는 자들이 포상(褒賞)을 탐하여 다투어 물에 뛰어들어 한편으로 격전을 벌이면서 다른 한편으로는 부교를 다시 매었다.

이를 보고 을지문덕이 사전에 수립해 놓은 작전계획에 따라 거짓 패하여 군사를 뒤로 물리니, 수 양제가 이에 그 전군(全軍)을 거느리고 요하를 건너왔다.

수 양제는 그 어영군(御營軍)과 좌익위 대장군 등과 왕웅(王雄) 등으로 하여금 요동성을 포위하여 공격하게 하였고, 좌둔위(左屯衛) 대장군 토우서(吐禹緖) 등 10여 군(軍)으로 하여금 그 부근의 각 성을 포위하여 공격하게 하였으며, 좌익위대장군 우문술 등 9개 군으로 하여금 을지문덕을 추격해 가서 평양을 치도록 하였다.

이에 앞서 우익위대장군 래호아(來護兒)가 강(江: 장강)·회(淮: 회하)의 수군 10여만 명을 거느리고 군량선을 보호하면서 동래(東萊: 지금의 연대(烟臺)-원주)에서 출발하여 창해(滄海: 발해)를 건너 패강(浿江: 대동강) 입구로 들어왔으므로, 영양왕의 아우 고건무(高建武)가 비밀리에 수군 장졸들을 구석진 항만에 감추어 두고, 평양 성 아래의 인가(人家)에는 재물과 돈을 떨어뜨려 놓고 수나라 군사들이 상륙하도록 내버려 두었다.

래호아가 정예병 4만 명을 뽑아 대동강을 거슬러 올라 성 밑으로 돌진하니 사람들은 모두 피난가고 없고 여기저기 재물과 돈이 흩어져 있었으므로, 군사들이 재물과 돈을 노략질하느라 대오가 어지러이 흩어졌다.

이때 건무가 결사대 5백 명을 뽑아 성곽 안의 빈 절(空寺)로부터 돌격하여 이들을 격파하고, 군사들을 지휘하여 저들을 추격하자, 각처의 수군들도 일시에 출동하여 공격하니, 수나라 군사는 달아나다가 강 어귀에 이르러 다투어 배를 타려다가 서로 짓밟아서 죽은 자가 수도 없었으며, 군량선들도 모조리 깨뜨려져 바다 속으로 침몰하였다. 래호아는 겨우 단신으로 작은 배를 타고 도망하였다.

군량선들이 이미 전부 깨뜨려져 침몰해 버렸으니 그 후에 평양으로 침입해온 우문술 등의 대 군사들은 무엇을 먹고 싸우겠는가. 고구려는 벌써 이때에 필승의 지위를 차지하였으니, 만일 전공(戰功)의 차례를 매긴다면 왕의 아우 고건무가 을지문덕보다 앞선 제1등이라 할 수 있을 것이다. 왕의 아우 고건무의 전공이 이같이 크지만 역사를 읽는 자들이 흔히 을지문덕만 아는 것은 무슨 까닭인가?

사마온공(司馬溫公)이 쓴 〈통감고이(通鑑考異: 〈資治通鑑 註〉)〉에서는 "래호아의 군량선이 패하여 돌아오지 않았더라면 우문술이 살수에서 패하는 일이 없었을 것이다."라고 하였는데, 대개 실제로 그러하였을 것이다.

5. 고구려군의 살수(薩水) 전승

을지문덕이 요하(遼河)에서 군사를 뒤로 물린 후 수군(隋軍)의 허실(虛實)을 탐지해 보려고 거짓으로 소위 항사자(降使者: 항복을 청하러 가는 사자)가 되어 수(隋)의 진영으로 찾아가서 그 내용을 살펴보고 돌아왔다.

을지문덕이 찾아갔을 때 우문술 등은 그 생김새와 모습이 늠름하고 풍채가 큰 것에 놀라 압도되었는데, 그가 돌아간 뒤에야 이 사람이 혹시 고구려의 대왕(大王)이나 대대로(大對盧)가 아니었을까 생각하고는 그를 생포하지 못한 것을 후회하고, 그를 생포하기 위하여 사람을 보내어 다시 만나자고 청하였다.

을지문덕은 이때 이미 대동강 싸움에서의 승전보를 들었고 또 우문술 등 수군(隋軍)에 굶은 기색이 있음을 보았기 때문에, 이미 필승할 것임을 알고 있었으니, 어찌 호랑이 굴로 다시 들어가겠는가.

그는 급히 말을 달려 돌아오는 중에도 수군(隋軍)을 유인하기 위하여 적의 요새를 만나면 멈추어서 맞붙어 싸우다가 다시 거짓 패하여 달아나곤 하였다. 이렇게 해서 하루 동안에 일곱 번 싸워 일곱 번 패하니 우문술 등은 크게 기뻐하면서 "고구려 군사들은 하잘 것 없구나." 하며 내리 길게 몰아쳐 와서 살수(薩水: 청천강-원주)를 건너 평양에 이르렀다.

평양에 이르러보니 성 밖과 성 안의 인가(人家)가 고요하여 사람의 그림자도 볼 수 없었고 닭 우는 소리나 개 짖는 소리도 들리지 않았다. 우문술 등이 의심스러워서 곧바로 진격하지 못하고 사람을 보내어 닫힌 성문을 두드리니, 성 안에서 대답하기를, "우리는 곧 항복하려고 한다. 그래서 토지와 인구 관련 문서와 장부를 조사하고 있는 중이니, 큰 나라 군사는 성 밖에서 5일만 기다려 달라."고 하였다.

전보(電報) 같은 것이 없었던 고대였으므로, 우문술 등은 래호아가 이미 싸움에서 패배한 사실을 전혀 모르고 있었다. 그래서 래호아가 도착하기를 기다려서 합공(合攻)하기 위하여 성 안으로부터의 거짓 대답을 받아들이고 성 부근에다 진을 치고 머물렀다. 군사들은 굶주려 있었기에 노략질을 하려고 했으나 집집마다 텅텅 비어 있고 아무것도 없었다.

5일을 거듭하여 10여 일이 지나도 성 안에 아무런 동정(動靜)이 없으므로 우문술이 군사를 지휘하여 나아가 공격하였더니, 성 위에 고구려의 기치가 한꺼번에 사방으로 세워지면서 화살과 돌멩이가 비 오듯 쏟아졌다.

이때 을지문덕이 통역병으로 하여금 크게 소리를 지르게 하였다. "너희 군량선이 바다에 잠기어 먹을 양식의 보급이 끊어졌고, 평양성은 높고 튼튼하여 뛰어넘을 수가 없으니, 이제 너희들은 어찌 하려느냐?"

그리고는 사로잡힌 수(隋)의 수군 장졸들의 군표(印信)와 기치(旗幟)를 던져주니, 수나라 군사들이 그제야 래호아의 수군이 패한 줄 알고 마음이 흔들려서 싸울 수 없게 되었다. 그래서 우문술 등은 군사를 물리어 돌아가려고 하였다.

이때 을지문덕은 미리 사람을 보내어 모래주머니로 살수의 상류를 막아 놓고 정예병 수만 명을 뽑아 천천히 한가롭게 수나라 군사들의 뒤를 쫓았다.

살수에 이르러서는 배가 하나도 없으므로 우문술 등은 물의 깊고 얕음을 알지 못하여 머뭇머뭇 하였는데, 갑자기 고구려의 승려 7인이 다리를 걷고 강물 속으로 들어서며 "물이 오금에도 차지 않는군." 하였다.

이를 본 수나라 군사들은 크게 기뻐하며 다투어 물에 뛰어들었다. 수나라 군사들이 미처 강 중간에도 못 미쳤을 때, 상류의 모래주머니를 터놓아 물이 거세게 밀려 내려오게 하고 을지문덕의 군사들은 뒤에서 갑자기 습격하니, 수나라 군사들은 칼과 화살에 맞아 죽고, 물에 빠져 죽었으며, 남은 자들은 하루 낮 하루 밤 사이에 450리를 달려 압록강을 건너 도망하여 요동성에 이르러 보니, 살아서 돌아온 자는 우문술 등 9개 군(軍)의 30만 5천 명 중에 겨우 2천7백 명밖에 되지 않았다. 이는 백에 하나 꼴도 못 되는 것이었으며, 무기나 기타 군수 물자 등 수 억만이 모두 고구려의 노획품이 되었다.

6. 고구려의 오열홀(烏列忽) 대첩

수 양제의 어영군(御營軍)과 기타 10여 군(軍)의 수십만 명의 수나라 병사들이 오열홀(烏列忽: 요동성(遼東城)-원주)과 요동 각지의 성들을 쳤으나 하나도 함락시키지 못했을 뿐만 아니라, 3월부터 7월까지 무려 4~5개월 동안 고구려인의 화살과 돌에 맞아 죽어서 성 아래의 해골(骸骨)들이 산을 이룰 정도였고, 또 양식을 얻지 못하여 장수와 병졸들은 모두 굶주리고 지쳐 있었다. 이런 상황에서 우문술 등의 군대가 패하여 돌아온 것을 보고는 더욱이나 싸울 뜻이 없어졌다.

그러나 수 양제는 오히려 최후의 요행수를 바라고 모든 군사를 오열홀성 밑으로 집결시켰는데 을지문덕이 이를 갑자기 쳐서 대파하였다. 이때 인마(人馬)의 참살과 무기와 군수물자의 노획이 헤아릴 수 없이 많았다.

후에 고구려가 망하자 당(唐)나라 장수 설인귀(薛仁貴)가 그곳에 세워져 있던 경관(京觀)을 헐어버리고 그 대신 백탑(白塔)을 세워 놓았는데, 세상 사람들은 이것을 당 태종(太宗)이 안시성(安市城)으로 쳐들어 왔을 때 당나라 장수 울지경덕(蔚遲敬德)이 쌓은 것이라고 하나, 이것은 잘못 전해진 말이다.

(*전승기념관이나 전승 기념탑에 해당하는 경관(京觀)은 흔히 치열한 전투가 벌어진 곳에 세우는 것으로 인식하고 있으나, 〈삼국지〉 위지(魏志) 소제본기(少帝本紀)에 의하면, "古者克敵, 收其尸而爲京觀, 所以懲昏逆而章武功也…京觀之地, 宜有令名"(→옛날에는 적을 쳐부수고 나면 그 시체들을 거두어 모으고 그곳에 경관을 만들었는데, 그로써 어리석게 거역하는 자를 징계하고 무공을 빛내기 위해서였다.…경관을 세우는 땅은 좋은 이름을 가진 곳이어야 한다.)고 하였다. 우리에게 낯선 〈경관(京觀)〉이란 명사의 내력이다.—옮긴이)

수의 24개 군(軍) 수백만 명이 전멸당하고 오직 호분랑장(虎賁郎將: 황제 경호부대의 장수 —옮긴이) 위문승(衛文昇)이 거느리고 있던 군사 수천 명이 남아 있다가 양제를 호위하여 도주하였다.

〈수서(隋書)〉에 살수에서의 우문술의 패전은 기록해 놓고 오열홀에서의 양제의 패전은 기록해 놓지 않은 것은 이른바 "爲尊者諱(위존자휘)"(→ 존귀한 자의 잘못된 일은 숨긴다)의 춘추필법(春秋筆法)에 따른 것이니, 춘추필법을 알아야 중국의 역사를 올바로 읽을 수 있다.

요하를 건너서 ○○○리 쯤에 발착수(渤錯水)가 있는데, 이것의 이름을 「水(수)」라고 하였지만 사실은 「水」가 아니라 요동에서 유명한 길이가 2백리나 되는 진수렁으로 일명 「요택(遼澤)」이라고도 하는데, 당 태종의 조서에 "遼澤埋骨(요택매골)"(→요택에다 전사자들의 뼈를 묻었다.)이란 기록이 있는 것을 보면, 당시 수나라 군사들이 이 땅에서 매우 많이 죽었음을 알 수 있다. 이들도 대개 고구려군의 추격으로 인해 죽었을 것이다.

살수전쟁(薩水戰爭)이란 말하자면 패강(浿江: 대동강) · 살수(薩水: 청천강) · 오열홀(烏列忽: 요동성)의 세 대전(大戰)을 포함한 것인데, 그 첫째 공로는 패강에서의 싸움이고, 그 다음의 공로는 살수에서의 싸움이며, 그 끝맺음을 한 것이 오열홀에서의 싸움으로서, 이 셋을 구별하지 않고 모두 살수전쟁이라 부르는 것은 합당하지 못하지만, 이미 오랜 동안 계속해서 써 온 명사(名詞)이므로 그대로 쓰기로 한다.

제3장 오열홀·회원진에서의 전쟁과 수(隋)의 멸망

1. 수 양제의 재침(再侵)과 오열홀 성주(城主)의 방어

수 양제가 고구려 군사에게 패하여 돌아간 후 그 패전의 죄를 우문술(宇文述) 등 여러 장수들에게 돌리어 그들의 직위를 빼앗고 옥에 가둠으로써 패전의 치욕을 씻으려 하였다.

다음해 정월에 다시 전국의 군사들을 다시 탁군(涿郡)으로 집중시키고 요동고성(遼東古城: 지금의 永平府로서 고구려 太祖大王이 요동을 차지한 후 한(漢)이 이 땅으로 옮겨 세운 것임 —원주)을 수축하여 군량을 비축하게 하고, "여러 장수들의 지난 번 패전은 군량이 떨어졌기 때문이지 싸움을 잘못한 죄가 아니다."고 하여 국내에 조서를 내린 후 다시 우문술(宇文述) 등을 복직시켜서 고구려를 칠 계획을 하였다.

그러면서 "작년에 요동을 평정하지 못한 상태에서 평양으로 쳐들어간 것이 실책이었다." 면서 조서를 내렸는데, 그 내용은 대개 지난해와 같이 여러 장수들이 출정할 길을 지정하였으나, 다만 오열홀(烏列忽)을 먼저 쳐서 이를 함락시킨 뒤에야 차차 그 지리(地理)의 순서를 따라 각 주(州)·군(郡)을 평정하여 평양까지 쳐들어가겠다는 것이었다.

이때 수(隋)는 고구려와의 전쟁에서 대패한 뒤여서 나라의 창고가 텅 비었고, 군자금도 전혀 없었으며, 백성들의 힘도 고갈되었고, 인심은 불만으로 가득하여 반란을 기도하는 자들이 지은 노래 「無向遼東浪死歌(무향요동랑사가)」(→요동으로 가지마라, 개죽음 당하리라.)가 널리 퍼져 돌았으나, 양제는 이런 상황임에도 불구하고 백성들의 재물을 강탈하여 군량으로 삼고, 장정들을 강제로 징집하여 병사를 삼고, 그들을 훈련시킨 지 몇 달 만에 요동으로 향해 출정하면서 우문술, 이경(李景) 등 여러 장수들에게 고구려의 구원군이 오는 길을 막게 하였다. 그리고 양제는 스스로 어영군(御營軍) 소속 여러 장수들을 통솔하여 오열홀을 포위하여 공격하였다.

당시 오열홀 성주(城主)의 성명이 비록 사서(史書)에는 보이지 않으나, 그는 틀림없이 지혜롭고, 용감하고, 침착하고, 굳센 인물이었을 것이며, 성 안의 모든 장졸들도 거의 다 백전(百戰)의 용사들이었을 것이다. 따라서 양제가 비루(飛樓)를 매고 운제(雲梯)를 세우고 땅굴을 파고 토산(土山)을 쌓아 성을 공격하는 모든 기술들을 있는 대로 다 동원하여 사용해 보았지만, 오열홀의 성주 또한 그에 따라 응전하면서 서로 버텼는데, 그렇게 수십 일 대치하고 있는 동안에도 수없이 많은 수나라 병사들이 죽어갔다.

그때 마침 수(隋)의 동도수장(東都守將) 양현감(楊玄感)이 반란을 일으켰다는 소식이 전해오자, 양제는 밤 10시 경에 비밀리에 여러 장수들을 불러서 군수물자와 군사 무기, 공성 기구 등을 모두 다 내버리고 빨리 군사를 돌리라고 하였으나, 그것이 성주에게 발각되어, 수나라 후군(後軍)은 고구려 군사들의 습격을 받아 거의 다 사망하였다.

(*당시 수나라 세태와 민심의 동요를 나타낸 「無向遼東浪死歌(무향요동랑사가)」의 최초 작자는 추평현(鄒平縣)의 평민 왕박(王薄)이란 자이다. 왕박은 무리들을 거느리고 장백산(長白山: 지금의 산동성(山東省) 추평현(鄒平縣) 서남에 있는 회선산(會仙山)을 거점으로 제군(齊郡), 제북군(濟北郡) 부근 지역을 약탈

하면서 스스로 「세상일을 잘 아는 사람」, 즉 「지세랑(知世郎)」이라 칭하던 자로서, 그는 이 노래를 지어 퍼뜨림으로써 전쟁에 지친 인민들을 자신의 무리로 끌어들이고자 하였다. 「無向遼東浪死歌(무향요동랑사가)」의 전문은 다음과 같다. —옮긴이)

장백산 앞의 지세랑씨 長白山前知世郎
몸에는 붉은 비단 앞뒤로 두르고 身穿紅羅錦背心
손에 잡은 긴 창 하늘 높이 뻗었고 長矛侵天半
둥근 칼날은 햇빛에 반짝이네 輪刀耀日光

산에 들어가서는 사슴 노루 잡아먹고 上山吃獐鹿
산을 내려와서는 소와 양 잡아먹네 下山吃牛羊
갑자기 관군 쳐들어 왔단 말 듣고 忽聞官軍至
칼 들고 앞을 향해 돌진해 들어가네 提刀向前衝
요동 땅에 끌려가서 개죽음 당할 바에 譬如遼東死
여기서 머리 잘린들 손해 볼 게 무엇인가 斬頭何所傷

2. 수 양제의 세 번째 침략과 노수(弩手)의 저격

그 후 비록 양현감(楊玄感)의 반란을 평정하기는 하였으나, 그로 인해 국력의 피폐와 백성들의 원한이 극도에 달하였다. 그러나 양제는 도리어 패전의 치욕을 씻으려고 국내의 병마(兵馬)들을 또다시 끌어 모아 회원진(懷遠鎭)에 이르렀는데, 사졸(士卒)들은 모두 지난 번 두 차례의 패전으로 인하여 전쟁에 끌려 나가면 죽을 줄 알았으므로 도중에 도망가는 자들이 많았으며, 이미 반란이 일어난 지역에서는 아예 징집에 응하지 않는 곳도 있었다.

양제가 이미 싸우기 어렵다는 것을 깨닫고 중지하고도 싶었으나, 백성들로부터 비웃음을 사게 되면 반란을 진압할 수 없게 될까봐 염려하여 어떤 형태로든 그만둘 명분이나 만든 뒤에 휴전하기 위하여, 고구려에게 수(隋)의 반신(叛臣) 곡사정(斛斯政)을 건네줄 것을 유일한 휴전조건으로 내세워 화의를 제의하였다. 곡사정은 곧 양현감과 같이 반란을 모의한 일당으로서 양현감이 반란을 일으키자 처벌이 두려워서 고구려에 투항해온 자였다.

이때 고구려의 국론(國論)은 두 파로 나뉘어 있었다.

(甲)은 남방의 신라와 백제를 멸망시키기 전에는 중국에 대해서는 비사(卑辭: 스스로를 낮추어 말함)와 후례(厚禮: 예물을 후하게 바침)로써 화의를 유지해야 하거늘, 이전에는 중국에 대한 입장이 너무 강경하였기 때문에 여러 해 동안 병화(兵禍)를 야기하였다. 그러니 지금부터라도 다시 정책을 바꾸어 수(隋)와 사이좋게 지내야 한다고 주장하였다.

(乙)은 신라와 백제는 산천이 험하여 지키기는 쉬우나 공격하기는 어렵고, 또 사람들의 성질이 질기고 고집이 세어서 좀처럼 굴복하지 않지만, 중국 대륙은 이와 반대로 평원과 광야가 많아서 싸우기에 매우 좋고, 또 중국 사람들은 전쟁을 무서워하여 한 쪽이 무너지면 다른 쪽도 동요하므로 장수태왕의 북수남진책(北守南進策)은 원래부터 잘못된 것이니, 이제부터라도 이 정책을 버리고 남방은 방어만 하고 정예병을 뽑아 수(隋)를 친다면, 비록 수많은 군대가 아니더라도 성공하기 쉽고, 일단 성공한 후에 그 지역의 인민들을 안정시키고 위무해 주면서 인재를 뽑아 쓴다면 전 중국을 통일하기가 쉽다고 주장하였다.

이렇게 두 파의 의견은 언제나 대립되어 서로 다투었다.

(甲)은 왕의 동생 고건무(高建武) 일파의 의견으로서, 여러 호족(豪族)들

이 이에 속하였다.

(乙)은 을지문덕 일파의 의견으로, 일부 무장(武將)들이 이에 속하였는데, 두 사람 모두 수(隋)와의 전쟁에서 큰 공을 세워 국민들의 신망이 매우 높았기 때문에, 따라서 두 파의 세력도 거의 비등하였다.

영양대왕(嬰陽大王)은 (乙)파의 의견에 찬성하였으나, 고구려는 원래 호족공화제(豪族共和制)였기 때문에 왕 또한 (甲)파의 의견을 꺾지 못하였다.

그때 마침 수 양제가 곡사정(斛斯政)의 인도(引渡)를 조건으로 화의를 제의해 오자 국내에는 (甲)파를 지지하는 자들이 훨씬 많아져서 (甲)파가 우세를 점하게 되었다.

드디어 망명해온 불쌍한 곡사정의 인도를 허락하는 동시에 사자가 국서(國書)를 받들고 양제의 어영(御營)에 가니, 어떤 장사(將士)가 이를 매우 분하게 여기고 쇠뇌(弩弓)를 품에 품고 사자의 수행원 차림으로 가만히 사자의 뒤를 따라 들어가서 양제의 가슴을 쏘아 맞추고 달아났다.

비록 이로써 화의를 파탄내지는 못했고 곡사정의 인도를 중지시키지도 못하였으나, 수 양제의 넋을 빼앗고 고구려의 사기왕성함을 보이기에는 충분하였다.

그 활을 맞고 돌아간 수 양제는 병도 들고 후회로 인한 노여움도 심하고 국내가 더욱 크게 어지러워져서 몇 년 지나지 않아 암살을 당하여 결국 수(隋) 왕조는 망하였다.

(*수 양제가 고구려 장사가 쏜 쇠뇌에 가슴을 맞았다는 말은 사실이 아닌 것 같다. 가까운 거리에서 쇠뇌에 가슴을 맞았다면 수 양제는 즉사하였을 텐데, 고구려와의 전쟁이 끝난 후에도 양제는 이곳저곳 놀러 다니면서 향락생활에 빠져 있었으며, 그가 건강상의 이유로 고생을 하였다는 기록은 중국 측의 사서 어디에도 나오지 않는다.—옮긴이)

안정복(安鼎福) 선생이 살수 전쟁을 논하면서, 영양왕(嬰陽王)이 살수 전승(戰勝)의 위엄을 이용하여 수 양제가 자기 아비 죽인 죄를 성토하면서 을지문덕 등 여러 장수들에게 명령을 내려 수(隋)를 합병하지 못한 것을 한탄하였으나, 양제 시부설(弑父說)은 의문의 여지가 있는 사건일 뿐만 아니라, 이는 수(隋)의 궁중비사(宮中秘事)에 속하는 일이므로 고구려인들이 듣지 못하였을 것이니, 이것은 더 말할 나위도 없다.

그러나 〈해상잡록(海上雜錄)〉에는 명백히 이 전쟁 끝에 을지문덕 등 일파가 북벌(北伐)을 강력히 주창하였다고 기록해 놓았는데, 안정복 선생이 자기가 쓴 〈동사강목(東史綱目)〉에 이것을 기록해 놓지 않은 것은 무슨 이유일까? 아마도 비사(秘史)의 설(說)을 정사(正史)에 넣을 수는 없다고 해서일 것이다.

그러나 정사(正史)인 〈삼국사기〉, 〈동국통감(東國通鑑)〉 등은 사대주의자의 기록이므로 대(對) 중국 전쟁에 대하여는 전적으로 중국 쪽의 기록만 인용하고 있기 때문에, 도리어 비사(秘史)의 설(說)이 전해져오고 있는 더욱 정확한 사료(史料)가 아닐까 생각하여, 본서에서는 이를 채택하는 바이다.

제10편

고구려의 대(對) 당(唐) 전쟁

— 이것을 중국의 역사에서 참고해 보면, 당 태종의 병에 관한 진단은 (甲) 〈구당서(舊唐書)〉의 태종본기(太宗本紀), (乙) 〈신당서(新唐書)〉, (丙) 〈자치통감(資治通鑑)〉 등에서 서로 다 다르게 기록되어 있다.

(甲)은 당 태종이 내종(內腫: 암)으로 죽었다고 하였으며, (乙)은 당 태종이 한질(寒疾: 감기)로 죽었다고 하였으며, (丙)은 당 태종이 이질(痢疾)로 죽었다고 하였다.

한 세대 동안 전 중국에 군림하여 호령하였던 만승(萬乘)의 황제가 죽은 병 이름이 늑막염인지 장티푸스인지 모르게 애매모호하게 기록한 것은 대개 고구려인의 화살독에 죽은 치욕을 감추려다가 이 같은 모순된 기록을 남기게 된 것이다. 그러나 그가 요동에서 얻은 병이라고 한 것은 모든 기록들이 동일하니, 양만춘이 쏜 화살에 맞아 그 유독(遺毒)으로 죽은 것이 명백하다. —

제1장 연개소문의 서유(西遊)와 그 혁명

1. 연개소문의 출생과 소년시절의 서유(西遊)

연개소문은 (一) 고구려의 9백 년 이래의 전통이었던 호족공화제(豪族共和制)라는 구제도(舊制度)를 타파하여 정권을 통일하였고,

(二) 장수태왕(長壽太王) 이래 철석같이 굳어온 서수남진(西守南進) 정책을 변경하여 남수서진(南守西進) 정책을 세웠으며,

(三) 그리하여 국왕 이하 대신과 호족 수백 명을 도살하여 자기 집안의 독무대를 만들고 서국(西國; 中國)의 제왕인 당태종(唐太宗)을 격파하여 중국 대륙 침략을 시도하였으니, 그 선악(善惡)과 현우(賢愚)는 별개의 문제로 하고, 여하간 당시 고구려뿐만 아니라 동아시아 전쟁사(戰爭史)에서 유일한 중심인물이었다.

그러나 〈삼국사기〉에는 연개소문에 관한 사실이 겨우 김유신전(金庾信傳) 속에서 "태대대로(太大對盧) 개금(蓋金)이 김춘추(金春秋)의 숙소를 정해주었다.(太大對盧蓋金館之)"는 한 마디뿐이고, 그 외에는 전부 신(新)·구(舊) 〈당서(唐書)〉와 〈자치통감(資治通鑑)〉 등 중국의 역사서에서 초록(抄錄)한 것뿐인데, 저 중국의 역사서는 곧 연개소문을 상대로 혈전을 벌였던 당 태종 군신(君臣)들의 입과 붓에서 나온 것을 재료로 삼은 것들이기 때

문에 믿을 만한 가치가 너무 적다.

연개소문은 고구려 서부(西部)의 세족(世族)으로, 서부의 명칭이 「연나(淵那)」이기 때문에 성(姓)이 「연(淵)」이 된 것이다. 〈삼국사기〉에서 그의 성을 「泉(천)」씨라고 한 것은, 당나라 사람들이 당 고조(高祖) 이연(李淵)의 이름자를 피하기 위하여 「淵(연: 못)」을 「泉(천: 샘)」으로 바꾸었는데, 그것을 그대로 베껴서 옮겼기 때문이다.

당나라 사람 장열(張悅)이 규염객(虯髯客)에 관한 일을 서술하면서 말하였다.

「규염객은 부여국(扶餘國) 사람으로서 중국에 와서 저 태원(太原: 당 나라의 발상지)에 이르러 이정(李靖)과 교우관계를 맺고 이정의 처 홍불지(紅拂枝)와 남매의 의(義)를 맺고 중국의 제왕이 되고자 하다가, 당공(唐公) 이연(李淵)의 아들 이세민(李世民: 唐太宗)을 만나보고는 그의 영기(英氣)에 눌리어, 이에 이정에게 "중국의 제왕 되기를 단념하였다." 고 말한 후 귀국하여 난을 일으켜 부여국 임금이 되었다.」(〈虯髯客傳〉의 대강만 번역한 것이다.-원주)

선배들은 여기에 나오는 「부여국」은 곧 고구려이며, 「규염객(虯髯客)」은 곧 연개소문이라고 하였다. 당 태종의 영기(英氣)에 눌리어 중국의 제왕 되기를 단념했다고 한 것은, 제왕은 하늘이 정하는 것이지 잔다란 지혜나 힘이 있다고 해서 넘겨다 볼 수 있는 성질의 것이 아니라는 저 중국 소설가의 권선징악적(勸善懲惡的) 필법에서 나온 것일 뿐이고, 연개소문이 중국을 침략하기 위하여 중국의 국내 사정을 탐지하려고 한 차례 서유(西遊)한 것은 사실인 것 같다. 중국에 전해오는 〈갓쉰동전(傳)〉은 이와 한가지의 소설인데, 그 대강의 이야기는 다음과 같다.

「연국혜」라는 한 분 재상(宰相)이 있었는데, 나이 50이 되도록 슬하에 자녀가 없어서 하늘에 제사를 지내고 아들 하나만 점지해 달라고 기도하여 옥동자를 낳아 그 이름을 「갓쉰동」이라 지었는데, '갓쉰(50) 되던 때에 낳았다' 는 뜻이다. 갓쉰동이 자라남에 그 용모가 비범하고 재주와 지혜가 비할 데 없었으므로 「연국혜」가 그를 마치 손바닥 안의 구슬같이 사랑하여 곁에서 떠나지 못하게 하였다.

갓쉰동이 일곱 살 나던 해에 문 앞에서 놀고 있었는데, 그때 마침 어떤 도사(道士)가 지나가다가 보고는 "아깝다, 아깝다." 하고 달아났다. 연국혜가 그 말을 듣고 쫓아가서 도사를 붙잡고 그 이유를 물었더니, 도사가 처음에는 굳이 사양하고 말을 하지 않다가 나중에 말했다. "이 아이가 자라나면 공명(功名)과 부귀(富貴)가 무궁할 터인데, 다만 타고난 수명이 짧아서 그 때를 기다리지 못할 것이다."

연국혜가 물었다. "그러면 그 흉액(凶厄)을 면할 방법이 없겠느냐?" 그러자 도사가 답하였다. "15년 동안 이 아이를 내버리어 부모와 서로 만나지 못하게 하면 그 흉액을 면할 수 있을 것이다."

연국혜는 도사의 말을 믿었으므로, 차마 어린 것을 내다버리는 일이 가슴 아팠으나, 갓쉰동의 장래를 위하여 하인에게 명하여 갓쉰동을 멀리멀리 산 설고 물 선 어느 시골에 갖다버리도록 하였는데, 다만 후일에 아들 찾을 표적을 만들기 위하여 먹실로 갓쉰동의 등에다가 「갓쉰동」이란 세 글자를 새겨서 내보내었다.

「갓쉰동」을 갖다버린 곳은 원주(原州)의 학성동(鶴城洞)이다.

그 동네에 어른(長者) 유씨(柳氏)가 살고 있었는데, 그날 밤 꿈에 앞개천에서 황룡(黃龍)이 올라가는 것을 보고 괴이하게 여겨서 새벽에 나가 보니 준수하게 잘 생긴 작은 아이 하나가 있으므로 주어다 길렀는데, 그의 등에 새겨진 「갓쉰동」이란 세 글자를 보고 이름을 그대로

「갓쉰동」이라 불렀다.

갓쉰동이 자랄수록 미목(眉目)이 준수하고 용모가 영특하였으나 그의 내력을 알지 못했으므로 온 집안 사람들은 그를 천인(賤人)으로 대접하였다. 그 집 어른은 비록 갓쉰동을 사랑하였으나 남의 시비(是非)를 싫어하여 그의 신분을 높여주지 못하고 다만 글자 몇 자를 가르쳐서 자기 집 종으로 부렸다.

하루는 갓쉰동이 산에 올라가 나무를 베고 있었는데, 난데없이 청아(淸雅)한 퉁소소리가 들려왔다. 그가 지게를 받쳐놓고 그 소리를 찾아갔더니, 한 노인이 앉아서 불고 있었다.

노인이 갓쉰동을 보고 "네가 갓쉰동이 아니냐. 네가 오늘 배우지 아니하면 장래에 어찌 큰 공(功)을 이루겠느냐." 하고는 학문의 필요성을 이야기해주었다. 갓쉰동이 그 이야기에 취하여 해가 지는 줄도 모르고 듣고 있었는데, 노인이 석양을 가리키며 "오늘은 늦었으니 내일 다시 와라." 하고는 어디로인지 휙 가버렸다.

갓쉰동은 그제야 놀라서 말하기를 "내가 나무를 하러 왔다가 빈 지게를 받쳐놓고 하루를 보냈으니, 주인의 꾸중을 어찌하나." 하고 내려와 보니, 누가 그랬는지 나무를 베어서 지게에 지워 놓았다.

갓쉰동이 그 다음날부터 나무를 하러 가면 반드시 그 노인을 만났고, 만나서는 검술, 병서(兵書), 천문(天文), 지리(地理) 등을 배웠고, 그리고 내려오면 반드시 그 지게에 나무 짐이 지워져 있었으므로, 지고 돌아올 뿐이었다.

그런데 갓쉰동이 종노릇하고 있는 그 집 어른에게는 아들은 없고 딸만 셋 있었는데, 이름은 각기 문희, 경희, 영희였다. 셋 다 뛰어난 미인들이었는데, 그 중에서도 영희가 월등히 뛰어났다.

갓쉰동이 15세 되던 해 봄 어느 날, 어른이 갓쉰동을 불러서 "세 아기씨를 태워 봄꽃(花柳) 구경을 갔다 오너라."고 하였다.

갓쉰동이 그 말을 좇아서 가마를 가지고 문희의 방 앞에 가서 "아기씨, 가마를 대령했습니다."고 하였더니, 문희가 버선발로 마루끝에 나서더니, "아이고, 맨땅을 어떻게 디디겠느냐. 갓쉰동아, 네가 거기 엎드려라." 하고 갓쉰동의 등을 밟고 내려가 가마에 들어갔다.

경희를 태울 때에 경희도 그렇게 하였으므로 갓쉰동이 크게 화가 나서 한 주먹으로 그 계집아이를 때려죽이고 싶었지만, 어른의 은혜를 생각하여 꾹 참고, 영희의 방에 가서는 '이년도 그년의 동생이니 별다르겠느냐.'는 생각이 들어 "가마를 대령하였습니다."고 한마디 하고는 미리 뜰에 엎드려 있었다. 그러자 영희가 문을 나와서 보고는 놀라서 "갓쉰동아, 이게 무슨 짓이냐." 하였다.

갓쉰동이 말했다.

"갓쉰동의 등이야 하느님이 아기씨들을 위하여 만든 것 아닙니까. 이 등으로 나무를 져다가 아기씨들의 방을 덥히고, 이 등으로 쌀을 져다가 아기씨들의 배를 불리고, 아기씨들이 앉으려 할 때는 갓쉰동의 등을 자리로 쓰시고, 아기씨들이 걸어가려 할 때는 갓쉰동의 등을 디딤돌로 쓰시고……."

이 말이 채 끝나기도 전에 영희가 달려들어, "아서라. 이게 무슨 일이냐. 사람의 발로 사람의 등을 밟는 일이 어디 있단 말이냐."고하며 갓쉰동을 일으켰다.

갓쉰동이 일어나 영희의 꽃 같은 얼굴, 관옥(冠玉)같은 살빛과 정다운 말소리에 마음을 잡지 못하여 '나도 어렴풋이 어릴 때의 일을 기억해 보면, 우리 집안도 너와 결혼할만한 집안인데….' 하고 눈물이 눈에 핑 돌았다.

영희는 갓쉰동의 용모가 비범하고 음성이 우렁찬 것을 보고, "너

같은 남자가 어찌 남의 집에 종이 되었느냐?" 하고 자기도 몰래 눈물을 흘렸다. 이 뒤로부터 갓쉰동은 영희를 생각하고, 영희는 갓쉰동을 사랑하여, 둘 사이에 정의(情誼)가 점점 가까워졌다.

갓쉰동이 영희에게 말했다.

"내가 7세에 집을 떠나던 일을 어렴풋이 기억하는데, 아마 우리 부모가 도사(道士)의 말을 믿고 나를 버렸다가 후일에 다시 찾으려고 한 것 같다. 나도 집에 돌아가면 귀인의 아들이니, 너와 결혼하자."

그러자 영희가 대답하였다.

"나는 귀인의 아내 되기를 바라는 것이 아니라 사나이의 아내 되기를 바란다. 만일 네가 사나이가 아니라면 비록 네가 귀인의 아들이라 하더라도 나의 남편이 못 될 것이고, 네가 사내라면 비록 종이라 하더라도 나는 너 아니면 아내가 되지 않을 것이니, 너는 너의 포부를 말해 보아라."

갓쉰동이 말했다.

"달딸이(韃靼)는 매번 우리나라를 침범하여 우리를 괴롭게 하는데, 우리는 다만 달딸이를 쳐서 물리칠 뿐이고 달딸이를 쳐들어가 보지 못하였으니, 나는 이것이 분하다. 그래서 늘 달딸이의 땅을 한번 토평(討平)하여 백년의 대평(大平)을 도모하고자 한다."

그리고는 근래 나무하러 가서 어떤 선관(仙官)에게 날마다 검술, 병서, 천문, 지리 등을 배운 이야기를 해주었다.

영희가 크게 기뻐하며 말했다.

"…그러나 적국을 치려면 적국의 정형(情形)을 잘 알아야 하는 것이니, 그대의 뜻이 그러하다면 직접 달딸국(國)에 들어가서 그 산천을 두루 밟아보고 그 국정(國情)을 시찰하여 후일에 성공할 기초를 닦고 돌아오면, 나는 그대의 아내가 못되더라도 곧 그대의 종이라도 되어 그대 앞에서 백년을 모시려고 한다."

갓쉰동이 흔쾌히 승낙하고 그 어른의 집에서 도주하여 떠날 때, 영희가 자기가 가진 금가락지, 은 그릇 등을 주어서 여비를 만들어 달딸국으로 향하여 갔다.

달딸국에 들어가서는 달딸의 말도 배우고 달딸의 풍속도 익히고 또 그 내정(內情)을 알기 위하여 이름을 "돌쇠"로 고치고, 달달국 왕의 집안 종이 되었다.

그는 행동이 영리하였기 때문에 그 왕의 신임을 받았는데, 왕의 제2 공자(公子)가 영리하고 비범하여 사람을 잘 알아보아, "갓쉰동은 비상하게 뛰어난 인물(英物)이고 또 달딸의 종자(種子)도 아니다. 그러므로 아예 죽여서 그 후환을 끊어버리는 게 낫다."

그리고는 그 아비에게 고하여 철책으로 지은 집 안에 잡아 가두어 놓고 음식공급을 끊어 굶겨 죽이려고 하였다.

갓쉰동은 곧 자기의 몸이 위기에 빠져 있음을 깨달았다. 그러나 아무런 계책이 없어서 답답하게 앉아 있다가, 자기 곁에 새매(鷹)를 길들이려고 잡아 넣은 새장(籠)을 보고 와락 달려들어 그 농을 부수고 그 안에 있는 매들을 다 날려 보냈다.

이때 마침 달딸 왕의 부자(父子)들은 다 사냥을 나가고 달딸 왕의 공주가 그를 지키고 있다가 그것을 보고 놀라서 말했다.

"네가 왜 매들을 다 날려 보냈느냐? 그것은 우리 아버지와 오라버니에게 죄를 짓는 게 아니냐?"

갓쉰동이 말했다.

"나 자신이 갇힌 것을 답답하게 여기는 마음으로 매가 갇힌 것을 보니 매를 위하여 답답한 생각이 들었다. 나는 나를 풀어주지 않는 사람을 원망하면서 내 곁에 갇혀 있는 매를 풀어주지 못하면 매가 얼마나 나를 원망하겠느냐. 내가 차라리 매를 위하여 죽을지언정 매의 원망은 받지 말아야지, 하는 마음이 불같이 일어나서 갇힌 매를 풀어주었다."

공주가 듣더니 측은히 여기면서 말했다.

"내가 우리 둘째 오라버니한테 들으니, 너는 우리 달딸국을 망하게 하려고 생긴 사람이라 하더라. 네가 어찌하여 달딸국을 망치려 하느냐?"

갓쉰동이 말했다.

"하늘이 나를 달딸을 망치려고 낸 사람이라면 네 오라버니가 나를 죽이려고 해도 죽지 않을 것이고, 또 나를 죽이더라도 나 같은 사람이 또 나올 것이다. 네 오라버니에게 이렇게 잡혀 죽게 된 몸이 어찌 달딸을 망친단 말이냐.

공주가 만약 나를 풀어준다면 나는 저 매와 같이 천산만수(千山萬水)로 훨훨 날아다니면서 나무아미타불(南無阿彌陀佛)을 불러서 공주를 애호해 달라고 외울 뿐이고 다른 생각은 없을 것이다."

이 말을 듣고 공주가 더욱 측은한 빛을 띠며,

"오냐, 내 아무리 무능한 여자라 하더라도 우리 아버지의 딸이고 우리 오라버니의 동생이니, 어찌 너 하나 살리지 못하겠느냐. 얼마 안 있어 우리 아버지와 오라버니가 돌아오시면 너의 무죄함을 말하여 너를 살아가게 하겠다."

갓쉰동이 공주의 얼굴을 한참 동안 쳐다보다가 고개를 숙이고 말했다.

"공주는 애쓰지 마오. 돌쇠 한 놈 죽는 것이 무슨 큰일인가. 내가 듣기로는, 부처님께선 사람을 구할 때에 그 아버지와 오라버니에게 먼저 고한 일이 없다고 하던데……."

그 말을 들으면서 공주의 얼굴색이 더욱 변하고 말이 막히더니, 내전 불당(佛堂)으로 들어가 기도하고 열쇠를 가져와서 철책 문을 열어 갓쉰동을 내보냈다. 그가 나올 때에 공주가 그 손목을 잡고 말했다.

"내가 너를 처음 보았지만, 너를 볼 때에는 내 마음도 따라갔다. 네 몸은 새매같이 훨훨 날아갈지라도 네 마음일랑 나를 주고 가거라."

갓쉰동이 말했다.

"공주가 나를 잊을지언정 나야 어찌 공주를 잊을 수 있겠소."

갓쉰동은 하고 싶은 말은 많았지만 갈 길이 바빴다. 그는 걸음아 날 살려라 하고 주먹을 불끈 쥐고 도망하여 성문을 나와 풀뿌리를 캐어 먹으면서 낮에는 엎드려 숨고 밤에만 걸어서 달딸의 국경을 벗어나 귀국하였다.

달딸의 제2 공자가 돌아와서 공주가 갓쉰동을 멋대로 풀어준 것을 알고 대노하여 칼을 빼어 그 누이 공주의 목을 베었다.…」

그 다음에도 갓쉰동이 귀국한 뒤에 책문(策文)을 지어 과거에 급제한 이야기며, 영희와 결혼한 이야기며, 달딸을 토평한 이야기며……기타 다른 이야기들이 많이 있다. 그러나 이런 것들은 모두 생략하기로 한다. 그러나 나는 앞의 이 이야기를 연개소문이 중국을 탐정하던 전설(傳說)의 일단(一段)으로 믿는 바이다.

「갓쉰동」은 곧 연개소문(淵蓋蘇文)이니, 「蓋(개)」는 「갓」으로 읽고, 「蘇文(소문)」은 「쉰」으로 읽어야 할 것이며, 「국혜」는 곧 남생(男生)의 묘지(墓誌)에 쓰인 개소문(蓋蘇文)의 아비 태조(太祚)이니, 「국」은 그 이름이고, 「혜」는 그 자(字)이거나, 그렇지 않으면 「국혜」가 혹 소설 작자가 만들어낸 이름일 것이다.

달딸 국왕은 곧 당 고조(高祖)이고 「제2 공자」는 곧 당 고조의 둘째 아들 당 태종(太宗)이니, 왜 당 고조와 당 태종을 달딸 왕이라 하고 달딸 공자라 하였을까?

그 이유는 수백 년 이래 사대주의파의 세력에 눌리어, 「언문 책」이라고 천대하던 우리 글로 쓰인 여항(閭巷)의 부녀자들이 읽는 소설책까지도, 당당한 중국 대륙의 정통 제왕을 공격하거나 비난하는 이야기는 그 시대에서 기피해야만 하는 일이었으므로, 그 전설 중에 「당(唐)」을 달딸로, 「당 고종(高宗)」을 달딸국왕으로, 「당 태종(唐太宗)」을 달딸국왕의 제2 공자로 고쳤던 것이다.

연개소문이 병력으로 그 임금과 대신들, 그리고 호족 수백 명을 벤 사실이 왜 〈갓쉰동전(傳)〉에 빠졌을까? 이것도 구 소설의 권선징악주의(勸善懲惡主義)에 위반되는 것이라고 해서 고친 것이다.

연개소문의 시대에는 조선에 과거(科擧)가 없었던 시대이므로 책문(策文)을 지어 과거에 급제하는 일은 없었지만, 이것은 과거를 천선시(天仙視)하는 이조(李朝) 시대의 습관에 의하여 첨부한 것이다. 〈갓쉰동전〉은 이처럼 옛 전설을 고치고 새로운 관념(觀念)으로 보태거나 빼서 지은 소설이므로 그 책에 얼마만큼 신용할만한 가치가 있는지 말할 수 없는 것이 애석하다.

〈규염객전(虯髯客傳)〉과 〈갓쉰동전〉 두 책의 기록이 서로 조금씩 다른데, 이제 두 책의 기록의 진위(眞僞)를 추론해 보기로 한다.

당시 고구려가 수 양제의 수백만 군사를 대파하자 전 중국이 크게 떨고 놀랐다. 당 고조·태종 부자는 수 양제 치하에 있는 태원현(太原縣)의 한 작은 공국(公國)이었고, 이정(李靖)은 태원현의 한 작은 관리였다. 태원은 옛날부터 고구려의 침략과 압박을 받아왔던 지방이었기에 더욱 고구려인을 경계하였을 것이다.

당 태종은 그런 중에도 안으로는 전 중국을 평정하고 밖으로는 고구려를 쳐서 멸망시키려는 야심을 가지고 항상 고구려나 고구려인들의 행동을 주목하였을 것이다.

그러던 참에 당 태종이 그 많은 종들 중에서 변장한 고구려인 연개소문을 발견하였으니 얼마나 놀랐겠는가. 하물며 〈당서(唐書)〉에서도 연개소문은 생김새가 웅장하고 기품이 호방하였다고 하였으니, 당 태종이 이를 발견하는 동시에 곧 자신의 미래의 강적이 자신의 수중에 잡혀 있음을 알고 극히 요행(僥倖)한 일로 여겼을 것이니, 또 얼마나 기뻐 날뛰었겠는가. 그가 놀라고 기뻐서 날뛴 끝에 반드시 죽이려 하였을 것임은 불을 보듯 명확한 사실일 것이니, 사리로 미루어 보면 〈갓쉰동전〉은 믿을 수 있는 점이 많다.

신·구 〈당서〉에 당 태종의 말을 인용하여 이르기를 "蓋蘇文蓋恣(개소문 개자)"(→개소문은 제멋대로 행동하기를 좋아했다.) "蓋蘇文不敢出(개소문 불감출)"(→개소문은 감히 나오지 못했다.) "蓋蘇狼子野心(개소 랑자야심)"(→개소문은 신의가 없다.)…… 등 모든 언사가 연개소문을 싫어하고 미워한 말들이지만, 그 반면에 연개소문을 어렵게 여겨서 꺼리는 말들임이 드러난다.

〈李衛公(靖)兵書(이위공(정)병서)〉에 "莫離支 蓋蘇文… 自謂知兵(막리지 개소문… 자위지병)"(→ 막리지 개소문은…스스로 병법을 안다고 말하였다.)이란 문구 또한 연개소문을 무시하고 모욕한 것이라기보다는 두려워하고 존경하는 뜻이 보이니, 연개소문이 당 태종을 만나보고 그 영기(英氣)에 눌리어 귀국하였다는 글은 도대체 무슨 소리인가. 다른 기록과 대조해 보면 〈규염객전〉은 의심할만한 점이 많다.

그러므로 본서에서는 〈규염객전〉을 버리고 〈갓쉰동전〉을 취하기로 한다.

2. 연개소문 귀국 후의 내외 정황

연개소문이 중국으로부터 귀국한 것은 대개 기원 616년경이다. 연태조(淵太祚) 부부는 그 등에 새겨진 이름을 확인하고 자신의 아들을 찾았고, 만 리 밖으로 떠나간 미혼부(未婚夫)를 기다리던 유씨가(柳氏家)의 영희는 신랑을 맞게 되어 이 일이 한때 고구려 전체에서 가장 큰 화제 거리로 되었다고 한다.

그러나 이런 것은 모두 역사적 사실이 될 게 없으므로 여기에서는 생략한다.

그러나 연개소문이 귀국한 뒤 수(隋) 양제(煬帝)는 자기 신하 우문화급(宇文化及: 살수에서 패전한 장수 우문술(宇文述)의 아들-원주)에게 참살을 당하였고, 그를 전후하여 군웅(群雄)들이 동시에 일어나 서로 세력을 다툼으로써 중국 전체가 마치 부글부글 끓어오르는 국처럼 되었다.

얼마 후 앞에서 말한 당공(唐公) 이연(李淵)의 아들 이세민(李世民), 즉 당 태종(太宗)이 자기 아버지 이연을 협박하여 또 반란군(叛軍)을 일으켰는데, 처음에는 오히려 수(隋)에 대하여 신하로서의 예를 취하더니, 여러 반란군 우두머리들을 모두 쳐서 멸망시키고 난 후에는 마침내 자기 아버지

이연(李淵)을 당 황제(皇帝)로 추대하였다.

그리고 얼마 후에는 태자(太子)인 자기 형 건성(建成)과 동생 원길(元吉)이 권력 다툼을 벌여 자기를 죽여 없애려는 것에 화를 내어 친위병력을 동원하여 건성, 원길을 현무문(玄武門) 안에서 습격하여 죽이고, 아버지 이연을 핍박하여 황제의 자리를 빼앗아 스스로 황제의 자리에 오른 후 연호(年號)를 「정관(貞觀)」이라고 하였다.

당 태종은 황제가 된 후 15년 동안 정치(政)와 전쟁(爭)에 열심히 힘을 쓰고, 명신(名臣)과 현상(賢相)들을 써서 각종 문화사업을 진흥하였으며, 국내의 모든 토지를 공전(公田)으로 만들어 백성들에게 대체로 균등하게 분배해 주는 국가사회주의적 정책을 시행하였으며, 16위(衛)를 설치하고 고구려의 징병제를 참작, 상비병(常備兵) 이외에 예비군을 두어 전국 인민들이 매년 농한기에는 말 타고 활쏘기를 익히도록 하였으며, 이정(李靖)·후군집(侯君集) 등 여러 장수들을 발탁하여 돌궐(突厥: 지금의 내몽고-원주)과 서돌궐(西突厥: 지금의 서몽고-원주)과 철륵(鐵勒: 지금의 외몽고-원주) 여러 부족들과 고창(高昌)의 토욕혼(吐谷渾: 지금의 서장(西藏)-원주)을 정복하여 문치(文治)와 무공(武功)이 다 혁혁하였으니, 이것이 중국 역사에서 가장 훌륭한 정치의 상징처럼 시끄럽게 칭송되고 있는 「정관지치(貞觀之治)」이다.

그러나 연개소문이 귀국한 후 이듬해에 수(隋)가 망한(기원 618년) 뒤로부터 (연개소문이 혁명을 일으켜 권력을 잡기 전해인-옮긴이) 정관 15년(기원 641)에 이르기까지는 합계 26년이 되는데, 이 26년 동안 고구려의 내정(內政)은 어떠하였는가?

왕의 아우 건무(建武)는 을지문덕과 마찬가지로 수나라 군사를 물리친

양대(兩大) 원훈(元勳)들이었지만, 을지문덕은 북진남수주의(北進南守主義)를 주장하고, 건무는 북수남진주의(北守南進主義)를 주장함으로써, 양쪽이 서로 정견(政見)을 다투었다.

영양왕(嬰陽王)이 죽고 건무가 즉위하고(기원 618년) 난 후에는 더욱 자기 주장들을 견지하였다. 수(隋)가 망하고 당(唐)이 흥하는 사이에 을지문덕 일파의 군신들이 그 기회를 타서 서북으로 강토를 넓히자고 주장하였으나, 왕은 그 주장을 전부 억누르고 듣지 아니하고 당(唐)에 사신을 보내어 우호관계를 맺고 수나라 말기에 포로로 사로잡혀서 고구려에 와 있던 중국인들을 다 돌려보내고, 그리고는 장수태왕(長壽太王)의 남진정책을 다시 써서 자꾸 군사들을 내보내어 신라와 백제를 쳤다.

연개소문이 이를 반대하여 말했다.

"고구려의 큰 우환거리는 당(唐)이지 신라와 백제가 아닙니다. 전에 신라와 백제가 연맹하여 우리 토지를 침탈한 일이 있으나, 이제는 사정이 이미 변하여 신라와 백제 사이에 구원(仇怨)이 깊어서 앞으로 서로 화평(和平)할 가망이 없습니다.

그러므로 고구려에서 남방에는 견제 정책을 써서 신라와 연맹하여 백제를 막거나, 백제와 연맹하여 신라를 막거나 하는 두 가지 정책 중에서 어느 한 가지를 쓰게 되면 저 두 신라와 백제가 서로 싸우는 바람에 우리로서는 남방의 걱정이 없을 수 있으니, 이 틈을 타서 당(唐)과 결전하여 싸우는 것이 옳습니다.

당(唐)은 고구려와는 어느 때라도 양립(兩立)할 수 없는 나라입니다. 이 점은 지난 일에 비춰볼 때 분명합니다. 그러므로 고구려에서 지난날 수백 만 명의 수나라 군사를 격파하던 때에 곧바로 계속해서 대병

(大兵)을 이끌고 나가서 저들의 혼란한 틈을 이용하여 쳤더라면 그 평정하기가 손바닥 뒤집듯 쉬웠을 텐데, 이런 천재일우(千載一遇)의 좋은 기회를 잃어버린 것이야말로 뜻있는 인사(志士)들이 통탄하는 바입니다.

지금도 비록 좀 늦기는 했지만, 저 이가(李家)의 형제들이 서로 불목(不睦)하여 건성(建成)은 세민(世民)을 죽이려 하고, 세민은 건성을 죽이려 하는데, 그 아비 이연(李淵)은 흐리멍텅하고 어리석어 그 중간에서 우물쭈물하고 있으니, 우리가 만일 이때 대병을 끌고 가서 저들을 친다면, 건성이 배반하여 우리에게 붙거나, 세민이 배반하고 우리에게 붙거나 할 것입니다.

설사 그렇지 않더라도, 저들이 수말(隋末)의 대패(大敗)와 또 여러 해 거듭된 화란(禍亂)의 뒤끝이어서 백성들의 힘이 아직 소생하지 못하고 있고 국력도 아직 회복되지 못하여 틀림없이 전쟁할 여력이 없을 테니, 지금도 여전히 기회는 아주 좋습니다.

그러나 만일 저 두 형제 중에 어느 하나가 패하여 죽고 한 사람이 전권(專權)을 행사하여 세력이 통일된 뒤에는 잘못된 정치(弊政)를 고치고 군사제도(軍制)를 바로잡은 후 우리나라로 침입해온다면, 토지의 크기나 인민의 많음에 있어서 우리는 다 저들에게 미치지 못하므로, 고구려가 무엇으로써 저들에게 대항할 수 있겠습니까.

우리나라가 장차 흥하느냐 망하느냐 하는 기회가 지금에 달려 있는데도 여러 신하들과 장수들 가운데 이를 아는 자가 없으니 어찌 한심한 일이 아니라 하겠습니까."

그러면서 당(唐)을 칠 것을 극력 주장하였으나, 영류왕(榮留王: 高建武)과 그 대신들은 연개소문의 말을 듣지 않았다.

기원 626년에 이르러(당 武德 9년 태종이 자기 父인 고종(高宗)의 황제 자리를 빼앗은 때-원주) 당 태종이 곧 사람을 보내어, 신라와 백제에 대하여 서로 전쟁하지 말 것을 권고하였으며, 얼마 후에는 또 을지문덕이 수(隋)와의 전쟁에서 승리한 기념으로 쌓은 경관(京觀: 적의 시체를 한곳에 거두어 모아 묻고 그곳에 세워놓은 큰 탑이나 건물-옮긴이)을 양국간에 평화를 이루는 데 장애물이 된다고 하여 헐어버릴 것을 요구하고 나왔다. 이에 영류왕도 크게 놀라서 당(唐)의 침입이 조만간에 반드시 현실화될 줄 깨달았다.

그러나 그는 오히려 북수남진(北守南進) 정책을 지켜 남방 침략을 중지하지 않는 동시에 국내의 남녀를 동원하여 북부여성(北扶餘城)으로부터 지금의 요동반도의 남단까지 1천여 리의 장성(長城)을 쌓기 시작하여 무릇 16년만에야 공사를 끝내니, 성을 쌓는 일과 그에 따른 노역이 전쟁보다 더욱 심하여 남자는 농사를 짓지 못하고 여자는 길쌈을 하지 못하여 국력이 매우 피폐해졌다.

〈삼국사기〉에 장성 쌓은 일을 연개소문의 주청(奏請)에 의해 시행한 것이라고 하였으나, 이는 연개소문이 당나라에 노자상(老子像)과 도사(道士)의 파견을 요청했다는 것과 같은 종류의 근거가 없는 거짓말, 즉 무설(誣說)이다.

3. 연개소문의 혁명과 대도살(大屠殺)

기원 646년경에(〈삼국사기〉에는 642년으로 되어 있다-옮긴이) 서부(西部)의 살이(薩伊: 라살) 연태조(淵太祚)가 죽자 연개소문이 부친의 살이(薩伊) 직위를 이어받게 되었다.

그러나 연개소문은 늘 격렬하게 당(唐)을 치기를 주장해 왔으므로, 영류왕(榮留王)과 대신들과 호족들은 모두 연개소문을 평화를 파괴할 인물이라고 위험시하여 그가 부친의 직위를 이어받는 것을 반대하였다. 이것은 곧 연개소문의 정치생명을 끊어버리려는 것이었다.

연개소문은 자신감이 매우 단단하여, "내가 아니면 고구려를 구할 사람이 없다"고 스스로 생각하는 인물이었지만, 그러면서도 소년 시절에 타향(他鄕)과 타국(他國)에서 두 번이나 종노릇하던 경력이 있어서 굽혀야 할 곳에서는 굽힐 줄 아는 견인(堅忍)한 인물이었기 때문에, 습직(襲職)을 불허(不許)당하자 곧 사부(四部) 살이(薩伊)와 기타 호족들의 집을 찾아다니면서 말했다.

"연개소문이 불초(不肖)한데도 여러 대인들께서는 저에게 큰 죄를 가하지 않으시고 겨우 습직(襲職)의 권리만을 박탈하시니, 이것만으로도 여러 대인들의 은혜가 한없이 큽니다만, 오늘부터 저 연개소문도 힘써 회개하여 여러 대인들의 교훈을 좇겠사오니, 바라옵건대 대인들께서는 불초 연개소문이 부친의 직을 이어받게 하였다가 만약 잘못하는 일이 있거든 그때 가서 소인의 이어받은 직위를 다시 거두어 가십시오."

여러 대인들은 그의 말을 듣고 애처롭고 불쌍하게 여겨서 서부 누살(耨薩)의 직위를 이어받도록 허락은 하면서도, 그러나 서울에 남아 있어서는 안 된다고 하여 북방으로 쫓아내어 북부여에서 장성(長城) 쌓는 일을 감독하도록 하였다. 연개소문이 이에 서부(西部) 병마(兵馬)를 거느리고 출발할 날짜까지 정하였다.

이전에 당 태종이 고구려의 내정(內情)을 탐지하려고 자주 밀사(密使)를 보냈는데, 당나라 사람은 매번 고구려의 나졸(邏卒)에게 발각되므로, 남해 바다에 있는 삼불제(三佛齊) 국왕에게 뇌물을 바치고 고구려의 군사 수, 군대 배치, 군사용 지리 및 기타 내정을 탐정해 달라고 부탁하였다.

삼불제국은 남양(南洋)의 일개 소국(小國)으로서 그전부터 고구려와 서로 거래를 해오며 조공(朝貢)을 바쳤기 때문에, 그 나라 사자가 오면 마음대로 각처로 돌아다니며 구경할 수 있었다. 그래서 삼불제 왕이 그 부탁을 흔쾌히 승낙하고는 조공을 바친다는 명목으로 정탐할 사자를 고구려에 보내왔다. 그래서 삼불제 사자가 와서 여러 가지를 정탐한 후 귀국한다고 해놓고는 해상에서 당(唐)으로 향하였다.

그러다가 바다에서 고구려 해라장(海邏長: 해상 경비대장—옮긴이)에게 붙잡혔다. 해라장은 강개(慷慨)한 무사(武士)이자 연개소문을 천신(天神)같이 숭배하는 자였기 때문에 늘 조정이 연개소문의 주장을 채용하여 당나라를 치지 않는 것을 분개해 왔는데, 이제 당의 밀정(密偵) 삼불제 사자를 잡아가지고 그 비밀문서는 빼앗아 조정에 올리고 밀정은 죄인을 가두어 놓는 감옥에 집어넣으려다가, "그만 둬라, 대적을 보고도 치지 못하는 나라에 무슨 조정이 있단 말인가." 하고, 문서는 모두 바다 속에 던져버리고 먹물로 사자의 얼굴에다 다음과 같이 새겨 넣었다. "面刺海東三佛齊, 奇語我兒李世民. 今年若不來進貢, 明年當起問罪兵."(→해동의 삼불제국의 사자 얼굴에 글을 새겨 내 아들 이세민에게 말을 전하노니, 금년에 만약 와서 조공을 바치지 않으면, 내년에는 꼭 죄를 묻기 위한 군사를 일으킬 것이다.)라는 한시(漢詩) 한 절(絕)을 얼굴에 새긴 다음, 다시 "高句麗 太大對盧 淵蓋蘇文 卒某書"(→고구려 태대대로 연개소문의 졸병 모 씀)이라고 썼는데, 얼굴 부위는 좁고 글자 수는 많아서 먹물 흔적이 모호하여 알아볼 수가 없으므로 그것을 다시 백지에 써서 그 사자에게 주어 당으로 보냈다.

당 태종이 이를 보고 노발대발하여 곧 조서(詔書)를 내려 고구려로 쳐들어가겠다고 하니, 시중들고 있던 신하가 말리며 이르기를 "대대로(大對

盧)의 성명이 이미 연개소문이 아니었은즉, 이제 사자의 얼굴에 글을 새긴 연개소문이 어떤 사람인지도 알 수 없는데, 하물며 어떤 사람인지도 알 수 없는 연개소문의 휘하 졸병의 죄 때문에 맹약을 깨뜨리고 고구려와 전쟁을 하려 하는 것은 옳지 않은 일이오니, 먼저 사자를 보내어 밀서로써 고구려왕에게 알아보는 것이 옳은 일인 줄 아옵니다."라고 하였다.

당 태종이 그 말을 좇아, 이 사실의 진위(眞僞) 여부를 알려 달라는 밀서를 가진 당나라 사자가 들어왔다.

영류왕이 이 일을 듣고 왕실 경호병을 보내어 해라장을 잡아와서 죄인 심문하는 옥에 집어넣고 조사를 하였더니, 해라장이 강개히 자백하고 조금도 꺼리거나 숨기는 것이 없었다. 영류왕이 크게 놀라 서부 살이(薩伊) 연개소문 한 사람만 제외하고 각 부의 살이와 대대로(大對盧), 울절(鬱折) 등 각 대관(大官)들을 그날 밤에 비밀히 소집하여 말했다.

"해라장이 당나라 황제에게 추잡스런 욕을 한 것은 오히려 작은 일이지만, 그 말단에 대대로(大對盧)도 아닌 연개소문을 대대로로 쓴 것과, 또 수많은 대신들 가운데 다른 대신은 말하지 않고 유독 연개소문만을 들어 스스로 그 휘하 졸병이라고 한 것을 보면 저 따르는 무리들이 연개소문을 추대하고 있음이 명백하다.

그리고 또 연개소문이 늘 당을 치자는 주장(征唐說)으로써 군사들을 선동하여 조정에 반대하도록 하여 인심을 사고 있으니, 이제 이 자를 베어버리지 않으면 그 후환을 생각하지 않을 수 없으므로, 그의 직위를 박탈하고 사형에 처하는 것이 옳다."고 하여, 중론이 하나로 통일되었다.

그러나 전날 같으면 한 번 명령을 내리고 졸병 하나를 보내어 연개소문을 체포할 수도 있었겠지만, 지금은 연개소문이 서부살이(西部薩伊)가 되어 큰 병력을 장악하고 있으므로 그 사나운 야생마 같은 천성이 순순히 오라를 받지 않고 반항할 것이 십중팔구 뻔한 일이니, 공식적인 조서(詔書) 집행의 방식으로 연개소문을 잡으려다가는 불가피하게 국내에 큰 동요를 불러일으킬 것이다.

그러나 이제 연개소문이 새로 장성 쌓는 역사(役事)를 감독할 임무를 띠고 출발할 날이 멀지 않으므로, 머지않아 그가 왕에게 숙배의 인사를 올리기 위해 궁중에 들어올 것이니, 그때에 그의 반역죄를 선포하고 왕의 명령으로 잡는다면 일개 장사(將士)의 힘으로도 넉넉히 연개소문을 묶을 수 있을 것이라고 하여, 각 대관들이 어전(御前)에서 물러나와 비밀히 그날 오기만을 기다렸다.

그러나 천하의 일은 사람의 예상대로 되지 않고 늘 아침과 저녁, 분과 초 사이에 의외로 돌변하는 것이다. 그 어전회의의 비밀이 어디로부터 새 나갔는지 연개소문이 이를 알았다. 그래서 심복 장사들과 밀의하여 「先發制人(선발제인: 먼저 손을 써는 자가 상대를 제압한다)」의 계책을 써서, 출발하기 전 모일(某日)에 평양성 남쪽에 대열병식(大閱兵式)을 거행하고자 하니 "대왕과 각 대신들이 친림(親臨)하심을 바랍니다."고 왕에게 보고하고 각 부에 통고하였다.

각 부의 살이(薩伊)와 각 대신(大臣)들은 가기가 싫었으나, 만약 가지 않으면 연개소문이 의심을 품게 되어 큰 일에 불리하다고 생각하여 다 같이 가보기로 결정하였으나, 다만 "오직 대왕만은 존엄을 지키어 왕궁 경위병을 데리고 왕궁에 계시면, 그가 설령 다른 마음(異心)을 품고 있을지라도 왕의 위엄에 눌리어 감히 어쩔 수 없을 것이다." 하고는, 그날 모든 대관들은 질서도 정연하게 연개소문의 열병식장으로 갔다.

식장에 도착하여 경쾌한 군악 소리에 인도되어 군막 안으로 들어가서

술을 두어 차례 마셨을 때, 연개소문이 갑자기 "반역의 무리들을 잡아라!" 하고 외치는 소리가 나면서 동시에 사방에서 대령하고 있던 장사들이 번개같이 달려들어 칼, 도끼, 몽둥이로 일제히 치고 때리니, 그곳에 온 대관들도 거의 모두 백전(百戰)의 무사(武士)들이었지만, 겹겹이 포위된 중에 더구나 그쪽과 이쪽의 수가 너무나 크게 차이가 나니, 어찌 벗어날 수 있겠는가.

순식간에 대신·호족 등 수백 명이 한꺼번에 육장(肉醬)이 되었고, 열병식장은 선혈(鮮血)로 물들었다.

그러고 나서 연개소문은 휘하 장사들을 거느리고 대왕의 긴급명령이 있다고 칭하고 성문을 지나 궁문으로 들어갔는데, 못 들어오게 막아서는 수병(守兵)들을 칼로 치고 궁중으로 돌입하여 영류왕을 찔러 넘어뜨리고 다시 그 시신을 칼로 쳐서 두 토막 내어 수채 구멍에 던지니, 대왕의 호위병들은 모두 연개소문의 늠름한 위풍과 신속한 행동에 놀라서 하나도 저항하는 자가 없었다.

20년 전 대동강 입구에서 수나라 장수 래호아(來護兒)의 수십만 군사를 일격에 섬멸하여 지략(智)과 용맹(勇)에서 천하에 비할 사람이 없다고 그 이름이 떠들썩하였던 영류왕은 의외로 무참하게 연개소문에게 죽임을 당하였다.

연개소문이 영류왕을 죽이고 곧 왕의 조카 보장(寶藏)을 맞아들여 대왕(大王)을 삼고, 연개소문 자신은 「신크말치」라 칭하여 대권을 전적으로 움켜쥐고 흔드니, 보장은 비록 이름은 왕이라 하였으나 아무런 실권(實權)이 없었고, 연개소문이 실로 실권을 가진 대왕이었다. 「신크말치」는 곧 태대대로(太大對盧)이니, 고구려가 처음에 세 재상(三宰相)을 두어 「신가」·「말치」·「불치」라 칭하니, 이두문자로 「相加(상가)」·「對盧(대로)」·「沛

者(패자)」라 쓴 것이 곧 그것이다.

「신가」는 정권(政權)과 병권(兵權)을 전단하다가 그 뒤에 가서 권력이 과중하다고 하여 그 이름까지 폐지하고 「말치」·「크말치」라 칭하였다. 「말치」·「크말치」는 병권은 전혀 없이 오직 왕을 보좌하고 백관(百官)을 총찰(總察)하는 수석대신(首席大臣)이 될 뿐이었는데, 이제 연개소문이 「크말치」 위에 「신」 자(字)를 더하여 「신크말치」라 칭하고, 「신크말치」가 정권과 병권을 총람(總攬)하였다.

그리고 살이(薩伊)의 세습을 폐지하고 연개소문이 자신과 친한 자로 임명하였으며, 4부 살이의 평의제(評議制)를 없애고, 관리의 임면과 승진(黜陟), 국탕(國帑: 나라 곳간)의 출납, 선전(宣戰)·강화(講和) 등 국가대사를 모두 「신크말치」의 전단(專斷)으로 하였으며, 왕은 단지 공문서에 국새(國璽)만 찍을 뿐이었다.

그러므로 연개소문은 고구려 9백 년간의 장상(將相)과 대신(大臣)들뿐만 아니라 곧 고구려 9백 년간 그 어느 제왕도 가져보지 못한 절대 권력을 가진 한 사람이 된 것이다.

4. 연개소문의 대당(對唐) 정책

당(唐)을 대적하여 이를 격멸하고 중국을 고구려의 부용국(附庸國)으로 만들려는 것이 연개소문의 필생의 목적이었다.

연개소문이 소년 시절에 서유(西遊)를 하였던 것은 물론 이 목적을 위해서였고, 혁명적 수단을 써서 대왕을 죽이고, 각 부(部)의 호족들을 죽이고 정권과 병권을 한 손에 거머쥔 것 또한 이 목적을 위해서였다.

그러나 당(唐)은 토지의 넓음과 인구의 많음이 모두 고구려의 몇 갑절이므로, 연개소문은 당을 치는 데 있어서 고구려 단독의 힘으로 하기보다는 열국(列國)의 힘들을 모아서 해야 할 것으로 생각하였다.

이때 고구려 · 당 양국 이외에 다소의 열국이 있었으니, (甲)은 고구려의 동족(同族)인 남방의 신라 · 백제였고, (乙)은 고구려의 이족(異族)인 돌궐(突厥: 지금의 내몽고-원주), 설연타(薛延陁: 지금의 서몽고 등지-원주), 토욕혼(吐谷渾: 지금의 서장(西藏)-원주) 등 여러 나라들이었다. 연개소문은 처음에 영류왕에게 주청하여 고구려 · 백제 · 신라 삼국이 연합하여 당과 싸우려 하였으나, 영류왕이 듣지 않았었다.

김춘추(金春秋)가 고타소낭(古陁炤娘)의 원수를 갚으려고 하여 고구려에 와서 구원을 청하자 연개소문이 김춘추를 자기 집에 묵게 하면서 천하의 대세를 이야기하고, 그리하여 김춘추에게 "개인적인 원한들을 잊어버리고 조선 삼국이 같이 손을 잡고 중국을 치자"고 설득하였으나, 당시 김춘추는 한창 백제에 절치부심하던 때였으므로 듣지 않았다.

〈삼국사기〉 고구려본기에 김춘추의 내빙(來聘)을 보장왕(寶藏王) 원년(元年)이라고 하였으나, 이는 동 사기(史記)가 언제나 전왕(前王) 말년의 일을 신왕(新王) 원년으로 내려쓰는 까닭이며, 김유신전에는 "태대대로(太大對盧) 개금(蓋金)을 보내어 김춘추(金春秋)의 숙소를 정해 주게 하였다"고 하였으나, 이는 연개소문의 후일의 관직명(官銜)을 미리 앞당겨서 이때에 쓴 것이다.

연개소문이 정권을 잡았을 때 신라는 이미 당(唐)과 동맹(同盟)을 맺고 있었으므로, 드디어 백제 의자왕(義慈王)과 사신을 통하여 "백제가 신라와 싸우게 되면 고구려는 당(唐)을 쳐서 당이 신라를 구원하지 못하게 하고, 고구려가 당과 싸우게 되면 백제는 신라를 쳐서 신라가 당과 호응하지 못하게 하자."는 교환조건으로 동맹을 맺었다.

연개소문은 또 오족루(烏簇婁)를 돌궐족의 여러 나라로 보내어 고구려가 당과 싸울 때에 그들로 하여금 당의 배후를 치게 하려고 운동하였으나, 그때 돌궐족의 여러 나라들은 이미 당에게 정복당한바 되어 세력이 미약하여 겨우 설연타(薛延陁)의 추장 진주극한(眞珠可汗)만이 고구려의 제안을 승낙한 것 외에는 감히 응하는 나라가 없었다.

이에 연개소문이 탄식하여 말하기를 "고구려가 남진책(南進策)을 고수하다가 천재일우(千載一遇: 천년에 한 번 만남)의 호기(好機)를 놓쳐버린 것이 적지 않구나."라고 하였다.

제2장 요수(遼水) 전쟁

요수(遼水) 전쟁은 이전의 사서(前史)에서는 전부 빠지고 말았다. 그러나 〈신당서(新唐書)〉 고구려전에, "신라가 구원을 청하므로 황제(당 태종)가 오선(吳船) 4백 척을 동원하여 군량을 운반하게 하고 영주(營州) 도독 장검(張儉)으로 하여금 (유주(幽州)·영주(營州)의 군사 및 거란(契丹)·해(奚)·말갈(靺鞨) 등의 군사를 거느리고 가서-옮긴이) 고구려를 치게 하였다. 그런데 마침 요수의 범람을 만나 군사를 돌렸다."라고 하였다. ·

그러나 이 일은 명백히 기원 645년 안시성(安市城) 전투가 있기 전에 요수에서 일대 전투가 있었으나 당이 전패하였기 때문에, 당의 사관(史官)들이 「爲國諱恥(위국휘치)」(→나라를 위하여 부끄러운 일은 숨긴다.)의 춘추필법을 써서 이같이 모호하고 간략한 몇 개 구(句)의 기록만을 남겨둔 것이다.

이는 대개 당 태종이 연개소문의 혁명 뒤에 고구려의 인심이 불안해하고 의심스러워하는 것을 기회로 신속히 수군(水軍)을 동원하여 쳐들어왔다가 고구려 수군에게 패한 것이다. 기록이 넉넉지 못하므로 그 실제를 상세히 기술할 수는 없으나, 이것이 안시성 전투의 초본(草本)이며 양국 충돌사의 제1면이기 때문에 여기서는 그 눈동자만 보여준다.

(*〈신당서〉 고구려전에는 상기 요수(遼水) 전쟁에 관한 기사의 연대가 분명히 명시되어 있지 않지만, 그러나 정관 19년(기원 645) 이전 부분에

속한 것으로 기록되어 있다.

그리고 〈자치통감〉에는 정관 18년(기원 644) 11월에 이에 관한 짤막한 기사가 실려 있는데, 그 내용은 다음과 같다. "張儉等値遼水漲, 久不得濟, 上以爲畏懦, 召儉詣洛陽. 至, 具陳山川險易, 水草美惡. 上悅."(→장검 등이 거느린 부대가 요수에 이르렀을 때 큰 홍수를 만나서 오랫동안 강을 건너지 못하였다. 태종은 그들이 겁을 먹었기 때문이라고 생각하여 급히 장검을 낙양으로 불렀다. 장검은 와서 산천의 지세가 험하고 평이한 것과 수초가 많은 것과 적은 것 등을 상세히 진술하였다. 태종은 그의 설명을 듣고 기뻐하였다.)

이 두 가지 기록에서 보듯이, 高 · 唐 사이의 제1차 전쟁인 요수 전투는 저자의 추론대로 분명히 안시성 전투가 있기 전해인 644년에 있었으나, 양쪽이 맞붙어 싸웠다는 기록은 중국 측 사서에서 찾을 수 없었다.— 옮긴이)

제3장 안시성(安市城) 전투

1. 안시성 전투 전 피차간의 교섭과 충돌

〈삼국사기〉에 기록된 고구려의 대(對) 수(隋)·당(唐) 전쟁의 사실들은 거의 대부분 〈수서(隋書)〉와 〈당서(唐書)〉에 나오는 기록들을 초록(抄錄)한 것이고, 그리고 〈수서〉와 〈당서〉의 상기 두 전투에 관한 기록은 거의 근거가 없는 거짓 기록, 즉 무록(誣錄)이라는 점은 이미 앞 편에서 말하였다.

그러나 〈수서〉는 수(隋)가 그 전쟁 후에 곧 멸망하고 그 전쟁을 기록한 자도 수나라 사람이 아니고 당(唐)나라 사람이었기 때문에 그래도 무록(誣錄)이 오히려 적지만, 〈당서〉는 당의 연대가 오래 지속되어 고구려와 전쟁한 사실들은 곧 당대 사관(史官)이 적어서 전한 것이므로 그 시(是)와 비(非), 승(勝)과 패(敗)를 뒤집어서 무록이 얼마나 되는지 알 수 없다.

이제 신·구 〈당서〉, 〈자치통감〉, 〈책부원귀(冊府元龜)〉 등에 보인 양국의 교섭, 충돌의 경과를 간략하게 기록하여 그 진위(眞僞)를 밝힌 후에 당시의 실정을 논술하기로 한다.

(一) "貞觀十七年 六月… 太常丞鄧素, 使高麗, 還, 請於懷遠鎭增置戍兵, 以逼高麗. 上曰: 遠人不服, 則修文德以來之, 未聞, 一二百戍兵,能威絶域者也."

(→ 정관17년 6월…태상승(太常丞) 등소(鄧素)가 고구려에 사신으로 갔다가 돌아와서, 태종에게, 회원진(懷遠鎭)에 방위 군사를 더 보내어 고구려를 압박하기를 청하였다. 그러자 태종이 말했다, "(공자께서 말씀하시기를) '먼 곳에 있는 사람이 복종하지 않으면 문(文)의 덕(德)을 닦아 그들이 찾아오게 해야 한다.' 고 하였다. 나는 1~2백 명의 수병들로 아주 멀리 떨어져 있는 사람들을 두려워 떨게 할 수 있었다는 말은 들어본 적이 없다."라고 하였다.)

등소가 고구려를 보고 간 결과 고구려의 강성함이 두려워서 수비병(戍兵)을 더 많이 증파할 것을 청했다는 것인데, 그가 1~2백 명 정도만을 제청한 것은 아닐 것이다. 따라서 이것은 한갓 업신여겨 쓴 글이지 실담(實談)은 아닐 것이다.

(二) "貞觀十七年 潤六月, 上謂房玄齡曰: 蓋蘇文弑其君, 而專國政, 誠不可以忍, 以今日兵力, 取之不難, 但不欲勞百姓, 吾欲且使契丹靺鞨擾之, 何如?"

(→정관 17년 윤6월…태종이 방현령(房玄齡: 〈자치통감〉에는 장손무기(長孫無忌)로 되어 있다.)에게 말했다. "연개소문이 자기 왕을 시해(弑害)하고 국정을 전단(專斷)하고 있는데, 정말로 그냥 참고 보아줄 수 없다. 지금 우리의 병력으로 저들을 쳐서 이기기는 전혀 어려운 일이 아니지만, 단지 우리 백성들을 고생시키고 싶지 않을 따름이다. 나는 우선 거란과 말갈로 하여금 저들을 치도록 하려고 하는데, 어떻겠는가?"라고 하였다.)

그러나 말갈은 곧 예(濊)이니, 고구려에 복속해 있은 지 이미 수백 년이고, 거란(契丹)도 장수태왕 이후 고구려에 속하였으니, 당 태종이 어찌 말갈과 거란을 시켜서 고구려를 치도록 할 수 있겠는가. 당태종이 비록 노쇠하여 기력과 총기가 떨어졌을지라도 이 따위 실정에 맞지 않는 말은 하지 않았을 것이니, 이것도 대개 사관의 망령된 기록(妄錄)이다.

(三) "……或勸帝, 可遂討高麗, 帝不欲因喪伐還."

(→어떤 사람이 태종에게 권하기를, 마침내 고구려를 토벌할 수 있다고 하였으나, 태종은 상대편이 상(喪)을 당한 것을 계기로 치고 싶어 하지 않았다.)

그러나 당태종이 연개소문을 자기 왕을 시해한 적(賊)이라 하여 이를 치려고 하였다면, 이것은 춘추(春秋)의 의리로 보더라도 상대가 상중임을 이용할 수 있는 것이니, 당 태종이 도리어 상대의 상중임을 이용하고자 하지 않았다고 하는 것은 도대체 무슨 말인가. 대개 당 태종이 이때에 아직 동침(東侵) 방침을 완전히 정하지 못하여 군사를 내지 못한 것이니, 그러므로 사관의 해설은 옳지 못하다.

(四) "新羅遣使言, 高麗百濟聯和, 將見討……. 唐帝命司農丞相里玄奬, 齎璽書, 諭高麗, 曰, 新羅委質國家, 爾與百濟, 各宜戢兵. 若更攻之, 明年發兵, 擊爾國矣.

翌年正月, 玄奬至平壤, 莫離支已發兵, 擊新羅, 破其兩城, 高麗王使召之, 乃還. 玄奬諭使勿攻新羅, 莫離支曰; 昔隋人入寇, 新羅乘虛, 奪我地五百里, 自非歸我侵地, 恐兵未能已."

(→신라에서 당나라에 사신을 보내어, 고구려와 백제가 연합하여 장차 신라를 치려고 한다……고 하였다. 당의 황제가 사농승(司農丞) 상리현장(相里玄奬)에게 명하여, 국서(國書)를 가지고 가서 고구려를 타이르라고 하였는데, 그 국서에서 말하기를, "신라는 (唐에) 충성을 맹세한 나라이니, 너희 고구려는 백제와 더불어 마땅히 각기 군사를 거두도록 하라. 만약 다시 신라를 친다면 내년에 군사를 동원하여 너희 고구려를 칠 것이다."고 하였다.

다음해 정월에 현장이 평양에 이르러보니, 막리지는 이미 군사를 출동시켜 신라를 쳐서 성 두 개를 함락시켰다. 고구려왕이 사자를 보내어 막리지를 불러들이자, 그제야 돌아왔다. 현장이 신라를 치지 말라고 타이르자, 막리지가 말했다. "옛날 수(隋)가 우리를 침입해 왔을 때 신라는 그 틈을 타서 우리 땅 5백 리를 빼앗아 갔었소. 빼앗아 간 우리 땅을 돌려주지 않는 한 싸움을 그만둘 수 없소."라고 하였다.)

그러나 상리현장(相里玄奬)이 이와 같이 모욕적이고 거만한 국서(國書)를 가지고 갔으면 후일의 장엄(蔣儼: 아래 글에 보임-원주)과 같이 붙잡혀서 하옥되었을 텐데 어찌하여 무사히 살아서 돌아갈 수 있었는가?

또 만약 연개소문이 이때에 신라를 정벌하러 나가 있었다면, 어찌 당나라 사신 현장의 청이 있다고 해서 소환(召還)에 응할 수 있었겠는가.

신라본기(新羅本紀)에 의하면, 수나라가 쳐들어 왔을 때 그 틈을 타서 신라가 고구려의 땅 5백리를 빼앗은 일도 없고, 또 연개소문이 두 개 성을 습격해서 깨뜨린 일도 없으니, 이는 대개 당 태종이 현장이 사신으로 갔다가 돌아온 것을 계기로 출병할 구실을 만들어 국내에 선전하려고 조작한 말이 될 뿐이다.

(五) "帝將伐高句麗, 募僞使者, 人皆憚行, 蔣儼奮曰: '以天子, 威武四夷, 畏威蕞爾國, 敢圖王人. 如有不幸困, 吾死所也.' 遂請行, 爲莫離所囚."

(→당 태종이 장차 고구려를 치려고 거짓 사자(僞使者)를 모집하니, 사람들은 모두 가기를 꺼려하였다. 그때 장엄(蔣儼)이 분연히 일어나 말했다. "천자의 위엄과 무력에 의지하여 사이(四夷)의 나라에 사신으로 가는데, 조그마한 나라를 두려워하고서야 어찌 감히 황제의 사신이라 할 수 있겠습니까. 만약 불행한 일이나 곤경을 만나게 되면 그곳이야말로 제가

죽을 곳입니다."라고 하였다. 그리고는 마침내 가기를 청하여, 결국 막리지에 의해 감금당하는바 되었다.)

장엄(蔣儼)이 무슨 사명을 가지고 갔는지는 사서에서 기록해 놓지 않았으나, 이전에 만약 연개소문에게 구금되거나 참수당한 자가 없었다면 어찌 사람들이 모두 가기를 꺼려하게 되었겠는가.

이로써 당(唐) 사관(史官)들이 매번 그 나라의 부끄러운 일(國恥)을 감추기 위하여 교섭의 전말(顚末)을 많이 빼버렸음을 볼 수 있다.

무릇 고구려와 당은 피차 강약(强弱)을 다투는 서로 양립(兩立)할 수 없는 나라였고, 연개소문과 당 태종은 피차간에 우열(優劣)을 시합하는 서로 양립할 수 없는 인물들이었으니, 이와 같은 두 인물이 두 나라의 정권을 잡았으니, 두 나라 사이의 전쟁은 조만간 필연적인 사실이었다. 만약 연개소문의 집권이 몇 해만 더 빨랐더라면 당 태종이 동침(東侵)하기 전에 벌써 연개소문의 서정(西征)이 있었을지도 모를 일이다.

그러나 당 태종이 중국을 통일한 지 30년, 또 제왕이 되어 자신의 재주와 지략을 다하여 국가의 제도와 시설 등을 정비한 지 20년, 또 돌궐과 토욕혼(吐谷渾) 등의 변방 나라들을 정복한 지 10년이 지난 다음에야 연개소문은 겨우 혁명을 성공하고 〈신크말치〉의 자리에 있었으므로, 당 태종이 침입해온 것이다.

연개소문으로서야 자기가 고구려의 내정과 외교 등 모든 큰 사건들을 다 정리한 다음에 전쟁을 하였으면 하는 생각이 굴뚝같았겠지만, 그것은 사정이 허락하지 않는 것이므로, 서둘러 남으로 백제와 손을 잡고 서북으로 설연타(薛延陀) 등을 선동하여 자기 편(與黨)을 만들 뿐이었다.

당 태종은 수 양제(煬帝)가 고구려와 전쟁을 하였기 때문에 망했다는 사실을 잘 알고 이를 경계하였으나, 그렇다고 또 전쟁을 하지 않을 수도 없는 형세에 있음을 자각하고 있었기 때문에, 연개소문의 내부 세력이 아직 완전히 굳어지기 전에 이를 먼저 꺾어버리려고 서둘러 군사를 동원하였던 것이다.

이것이 당시 양편의 형세였다. 이외의 중국 사서(史書)들의 춘추필법적(春秋筆法的) 기록과 우리나라 사서의 노예적 사실 채집(採輯)은 거의 신뢰할 수 없는 망설(妄說)들이다.

2. 당 태종의 전략과 침입 노선(路線)

당 태종이 고구려로 쳐들어온 것은 일조일석(一朝一夕)의 일이지만, 그것을 계획하고 준비해온 것은 20년 동안의 일이다.

진(秦)·한(漢) 이후 흉노(匈奴)가 쇠하고, 위(魏)·진(晋) 이후에도 오호(五胡)는 모두 중국 안에 뒤섞여 살고, 그 외에 돌궐·토욕혼이 수시로 중국의 북부에서 궐기하였으나 다 오래지 않아 잔약해졌다.

그러나 오직 고구려만은 동남과 동북에서 중국과 대치하여 탁발씨(拓跋氏)의 주(周)와 겨루고, 수(隋)에 이르러서는 곧 양제(煬帝)의 수백만 군사들을 전멸시켜 그 위무(威武)가 한 시대를 떠들썩하게 놀라게 하는 동시에 중국과 마주서서 「신수두」의 교위(教義)나, 이두문자로 쓴 시문(詩文)이나, 기타 음악·미술이 다 그 고유의 국풍(國風)으로 발달하여, 정치상에서뿐만 아니라 엄연히 일대 제국(帝國)을 형성하였다.

그 때문에, 당 태종이 중국 이외에 또 고구려가 있다는 사실을 극히 질시(嫉視)하여, 정관(貞觀)의 치세(治世) 20년간에 겉으로는 조용하고 편안하게 여러 신하들과 치도(治道)와 치덕(治德)을 강론하였지만, 그 머릿속에는 언제나 최측근의 모신(謀臣)인 방현령(房玄齡) 등조차도 알지 못하게 대 고구려 전쟁의 계획이 오락가락 하였을 것이다.

그가 고구려를 치자면 먼저 수 양제의 패인(敗因)을 연구하고 분석하여 그 반대로 전략을 만들라고 명하여, 이에 다음과 같은 초안(草案)을 작성하였다.

(一) 수 양제가 패한 첫 번째 원인은, 정예병을 취하지 않고 많은 수의 군사를 동원함으로써, 비록 숫자상 군사 수는 4백만 명에 달하였으나 전투에 능한 자는 수십만 명도 채 되지 못했기 때문이다. 그러므로 10년간 양성한 군사들 중에서 특별히 정예병 20만 명을 가려 뽑는다.

(二) 수 양제가 패한 두 번째 원인은, 고구려의 변경부터 잠식해 들어가지 않고 곧 대군으로 평양을 침입하였다가 군량 수송로가 단절되고 후원이 없었기 때문이다. 그러므로 먼저 평양으로 쳐들어가지 말고, 먼저 요동의 각 군현(郡縣)들부터 정복하도록 한다.

(三) 수 양제가 패한 세 번째 원인은, 수백만의 육군이 각자 먹을 양식을 스스로 짊어지고 행군 도중의 양식으로 삼고 따로 수군으로 하여금 배에다 각지 창고의 양곡을 싣고 해로로 운송하여 목적지에 도달한 후, 군사들이 진을 치고 머물러 있는 동안 먹을 군량으로 삼도록 하였는데, 군량 운반선이 고구려 수군에 의해 전부 침몰되었기 때문에 결국 군량 부족으로 패하였다.

따라서 배로 군량을 운반하는 데 수반되는 위험을 피하기 위하여 국내의 소, 말, 양의 목축을 장려하여 전사(戰士) 1명당 타고 갈 말 한 필, 양곡을 운반할 소 한 마리, 그리고 양 몇 마리씩을 분배해 주어서 행군 도

중에 먹을 군량도 군사들이 각자 짊어지고 가지 않고 소로 운반하고, 또 목적지에 도달한 다음에도 군량선을 기다릴 것 없이 양식이 충분하게 하고, 또 소와 말과 양 등 고기를 먹을 수 있게 한다.

(四) 수 양제가 패한 네 번째 원인은 다른 지역 열국(列國)들의 원조 없이 오직 수나라 혼자 힘만으로 고구려와 싸웠기 때문이다. 그러므로 신라 김춘추(金春秋)의 구원병 요청을 계기로 드디어 공수동맹(攻守同盟)을 맺고 고구려의 후방을 교란토록 한다.

이상의 전략을 주도면밀하게 작성한 뒤에 기원 644년 7월에, 군대는 낙양에 집중하고, 군량은 영주(營州)의 대인성(大人城: 지금의 진황도(秦皇島)－원주)에 집중하고, 영주 도독 장검(張儉)에게 명하여 유주(幽州), 영주(營州) 2개 주의 병마를 거느리고 요동 부근을 유격(遊擊)하여 고구려의 형세를 탐지하게 하고, 장작대장(將作大匠: 공병대장) 염립덕(閻立德)에게는 군량을 대인성으로 운송하도록 명하였다.

그리고 같은 해 10월에 형부상서(刑部尙書) 장량(張亮)을 평양도행군대총관(平壤道行軍大摠管)으로 삼고, 상하(常何)·좌난당(左難當)을 부총관으로 삼고, 방효태(龐孝泰)·정명진(程名振)·염인덕(冉仁德)·유영행(劉英行)·장문간(張文幹)은 총관(摠管)을 삼아 강(長江)·회남(淮河)·영동(嶺東)·섬서(陝西)의 정병 4만 명과 장안(長安)·낙양(洛陽)의 용사 3천 명을 거느리고 바닷길로 떠나게 하였는데, 겉으로는 평양으로 향해 간다고 하였으나 실제로는 요하(遼河)로 향해 갔던 것이다.

그리고 이적(李勣: 李世勣)으로 행군대총관(行軍大摠管)을 삼고, 강하왕(江夏王) 이도종(李道宗: 부대총관(副大摠管) －원주)은 장사귀(張士貴)·장검(張儉)·집실사력(執失思力)·걸필하력(契苾何力: 걸필(契苾) 부락의 추장 하력(何力). 여기서 한자 〈契〉는 〈契丹〉을 〈거란〉으로 읽듯이 〈계〉가 아니라 〈걸〉로 읽는다. −옮긴이)·아사나미야(阿史那彌射)·강덕본(姜德本)·오흑달(吳黑闥) 등을 총관으로 삼아 육로로 요동을 향해 달려가서 요동에서 합치도록 하고, 당 태종은 친히 황제의 어군(御軍) 20만 명으로 뒤따라가기로 하였다.

3. 연개소문의 방어 및 진공(進攻) 전략

당의 군사들이 쳐들어온다는 소식이 전해지자 연개소문은 여러 장수들을 모아놓고 저항할 계책을 강구하였는데, 어떤 장수는 말하기를, "평원왕(平原王) 때에 온달(溫達) 장군이 주(周)의 군사를 맞아 싸웠듯이 기병(騎兵)으로 마구 무찌르고 요동 평야에서 격전하여 승부를 결판내는 것이 옳다."고 하였으며, 어떤 자는 말하기를 "영양왕(嬰陽王) 때 을지문덕(乙支文德)이 수(隋)와 싸웠듯이 마을과 들판의 인민들과 곡식들을 모두 성안으로 옮겨 보관한 뒤에 적들을 평양으로 유인해 들이고, 그런 후에 적들의 양도(糧道)를 끊어 적들이 굶주리고 지친 때를 틈타 격파하는 것이 옳다."고 하여, 중론이 분분하였다.

이때 연개소문이 말했다.

"전략(戰略)은 형세(形勢)에 따라서 결정되는 것인데, 오늘의 형세가 평원왕 때의 형세와 다르고 영양왕 때의 형세와도 다르거늘 어찌 그때의 형세와 같이 생각하고 전략을 결정할 수 있겠는가.

이번에는 지형(地)을 택하여 방어하고 기회(機)를 틈타서 진공할 것이니, 옛 사람들이 만들어 놓은 원칙(成規)을 그대로 지켜야 할 필요는 없다."고 하면서 다음과 같이 명령을 내렸다.

건안(建安)·안시(安市)·가시(加尸)·횡악(橫岳) 등 몇 개의 성읍(城邑)만 고수하도록 하고 그 나머지는 곡식과 말의 먹이를 성안으로 운반하거나 불태워 버려서 적들로 하여금 노략질할 것이 없도록 하며, 오골성(烏骨城: 지금의 연산관(連山關) -원주)으로 방어선을 삼아 용장과 군사들을 배치하고, 따로 안시성주 양만춘(楊萬春)과 오골성주 추정국(鄒定國)에게 은밀히 말하였다.

"지금 당나라 사람들은 수(隋)와의 패전을 교훈삼아 양식에 특별히 신경을 쓰면서 장래에 군량이 떨어지면 그것을 보충할까 하여 군중에 소, 말, 양들을 무수히 가져왔으나, 가을과 겨울이 되면 모든 풀들이 다 마르고 강물도 얼어버리면 그 소, 말, 양들을 무엇으로 먹이겠는가. 저들도 이런 사정을 알고 있으므로 속전(速戰)하려고 할 것이다.

그러나 저들은 수(隋)의 패전을 거울삼아 평양으로 곧바로 나아가지 못하고 안시성을 먼저 공격할 것이니, 양공(楊公)은 나가서 싸우지 말고 성을 고수하고 있다가, 저들이 굶주리고 지칠 때를 기다려서, 양공은 안에서 나가 치고 추공(鄒公)은 밖에서 진격하는 것이 좋을 것이다. 나는 뒤에서 당나라 군사들의 뒤를 습격하여 그 돌아갈 길을 아주 없애고 이세민(李世民: 당 태종)을 사로잡을 것이다."

4. 상곡(上谷)의 횃불과 당 태종의 패주(敗走)

〈해상잡록(海上雜錄)〉에서 이르기를, 당 태종이 출병하기 전에 일찍이 당의 제일 명장 이정(李靖)을 행군대총관(行軍大摠管)으로 삼으려 하였더니, 그가 사양하면서 말했다.

"군은(君恩: 군주의 은혜)도 중하지만 사은(師恩: 스승의 은혜)도 돌아보지 않을 수 없는 것입니다. 이 몸이 일찍이 태원(太原)에 있을 때 연개소문을 만나서 그로부터 병법을 배웠는데, 이 몸이 그 뒤에 폐하를 도와 천하를 평정한 것이 다 그에게서 배운 병법의 힘이었은즉, 금일 신이 어찌 감히 전일에 스승으로 섬기던 연개소문을 칠 수 있겠습니까."

태종이 다시 물었다. "연개소문의 병법이 과연 옛사람(古人) 중 누구에게 견줄만한가?"

이정이 대답하였다. "옛사람은 알 수 없지만 금일 폐하의 여러 장수들 가운데는 적수(敵手)가 없고, 비록 폐하께서 직접 나가시더라도 이기기 어려울 것 같습니다."

태종이 기분나빠하면서 말했다. "중국은 이처럼 나라도 크고 사람 수도 많고 병력도 강한데 어찌 일개 연개소문을 두려워하겠는가."

이정이 말했다. "연개소문은 비록 한 사람이기는 하나 그의 재주와 지략이 만중(萬衆)에 뛰어난데 어찌 두렵지 않겠습니까."

만약 이런 기록이 사실이라고 한다면, 당 태종이 이때에 일찍이 (앞의 〈갓쉰동전〉에 나오는) 영희 때문에 연개소문을 죽이지 못하였음을 후회하였을 것이다.

기원 645년 2월에 당 태종이 낙양에 이르러, 수(隋)의 우무후장군(右武侯將軍)으로서 수 양제를 따라 살수 전투에 갔다가 수가 망한 뒤에 당에 벼슬하여 선주자사(宣州刺史)가 되었다가 이때에 와서는 연로하여 휴직하고 있던 정원숙(鄭元璹)을 불러서, 고구려의 사정을 물었다. 정원숙(元璹)이 대답하여 말했다.

"요동은 길이 멀어 양식 운반이 힘들고, 고구려는 수성(守城)에 능하여 성을 공격하여 함락시키기가 극히 어려우므로, 신은 이번 일을 매우 위태로운 것으로 보나이다."

당 태종이 또 기분나빠하면서 말했다.

"오늘의 국력이 수(隋)와 견줄 바가 아니니, 공은 다만 가만히 있으면서 결과나 지켜보도록 하라."

그러면서도 만일을 염려하여 이정에게 후방을 단단히 지키라고 명하고 드디어 출발하였다.

요택(遼澤: 지금의 발착수(渤錯水) -원주)에 이르니 2백 리에 뻗친 진펄에 사람도 말도 지나갈 수가 없었다. 그래서 장작대장(將作大匠: 공병대장) 염립덕(閻立德)에게 명하여 나무와 돌들을 운반하여 길을 만들게 하였는데, 수나라 때 그곳에서 죽은 장사들의 해골이 곳곳에 널려 있었다. 당 태종이 제문(祭文)을 지어 애곡하고 여러 신하들을 돌아보며 말했다.

"오늘날 중국의 자제(子弟)들은 거의 대부분 이 해골의 자손들이니, 어찌 복수를 하지 않을 수 있겠는가."

그리고 요택을 다 지나가자마자 말하였다.

"누가 연개소문을 병법을 아는 자라고 말했는가. 병법을 안다는 자가 어찌 이 요택을 지키지 않는가?"

요하(遼河)를 건넌 뒤에는 모든 전투들이 거의 대부분 순조롭게 진행되어 요동, 즉 오열홀(烏列忽)·백암(白巖)·개평(蓋平)·횡악(橫岳)·은산(銀山)·후황성(後黃城) 등을 차례대로 함락시키고 다시 이적(李勣: 李世勣) 등 여러 장수들을 불러서 군사회의를 열어 새로 진군할 길을 의논하였다.

이때 강하왕(江夏王) 이도종(李道宗)은 먼저 오골성(烏骨城: 지금의 연산관-원주)을 쳐서 얻고 나서 곧 평양을 습격하자고 하였으며, 이적과 장손무기(長孫無忌)는 안시성(安市城)부터 먼저 치자고 하였다.

수 양제(煬帝)가 일찍이 우문술(宇文述) 등으로 하여금 30만 대군을 거느리고 가서 평양을 공격하게 하였다가 전군이 패몰(敗沒)하였던 사실은 당 태종이 이를 거울삼아 경계하고 있던 바였기 때문에, 그는 이도종의 말을 따르지 않고 이적의 말을 좇아 먼저 안시성을 쳤다.

연개소문이 안시성주 양만춘(楊萬春)과 오골성주 추정국(鄒定國)에게 요동의 전쟁에 관한 모든 일을 위임하였음은 이미 앞에서 말하였지만, 안시성은 곧 「아리티」 혹은 「환도성(丸都城)」이라, 혹은 「북평양(北平壤)」이라 불리는 곳으로, 태조대왕(太祖大王)이 일찍이 서북(西北)을 경영하기 위하여 설치한 것으로서 발기(發岐)의 난리 때 이를 중국에 빼앗겼다가, 고국양왕(故國壤王)이 이를 회복한 이래 이를 바다와 육지의 요충(要衝)이라 하여 성과 성가퀴(城堞)를 더욱 보강하여 쌓고 정예병을 배치하고, 성 안에는 늘 수십만 섬(石)의 곡식을 비축하여 난공불락의 요새(要塞)로 불려온 지 오래되었다.

동년 6월에 당 태종이 이적(李勣) 등 수십만 명의 군사를 거느리고 성을 공격하여 포위하고, 통역병으로 하여금 성 안을 향하여 “너희들이 항복하지 않으면 성을 함락시키는 날 모조리 다 도륙(屠戮)을 낼 것이다.”라고 외치게 하였다.

양만춘은 성 위에서 통역병으로 하여금 당나라 군사들을 향하여 “너희들이 항복하지 않으면 성에서 나가는 날 모조리 도륙할 것이다.”라고 외치게 하였다.

당나라 군사들이 성에 가까이 오면 성 안의 군사들이 문득 이들을 쏘아 넘어뜨렸는데, 화살 한 발도 맞지 않아서 허발(虛發)되는 일이 없었다.

이에 당 태종이 성을 단단히 포위하여 성 안 백성과 병사들이 굶주리고 지치게 하려고 했다. 그러나 사실 성 안에는 쌓아둔 양곡이 넉넉하였다. 당나라 병사들은 비록 처음에 가져온 양식은 풍부하였으나 여러 달이 지나자 차차 군량이 떨어졌다는 보고가 들어오기 시작하였다. 비록 요동의 여러 성들을 쳐서 얻었다고는 하지만 쌓여 있는 것들이 전혀 없는 빈 성들뿐이었으며, 수로(水路)로 오던 배들은 모두 고구려 수군에 의해 격파되었기 때문에 군량을 운반할 길이 없었다. 그런데다 요동은 날씨가 일찍 추워지므로 만일 추풍(秋風)에 풀들이 말라버리면 소나 말, 양들은 먹을 사료가 없어서 굶어죽을 것이 분명한지라, 이에 당 태종은 낭패가 극심하였다.

그래서 당 태종은 강하왕(江夏王) 이도종(李道宗)에게 명하여 안시성의 동남에 토성(土城)을 쌓게 하였다. 나무를 촘촘히 엮듯이 박아서 벽을 만들고 그 안에 흙을 다져넣어 층층이 쌓아 올리고 중간에는 다섯 갈래의 길을 만들어 왕래하도록 하였는데, 열흘 동안의 품과 50만 인부의 공전(工錢)을 들였다. 그리고 한편으로는 사졸(士卒) 수만 명이 매일 6, 7차례 번갈아 가면서 교전함으로써 사상자도 적지 않게 나왔다.

토산이 완성된 후에는 토산 위에서 돌을 던지고 당차(撞車)를 굴러서 성첩을 무너뜨렸다. 성 안에서는 무너지는 곳에 목책(木柵)을 세워 막으려고 했으나 당해낼 수가 없었다.

이에 양만춘은 결사대(決死隊) 1백 명을 뽑아 성이 무너진 곳으로 달려나가서 당나라 병사들을 물리치고 토산을 빼앗아 토산 위의 당차와 돌던지는 기계를 점거하여 이로써 도리어 산 위의 당나라 군사들을 물리치니, 당 태종이 더 이상 어찌 해 볼 계책이 없어져서 군사를 돌리려고 하였다.

연개소문이 요동의 싸우는 일을 전적으로 양만춘과 추정국 두 사람에게 맡기고 정예병 3만 명으로 적봉진(赤峰鎭: 지금의 열하(熱河) 부근–원주)을 좇아 다시 남진하여 장성(長城)을 넘어 상곡(上谷: 지금의 하간(河間)-원주) 등지를 격파하니, 당 태자 치(治: 당 태종의 태자는 원래 승건(承乾)이었는데, 643년 그가 모반을 일으키다가 발각되어 폐서인(廢庶人)되고 진왕(晋王) 치(治)가 이때 태자로 되었다.-옮긴이)가 어양(漁陽)에 머물러 있다가 크게 놀라 위급함을 알리는 봉화 불을 올리니, 봉화가 하루 밤 사이에 안시성까지 연이어졌다.

당 태종이 임유관(臨渝關) 안에 변란이 일어났음을 알고 곧 군사를 돌리려 하였는데, 오골성주 추정국과 안시성주 양만춘은 그 봉화를 보고 연개소문이 이미 목적지에 도달하였음과 당 태종이 장차 도망갈 줄을 짐작하였다.

그리하여 추정국은 전군을 거느리고 안시성 동남의 협곡(峽谷)으로 몰래 나가서 갑자기 공격하고, 양만춘은 성문을 열고 공격하니, 당나라 군사들은 큰 혼란에 빠져서 사람과 말들이 서로 짓밟으며 도망가고, 당 태종은 헌우락(軒芋濼)에 이르러서 말의 발이 진펄에 빠져서 움직이지 못하고 양만춘의 화살에 왼쪽 눈을 맞아 거의 생포될 뻔하였다.

그때 마침 당나라의 용장 설인귀(薛仁貴)가 달려와서 당 태종을 구하여 말을 갈아 태우고 전군(前軍)의 선봉 유홍기(劉弘基)가 뒤를 끊어 막으며 혈전을 벌인 지 한참 후에야 겨우 벗어나 달아날 수 있었는데, 〈성경통지(盛京通志)〉의 해성고적고(海城古蹟考)에 쓰여 있는 바 "唐太宗陷馬處(당태종함마처)"(→당 태종의 말이 빠졌던 곳)가 곧 그곳으로, 지금까지도 그곳 사람들 사이에는 당 태종의 말이 진펄에 빠지고 화살에 눈을 잃고 사로잡힐 뻔한 이야기가 전해지고 있다.

양만춘 등이 당 태종을 좇아 요수(遼水)에 이르러서는 수많은 당나라 군사의 장수들과 사졸들의 목을 베고 포로로 사로잡았다.

당 태종이 요택(遼澤)에 이르러서는 타고 가던 말들을 몰아서 진펄에 눕혀 놓고는 그것을 다리 삼아 밟고 넘어갔다.

10월, 임유관(臨渝關)에 이르렀을 때에는 연개소문이 당나라 군사들의 돌아갈 길을 끊고 있었는데, 뒤에서는 양만춘의 군사들이 추격해 오고 있었으므로, 당 태종은 위급한 상황에서 어찌 할 바를 몰랐다. 그때 마침 눈바람이 크게 불어 천지가 아득하고 지척을 분간할 수 없었으므로 양쪽의 군마(軍馬)들이 서로 엎어지고 자빠져서 어지러이 널려있었는데 당 태종이 그 기회를 이용하여 도망을 갔다.

안시성 전투는 동양 고대 역사상 큰 전쟁이었는데, 비록 동원된 양쪽 군사의 숫자는 살수(薩水) 전투에 미치지 못하지만, 그러나 피차 전략의 주도(周到)함과 군사의 정예로움과 물자와 기계, 장비 등의 소모는 살수 전투 때의 그것을 초과하며, 전투가 지속된 시일도 그때보다 두 배는 되었다.

이 전투는 양 민족의 운명을 건 큰 전투였음에도 불구하고 당사(唐史)의 기록들은 거의 다 사리(事理)에 모순되는 것들로 차 있다.

이를테면, (一) 백제는 고구려의 동맹국인데도 당사(唐史)에 "백제가 금휴개(金髹鎧: 옻칠을 한 쇠 갑옷-옮긴이)를 바쳐서 모든 군사들이 입고 출전하니 햇빛에 갑옷이 번쩍번쩍 빛났다."고 하였는데, 이는 고구려의 동맹국인 백제가 도리어 적국인 당나라 군사들에게 무장을 제공했다는 말이 아닌가.

(二) 당나라 군대의 패멸(敗滅)이 곧 군량이 떨어진 데에 그 원인이 있음에도 불구하고 당사(唐史)에서는 "당 태종이 백암(百巖) 등의 성을 깨뜨리고 양곡을 1십만 섬(石) 혹 50만 석을 얻었다."고 하였으니, 그들이 운

반해온 양곡 외에 얻은 양곡이 또 적지 않았다는 말이 아닌가.

(三) 연개소문은 영류왕(榮留王)과 수많은 호족(豪族)들을 다 죽인 후에 자기 친당(親黨)들을 요직(要職)에 나누어 앉힘으로써 그때까지 내려오던 족벌정치(族閥政治)를 타파하고 정권을 통일하였다. 그런데 "당 태종이 안시성에 이르니 북부 누살(耨薩) 고연수(高延壽)와 남부 누살 고혜진(高惠眞)이 고구려·말갈(靺鞨: 예(濊) -원주)의 병력 15만 6천8백 명을 거느리고 와서 안시성을 구하였다."고 하였는데, 이는 (연개소문에게 살해당한) 왕족 고씨(高氏)가 여전히 남북 양부(兩部)에 근거를 갖고 살이(薩伊)의 중임을 맡아 수십만 병력을 거느렸다는 것이니, 연개소문 혁명 이후 고구려의 현상이 어찌 이러하였겠는가.

(四) 안시성(安市城)은 곧 환도성(丸都城)으로, 고구려 삼경(三京)의 하나이고 바다와 육지의 요충지인데, 연개소문이 혁명을 한 뒤에 이 땅을 자기와 뜻을 달리하는 무리(他黨)에게 줄 리가 없는 것이거늘, 당사(唐史)에서는 "안시성주 양만춘(楊萬春)은 재주와 용기가 있었으며, 또한 성이 험하고 양곡이 넉넉하였으므로, 막리지 연개소문의 난리 때 이곳을 근거로 버티면서 불복하므로 막리지가 그 때문에 그 성을 주었다."고 하였다. 그렇다면 이 때에 고구려가 여러 개의 나라로 분열되어 있었음이니, 어찌 하나로 단결하여 수십만의 당나라 군사를 막았겠는가.

(五) 평양을 습격하는 계책이야말로 수 양제가 패망한 계책이거늘, 당사(唐史)에서는 "이정(李靖)이 이 계책을 쓰지 못한 것이 패전의 제일 원인이었고, 당 태종 또한 이를 후회하였다.(道宗具陳, 在駐蹕時不乘虛取平壤, 上悵然曰, 當時匆匆, 吾不憶也.)"라고 하였다. 그렇다면 그들이 수 양제의 최근 역사를 까맣게 잊어버렸음이 아닌가.

이와 같이 사실과 모순되는 기록이 많은 것은 무슨 까닭인가? 그 이유는 대개 다음과 같다.

(一) 사방의 이웃들과 모든 나라들을 다 당(唐)의 번복(藩服: 변방 속국)으로 보는 주관적 자존심 때문에 사관들이 매번 「爲尊者諱(위존자휘)」(→ 존귀한 자의 잘못이나 수치는 감춘다), 「爲親者諱(위친자휘)」(→자기 조상의 잘못이나 수치는 감춘다), 「爲中國諱(위중국휘)」(→ 중국의 잘못이나 수치는 감춘다) 등의 소위 춘추필법(春秋筆法)으로 거짓 기록한 까닭이니, 백제가 고구려의 동맹국임은 객관적 사실임에도 불구하고 제1조의 망발이 있으며,

(二) 요동성, 개평성(蓋平城) 등을 차례차례 점령하도록 내버려 두는 것이 연개소문의 미리 정해진 전략인데, 그런 계책에 빠진 것을 감추기 위하여 그 노획품(虜獲品)이 풍성하고 많았음을 과장하려다가 제2조의 위증(僞證)이 있게 된 것이며,

(三) 당 태종이 패주(敗走)한 것을 승리한 것으로 뒤집어 꾸미려다가 고씨(高氏: 榮留王 高建武)의 천하가 이미 연개소문의 천하가 된 것을 망각하고 문득 15만 대병을 거느린 고연수(高延壽), 고혜진(高惠眞) 두 누살이(耨薩伊)가 투항하였다고 하는 제3의 망령된 기록(妄作)이 있게 된 것이며,

(四) 당 태종이 수십만 대군으로 4, 5개월 만에 일개 외따로 떨어진 안시성(安市城) 하나를 쳐서 함락시키지 못한 수치를 감추기 위하여, 안시성은 당 태종이 쳐서 깨뜨리지 못한 성(城)일 뿐만 아니라 고구려 본국의 대권을 잡은 연개소문조차도 어찌 하지 못하는 성이었다고 한 제 4조의 황당한 기록이 있게 된 것이며,

(五) 당(唐)이 고구려에게 패한 것은 계책과 힘이 부족했기 때문이 아니라, 이러한 기묘한 모책(奇謀)이 있었으나 쓰지 못한 까닭이라고 하여, 이도종(李道宗)이 고구려의 허를 찔러 평양을 습격하자는 진술이 있었다는 제5조의 치담(癡談: 어리석은 이야기)이 있게 된 것이다.

이상은 그 대략을 말한 것이지만, 자세히 살펴보면 거의 다 이런 따위의 것들이다. 그러므로 이제 당사(唐史)를 좇지 않고 〈해상잡록(海上雜錄)〉, 〈성경통지(盛京通志)〉 및 동북삼성(東北三省: 즉 요령성, 길림성, 흑룡강성)의 지역주민들의 전설 등을 재료로 삼아 이야기하는 바이다.

5. 화살 독으로 인한 당 태종의 사망과 연개소문의 당 정벌

당 태종이 양만춘의 화살에 맞아서 그 눈이 빠진 것은 나무하는 사람들과 농부들의 전설이 되고 시인들이 시(詩)로써 읊는바 되어, 목은(牧隱) 이색(李穡: 고려 말의 문신, 학자—옮긴이)의 정관음(貞觀吟: 〈당 태종을 노래함〉)에서, "謂是囊中一物耳, 那知玄花(目)落白羽(矢)(위시낭중일물이, 나지현화(목)낙백우(시))" (→이것은 주머니(화살통) 속에 든 한 물건일 뿐인데, 흰 깃(화살)에 현화(玄花: 눈)가 떨어질 줄 어찌 알았으랴.)"라고 하였고, 노가재(老稼齋) 김창업(金昌業: 효종 때의 유학자. 북경을 다녀오면서 보고들은 것을 쓴 가재연행록(稼齋燕行錄)이란 책이 있다.—옮긴이)의 〈천산시(千山詩)〉에서는, "千秋大膽楊萬春, 箭射虬髯落眸子(천추대담양만춘, 전사규염락모자)" (→천추에 대담한 양만춘이 화살 쏘아 규염(虬髯: 당 태종)의 눈알 빼었네.)"라고 하였다. 이외에도 이런 종류의 시가 많이 있다.

그러나 〈삼국사기〉, 〈동국통감(東國通鑑)〉 등 사책(史册)에서는 당시의 전황을 기록하면서 겨우 〈당서(唐書)〉의 기록을 초록(抄錄)하였을 뿐, 이런 말이 전혀 없다. 이는 사대주의파 사가(史家)들이 고대 우리나라의 외국에 대한 승리의 기록들을 모두 삭제하고 빼버렸기 때문이다.

이것을 중국의 역사에서 참고해 보면, 당 태종의 병에 관한 진단은

(甲) 〈구당서(舊唐書)〉의 태종본기(太宗本紀), (乙) 〈신당서(新唐書)〉, (丙) 〈자치통감(資治通鑑)〉 등에서 서로 다 다르게 기록되어 있다.

(甲)은 당 태종이 내종(內腫: 암)으로 죽었다고 하였으며, (乙)은 당 태종이 한질(寒疾: 감기)로 죽었다고 하였으며, (丙)은 당 태종이 이질(痢疾)로 죽었다고 하였다.

한 세대 동안 전 중국에 군림하여 호령하였던 만승(萬乘)의 황제가 죽은 병 이름이 늑막염인지 장티푸스인지 모르게 애매모호하게 기록한 것은 대개 고구려인의 화살 독에 죽은 치욕을 감추려다가 이 같은 모순된 기록을 남기게 된 것이다. 그러나 그가 요동에서 얻은 병이라고 한 것은 모든 기록들이 동일하니, 양만춘이 쏜 화살에 맞아 그 유독(遺毒)으로 죽은 것이 명백하다.

이것은 송(宋) 태종(太宗)이 태원(太原)에서 화살에 맞아 생긴 상처로 인하여 그 독이 해마다 재발하다가 3년 만에 죽은 것을 송사(宋史)에서 감춘 것과 같은데(진정(陳霆)의 〈양산묵담(兩山墨談)〉에 보임-원주), 이 뒤에 신라와 당의 동맹이 더욱 공고해지는 것과, 당의 안록산(安祿山), 사충명(史忠明)의 난(亂) 등과 번진(藩鎭)의 발호 등은 모두 당 태종이 고구려의 화살 독에 죽은 사건과 관계되지 않은 것이 없다. 그러함에도 불구하고 이것을 감추어서 역사적 사실이 일어난 원인을 모르게 하였으니, 춘추필법의 해독이 또한 이처럼 심한 것이다.

연개소문이 중국에 쳐들어간 것도 기록에는 보이지 아니하나, 지금 북경시의 조양문(朝陽門) 밖 7리쯤에 있는 황량대(謊糧臺)를 비롯하여 산해관(山海關)까지 이르는 동안에 황량대라고 이름 붙은 지명이 10여 곳이나 되는데, 전설에 의하면, 「황량대(謊糧臺)」는 당 태종이 모래를 쌓아 양곡 창고(糧儲: 노적가리)라고 속이고 고구려인들이 쳐들어오면 복병으로 유격하였다고 한 곳인즉, 이는 연개소문이 당 태종을 북경까지 추격한 유적이다.

산동성(山東省)·직예(直隸: 지금의 북경시) 등지에는 띄엄띄엄 「고려(高麗)」 두 자(字)가 앞에 붙은 지명들이 있는데, 전설에는 이것들은 모두 연개소문이 점령하였던 옛 땅이라고 하며, 이들 중에서 가장 두드러진 것은 북경 안정문(安定門) 밖 60리쯤에 있는 고려진(高麗鎭)과 하간현(河間縣) 서북 12리쯤에 있는 고려성(高麗城)인데, 번한(樊漢)이라는 당나라 사람이 지은 「고려성(高麗城) 회고시(懷古詩)」에서 이르기를(*한시 번역은 옮긴이),

僻地城門啓(벽지성문계)　　외진 곳에 있는 성문 열고 들어가 보니
雲林雉堞長(운림치첩장)　　빽빽한 숲 속에 성 담장 길게 뻗어 있고
水明留晩照(수명류만조)　　맑은 물에는 저녁노을 비추는데
沙暗燭星光(사암촉성광)　　물속의 검은 모래 별빛인 양 반짝인다.

疊鼓連雲起(첩고연운기)　　둥둥둥 북소리에 뭉게구름 일어나고
新花拂地粧(신화불지장)　　새로 핀 꽃들은 지면을 치장하였네.
居然朝市變(거연조시변)　　시끌벅적 번화하던 거리 변하여
無復管絃鏘(무부관현장)　　더 이상 음악소리 들을 수 없구나.

荊棘黃塵裏(형극황진리)　　황진 속에 가시나무들 우거지고
蒿蓬古道傍(호봉고도방)　　더북한 쑥들은 옛길 옆을 덮었는데
輕塵埋翡翠(경진매비취)　　날려 온 먼지 속엔 비취가 묻혔구나.
荒壟上牛羊(황롱상우양)　　무너진 밭둑 위의 소와 양들이야
無奈當年事(무나당년사)　　그 당시 일들을 어찌 알거나
秋聲肅雁行(추성숙안행)　　가을소리 청아한데 기러기 떼 날아간다.)”

이라고 하였다.

위의 시로 보면, 연개소문이 일시 당(唐)의 땅을 침략해 들어갔을 뿐만 아니라 성을 쌓고 인민을 옮겨서 살게 하여 북 소리가 구름에까지 닿았고, 꽃나무와 버들잎(花柳)이 땅을 뒤덮었으며, 시정(市井)이 번화하였으며, 음악소리가 요란하게 울렸으며, 비취나 보옥(寶玉) 등이 차고 넘쳐서 새로 점령한 땅의 부유함과 성대함을 자랑하였던 실록(實錄)으로 볼 수 있다.

당사(唐史)를 보면, 당 태종이 안시성에서 도망쳐 간 뒤에 거의 해마다, 달마다, 고구려 정벌군을 보내어 "모년 모월에 우진달(牛進達)을 보내어 고려를 쳐서 모(某) 성(城)을 파하였다", "모년 모월에 정명진(程名振)을 보내어 고려를 쳐서 모(某) 성(城)을 파하였다…", "…을 파하였다… "고 한 등의 기록들이 있다.

그러나 이것들은 당 태종이 고구려 때문에 눈이 빠지고 그의 백성들과 자제들이 많이 죽거나 다쳤으며, 천신(天神) 같은 제왕의 위엄이 땅에 떨어진데다가 고구려에 대한 복수의 군사를 일으키지 않으면 더욱 안과 밖으로부터 비웃음을 사게 될 것이며, 또 만일 재차 대거 쳐들어간다면 수양제(煬帝)의 전철(前轍)을 밟게 될 것이므로, 이에 교활한 술책을 내어서, 달마다 여러 장수들을 시켜서 "고구려 모(某) 지방(地)을 침입하였다", "고구려 모(某) 성(城)을 점령하였다"는 허위의 보고를 올리게 하여 그 실상 없는 무위(武威)를 국내에 보이게 한 것이다.

그리고 죽을 때에는 유언의 조서(遺詔)로써 요동의 전쟁을 그만두라고 명하였는데, 이것은 한편으로는 아들 고종(高宗)의 「父讎不復(부수불복)」(→ 아비의 원수를 갚지 않음)이라는 책임을 경감시켜 주고, 다른 한편으로는 백성들을 사랑한다는 명성을 백성들 사이에서 얻으려고 했던 것이다. 그러나 본래 요동의 전쟁은 없었거늘, 이제 무슨 전쟁을 그만두라는 말인가.

당 태종의 일생은 허위(虛僞)뿐이니, 사가(史家)나 역사를 읽는 자들은 그 기록을 자세히 살펴서 취해야 할 것이다.

그러면 연개소문은 무엇으로써 이와 같이 외정(外征: 외국 정벌)에 성공하였을까. 그 근거가 2가지이다.

〈발해사(渤海史)〉(〈舊唐書〉 渤海傳 -원주)에서 말하기를 "大門藝…曰,… 昔高麗全盛之時, 强兵三十餘萬, 抗敵唐家(…석고려전성지시, 강병삼십여만, 항적당가)."(→대문예(大門藝)…가 말하기를…옛날 고구려의 전성 시기에는 강한 군사의 수가 30여만 명이나 되어 당나라와 대등한 실력으로 맞섰다.)라고 하였고,

〈당서(唐書)〉에서도 "高麗發新城·國內城騎四萬(고려발신성·국내성기사만)"(→고구려에서는 신성(新城)과 국내성(國內城)에서 기병 4만을 동원하였다.)이라고 하였고, "新城·建安之虜, 猶十萬(신성·건안지로, 유십만)"(→신성·건안성에 있는 적들도 오히려 10만이나 되었다.)이라고 하였으며, "高麗·靺鞨之衆 十五萬(고려·말갈지중 십오만)"(→고구려와 말갈의 군사 15만) 이라고 하였는데, 이상의 말들에 의하면, 고구려의 정병(正兵)이 30만 명 이상이었으며 기타 산병(散兵: 예비병)도 적지 않았음을 알 수 있다.

〈고려사(高麗(史)〉 최영전(崔瑩傳)에서는 "唐太宗以三十萬衆, 侵高句麗. 高句麗發僧軍三萬, 擊破之."(→당 태종이 30만의 군사를 거느리고 쳐들어왔는데 고구려에서는 승군(僧軍) 3만 명을 보내어 이를 격파하였다.)라고 하였고,

〈고려도경(高麗圖經)〉에서는 "在家和尙…以皀帛束腰…有戰事, 則自結爲一團, 以赴戰場."(→집에서 생활하는 화상(和尙)들은…검은 띠로 허리

를 묶고…전쟁이 일어나면 자기들끼리 한 부대(團)를 결성하여 전장으로 달려나갔다.)이라고 하였고,

〈해상잡록(海上雜錄)〉에서는 "明臨答夫·蓋蘇文, 此皆皂衣仙人出身(명림답부·개소문, 차개조의선인출신)"(→명림답부(明臨答夫)와 연개소문은 모두 조의선인(皂衣仙人) 출신들이다.)이라고 하였다.

이상의 말에 의하면, 승군(僧軍)은 불교의 승(僧)이 아니라 곧 「신수두」 단전(壇前: 제단 앞)의 조의무사(皂衣武士)들이며, 연개소문이 조의(皂衣)의 수령(首領)이었음을 알 수 있다. 그러므로 수십만의 군대와 그 중심이 되는 3만 명의 조의군(皂衣軍)은 연개소문의 외정(外征)을 성공시킨 첫 번째 근거이다.

미수(眉叟) 허목(許穆)이 이르기를 "好戰之國, 莫如百濟(호전지국, 막여백제)"(→백제보다 싸우기를 더 좋아하는 나라가 없었다.)라고 하였고, 순암(順庵) 안정복(安鼎福)은 이르기를, "三國之中, 百濟最以好戰稱(삼국지중, 백제최이호전칭)"(→세 나라 중에서 백제가 가장 싸우기를 좋아하는 것으로 유명하였다.)이라고 하였다. 무릇 백제는 굳세고 날래고 잘 싸우는 나라로서 고구려와 동맹을 맺었던 것인데, 이것도 연개소문이 외정(外征)을 행한 두 번째 근거이다.

최치원(崔致遠)이 이르기를 "高麗百濟全盛之時, 强兵百萬, 南侵吳越, 北撓幽薊齊魯"(→고구려와 백제가 전성기 때에는 강병이 백만이나 되었는데, 남으로는 오(吳)와 월(越)을 침입하였고, 북으로는 유계(幽薊)와 제(齊), 노(魯)를 꺾었다.)라고 하였는데, 이는 연개소문이 백제와 합작한 결과를 말한 것이다.

그가 「北平(북평)」(→북으로…토평하고)이라거나 「南定(남정)」(→남으로…평

정하고)이라고 하지 않고, 「北撓(북요)」(→ 북으로… 꺾고)라거나 「南侵(남침)」(→ 남으로…침입하고)이라고 말한 것은 이 글이 존당자(尊唐者: 당나라를 존귀하게 생각하는 사람)인 최치원이 당(唐)의 모 재상(宰相)에게 올린 글이기 때문에 이같이 춘추필법적인 구절의 말을 쓴 것이고, 사실은 이때에 유계(幽薊: 지금의 북경시–원주), 제로(齊魯: 지금의 산동성–원주), 오월(吳越: 지금의 강소성(江蘇省)과 절강성(浙江省)–원주)이 고구려와 백제의 세력 안에 매여 있었던 것이다. 연개소문과 백제의 관계에 관한 사실은 다음 편(篇)에서 상세히 설명할 것이다.

6. 연개소문의 사적(事蹟)에 관한 거짓 기록들

신라 때에는 연개소문을 백제의 원조자(援助者)라고 하여, 그리고 그 이후에는 연개소문을 자기 임금을 시해(弑害)한 유교 윤리상의 적신(賊臣)이라고 하여, 또 사대주의(事大主義)에 위반한 죄인이라고 하여 언제나 박대하면서 그에 관한 전설이나 사적(事蹟)을 비로 쓴 듯이 없애버리기를 일삼았다. 그러면서 오직 도교(道敎)의 수입(輸入)과 천리장성(千里長城)의 건축을 연개소문이 한 일이라고 하지만, 이들은 모두 사실은 〈당서(唐書)〉의 기록들을 부연(敷衍)한 거짓 기록, 즉 무록(誣錄)이지 실록(實錄)이 아니다.

이제 〈삼국유사(三國遺事)〉의 본문을 옮겨 적고 그것이 무록(誣錄)임을 증명하도록 한다. 〈삼국유사〉의 본문은 다음과 같다.

「按唐書云, 先時, 隋煬帝征遼東, 有裨將羊皿. 不利於軍, 將死有誓曰; 必爲寵臣, 滅彼國矣. 及盖氏擅朝, 以盖爲氏, 乃以羊皿是之應也.

又按高麗古記云, 隋煬帝以大業八年壬申, 領三十萬兵, 渡海來征. 十年甲戌…帝將旋師, 謂左右曰, 朕爲天下之主, 親征小國而不利, 萬代之所嗤. 時右相羊皿, 奏曰, 臣死爲高麗大臣, 必滅國, 報帝王之讐.

帝崩後, 生於高麗, 十五聰明神武. 時武陽王(곧 榮留王-原註)聞其賢, 徵入爲臣, 自稱姓盖名金, 位至蘇文, 乃侍中職也.

金奏曰, 鼎有三足, 國有三敎, 臣見國中, 唯有儒釋, 無道敎, 故國危矣. 王然之, 奏唐請之, 太宗遣叔達等道士八人. 王喜, 以佛寺爲道舘, 尊道士, 坐儒士之上…

盖金又奏, 築長城東北西南, 時男役女耕, 役至十六年乃畢. 及寶藏王之世, 唐太宗親統, 以六軍來征.」

(→당서(唐書)에서 말한 바에 의하면, "이에 앞서 수 양제가 요동을 정벌할 때에 양명(羊皿)이라는 비장(裨將)이 있었는데, 전쟁에서 불리하여 죽기 전에 맹서하여 말하기를, '죽어서는 반드시 고구려의 총애 받는 신하(寵臣)로 다시 태어나 저 나라를 멸망시키겠다' 고 하였다. 연개소문(蓋蘇文)이 조정의 모든 권력을 장악하게 되었을 때, 그가 개(盖)를 성씨(姓氏)로 하였으므로, 양명(羊皿)이란 자의 이름과 맞아떨어진 것이다."

또 고려고기(高麗古記)에서도 말하였다. "수 양제가 대업(大業) 8년(기원 612) 임신(壬申) 월에 군사 30만 명을 거느리고 바다를 건너와서 고구려를 쳤는데, 대업 10년(기원 614) 갑술(甲戌) 월에…수 양제가 군사를 돌리려 하면서 좌우의 측근 신하들에게 말하기를, '짐이 천하의 주인으로서 친히 작은 나라를 쳤으나 이기지 못하였으니 만대의 비웃음거리가 되었구나.' 라고 하였다. 그러자 당시 우상(右相)이던 양명(羊皿)이 아뢰기를 '신이 죽어서 고구려의 대신이 되어 반드시 저 나라를 멸망시켜서 황제 폐하의 원수를 갚겠습니다.' 고 하였다.

황제가 죽은 후 그가 고구려에서 다시 태어났는데, 나이 열다섯에 이미 총명하고 무예도 신통하였다. 이때 고구려의 무양왕(武陽王: 영류왕(榮留王), 그의 이름은 건무(建武) 또는 건성(建成)이었다.-원주)이 그가 현명하다는 소문을 듣고 불러들여 신하로 삼았는데, 그는 스스로 자기의 성은 개(盖), 이름은 금(金)이라 하였다. 그의 지위가 소문(蘇文)에 이르렀으니, 이는 곧 중국의 시중(侍中)에 해당하는 관직이다.

개금이 왕께 아뢰기를 '솥에는 발이 셋 있고 나라에는 세 가지 가르침(敎)이 있는데, 신이 보니 우리나라 안에는 다만 유교(儒)와 불교(釋)만 있고 도교(道敎)가 없습니다. 그러므로 나라가 위태롭습니다.' 고 하였다. 왕이 그의 말을 옳게 여겨 당(唐)에 주청하여 도교를 전수해 달라고 청하였다. 당 태종이 숙달(叔達) 등 도사(道士) 8명을 보내주자, 왕은 기뻐하면서 절(佛寺)을 도관(道舘)으로 삼고, 도사를 높이어 유교 선비의 윗자리에 앉게 하였다.……

개금이 또 왕께 아뢰어, 동북과 서남으로 장성(長城)을 쌓도록 주청하였다. 이때 남자들은 성을 쌓는 일에 동원되고 여자들이 농사를 지었는데, 공사는 16년 만에야 겨우 끝났다.

보장왕(寶藏王) 때에 이르러 당 태종이 친히 전국의 군사를 거느리고 와서 고구려를 쳤다.")

여기에서 양명(羊皿)의 후신(後身)이 개씨(盖氏)가 되었다는 것은 요설(妖說)이고, 연개소문을 "姓盖名金, 位至蘇文(성개명금, 위지소문)"(→성은 개(盖)씨이고 이름은 금(金), 지위는 소문(蘇文)에 이르렀다.)고 한 것은 망령된 말이므로 변론할 나위도 못 된다.

그리고 기타 도교(道敎)를 수입하였다거나, 장성의 건축을 주청하였다는 것 또한 무록(誣錄)이니, 수 양제는 기원 617년에 죽었고, 영류왕(榮留王) 곧 이곳에서 말하는 무양왕(武陽王)이 노자교(老子敎)를 수입한 것은 〈당서(唐書)〉에서 명백히 당 고조(高祖) 무덕(武德) 7년, 즉 기원 624년의 일이라고 기록되어 있는데, 연개소문은 수 양제가 죽은 뒤에 태어났으며, 영류왕이 노자교를 수입할 때에는 겨우 8세였다. 그런데도 여기에서

"十五…爲臣…奏唐請之(십오…위신…주당청지)"(→15살에…신하가 되어…당에 주청하여 이를 전수해 달라고 청하였다.)라고 한 것은 무슨 말인가.

장성의 수축은 영류왕 14년에 시작하였으니, 16년 만에 끝냈다면 곧 보장왕 5년, 당 태종이 쳐들어온 다음해에 비로소 끝났다는 것인데, 여기에서 "十六年乃畢……唐太宗親統, 以六軍來征."(→16년 만에야 겨우 끝났다.……당 태종이 친히 전국의 군사를 거느리고 와서 고구려를 쳤다.)이라고 한 것은 무슨 까닭인가.

대개 영류왕은 북수남진주의(北守南進主義)를 취하여 당(唐)과는 화친하고 신라와 백제를 공격하려 했던 자이며, 연개소문은 남수북진주의(南守北進主義)를 취하여 백제로써 신라를 견제하게 하고 당(唐)을 공격하려고 했던 자이다.

당(唐) 황제의 성(姓)이 이(李世民)이고 도교의 시조인 노자(老子)도 성이 이(李: 李聃)이기 때문에 당나라 때에 노자를 같은 혈통의 선조라고 위증(僞證)하여 지극히 높여 받들므로, 영류왕이 당과 화친하고자 하여 당(唐)의 선조인 노자의 교(敎)와 그 교도인 도사(道士)를 맞아들여 떠받들었던 것이니, 종교로는 「신수두」를 존봉(尊奉)하고 정책으로는 당을 공격하려는 연개소문이 어찌 자기 국교를 버리고 적국인 당나라의 선조 노자의 교인 도교(道敎)를 숭배할 리가 있었겠는가.

장성(長城)은 공격용으로 쌓는 것이 아니라 방어용으로 쌓는 것이므로, 북방을 방어하려는 영류왕이 쌓은 것이지 날마다 북방 진공을 주장한, 그리고 또 주장을 실행한 연개소문이 어찌 그처럼 국력을 들여서 민원을 살 방어용 장성을 쌓았을 까닭이 있었겠는가. 이미 연조(年祚)도 틀리고 사리(事理)에도 이같이 맞지 않은즉, 두 가지가 다 무록임은 의심할 여지가 없다.

어떤 사람이 말하기를, "〈삼국사기〉로 보면, 연개소문이 유(儒)·불(佛)·도(道) 삼교는 솥의 발과 같아서 그 어느 한 가지도 없어서는 안 된다고 해서 왕께 주청하여 당(唐)에게 도교를 전수해 달라고 요구한 것이 보장왕 2년의 일이므로, 〈삼국유사〉에 개금(盖金)의 도교 청구 운운은 단지 그 연대만 틀린 것이지 그런 사실은 확실히 있었던 것이 아닌가?

그리고 〈삼국유사〉에서는 이를 〈고려고기(高麗古記)〉에서 인용하였다고 하였으니, 〈삼국사기〉도 이를 〈고려고기〉에서 인용하였음이 명백하며, 〈고려고기〉에는 "개금(盖金)이 무양왕(武陽王: 곧 영류왕(榮留王)-원주)에게 주청하여 도교를 당에서 수입하였다."고 하였으니, 〈삼국사기〉의 작자 김부식(金富軾)이 그 연조를 옮겨 보장왕 2년의 일로 썼음이 또한 명백하다."고 하였다.

김부식이 매번 각종 고기(古記)와 중국사의 사실을 뒤섞어 채용하여 동〈삼국사기(史記)〉를 지음에 있어서 흔히 연조가 모호한 사실이면 그 사실의 유무를 자세히 연구해 보지도 않고 마음대로 연월을 고쳐서 기입한 것이 허다하므로, 연개소문이 보장왕에게 도교 수입을 청구하였다고 운운한 것도 그 한 예이다. 그러므로 연개소문이 도교 수입, 장성 건축을 청구하였다고 기록한 두 가지 사건은, 물어볼 것도 없이 무록(誣錄)이다.

그렇다면 그 무록의 작자는 〈고려고기〉이니, 〈고려고기〉는 무슨 이유로 이 같은 무록을 썼을까?

〈고려고기〉는 대개 신라 말 불교승(佛敎僧)의 작품으로, 중국의 위(魏) 세조(世祖)와 당(唐) 무종(武宗)이 도교를 위하여 국내의 모든 불교 사찰을 헐어버리고 모든 불교승을 살해하였기 때문에, 당시 어느 나라의 불교승이건 다 도교에 대하여는 이를 갈면서 미워하였던 것이다.

그리고 연개소문은 백제와 동맹하여 신라를 멸망시키려 했던 인물이기 때문에 신라 당시의 사회가 연개소문을 극구 헐뜯고 욕하는 판이었으므로, 〈고려고기〉의 작자도 고기를 지을 때 〈당서〉에 "영류왕이 도교를 수입하였다."고 한 것과 "장성을 건축하였다."고 한 것을 보고, 이에 그 도교를 통절히 원망하는 심리로 〈당서〉를 끌어들여서는 큰 소리로 불법(佛法)을 나팔불면서 "도교를 믿지 말라. 도교를 믿다가는 고구려와 같이 나라가 망할 것이다. 도교를 수입하여 우리 정신상의 생명을 없애려 하고, 장성(長城) 수축의 역사(役事)를 일으켜 우리 육체상의 생명을 없애려 하던 자는 곧 연개소문이니라."고 하여, 연개소문을 미워하는 사회의 심리를 이용하여 도교를 배척하려고 했던 것이다. 그러나 연대와 사세(事勢)에 맞지 아니하니 그것이 무록임은 자명하다.

그렇다면, 본국에 전하는 연개소문은, 모든 명사(名詞)와 사실들을 거의 다 바꾸어서 전한 〈갓쉰동전(傳)〉 이외에는 모두 이러한 거짓말(誣辭)들뿐이냐? 내가 20년 전 서울 명동에서 노상운(盧象雲) 선생이란 노인을 만났는데, 그가 말했다.

"연개소문은 자(字)가 김해(金海)였는데, 병법에 고금(古今)에 비할 자 없이 뛰어났었다. 그가 쓴 〈김해병서(金海兵書)〉가 있어서 송도(松都: 고려 때) 때까지도 늘 각 방면의 병마절도사(兵馬節度使)들에게 그들이 부임할 때에 한 벌씩 임금이 내려주었는데, 지금에 와서는 그 병서가 절종(絕種)되었다.

연개소문이 그 병법으로 당(唐)의 이정(李靖)을 가르쳐서, 이정이 당(唐)의 유일한 명장(名將)이 되었으며, 그 이정이 쓴 〈李衛公兵法(이위공병법)〉은 〈武經七書(무경칠서)〉의 하나로 꼽히는데, 〈이위공병법〉의 원본에는 연개소문에게 병법을 배운 이야기가 자세히 쓰여 있을 뿐만 아니라, 또 연개소문을 숭앙(崇仰)한 구절의 말들이 많으므로, 당(唐)·송(宋) 사람들이 연개소문 같은 외국인을 스승으로 섬겨서 병법을 배워 명장이 되는 것은 실로 중국의 큰 수치라고 여겨서 드디어 그 병법을 없애버렸다.

지금 유행하는 〈이위공병서〉는 후대 사람이 위조한 것이므로 편(篇) 머리에다 "莫離支自謂知兵(막리지자위지병)"(→막리지는 스스로 병법을 안다고 말하였다.)이라는 연개소문을 깎아내리는 말(貶辭)을 써넣었던 것이다. 그러나 이것은 원본이 아니다."

노(盧) 선생은 이런 이야기를 어디에서 들어 알게 되었는지 내가 당시 사학(史學)에 어두워서 자세히 물어보지는 못하였다. 그러나 요양(遼陽)·해성(海城)·금주(金州)·복주(復州) 등지에는 연개소문의 고적(古蹟)과 전설이 많으며, 연해주(沿海州)의 개소산(蓋蘇山)에는 연개소문의 기념비가 서 있어서 해삼위(海蔘威: 블라디보스토크)에서 「블나고베시첸스크」에 가려면 바다에서 가끔 그 산을 바라볼 수 있다고 하니, 후일에 혹시 그 비(碑)를 발견하여 연개소문에 대한 기록을 변증(辨證)하고 누락된 기록을 보충할 날이 있지 않을까 한다.

7. 연개소문의 사망 연도에 관한 착오 10년

〈삼국사기〉의 연개소문 사적은 신·구 〈당서〉, 〈자치통감〉 등을 초록(抄錄)한 것이라는 점은 이미 앞에서 말하였지만, 신·구 양 〈당서〉와 〈자치통감〉 등에서 다 연개소문의 사망 연도를 당 고종(高宗) 건봉(乾封) 원년(기원 666)이라고 하였는데, 당 고종 건봉 원년은 보장왕(寶藏王) 25년(기원

666년)에 상당하기 때문에, 〈삼국사기〉에도 보장왕 25년을 연개소문의 사망 연도로 썼다.

그러나 만일 연개소문이 보장왕 25년, 즉 기원 666년에 죽었다면, 연개소문이 죽기 이전에 고구려의 동맹국인 백제가 이미 멸망하였으며, 고구려의 서울인 평양도 당나라 장수 소정방(蘇定方)에게 포위를 당했었으니, 무엇 때문에 당 태종·이정(李靖) 등이 연개소문을 두려워하였으며, 소동파(蘇東坡)·왕안석(王安石) 등이 연개소문을 영웅으로 쳐주었겠는가. 나는 이 때문에 연개소문이 죽은 해는 적어도 백제가 멸망하기 이전 몇 년이라고 가정하였다.

이 가정을 가지고 연개소문의 사망 연도를 찾은 지 오래 되었으나 확증을 얻지 못하고 있었는데, 근일에 소위 천남생(泉男生: 연개소문의 첫째 아들)의 묘지(墓誌)란 것이 하남성(河南省) 낙양(洛陽)의 흙 속에서 발견되었는데, 그 묘지에 의하면, 남생 형제의 분쟁이 건봉 원년, 곧 기원 666년 이전임도 명백하다. 그러나 묘지에는 결국 연개소문이 어느 해에 죽었다는 말은 없었다.

그러나 남생이 "二十四, 任莫離支, 兼授三軍大將軍, 卅二加太莫離支, 總錄軍國, 阿衡元道."(→ 24세에 막리지(莫離支) 겸 삼군 대장군의 직을 맡았으며, 32세에 태막리지(太莫離支)로 승급하여 군국(軍國)의 모든 일을 주관하여 아형(阿衡: 상(商) 나라 이윤(伊尹)이 하였던 벼슬로서 재상을 말한다.) 원(元)이라 불렀다.)라고 하였고,

"以儀鳳四年正月十九日, 遭疾, 薨於安東府之官舍, 春秋四十有六."(→ 의봉 4년 정월 19일에 병에 걸려 안동부(安東府) 관사에서 죽었으니, 이때 그의 나이 46세였다.)이라고 하였다.

당 고종의 의봉(儀鳳) 4년은 기원 679년이며, 기원 679년에 남생이 46

세였으므로, 그가 24세였을 때는 기원 657년이 된다. 남생이 24세(기원 657년)에 막리지 겸 삼군 대장군이 되어 병권을 잡았으므로, (고구려에서는 부모가 죽은 후 3년 상을 치르므로-옮긴이) 기원 654년에 연개소문은 이미 죽어서 그 지위와 직임(職任)은 남생이 대신하였음이 확실하다.

혹 남생이 32세(태막리지(太莫離支)가 된 해-원주)이던 기원 665년을, 연개소문이 죽어 그 지위와 직임을 남생이 대신한 것으로 볼 사람도 있을 것이다.

그러나 〈삼국사기〉 고구려 본기에나 열전(列傳)의 개소문전(蓋蘇文傳)에는 다 연개소문이 「莫離支(막리지)」가 되었다고 하였고, 〈삼국사기〉 김유신전(金庾信傳)에나 천남생(泉男生)의 묘지에는 다 연개소문을 「太大對盧(태대대로)」라고 하였으며, 개소문전에서는 그 아버지(父) 서부대인(西部大人) 「大對盧(대대로)」가 죽어서 연개소문이 그 직(職)을 계승하게 되었다고 하였다.

甲(갑) 책의 「莫離支(막리지)」를 乙(을) 책에서는 「太大對盧(태대대로)」 혹은 「大對盧(대대로)」라 쓰고 있고, 丙(병) 책의 「太大對盧(태대대로)」 혹은 「大對盧(대대로)」를 丁(정) 책에서는 「莫離支(막리지)」라 쓰고 있는바, 「大對盧(대대로)」의 「對(대)」는 그 뜻이 「마주」인즉, 대개 이두문으로 「對(대)」는 뜻으로 읽으면 「마」가 되며, 막리지의 「莫(막)」은 음(音)으로 읽어 「마」가 되고, 막리지의 「離(리)」와 대로의 「盧(로)」는 둘 다 음으로 읽어 「ㄹ」이 되어 「莫離(막리)」나 「對盧(대로)」는 다 「말」로 읽어야 하는 것이다.

고구려 말년의 관제(官制)에 「말치」가 장수나 재상의 직책을 겸하여서 마치 그 초대의 「신가」와 같은 것이었는데, 「말치」를 이두문으로 「對盧(대로)」 혹은 「莫離支(막리지)」라고 썼다. 「對盧支(대로지)」라 쓰지 않고

「對盧(대로)」라고만 쓴 것은 약자(略字)이다.

「말치」가 직책을 맡은 지 몇 해가 지나면 「太大(태대)」의 호(號)를 덧붙여서 「太大對盧支(태대대로지)」 혹은 「太莫離支(태막리지)」라고 썼다.

「太大莫離支(태대막리지)」라 쓰지 않고 「大莫離支(대막리지)」라고만 쓴 것은 또한 약자이며, 「말치」 즉 「對盧支(대로지)」와 「太大莫離支(태대막리지: 신크말치)」는 그 직위는 동일한데, 「신크」 곧 「太大(태대)」는 그 공훈이나 덕을 포상한 품계(品階)를 나타낸다.

이것은 〈삼국사기〉 직관지(職官志)에 「角干(각간)」 김유신(金庾信)의 원모(元謀: 최초에 계책을 냄)를 포상하여 「太大角干(태대각간)」이라 하여 「太大(태대)」 2자(字)를 「角干(각간)」의 위에 씌운 것과 같은 종류로서, 남생의 24세, 곧 막리지 겸 삼군대장군이 되는 해(기원 657년)가 남생이 정권(政權)과 병권(兵權)을 함께 장악하였다는 확실한 증거이며, 따라서 그 해에 연개소문이 죽었다는 확실한 증거이다.

만일 「對盧(대로)」와 「莫離支(막리지)」가 동일한 「말치」의 이두문자라면 무슨 이유로 남생의 묘지에 "曾祖子遊, 祖太祚, 父蓋金, 並任莫離支.(증조자유, 조태조, 부개금, 병임막리지.)"(→증조부 자유(子遊)와 조부 태조(太祚)와 부친 개금(蓋金)은 모두 막리지(莫離支)의 직을 맡았었다.)라고 하거나, "曾祖子遊, 祖太祚, 父蓋金, 並任太大對盧.(증조자유, 조태조, 부개금, 병임태대대로.)"(→ 증조부 자유와 조부 태조와 부친 개금은 모두 태대대로(太大對盧)의 직을 맡았었다.)라고 하지 않고, "曾祖子遊, 祖太祚 並任莫離支, 父蓋金任太大對盧.(증조자유, 조태조, 병임막리지, 부개금임태대대로.)"(→증조부 자유와 조부 태조는 막리지의 직을 맡았었고, 부친 개금은 태대대로(太大對盧)의 직을 맡았었다.)라고 하여 「莫離支(막리지)」와 「大對盧(대대로)」를 갈라서 썼는가?

묘지의 윗부분 글에서는 남생의 본직(本職)을 「中裡位鎭大兄(중리위진대형)」이라 쓰고, 그리고 또 「太莫離支(태막리지)」라 쓰고, 아랫부분의 글에서는 남생이 당(唐)에 항복한 뒤에 여전히 「太大兄(태대형)」의 옛 작위를 이어받았다고 하였는데, 「太大兄(태대형)」은 「中裡位(중리위)」의 「鎭大兄(진대형)」을 가리킨 것이거나 「太莫離支(태막리지)」를 가리킨 것일 터인데, 이처럼 서로 다른 자(字)로 썼으니, 묘지에 쓰인 관명은 거의 구별할 수 없을 뿐더러, 또는 "… 並任莫離支…任太大對盧(…병임막리지…임태대대로)"(→…함께 막리지의 직을 맡았고…태대대로의 직을 맡았다.)의 그 다음 구(句)가 "乃祖乃父, 良治良弓, 並執兵黔, 咸專國柄(내조내부, 량치량궁, 병집병금, 함전국병)"(→조부와 부친은 정치도 잘 하였고 활도 잘 쏘았으며, 함께 병권을 잡고 국가의 권력을 전횡하였다.)이라고 하였은즉, 「莫離支(막리지)」와 「太大對盧(태대대로)」가 동일한 병권과 국권을 전적으로 잡고 있는 유일의 수석 대신임을 알 수 있다.

〈당서(唐書)〉 고려전(高麗傳)에는 "大對盧總知國事(대대로 총지국사)"(→대대로(大對盧)는 나라의 일을 총체적으로 관장한다.)라고 하였고, 〈당서〉 개소문전(蓋蘇文傳)에도 "莫離支, 猶唐中書令兵部尙書職(막리지, 유당중서령병부상서직)"(→막리지는 당나라의 중서령 병부상서(兵部尙書)와 같은 직책이다.)이라고 하였으니, 더욱 양자가 동일한 장군과 재상을 겸한 유일한 대관(大官)임을 알 수 있다.

그러므로 기원 657년에 「신크말치」 연개소문이 죽고 그 장자 남생이 「말치」가 되어 아버지 연개소문의 직위를 상속하였다가, 그 9년 후에 「신크」호(號)를 덧붙여 「신크말치」라 불렀음이 의심할 바 없으니, 옛 사서(舊史)에 근거하여 기원 666년에 연개소문이 죽었다고 하는 것은 물론 대착오이거니와, 묘지에서 남생이 「대막리지(大莫離支)」가 되던 해를 근거로 하여 기원 665년에 연개소문이 죽었다고 하는 것도 큰 잘못이니, 연개소문이 죽은 해는 명명백백히 기원 657년 이전이다.

혹자는 묻기를, 신·구 〈당서〉에서 모두 연개소문이 죽은 해를 늘려서 기원 666년이라 하고 천남생(泉南生)의 묘지에 또한 부(父) 연개소문의 죽은 해를 쓰지 아니한 것은 모두 무슨 까닭인가?

이르기를, 그것은 다름이 아니라 당 태종이 눈알이 빠져 죽은 이유가 연개소문 때문이며, 당의 일부 토지도 연개소문에게 빼앗겼은즉, 춘추(春秋)의 의(義)로 말하면 당의 모든 신하들이 시각을 지체하지 말고 복수를 하려고 노력해야 마땅한데도, 이제 세월만 보내다가 연개소문의 생전에는 다만 고구려의 침벌만 받고 고구려의 땅을 한 걸음도 쳐들어가지 못한 것은 곧 연개소문이 겁나서 군주의 원수를 잊은 것이니, 이 얼마나 수치스런 일이냐.

이 수치를 감추기 위하여 연개소문의 생전에도 당나라 군사가 평양을 포위한 일이 있었다는 표시를 하기 위하여 이에 연개소문이 죽은 해를 10년이나 늘이어 사책(史冊)에 올린 것이니, 이는 곧 부여복신(扶餘福信)의 죽은 달을 늘인 것과 동일한 수단이다.

고대에는 교통이 불편하고 역사적 서류가 많지 않아서 이웃 나라 유명 인사의 생사를 민간에서는 거의 관(官)의 선포에 의하여 서로 전할 뿐이므로, 이 같은 연개소문의 죽은 해의 거짓 기록(誣錄)이 드디어 중국 안에서는 실록(實錄)으로서 유행된 것이다.

8. 연개소문의 공적(功績)에 대한 간략한 평가

옛날부터 사가(史家)들은 성공(成)과 실패(敗), 흥성(興)과 패망(亡)으로 그 인물의 우열(優劣)을 정하고, 또 유가(儒家)의 윤리관으로 인물의 시비(是非)를 논하였는데, 연개소문은 성공하였지만 그 불초(不肖)한 자식들이 그 유업을 지키지 못하였기 때문에 춘추필법(春秋筆法)을 흉내 내는 자들에 의해 배척되는바 되었으며, 연개소문을 흉적(凶賊)이라 하여 오직 헐뜯고 욕하며 죽일 놈으로 치부하였다.

그러나 어떤 것이 혁명(革命)인가 하면, 반드시 역사상 진화(進化)의 의의를 가진 변화가 그것이다.

역사란 것이 어느 날 어느 때엔들 변화의 도정(道程)으로 나아가지 않는 때가 없으므로, 또한 어느 날 어느 때에도 혁명이 없는 때는 없을 것이다. 그러면 모든 역사를 혁명사(革命史)라고 부를 수도 있겠지만, 역사가들이 특히 혁명이란 명사(名詞)를 귀하게 여기고 중하게 여겨서 문화상 혹은 정치상 뚜렷이 시대를 구분할만한 진화의 의의를 가진 인위적 대변혁(大變革)을 가리켜 혁명이라 부른 것이니, 이런 의미에서 정치사상의 혁명을 구하자면 우리 조선 수천 년의 역사에서 몇 개 되지 못할 것이다.

한양의 이씨(李氏)로서 송도의 왕씨(王氏)를 대신한 것이나, 이조(李朝)에 이시애(李施愛), 이괄(李适) 등의 반란이 그 성패는 다르나 그 실질은 다 정권양탈(政權攘奪)의 행동에 불과한즉, 내란(內亂)이라 하거나 역대(易代)라고 부를 수는 있어도 혁명이라 부를 수는 없는 것이다.

그러나 연개소문은 그렇지 아니하여, 봉건세습(封建世襲)의 호족공치제(豪族共治制)를 타파하여 정권을 한 곳에 집중하였으니, 이는 분립(分立)의 대국(大局)을 통일(統一)로 돌리는 동시에, 그 반대자는 군주나 호족을 불문하고 이를 일거에 소탕하여 영류왕(榮留王) 이외 수백 대관(大官)들을 베어 죽이고, 쳐들어온 당 태종을 격파하였을 뿐 아니라 도리어 진격하여 중국 전국을 벌벌 떨게 하였으니, 다만 혁명가의 기백만 가졌을 뿐 아니라 또한 혁명가의 재주와 지략을 갖추었다고 할 수 있다.

다만 그가 죽을 때에 따로 어진 인재(賢才)를 골라서 자기의 뒤를 이어 조선인 만대의 행복을 꾀하지 못하고 불초자(不肖子) 형제에게 대권을 맡겨서 마침내 이미 이루어놓은 공업(功業)마저 뒤엎어 버렸으니, 대개 그는 야심은 많았으나 공덕(公德: 공(公)을 위하는 도덕적인 의리)은 작았던 인물이었다고 할 수 있을 것이다.

그러나 그에 관한 역사가 모조리 없어져버려서 오직 적국인(敵國人)의 붓으로 전한 기록을 가지고 그를 논술하게 되어 우선 사실의 전말(顚末)을 자세히 볼 수 없으므로, 가볍게 그 한 가지 흠을 들어 그 전모를 논의해서는 안 될 것이다.

뿐만 아니라, 수백 년 동안 사대주의에 찌들어온 용렬한 노예근성의 사가(史家)들이 그 좁쌀만 한, 팥알만 한 주관적 안공(眼孔)으로 본 대로 연개소문을 혹평하여, "臣事君以忠(신사군이충)"(→신하는 군주를 충성으로 섬겨야 한다.)의 불구(不具)의 도덕률(道德律)로써 그의 행위를 탄핵하며, "以小事大者畏天(이소사대자외천)"(→작은 자(나라)로서 큰 자(나라)를 섬기는 자는 하늘을 두려워한다.)의 노예적 심리로 그의 공적을 부인하여, 한 시대의 대표적인 인물의 유체(遺體)를 거의 한 조각 살도 남아 있지 않도록 씹어대는 것은 내가 통한해 마지않는 바이다. 이제 이를 위하여 대략 몇 구절의 평을 더하였던 것이다.

제11편

백제의 강성과 신라의 음모

– 풍왕(豊王)이 복신에 의해 옹립된바 되어 늘 병권이 여러 장수들의 손에 있음을 의심하고 싫어하더니, 복신이 자진(自進)을 처형함으로써 전국의 병권이 복신에게 돌아가자, 왕의 좌우 사람들이 왕에게 복신을 참소하였다.

"복신이 권력을 전횡하여 멋대로 대장(大將)을 살육하니, 그 안중에 어찌 대왕인들 있겠습니까. 대왕이 만일 복신을 죽이지 않으면 복신이 장차 대왕을 죽일 것입니다."고 하였다.

이에 은밀히 풍왕과 밀모하여 복신을 죽이기로 결정하고, 그해 6월에 복신이 마침 병이 있어 굴실(窟室)에서 치료하고 있는 것을 기회로 왕이 문병을 간다고 거짓 구실을 만들고는 좌우의 가깝고 신임하는 자들을 거느리고 돌입하여 복신을 잡아서 결박하였다. …… –

제1장 부여성충의 뛰어난 전략과 백제의 영토 개척

1. 부여성충(扶餘成忠)이 계책(計策)을 건의함

부여성충(扶餘成忠)은 백제의 왕족으로서, 어릴 때부터 지모(智謀)가 다른 사람들보다 훨씬 뛰어났다.

일찍이 예(濊)의 군사들이 쳐들어오자 고향 사람들을 거느리고 산성에 올라가서 지켰는데, 늘 기계(奇計)로써 수많은 예(濊)의 병사들을 살상(殺傷)하였더니, 예(濊)의 장수가 사자를 보내어 "여러분들의 나라 위하는 충절(忠節)을 흠모하여 사소한 음식물을 올려 보낸다."고 하고는 궤짝 하나를 보내왔다. 산성 안의 사람들이 다 그 궤를 열어보자고 하였으나, 성충이 이를 굳이 불속에 넣게 하였다. 그 속에 든 것은 벌(蜂)과 땡삐(땅벌) 등속이었다.

그 다음날에 또 예의 장수가 궤 한 짝을 보내오자, 산성 안의 사람들이 또 이를 불에 넣으려고 하였다. 성충이 이를 열어보게 하였더니, 그 속에 든 것은 화약과 염초(焰硝) 등속이었다.

제3일에 또 궤 한 짝을 보내왔는데, 성충이 이를 톱으로 켜게 하였다. 켜는데 속에서 피가 흘러나왔고, 그 속에는 칼을 품은 용사가 허리가 끊어져 죽어 있었다. 이때는 기원 645년, 무왕(武王)이 죽고 의자왕(義慈王)이 즉위한 해이다.

의자왕이 이 일을 듣고 성충을 불러 물었다.

"짐이 부덕(不德)하면서 대위(大位)를 이어 무거운 짐을 감당하지 못할까 두려워하던 중, 신라가 백제와 대대로 철천지원수 사이가 되어, 백제가 신라를 멸망시키지 못하면 신라가 백제를 멸망시킬 것이니, 이는 더욱 짐이 염려하는 바이다. 옛적에 월왕(越王) 구천(句踐)이 범려(范蠡)를 얻어 10년간 생취(生聚: 인구를 늘리고 재물을 쌓음)하며 10년간 교육하여 오(吳)를 멸망시켰으니, 군이 범려가 되어 짐을 도와서 구천(句踐)으로 만들어 주는 것이 어떻겠는가."

성충이 말했다.

"구천(句踐)은 오왕(吳王) 부차(夫差)가 교만하고 오만하여 월(越)에 대한 염려를 잊고 있었기 때문에 20년간 생취하고 교육하여 오(吳)를 멸망시킬 수 있었지만, 이제 우리나라는 북으로는 고구려, 남으로는 신라의 침입이 그칠 날이 없으므로 전쟁의 승패가 순간에 달려 있고 국가의 흥망이 조석(朝夕) 간에 결판날 수 있습니다. 이런 상황에서 어찌 한가하게 20년간이나 생취하고 교육할 틈이 있겠습니까.

그런데 고구려는 서부대인(西部大人) 연개소문(淵蓋蘇文)이 바야흐로 반역(不軌)의 뜻을 품고 있으므로 머지않아 내란이 있을 터인즉, 한참 동안 나라 밖을 경영하지 못할 것이니 아직 우리나라가 근심할 바가 못 됩니다. 그러나 신라는 본래 소국(小國)으로서 진흥왕(眞興王) 이래에 갑자기 강국(强國)이 되어 우리나라와 원수가 되었고, 근래에 와서는 더욱 심합니다.

신라의 내성사신(內省私臣) 김용춘(金龍春)이 선대왕(先大王)과 혈전을 벌이다가 죽었고, 그 아들 김춘추(金春秋: 다음 편 참고-원주)가 늘 우리나라의 틈을 엿보았으나, 다만 선대왕의 영무(英武)하심이 두려워서 쉽사리 군사를 움직이지 못하였는데, 이제 선대왕께서 돌아가셨으므로 저들은 틀림없이 대왕을 군사 일에 익숙하지 못한 소년으로 가벼이 여기고 무시하며, 또 우리나라에 국상(國喪) 있음을 기회로 머지않아 쳐들어올 것이니, 이에 대한 반격(反擊)을 미리 연구해 놓으셔야 할 것입니다."

왕이 말했다. "신라가 우리나라로 쳐들어오려면 어디로 들어오겠느냐?"

성충이 대답하여 말했다. "선대왕께서 성열성(省熱城: 지금의 청풍(淸風)-원주) 이서(以西), 가잠성(椵岑城: 지금의 괴산(槐山)-원주) 이동(以東)을 차지하자 신라가 이를 원통하게 여겨온 지 오래이니, 반드시 가잠성을 칠 것입니다."

왕이 말했다. "그러면 가잠성(椵岑城)의 수비를 더 늘리는 것이 어떻겠느냐."

성충이 대답하였다. "가잠성주(椵岑城主) 계백(階伯)은 지모와 용맹을 겸비하여 비록 신라의 전국 병사를 다 끌고 와서 포위하여 공격하더라도 쉽게 성을 빼앗지 못할 것이니 염려할 바가 못 됩니다. 그리고 상대가 생각지도 못한 곳으로 나가서 허술한 틈을 이용하는 것이 병가(兵家)의 상책(上策)이므로, 신라의 정예병이 가잠성을 공격하면, 우리는 가잠성을 구한다고 소문을 내고는 병사를 보내어 다른 곳을 습격하는 것이 좋을 것입니다."

왕이 물었다. "어느 곳이 좋겠느냐?"

성충이 대답하였다.

"신이 듣기로는, 대야주(大耶州: 지금의 합천(陜川)-원주) 도독(都督) 김품석(金品釋)이 김춘추의 사랑하는 딸 소낭(炤娘)의 남편이 되어 권세를 믿고 부하와 군민을 학대하며, 음탕하고, 사치를 일삼아서 백성들의 원성이 자자한 지 오래인데, 이제 우리나라가 국상(國喪) 중에 있다는 소식을 들으면 수비가 더욱 소홀해질 것입니다. 또 신라의 정예병이 가잠성을 포위 공격하고 있는 동안에는 대야(大耶)가 비록 위급하더라도 급히 이를 구하러 오지 못할 것이니, 우리 군사가 대야주를 빼앗고 승세를 타서 몰아 나간다면 신라 전국이 놀라서 소동을 벌일 것이니, 이를 쳐서 멸함이 용이할 것입니다."

왕이 말했다. "공(公)의 지략(智略)은 고금(古今)에 짝이 드물겠다."

그리고는 성충을 상좌평(上佐平)에 임명하였다.

2. 대야성(大耶城)의 함락과 김품석(金品釋)의 참사

다음해(기원 646년) 3월에, 신라가 과연 장군 김유신(金庾信)으로 하여금 정예병 3만 명을 거느리고 가잠성(椵岑城: 지금의 괴산(槐山)-원주)을 치자, 계백(階伯)이 성을 의지하여 임기응변으로 응전(應戰)하여 여러 달 동안에 신라 군사들이 수없이 많이 죽거나 다쳤다.

7월에 의자왕(義慈王)이 정예병 수만 명을 뽑아서 겉으로는 가잠성을 구원한다고 소문을 내고 북으로 향해 가다가 갑자기 군사를 돌려서 대야주(大耶州: 지금의 합천(陜川)-원주)를 향해 가서 미후성(獼猴城)을 포위하였다.

대야주(大耶州)는 신라 서쪽 지방의 중요한 진(鎭)이고, 관할하는 성읍(城邑)이 40여 개나 되었다. 김춘추(金春秋)가 자기의 딸 소낭(炤娘)을 사랑하여 대야주에 속한 현(縣)인 고타현(古陀縣: 지금의 거창(居昌)-원주)을 그

식읍(食邑)으로 주어 〈고타 소낭〉이라 부르고, 소낭의 남편 김품석(金品釋)을 대야주 도독(都督)으로 삼아 그 40여 성을 총괄하게 하였다.

그러나 김품석은 김춘추의 권세를 믿고 부하들과 인민들을 학대하고 음탕과 사치를 일삼아 원성을 들어온 지 오래였다. 그는 포악무도하고 군사와 인민들을 사랑하지 않고 재물과 여색을 좋아하여 왕왕 부하의 처자나 딸을 빼앗아 자기의 첩으로 삼기까지 하였다. 그리하여 품석의 막료(幕僚)인 검일(黔日)이 자기의 예쁜 처를 품석에게 빼앗기고는 통분해하며 늘 보복을 하려고 하다가, 백제가 미후성(獼猴城)을 포위하였다는 말을 듣고는 가만히 사람을 보내어 내응할 것을 약속하였다.

의자왕이 부여윤충(扶餘允忠: 부여성충(扶餘成忠)의 동생-원주)으로 하여금 정예병 1만 명을 거느리고 달려가서 치게 하였는데, 백제 군사들이 성 밑에 이르자 검일이 성 안의 창고에 불을 질러 군량을 소탕해 버리니 성 안 인심이 흉흉해져 싸울 뜻이 없어졌다.

품석의 부처가 어쩔 수 없이 그 막료인 서천(西川)으로 하여금 성 위에 올라가서 윤충에게 청하여 말하도록 하였다.

"우리 부처에게 살아 돌아가는 것을 허락해 준다면 성 전부를 내어주겠다."

윤충이 그 말을 듣고 좌우 사람들에게 말하였다. "저희 부처를 위하여 국토와 인민을 파는 놈을 어찌 살려줄 수 있겠는가. 그러나 허락하지 않으면 성 안에서 다시 버티고 앉아서 얼마 동안 더 싸울지 모르니, 차라리 거짓으로 허락하고 사로잡는 것이 옳다."

그리고는 서천(西川)에게 대답하였다.

"저 하늘의 해를 두고 맹세하건데, 공(公)의 부처의 살아 돌아감을 허락하겠다."

그리고는 한편으로 복병(伏兵)을 남겨두고 거짓으로 군사를 물리니, 품석이 먼저 그 부하 장사들을 성밖으로 내보냈다. 그때 백제의 복병들이 뛰어나와 다 격살(擊殺)하였고, 품석의 부처는 검일에게 몰려서 죽었다. 이에 백제 군사들이 입성하였다.

의자왕이 이에 미후성에서 직접 와서 윤충에게는 작위를 높여주고 말 20필과 쌀 1천 섬을 상으로 주었고, 그 이하 장수들에게도 차례로 상을 내려 표창한 후 여러 장수들을 나누어 보내어 각 주(州)와 군(郡)들을 공략하니, 대야주는 원래 임나가야(任那加羅)의 땅이었기 때문에 그 지방 사람들이 고국을 생각하고 신라를 싫어하다가, 이때 백제의 군사들이 이르자 모두들 환영하므로 40여 성이 모두 한 달 내에 백제의 차지가 되었다.

〈삼국사기〉에서는 "7월에 의자왕이 미후(獼猴) 등 40여 성을 함락하고, 8월에 윤충(允忠)을 보내어 대야성(大耶城)을 함락하였다." 고 기록하였으나, 〈해상잡록(海上雜錄)〉에서는 "대야성을 함락시킨 뒤에 40여 성을 항복시켰다." 고 하였는데, 후자가 사리(事理)에 더욱 가까우므로 이를 따른다.

「大耶(대야)」는 「하래」로 읽어야 할 것이니 낙동강 상류를 말하고, 〈삼국사기〉 김유신전에는 「大耶(대야)」를 「大梁(대량)」으로 쓰고 있으므로, 「耶(야)」, 「梁(량)」등의 자(字)가 고음(古音)에서는 모두 「라」 혹은 「래」로 읽혔음을 알 수 있다. 「大耶(대야)」를 신라 말에 와서 「陜川(합천)」으로 고쳤는데, 후세에는 이를 「합천」으로 읽었으나, 당시에는 「陜(합)」의 첫소리 「하」와 「川(천)」의 뜻 「래」를 따라서 「하래」로 읽었던 것이다.

3. 고구려(高)·백제(百) 동맹의 성립

의자왕이 대야주 40여 성을 차지한 지 얼마 후에 연개소문이 영류왕(榮留王)을 죽이고 고구려의 전권을 잡았다.

의자왕이 성충(成忠)에게 물었다.

"연개소문이 신하로서 그 임금을 죽였는데도 고구려 전국이 다 복종하고 그의 죄를 묻는 자가 하나도 없는 것은 무슨 까닭인가?"

성충이 대답하였다.

> "고구려가 서국(西國: 중국)과 전쟁한 지 수백 년 만에 처음에는 누차 서국에게 패하다가 근세에 이르러 날로 강대해져서 요동(遼東)을 차지하여 요서(遼西)까지 미치고, 육상에서만 세력을 떨칠 뿐만 아니라 해상에까지 드나들며, 영양대왕(嬰陽大王) 때에는 세 차례나 백만의 수(隋)나라 군사들을 물리쳐서 국위가 크게 떨쳐 고구려의 군사들과 인민들이 서국과 맞붙어 싸워보려는 대 기염(氣焰)이 하늘을 찌르려 하는 판입니다.
>
> 그런데 건무(建武: 榮留王)가 도리어 군사들과 인민들을 압박하고 서국과 화친함으로써 그들의 노여움을 촉발한 지 오래 되었기 때문에, 연개소문이 고구려 누대의 장상(將相), 명가(名家)로서 왕을 반대하고 정당론(征唐論)을 주장하여 국민들의 인기를 얻어 그를 계기로 건무를 죽였기 때문에 고구려 전국이 연개소문의 죄를 묻지 않을 뿐만 아니라 그의 공로를 노래하고 있을 것입니다."

왕이 물었다. "고구려와 당(唐)이 싸우면 어느 나라가 이기겠는가?"

성충이 대답하였다. "당이 비록 토지가 고구려보다 넓고 인민도 고구려보다 많으나, 연개소문의 전략은 이세민(李世民: 당 태종)이 따라올 수 있는 바가 아니니, 승리는 반드시 고구려에 있을 것입니다."

의자왕이 물었다. "이세민은 네 나라의 군웅(群雄)들을 토벌하여 하나로 통일한 황제가 되었고, 연개소문은 아무런 전쟁의 경험이 없는데 어찌 연개소문의 전략이 이세민보다 낫다고 하느냐?"

성충이 대답하였다.

"신(臣)이 왕년에 일찍이 고구려로 놀러 나갔던 적이 있는데, 그 때 연개소문을 만나 보았습니다. 그때에는 연개소문이 아무 직위도 없고 다만 한 연씨가(淵氏家)의 귀소년(貴少年)이었습니다. 그러나 생긴 모양새가 장대하고 의기(意氣)가 호방하고 얽매이는 바가 없었으므로 신이 이를 기이하게 여기고 좋아하여 함께 담론하다가 이야기가 병법에 미쳤습니다. 그래서 그의 지략이 비상함을 아는 것입니다.

이번의 일로 말하더라도, 연개소문이 직책을 맡은 지 얼마 되지 않아 음성과 안색 하나 변하지 않고 하루아침에 대신 이하 수백 명을 죽이고 패수(浿水: 대동강) 전쟁에서 일찍이 수나라 수군을 꺾어서 그 이름을 날린 건무왕(建武王)을 쳐서 이기고 고구려의 대권을 잡았으니, 이는 이세민이 따라올 수 없는 일입니다."

왕이 물었다. "그러면 고구려가 당을 멸망시킬 수 있겠는가?"

성충이 대답하였다.

"그것은 단언할 수 없습니다. 만일 연개소문이 10년 이전에 고구려의 대권을 잡았다면 오늘날의 당(唐)을 멸망시킬 수 있을지도 모르지만, 그러나 연개소문은 겨우 오늘에 성공하였는데 이세민은 벌써 20년 전에 중국을 통일하였고, 치국(治國)의 수완도 정밀하며, 인민을 사랑하여 민심이 즐겨 따르게 된 지 이미 오래이므로, 연개소문이 비록 싸움에서는 이기더라도 민심이 여전히 당(唐)을 배반하지 않을 것이니, 이것이 그 첫 번째 어려움입니다.

연개소문이 비록 고구려를 통일하였으나 이는 그 외형상의 통일이고 그 속에는 여전히 왕실과 호족들의 잔당들이 끊임없이 연개소문의 뜻을 엿보다가 만일 연개소문이 당을 멸망시키기 전에 죽고 그 후계자가 그럴만한 재목이 못 되면 반란이 사방에서 일어날 것이니, 이것이 그 두 번째 어려움입니다. 따라서 양국의 흥망(興亡)을 미리 말하기 어렵습니다."

왕이 말했다. "우리나라가 이제 비록 신라의 대야주(大耶州)는 차지하였으나 아직 그 근본을 뒤엎지 못하였으니, 저들의 보복할 마음이 끊이지 않을 것이다. 그런데 고구려가 당을 멸하거나 아니면 당이 고구려를 멸하거나 한 후에는 반드시 남침해올 것이니, 그때 가서 우리나라가 북으로는 고구려나 당의 침입을 받고 동으로는 신라의 반격을 입게 된다면, 장차 우리는 어찌하면 좋겠느냐?"

성충이 대답하였다.

"현재의 형세로 보건대, 고구려가 당을 치지 않으면 당이 고구려를 쳐서 서로 대립할 것이니, 이 점은 연개소문도 분명하게 알고 있을 것입니다. 그런데 고구려가 당과 싸우자면 반드시 남방의 백제와 신라와는 화친을 하여야 뒤를 돌아보는 염려가 없을 것이니, 이 점도 연개소문은 분명하게 알고 있을 것입니다. 백제와 신라는 피차간에 적대감이 깊어서 고구려가 이들 중 어느 한 나라와 화친을 맺으면 다른 한 나라와는 적국이 될 것이란 점도 연개소문은 분명하게 알고 있을 것입니다.

그러므로 연개소문은 장차 두 나라 중 어느 한 나라와 화친을 맺어, 고구려가 당과 전쟁할 때에 남방의 두 나라가 서로 견제하느라 고구려의 뒤를 엿보지 못하게 되기를 바랄 것입니다.

이제 백제를 위하여 계책을 생각하건대, 빨리 고구려와 화친을 맺어 백제는 신라를, 고구려는 당을 맡아 싸우는 것이 좋을 것입니다. 신라는 백제의 적수가 못 되니, 틈을 타서 이로운 쪽을 따라 나간다면, 유리한 것은 모두 고구려보다 백제에 있습니다."

이에 왕이 그의 말을 옳게 여기고 성충을 고구려에 보냈다.

성충이 고구려에 가서 이해관계로써 연개소문을 설득하여 동맹조약(同盟條約)을 거의 다 체결하게 되었는데, 연개소문이 갑자기 성충을 멀리하면서 여러 달 동안 만나주지도 않았다. 성충이 이를 이상하게 생각하여 여러 모로 탐지해 보았더니, 신라의 사신 김춘추(金春秋)가 와서 고구려와 백제 사이의 동맹 성립을 훼방 놓으면서 고구려와 신라의 동맹을 체결하려고 운동하고 있었다.

성충이 이에 연개소문에게 글을 써 보내어 말했다.

"명공(明公)께서 당과 싸우지 않겠다면 모르지만, 만일 당과 싸우려 한다면 백제와 화친을 맺지 않으면 안 될 것입니다. 왜냐하면, 서국(西國: 중국)이 고구려를 칠 때에 매번 군량 운반의 불편함으로 인하여 패하였으니, 수(隋)가 바로 그 거울입니다.

이제 만일 백제가 당과 연합하면, 당은 육로인 요동으로부터 고구려를 칠 뿐만 아니라 배로 군사들을 운송하여 백제로 들어와서 백제의 쌀을 먹으면서 남으로부터 고구려를 치게 될 것이니, 그렇게 되면 고구려는 남북 양면으로 적을 받게 되는 것이니, 그 위험이 어떠하겠습니까.

신라는 동해안에 있으므로 당의 군사와 군량 운반의 편리함이 백제만 못할 뿐만 아니라, 신라가 일찍이 백제와 약속을 맺고 고구려를 치다가 마침내 백제를 속이고 죽령(竹嶺) 밖 고현(高峴) 안쪽의 10개 군(郡)을 점령하였던 사실은 명공께서도 아시는 바이니, 신라가 금일에 고구려와 동맹을 맺을지라도 내일에 가서 당과 연합하여 고구려의 토지를 습격하여 취하지 않을 것이란 보장이 어디 있습니까?"

연개소문이 이 글을 읽어 보고는 김춘추를 가두고 죽령(竹嶺), 욱하(郁河) 일대의 토지를 빼앗으려고 하였다. 그리하여 성충은 드디어 고구려와 동맹을 맺고 돌아왔다.

4. 안시성(安市城) 전투 때의 성충(成忠)의 건의

기원 644년에 신라가 장군 김유신을 보내어 죽령을 넘어 성열(省熱)·동대(同大) 등 여러 성들을 습격하였으므로, 의자왕이 여러 신하들을 모아놓고 응전할 방책을 상의하였는데, 성충이 건의하여 말했다.

"신라가 여러 번 패한 끝에 스스로 보호할 생각은 하지 않고 이제 갑자기 쳐들어오려고 시도하니, 이는 반드시 그 까닭이 있을 것입니다. 신이 듣기로는, 김춘추가 고타낭(古陀娘)의 앙갚음을 위하여 여러 차례 가만히 바다를 건너 당에 들어가 원병(援兵)을 구걸하였다고 하니, 당주(唐主) 이세민(李世民)이 해동(海東)을 침략할 뜻을 가진 지 오래 되었기 때문에, 반드시 신라와도 고구려·백제 양국에 대한 음모가 있을 것입니다.

신이 그 음모를 헤아려보건대, 아마 당은 고구려를 치는 동시에 해군으로써 백제의 서부 연해(沿海) 지방을 쳐들어와서 소란을 피우고, 신라는 백제를 쳐서 고구려를 구하지 못하게 하는 동시에 또 대병으로써 고구려의 후방을 교란시키려고 할 것입니다.

그러나 신라가 성열(省熱)·동대(同大) 등 성을 차지하기 전에는 고구려의 후방을 교란시키지 못할 것이고, 당이 요동을 차지하기 전에는 수로의 군량 운반에 급급하여 백제로 쳐들어올 해군이 없을 것입니다.

이제 백제를 위하여 계책을 생각하건대, 우선은 성열 등의 성을 신라에게 내어주고 군사를 머물러 두고 기다리면, 당과 신라가 고구려에 대하여 격렬한 전투가 벌어져서 서로 손을 떼기가 어려울 것입니다.

이때 신라는 백제가 염려되어 군사를 크게 출동시키지 못할 것이지만, 당은 틀림없이 나라 전체의 힘을 기울여서 고구려로 쳐들어올 것이니, 백제는 그 틈을 타서 배로 정예병 수만 명을 운반하여 당의 강남(江南)을 친다면 이를 점령하기가 용이할 것이며, 강남을 점령한 뒤에는 나아가 그 재물과 부세(賦稅)와 민중을 취한다면, 서국(西國: 중국)의 북방은 비록 고구려의 소유가 될지라도, 남방은 다 백제의 소유가 될 것입니다.

그러면 신라가 비록 백제를 원망하더라도 조그마한 소국(小國)이 어찌 하겠습니까. 오직 머리를 숙이고 명령을 들을 뿐일 것입니다. 그때에는 백제가 신라를 취할 수도 있고, 그대로 놓아둘 수도 있을 것이니, 아무 말썽거리가 없습니다."

의자왕이 이를 좇아 여러 장수들에게 명하여 변경을 고수(固守)하였더니, 다음해에 과연 당이 30만 대병으로 고구려를 쳐들어와 안시성(安市城)

에서 싸워 여러 달 동안 승부가 나지 않았으며, 신라는 13만 대병으로 고구려의 남방에 들어가서 그 후방을 교란하였다.

이에 왕이 계백(階伯)에게 명하여 신라의 뒤를 습격하여 성열(省熱) 등 7개 성을 회복하고 윤충(允忠)을 보내어 부사달(夫斯達: 지금의 송도(松都)-원주) 등 10여개 성을 점령하고, 해군으로 당의 강남을 습격하여 월주(越州: 지금의 소흥(紹興)-원주) 등지를 점령하여 착착 해외의 개척지를 경영하였다. 그러나 마침내 부여성충이 임자(任子)의 참소로 인하여 왕의 박대를 당하여 그 뜻을 이루지 못하였으니, 이는 제 3장에서 상세히 서술할 것이다.

제2장 김춘추(金春秋)의 외교와 김유신의 음모

1. 김춘추의 복수(復讐) 운동

김춘추는 신라 내성사신(內省私臣) 김용춘(金龍春: 백제 무왕(武王)과 동서 사이로, 동서전쟁(同婿戰爭)을 시작한 사람-원주)의 아들이다. 김용춘이 죽자 춘추가 그 지위를 상속하여 신라의 정권을 전단하며 무왕(武王)과 혈전을 벌였다.

무왕이 죽은 뒤에 의자왕(義慈王)이 성충(成忠)의 계책을 써서 대야주(大耶州)를 쳐서 김품석(金品釋) 부처를 죽이고 그 관내 40여 성을 빼앗자, 춘추가 얼마나 통분해 하였던지, 그 흉문(凶聞)을 듣고는 기둥에 기대어 서서 자기 앞으로 사람이나 개가 지나가도 깨닫지 못하고 벌겋게 상기된 얼굴로 딴 곳을 바라보다가, 갑자기 주먹으로 기둥을 치면서 말하기를, "사나이가 어찌 앙갚음을 못 하리." 하고 일어섰다.

그러나 김춘추가 기둥을 치면서 생각해낸 결론은, '신라는 나라가 작고 백성들이 약하니 무엇으로 백제에게 앙갚음을 하겠는가. 오직 외원(外援)을 빌릴 뿐' 이라는 것이었다.

그래서 그는 고구려로 찾아갔다. 당시 고구려는 수나라 군사 1백만을 격파한 조선의 유일한 강국이었고, 연개소문은 고구려의 유일한 거인이었으므로, 연개소문만 사귀면 백제에 앙갚음을 할 수 있으리라고 생각하여 신라(新)·고구려(高) 양국 동맹의 이(利)로써 연개소문과의 동맹이 거의 다 성취되려는 판에, 백제의 사신 상좌평(上佐平) 부여성충(扶餘成忠)이 이를 알고 연개소문에게 투서(投書)하여 연개소문이 드디어 김춘추를 잡아 옥에 가두고는 욱리하(郁里河) 일대의 땅을 요구하기에 이르렀다.

김춘추가 이에 가만히 따라온 자로 하여금 고구려왕의 총애하는 신하 선도해(先道解)에게 선물을 주고 살려달라고 애걸하니, 연개소문이 권력을 잡고 있는 판에 왕의 총신(寵臣)이라 한들 무슨 힘을 쓰겠는가. 그러나 선도해가 선물을 탐내어 이를 받고 말하기를 "내가 공(公)을 살릴 수는 없으나, 공이 살아갈 방도는 가르쳐 주겠다." 하고는 고구려 당시에 유행하던 「귀토담(龜兎談: 지금 전해오는 별주부전(鼈主簿傳)이란 이야기의 원본이 이것이다.-옮긴이)」이란 책자를 주었다.

김춘추가 그 책자를 받아 읽었는데, 그 내용의 대략은 이러하였다.

「토끼가 거북의 꾐에 빠져서 그의 등에 업혀 용왕국(龍王國)으로 벼슬을 얻어 하려고 들어갔다. 들어가 보니, 벼슬을 주려고 하는 것이 아니라 용왕이 병이 들어 토끼의 간이 병에 약이 된다고 하므로 거북을 보내어 자기를 꾀어 온 것이었다.

토끼가 임시 기지(機智)로 용왕을 속여 말했다. "신은 달의 정기(月精)의 자손(子孫)이므로 달을 보고 잉태(孕胎)하기 때문에, 보름 전에 달이 차오르는 15일 동안에는 간을 밖에다 내어 놓고, 보름 이후 달이 기우는 15일 동안에는 간을 다시 몸속에 넣어 두는데, 신이 대왕의 나라에 들어올 때에는 마침 보름 이전이어서 간을 내어놓는 때였으므로, 지금은 신의 간이 신의 뱃속에 있지 않고 금강산 속의 어떤 나무 밑에 숨겨 두었습니다. 그러니 신을 다시 보내주시면 그 간을 가져오겠습니다." 고 하였다.

토끼가 드디어 거북의 등에 업혀 나와서, 육지에 이르러서는 "사람이나 짐승이나 간이 몸 밖으로 나갔다 들어왔다 하는 것이 어디 있겠느냐. 아나, 예 있다. 간 받아라!" 하고는 깡충깡충 뛰어 달아났다.」

김춘추가 선도해의 뜻을 알고는 이에 거짓으로 고구려왕에게 글을 올려서 "욱리하(郁里河) 일대의 땅을 고구려에 바치겠습니다." 고 하니, 연개소문이 이에 김춘추와 맹약(盟約)을 맺고 석방시켜 귀국하도록 허락하였다.

김춘추가 국경에 이르러 고구려 사자를 돌아보며, "땅은 무슨 땅이냐. 어제의 맹약은 죽음을 벗어나려는 거짓말이었다." 고 하고는 토끼같이 뛰어 돌아왔다.

김춘추가 고구려에서 실패하고 돌아오니, 이에 신라는 고구려와 백제 양국 사이에서 고립된 한 개의 약국(弱國)이 되어 부득이 새 동맹을 바다 서쪽의 당(唐)에게서 구하게 되었다.

그래서 김춘추가 바다를 건너 당에 들어가서 당 태종을 보고 신라의 위급한 사정을 진술하고, 힘이 닿는 한 모든 비사(卑辭: 공손한 말)와 후례(厚禮: 많은 예물)를 다하여 원병(援兵)을 청하였다.

그리고 이때 당나라 군주와 신하들의 뜻을 맞추기 위하여 아들 법민(法敏), 인문(仁問) 등을 당에 남겨두어 인질로 바치고, 본국의 의관(衣冠)을 버리고 당의 의관을 쓰며, 진흥왕(眞興王) 이래로 스스로 기록해 오던 제왕(帝王) 연호(年號)를 버리고 당의 연호를 쓰고, 또 당 태종이 편찬한 〈진서(晋書)〉와 깎아내기도 하고 덧보태기도 한 〈사기(史記)〉, 〈한서(漢書)〉, 〈삼국지(三國志)〉 등 — 그 중에서도 조선을 모욕하고 멸시한 말이 많은 기록(文字)들을 가져다가 그대로 본국에 전하여 퍼뜨림으로써 사대주의(事大主義)의 병균을 전파하기 시작하였다.

2. 김유신의 등용(登用)

김춘추가 한창 복수 운동에 분주하는 판에 그 보좌인 한 명물(名物)이 있었으니, 그가 곧 김유신(金庾信)이다. 당시 연개소문을 고구려의 대표인물이라 하고, 부여성충(扶餘成忠)을 백제의 대표인물이라 한다면, 김유신은 곧 신라의 대표인물이라 할 수 있다.

고구려와 백제가 망한 뒤에 신라의 사가(史家)들이 저 양국 인물의 전기적(傳記的) 자료들을 말살하고 오직 김유신만을 노래하고 칭송하였으므로, 〈삼국사기〉 열전(列傳)에 김유신 한 사람의 전기가 을지문덕 이하 수십 명 인물들의 전기보다 그 분량이 훨씬 많고, 부여성충 같은 이는 아예 그 열전에 참여조차 하지 못하였다.

그러므로 김유신에 관한 미담(美談)들이 넘쳐흘렀을 것임은 미루어 알 수 있다. 이제 그 중에서 사리(事理)에 합당한 것들만을 추려서 보면 대개 다음과 같다.

김유신은 〈신加羅〉 국왕 구해(仇亥)의 증손(曾孫)으로, 다섯 가라국(加羅國)들이 신라와 혈전을 벌이다가 거의 다 망하였으나, 〈신가라〉는 한 번도 싸우지 않고 나라를 양도하였으므로 신라처럼 골품(骨品)을 다투는 나라였지만 김구해(金仇亥)에게 감사하여 그에게 식읍(食邑)을 주고 준귀족

(準貴族)으로 대우해 주었다.

김구해의 아들 김무력(金武力)은 일찍이 장병(將兵) 대원(大員)이 되어 구천(狗川)의 싸움에서 백제 성왕(聖王)을 쳐 죽인 전공(戰功)이 있었다. 그러나 신라의 귀골(貴骨)들은, 김무력이 외래(外來)의 김씨(金氏)라고 하여, 삼성(三姓: 昔氏, 朴氏, 金氏)의 김씨(金氏)와 차별하여 삼성(三姓)들과 혼인하는 것을 허락하지 않았었다.

그런데 김무력의 아들 김서현(金舒玄)이 일찍이 놀러 나갔다가 삼성(三姓) 김씨인 숙흘종(肅訖宗)의 딸 만명(萬明)의 아름다움을 보고 정을 금치 못하여 추파(秋波)로 뜻을 통하여 야합(野合)하여 유신(庾信)을 배었다.

숙흘종이 이를 알고 크게 노하여 만명을 가두어 놓았는데, 만명이 도망을 가서 금물내(今勿內: 지금의 진천(鎭川)-원주)에 사는 김서현의 집으로 찾아가서 부부의 예를 올리고 유신을 낳았다. 그러나 김서현이 일찍 죽었으므로 모친 만명이 유신을 길렀다.

유신이 처음에는 방탕하여 행동을 제멋대로 하더니, 그 모친이 울면서 타이르는 말에 크게 깨닫고는 학업(學業)에 종사하여 나이 17세에(〈삼국사기〉 김유신전에는 15세로 되어 있음.-옮긴이) 화랑(花郞)의 무리가 되어 중악산(中岳山)·인박산(咽薄山) 등지에 들어가서 구국(救國)의 기도를 올리고 검술(劍術)을 익혀서 차차 명성(名聲)이 나기 시작하였다.

그러나 유신은 가라(加羅)의 김씨였기 때문에 비상한 연줄이 없으면 중용되지 못할 줄을 알고, 이에 당시 총신(寵臣)인 내성사신(內省私臣) 김용춘(金龍春)의 아들 김춘추(金春秋)와 사귀어 후일 높이 올라갈 수 있는 사다리를 얻으려고 하였다.

일찍이 자기 집 부근에서 춘추와 제기를 차다가 일부러 춘추의 단추를 차서 떨어뜨리고는 춘추를 데리고 자기 집으로 들어가서, 자기의 막내 누이를 불러서 단추를 달라고 하였다. 막내 누이 문희(文姬)가 옅은 화장을 하고 가벼운 옷차림으로 바늘과 실을 가지고 나왔는데, 그 얼굴과 몸매의 아름다움이 춘추의 눈을 홀렸으므로, 춘추가 드디어 결혼하기를 청하여, 김춘추는 문희의 남편, 곧 유신의 매부(妹夫)가 되었다.

그 후 김용춘이 죽고 김춘추가 정권을 잡자, 유신은 그 자신이 장수로서의 재주가 있었을 뿐만 아니라 또 춘추의 밀어주고 끌어줌이 있었으므로 드디어 신라의 한 군주(軍主)가 되었다. 또 춘추가 왕이 되자 유신은 소뿔한(角干: 관직명으로 장수와 재상을 겸한 명칭. 각간(角干)은 이두문이다.—원주)의 지위를 얻어서 신라의 병마대권(兵馬大權)을 온전히 장악하였다.

3. 거짓이 많은 김유신의 전공(戰功)

〈삼국사기〉의 김유신전을 보면, 유신은 전략과 전술이 다 남보다 뛰어나서 백전백승의 명장(名將)이라 하였다. 그러나 대개는, 그의 패전은 감추고 작은 승리들을 과장한 거짓 기록들이다.

> 「진덕대왕(眞德大王) 원년(기원 647년)에, 백제의 군사들이 무산(茂山)·감물(甘物)·동잠(桐岑) 등 세 성을 포위하였다. 왕이 유신에게 보병과 기병 1만 명을 거느리고 가서 항전하게 하였다. 그러나 고전하여 힘이 다 떨어졌는데, 그때 유신이 비령자(丕寧子)에게 말했다. "오늘의 일이 위급하게 되었다. 자네가 아니면 누가 군사들의 마음을 자극할 수 있겠느냐."
>
> 그러자 비령자가 절을 하며 말하였다. "어찌 감히 명령에 복종하

지 않을 수 있겠습니까."

그리고는 적진으로 달려갔다. 그의 아들 거진(擧眞)과 종(奴) 합절(合節)이 그 뒤를 따라 가서 셋이서 힘껏 싸우다가 죽었다. 군사들이 이를 바라보고는 감동하여 서로 앞을 다투어 나아가서 적의 군사를 크게 깨뜨리고 3천여 명의 머리를 베었다.……」

「……유신이 압량주(押梁州: 지금의 경산(慶山)-원주) 군주(軍主)가 되어……대왕에게, "지금 민심을 보니 싸워 볼만합니다. 이제 백제를 쳐서 대량주(大梁州) 전투에서의 패배를 설욕하고자 합니다."고 청하니, 왕이 말했다. "적은 군사(小)로써 많은 군사(大)를 대적하려는 것은 위험한 일이 아니냐?"

유신이 대답하였다. "……지금 우리 군사들의 마음이 하나가 되어서 생(生)과 사(死)를 같이 해볼 만합니다. 그러므로 백제를 두려워할 것 없습니다."

왕이 이에 허락하였다.

드디어 주(州)의 군사들을 훈련시켜 대량성 밖에 이르니 백제가 맞아서 대항하였다. 신라 군사들이 거짓 패하여 옥문곡(玉門谷)에 이르니 백제가 신라 군사들을 얕보고 수많은 군사들을 거느리고 왔다. 이에 숨어 있던 군사들이 달려 나와 앞뒤로 습격하여 크게 깨뜨리고, 백제 장군 8명을 사로잡았으며, 1천여 명의 목을 베었다. 그리고 사자를 백제의 장군에게 보내어 "우리 군주(軍主) 품석(金品釋)과 그 처 김씨(金氏)의 뼈가 너희 나라 옥중에 있으니,……네가 죽은 두 사람의 뼈를 돌려보내 주면 나는 살아있는 여덟 사람을 돌려보내 주겠다."고 하였다.

백제가 이에……품석 부처의 뼈를 파내어 궤짝 속에 넣어 돌려보냈으므로, 유신이……여덟 사람의 생환(生還)을 허락하였다. 그리고 싸움에서 승리한 기세를 타고 백제 경내(境內)로 들어가서 악성(嶽城) 등 12개 성을 빼앗고, 2만 명의 머리를 베었으며, 9천 명을 사로잡았다. 이에 그 공로로 그의 작위를 이찬(伊飡)으로 올려주고 상주행군대총관(上州行軍大總管)으로 삼았다. 유신이 또 적의 경내로 들어가서 진례(進禮) 등 9개 성(城)을 도륙내고, 9천여 명의 머리를 베고, 6백 명을 사로잡았다.……」

「(진덕왕) 2년(기원 648) 8월에 백제 장군 은상(殷相)이 석토(石吐) 등 7개 성(城)을 공격하기에, 왕이 유신·죽지(竹旨)·진춘(陳春)·천존(天存) 등의 장군들에게 명하여, 3군을 다섯 방면으로 나누어 공격하였는데, 서로 이겼다 졌다 하여 열흘이 지나도록 승부가 결판나지 않아 쓰러진 시체가 들판에 가득하고 흘린 피가 개천을 이룰 지경이었다.

이에 유신이 도살성(道薩城) 아래에 진을 치고 말들을 쉬게 하고 병사들을 배불리 먹여 주어 다시 공격할 계획을 하고 있는데, 마침 그때 물새(水鳥) 떼가 동쪽으로부터 날아와서 유신의 군막을 지나갔다. 이것을 본 모든 장병들이 불길한 징조라고 생각하였는데, 유신이, "이것은 이상하게 생각할 것 없다. 오늘 반드시 백제의 간첩이 올 것이니, 너희들은 짐짓 모르는 체하고 누구냐고 묻지도 말라."고 말했다. 그리고는 군중에 명령을 내리기를, "담 벽처럼 단단히 지키기만 하고 움직이지 말라! 내일 구원병이 오기를 기다려서 싸울 것이다."라고 하였다.

백제의 간첩이 이 말을 듣고 돌아가서 은상(殷相)에게 보고하니, 은상 등은 원군이 있는 것이라 하여 의혹과 공포가 없을 수 없었다. 이때 유신 등이 일시에 들이쳐서 그들을 크게 깨뜨리고 장군 달솔(達率) 정중(正仲)과 군사 1백 명을 사로잡고, 좌평(佐平) 은상(殷相)과 달솔 자견(自堅) 등 10명과 군사 8천9백80명의 목을 베었으며, 말 1만 필과 갑옷 1천8백 벌을 노획하였고, 기타 무기 등도 이와 같은 정도로 노획하였다.

돌아오는 길에 백제의 좌평 정복(正福)이 군사 1천여 명을 데리고 항복해 왔으나, 이들을 모두 놓아주어 저들 마음대로 가게 하였다 .……」

본기(本紀)의 기록들도 이와 대략 같은데, 「악성(嶽城)」은 그 연혁을 알 수 없으나, 「진례(進禮)」는 곧 용담(龍潭)·진안(鎭安) 사이의 진잉을(進仍乙: 고구려의 본래 이름으로 신라에서는 진례(進禮)라 하였다.- 원주)이므로, 악성(嶽城)도 그 부근일 것이니, 이는 전라 동북(東北)이 신라의 위협을 받았다는 것이다. 「석토(石吐)」는 그 연혁을 알 수 없으나, 「도살(道薩)」이 곧 청안(淸安)의 옛 이름이므로 석토(石吐)도 그 부근일 것이니, 이는 충청 동북이 신라의 소유로 되어 있었다는 것이다. 또 유신이 이처럼 늘 승리하였다면 백제 강토의 쭈그러듦이 매우 심하였을 것이다.

그런데 〈당서(唐書)〉에 신라의 사신 김법민(金法敏: 김춘추의 아들)이 당에 원병을 청하는 말에 이르기를, "大城重鎭, 並爲百濟所並, 疆宇日蹙… 但得古地, 則請交和."(→ 큰 성(城)과 주요 진(鎭)들이 백제에게 넘어가고 강토는 날마다 쭈그러들고 있으므로…다만 옛 땅만 되찾을 수 있다면 서로 화친을 맺고자 합니다.)라고 하였으며, 〈삼국사기〉에는 "太宗大王欲伐百濟, 請兵於唐, 嘗獨坐, 憂形於色."(→태종대왕은 백제를 치고자 하여 당에 군사를 청하였는데, 일찍이 혼자 앉아 있을 때의 얼굴을 보면 그 걱정하는 것이 안색에 나타났다.)라고 하였다.

이때에 백제는 성충(成忠), 윤충(允忠), 계백(階伯), 의직(義直) 등 어진 재상(賢相)과 명장(名將)들이 숲처럼 많이 있었고, 병사들은 잘 훈련된 백전의 용사들이어서 도저히 신라의 적수가 아니었으니, 김유신이 몇 번의 대수롭지 않은 작은 승리는 했을지 모르나, 〈삼국사기〉의 열전(列傳)이나 본기(本紀)에서 말한 것처럼 혁혁한 승리는 아니었을 것이다.

4. 김유신 특장(特長)의 음모(陰謀)

앞에서 말한 것처럼, 김유신의 전공(戰功)이 거의 거짓 기록(誣錄)이라고 한다면, 그러면 김유신은 무엇으로 유명하였을까?

대개 김유신은 지략과 용기가 있는 명장(名將)이 아니라 음험하고 무서운 정치가(政治家)였으며, 그 평생의 큰 공은 전쟁터에 있지 않고 음모로 적국을 혼란에 빠뜨린 데에 있었던 사람이다. 이제 그 실례의 하나를 들어 보겠다.

신라 부산현(夫山縣: 지금의 송도 부근-원주)의 현령(縣令) 조미곤(租未坤)이 백제에 포로로 잡혀가서 백제 좌평(佐平) 임자(任子)의 집 종이 되어 충성스럽고 부지런히 임자를 섬기어 출입(出入)의 자유를 얻기에 이르렀다.

조미곤이 이에 가만히 도망을 쳐서 신라로 돌아와 백제의 국내 정황을 보고하니, 유신이 말하였다.

"임자(任子)는 백제 왕이 총애하는 대신(大臣)이라 하니, 나의 뜻을 그에게 전하여 신라가 그를 이용할 수 있게만 한다면 그대의 공이 누구보다 클 것이다. 그대가 능히 위험을 무릅쓰고 나의 말대로 하겠느냐?"

조미곤이 말했다. "생사를 돌보지 않고 명령대로 하겠습니다."

조미곤이 이에 유신의 밀명(密命)을 띠고 다시 백제에 들어가 임자를 보고 말했다.

"이 나라의 신민(臣民)이 되어 이 나라의 풍속을 모르면 안 되겠기에 미처 여쭙지 못하고 놀러 나갔다가 이제 돌아왔습니다."

임자가 그 말을 곧이듣고 의심하지 않기에, 미곤이 이 틈을 타서 임자에게 고백하여 말했다.

"지난번에 사실은 고향 생각이 나서 신라에 갔다 왔으며, 놀러 나갔다가 왔다는 말은 잠시 꾸며댄 말이었습니다. 그런데 신라에 가서 김유신을 만나보았더니, 그가 말하기를, '백제와 신라가 서로 원수가 되어 전쟁이 그치지 않는데, 두 나라 중 한 나라는 반드시 망할 것이며, 그렇게 되면 우리 두 사람 중 어느 한 사람은 현재의 부귀를 잃고 남의 포로가 될 것이다. 그러므로 원컨대 우리 두 사람이 미리 서로 약속하여, 신라가 망하거든 유신이 공(公)을 의지하여 백제에서 다시 벼슬하고, 백제가 망하거든 공이 유신을 의지하여 신라에서 다시 벼슬을 하기로 하자. 그리하면 양국 중 어느 나라가 망하든 간에 우리 두 사람은 여전히 부귀를 유지할 것이 아니냐.' 라고 하더이다."

임자가 잠자코 말이 없으므로 미곤이 황공한 빛으로 물러났다.

그 후 여러 날이 지나자 임자가 미곤을 불러서 전에 한 말을 묻기에, 미곤이 다시 유신의 말을 되풀이하고, 또 말하였다.

"전번에 유신이 말하기를, '국가는 꽃과 같고 인생은 나비와 같은 것인데, 만일 이 꽃이 진 뒤에 저 꽃이 핀다면, 이 꽃에서 놀던 나비가 저 꽃으로 옮겨가서 사철을 늘 봄으로 놀 것이 아닌가. 어찌 구태여 꽃을 위하여 절개를 지킴으로써 부귀를 버리고 몸을 굽히랴.' 고 하더이다."

그 말을 들은 임자는 원래 부귀에 얼이 빠진 천한 사내인지라, 이 말을 달게 여기고 미곤을 신라에 보내어 유신의 말대로 하겠다고 약속하였다.

유신이 이에 다시 임자를 꼬여 말하였다.

“한 나라의 권력을 혼자 장악하지 못하면 무슨 부귀의 위력이 있겠는가. 들은즉, 백제에는 성충(成忠)이 왕의 총애를 받아 그가 말하는 것은 모두 다 시행되고 공(公)은 겨우 그 밑에서 여유롭게 놀고 있다고 하는데, 이래서야 어찌 치욕이 아닌가.” 하면서 온갖 가지 방법으로 임자를 꼬여서 부여성충(扶餘成忠)을 참소케 하고, 마침내 요녀(妖女) 금화(錦花)를 임자에게 천거하여 백제 왕궁에 들여보내어 부여성충 이하 유능한 신하(賢臣)들을 살해 혹은 쫓아내게 하여 백제로써 백제를 망하게 함에 이르렀다.

제3장 부여성충(扶餘成忠)의 자살

1. 금화(錦花)와 임자(任子)의 참소와 이간질

임자가 김유신이 보낸 금화(錦花) 무녀(巫女)를 가지고 미래의 길흉과 화복, 국가 운명의 장단(長短)을 미리 알고 있는 선녀(仙女)라고 거짓말하여 의자왕에게 추천하였다.

의자왕이 이에 빠져서 정신을 잃고는 금화에게 백제의 앞날의 길흉을 물으니, 금화가 눈을 감고 있다가 한참 만에 신(神)의 말을 전한다고 하면서 말했다.

"백제가 만일 충신 형제를 죽이지 않으면 눈앞에 망국의 화(禍)가 있을 것이며, 죽이면 천만세 영원히 나라가 복을 누릴 것입니다."

왕이 말했다.

"충신을 쓰면 나라가 흥하고 충신을 죽이면 나라가 망하는 것은 고금에 통하는 이치이거늘, 이제 충신 형제를 죽여야 백제의 국운이 영원하다니, 도대체 이게 무슨 말이냐?"

금화가 대답했다. "이는, 그 이름은 충신이지만 그 실질은 충신이 아니기 때문입니다."

왕이 물었다. "충신 형제가 누구냐?"

금화가 대답하였다. "신첩은 다만 신령님의 밀명(密命)을 전할 뿐 그것이 무슨 말인지는 알지 못합니다."

의자왕이 이에 성충과 윤충 형제가 모두 그 이름에 충(忠) 자(字)가 들어 있으므로 의심하기 시작하였다.

임자가 성충에 대한 왕의 마음이 흔들렸음을 알고 곧 참소하여 내쫓으려고 하였는데, 왕이 마침 임자와 한가하게 술을 마시다가 임자에게 물었다. "성충은 어떤 사람인가?"

임자가 대답하였다.

"성충은 그 재주와 지략이 동기들 중에서 뛰어나 전쟁의 승패를 예측하면 백에 하나도 틀리는 일이 없고, 남의 뜻을 짐작하여 말하는 재주가 있으므로 이웃 나라에 사신으로 가면 임금의 지시를 욕되게 하는 일이 없으니, 이는 천하의 기재(奇才)입니다. 그러나 그 기재가 있는 만큼 그를 부리기가 어렵습니다.

신이 들으니, 성충이 고구려에 사신으로 갔을 때 연개소문과 친밀하여 개소문에게 '고구려에 공(公)이 있고 백제에 성충이 있으니, 우리 두 사람이 합하면 천하에 이루기 어려운 일이 어디 있겠습니까.' 라고 하면서 자신이 백제의 연개소문인 것으로 자처하였고, 연개소문은 성충에게 '나는 공(公)이 아직도 대권을 잡지 못하고 있는 것을 한스럽게 여기고 있소.' 라고 하여, 성충을 매우 우대하였다고 합니다.

성충이 이처럼 불측한 마음을 가지고 이웃나라의 강력한 신하와 정의(情誼)가 친근하며, 또 그 아우 윤충 같은 명장이 있으니, 신은 대왕의 만세 후에는 백제가 대왕 자손의 백제가 아니라 성충 자손의 백제가 되지 않을까 걱정입니다."

왕이 이에 윤충을 파직시켜서 소환하고 성충을 소홀히 대하니, 이때에 윤충은 바야흐로 월주(越州)에 남아 있으면서 진(鎭)을 설치하고 군사들을 훈련시켜 당(唐)의 강남을 전부 삼키려는 계획을 하고 있다가 갑자기 참소를 당하여 파직되어 소환되자, 월주가 얼마 지나지 않아 당에 함락되었다. 이에 윤충은 걱정과 울분으로 인하여 죽었다.

2. 성충의 자살과 그를 따르던 무리들의 축출

윤충이 죽고 성충 또한 왕에게 배척당하여 소원해지자, 금화가 이에 더욱 기탄없이 의자왕에게 권하여 장려하고 웅장한 법흥사(法興寺)와 태자궁(太子宮)을 세워 나라의 재물을 고갈시키고, "백제 산천에 지덕(地德)이 험악하니 쇠로 진압해야 좋습니다."고 하여 각처 명산(名山)에 쇠기둥이나 쇠못을 박으며, 강과 바다에 쇠그릇을 던져 나라 안에 쇠를 말리니, 나라 사람들이 원망하고 미워하여 금화를 가리켜 「불가살」이라 불렀는데, 「불가살」은 백제 신화에 나오는 쇠를 먹는 신(神)의 이름이다.

성충이 이에 상소를 올려 임자와 금화의 죄를 극력 말하니, 왕의 좌우가 다 임자와 금화의 심복들이었기 때문에, 서로 다투어 성충을 참소하였다. "성충이 대왕에게 총애를 잃은 뒤로 늘 울분을 품고 있더니, 드디어 오늘 이 상소를 올린 것입니다."

왕이 성충을 잡아 궁중 감옥에 가두고, 좌평(佐平) 흥수(興首)를 고마미지(古馬彌知: 지금의 장흥(長興)-원주)로 내쫓고, 서부은솔(西部恩率) 복신(福信)의 직위를 빼앗아 옥에 가두니, 다 성충을 따르는 무리들이었다.

성충이 옥중에서 죽음을 앞두고 유언의 상소(遺疏)를 올려 말했다.

"충신은 죽으면서도 임금을 잊지 못하므로, 신이 한 말씀 올리고 죽으려 하나이다. 신이 천시(天時)와 인사(人事)를 살피건대, 머지않아 병혁(兵革)의 화(禍: 곧 전쟁)가 있을 것인바, 무릇 군사를 쓰려면 지세를 택하여 상류에서 적을 대적하여야 만전(萬全)하므로, 만일 적병이 쳐들어오거든 육로로는 탄현(炭峴)을 막고 수로로는 백강(白江)을 막아 험한 곳에 의거하여 싸워야 합니다." 하고는, 음식을 끊고 28일 만에 죽었다. 이때는 곧 고구려의 태대대로(太大對盧) 연개소문이 죽기 1년 전이었다.

「탄현(炭峴)」은 후인들이 지금의 여산(礪山) 탄현(炭峴)이라고 하고, 「백강(白江)」은 지금의 부여 백강(白江)이라고 하나, 백제가 망할 때에 신라병이 탄현을 넘고 당나라 군사들이 백강을 지난 뒤에 계백이 황산(黃山: 지금의 연산(連山) 부근 -원주)에서 싸우고, 의직(義直)이 부여 앞강에서 싸웠은즉, 탄현은 대개 지금의 보은(報恩)의 탄현(炭峴)이고, 백강은 대개 지금의 서천(舒川)의 백마강(白馬江) 바다 입구이니, 흥수(興首)가 말한 바 기벌포(伎伐浦: 다음 장 참고-원주)이다.

제4장 신(新) · 당(唐) 양국군의 침입과 붙잡힌 백제 의자왕

1. 신라와 당의 연합 침입

기원 654년, 진덕여대왕(眞德女大王)이 죽고 김춘추(金春秋)가 그 왕위를 이으니 이가 곧 역사에서 이른바 태종(太宗) 무열왕(武烈王)이다.

태종의 부친 김용춘(金龍春) 때부터 벌써 대왕의 실권(實權)은 가졌으나 다만 동서(同婿)인 백제 무왕(武王)과의 왕위 다툼에서 그 악화된 감정을 누그러뜨리기 위하여 왕의 명의를 제1차는 선덕(善德), 제2차는 진덕(眞德), 곧 양국의 출가여승(出家女僧)에게 주었던 것이다. 그러다가 이때에 이르러서 양국의 틀어진 사이가 다시 미봉(彌縫)할 수 없을 정도로 깊어졌으므로, 태종이 곧 왕의 명의(名義)까지 갖게 된 것이다.

태종이 이미 왕이 되어서는 더욱 김품석(金品釋) 부처의 앙갚음을 하기에 급급했을 뿐 아니라, 또 백제의 침입이 전보다 더욱 심해졌으므로, 그 태자 법민(法敏)을 당나라에 보내어 원병(援兵)을 청하였다.

당은 이때 당 태종이 죽고 고종(高宗)이 즉위하여 고구려에 대한 자기 부황(父皇: 당 태종)의 원수를 갚으려고 누차 고구려를 쳤으나 다 실패하였으므로, 이에 먼저 신라와 힘을 합하여 백제를 쳐 없앤 뒤에 다시 고구려를 같이 치기로 하고, 태종의 청을 들어주었다.

2. 계백(階伯)과 의직(義直)의 전사

기원 660년 3월에 신라 왕자 김인문(金仁問)이 당의 행군대총관(行軍大摠管) 소정방(蘇定方)과 함께 군사 13만 명을 거느리고 래주(萊州)로부터 바다를 건너 6월에 덕물도(德勿島: 지금의 남양 덕물도(德勿島) -원주)에 이르렀다. 신라 태종이 금돌성(今突城: 지금의 음성(陰城)-원주)에 진을 치고 머무르면서 태자 법민과 대각간(大角干) 김유신과 장군 진주(眞珠)·천존(天尊) 등으로 하여금 병선 1백 척으로 당군(唐軍)을 영접하게 하였다.

소정방이 법민에게, "신라와 당 양국의 병사들이 수륙으로 나누어, 신라 병사들은 뭍으로 가고, 당의 병사들은 물을 따라 가서 7월 10일에 백제 서울 소부리(所夫里)에서 만나자."고 하였다. 법민과 김유신 등이 다시 금돌성으로부터 돌아와서 김품일(金品日), 김흠순(金欽純) 등 여러 장수들과 함께 정예병 5만 명을 거느리고 백제로 향하였다.

의자왕이 이때 와서야 밤늦게 연회를 파하고 여러 신하들을 불러서 싸우고 지키는 문제를 상의하였는데, 좌평(佐平) 의직(義直)이 말하였다.

"당나라 병사들은 물에 익숙하지 못한데, 저들이 바다를 건너 멀리 오느라 반드시 지쳐 있을 것입니다. 저들이 처음 뭍에 내릴 때를 틈타서 돌격하면 깨뜨리기 쉬울 것이며, 당나라 병사들을 깨뜨리고 나면 신라는 스스로 겁을 먹고 싸울 것도 없이 무너질 것입니다."

좌평 상영(常永)은 말했다.

"당나라 군사들은 멀리서 왔기 때문에 저들의 유리함은 속전(速戰)에 있습니다. 그러므로 저들이 뭍에 내리는 처음에는 장사들이 용감하게 분투할 것이니, 그때 우리는 험한 곳을 의지하여 막아 지키고 있다가 저들의 양식이 다 떨어지고 군사들이 지친 다음에 싸우는 것이 좋습니다. 신라는 일찍 여러 차례 우리 군사들에게 패하여 우리를 두려워하므로, 먼저 신라 군사들을 쳐서 깨뜨린 후 다시 기회를 엿보아 당나라 군사를 치는 것이 좋습니다."

이렇게 의론이 분분해지니, 의자왕이 전에는 평시나 전시를 막론하고 용단을 잘 내리더니, 이때에 와서는 요망한 무녀(妖巫)와 소인배 무리들에 둘러싸여서 의외로 흐리멍덩하여 어찌할 바를 모르다가, 갑자기 꾀 지팡이(智謀杖)로 유명하던 좌평(佐平) — 즉, 일찍 성충을 따르는 무리로 지목되어 고마미지(古馬彌知: 지금의 장흥-원주)에 귀양 가 있는 부여흥수(扶餘興首)를 생각하고, 사자를 보내어 계책을 물어보게 하였다.

흥수(興首)가 대답하였다.

"탄현(炭峴)과 기벌포(伎伐浦)는 국가의 요충(要衝)이기 때문에 한 사람이 칼을 들고 막고 있으면 1만 명이 덤비지 못할 곳이므로, 수륙군의 용감한 정예병들을 뽑아서 당나라 군사들은 기벌포에 들어오지 못하게 하고, 신라 군사들은 탄현을 넘지 못하게 하고, 대왕은 왕성을 지키고 있다가 양국의 적들이 양식이 다 떨어지고 군사들이 지친 후에 힘껏 들이친다면 백전백승할 것입니다."

사자가 돌아와서 보고하니, 임자(任子) 등이 성충(成忠)의 남은 무리들이 다시 쓰이게 될까봐 겁을 내어 말했다.

"흥수가 오랫동안 귀양을 가서 임금을 원망하고 성충의 옛 은혜를 생각하여 늘 보복하려고 하므로, 이제 성충이 죽기 전에 올린 상소문의 찌꺼기들을 주워서 나라를 그릇되게 하려고 하니, 그 말을 쓸 수 없습니다.

당나라 군사들은 기벌포를 지나게 하고, 신라의 군사들은 탄현을 넘게 한 다음에 들이친다면, 마치 항아리 속에 든 자라를 잡는 것처럼, 두 나라 적들을 동시에 다 분쇄할 수 있을 텐데, 어찌 험한 곳을 막고 적병과 서로 대치하여 시일을 허비하여 군사들의 용기를 꺾어놓으려 하십니까.”

왕은, 그렇게 하는 것이 좋겠다고 하고는, 다시 궁녀들로 하여금 술을 마시고 노래를 부르게 하여 전쟁이 바로 코앞에 있음을 잊었다.

7월 9일에 신라 대장 김유신, 김품일 등이 5만 명의 군사를 거느리고 탄현을 지나 황등야군(黃登也郡: 지금의 논산과 연산 사이-원주)에 이르니, 의자왕이 장군 부여계백(扶餘階伯)을 보내어 신라 군사들을 막으라고 하였다.

계백이 장차 출전하려 하면서 말했다.

“아아, 탄현의 천험(天險) 요새를 지키지 않고 5천의 군사로써 그 10배의 적을 막으라 하니, 나의 일을 내가 알겠다.”

그리고는 처자를 불러 말했다.

“남의 포로가 되기보다는 차라리 내 손에 죽어라.”

그리고는 칼을 빼어 그 자리에서 쳐 죽이고 군중으로 가서 병사들을 모아 세워놓고 맹세하여 말했다.

“고구려의 안시성주(安市城主) 양만춘(楊萬春)은 5천의 군사로써 당나라 군사 70만을 깨뜨렸는데, 우리 5천의 군사들이 한 사람당 10명을 당해낸다면 신라의 5만 명을 어찌 겁내겠는가.”

그리고는 달려가서 황등야군에 이르러 험한 곳에 의거하여 세 진영으로 나누어 적을 맞아 싸우니, 김유신 등이 네 번 쳐들어 왔다가 네 번 패하여 사상자가 1만여 명이나 되었다.

김유신이 싸움에서 이길 수는 없고, 10일에 만나기로 한 약속에 맞춰 가기에 급하여, 품일과 흠순(欽純: 흠춘(欽春)으로도 쓴다.-옮긴이)을 돌아보고 말했다.

"오늘 이기지 못하면 약속에 맞춰 갈 수 없으니, 만약 당나라 군사들이 혼자 싸우다가 패하면 신라가 수십 년 동안 공들여온 노력이 허사가 될 판이다. 만약 당나라 군사가 이긴다면, 비록 남의 힘으로 복수는 하였다고 할지라도, 신라가 당의 모멸(侮蔑)을 견디지 못할 것이니, 어찌하면 좋겠느냐?"

흠춘(欽春)과 품일이 말했다.

"오늘 10배나 되는 군사로써 백제를 이기지 못한다면 신라인들은 다시는 얼굴을 들지 못할 것이다. 먼저 나의 자제(子弟)를 죽여서 남의 자제들로 하여금 죽음을 무릅쓰도록 격려하여 혈전(血戰)을 벌이지 않으면 안 되겠다."

그리고 흠춘은 자기 아들 반굴(盤屈)을 부르고, 품일은 자기 아들 관창(官昌)을 불러서 말했다.

"신라의 화랑이 충성(忠)과 용맹(勇)으로 이름을 날렸는데, 이제 1만의 화랑들이 수천 명의 백제 군사들을 이기지 못한다면 이는 곧 신라 화랑이 망하는 것이며 또한 신라도 망하는 것이다. 너희들이 화랑군(郎幢)의 두령(頭領)이 되어 화랑을 망치고 말려느냐.

신하가 되어서는 충(忠)을 다해야 하고, 자식이 되어서는 효(孝)를 다해야 하는데, 위기를 당하여 목숨을 바쳐야 충과 효를 다했다고 할 것이다. 충과 효를 다하고 공명을 세우는 것이 오늘의 일이 아니냐."

반굴이 "예" 하고는, 자기 무리들과 함께 백제의 진영을 돌충(突衝)하여 다 전사하니, 관창은 그때 겨우 16세로 화랑 중에서도 가장 어렸는데, 반굴의 뒤를 이어 말을 타고 창(槍)만 하나 들고 백제의 진영으로 곧바로 쳐들어가 여러 명을 베고 사로잡혔다.

계백이 그가 소년이면서 사납고 용감함을 사랑하여 차마 죽이지 못하고 "어허, 신라에 소년 용사가 많으니 가상하구나." 하고는 돌려보냈다.

관창이 자기 부친 품일에게, "오늘 적진에 들어가 적장을 베지 못하였으니 실로 부끄럽습니다." 하고는 물을 움켜 마시어 목마름을 풀고는 다시 그 말에 채찍질을 하여 긴 창을 꼬나들고 백제의 진영으로 달려 들어갔다. 계백이 이를 쳐서 목을 벤 후 그 머리를 말 꼬리에 달아 보냈다.

품일이 이를 보고 도리어 펄쩍 뛰면서, "내 아들의 얼굴이 마치 산 사람 같으니, 왕사(王事: 전쟁)에 죽어도 죽은 것이 아니다." 하고 부르짖으니, 신라의 모든 병사들이 다 감격하여 용기백배 하였다.

이에 김유신이 다시 총공격을 명하여 수만 명이 일제히 돌진하니 계백이 직접 북을 치면서 맞붙어 싸워서 양국 병사들이 서로 육박전을 벌였다. 계백과 그가 거느린 백제 병사들이 비록 용감하고 장하기는 하였으나 숫자가 너무 달리는 것을 어찌하랴. 한갓 성결(聖潔)한 희생으로 백제사(百濟史)의 끝장을 마치고 전장에서 스러지니, 신라 병사들은 개가(凱歌)를 부르면서 백제 왕도로 향해 갔다.

이때 당나라 장수 소정방(蘇定方)은 백강 입구의 기벌포(伎伐浦)에 도착하여 몇 리(里)나 뻗은 바다 개펄(海泥)에서 행군을 할 수 없어서 초목을 베어다가 바닥에 깔고 간신히 들어오는데, 백제왕은 임자의 말과 같이 항아리 속에서 자라를 잡으려고 그곳을 지키지 않았고, 수군은 백강(白江: 지금의 백마강-원주)을 지키고, 육군은 그 언덕 위에 진을 치고 있었는데, 당나라 군사들이 이미 개펄을 지난 후에는 후퇴를 할 수는 없고 전진만 할 뿐이므로 용기가 배나 올라 백제의 수군을 깨뜨리고 언덕 위로 올라갔다.

이때 의직(義直)이 군사들을 지휘하여 격전을 벌이다가 죽으니, 의직은 비록 지략은 계백만 못하였으나 용감하기로는 서로 비슷하여 일시에 당나라 군사들의 간담이 떨어지게 하였기 때문에, 신라 사람들은 의직이 죽은 곳을 〈조룡대(釣龍臺)〉라고 불렀다. 대개 의직을 용(龍)에 비유하고, 의직을 죽인 것을 용을 낚은 것에 비유한 것이다.

『여지승람(輿地勝覽)』에는, 소정방이 백강에 이르니 비바람이 크게 일어 행군을 할 수 없으므로 무당에게 물어보았더니, "강의 용(龍)이 백제를 보호하기 때문이다."고 하므로, 소정방이 백마를 미끼로 하여 용을 낚아 잡았기 때문에 강 이름은 백마강(白馬江), 그 대(臺)는 조룡대(釣龍臺)라고 이름 짓게 된 것이라고 하였다.

그러나 백마(白馬)란 강 이름은 소정방이 도착하기 전부터 있었기 때문에 성충이 죽기 전에 남긴 상소문에서 백강(白江) 입구를 말하였다. 백강(白江)은 곧 백마강(白馬江)의 약칭이다. 일본사(日本史)에서는 백촌강(白村江)이라고 불렀으나, 「村(촌)」은 그 뜻이 「말(←마을)」이니, 백촌강(白村江)은 곧 백마강(白馬江)의 또 다른 번역이다.

따라서 야설(野說)은 그 자체가 황당할 뿐만 아니라 또한 역사와도 모순된다. 그러므로 〈해상잡록(海上雜錄)〉에 나와 있는 것처럼 의직(義直)이 죽은 곳이라고 하는 것이 옳다.

3. 의자왕의 포로됨과 백제의 두 서울 함락

김유신 등이 계백을 격파하고 그 다음날 11일에 백강(白江)에 다다르니, 소정방(蘇定方)이 약속한 기일을 어겼다고 신라 독군(督軍) 김문영(金文穎)을 베려 하였다. 이에 김유신이 당나라가 신라를 번국(藩國: 속국)으로 대하는 것에 분개하여 눈에 불이 떨어지는 듯하며 어느덧 보검(寶劍)을 빼어들고 여러 장수들을 돌아보며 "백제는 그만두고 당과 싸우자."고 하였다. 당나라 장수들 중에 이를 탐지한 자가 있어서 소정방에게 말하니 김문영을 풀어주고 양국 군사들이 합하여 「솝울(所夫里)」을 쳤다.

의자왕에게는 태자 이외에 적자(嫡子)가 여럿이고 서자(庶子)들은 40여 명이나 되었는데, 왕은 평소에 그들 모두에게 좌평(佐平)의 관직을 주어 국가 대계를 논의하는 자리에 다 참여시키고 심지어는 혹 실권(實權)도 행사하게 하였다.

이때 와서 그들은 세 파(派)로 나뉘었는데, 태자 효(孝) 등은 북경(北京)의 곰나루성(城)으로 달려가서 지키면서 전국에 격문을 띄워 의병(義兵)을 불러 모으자고 하였으며, 둘째 아들인 태(泰)는 「솝울(所夫里)」을 힘껏 지키고 부자와 군신(君臣)들이 힘껏 싸움으로써 각지의 의병을 기다리자고 하였으며, 왕자 륭(隆) 등은 소(牛)와 술과 폐백을 적병에게 올려 바치고 군사를 물려주기를 애걸하자고 하여, 4, 5십 명의 적자와 서자들이 각기 자기 의견을 주장하면서 왕 앞에서 떠드니, 왕이 누구의 말을 좇아야 할지 몰라서 왕자들의 말을 다 허락하여 왕자 륭(隆)에게는 강화(講和)의 권한을 맡기고, 왕자 태(泰)에게는 싸우면서 지킬 권한을 맡기고, 그 자신은 몸소 태자와 함께 북경의 곰나루성으로 도망쳤다.

왕자 륭(隆)이 소정방에게 공문을 띄워 당나라 군사를 물리기를 청하며 소와 술을 보냈다. 그들이 다 퇴각하자 둘째 왕자 태(泰)가 대왕의 자리에 나아가 군사들과 백성들을 독려하여 방어전을 하였는데, 태자의 아들 문사(文思)가 말하였다.

"대왕과 태자가 생존해 있는데 숙부(叔父)가 어찌 자립(自立)하시오. 만일 이번 일이 평정되면 숙부를 좇던 자들은 다 역적으로 몰려 죄를 얻어 죽을 것입니다."

그리고는 좌우를 거느리고 성밖으로 달아나니 인민들도 모두 따라갔으며, 군사들도 싸울 의사가 없어졌다.

륭(隆)은 또 화의(和議)가 성립되지 못한 것을 부끄럽게 여기고 성문을 열고 나가서 항복하니, 신라 병사들과 당나라 군사들이 이에 성첩(城堞)을 받들고 성 위로 올랐다.

왕후와 왕의 희첩(姬妾)들과 태자의 비빈(妃嬪)들은 모두 적병에게 욕을 당하지 않으려고 대왕포(大王浦)로 달아나 암석 위에서 강을 향하여 몸을 던져서 「낙화암(落花巖)」이란 바위 이름이 지금까지 그 유적을 전하고 있다.

여러 왕자들은 혹은 자살하고 혹은 도망하였고, 의자왕은 「곰나루성」으로 달려가 지켰는데, 성을 지키는 대장이 곧 임자(任子)의 무리들인지라, 그들이 왕을 잡아 항복하려고 하자 왕이 스스로 칼로 목을 찔렀다. 그러나 동맥이 끊어지지 않아 태자 효(孝)와 어린 아들 연(演)과 함께 당의 포로가 되어 묶여서 당나라 진영으로 끌려갔다.

당나라 장수 소정방은 스스로 목을 찔러서 절반이나 죽은 의자왕을 가지고 놀리면서 "아직도 대국에게 항거하겠느냐?" 고 비웃었으며, 신라 태자 김법민은 왕자 륭(隆)을 가지고 놀리면서 "네 아비가 우리 누이 내외를 죽인 일이 생각나느냐?" 고 하면서 앙갚음을 하였다.

신라 태종이 소정방에게 감사의 인사를 하기 위하여 금돌성(今突城)에서 「솝울(所夫里)」로 달려와 보니, 소정방이 "일찍 백제를 쳐 없애거든 기회를 보아 신라를 쳐서 빼앗으라." 고 한 당 고종의 밀지(密旨)를 받았기 때문에 신라의 빈틈을 엿보았다. 김유신이 이를 알고 태종에게 보고하여 어전회의를 열고 대항책을 강구하였는데, 김다미(金多美)가 말했다.

"우리 신라 병사들에게 백제 병사의 옷을 입혀 당나라 진영을 치게 하면, 당나라 병사들이 나가서 싸우면서 또 우리 군영에 구원을 요청해 올 것입니다. 그때에 불의(不意)를 틈타 습격한다면 당나라 군사를 깨뜨릴 수 있을 것이니, 그러고서 백제 전토를 수복하고, 북으로 고구려와 화친을 맺고 서쪽으로 당과 대항하며, 백성들을 위무하고 군사들을 훈련시켜 때를 기다렸다가 출동한다면 누가 우리를 무시할 수 있겠습니까."

태종이 말했다. "이미 당의 은혜를 입어서 적국을 멸망시키고 그리고 또 당을 친다면 하늘이 어찌 우리를 도와주겠느냐."

김유신이 말했다. "개의 꼬리를 밟으면 주인이라도 뭅니다. 지금 당(唐)은 우리의 주인도 아니면서 우리의 꼬리를 밟을 뿐 아니라 곧 우리의 머리까지 깨려고 하니, 어찌 그 은혜를 생각하겠습니까."

그러면서 당(唐)을 치기를 한사코 권했으나 태종이 결국 듣지 않고 군중에 명령을 내려 다만 방비만 엄히 하도록 할 뿐이었다. 소정방이 신라에서 경비하고 있음을 알고는 그 음모를 중지하였다.

속전(俗傳)에는, 함창(咸昌) 당교(唐橋)에서 당나라 군사를 습격하여 크게 깨뜨렸다는 일설(一說)을 실어놓았으나, 〈삼국유사〉에서는 사실이 아닌 말이라고 바로잡아 놓았다.

백제는 백전(百戰)의 나라인지라, 나라 사람들이 싸움에 익숙하고 의(義)에 용감하였으나, 그러나 유교(儒教)를 수입한 이래 일반 사회가 명분(名分)의 굴레에 목을 매었다. 성충(成忠)과 흥수(興首)는 비록 외적을 탕평할 만한 재략(才略)은 가졌으나 명림답부(明臨荅夫)와 같이 폭군의 목을 베어버릴 기백이 없었다. 계백과 의직(義直)은 비록 자기 몸과 가족들을 희생하는 충렬(忠烈)은 있었으나 연개소문과 같이 내부를 숙청할 수완이 없었다. 그리하여 마침내 미친 의자왕을 처치하지 못하여 임자(任子) 등 한 무리의 소인들로 하여금 수십 년 동안 정치상의 중심세력이 되도록 하였다.

그들은 평시에는 국가의 재물을 탕갈(蕩竭)하여 일신의 향락에 바치고, 난시(亂時)에는 국토를 들어 적국에 투항하여, 중경(中京)과 상경(上京)이 다 왕자들이 성문을 열어주어 망하였고, 그 외 삼경(三京)과 각 군(郡)과 현(縣)들 또한 모두 반항도 하지 않고 적의 소유가 되어버렸다.

그러나 인민들의 「다물(多勿: 잃은 옛 땅을 다시 찾음)」운동은 의외로 격렬하여 군왕과 관리들이 나라를 팔아먹은 뒤에 분기(奮起)하여 맨손으로 적병과 싸움으로써 말일의 망국사(亡國史)가 비처럼 쏟아지는 피(血雨)로 물들게 하였다.

만일 저들이 유교의 명분설(名分說)에 속지 않고 혁명의 기분을 가졌더라면 어찌 저 용렬한 간인(奸人) 등에게 나라가 망하도록 맡겨 두었겠는가. 이제 다음 장에서 백제의 「다물(多勿)」운동의 대략을 설명할 것이다.

제5장 백제 의병의 봉기(蜂起)

-부여복신(扶餘福信)의 약사(略史)-

1. 의자왕이 포로가 된 후 각지에서 일어난 의병

「솝울(所夫里)」이 이미 적병에게 함락되고 의자왕이 붙잡히자, 고관(高官)과 귀인(貴人)들은 거의 임자(任子)·충상(忠常) 등 나라를 팔아먹은 자의 도당(徒黨)이었으므로, 모두 다 그들이 지키던 성읍(城邑)을 들어 적국에 항복하였다. 그러나 성충(成忠)의 잔당(殘黨)으로 몰려서 관직에서 쫓겨났던 구신(舊臣)들과 초야의 의사(義士)들은 망국(亡國)의 화(禍)를 구하기 위하여 각처에서 봉기(蜂起)하였다.

이같이 열렬한 「다물(多勿)」 운동의 의사(義士)들은, 신라의 사가(史家)들이 이를 잔적(殘賊)이라고 배척하여 그 사적(事蹟)을 삭제해버리고 그 성명(姓名)을 매몰시켜 버렸으니, 이 얼마나 애석한 일이냐.

이에 신라본기·김유신전·〈해상잡록〉·〈당서〉·〈일본서기(日本書記)〉 등 각 책을 참조하여 보면, 당시 백제의 의병이 일어나던 지방은 대략 세 곳이니, (甲)은 백제 남부의 동북(東北: 지금의 전라도 동북 -원주)의 금산(錦山) 내지 진안(鎭安) 등지이며, (乙)은 백제 서부의 서반(西半: 지금의 충청도 서반(西半) -원주)의 대흥(大興)·홍주(洪州) 내지 임천(林川) 등지이며, (丙)은 백제 중부(中部: 지금의 충청남도 끝 -원주)의 연기(燕岐) 등지이니, 이제 3파(派)의 전말(顚末)을 간략히 서술하여 백제 말년의 혈전사(血戰史)의 한 단면을 보이고자 한다.

2. 패망한 중·남 양부 의병과 굳게 지킨 서부 의병

서부 의병장 부여복신(扶餘福信)은 무왕(武王)의 조카로서, 일찍이 고구려와 당(唐)에 사신으로 가서 외교계의 인재로 이름이 났었다. 후에 서부 은솔(西部恩率)이 되어 임존성(任存城)을 견고하게 수리하며, 성 안의 창고에 양곡과 사료를 비축하는 외에 통주(筩柱: 통대나무 기둥)를 세워 그 속에 싸라기(米屑)를 감추어 놓아 후일에 있을지도 모를 의외의 사태에 대비하였다. 그러나 마침내 간신 임자(任子)의 참소를 당하여 그 직책에서 쫓겨났는데, 군사들과 인민들이 다 울고 눈물을 흘리며 차마 보내지 못하였다.

그 후 당나라 군사들이 「솝울」과 상경(上京) 「곰나루」를 함락시켜 왕이 붙들리자, 성 안의 군사들이 당시 그 자리에 있던 현직 은솔(恩率)을 쫓아내고 복신(福信)을 추대하여 은솔을 삼고 버티고 지켰는데, 구(舊) 좌평(佐平) 자진(自進: 〈당서〉에는 도침(道琛)이라 하였음-원주)은 주류성(周留城: 김유신전의 두솔성(豆率城)이니, 지금의 연기(燕岐)의 원수산(元帥山)이 아닌가 한다.-원주)을, 구 좌평 정무(正武)는 두시이(豆尸伊: 지금의 무주(茂州) 남쪽이니, 신라의 이산현(伊山縣)-원주)를 습격하여 차지하고 군사를 합쳐 「곰나루」를 「다물(多勿)」하려고 하였다. 그러면서 복신에게 사람을 보내어 힘을 합칠 것을 요청하였다. 이에 복신이 말하였다.

"이제 적의 대병(大兵)이 우리의 두 도성(都城)과 각 요해처를 빼앗아 차지하고 우리의 군수물자와 무기를 몰수하였는데, 우리가 초야에서 흩어진 병졸들과 양민들을 불러 모아 죽창과 몽둥이로 저 활과 창검을 가진 자들을 쳐들어가려 한다면 이는 틀림없이 패배할 일이다. 우리 의병이 패하여 망하면 백제의 운명은 그만이다. 이제 당(唐)이 10여 만의 군사를 동원하여 바다를 건너오는데, 그들의 양식은, (一) 신라로부터의 공급과, (二) 우리 국민에게서 약탈한 것에 의존할 뿐이다. 그러나 신라는 해마다 계속된 전쟁으로 국고가 텅텅 비어 장기간 공급할 수 없을 것이며, 민간의 약탈로는 수많은 군사들의 식량을 충분히 댈 수 없을 뿐만 아니라, 더욱이 우리 백성들의 반감을 쌓아서 의병의 수를 늘릴 뿐이다.

당(唐)나라 사람들도 이것을 알기 때문에 불과 며칠 안에 반드시 1, 2만의 수비병만 남겨두고 그 대병(大兵)은 돌아갈 것이니, 우리가 이제 다만 험준한 요해지의 성읍(城邑)을 굳게 지키고 있다가 그때를 틈타 저들의 수비병을 격파하고, 조상 전래의 왕업을 되찾을 터이니, 어찌 요행한 승리를 바라겠는가."

고 하였으나, 정무(正武) 등이 듣지 않고 「곰나루」성 동남의 진현성(眞峴城)을 쳐서 붙잡혀 있는 의자왕 이하 대신들과 장사(將士)들을 빼앗으려 하다가 패하여 정무는 두시성(豆尸城)으로, 자진(自進)은 주류성(周留城)으로 달아나서 그곳에서 버티고 있으면서 지켰다.

그러나 얼마 후 당(唐)이 「곰나루」를 웅진도독부(熊津都督府)라 칭하여 당(唐)의 장수 유인원(劉仁願)은 당나라 병사 1만으로, 신라 왕자 인태(仁泰)는 신라 병사 7천으로 공동 방수(防守)케 하고, 기타 각 중요한 성읍에

다 모두 양국의 군사 약간씩을 배치하고, 각지의 의병들은 신라 태종(太宗)에게 그 토평(討平) 책임을 맡기고, 당나라 장수 소정방(蘇定方)은 10만의 군사를 거느리고 9월 3일에 돌아갔다.

이에 자진과 복신이 병사를 합하여 「곰나루」성을 치려고 할 때, 복신이 말하기를 "우리의 군사가 패한 뒤이므로, 한 차례의 대첩(大捷)이 없으면 인심을 진작(振作)시킬 수 없다. 그러나 「곰나루」성은 지세가 험준하여 쳐서 빼앗기가 몹시 어려우니, 차라리 정예병을 뽑아 신라병의 귀로를 공격하여 물리치는 것이 좋겠다."고 하였다.

그러나 자진(自進)이 또 듣지 않고, 곧 많은 병사들을 지휘하여 성의 동남에 있는 진현성(眞峴城)과 왕흥사(王興寺) 고개 마루의 성채를 깨뜨려 부수어 군수물자와 무기를 다수 빼앗고 「곰나루」성의 사방에 4, 5개의 보루를 세워 신라의 군량 운반 길을 차단하니, 일시에 의병의 성세(聲勢)가 크게 떨쳐 남부 20여 성이 다 이에 호응하였다.

그러나 신라 태종이 태자 법민(法敏), 각간(角干) 김유신 등 여러 장수들과 함께 여례성(黎禮城: 지금의 무주(茂州) 남쪽 경계–원주)을 치자 진무(眞武)가 출전하였다가 싸움에 패하여 죽고, 진현성의 의병도 신라병의 습격을 받아 1천5백 명의 전사자가 나오고, 왕흥사 고개 마루의 성채를 지키던 의병도 7백 명이 전사하였다.

신라병이 이에 임존성(任存城)을 치자, 복신(福信)의 방어가 주도면밀하여 끝내 이기지 못하였다. 군량이 계속 공급되지 않으므로 11월 1일에 회군하였다.

3. 싸울 때마다 대승한 부여복신

다음해 2월에 부여복신이 강서(江西)의 흩어진 사졸들을 모집하여 강을 건너가서 진현성을 회복하였더니, 당(唐)의 장수(웅진도독 劉仁願-원주)가 정예병 1천 명을 보내어 싸우러 달려왔다. 이들을 복신이 중간에서 저들의 불의(不意)를 틈타 습격하여 그 1천명 중에 한 사람도 살아서 돌아가지 못하였다.

이에 유인원이 자꾸 사자를 신라에 보내어 구원을 청하자, 신라 태종이 이찬(伊飡) 품일(品日)을 대당장군(大幢將軍)으로 , 잡찬(匝飡) 문충(文忠)을 상주장군(上州將軍)으로, 아찬(阿飡) 의복(義服)을 하주장군(下州將軍)으로, 무훌(武欻) · 욱천(旭川) 등을 남천주대감(南川州大監)으로, 문품(文品)을 서당장군(誓幢將軍)으로, 의광(義光)을 낭당장군(郎幢將軍)으로 삼아 구원하러 보냈다.

3월 5일에 그 선봉대가 두량윤성(豆良尹城: 지금의 정산(定山)-원주)에 이르러 진지를 시찰할 때, 복신이 저들의 대오(隊伍)가 정돈되어 있지 못함을 보고 갑자기 나가서 급히 공격하여 이들을 전멸시키고, 그 군사 무기를 탈취하여 목봉(木棒)을 대신하고 성을 굳게 지키고 있었다. 후에 신라의 대군이 이르러 성을 포위하여 공격한 지 36일에 사상자만 많이 나고 성을 빼앗지 못하여 돌아갔다.

이에 복신이 사방의 의병들을 지휘하여 좌우로 충격(衝擊)하여 다수의 장졸들을 베어 죽이고 군수물자와 무기들을 전부 탈취하고 계속 진격하였다. 가소천(加召川: 지금의 ○○강-원주)에 이르러서는 신라의 구원병으로 보낸 김흠순(金欽純)의 군사와 싸워서 크게 이기니, 흠순 등은 단기(單騎)로 도주하여 신라병이 다시는 출전하지 못하였다.

복신이 이에 돌아가신 왕의 아들 풍(豊)을 맞이해 와서 왕을 삼고, 「곰나루」성을 포위하여 신라로부터의 양식 운반 길을 끊으니, 복신의 위명

(威名)이 이에 천하에 진동하였다. 그러자 백제 각 성읍(城邑)이 다 호응하여 신라와 당(唐)이 임명한 관리들을 베어죽이고 복신을 따랐다. 고구려의 남생(男生)은 구원병을 보내어 북한산성(北漢山城: 다음 장 참조-원주)을 쳐서 멀리서 복신을 성원하였으며, 일본은 화살 10만여 개를 보내서 군용(軍用)을 도와주었다.

제6장 고구려의 당병(唐兵) 격퇴, 백제 의병의 전성

— 부여복신(扶餘福信)의 약사(略史)—

1. 연개소문 사후 고구려의 내정(內政)

고구려 말년사(末年史)는 이전의 사서(前史)들이 모두 〈당서(唐書)〉의 거짓 기록(誣錄)을 채록(採錄)하여 (一) 연개소문의 죽은 해를 뒤로 연장하였으며, (二) 연개소문이 요서(遼西) 이서(以西)에서 획득한 토지를 삭감하였으며, (三) 연개소문의 생전과 사후 고구려의 대(對) 당(唐) 관계 사실들을 위조하여 고구려의 멸망한 진상을 잘 알 수 없게 되었을 뿐만 아니라, 곧 백제와 고구려의 관계도 알 수 없게 되었다.

연개소문이 기원 657년에 죽었다는 것은 이미 제 10편에서 설명한 바이지만, 연개소문이 죽은 뒤에 그를 계승한 자도 그 아들 남생(男生)이니, 남생의 묘지에 의하면, "9세부터 총명하여 조의선인(皀衣先人)의 일원(一員)이 되고, 아버지에게 뽑혀서 낭관(郎官)이 되어 중리대형(中裡大兄), 중리위두대형(中裡位頭大兄)의 주요 관직을 역임하고, 24세에 막리지(莫離支)가 되어 3군 대장군을 겸임하였다."라고 하였은즉, 연개소문이 죽고 나서 남생이 그 지위를 상속한 것이 명백하다.

연개소문이 죽은 뒤 고구려와 당(唐)의 관계가 어떠하였는지는 역사책에 기사가 분명하게 나와 있지 않으나, 신·구 〈당서〉 고려전이나 정명진

전(程明振傳)에는 당 고종 영휘(永徽) 6년(기원 655)에 "정명진·소정방 등이 고구려를 쳐서 5월에 요수(遼水)를 건너 귀단수(貴端水)에서 고구려병을 깨뜨리고 1천여 명을 죽이고 사로잡았다."라고 하였고, 〈구당서(舊唐書)〉 유인궤전(劉仁軌傳)에서는 당 고종 현경(顯慶) 2년(기원 657)에 "유인궤가 정명진의 부장이 되어 고구려를 귀단수(貴端水)에서 깨뜨려 3천 명의 머리를 베었다."라고 하였는데, 대개 당 태종이 안시성(安市城)에서 연개소문에게 패하여 돌아갈 때 화살에 맞은 눈의 상처가 덧나서 죽었기 때문에 그 친자식인 고종과 그 신하인 이적(李勣), 소정방 등의 복수할 마음이 얼마나 간절하였겠는가마는, 마침내 여러 해 동안 군사 하나도 내보내지 못했던 것은 연개소문의 위명(威名)을 두려워했기 때문이다.

그런데 이제 갑자기 귀단수(貴端水) 전투가 있었던 것은 무슨 틈탈 기회를 엿본 것일 텐데, 그 기회가 무엇인가 하면, 현경 2년은 곧 기원 657년, 곧 연개소문이 죽은 해이니, 연개소문이 죽은 기회를 틈탔던 것이다.

그러면 (〈당서(唐西)〉의) 고려전 · 정명진전(程名振전) 등에서는 왜 귀단수 전투를 영휘 6년(기원 655년), 곧 연개소문이 죽기 전 3년의 일로 기록하였는가? 이는 대개 당시 본 전투의 동기가 당(唐)이 연개소문의 상(喪)을 이용하려고 한 것인데, 이제 당(唐)의 사관이 연개소문의 죽은 해를 연장하고 본즉 그 전투의 동기가 무엇인지 알 수 없게 되었으므로, 그 전투의 동기, 곧 저들이 말하는바 "師出有名(사출유명)"(→ 군사를 내보냄에 있어서는 명분이 있어야 한다.)의 구실을 만들고자 하였다. 이에 신라 태종의 즉위 원년(元年)을 곧 신라 사자가 원병을 청구한 해로, 곧 본 전투가 일어난 해로 삼아서 각 전기에 그대로 거짓 기록하였다. 그러나 다만 유인궤전에서는 우연히 점검을 하지 못하여 그 전투의 해를 그대로 적은 것이다.

그러면 본 전투는 연개소문이 죽은 후 당이 고구려에 침입한 제1차 전투이다. 그 승패의 상황이 전해지지 못하였으나, 대개 연개소문이 점령하였던 산해관(山海關) 서쪽의 토지, 곧 당나라의 옛 땅은 당이 다시 차지하고, 다시 나아가 누차 요수 이동을 침입하다가 패하여 물러갔는데, 당나라 사람들이 이때 당나라 혼자 힘만으로는 도저히 고구려를 이기지 못할 줄 알고 신라와 연합하여 좌우로 협공하기를 갈망하였다.

그런데 이때 백제와 고구려는 또 신라를 협공하여 멸망시키려고 신라의 북쪽 국경을 향하여 자주 쳐들어갔으므로, 신라 태종이 새로 즉위한 후 그 태자 법민(法敏)을 당에 보내어 원병을 청하면서, 백제의 현신(賢臣) 성충(成忠)이 이미 죽었고 의자왕은 교만하고 포악하므로, 비록 밖으로는 강성해 보이지만 그 내용은 실로 공허하여 양국의 군사가 같이 공격하면 이를 쳐서 없애기 쉽다고 진술하였다. 이에 당의 황제와 신하들이 이 말을 듣고 크게 기뻐하여 드디어 13만의 대병을 일으켜 신라와 협력하여 백제를 멸망시켰던 것이다.

백제가 망한 사실은 이미 앞에서 간단히 설명하였거니와, 백제가 망할 때에 남생(男生)이 백제에 구원병을 보내지 못한 것은 매우 큰 실책이다. 그리고 백제가 망한 뒤에도 당나라 군사들이 이미 돌아가고 의병이 봉기하는 때에, 고구려가 수만 명의 병마를 보내어 「곰나루」·「솝울(所夫里)」 등지로 곧바로 나가서 복신(福信), 자진(自進) 등과 연합하여 혈전을 벌였더라면 백제는 다시 중흥할 수 있었을 것이며, 백제가 중흥하면 충분히 신라를 견제하여 당나라 병사들에 대한 군량 공급을 불가능하게 할 수 있었을 것이다.

그리고 신라의 군량 공급이 없으면, 비록 고구려에 연개소문이나 양만춘 같은 영웅들이 없을지라도, 당나라 병사들이 평양까지 쳐들어갈 수 없었을 것이며, 설령 침입해 들어가더라도 수 양제(煬帝)의 장졸들처럼 패배하여 무너졌을 것이다.

그러므로 당시 고구려의 안전을 도모하려면 먼저 백제가 망하는 것을 구해야만 하였는데, 이제 역사책으로 보건대, 신·당 양국의 군사들이 이미 백제를 멸망시키고 난 뒤에 소수의 군사들을 보내어 칠중성(七重城: 지금의 적성(積城)-원주)을 공격하여 함락시키고는 퇴각해 돌아갔다. 그리고 부여복신(扶餘福信)이 기병(起兵)하여 백제 전국을 거의 회복한 뒤에도 겨우 수천 명의 지원군을 보내어 신라인들(남여 합하여 겨우 2천 7백여 명-원주)이 지키고 있는 외따로 떨어진 성인 북한산성(北漢山城)을 쳤으나 빼앗지 못하고 패하여 물러났다.

그 이외에는 백제를 지원하여 구해 준 거동(擧動)이 없었으니, 남생은 후일에 매국(賣國)의 죄를 짓기 전에 이미 나라를 잘못되게 한 죄도 적지 않다. 이 같은 용렬한 자식 남생에게 정권을 물려주고 죽은 연개소문도 어찌 죄가 없다고 하겠는가.

2. 평양의 당병(唐兵)과 웅진(熊津) 신라병의 대패

기원 662년, 당이 임아상(任雅相)·걸필하력(契苾何力)·소정방·설인귀(薛仁貴)·방효태(龐孝泰) 등 여러 장수들을 보내어 35개 방면으로 병진하여 하남(河南)·하북(河北)과 회남(淮南)의 67주(州)의 병력을 증발하여 평양으로 쳐들어가도록 하고, 낭장(郎將) 유덕민(劉德敏)을 합자도(合資道: 군사상의 직위. 총관(總管)-원주)로 임명하여 신라로 들어가 신라병과 합하여 고구려의 남쪽 경계를 침입해 들어가게 하는 동시에 신라의 양곡을 평양으로 운반하도록 하였다.

이때 신라의 태종(太宗: 金春秋)이 죽어서 상중(喪中)에 있었음에도 불구하고 그 신왕(新王), 곧 중종(中宗) 문무왕(文武王: 金法敏)이 김유신·김인문·김량도(金良圖) 등 9명의 장군으로 하여금 전국의 군사들을 총동원하게 하는 동시에 큰 수레 20량을 만들어 쌀 4천 섬, 벼 2만 2천 섬을 실어 평양의 당나라 군사에게 보내려고 하였는데, 이때 백제의 의병들이 태산(兌山: 금산(錦山)인가?-원주)에 의지하여 복신(福信)과 호응하였다.

이때 당의 웅진도독 유인궤(劉仁軌)가 급사(急使)를 보내어 중종에게 보고하였다.

"만일 태산(兌山)의 백제 병사들을 그대로 두어 세력이 공고해지면 군량운반의 길이 끊어져 진(鎭)에 남아 있는 1만 7천 명의 양국 군사들이 다 아사(餓死)하여 웅진(熊津)이 다시 백제의 것이 되고 백제가 다시 회복될 것이다. 백제가 회복되면 고구려를 도모하기가 더욱 어려울 것이니, 먼저 태산성을 쳐 달라."

문무왕(文武王)이 이에 김유신 등 여러 장수들과 함께 9월 19일에 태산성 아래에 이르러 항복하라고 권하면서, 항복하면 부귀(富貴)를 보장해 주겠다고 설득하였다. 그러자 의병들이 큰 소리로 대답하였다.

"성(城)은 비록 적으나 장졸들이 다 의기(義氣)에 차 있고 용감하여, 싸우다 죽은 백제의 귀신이 될지언정 항복하여 사는 신라인이 되지는 않을 것이다."

그리고는 곧 항전(抗戰)하여 8일 만에 성안에 있던 병사 수천 명이 다 전사하고 드디어 성이 함락되었다.

신라 군사들이 나아가 우술성(雨述城: 지금의 회덕(懷德)-원주)을 포위하니, 우술성은 복신(福信)이 신라군의 군량 운반을 끊기 위하여 장수를 보내어 지켰던 곳이다. 서로 대치한 지 수십일 만에 성 안에 있던 달솔(達率: 〈자치통감〉의 주(注)에서는 〈달수〉로 읽는다고 하였다.-옮긴이) 조복(助服)과 은솔(恩率) 파가(波伽)가 내응하여 성중의 의병 수천 명이 다 전사하고 성도 함락되었다.

이리하여 웅진으로 양곡을 운반할 길이 뚫렸으나, 평양의 당나라 군사들은 고구려 군사에게 대패하여 패강도총관(浿江都總管) 임아상(任雅相)은 날아오는 화살에 맞아 죽고, 옥저(沃沮) 도총관 방효태(龐孝泰)는 자기 아들 13명과 함께 사수(蛇水: 지금의 보통강(普通江)- 원주) 싸움에서 패하여 전군이 몰살당하고, 소정방 등 각 군(軍)은 한시성(韓始城: 지금의 평양 부근의 서시촌(西施村) -원주)에서 버티고 있었는데, 양식이 다 떨어져 신라의 공급을 갈망하여 사자를 자주 보내오므로, 신라 대장군 김유신은 군사를 두 부대로 나누어 한 부대는 김유신이 직접 통솔하여 평양으로 군량을 운반하고, 한 부대는 김흠순(金欽純)이 통솔하여 웅진으로 군량을 운반하였다.

이들이 군량을 운반할 때 칠중하(七重河)에 이르러서 여러 장수들이 모두 겁을 내고 건너가려고 하지 않자, 김유신이 말했다.

"고구려가 망하지 않으면 백제는 부흥하고 신라는 위태로워질 것이다. 그런데도 우리가 어찌 위험을 꺼리겠느냐."

그리고는 샛길을 따라 여러 장수들과 강을 건넌 후 고구려인들에게 발각되지 않으려고 험한 산을 타고 운반하여 수십일 만에 평양에 이르러 소정방에게 양식 쌀을 주었다. 정방의 군사들은 한 번 실컷 배불리 먹고 나서는 다시 진격할 수 없다고 하면서 바다를 따라 달아나서 돌아가 버렸다.

신라 군사들은 남아서 싸우려고 하니 군사의 수가 적어서 고구려의 상대가 되지 않을 것이고, 도망쳐 달아나려고 하니 고구려 군사가 추격해 올 것 같고 하여 매우 낭패스런 처지에 빠졌는데, 이에 김유신이 진영(陣營) 안에 군대의 깃발들(旌旗)을 그대로 꽂아놓고 소와 말의 꼬리에 북과 북채를 매어 서로 쳐서 소리가 나게 해놓고는 장졸들만 가만히 빠져나와 돌아왔는데, 추위와 기아로 인하여 사상자가 많이 나왔다. 또 칠중하(七重河)에 이르러서는 고구려군의 추격을 만났으나 요행히 빠져나왔다.

그러나 이때 웅진으로 군량을 운반하던 신라 병사들은 돌아오는 길에 대설(大雪)을 만났을 뿐만 아니라 또 백제 병사들의 포위 공격을 당하여 살아서 돌아간 자는 1백 명 중에 하나도 되지 않았다.

부여복신이 다시 「곰나루」성(城)에 이르러, 성의 부근 사면에 목책을 세워 신라와 당나라 병사의 내외 교통을 차단하니, 백제 전국이 다 호응하여 신라와 당 양국에서 임명한 새 관리들을 죽이고 백제 관리를 내어 모두 다 부여복신의 지휘 하에 속하게 되니, 이때에는 백제의 「다물(多勿)」사업이 이미 완성되었다고 할 만하였다.

제7장 부여복신의 죽음과 고구려의 내란

1. 적과 내통하다 붙잡혀서 참수당한 자진(自進)

부여복신이 처음으로 기병할 때 어떤 사람이 복신에게 말하기를, "타인의 통제를 받으면 큰일에 실패하기 쉬울 테니, 공(公)은 무왕(武王)의 조카이자 성망(聲望)이 내외에 미치는 터이니, 자립하여 왕이 되어 전국의 병마를 지휘하는 것이 좋을 것이다."고 하였으나, 복신이 이르기를 "그렇게 하면, 이는 인민에게 사사로움(私)을 보이는 것이니 의(義)가 아니다." 하고는 의자왕의 아들 왕자 풍(豊)을 맞이하여 왕으로 세웠다.

복신은 또, 자진(自進)이 의병(義兵)을 최초로 불러 모은 공이 있고 또 일찍이 좌평(佐平)의 관직을 지낸 대신(大臣)이라고 하여 그에게 영군대장군(領軍大將軍)의 자리를 양보하고, 그 자신은 상잠장군(霜岑將軍)이 되어 강서(江西)의 군사만을 전적으로 관할하였다.

후에 복신이 신라와 당 양국의 군사를 여러 차례 대파하여 「곰나루」성(城)을 포위 공격하자 당의 장수 유인궤(劉仁軌)가 감히 나와서 싸우지 못하였고 또 소정방 등이 평양에서 패하여 달아나니, 당나라 사람들이 이에 크게 낭패하여, 당 고종(高宗)이 유인궤에게 조서를 내려 지시하기를 "웅진 고성(孤城)을 버티고 지키기 곤란하니, 곧 전군(全軍)을 해로를 통하여 철군시키는 것이 좋겠다."고 하여, 유인궤 등이 이에 도망쳐 달아나려고 하였다. 복신이 이를 탐지하고는 여러 장수들을 모아 당병의 귀로를 요격(邀擊)하여 인궤를 사로잡으려고 하였다.

그런데 자진(自進)은 본래부터 늘 복신의 재능과 성망(聲望)이 자기보다 뛰어난 것을 시샘해 오고 있었는데, 이 일을 듣고 나서는 복신이 큰 공을 이루게 될까봐 더욱 두려워서, 드디어 유인궤에게 복신의 계책을 밀고(密告)하였다.

그리고 또 인궤에게 "당(唐)의 황제가 만일 백제를 한 나라로 남아있도록 허락해 준다면 백제는 길이 당의 은혜에 감격하여 당을 받들어 섬길 것이다. 그렇게 해주겠다면 복신 등을 잡아서 바치겠다."고 하였다. 이에 인궤가 도망쳐 돌아갈 생각을 중지하고, 신임하는 사자를 자주 자진(自進)에게 보내어 왕래하게 하였다.

복신의 부장(副將) 사수원(沙首原)이 그 밀모의 증적(證迹)을 잡아서 복신에게 보고하니, 복신이 크게 화를 내고, 이에 연회를 연다는 핑계로 여러 장수들을 불러 모아 그 자리에서 자진을 잡아 그 죄를 선포하고, 풍왕(豊王)에게 고한 후 참형에 처하려고 하였다. 그러자 왕이 말하기를, "자진에게 비록 죄가 있으나, 그는 대신(大臣)이므로 극형에 처해서는 안 된다."고 하면서 그의 형을 감해 주려고 하였다. 그러나 복신은 나라를 배반한 자를 살려둘 수 없다고 고집하여 마침내 자진의 목을 베었다.

2. 피살당한 부여복신

풍왕(豊王)이 복신에 의해 옹립된바 되어 늘 병권이 여러 장수들의 손에 있음을 의심하고 싫어하더니, 복신이 자진(自進)을 처형함으로써 전국의 병권이 복신에게 돌아가자, 왕의 좌우 사람들이 왕에게 복신을 참소하였다. "복신이 권력을 전횡하여 멋대로 대장(大將)을 살육하니, 그 안중에 어찌 대왕인들 있겠습니까. 대왕이 만일 복신을 죽이지 않으면 복신이 장차 대왕을 죽일 것입니다."고 하였다.

이에 은밀히 풍왕과 밀모하여 복신을 죽이기로 결정하고, 그해 6월에 복신이 마침 병이 있어 굴실(窟室)에서 치료하고 있는 것을 기회로 왕이 문병을 간다고 거짓 구실을 만들고는 좌우의 가깝고 신임하는 자들을 거느리고 돌입하여 복신을 잡아서 결박하였다. 그런 다음 왕명으로 좌평(佐平) 이하 각 대신들을 불러들였다. 그리고 복신의 손바닥을 뚫어서 가죽으로 꿰고 그의 죄를 논의하였는데, 복신이 죽으면 적병을 막아낼 이가 없을 줄 풍왕도 잘 알고 있었으므로 그 때문에 마음속으로 당혹하여 "복신의 죄가 과연 죽을죄이냐?" 하고 물었다.

그러자 달솔(達率) 득집(得執)이 "이같이 악한 반역자는 죽여도 죄가 남습니다." 하고 대답하였다.

복신이 득집을 향하여 침을 뱉으며 말했다.

"이 개같은 바보 노예놈아……"

그리고는 마침내 희광이(사형 집행인. 회자수(劊子手)-원주)의 칼에 목을 바치니, 백제 인민들이 복신의 죽음을 듣고 모두 눈물을 뿌렸다.

〈구당서(舊唐書)〉에서는, "龍朔二年七月, 仁軌·仁願等, 率留鎭之兵, 大破福信餘衆, 於熊津之東, 拔其支羅城 及尹城·大山·沙井等柵…時福信, 旣專其兵權, 與扶餘豊, 漸相猜貳, 福信稱疾, 臥於窟室, 將候扶餘豊問疾, 謀襲殺之, 扶餘豊覺而率其親信, 掩殺福信."

(→ 용삭(龍朔) 2년(기원 662년) 7월, 인궤·인원 등은 진(鎭)에 남아 있던

군사들을 거느리고 복신의 나머지 군사들을 웅진(熊津) 동쪽에서 대파하고, 지라성(支羅城)과 윤성(尹城)·대산(大山)·사정(沙井) 등의 성책을 빼앗았다. 이때 복신은 이미 병권을 전적으로 장악하고 있었으므로, 백제왕 부여풍(扶餘豊)과 점차 서로 시기하고 딴 마음을 품게 되었다. 복신은 병을 핑계대고 굴실(窟室)에 누워 있으면서 부여풍이 병문안 오기를 기다려서 그를 습격해 죽일 음모를 하였다. 부여풍은 이를 미리 알고 자기의 친하고 신임하는 자들을 데리고 가서 급습하여 복신을 죽였다.)

이라고 하였다.

〈일본서기(日本書記)〉에서는, "天智二年六月, 百濟王豊璋, 嫌福信有謀反心, 以革穿掌而縛, 時 難自決, 不知所爲……達率得執日, 此惡逆人, 不合放捨…斬而醢首. 秋八月……甲午, 新羅…謀直入國, 先取州柔."

(→천지(天智) 2년(기원 663년) 6월, 백제왕 풍장(豊璋)은 복신(福信)이 모반할 마음을 품고 있다고 의심하고 그의 손바닥을 가죽으로 꿰어서 결박하였다. 그러나 이때 스스로 결단을 내리기 어려워서 어떻게 해야 할지 몰랐다.……달솔 득집(得執)이 아뢰기를, 이 악한 반역자를 놓아주어서는 안 되며……그 머리를 잘라 식해를 만들어야 한다고 하였다. 가을 8월…… 갑오(甲午)에 신라가……곧바로 쳐들어와서 먼저 주유(州柔)를 취하려고 하였다.)

라고 하였다.

이처럼 두 책에서는 그 연대와 사실이 서로 다르다.

복신이 죽은 연도는 〈삼국사기〉 신라본기에 의하면 〈일본서기〉와 합치할 뿐더러, 그 사실로 말하더라도, 복신이 이미 군권을 장악하였으므로, 병권이 없는 풍왕을 죽이려면 곧바로 습격해서 죽일 수도 있었을 텐데 어찌하여 굴실에 누워서 풍이 병문안 오기를 기다려서 죽이려고 하였겠는가. 이것이 〈당서〉의 첫 번째 의심스러운 점이다.

신라나 당이 복신에게 여러 차례 패하여 1만 7천의 소수의 군사로 위험한 성을 지키고 있었는데, 어찌하여 아무런 형세의 변동도 없는데 갑자기 출전하여 지라성(支羅城), 곧 주류성(周留城: 지금의 연기(燕岐)-원주)과 윤성(尹城: 지금의 정산(定山) -원주)·대산(大山: 지금의 한산(韓山)-원주)·사정(沙井: 지금의 온양(溫陽) -원주) 등 각지를 평정할 수 있었겠는가. 이것이 〈당서〉의 두 번째 의심스러운 점이다.

의병이 여러 차례 승리하여 백제 전토가 거의 회복되었으므로 풍왕이 복신을 죽여 그 군권(君權)을 확장하려고 하였던 것일 테니, 어찌 각처의 성책(城柵)이 거의 다 함락된 뒤에야 장차 망할 권리를 차지하려고 복신을 해쳤겠는가. 이것이 〈당서〉의 세 번째 의심스러운 점이다.

그러므로 〈당서〉를 버리고 〈일본서기〉를 따르는 동시에, 〈해상잡록(海上雜錄)〉의 전설(傳說)을 취하여 백제 최후 위인(偉人)의 사적(事蹟)의 빠지고 없는 부분을 보완하는 바이다.

3. 복신 사후 풍왕의 망함

유인궤(劉仁軌)가 「곰나루」성(城)에 포위되었으나 신라와 당(唐)이 다 복신을 두려워하여 나아가 공격하지 못하였고 있었는데, 이때 복신이 죽었다는 소식을 듣고는 당 고종(高宗)이 장군 손인사(孫仁師)로 하여금 2만 7천 명의 병력을 가지고 백제 왕자 륭(隆), 곧 의자왕의 아들로서 당에 포로로 잡혀와 있던 자를 백제왕(百濟王)이라 칭하면서 바다 길을 따라 덕물포(德勿浦)에 상륙(上陸)시키고는 비밀히 사자를 보내어 선포하였다.

"백제왕 풍(豊)은 잔인하고 시기심과 의심이 많아서 자기를 옹립하고 또 큰 공이 있는 부여복신까지 죽였으니, 하물며 다른 장수들이랴.

당(唐)은 본래 백제의 토지를 취하려 했던 것이 아니라 오직 백제가 고구려와 한 편이 되는 것이 미워서 신라와 함께 백제를 쳤던 것이다.

이제 륭(隆)은 백제 선왕이 사랑하던 아들로서 능히 대세를 알고 또 황제(皇帝: 당의 황제(唐主)를 가리킨 것이다.-원주)의 신임을 얻었기 때문에, 백제왕의 작위를 주고 대군(大軍)으로써 옹호하여 귀국케 하는 바이니, 백제의 총명한 장사들은 짐의 말을 믿고 륭(隆)을 왕으로 떠받들어 섬긴다면 전쟁의 노고(勞苦) 없이 고국(故國)을 회복하고 부귀를 편안히 누릴 것이다.

그렇게 하지 않고 만일 대군에게 완강히 항거하다가는 짐도 공(公) 등을 용서하지 않을 것이다. 공 등이 잔인한 풍(豊)을 인군(人君)으로 떠받들다가 패배하면 큰 나라 군사에게 주륙(誅戮)을 당할 것이고, 승리하면 풍(豊)의 시기와 의심을 받아 복신과 같이 참사를 당할 것이니, 이 어찌 지자(智者)로서 택할 일이겠는가."

고 하며 풍왕(豊王)의 여러 장수들을 꼬이니, 남부달솔(南部達率) 흑치상지(黑齒常之)와 진현성주(眞峴城主) 사타상여(沙吒相如)가 바야흐로 풍(豊)이 복신을 죽인 것을 원망하다가, 드디어 그 관내의 2백여 성을 가지고 륭(隆)에게 투항하였다. 그리고 흑치상지는 서부달솔 지수신(遲受信)에게 글을 보내어, 풍왕이 잔인하여 백제를 중흥할 영명한 임금(英主)이 못 됨을 논하고, 그리고는 지수신에게 같이 항복하자고 권하자, 지수신이 대답하여 말하였다.

"우리가 상좌평(上佐平: 福信-원주)과 함께 의병을 일으켜 백제를 부흥시키려다가 중도에 불행히도 간신(奸臣) 때문에 일이 잘못되고 말았으니, 이 어찌 우리가 지극히 통탄해 하는 바가 아니겠소마는, 그러나 상좌평이 의병을 일으킨 것은 본래 당나라 도적을 물리치려고 한 것이거늘, 상좌평의 죽음이 원통하다고 해서 그것을 복수하기 위하여 당에 투항한다면, 이는 상좌평만 배반하는 것이 아니라 곧 백제를 배반하는 것이 되니, 상좌평의 영혼이 있다면 그 마음의 지극한 아픔(至痛)이 손바닥을 꿰거나 독살형을 당하는 것보다 더 심할 것이오. 나는 공이 번연히 깨달아 다시 돌아오기를 바라오."

라고 하였다.

그러나 흑치상지가 답장을 하지 않고 8월에 신라와 당나라 양국 군사의 선도가 되어 부하 5만 명을 이끌고 주류성을 포위하니, 이에 백제는 양국으로 갈라졌다. 지수신이 관할하는 서부는 풍왕에게 속하여 「서백제(西百濟)」가 되고, 흑치상지가 관할하는 남부는 륭(隆)에게 속하여 「남백제(南百濟)」가 되었다. 서백제는 당을 적대하여 싸우고, 남백제는 당의 노예가 되어 그 지시를 받아 서백제를 쳤다.

아, 백제 중흥의 대업(大業)을 이같이 창피하게 만든 자는 곧 부여풍(扶餘豊), 곧 상좌평 부여복신을 죽인 부여풍이니, 풍(豊)은 곧 중흥의 백제를 멸망시킨 제1의 죄인이다.

풍(豊)이 비록 죄인이기는 하나, 풍이 악하다는 이유로 백제를 배반하여 당(唐)의 노예가 되기에 이르렀던 흑치상지(黑齒常之)는 곧 백제를 멸망시킨 제2의 죄인이다. 이전 역사서에서는 오직 〈당서(唐書)〉의 포폄(褒貶)을 따라 흑치상지를 극히 찬미하였으니, 이 어찌 바보 자식들(癡兒)의 붓이 아니냐.

풍(豊)이 이미 복신을 죽이고는 적국을 막을 만한 방략(方略)이 없으므로 곧 사자를 보내어 고구려와 왜(倭)의 구원병을 청하였다. 그러나 고구려는 바야흐로 당의 침입을 우려하여 군사를 보내지 못하였고, 왜는 병선(兵船) 4백 척을 보내어 원조하였다.

왜병은 백마강 중에, 서백제(西百濟)의 군사들은 강 언덕에 진열하여 남백제·신라·당 삼국의 군사들과 대전할 때, 신라의 병선이 강의 상류로부터 내려와서 왜선을 직충(直衝)하여 불태우고 침몰시키니 왜병들은 패몰(敗沒)하여 다 강물 속에 빠져 죽었고, 강 언덕 위에 있던 서백제의 병사들은 남백제와 당병(唐兵)의 협공에 패하였다. 이에 삼국의 군사들이 총집결하여 주류성(周留城)을 치니, 풍(豊)은 드디어 도주하고 장사들은 전사하였다.

(*애석하게도 저자의 원고는 미완인 채로 여기서 끝났다. 감옥에서 살아서 나갈 수만 있다면, 지금까지의 글도 보완하고 나머지 부분도 완성하고 싶다고 하였던 단재(丹齋) 신채호(申采浩)의 계획은 끝내 실현되지 못한 채, 조선의 최고 천재 사학자는 1936년 2월 21일 여순형무소에서 57세를 일기로 돌아가시었다. 이로써 단지 단재의 저술 한 권만 미완(未完)인 채로 끝난 것이 아니라 우리 민족의 고대사 자체가 그의 죽음으로 인해 지금까지도 올바로 정립되지 못하고 불구(不具)인 채로 남아 있게 되었으니, 우리 민족을 위하여 참으로 애석한 일이 아닐 수 없다.— 옮긴이)

〈부 록〉

1. 가신 님 丹齋(단재)의 靈前(영전)에

2. 내가 만나본 단재 신채호

   (신영우(申榮雨), 이광수(李光洙), 심 훈(沈熏),
   정인보(鄭寅普), 원세훈(元世勳), 이극로(李克魯),
   이윤재(李允宰), 변영만(卞榮晩), 신석우(申錫雨))

3. 단재(丹齋) 신채호(申采浩) 연보

〈부록 1〉: 가신 님 丹齋(단재)의 靈前(영전)에

—祭文(제문)을 대신하여 哭(곡)하는 마음

미망인 朴 慈 惠(박자혜)

밤도 길어 가나 봅니다. 우리 食口(식구)가 깃들인 이 작은 房(방)은 좁고 거칠은 문창이 달빛에 밝게 물들었습니다. 秀凡(수범)이 斗凡(두범)이도 다 잠이 들었소이다. 아까까지 내가 울면 따라 울더니만 이제 다 잊어버리고 평화스런 꿈 世上(세상)에서 숨소리만 쌔근쌔근 높이고 있습니다.

나는 당신이 남겨놓고 가신 肉體(육체)와 靈魂(영혼)에서 完全(완전)히 解脫(해탈)된 悲慘(비참)한 잔뼈 몇 개를 집어넣은 궤짝을 부둥켜안고 마음 둘 곳 없어 하나이다.

작은 궤짝은 무서움도 괴로움도 모르고 싸늘한 채로 沈默(침묵)을 지키고 있습니다.

당신은 뜻을 못 이루고는 永遠(영원)히 돌아오지 않겠다고 하시더니 왜 이렇게 못난 주제로 내게 오셨습니까. 바쁘신 가운데서도 어린것들을 유난스럽게 貴重(귀중)해 하시고 소매 동냥이라도 해서 이것들을 외국 유학을 시키겠다고 하셨던 말씀은 잊으셨습니까?

憤(분)하고 원통하시지 않으십니까? 당신의 원통한 孤魂(고혼)은 지금 異國(이국)의 曠野(광야)에서 무엇을 부르짖으며 헤매나이까? 나는 불쌍한 당신의 魂(혼)이나마 부처님 품속에 평안히 쉬이도록 하고자, 이 밤이 밝으면 아이들을 데리고 東大門(동대문) 밖 地藏庵(지장암)에 가서 마음껏 정성껏 哀願(애원)하겠나이다.

당신과 만나기는 지금으로부터 17년 전(*1920년) 일이었습니다. 그때 당신은 39歲(세)요, 나는 스물네 살이었지요. 무엇을 잡아 삼킬 듯이 검푸르던 북경(北京)의 하늘빛도 나날이 옅어져 가고, 황토색 江(강)물도 콸콸 넘치게 흐르고, 萬花芳草(만화방초)가 음산한 北國(북국)의 山(산)과 들을 장식해 주는 봄 — 四月(사월)이었습니다. 나는 燕京大學(연경대학)에 재학 중(在學中)이고 당신은 무슨 일로 上海(상해)에서 北京(북경)에 오셨는지 모르나 어쨌든 나와 당신은 한평생을 같이 하자는 約束(약속)을 하게 되었던 것입니다.

그러나 당신은 두 해를 겨우 함께 살다가 다시 上海(상해)로 가시고 나는 두 살 먹이와 배 속에 다섯 달 되는 꿈틀거리는 생명(生命)을 품어 안고 몇 년을 떠나 있던 옛터를 찾게 되었지요.

그 뒤에는 片紙(편지)로 겨우 消息(소식)이나 아는 것으로 위안을 삼으며 당신의 뜻이 이루어지기를 바랐습니다.

당신은 늘 말씀하셨지요. 나는 가정에 등한한 사람이니 미리 그렇게 알고 마음에 섭섭히 생각 말라고 —.

아무 철을 모르는 어린 생각에도 당신 얼굴에 나타나는 심각한 表情(표정)에 壓倒(압도)되어 '과연 내 남편은 한 가정보다도 더 큰 무엇을 위하여 싸우는 사람이구나.' 하고, 당신 무릎 앞에 엎드린 일이 있지 않습니까? 그 熱(열)과 誠意(성의)와 勇氣(용기)를 다 어떻게 했습니까? 囹圄(영어)의 몸이 되어서도 아홉 해를 두고 하루같이 오히려 내게 힘을 북돋아 주시던 당신이 아니었습니까?

지난 2월 18일 아침이었지요. 아이들을 밥해 먹여서 학교에 보내려고 하는데 電報(전보) 한 장이 왔습니다. 기가 막힙디다. 무엇이라 하리까. 어쨌든 당신이 危急(위급)한 境遇(경우)에 있다는 것이라 세상이 캄캄할 뿐이니, 거저 앉아 있을 수가 있어야지요. 어떻게 되든 간에 秀凡(수범)이를 데리고 그 날로 당신을 만나려고 떠났습니다.

旅順刑務所(여순형무소)에 닿기는 그 이튿날 2월 19일 午後(오후) 세 시

10분이었습니다. 그러나 당신은 벌써 意識(의식)을 잃어버리고 말았습니다. 15년이나 그리던 아내와 子息(자식)이 곁에 온 줄도 모르고 당신의 몸은 푸르팅팅하게 성낸 시멘트 방바닥에 꼼짝도 못하고 누워 있었지요. 나도 수범(秀凡)이도 울지를 못하고 목 메인 채로 곧 旅館(여관)에 나와서 하루 밤을 앉아서 새우고 그 이튿날 아홉 시(時) 되기를 기다려 다시 刑務所(형무소)에 갔습니다.

그러나 時間(시간)이 없다고 面會(면회)를 거절하겠지요. 물론 비참한 광경을 우리에게 보이지 않으려는 官吏(관리)들의 고마운 생각을 모르는 것은 아니나, 세상을 아주 떠나려는 당신의 臨終(임종)을 보지 못하는 母子(모자)의 마음이 어떠하였겠습니까?

정말 당신은 그날 , 그날은 2월 21일 오후 네 시 20분에 영영 가 버리셨다고요. 당신의 괴로움과 憤(분)함과 설움과 원한을 담은 肉體(육체)는 2월 22일 오전 열 한 時(시) 남의 나라 좁고 깨끗지 못한 火葬(화장)터에서 작은 성냥 한 가지로 연기와 재로 변하고 말았습니다.

당신이여! 가신 靈魂(영혼)이나마 부디 평안히 잠드소서. —

(*본문 중 한자로 표기된 부분은 원문을 그대로 살린 것이고, 옮긴이가 독자들의 편의를 위하여 ( )안에 한글을 넣었다.)

〈부록 2〉: 내가 만나본 단재 신채호

1. 조선의 역사 대가(大家) 단재(丹齋) 옥중회견기

신 영 우(申榮雨: 당시 조선일보 기자)

단재(丹齋) 신채호(申采浩)씨! 그가 1910년 조선이 역사적으로 큰 변환을 하던 해에 표연(飄然)히 고국을 떠난 지 이미 21년에 한 번도 조선으로 돌아오지 않았고, 또 그이에 대한 소식이 널리 사회적으로 전해지지 않았으나, 그러나 그의 명성만은 은연(隱然)히, 또 의연(依然)히 조선의 식자층에 알려지고, 그 성격이 지사(志士)로서 강직하고 결벽(潔癖)하다는 것과, 조선역사의 대가로서 깊은 조예가 누구보다도 탁월하다는 것은, 비록 그가 최근까지 조선 내를 향하여 한 번도 그 온축(蘊蓄)을 발표한 적이 없었고 또는 소개한 일이 없었다 할지라도, 그가 일찍이 황성신문(皇城新聞)과 대한매일신보(大韓每日申報) 시대에 주필로서 준열한 필봉(筆鋒)과 웅대 유려한 문장(文章)으로써 일세를 진동(震動)시켰던 그 성가(聲價)와 함께, 아직도 경모(敬慕)를 받고 있다.……

최근 수개월 전부터 우리 신문지상에 그가 30여 년간의 깊은 연구와, 세밀하고 넓은 조사와, 꾸준하고 절륜(絕倫)한 노력을 경주한 「조선(상고)사(朝鮮(上古)史)」와 「조선상고문화사(朝鮮上古文化史)」가 비로소 대중적으로 계속 발표, 소개됨에 따라 그 심오한 내용, 풍부한 예증, 정확한 사실, 그 단아하고 첨예하고 웅혼(雄渾)한 필치가 과연 조선 역사의 대가(大家)로서 추앙받던 까닭을 바로 나타내 보이면서 수십 만 독자들로부터 절대적인 환영과 지지를 받고 있다. 그런 한편으로 단재(丹齋)는 작년 4월 28일부터 여순 형무소에서 10년 형을 선고받고 그날그날 철창 안에서 신음하고 있는 채로 소식이 묘연하였다.……

기자: "옥중에서도 다소간 책자를 보실 수 있습니까?"

"될 수 있는 대로 책을 봅니다. 노역에 종사하느라 시간은 없지만 한 10분씩 쉬는 동안에 될 수 있는 대로 귀중한 시간을 그대로 보내기 아까워서 조금씩이라도 책 보는 데 힘씁니다."

그가 약관(弱冠)을 조금 넘어서부터 박학(博學)하기로 이름난 것이 결코 그의 천재(天才)에만 있지 아니하고 어려서부터 지금까지 조그만 시간이라도 아껴서 부지런히 노력한 까닭이라 하겠다.

기자: "선생님께서 오랫동안 노력하여 저작한 역사가 조선일보 지상에 매일 계속 발표되고 있음을 아십니까?"

"네, 알기는 알았습니다만 그 발표를 중지시켜 주었으면 좋겠습니다. 그것은 내가 지금까지 비록 큰 노력을 하여서 쓴 것이기는 하나 그것이 단정적(斷定的) 연구가 되어서 도저히 자신이 없고, 완벽한 것이라고는 믿지 않습니다. 만일 내가 10년의 고역을 무사히 마치고 나가게 된다면 다시 정정(訂正)하여 발표하고자 합니다."

얼마나 학자로서 겸양(謙讓)하고 그리고 또 솔직한 말이냐. 그의 반생(半生)의 결정(結晶)으로 우리 지면(紙面)에 한 번 그 역사가 연재되자 그 심오한 연구, 정연한 체계, 투철한 관찰, 풍부한 예증은 현대의 사가(史家)로서 그 누구의 추종도 불허(不許)하는 바이며, 절대적이고 열광적인 환영을 받고 있음에도 불구하고, 단재는 결코 그것으로써 조금이라도 자만하거나 만족함이 없이 불만족을 느끼고, 다시 완벽을 기하려고 생각하고 있으니 이 얼마나 귀중한 태도이며, 학자로서 얼마나 경건한 태도인가.

기자: "그와 같이 겸손하게 말씀하시지만, 그것이 한 번 발표되자 조선에서는 큰 환영을 받고 있습니다."

"내가 그것을 쓸 때에는 결코 그와 같이 속히 발표하려고 한 것이 아니고 좀 더 깊이 연구하여 내가 자신이 생긴 후에 발표하려고 했던 것인데 중도에 이러한 처지를 당하여 연구가 중단되었습니다. 다행히 건강한 몸으로 다시 세상에 나가게 된다면 다시 계속 연구하여 발표하고자 합니다. 그리고 망령된 생각이지만, 〈조선 사색당쟁사(四色黨爭史)〉와 〈육가야사(六伽倻史)〉만은 조선에서 내가 아니면 능히 정곡(正鵠)한 저작을 할 사람이 없으리라고 믿고 있습니다. 그러나 이 안에서는 이런 말은 다 쓸데없는 소리이고, 만일 내가 건강하게 세상에 다시 나가게 된다면 이것만은 자신 있게 발표할 수 있다고 늘 생각하고 있습니다." ……

기자: "무엇 부탁하실 말씀은 아니 계십니까?"

"조선에 돌아가시면 〈국조보감(國朝寶鑑)〉과 〈조야집요(朝野輯要)〉를 차입(差入)해 주십시오. 그리고 에스페란토 원문 책과 자전(字典)을 보내 주십시오."

단재는 결코 가정적인 사람은 아니다. 그가 15세에 취처(娶妻)를 하였으나 약관에 이르기 전부터 52세 되는 오늘까지 방랑생활을 계속하여 가정생활과는 아주 인연이 적은 사람이다. 13년 전 북평(北平)에서 박자혜(朴慈惠)씨를 취(娶)하여 그 몸에서 신수범(申秀凡: 11세), 신두범(申斗凡: 4세) 두 아들을 얻었는데, 박씨는 후에 조선으로 돌아와 지금은 인사동 122번지에서 구차한 살림으로 그 남편의 출옥을 기다리는 한편 어린 아들의 교육을 위하여 갖은 고통과 싸워가며 지내고 있다.……

끝으로 이것을 기회로 기자가 아는 범위에서 단재의 약력(略歷)을 소개하고자 한다.

단재 신채호의 고향은 충청북도 청원군 가덕면(加德面) 화산리(花山里)였으나, 그가 출생하기는 1880년 충남 대덕군 산내면(山內面) 도림리(桃林里)

이다. 그의 가계(家系)는 소위 봉건 시대의 양반으로 선비의 생활을 하여 오던 집안으로 일찍부터 재명(才名)을 듣던 집안이었다.

그 조부 신성우(申星雨)씨는 연소하여 강경급제(講經及第)로 문과(文科) 정언(正言)에 진사(進仕)하였으나, 중간에 벼슬살이를 버리고 은거하였으며, 그 부(父) 신광식(申光植)씨는 38세에 요절하였고, 그 형 신재호(申在浩)도 역시 20세에 요절하였으나, 모두 출중한 재기(才氣)로써 당시 경향(京鄕)에 그 이름이 높았었다.

단재는 어린 때에 부친을 사별하고 엄격한 조부와 자애(慈愛)로운 편모(片母) 슬하에서 생장하다가 7, 8세경에 가업(家業)의 형편으로 청주군 낭성면(琅城面) 귀래리(歸來里) 고도미(古道尾: 지금 묘소가 있는 곳)로 와서 자라났다. 그는 어려서부터 재질(才質)이 참으로 표일(飄逸)하였으니, 6세에 배우기 시작하여 7, 9세에 〈통감(通鑑)〉 전질(全帙)을 마치고, 12, 3세에 경서(經書)를 독파하여 무엇이든지 한 번 보면 문득 기억하여 신동(神童)이란 이름을 들었다. 당시에 벌써 〈삼국지(三國誌)〉, 〈수호지(水滸誌)〉 등을 애독하였다고 한다.

단재는 그때 학자로서 이름 있던 조부(祖父)에게서 수학하였는데, 그 조부의 성격이 강직하고 엄격하여 배우는 때에 무엇이든 한 번 가르쳐서 곧 알지 못하고 또 암송하지 못하면 매를 심하게 때렸다고 한다. 지금 생각하면 그 교육법이 너무 봉건적이었으나, 그때에는 이것으로써 능히 인재를 양성하였으니, 단재가 천재적 재질(才質)에 또 그 조부의 엄격한 교육을 받아 15, 6세 경에는 이미 대인(大人)으로서 성숙된 감이 있었다고 한다. 그러나 어려서부터 그 성격이 외면으로 보면 못나고 흐릿한 듯하여 도무지 의식(衣食)에 무관심하고 자기감정을 표현하지 않아서 동무들 사이와 그 부근에서 몹시 흐릿하다는 소리를 들었다고 한다.

단재가 15세 때 그 조부가 그를 데리고 이야기하다가,

"세상 사람들이 모두 너를 보고 흐릿하고 못났다고 하니 무슨 까닭이

냐?" 하고 물었다고 한다. 그 말에 단재는, "나보고 못 생겼다고 말하는 세상 사람들도 별 수 없습니다." 하고 대답하였다는 것은 지금도 유명한 일화(逸話)이거니와, 그는 세상 사람들이 비록 못났다고 하여도 전혀 아무렇지 않게 생각하고 내명외우(內明外愚)하여 세상을 비예(睥睨: 비스듬히 흘겨봄)하여 왔다.……

단재는 20세 경에 그 조부와 같이 상경하여 판서 신기선(申箕善)씨의 총애를 받아서 성균관(成均館)에서 공부하는 동안, 그 재명(才名)은 당대 장안에 높이 떨쳤고, 그 박학함은 누구든지 경복(敬服)하였다고 한다. 단재가 책을 보는 것은 그대로 책장을 헤아리는 것 같아서 훌훌 넘기면서도 하나도 빼놓지 않고 모두 암기하였다고 한다.

종로서포(書舖) 점두(店頭)에 서서 수일 동안 점포 안에 쌓인 책을 전부 독파하였고, 친지의 집에 가서는 그 집에 책이 얼마가 있든지 있는 대로 다 독파하지 않고는 움직이지 않았던 것은 당시 유명한 일화이다. 그러나 단재는 그때부터 단지 한학(漢學)에만 몰두한 것이 아니라 널리 서양문물을 연구하였다. 그가 22세 때에 기자의 고향 이웃 마을인 인차리(仁次里)에 설립된 문동학원(文東學院)에 와서 시대의 변천과 한문무용론(漢文無用論)을 주장하다가 배척을 당한 것과 같은 일은 그가 벌써부터 가장 진보된 사상을 가지고 있었음을 엿볼 수 있게 하는 것이다.

그 후 늘 경성(京城)에 있으면서 27, 8세 때부터 황성신문, 대한매일신보의 주필(主筆)로서 준열한 문장으로 일세를 놀라 깨어나게 하였고, 천하를 논하여 일대(一代)에 그 문명(文名)이 날렸으며, 대한협회(大韓協會)에 참여하여 그 기관지인 회보(會報)에 투고하여 당대에 사자후(獅子吼)를 발하였음은 널리 기억되는 일이다.

1910년 시국(時局)의 불리함을 느끼고 표연(飄然)히 조선을 떠나 남북 만주로, 북중국(北中國)을 주유(周遊)하면서 조선 역사를 조사 연구하다가 4년 전에 (일본 경찰에) 붙들려서 영어(囹圄)의 몸이 된 것이다.

단재가 조선역사 연구에 유의한 것은 24, 5세 때부터인 듯하며, 그가 그 후 수십 년 동안 전심전력을 기울여 노력함으로써 금일 조선역사 대가(大家)의 명망(名望)을 듣는 것은 보통 학자로서의 탐구욕에서만 나온 것이 아니고, 그가 당시 기울어지는 천하대세에 대하여 많은 것을 느끼고 뜨거운 애착을 가졌기 때문이라 하겠다. 1908년 5월에 그가 발표한 「역사와 애국심의 관계」 같은 논문은 조선인으로서 역사론(歷史論)을 발표한 효시(嚆矢)이자 또 가장 귀중한 논문이거니와, 또한 그가 범용(凡庸)한 학자만이 아니었음을 잘 증명한다. 끝으로 다만 옥중에서의 그의 건강을 빈다.

(조선일보, 1931년 12월 19~28일 연재)

2. 탈출 도중의 단재의 인상(印象)

이 광 수(李光洙)

(一)

단재 신채호 선생이 세상을 떠났다. 그는 고생스럽던 일생을 마치고 영원한 안식에 들었거니와, 백인(白刃: 시퍼런 칼날)으로도 굽힐 수 없었던 그의 절개와 김부식(金富軾)·서거정(徐居正) 이하의 매국적(賣國的) 사가(史家)들의 머리 위에 큰 철추(鐵椎)를 내렸던 그의 사필(史筆)을 잃은 것은 조선의 아픈 손실이다.……

내가 신(申) 단재를 처음 만난 것은 정주(定州) 오산학교(五山學校)에서이다. 때는 경술년(庚戌: 1910년), 당시 나는 오산학교에 교사로 있었고, 단재는 도산(島山) 안창호(安昌浩) 선생 일행과 함께 조선을 탈출하는 도중에 오산에 들른 것이다.

그때 단재는 대한매일신보 주필로 문명(文名)이 높았으므로 오산에서는 직원과 학생이 합하여 단재 환영회를 열었다. 그때 단재를 소개하고 그의 약력을 이야기한 이가 지금은 고인이 된 시당(時堂) 여준(呂準) 씨이고, 나는 그를 환영하는 인사를 하였다.

단상에 앉은 단재는 하얀 얼굴에 코 밑에 까만 수염이 약간 난 극히 초라한 샌님이었다. 머리는 빡빡 깎고 또 그 머리가 끝이 뾰족하게 생겨서 풍채가 그리 좋은 편은 아니었다. 동정에 때가 묻은 검은 무명 두루마기를 고름도 아무렇게나 매고 섶은 꾸기고 때 묻은 조선 버선에 미투리를 신었는데, 오직 비범한 것은 그의 눈이었다. 아무의 말도 아니 듣고 아무것도 두려워하지 않는다는 그러한 이상한 빛을 가진 눈이었다.

환영하는 학생들의 노래가 있고, 소개와 약력 설명이 있고, 그의 덕과 공을 찬양하는 환영사가 있었다. 그런 다음에 주석(主席)이 답사를 청하자 단재는 스르르 의자에서 일어나 그 눈으로 회중(會衆)을 한 번 돌아보고는 한 마디 말도 없다가 그만 앉았다. 그것이 단재다운 행동이었다.

그러나 좌담(座談)에 흥이 나면 단재는 때로 상그레 웃기도 하고, 때로는 눈시울을 붉히기도 하면서 그 연하고 애티 있고 느릿느릿한 음성으로 곧잘 이야기를 하였다. "왜 그러시겨오" 하면서 "겨오"라는 충청도 사투리를 특히 많이 썼다.

그러나 이야기가 기자(箕子) 같은 조선족 대(對) 한족(漢族) 문제에 미치기라도 하면 그의 눈은 일종의 분기(忿氣)를 품고 그의 음성은 소프라노로 변하였다.……

단재는 세수할 때에 고개를 숙이지 않고 빳빳이 든 채로 두 손으로 물을 찍어다가 바르는 버릇이 있었다. 그래서는 마룻바닥과 자기 저고리 소매와 바지 가랑이를 온통 물투성이를 만들었다.

우리는 단재 세수하는 것을 한 큰 구경거리로 여겼다. 한번은 단재가 세수하는 것을 보고 시당(時堂)이 "에익 으응, 그게 무슨 세수하는 법이람. 고개를 좀 숙이면 방바닥과 옷을 안 적시지." 하고 쯧쯧 혀를 차는 것을 보고도 단재는 여전히 고개를 빳빳이 하고 두 손으로 물을 찍어다가 낯에 발라서 두 소매 속으로 물이 질질 흘러 들어갔다.

"그러면 어때요?" 하고 단재는 오산에 있는 동안에는 그 세수하는 법을 고치지 않았다. 단재는 결코 누구 말을 들어서 자기 소신을 바꾸는 인물은 아니었다. 남의 사정(私情)을 보아서, 남의 감정을 꺼려서, 자기 하고 싶은 일을 하지 않는 인물은 아니었다. 그러면서도 이야기할 때에는 퍽이나 다정스러웠다.

그 다음에 내가 다시 단재를 만나게 된 것은 계축년(癸丑年: 1913년) 상해에서였다.……

이때 단재는 김규식(金奎植)씨한테서 영어를 배우고 있었다. 상당히 정도가 높은 책이었는데, 김규식 선생이란 이가 원체 깐깐한 어른인지라 발음을 대단히 까다롭게 말하기 때문에 단재가 책을 나한테로 가지고 와서, "나 고주(孤舟: 이광수)한테서 배우겠소. 난 발음은 쓸 데 없다고, 뜻만 가르쳐 달라고 하는데도 그 사람이 꽤 까다롭게 그러는군." 하고 불평을 하였다. 그것도 단재식이었다.……

그 다음에 내가 단재를 (북경에서) 만난 것은 다시 5, 6년이 지난 기미년(己未年: 1919년) 때였다.……

그때 내가 단재를 찾아가 만난 주요한 이유는 이승만(李承晩) 박사를 지지하는 것이 대의(大義)에 합당함을 설득하여 단재로 하여금 내가 주간(主幹)으로 있던 (독립)신문의 주필로 모시고자 함이었다. 그러나 나는 단재를 설득하는 데 성공하지 못하였다. 그 결과로 단재는, 이 박사를 수반(首班)으로 하는 (임시정부)를 부인하는 (新大韓)이라는 신문을 발행하게 되었는데, 그것은 나중의 일이거니와, 그보다 먼저 (대한청년단)을 조직할 때에도 단재는 이 박사를 수반(首班)으로 하는 데 반대하여 그 자리에 모여 있는 사람들 전부의 위협과 만류도 듣지 않고 "나를 죽이구랴." 하고는 벌떡 일어나서 유유히 회의장 밖으로 나가버리고 말았다. 그것은 기미년 4월 10일. 그 전날 즉 9일부터 만 24시간 자지도 않고 쉬지도 않으면서 토의한 (독립청원 안건)이 성립된 날이었다.

그는 뜨거운 혈기의 청년들 여럿이서 생명에 대한 위협을 하는데도 모른 체하고 초지(初志)를 굽히지 않았다. 거기에 단재의 굽히지 않는 성격이 가장 잘 나타났던 것이다.…… (1936년. 4월 朝光誌)

(※ ( )안에 있는 한글은 본래는 ○○로 되어 있는 것을 옮긴이가 보충한 것이다.)

(二)

…단재가 하는 일은 하루 종일 팔짱을 끼고 책사(冊肆: 서점)를 더듬어

돌아다니는 것이었다. 그래서 조선에 관한 말이 있으면 책을 살 돈은 없으니까 그 자리에서 보았다. 오늘에 다 못 보면 이튿날 또 가서 보았다. 그리고는 책사 주인에게 핀잔을 맞으면서 요긴한 구절을 베꼈다. 이렇게 하루 종일 돌아다니다가 시장해지면 집으로 돌아왔다. 그리고는 그 이튿날 또 책사돌이(서점순례)를 떠났다.

단재는 김부식(金富軾)을 원수같이 미워하였다. 그는 〈삼국사기〉를 쓸 때에 사실을 굽혀서 한족(漢族)을 주(主)로 하고 제 나라를 종(從)으로 하여서 민족에게 노예근성을 넣은 것을 분개하였다. 그리고 〈동국통감(東國通鑑)〉을 편찬한 무리들도 죽일 놈들이라고 낯을 붉히고 분개하였다. 그는 조선 역사를 바로잡는 것을 일생의 목표로 삼는 동시에 역사상에 불충불의(不忠不義)한 무리들을 필주(筆誅: 글로써 처형하는 것)하는 것을 사명으로 삼았다.……

하루는 내가 (상해에서) 책을 하나 사려고 어느 책사에 가서 섰노라니 천만뜻밖에 단재가 팔짱을 끼고 들어오는 것이었다. "단재 선생, 웬 일이시오?" 하고 나는 그의 말랑말랑한 손을 잡았다.

그의 손에는 뼈가 없는 것 같았다. 그는 내 손을 쥐는 것도 아니요, 안 쥐는 것도 아니요, 빙그레 웃었다. 이것이 반갑다는 말이다.

"북경 온 지 서너 달 되었지요." 하는 것이 그의 말이었다.

나는 그가 매괴주(玫瑰酒)를 좋아하고 싼시연탕(?)을 좋아하는 것을 생각하고, "매괴주 한 잔 잡수시지요." 하고 웃었다.

"춘원(春園: 이광수의 호)이 웬 돈이 있으시오?" 하고 그는 나를 따라 나섰다. 조그마한 음식점에 들어가서 침침한 조그마한 방에 둘이 때 묻은 탁자를 사이에 놓고 마주 앉아서 김 오르는 싼시연탕과 따뜻한 매괴주가 들어오기를 기다리면서 우리는 이야기를 하였다.

"어찌 미국을 안 가셨나요?" 단재가 물었다.

나는 어떤 친구 때문에 못 가게 된 연유를 대강 말하고, 북경에 오게 된 까닭도 간단히 말하였다.

"나도 춘원이 북경에 와 계시다는 말은 들었지요. 아마 북간도 방면에서 소문이 왔나 보군요. 젊은 여자 둘을 데리고 와서 어디 숨어 산다는 둥, 일본 공사관에 드나드는 것을 보았다는 둥, 또 매일신보(每日申報)에 글을 쓰는 것이 틀림없이 춘원이라는 둥 시비가 많습디다. 오죽 말이 많은 조선 사람이오? 아무려나 조심하시는 것이 좋을 것이오."

이것은 단재의 꾸밈없는 말이었다. 나는 단재가 내게 호의를 가진 것을 믿고, 또 단재가 참된 사람인 것을 믿기 때문에 더욱 그의 이러한 말이 내 마음을 서늘하게 하였다. 내가 매일신보와 관계하는 것은 물론 본명으로가 아니고 가명(假名)으로이지만, 만일 이것이 나(李光洙)란 것이 판명되는 날에는 나는 어떠한 봉변을 당할지도 모르는 것이다.

그것은 그때에 조선에 신문이라고는 오직 매일신보가 있었을 뿐이요, 매일신보는 정부의 기관지이기 때문에 당시 해외에 있는 조선 사람들은 신문에 글을 쓴다는 것은 곧 총독부에 돌아가 붙은 것으로 알았기 때문이다. 하물며 내가 일본 영사관에 다닌다는 말이 난다고 하면, 내 생명은 실로 풍전등화(風前燈火)라고 아니 할 수 없었다.

"그래서 나는 춘원이 일본 공사관에 다닐 리도 없고 매일신보에 글을 쓸 리도 없다고 말은 했지요. 그렇지만……"

단재의 이 말에 나는 더욱 등골에 땀이 흘렀다. 나는 차마 이 말을 더 듣고 싶지 않아서 말을 돌렸다.

"대관절 선생은 왜 상해를 떠나셔서 이리로 오셨어요?"

"K군도 남양으로 인삼장사를 간다고 떠나버리고 또 거기서 얻어먹을 데도 없고, 싸움질하는 꼴도 보기 싫고, 그래서 북경으로 뛰어왔지요. 이회영(李會榮: 友堂)씨네 형제분이 북경으로 오라고도 그러고……, 그렇지만 북경도 마찬가지야. 여기서도 무엇을 가지고 그러는지 서로 싸우고 잡아

먹고, 또 상해만큼 책사도 없고, 별로 재미가 없소이다."

"북경에서는 무엇들을 가지고 싸우나요?"

"모르지요. R씨 파니, P씨 파니, A씨 파니 하고 싸우지요. 그리고 싸우는 데 유일한 무기는 친일파(親日派)라는 것이고. 그래서 몽둥이질이 나고, 육혈포(권총)질이 나고, 관헌(官憲)에 밀고(密告)질이나 하고. 그렇기로서 나야 누가 어찌하겠소? 나는 아무 편에도 안 들고 책이나 보고 글이나 쓰고 있으니까."

매괴주 서너 잔에 벌써 단재의 얼굴에는 홍훈(紅暈)이 돌았다.

"그래서들 모두들 있는 데를 속이고 있지. 길에서 서로 만나게 되면 샛골목으로 슬쩍 비키고는.… 나는 요즘 신라와 당(唐)나라의 교통사(交通史)를 조사하고 있는데, 당나라에 와있던 신라 사람들도 서로 그러고 지냈던가 원. 허기는 장보고(張保皐)를 모함하는 사람들도 있었던 모양이야. 그렇다면 이 병은 신라 적부터 있었던 법하고, 고려조에도 송(宋)나라 원(元)나라에 와 있는 패들이 서로 모함한 일이 있었던 모양이지만 이조(李朝)에 들어와서 더욱 심했고, 아마 지금이 고작 아닌가 하지요."

나는 단재와 작별하고 집에 돌아올 때에 마음이 대단히 무거웠다.

(1936~1937. 〈조선일보〉에서 발췌)

(*이광수(李光洙: 1892~1950. 10.): 호는 춘원(春園). 한국 최초의 근대 장편소설 〈무정(無情)〉을 쓴 소설가. 소설문학의 새로운 역사를 개척했다. 주요 작품으로는 〈무정〉, 〈흙〉 등이 있다. 평북 정주(定州) 출생. 소작농 가정에 태어나 1902년 부모를 잃고 고아가 되었다가 친일단체 일진회(一進會)의 추천으로 도일, 명치(明治)학원에 편입하여 공부하면서 소년회(少年會)를 조직하고 〈소년〉지를 발행하고 시와 평론 등을 발표하기 시작했다. 1910년 동교를 졸업하고 일시 귀국하여 오산학교(五山學校)에서 교편을 잡다가 재차 도일, 와세다(早稻田)대학 철학과에 입학, 1917년 1월 1일부터 한국 최초의 근대 장편소설 〈무정(無情)〉을 〈매일신보(每日申報)〉에 연재하였다.)

3. 단재를 추억하며

심 훈(沈熏)

단재가 이역(異域)의 옥사(獄舍) 차디찬 시멘트 바닥에 넘어진 채 가족의 얼굴도 알아보지 못하고 마지막 숨을 거두었다고 한다.

신문에 난 사진 앞에 묵묵히 머리를 숙이기 2, 3분. 그러나 입이 다물어진 것과 같이 이 붓도 애도(哀悼)의 말이나마 마음대로 적지 못함을 어찌하랴.

그가 장년기에 찍은 듯한, 중국옷을 입은 사진을 들여다보고 앉아 있자니, 바로 엊그제인 듯이 머릿속에 떠오르는 몇 토막의 추억이 있다.

그가 불세출(不世出)의 천재이자, 사학계의 지보(至寶: 수년 전 조선일보에 연재된 〈조선상고사〉의 원고를 내 손으로 취급해 본 적이 있었다.)이고, 겸하여 유명한 악필(惡筆)임을 보아서도 매우 괴벽(怪癖)한 성격의 주인공인 줄은 짐작하였으나, 나는 그의 친지도 아니고 그를 벗으로 사귈만한 동년배(朋輩)도 아닌, 그의 앞에서는 구상유취(口尙乳臭)에 불과했다.

기미년(己未年: 1919년) 겨울, 옥고를 치르고 난 나는 어색한 청복(淸服: 중국옷)으로 변장하고 봉천(奉天)을 거쳐 북경으로 탈주(脫走)하였다.

몇 달 동안 그곳에 머물러 있으면서 연골(軟骨)에 견디기 어려운 풍상(風霜)을 겪다가 성암(醒庵) 이광(李光)의 소개로 여러 차례 단재를 만나 뵈었는데, 북신교(北新橋) 무슨 호동(胡同)엔가에 있는 그의 우거(寓居)에서 며칠간 발치 잠을 자면서 가까이에서 그의 성해(聲咳: 목소리와 기침소리. 즉 체취)를 접하였다. 감명깊었던 그의 말씀도 여기서는 생략할 수밖에 없다.

그 당시 그는 42, 3세의 장년이었는데, 워낙 문명(文名)을 높이 들었을 뿐만 아니라 금강산 단풍구경보다도 몽고의 사막 바람(砂漠風)에 흉금을 펼치고 싶다고 하였으니만큼(*글쓴이 소개 뒤의 〈시〉 참조) 기골(氣骨)이 늠름한 xx(혁명)가로 알았던 것과는 딴판으로 남산 골 샌님처럼 그 체구와 풍모가 옹졸하여서 전형적인 충청도 양반으로 고리삭은 선비로구나 — 하는 첫인상을 받았었다. 그가 저술(著述)에 전심(專心)할 때에는 처자의 존재까지도 잊어버리고, 한번 독서에 잠입(潛入)하면 며칠씩 세수도 하지 않는다는 소문을 전에 들었기 때문에 그랬었는지도 모른다.

그러나 내 눈이 유치하나마 지척에서 그를 대하여 관찰을 거듭할수록, 그의 기상과 마음씨에서 드러나는 정채(精彩)와 샛별같이 빛나는 안광(眼光)이며, 추상(秋霜)같이 쌀쌀한 듯하면서도 춘풍(春風)으로써 사람을 대하는 태도가 평범한 인물이 아닌 것만은 넉넉히 짐작할 수 있었다.

그때 마침 그는 〈천고(天鼓)〉라는 잡지를 주간(主幹)하였었는데, 희미한 등불 밑에서 붓으로 붉은 네모 칸을 친 원고지에다가 밤을 세워가며 집필하는 것을 목도(目睹)하였다. 그 창간사(創刊辭)인 듯,

"천고(天鼓), 천고(天鼓)여, 한 번 침에 무슨 소리가 나고, 두 번 두드림에 어디가 울린다."라는 의미의 글인 듯이 몽롱하게 기억되는데("一鼓聲如雷, 再鼓氣如山, 三鼓四鼓, 義士集如雲, 五鼓六鼓賊首紛紛如落葉" —옮긴이), 한 구절 쓰고는 소리 높여 읽고, 또 몇 줄 써 내려가다가는 붓을 멈추고 무릎을 치며, 아, 하고 탄식하는 것이 마치 글에 실성(失眞)한 사람같이 보였다. 붓 끝을 놀리는 대로 때 묻은 「면포자(棉袍子)」의 소매가 번쩍거렸는데, 생각이 막히면 연방 잎담배(葉草)에 침칠을 해서 말아서는 태워 물고 빼끔빼끔 빨았다. 그러다가 불시에 두 눈에 이상한 측광(仄光)이 지나가는 동시에, 손으로 만든 여송연(呂宋煙: 궐연)을 아무데나 내던지며 한편으로 붓에 먹을 찍었다. 나는 그 생담배 타는 연기에 몇 번이나 기침을 하였다.

어느 날은 황혼 때에 찾아가니까 그는 캉(炕) 위에 기대어 좀이 쓴 고서

(古書)를 펴든 채 꾸벅꾸벅 앉아 졸고 있었다. 부처님 손가락처럼 벌린 왼손에는 그 예의 엽초를 말아서 피우던 것이 끼워 있었는데, 저 홀로 타들어간 뽀오얀 재가 한 치(寸) 길이나 됨직하였다.……

(1936. 3. 12. 東亞日報)

(※심훈(沈薰: 1901. 9.~1936. 9. 16.): 본명 대섭(大燮). 서울 출생. 경성제일고보 재학시 3 · 1운동에 참가하여 4개월간 복역, 출옥 후 상해로 가서 원강대학(元江大學)에서 수학. 1923년부터 동아일보 · 조선일보 · 조선중앙일보에서 기자생활을 하면서 시와 소설을 쓰기 시작했다. 1926년 동아일보에 영화소설 〈탈춤〉을 연재한 것이 계기가 되어 영화계에 투신, 이듬해에는 〈먼동이 틀 때〉를 원작 · 각색 · 감독하였다.

1930년에 〈동방의 애인〉, 1931년에 〈불사조(不死鳥)〉를 각각 조선일보에 연재하고 1933년에 〈영원의 미소〉, 1934년에 〈직녀성〉을 조선중앙일보에 연재했다. 1935년에는 농촌계몽소설 〈상록수〉가 동아일보 창간 15주년기념 현상소설에 당선되면서 크게 각광을 받았다. 이 소설은 당시의 시대적 풍조였던 브나로드 운동을 남녀 주인공의 숭고한 애정을 통해 묘사한 작품으로서 오늘날에도 널리 읽히고 있다. 1981년에는 일본에서도 이 책이 번역 · 간행되어 좋은 반응을 얻었다.)

〈金剛山〉: 신채호 작

금강산 좋다 마라/ 단풍만 피었더라.
단풍 잎새 잎새/ 추색(秋色)만 자랑터라.
차라리 몽고 대사막에/ 대풍(大風)을 반기리라.

4. 단재(丹齋)와 사학(史學)

위당(爲堂) 정 인 보(鄭寅普)

…… 단재의 사학(史學)은 세상이 다 아는 바와 같이 명실상부한 거벽(巨擘: 엄지손가락)이다. 처음 신문사 주필을 맡았을 때부터 썩어 냄새나는 이전 역사(前史)에다 강렬하고 신랄한 침과 뜸(針灸)을 계속하여 새로이 생색(生色)이 돌게 하였고, 그리하여 뒤집혀지고 구부러진 척추가 차차 바로 서기 시작하였다. 그 뒤 연달은 유리방랑(遊離放浪)으로 만고풍상(萬古風霜)이라는 말조차 단재에게는 미흡한 비유이지만, 그런 가운데도 조선 역사를 연구함에 있어서는 언제나 부지런하였다.

단재의 사학을 말하려면 여러 가지 특점(特點)이 있으니, 첫째, 고증(考證)하는 데 있어 다른 사람들이 늘 보는 책 속에서도 형안(炯眼)이 한 번 쏘이기만 하면 이것저것을 비교하는 가운데 뜻하지 못한 발견과 변별(辨別) 해냄이 있었다. 혹은 허공(虛空)을 걸어가는 듯하다가도 한 곳을 짚은 뒤에 보면 뚜렷한 사실이 나온다. 우리도 늘 보던 것인데 거기에 이런 것이 있었던가, 하고 찾아보면 분명히 거기에 있는 것인데, 어째서 우리는 그냥 지나쳤던가? 여기서 단재의 천분(天分)에 거듭 놀라지 않을 수 없다.

어찌 꼭 사서(史書)에서 사증(史證)을 얻은 것뿐이랴. 가령 평범한 책자일지라도 단재가 한참동안 뒤적거리면 거기서도 가끔 어떠한 확증을 얻을 때가 있다. 그의 말을 들어보면 분명히 그렇다. 그러나 단재의 입에서 나온 뒤에야 말이지 그 전에는 누가 봐도 그러한 분명함을 찾을 길이 없었던 것이다.

둘째, 그 시끄럽고 복잡한 과거와 내외(內外)의 기록들을 정리하며 나가는 데 마치 엉킨 실을 풀 때 어떤 매듭 한 군데를 끄르면 확 풀리는 것처럼, 매번 한 곳의 핵심을 들어 만 갈래로 엉킨 실마리를 풀어내는 귀신같은 재주가 있다. 그 자신도 그 사론(史論) 중에서 「조선사의 열쇠」란 말을 쓴 적이 있거니와, 과거나 현재나 수많은 사가들이 대개는 그 사실을 그 기록에서 찾아보려고 하는 것이 거의 통례이지만, 단재는 눈을 상하사방(上下四方)으로 굴려서 이 아가리가 어디에 붙어 있나, 가령 이 문을 열려면 그대로 밀어야 할까 아니면 마구 차서 깨뜨려야 할까, 아니다, 열쇠가 있을 것이다. 이렇게 얼마를 지난 뒤에 천천히 한 매듭을 푼다. 이 매듭이 풀린 다음에는 가리사니(사물을 분간할 수 있는 실마리—옮긴이) 없던 그 끄덩이(일의 실마리—옮긴이)가 일시에 확 풀리게 된다. 이 점에 있어서는 더욱이 그가 독보적(獨步的)임을 인정하지 않을 수 없다.……

예나 이제나 학자라고 해서 반드시 문장력이 있으란 법이 없으므로, 머리 속에서 생생하던 것이 글로 옮겨놓은 다음에도 분명하기는 어렵다. 그러나 단재는 문장력이 뛰어난 점에 있어 근세에 그를 필적할 자가 없는 동시에, 그 중에서도 변론에 뛰어나고, 서술(敍述)에 능하고, 분해(分解)에 정밀하여, 아무리 골머리 아픈 재료일지라도 그의 붓끝이 잠시 스치기만 하면 대번에 정밀하고 합당하고 명쾌해지게 된다. 문장 구조에 별로 신경 쓰는 것 같지도 않고 또 우리말과 한문을 혼용하는 가운데 닥치는 대로 집어 쓰는 것도 많아서 한 구절 한 구절 찾아보면 가다가 거친 듯한 구절의 말도 없지 않으나, 다시 낭송해 보면 아까는 거친 듯하게 알았던 그 구절의 소재(所在)조차 어느덧 잊어버리게 된다. 이는 그 일기가성(一氣呵成: 문장을 단숨에 짓거나 읽음. 일을 단숨에 해냄.—옮긴이)의 소리마디가 파도처럼 도도히 내려와서 독자로 하여금 스스로 자세히 살필 겨를조차 갖지 못하게 하기 때문이다.

그가 우리나라(靑丘)의 사가(史家)들 중에서 제1인자임은 물론이요, 만일 「문장의 호걸(文豪)」을 동시에 찾는다면 그를 첫 손가락에 꼽아야 한다는 것이 또한 공론(公論)인 줄 안다. 그런데, 그가 궁수적막(窮愁寂寞: 가난하고 쓸쓸하고 의지할 데 없고 외로움—옮긴이)한 가운데 배는 고파도 붓대는 자유로운 때가 가끔은 있었을 텐데도 불구하고 몇 종의 흩어진 원고를 제외하고는 거의 남긴 것이 드문 것은 과연 어찌된 까닭인가.……

그가 자기의 문장을 어떻게나 자부(自負)하였던지, 북경에서 글을 팔아 호구(糊口)하던 때에, 어느 신문사에서 자기의 원고 중 대수롭지 않은 글자 한 자(字)를 고쳤다고 해서 극구 화를 내면서 욕을 하고는 투고(投稿)하기를 단절하였다. 이뿐 아니라 남의 말은 좀처럼 그렇다고 하는 법이 없는 오골(傲骨: 오만한 성격—옮긴이)임에도, 오직 조선 사학에 있어서만은 아직 초학(初學)의 소년이라도 그 흠을 잠시 지적하면 문득 송연(悚然)히 듣고 재삼 깊이 생각하여 스스로 만족하는 태도가 없었으니, 이런 점에서 보면 그가 천부의 재능 이외에 일단 조선사에 대한 정성이 특히 깊었음을 알 수 있다.…… (1936. 2. 26. 東亞日報)

(*정인보(鄭寅普): 1892~1950.11. 서울 출생. 호는 담원(薝園), 위당(爲堂)은 아호이다. 1913년 중국으로 가서 박은식 · 신규식 · 신채호 · 문일평 등과 동제사(同濟社)를 결성, 독립운동을 하였다. 1923년부터 연희전문에서 한문학과 조선문학을 강의하고 〈동아일보〉의 논설위원으로 활동. 이때 〈조선고전해설〉, 〈양명학연론〉, 〈오천년간 조선의 얼〉 등을 〈동아일보〉에 연재, 한국사에 대한 관심과 자긍심을 환기시키고 주체적인 민족의식을 고취시키는 데 주력하였다. 1935년에는 안재홍(安在鴻) 등과 함께 다산 정약용의 〈여유당전서(與猶堂全書)〉를 교열 간행하였다. 광복 후 초대 국학대학장과 대한민국 초대 감찰위원장을 역임하였다. 1950년 6·25전쟁 때 북한군에 피랍되었다. 한민족이 주체가 되는 역사체계 수립에 노력한 역사학자로서 저서로는 〈조선사연구〉, 〈양명학연론〉이 있고, 1983년에 〈담원 정인보 전집〉이 발간되었다.

5. 「고집불통」 단재 신채호

원 세 훈(元世勳)

단재 신채호를 말하면서 「현재 조선에서 유일한 사학자」라고도 하고, 혹은 「한문학계의 태두(泰斗)」라고도 하고, 혹은 「대도활부적(大刀活斧的: 큰 칼과 도끼를 마구 휘두르는) 평론가」라고도 하여, 단재의 학문상의 존재를 논하는 말도 많았고, 「단재의 존재는 그 학문상의 가치보다도 富貴不能搖(부귀불능요: 부귀로도 그 뜻을 흔들 수 없고)하며 貧賤不能移(빈천불능이: 가난하고 천함으로도 그의 생각을 바꾸게 할 수 없는) 하는 분」이라고 하는 말도 많았다.

그리고 그와 더불어 그 무슨 일을 협의하여 계획하다가 그의 독특한 견해가 여러 사람들과 합류되지 않는 것을 보고는 물러가 말하기를, "단재의 모든 점을 숭배하지만 그의 고집불통에는 질색(窒塞)된다."는 말도 많이 들었다.

자기의 발보다 훨씬 더 큰 베 짚신을 그대로 질질 끌고 다니면서도 그 신발 끈을 졸라맬 줄은 모르고 그가 일신상에 관한 것을 보통 다른 사람처럼 하지 않는 것을 보고서는 말하기를, "단재는 큰 선비이지만 사물에는 어둡다."고 하는 말도 많이 들었다.……

누구나 저마다 자기가 보고 들은 바에 의하여 그 사람을 평가하고 단언(斷言)하는 것은 인지상정(人之常情)이다. 나는 그와 오랫동안 한 침상에서 잠도 같이 자고, 한 식탁에서 밥도 같이 먹었으며, 모든 일에서 일선에 서서 그와 동일한 보조를 취해 왔다.……

금일 이후에 누가 능히 단재처럼 그 한 사람의 존재가 많은 사람들에게 위안제(慰安劑)도 되고 일부에게는 기탄처(忌憚處)가 될 수 있을까? 하는 탄식을 금할 수 없다.……

18년 전 상해에서 그가 일부 인사와 합류하지 아니한 까닭에 「고집불통(固執不通)」이라는 말을 듣게 되던 때의 일이 생각난다. 그때에 그를 고집불통이라고 하던 사람들이 그 뒤에 단재의 말대로 그 일의 폐해가 막심한 것을 보고서도 여전히, "단재는 고집불통이지만 일에 대한 선견지명(先見之明)은 확실히 있다." 고 말하는 것을 들었다.

단재는 참으로 선견지명이 있었기 때문에 그 주장을 고집하였을지언정 사리(事理)에는 능통(能通)이었다. 불통(不通)이라면 단재의 고집을 이해하지 못하고 임시적 변통에 능한 체하면서 원대한 생각이나 우려(憂慮)가 없었던 분들이 도리어 불통일 것이다.

한 번은 여러 사람들이 모여서 "중국 사람들은 술을 먹고도 주정을 하지 않으니 참으로 좋은 민족성(民族性)이다." 라고 칭찬하였다.

그러자 단재가 말하였다.

"술이란 것은 흥분제적(興奮劑的) 음료이다. 흥분제를 마시고도 흥분되지 못한다면 그것은 벌써 혈기(血氣)가 쇠진(衰盡)되고 고갈되어서 주정(酒酊)도 할 수 없게 된 민족이다. 상해의 상륙유가(上陸遊街)라는 곳에 가서 열강(列强)의 해군들이 술을 먹고 주정하는 것을 보라! 그것이야말로 생기가 활발하여 취할 바 있는 민족성이라 칭찬할 것이다."

라고 하는, 역시 자기의 견해를 고집하였다.

이와 같이 보통의 한담(閑談)에서도 독특한 그의 견해는 여러 사람들과 더불어 합류할 수 없었던 것이다.

요컨대 단재를 고집불통이라고 한 것은 그의 탁월한 견해와 중인(衆人)과 범부(凡夫)들과 더불어 동일해질 수 없는 데서 생긴 별명인 것이다. 그리고 그의 강철같이 굳은 뜻과 추호도 굽힐 줄 모르는 몸가짐에서 고집불통이라는 말이 생기게 된 것이다.

"차라리 단재의 고집불통을 배울지언정 누구누구의 선변능통(善變能通: 잘 변하여 어떤 상황에서나 통함)은 취하지 말라!" 하는 말을 나는 여러 번 하였다. 선변능통의 인물들은 도처에서 볼 수 있지만, 단재와 같은 고집불통의 인사는 금일 이후 몇 사람이나 있을는지 의문이다. …

내가 한 번은 상해에서 북경으로 급히 가야 할 일이 있었는데, 졸지에 여비를 변통할 수가 없어서 한탄만 하고 있었다. 내가 한탄하던 그 자리에는 그만한 돈은 넉넉히 변통할 수가 있는 사람들이 있었지만 그들은 빈말로 나와 함께 한탄만 할 뿐이었는데, 단재가 중국옷(中服) 저고리 앞단추를 끄르고 그 속의 주머니에 깊이깊이 감추어 두었던 종이에 싸고 또 싼 것을 내게 주며, "이것이 거금 18원이오. 이것을 가지고 저녁차로 떠나시오!" 하였다. 내가 그것을 받아 가지고,

"선생의 주머니에 어찌 이런 여유 돈이 있게 되었던가요?" 하고 물었더니, 그는 비상준비금으로 가지고 있었던 것이라고 하였다.

자기의 비상준비금을 다른 사람의 급한 사정에 내어주는 사람이 과연 세상에 몇이나 될 것인가? 일에 대하여는 선변능통(善變能通)하는 사람들이 돈에 대하여는 도리어 고집불통(固執不通)이 되고, 일에 대하여는 고집불통이라는 말을 듣던 단재가 돈에 대하여는 도리어 선변능통하는 것을 보았다.

그가 북경에서의 생활에 지칠 대로 지쳐서 가짜 중이 되어 절에 들어갔다가 다시 나와서 〈조선사〉 저술에 온 힘을 다 쏟다가, 결국은 그 눈이 청맹(靑盲)에 빠질 염려가 있을 때에 그는 자기의 최후를 결심하고, 그 결심에 소요되는 비용을 모씨(某氏)에게 청하였다가 거절당하였다. 그리고 나에게 말하기를,

"여보, 춘곡(春谷)! 나는 생명을 낼 것이니 너는 돈을 내라고 하여도 안 내니, 아마도 나의 생명이 그들의 돈만 못하고, 그들의 돈은 나의 생명보다 더 귀한 모양이지?" 하였다.

나는 그때에 그의 최후의 결심을 불가(不可)라 생각하여 말했다.

"그자들이 일에 대하여는 선변능통이지만 돈에 대하여는 고집불통인 것을 도처에서 보지 않았는가?" 하고 상해에서 내가 단재의 비상준비금을 가지고 북경으로 오게 되던 때의 일을 예로 들어 말하며 서로 탄식하였다. 그때의 그 결심으로 인하여 그의 생명이 여순(旅順)에서 끝났다는 보도를 접하면서,

"그들의 돈은 지금까지 있지만, 단재의 생명은 없어졌구나!"

하는 느낌 때문에 오직 한 줄기 눈물을 금치 못하게 된다.……

"浮生四十成何事, 貧病相隨暫不離(부생사십성하사, 빈병상수잠불리.)"(→ 떠돌이 인생 40년에 이루어 놓은 일 무엇인가. 가난과 병고는 서로 따라 다니며 잠시도 떠날 줄 모르네.)이라는 그의 한시(漢詩) 한 구절은 그가 어릴 때부터 잠시도 면하지 못한 적빈(赤貧)과 다병(多病)을 스스로 한탄한 구절이다. 그는 아이 때에 콩죽에 하도 물려서 그의 나이 50이 되는 때에도 콩죽이라면 몸살을 칠 만치 끔찍하다고 하면서 아이 때 배고픔과 추위에 쪼들리던 이야기를 여러 번 하였다. 이역에서의 풍상(風霜) 수십 년에 그의 생활은 역시 빈병(貧病: 빈곤과 질병) 두 글자(字)와 잠시도 절연하지 못하였다.

그렇게 일생에서 돈의 학대와 박정(薄情)을 당하였지만 그는 돈에 대하여 추호도 굴하지 않았다. 글을 배운 사람이 매문(賣文)을 하여 살아가는 것은 농부가 곡물을 방매(放賣)하는 것과 같은 것이라고 할 것이다. 단재도 일찍이 북경에서 중국의 모 신문사에 논설을 써서 보내고 그 논설로 인하여 신문의 발행 부수가 4, 5천 부나 증가됨에 따라 원고료가 예외로 특별히 후하였다.

다른 신문사에서도 그의 논설을 후한 원고료로 사려고 했지만 그가 허락하지 않았을 뿐만 아니라, 그 쓰던 신문에도 함부로 글 몇 자를 고쳤다는 이유로 다시는 투고하지 않고 생활의 고초(苦楚)를 감수하였다.

그러한 예를 들자면 적지 않다. 한마디로 끝맺자면, 일생에서 돈의 설움을 단재보다 더 심하게 받았을 분이 많지 못할 것이고, 돈에 대하여 시종(始終) 굴복하지 않기도 단재보다 더한 사람이 거의 없다고 할 것이다. 돈은 그만두고 돈 그림자만 보고서도 절을 하기에 겨를이 없는 이 시대에 단재와 같은 절개를 어디서 다시 볼 수 있을까?

이제 단재의 육체는 영원히 이 세상에서 떠나고 그에 대한 아름다운 일화(逸話)와 일들만 몇 사람의 입에서 오르내리게 되었다.

그가 우리에게 남겨주고 간 몇 가지 저작(著作)들만 있을 뿐인가? …

(1936. 4. 三千里)

(*원세훈(元世勳: 1877~1959): 호는 춘곡(春谷). 함남 정평(定平) 출생. 1906년 상경하여 대동법률전문학교에 입학, 재학 중에 이상설(李相卨)·이동휘(李東輝) 등과 청년운동에 참여함. 1911년 비밀결사 독립단을 조직, 활동하다가 동만주로 망명. 1917년 전로(全露) 한족회중앙총회(韓族會中央總會)를 조직, 상임위원 및 재정부장에 취임하였다.

1923년 상해에서 개최된 국민대표회의에 참석하여 새로운 독립운동기관을 창설하자는 창조파에 가담, 국민위원회를 조직하여 민족진영 통합에 노력하였다. 1927년 신채호 등의 구출운동을 전개하다가 일본경찰에 붙잡혀 신의주(新義州)형무소에서 2년간 복역하고 서울로 돌아와 국내에서 잡지 〈중앙시보〉를 발행하여 계몽운동을 전개하였다. 1945년 8·15광복 후 정치활동을 하는 한편, 민족자주연맹을 결성하여 1948년 김규식(金奎植)과 함께 남북협상에 참여하기도 하였다. 6·25전쟁 때 납북되었다.)

6. 서간도(西間島) 시대의 선생

이 극 로(李克魯)

나는 단재 신채호를 1914년 10월에 서간도(西間島) 환인현(桓仁縣)에서 처음 만나보았다. 그러나 며칠 사귀지 못하고 나는 다른 곳으로 가게 되었다. 그랬다가 5년 후 1919년에 상해에서 만나 한동안 상종(相從)하였고, 그 다음해에 북경에서 만나 자주 사귀다가, 마지막으로 작별하던 때는 1921년 첫 여름이다. 나는 선생을 사귀는 동안에 그의 장처(長處)와 그의 특성(特性)을 보았다.

첫째, 그는 글은 잘 지었으나 글씨는 잘 쓰지 못하였다(能文不能筆). 선생의 문명(文名)은 13세에 7서(七書)를 다 읽은 신동(神童)이라고 한 것과, 성균관에서 수학(修學)하던 시절부터 그 뒤에 대한제국 말년에 대한매일신보(大韓每日申報) 주필로 있을 때에 벌써 조선 천지를 흔들었으니, 이것은 이제 와서 새삼스럽게 말할 필요도 없다. 선생은 언제나 붓을 들어 사물을 논하게 되면 신(神)이 동(動)하였다. 그러나 선생의 글씨는 어린아이들이 처음 배울 때의 글씨와 같았다.

둘째, 그는 좌담(座談)은 잘 했으나 연설(演說)은 못했다(能座談不能演說). 선생은 어느 좌석에서나 화제를 내어 가지고 담화를 하게 되면 그야말로 청산유수(靑山流水)였다. 그래서 청중으로 하여금 시간 가는 줄 모르게 하였고, 흥취를 일으키며 감화를 주었다. 그러나 연단에 올라서서 청중을 상대하고 연설을 하게 되면 천장만 쳐다보고 1분 동안에 말 몇 마디 못하며 또 말씨가 들리지 않았다. 그래서 누구나 그 연설을 듣고는 졸지 않을 사람이 없을 것이다.

셋째, 책을 읽을 때에는 책장을 헤아리는 것처럼 빨리 읽었다. 무슨 책을 손에 들면 남 보기에는 마치 책장을 헤아리는 것처럼 설설 넘겼다. 그러나 끝 장까지 넘기고 책을 덮고 나면 그 책의 내용을 숙독한 사람처럼 이야기하였다. 참으로 천재(天才)였다.

넷째, 자습(自習)으로 영문에 능통(能通)하였다. 선생은 영어회화는 한 마디도 못하였다. 그러나 영문 서적은 읽을 줄 알았다. 컴컴한 방에서 영어사전을 펴서 손에 들고 앉았다가 누웠다가 하는 동안에 영어 단어는 벌써 그의 머리 속으로 다 들어갔다.

다섯째, 그의 사필(史筆)은 강직하였다. 역사가로서 신채호는 재사(才士)로서 신채호보다 이름이 더 높이 났던 것이 사실이다. 그의 필봉(筆鋒)이 향하는 자리에는 정(正)과 사(邪)가 저절로 밝혀졌다. 조선 역사의 잘못된 것을 바로잡기 위하여 선생은 늘 애를 썼다. 역사 이야기만 하면 늘 〈삼국사기〉의 저자 김부식(金富軾)의 죄를 통론(痛論)하였다.……

(1936. 4. 朝光誌)

(*이극로(李克魯): 1897~1982. 경남 의령 출생. 1927년 독일 베를린대학교 철학과를 졸업하고 귀국 후 조선어학회 주간으로 있으면서 〈조선어 사전〉을 펴냄. 1942년 〈조선어학회 사건〉으로 일경에 체포되어 함흥형무소에서 복역 중 8·15광복으로 풀려나서 조선어학회장 등을 역임하였다. 1948년 남북 사회청년인사 연석회의 참석 차 평양에 갔다가 그대로 평양에 남아 있으면서 그 후 계속 북한에서 활동하였다.)

7. 북경(北京) 시대의 단재

이 윤 재(李允宰)

15년 전(1921년)의 일이다. 내가 북경에 가 있을 적에 누구보다 제일 먼저 만나본 이가 신(申) 단재였다.……

(나는 양차(洋車)를 불러서 그가 종이에 써서 남겨놓고 간 주소 "北城(북성) 炒豆胡同(초두호동) xx號(호) 申采浩(신채호)"로 찾아갔다.)……

그때 단재는 방에 누워서 책을 보고 있다가 일어나 반가이 맞으며 서로 굳게 악수를 하였다. 예의 인사말을 나눈 뒤에 내가,……

"선생은 그새 새 사료(史料)를 많이 발견하였겠지요?"

"내가 러시아령 방면과 만주 방면에 있었을 때에는 우리의 사적(史蹟)을 찾기에 전력을 다하다시피 하였는데, 여간 많은 게 아닙니다. 그 중에는 우리의 자랑이 되는 훌륭한 것도 많았는데, 저 무지한 중국인들의 손에서 자꾸자꾸 없어져 가고 맙니다. 이를 생각하면 참으로 통곡할 수밖에 없습니다."

"어느 나라든지 다 그러하겠지만 우리 조선은 고대사(古代史)에는 문헌(文獻)이 너무나 결핍되어서, 있는 사실을 가지고도 그 참과 거짓(眞假)을 분별하지 못하는 것도 퍽 많습니다. 한 예를 들면, 단군의 발상지를 영변 묘향산(妙香山)이니 백두산(白頭山)이니 하여 갈피를 정하기 어려운 처지입니다. 그러니 이제 선생의 말씀과 같이 내외 각지에 흩어져 있는 사적(史蹟)들을 일일이 실지 답사하고, 문헌의 부족을 깁고 착오를 바로잡아야 할 것이니, 조선사 연구가들은 지금부터 이 광막(廣漠)한 역사의 처녀지를 개척하는 것에서 출발하지 않으면 안 되겠습니다."

"참으로 그렇습니다. 북경 동쪽 교외에도 훌륭한 조선 고적(古蹟)이 있건마는 누가 그것을 찾아볼 생각이나 합니까. 그리고 이전의 사대주의자들은 그 안공(眼孔)의 좁기가 한정이 없어서, 밤낮 사료를 반도 안에서만 찾으려고 헤매고 한 발자국도 그 밖으로 나가 본 적이 없었습니다. 그러기 때문에 우리 역사에는 견강부회(牽强附會)한 사실이 한두 가지가 아니지요. 단군의 발상지 같은 것도 그러하지만, 아사달(阿斯達)을 황해도 구월산(九月山)에 견주는 것도 엄청나게 틀린 것으로, 실상 아사달은 지금의 하얼빈(哈爾濱) 부근의 완달산(完達山)이란 것이 명확히 증명이 된 것입니다. 기자(箕子)가 평양에 도읍하였으므로 동명성왕(東明聖王)의 도읍 졸본(卒本)은 평안도의 성천(成川)이라고 하는 식의 터무니없는 이러한 일이 얼마나 많습니까. 이런 것은 그나마 오랜 옛적의 일이니 혹시 용인하더라도 이상할 게 없다 치더라도, 아주 가까운 근세사(近世史)에도 제 조상 빛내기 위하여 환부역조(換父易祖: 자기 조상을 바꿔치기 함)한 사실도 적지 않습니다."

이렇게 말하면서 서가에서 책을 꺼내어 구월산, 평야, 패수(浿水)에 대하여 지도를 그려가면서 한 시간이 넘도록 현하(懸河)같이 말하였다. 그 다음에 내가 다시 물었다.

"선생은 조선 역사를 하나 저술하지 않으십니까?"

"내가 수년 전부터 조금 써 둔 것이 있는데, 아직 좀 덜 된 것이 있습니다만, 쉬 끝내려고 합니다."

하면서 원고 뭉텅이를 꺼내어 보여주었다.

그 원고는 모두 다섯 책으로 되어 있는데, 첫째 권은 조선사통론(朝鮮史通論), 둘째 권은 문화편(文化篇), 셋째 권은 사상변천편(思想變遷篇), 넷째 권은 강역고(疆域考), 다섯째 권은 인물고(人物考), 이 밖에 또 부록이 있을 듯하다고 하였다.

"이것을 얼른 출판하도록 하십시다."

"아직 고치고 보완(修補)할 것이 있으니 다 끝난 다음에 하려고 합니다."

"이것을 수정할 때에는 이왕이면 철자법까지 다 고쳐서 했으면 어떨까요?"

"물론 좋지요. 그것은 선생이 맡아서 전부 고쳐 주시오." ……

한번은 내게 찾아와서 놀다가 책상 위에 있는 영문 책을 집어 들고 읽는데, 구절구절마다 "하여슬람" 소리를 섞어가며 천천히 읽는 것을 보고 내가, "선생은 영문을 어찌 한문 읽듯이 읽소?" 하였다. 그러자 단재는 웃으면서 "영문이나 한문이나 글은 다 마찬가지가 아니요?" 하고 농담하였다. ……

(1936. 4. 朝光誌)

(*이윤재(李允宰): 1888. 12.~ 1943. 12. 국어학자, 사학자. 독립운동가. 호는 환산(桓山). 한뫼. 경남 김해 출생으로 평북 숭덕학교에 재학 중 3·1운동에 가담하였다가 3년간 복역. 출옥 후 중국 북경대학교 사학과를 졸업. 한글 맞춤법 제정. 조선어학회 사건으로 함흥형무소에서 복역 중 고문으로 옥사. 저서로 〈성웅 이순신〉, 〈문예독본〉 등이 있음.)

8. 단재(丹齋) 실루엣

변 영 만(卞榮晩)

실루엣 하나

28년 전 제석(除夕: 음력 12월 30일 그믐) 날, 그는 우리 집에 와서 수세(守歲: 밤새우기)하기로 하였다.

술 몇 잔씩 같이 먹고 난 후 밤이 깊도록 무슨 이야기를 서로 하다가 그는 차차 눕기 시작하였고, 나도 그를 따라 흉내를 내던 중, 별안간 비성여뢰(鼻聲如雷: 코 고는 소리가 천둥소리 같음)! 나는 하도 어이가 없어서 그의 귀에다 입을 대고, "아, 여보시오! 수세(守歲)를 이렇게 하는 법이 어디 있소?" 하였더니, 그의 회답(回答)인즉,

"상관있소? 잠자면서 수세합시다 그려!"

실루엣 둘

우리는 북평(北平)에서 다시 만나게 되었다. 그때에 그의 집에 양식이 있는 날은 손가락을 꼽아 헤아릴 수 있을 지경이었다.

그리하여 황해도 출신 학생인 우응규(禹應奎)란 청년은 이따금 그의 방석 밑에다 십 원 혹은 삼십 원을 복병(伏兵)시켜 두었다. 그러나 방 소제 안 하기로 유명한 단재는 그것을 알 도리가 없어서, 돈을 깔고 앉아서 굶고 있는 그 참상을 목격한 나는 참으려야 참을 수가 없어서,

"도야지(돼지) 우리가 아닌 이상 방을 이 꼴로 두는 수가 있나?"

하면서 화를 낸 일이 한두 번이 아니었다. 그럴 때마다 그는 공손한 태도로 손에 빗자루를 들고 방을 쓸기 시작하였고, 결국 자리 밑까지 이르게 되었는데, 그때 나는 일부러 딴 곳을 바라보며 못 본 척하고 있는데 그는

「무엇」을 집어서 호주머니에 넣으며

"나는 돈이 다 떨어진 줄 알았더니 아직 남았군!" 하였다.

완전히 자기의 근검절약으로 아는 모양이었다. 나도 어찌된 셈인지 그것을 깨닫게 해 줄 필요를 느끼지 못하였다. 그렇다고 그가 다시금 자리 밑을 엿보는 일은 없었다.

그의 방안은 영원한 돈책(豚柵: 돼지우리)이었고, 그의 금전(金錢)은 영원한 저축인 동시에 영원한 발견품이었다.

실루엣 셋

그는 영문(英文)을 독학하여 기본(E. Gibbon)의 로마사(羅馬史)까지 자유자재로 송독(誦讀)하는 것을 보았다. 그런데 「Neighbour」(이웃, 근린)이란 단어를 반드시 「네이·그흐·바우·어」라고 발음하였다. 나는 끽경천만(喫驚千萬: 너무나 놀라고 어이가 없어서)— 가만히 진언(進言)하였다.

"그 중에 사음(死音: 발음하지 않는 것. 묵음)이 있으니 「네이버—」라고만 발음하시오."

그는 태연히 대답하였다.

"나도 그거야 모르겠소? 그러나 그건 영국인들의 법이겠지요. 내가 그것을 꼭 지킬 필요가 어디 있단 말이오."

실루엣 넷

누가 새로 잡지를 발간할 즈음에 나에게 순한문(純漢文)·순고전(純古典)식의 축사(祝詞)를 얻으러 왔었다.

나는 고사(苦辭)하였으나 어쩔 수 없는 처지에서 불쾌한 허락을 해 놓고는 나의 동생 영태(榮泰)와 단 둘이서만 속이 상해 앉아 있었는데, 그때 마침 그가 뜻하지 않게 찾아왔다. 나는 구제받은 죄인의 기분으로 그에게 사정의 전말(顚末)을 보고하고, 나 대신에 축사 한 수(首)만 써 달라고 애걸하였다.— 물론 한번 거절당할 것을 예기하면서. 그런데 그는 의외로 흔쾌히 승낙하고 곧 기초(起草)하여 그 다음날에 가지고 오겠다고 약속하고 헤어졌다.

그런데 그 다음날 내가 부재(不在) 중에 그는 장장(長長)의 대 논문(大論文) 한 편을 지어 가지고 와서 아우 영태에게 전하며, 형(伯氏)에게 드려 달라고 하였다.

영태가 그 서류를 일별(一瞥)한 후, "이것은 순한문도 아니고 축사도 아니니 우리 형님이 부탁한 것과는 거리가 한참 멀다."는 취지로 항의를 하였더니, 그는 "일이 참 잘못되었다."고 하면서 매우 불안한 표정을 지었다. 그런 후 원래부터 고집통인 그는,

"그대로 잡지사에 보낸다고 해서 안 될 게 무엇 있느냐?"

고 하고는 대문 밖으로 뛰어나갔다.

그러더니 다시 들어와서,

"잘못 지어 가지고 왔다는 사실이나마 형씨가 아시도록 적어 놓고 가야 되겠다."

라고 말하고는 네모난 삿갓(方笠: 그때 그는 상중에 있었다.-원주)을 쓴 채 마루 끝에 서서 종이 조각에다 연필로 한시(漢詩) 한 수(首)를 적어 놓고 갔는데, 넉넉잡아 1분간의 업적(業績)이다.(한시 번역— 옮긴이)

我誤聞時君誤言(아오문시군오언)	내가 잘못 들을 때 자네도 잘못 말했지
欲將正誤誤誰眞(욕장정오오수진)	바로 잡으려도 누가 맞고 누가 틀렸는지
人生落地元來誤(인생낙지원래오)	인생으로 태어난 게 원래 잘못이거늘
善誤終當作聖人(선오종당작성인)	잘 틀리는 자가 결국에는 성인이 된다네

나는 집에 돌아와서 이 귀중한 28자의 음악(音樂)을 손에 잡고 아우 영태의 증언을 들으며 멍— 하니 앉아 있었다.

슬프다. 이 28자가 오늘날 이 「실루엣」의 한 부분이 될 줄 누가 알았으랴! 마음의 출혈(出血)로 나는 더 이상 끄적거릴 기신(氣神)이 없다. 이제 그만.

(1936. 6. 中央 4권 6호)

(*변영만(卞榮晩): 호는 산강재(山康齋)·삼청(三淸)·곡명(曲明)·백민거사(白旻居士). 경기 출생. 영로, 영태와 함께 3형제이다.

사숙(私塾)에서 한문을 배우고 1905년 법관(法官) 양성소에 들어가 이듬해 졸업하고, 보성전문학교에 진학, 1908년 졸업과 동시에 판사가 되어 광주(光州)로 내려갔다가 이듬해 사법권(司法權)을 일본에 빼앗기자 사직하고 신의주(新義州)에서 변호사 개업을 하였으나, 국권이 박탈되자 중국으로 망명, 북경에서 살다가 1918년 귀국하여 학문에 전심, 한학(漢學)·영문학의 석학(碩學)이 되었다. 8·15광복이 되자 성균관대학 교수로 국학(國學) 발전에 크게 공헌하였다. 저서로는 〈산강재문초(山康齋文鈔)〉, 〈20세기 삼대괴물론(三大怪物論)〉 등이 있다.)

9. 단재와 「矣(의)」 자(字)

신 석 우(申錫雨)

……단재가 북경에 있을 때의 일이다. 당시 중국은 대통령에 풍국장(馮國璋), 국무총리에 단기서(段祺瑞)가 있어 나라를 다스릴 때였다. 중국에서 가장 권위 있는 중화보(中華報)의 사설(社說)을 쓰고 생계를 해 나가던 때였건만 오자(誤字) 한 자를 내엇다고 하여 그 날로 단연 집필을 거절하였다.

그 오자란 것도 문장의 뜻을 해치는 오자가 아니라 「矣(의)」 한 자였건마는, 그것이 조선 사람에 대한 우월감에서 나온 행동이라고 하여 몇 번이나 마차를 타고 사죄하러 온 중화보 사장을 질책하고도 영영 집필하지 않았다. 이로 인하여 중화보의 판매부수가 급속도로 내려갔다는 것만으로도 단재의 사설이 당시 중국민을 얼마나 열광시켰는지 추측할 수 있다.

그러고도 돈을 위하여 집필 요구에 응한 것은 조선 사람의 지조를 깨뜨린 것 같다고 가끔 뉘우친 단재였다.… (1946. 4. 新東亞誌)

(*신석우(申錫雨): 1894~1953. 독립운동가. 언론인. 호는 우창(于蒼). 일찍이 중국 상해(上海)로 망명하여 여운형(呂運亨)과 함께 고려 교민 친목회를 조직하고, 유인(油印)신문 〈아등(我等)의 소리〉를 발간하는 한편, 임시정부 교통총장직을 맡았다. 1924년 경영난에 빠진 〈조선일보사〉를 인수하여 이상재(李商在)를 사장으로 추대, 부사장으로 있으면서 민족지로 성장시키는 데 힘썼다. 광복 후에 주(駐)자유중국 대사를 지내기도 하였다.)

〈부록 3〉: 단재(丹齋) 신채호(申采浩) 연보

(『丹齋申采浩全集(下)』에서 초록(抄錄), 전재함)

1880년 11월 7일. 충남 대덕군 내산면 어남리(於南里)에서 신광식(申光植)과 밀양 박씨(朴氏) 사이에서 차남으로 출생. 본관은 고령(高靈). 신숙주(申叔舟)의 후손으로 조부 신성우(申星雨)는 일찍이 문과(文科)에 급제하여 정언(正言)까지 지냈으나, 부친 대에 와서 가세가 몰락하여 처가인 대전 근교 안동 권씨(權氏) 촌의 묘막(墓幕)에서 은거 중에 출생하여 콩죽으로 연명하는 유년기를 보냈다.

1887(8세)년. 이 무렵을 전후하여 부친이 28세로 별세. 청원군 낭성면(琅城面) 귀래리(歸來里: 고두미)로 이사하였다. 조부가 운영하는 향리의 작은 한문 사숙(私塾)에서 공부하였다. 9세에 〈자치통감(資治通鑑)〉을 해독하고, 10세에 한시를 짓고, 14세에 〈사서삼경(四書三經)〉을 독파하였다.

1895년(16세). 고향에서 풍양 조씨(趙氏)와 결혼.

1897년(18세). 조부 밑에서 한학을 수업하면서 책이 적어 늘 불만이던 중, 목천(木川)에 있는 당시 대학자이자 구한말의 재상이었던 양원(陽園) 신기선(申箕善)의 사저를 드나들며 많은 책을 섭렵하였다. 신기선은 선생의 자질을 총애하여 무슨 책이든 볼 수 있게 해주었다.

1898년(19세) 가을, 신기선(申箕善)의 추천으로 상경하여 성균관(成均館)에 입교. 당시 성균관장 수당(遂堂) 이종원(李鍾元)의 총애를 받아, 그가 "나를 이해하는 자는 자네 혼자뿐(知我者 惟君一人)"이라고 하였다.

1902년(23세) 성균관에서 조소앙(趙素昻) 등과 항일성토문(抗日聲討文)을 작성하여 역신(逆臣) 이하영(李夏榮) 무리의 매국 흉계를 규탄하였다.

1905년(26세). 2월에 성균관 박사(博士)가 되었다. 비로소 단발을 결행하고, 위암(韋庵) 장지연(張志淵)과 알게 되어 그의 초청으로 〈황성신문(皇城新聞)〉 논설위원으로 위촉되어 계몽논설을 집필.

1906년(27세). 장지연 집필의 논설 "是日也 放聲大哭(시일야 방성대곡)"으로 황성신문이 폐간되자, 얼마 뒤 운강(雲岡) 양기탁(梁起鐸)의 천거로 영국인 배설(裵說)이 경영하고 있던 대한매일신보(大韓每日申報)의 주필로 초빙되었다. 취임 후 언관(言官)·사관(史官)다운 시론(時論)과 사론(史論)으로 국혼 진작과 민중 계몽운동의 급선봉에 섰다.

1907년(28세). 10월 25일 역술서(譯述書)인 〈이태리건국 삼걸전(伊太利建國三傑傳)〉을 광학서포(廣學書舖)에서 발행. 이 책은 그 서문부터 널리 인구에 회자되었다. 독립운동을 합법적으로 하기 어려워지자 양기탁·석오(石吾) 이동령(李東寧)·우당(友堂) 이회영(李會榮)·전덕기(全德基)·추정(秋汀) 이갑(李甲)·도산(島山) 안창호(安昌浩)·남강(南岡) 이승훈(李昇薰) 등과 비밀결사인 신민회(新民會)를 조직하여 참가하고 그 취지문을 기초하였다. 국채보상운동에 적극 가담했다.

1908년(29세). 한글잡지 〈가정잡지〉 편집 발행. 이해 4월부터 〈대한협회월보〉에 〈대한의 희망〉, 〈역사와 애국심의 관계〉, 〈성력(誠力)과 공업(功業)〉, 〈대아(大我)와 소아(小我)〉 등의 논설을 발표. 배설 사장의 도미 유학 주선도 사절하고 주필로 근속하면서 〈대한매일신보)〉에 〈일본의 삼대 충노(忠奴)〉, 〈친구에게 주는 절교서(與友人絕交書)〉, 〈전간재(田艮齋) 선생 족하(足下)에게 고함〉 등의 논설을 발표하고, 〈이순신전〉과 〈대한민국의 목적지〉, 〈독사신론(讀史新論)〉 등을 연재하였다.

1909년(30세). 여러 논설문과 함께 〈대한매일신보〉에 최영(崔瑩) 장군의 전기 〈동국거걸 최도통전(東國巨傑 崔都統傳)〉을 연재. 8월에 윤치호(尹致浩)·최광옥(崔光玉)·최남선(崔南善)·박중화(朴重華)·장응진(張膺震) 등과 청년학우회를 발기하고 그 취지서를 집필하였다.

1910년(31세). 국치(國恥: 한일합방)를 예감하고 4월 국치 4개월 전에 도산 안창호·추정 이갑·월송(月松) 이종호(李鍾浩) 등과 중국으로 망명하였다. 이때 순암(順庵) 안정복(安鼎福)의 친필본 〈동사강목(東史綱目)〉을 휴대하고 기차로 국경을 넘어 안동현(安東縣)에 도착한 뒤 기선(汽船)으로 청도(靑島)에 안착하였다. 다수 동지들과 앞으로의 독립운동 방책을 논의하는 〈청도회의〉 개최. 여기에서 토지개간사업, 무관학교 설립, 교관 양성 및 전문기술자 확보 등을 결의하였으나 자금 조달이 여의치 못하여 연해주 해삼위(海蔘威-블라디보스톡)로 가서 월송의 자금지원을 받아 독립사상 고취와 동지 규합을 목표로 〈해조신문(海潮新聞)〉을 복간한 후, 다시 〈청구신문〉, 이어서 〈권업신문(勸業新聞)〉을 발행. 김하구(金河球) 등과 함께 창간한 〈권업신문〉은 러시아어 번역까지 내기도 했으나, 1914년 일본정부의 간계(奸計)로 러시아 정부로부터 발행금지를 당했다.

1913년(34세). 병고와 생활고에 시달리던 중 예관(睨觀) 신규식(申圭植)의 초대로 상해로 가서 망명 지사들과 접촉. 그 시절 선생을 만났던 위당(爲堂) 정인보(鄭寅普)는 당시를 이렇게 회고하였다.

"언제나 얼굴에 영양실조 걸린 듯한 빛이 띄어 누르스름하고 부은 듯도 하고, 기운은 초췌하고, 걸어 다닐 때면 늘 배를 부둥켜 잡기에 왜 그러느냐고 물으니 배가 차고 아픈 것이 때때로 심하다고 하였다. 그러면서도 조선 역사를 말할 때에는 두 눈이 곁에 있는 사람을 쏘는 듯하였고 담론이 칼날 같았다. 가끔 한두 권 책자를 들고 법조계(法租界) 합이부로(哈爾部路) 뒷 공원 풀밭으로 가서 거닐며 혼자 웅얼웅얼 하다가 또 무엇을 생각하다가 하였는데, 그런 중에도 한 손은 여전히 배를 부둥켜안고 놓지 못했다."

1914년(35세). 윤세복(尹世復)의 초청으로 봉천성 회인현(懷仁縣)으로 가서 학교 경영에 참여하는 한편 〈조선사〉의 집필에 착수하였다. 그때 윤세복, 이길룡(李吉龍) 제씨와 장차 독립군 양성소도 시찰할 겸 백두산에 오르고 남북 만주 일대의 고구려 구토(舊土)를 떠돌며 광개토왕릉을 현지 답사했다. 이때 선생은, "내가 러시아령 방면과 만주 방면에 있으면서 우리의 사적(史蹟)을 찾기에 전력을 다하였는데, 여간 많은 것이 아니었다. 그 중에는 우리의 자랑이 되는 훌륭한 것도 많았는데, 저 무지한 중국인의 손에서 자꾸 없어져 가는 것을 생각하면 통곡할 수밖에 없다."고 한탄하였다.

일찍이 민세(民世) 안재홍(安在鴻)의 지적처럼, "단재의 일념은 첫째 조국의 씩씩한 재건이었고, 둘째는 그것이 미처 못된다면 조국의 민족사를 똑바로 써서 시들지 않는 민족정기가 두고두고 그 자유 독립을 꿰뚫는 날을 만들어 기다리게 하자."는 데 있었던 만큼, 사적 답사의 뜻은 자못 큰 바 있었다.

1915년(36세). 북경에 체류하며 저술 및 동지 규합에 전념. 〈조선상고사〉의 집필도 구상하고 북경 도서관에서 생활하였다. 신규식과 함께 신한청년회(新韓青年會)를 조직. 백암(白巖) 박은식(朴殷植)·호암(湖岩) 문일평(文一平) 등과 박달학원(博達學院)을 세워 해외 청년들의 교육을 계획하였다. 이 무렵 만주 거류 동포들의 계몽을 겸한 동창학교(東昌學校) 교재로 〈조선사〉를 발간하였으나 현재는 전하지 않는다.

1916년(37세). 3월에 자전적 중편소설 〈꿈하늘(夢天)〉을 집필. 역사적 독립운동의 길을 환상적으로 극화한 작품이다.

1917년(38세). 질녀 향란(香蘭)의 혼사 문제로 일시 밀입국하였다.

1918년(39세). 북경의 보타암(普陀庵)의 한 방에서 〈조선사〉의 집필을 계속하는 한편, 북경의 권위지인 〈중화보(中華報)〉에도 많은 논설을 집필, 이 신문의 판매부수가 그 때문에 증가하였다. 선생은 그 원고료로 생활하였으나, 그 후 자신의 원고에서 〈矣(의)〉 자 한 자를 빼고 실었다고 하여 단연 집필을 거절하였다. 그 신문사 사장이 직접 찾아와서 사과하였으나 꾸짖어 보냈다. 또 한번은 〈북경일보(北京日報)〉에 논설을 발표하던 중, 제 3회째 연재 중에 원문의 글자 두 자를 임의로 교정하였다고 분노하여 다시는 글을 쓰지 않았다.

1919년(40세). 4월에 상해에서 임시정부 수립에 참여하여 평정관(評定官)이 되고, 이어서 의정원(議政院) 의원(議員)으로 선출되었으나, 선생은 한성 임시정부의 법통을 따를 것을 주장하였다. 경성국민대회에서도 선생을 평정관으로 선임되었다. 7월에는 임시정부 제5회 의정원회의에서 전원 위원회 위원장으로 선임되었다.

3·1운동 얼마 뒤 남형우(南亨佑)·안희제(安熙濟)·박광(朴洸) 등이 조직하였던 비밀결사 「대동청년단(大東靑年團)」의 단장으로 추대되어, 신문 〈신대한(新大韓)〉의 주필이 되어 철저하고 준열한 독립운동론으로 임시정부기관지인 춘원 이광수(李光洙) 주재의 〈독립신문(獨立新聞)〉과 대조적인 논조를 폈다. 특히 몽양(夢陽) 여운형(呂運亨)의 타협적인 도일(渡日) 사건과 우남(雩南) 이승만(李承晩)의 위임통치 청원 사건에 대하여 가혹한 비판을 가한 이후, 점차 임정 자체가 대의(大義)에 어긋남을 개탄하여 그것을 부인하는 논조를 펴게 되어 소위 「신대한사건(新大韓事件)」을 촉발하였다.

일명 「학생단(學生團)」이라고도 하는 회원 70명 가량의 「대한독립청년단(大韓獨立靑年團)」의 단장이 되고, 이어서 「신대한동맹단(新大韓同盟團)」의 부단장으로 추대되었다.

상해 시절 우사(尤史) 김규식(金奎植)·춘원 이광수로부터 영어를 배웠다.

1920년(41세). 상해를 떠나 북경으로 가서 4월에 제2회 「보합단(普合團)」의 조직에 적극 참여하여 중국의 직예성(北京市)과 하남성(河南省) 방면에서 망명인사와 중국인 유지들로부터 독립군 자금을 모집하는 책임을 맡았다. 이해에 우당(友堂) 이회영(李會榮)의 부인 이은숙(李恩淑) 여사의 중매로 서울에서 삼일운동에 참가하였다가 간우회(看友會) 사건으로 북경에 망명하여 유학

중이던 박자혜(朴慈惠)와 결혼. 28세의 박 여사와 북경 금십방가(錦什坊街)에서 생활하였다.

1921년(42세). 1월 〈천고(天鼓)〉지 창간. 4월에 심산(心山) 김창숙(金昌淑)·물불 이극로(李克魯) 등 동지와 함께 이승만의 위임통치 청원을 규탄하는 〈이승만 성토문〉을 발표하였다. 맏아들 수범(秀凡) 출생.

상해 임시정부 독립신문사에서 춘원 이광수를 북경으로 파견하여 선생에게 주필을 맡아 줄 것을 권유하였으나 이를 뿌리치고 북경에 머물면서 김정묵(金正默)·박봉래(朴鳳來) 등과 「통일촉진회(統一促進會)」를 발기하고 「통일촉진회 발기취지서」를 작성, 발표하였다.

1922년(43세). 생활이 극도로 궁핍하여 중국인 진씨(陳氏)의 알선으로 관음사(觀音寺)에 들어가 중이 되어 불경(佛經)을 독파. 49일 고행도 하며 1년간 수도승 생활을 한 것은 궁여지책이었으나, 이 기간 조선사 연구에 몰두한 결과 대저작물(大著作物)을 집성(集成)하였다. 첫째 권은 〈조선사 통론(通論)〉, 둘째 권은 〈문화편(文化編)〉, 셋째 권은 〈사상 변천편(思想變遷編)〉, 네째 권은 〈강역고(疆域考)〉, 다섯째 권은〈인물고(人物考)〉, 기타 부록으로 된 방대한 원고였던 모양이나, 오늘까지 전해지지 않고 있다.

1923년(44세). 1월에 〈조선혁명선언(朝鮮革命宣言)〉을 기초하였다.(일명 〈의열단선언(義烈團宣言)〉이라고도 함). 그 내용은 〈고유한 조선의〉 〈자유로운 조선 민중의〉 〈민족적 경제의〉 〈민중적 사회의〉 〈민중적 문화의〉 조선을 건설하기 위하여 〈이족(異族) 통치의〉 〈약탈제도의〉 〈사회적 불평등의〉 〈노예적 문화사상의〉 현상을 타파할 것을 선언하고, 이를 위하여 민중이 직접 폭력혁명을 할 것을 천명하였다.

북경대학 교수 이석증(李石曾)의 소개로 수개월 동안 유명한 〈사고전서(四庫全書)〉를 섭렵하였다. 상해에서 개최된 국민대표자회의에 참가하였다. 독립운동 지도층이 임정에 대한 개조파(改造派)와 창조파(創造派)로 분열되었는데, 선생은 창조파의 맹장으로 활약하였다. 이해에 가족들을 환국시켰다.

1924년(43세). 북경에서 이규준(李圭駿) 중심으로 조직된 다물단(多勿團)의 선언문을 집필하고 지도하였다. 이 무렵 육당(六堂) 최남선(崔南善)이 경영하던 시대일보(時代日報)에서 선생의 환국을 요청했으나 끝내 거절하였다.

1925년(46세). 1월 3일부터 동아일보에 〈이두문 명사해석법(名詞解釋法)〉, 〈삼국사기 중 동서(東西) 양자의 상환(相換) 고증〉, 〈삼국지 동이열전 교정(校正)〉, 〈평양패수고(平壤浿水考)〉, 〈전후 삼한고(三韓考)〉, 〈조선 역사상 1천년래 제1대사건(第一大事件)〉, 〈조선 고래(古來)의 문자와 시가(詩歌)의 변천〉 등이 연재 발표되었다.

이때를 전후하여 민족항쟁을 적극 추진하기 위하여 무정부주의(無政府主義) 운동이 필요함을 느끼고 여기에 많은 관심을 갖기 시작하였다. 그것은 정부(政府)라는 것이 있기 때문에 권력투쟁이 나타나게 되고, 따라서 독립운동을 하는 망명정부에서도 권력투쟁에 급급하고 있는 것이라고 하여, 모든 역량을 독립운동에 집중시키는 데 무정부주의가 적절한 한 방편이라고 생각했기 때문이다.

1927년(48세). 1월에 비타협적 민족합일전선인 「신간회(新幹會)」 발기인의 한 사람이 되었다. 잡지 「탈환(奪還)」을 발간. 9월에 국권회복을 위한 적극 항쟁의 필요성에 따라 무정부주의 동방연맹(東方聯盟)에 가입하고 잡지 「동방(東方)」을 발간하였다.

1928년(49세). 조선일보 신년호에 「예언자가 본 무진(戊辰)―새해에 대한 측면관(側面觀)」을 기고하였다.

조선사 연구에 열중하다가 시력이 매우 악화되어 완전 실명하기 전에 아들과 상면하기를 원하여 이해 초에 처자를 북경으로 불렀다.

4월에 조선인 무정부주의자들의 북경회의 동방연맹대회에 참여하여 〈선언문〉을 작성하는 등 주동적인 역할을 하였는데, 이 회의에서는 조선에 독립운동의 선전기관을 설립할 것과 일본인 건축물을 파괴하기 위한 폭탄 제조소를 설치할 것 등을 결의하였다.

이 결의를 실천하기 위한 자금 마련을 위하여 북경우무관리국(北京郵務管理局)에 근무하는 대만인 임병문(林炳文)과 협의, 외국환(外國換)을 입수하는 등의 행동을 개시하였다. 중국인으로 변장하여 일본 신호(神戶)를 거쳐 문사(門司)에서 항춘환(恒春丸) 편으로 5월 8일경 대만 기륭항(基隆港)에 상륙 직전 왜(倭)의 수상서원(水上署員)에게 체포되어 대련(大連)으로 호송되었다. 대련 감옥에서 미결수로 투옥 중일 때 공판심리에서 선생은, "현 제국주의 제도에 대한 불평과 약소민족의 미래를 위하여 단행한 것"이라고 그 동기를 밝히고, 사기 행각을 나쁘게 생각하지 않느냐는 질문에 대하여, "우리 동포가 나라를 찾기 위하여 취하는 수단은 모두 정당한 것이니 사기가 아니며, 민족을 위하여 도둑질을 할지라도 부끄러움이나 거리낌이 없다." 고 답변하였다.

1929년(50세). 차남 두범(斗凡) 출생. 부인은 서울에서 산파업을 하고 있었으나 생활은 말이 아니었고, 이를 옥중에서 전해들은 선생은 "정 할 수 없거든 고아원으로 보내시오."라는 비통한 편지를 보내 왔다.

1930년(51세). 5월 중순 2년 10일 만에 대련 법정에서 10년 실형을 선고받고 여순(旅順) 감옥으로 이관되었다. 6월 15일, 그동안 동아일보에 연재되었던 조선 고대사 관계 논문의 대부분이 서울에 있는 동지들의 주선으로 조선도서주식회사에서 〈조선사연구초(朝鮮史硏究草)〉란 이름으로 출간되었다.

1931년(52세). 민세(民世) 안재홍(安在鴻)의 주선으로 조선일보에 6월 10일부터 10월 14일까지 103회에 걸쳐 〈조선사(朝鮮史)〉를 연재하였다(*후에 〈조선상고사〉로 이름을 바꿈). 이어서 10월 15일부터 12월 3일, 익년 5월 27일부터 5월 말까지 40회에 걸쳐 〈조선상고문화사(朝鮮上古文化史)〉를 발표, 연재하였다.

1935년(56세). 건강이 매우 악화되어 형무소 당국에서는 맡아서 보호해 줄 사람이 있으면 출감시키겠다고 통고하였다. 이에 서울의 친지들이 선생의 옛 친구이자 일가벌이 되는 친일파 부호 한 사람의 보증 아래 가출옥을 종용하였으나, 선생은 친일파에게 몸을 맡길 수 없다는 대의(大義)를 내세워 이를 단호히 거절하였다.

1936년(57세). 2월 18일, 여순 감옥에서 뇌일혈로 의식불명 상태가 되자 급보에 접한 부인과 아들 수범, 친우 서세충(徐世忠)이 여순으로 달려갔으나, 2월 21일(음력 1월 28일) 오후 4시 20분, 유언 한 마디 남기지 못하고 옥중에서 순국(殉國)하였다. 향년 57세.

선생은 늘 "내가 죽으면 시체가 왜놈들의 발끝에 채이지 않도록 화장하여 바다에 뿌려 달라."고 했으나, 후손들을 생각하여 국내에 묘소를 쓰기로 하고, 여순에서 화장하여 유골을 봉안해 왔다. 당시 국내의 각 신문에서는 순국하여 말없이 환국한 선생을 애도하여 마지않았다.

유골은 충남 청원군(淸原郡) 낭성면(琅城面) 귀래리(歸來里) 상당산(上黨山) 기슭 선생이 살던 옛 집터에 암장되었다. 선생은 민적(民籍)이 없어서 정식으로 묘소 허가를 얻지 못하여 친척뻘 되는 면장(面長)의 묵인 하에 암장했던 것인데, 이것이 발각되어 면장은 파면되고 말썽이 많았다. 선생은 살아계실 때 "곡(哭)하고 노래하기 그마저도 어려워라."고 했지만, 죽어서도 정작 묻힐 곳이 없는 형편이었다.

묘소의 비갈(碑碣)은 만해(卍海) 한용운(韓龍雲)이 돌을 캐고 위창(葦滄) 오세창(吳世昌)이 「丹齋 申采浩之墓(단재 신채호지묘)」라고 서각(書刻)하였다. 만해가 따로 비문을 쓰기로 했으나, 일경(日警)의 감시가 심하여 실현되지 못하고 묘비만 경부(畊夫) 신백우(申伯雨)가 몰래 갖고 가서 세웠다.

1942년(순국 후 6년). 둘째 아들 두범(斗凡) 사망.

1943년(순국 후 7년). 부인 박자혜(朴慈惠) 여사 48세로 별세. 아들 수범이 만주에 가 있었으므로 홀로 쓸쓸히 세상을 떠났는데, 이웃 사람들의 주선으로 화장하였다.

1945년(순국 후 9년). 중국에 한국인과 중국인들의 협력으로 신채호학사(申采浩學社)가 설립되었다.

1946년(순국 후 10년). 4월에 조선일보에 연재되었던 〈조선사(조선상고사)〉의 총론을 〈조선사론〉이라는 표제로 출간하였다.(廣學書舖 刊)

1948년(순국 후 12년). 10월 조선일보에 연재하였던 〈조선사〉를 〈조선상고사(朝鮮上古史)〉란 이름으로 발간하였다.(鐘路書院 刊) 해방 전에 출간(上梓) 계획이 진행되어 지형까지 완성되었다가 좌절된 것을 누락된 부분을 보충하고는 수정할 여유가 없어 원래의 지형 그대로 인쇄한 것이어서 오자, 탈락, 전도와 원문에 타인의 가필이 많았다.

1955년(순국 후 19년). 6월 변영로(卞榮魯)를 비롯하여 여러 사람들이 「단재 유고출판회(遺稿出版會)」를 조직하여 우선 〈을지문덕〉의 한글 번역판을 출간하였다.

1971년(순국 후 31년). 문화공보부의 선열 추모 기념사업의 일환으로 선생의 묘소를 개축(改築)하고 산소로 가는 도로를 정비하였다.

1972년(순국 후 36년). 2월에 전집편찬위원회에서 추진하여 오던 〈단재 신채호 전집〉 상·하권이 출간(上梓)되었다.

1977년(순국 후 41년). 6월에 〈丹齋申采浩 全集〉 上·中·下 3권을 사학자 천관우(千寬宇)씨의 교열로 새로 개정 증보하여 발간하였다.(螢雪出版社 刊). 12월에 별집(別集)이 발간되었다.

(*이상 신채호 선생의 연보(年譜)는 〈丹齋申采浩全集 下卷〉(1977, 螢雪出版社) 끝에 임중빈(任重彬)씨가 정리하여 실어놓은 것을 옮긴이가 일부 축약하여 전재한 것임을 밝혀둔다.-옮긴이)

옮긴이 박 기 봉(朴琪鳳) 약력

경북고등학교 졸업(1966)
서울상대 경제학과 졸업(1970)
비봉출판사 대표(現)
한국출판협동조합 이사장(前)

〈저서〉
214 한자 부수자 해설(1995)
비봉한자학습법(1998)

〈역서〉
孟子(1992) 漢字正解(1994)
교양으로 읽는 논어(2000)
교양으로 읽는 맹자(2001)
성경과 대비해 읽는 코란(2001)
을지문덕전(2006)
충무공 이순신 전서 전4권(2006)
조선상고문화사(2007) 삼국연의(2014)

조선상고사

초판 1쇄 발행 | 2006년 11월 10일
초판 20쇄 발행 | 2021년 5월 20일

지은이 | 단재 신채호
옮긴이 | 박기봉
펴낸이 | 박기봉
펴낸곳 | 비봉출판사
주 소 | 서울 금천구 가산디지털2로 98, 2-808(가산동, IT캐슬)
전 화 | (02)2082-7444~8
팩 스 | (02)2082-7449
E-mail | bbongbooks@hanmail.net
등록번호 | 2007-43 (1980년 5월 23일)
ISBN | 978-89-376-0348-8 93910

값 22,000원

〈조선상고사〉 배경 지도

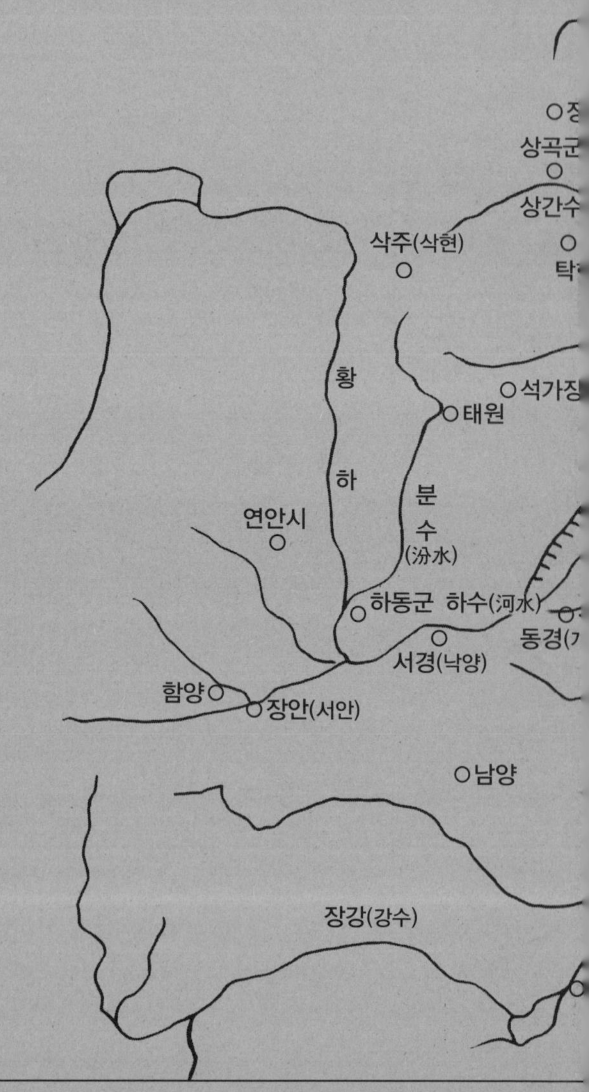